中国中学生百科全书

（修订本）

中国大百科全书出版社

科学之书

图书在版编目（CIP）数据

科学之书/《中国中学生百科全书》编委会编．—修订本．—北京：中国大百科全书出版社，2020.1

（中国中学生百科全书）

ISBN 978-7-5202-0634-1

Ⅰ.①科… Ⅱ.①中… Ⅲ.①科学知识－青少年读物 Ⅳ.①Z228.2

中国版本图书馆CIP数据核字（2019）第251152号

出　版　中国大百科全书出版社
社　址　北京市西城区阜成门北大街17号
邮　编　100037
网　址　http://www.ecph.com.cn
电　话　010-88390718
发　行　新华书店总经销
印　刷　小森印刷（北京）有限公司
制　版　北京华艺创世印刷设计有限公司
开　本　889mm×1194mm 1/16
印　张　27
字　数　514千字
版　次　2020年1月第1版
印　次　2022年6月第2次印刷
书　号　ISBN 978-7-5202-0634-1
定　价　135.00元

《中国中学生百科全书》编辑委员会

《中国中学生百科全书》（修订本）序言

《中国中学生百科全书》自2006年出版以来，深受中学生读者喜爱并荣获多项殊荣。时隔十三年，为适应今天中学生读者的阅读需要，我们对《中国中学生百科全书》做了全面修订和改版。

首先，我们对全书的结构做了调整。本着更基础、更核心的原则，我们将全书调整为三个分册并重新命名：《天地之间》《科学之书》《文艺之美》。三个分册各成体系，各有所专，又遵循统一的体例，共同组成《中国中学生百科全书》（修订本）。

其次，我们对全书条目框架做了调整。调整后的条目框架学科更明晰，更有利于中学阶段学习与大学专业选择的对接；包含的内容更全面，更便于中学生多方面知识的积累和素养的提高。

再次，我们对条目内容做了全面修订。对稳定性比较好的条目，主要是规范表达，使条目内容更严谨、更全面；对时效性比较强的条目，则既着力于体例规范，也着力于更新数据，使条目内容更准确、更科学。修订时还对语言风格做了调整，以使行文更符合现在中学生的阅读习惯。

然后，我们对呈现形式做了全新改版。我们对条目篇幅做了压缩，使行文更言简意赅；增设了一些知识点，以方便阅读和深化理解；同时尽可能地增加了说明性插图，使阅读更直观、更具象。我们还在排版时有意做了留白，以便读者记下阅读时的偶得。

所有这些，都是我们为读者所想，期待能与我们的中学生读者有更好的交流。

受出版周期所限，所收条目仍有不尽之处，将在以后继续完善。

编辑部

2019年12月

《中国中学生百科全书》前言

《新世纪中学生百科全书》自 1997 年 12 月面世以后，深受广大读者的厚爱，摆上了千家万户的书架。1999 年 11 月，出版社又编辑出版了《新世纪中学生百科全书（修订版）》。

时隔七年，为了满足广大中学生的需要，在《新世纪中学生百科全书》和《新世纪中学生百科全书（修订版）》的基础上，出版社编辑出版了《中国中学生百科全书》。本书是《新世纪中学生百科全书》的增补更新本，既继承了其优点，又增加了新的理念和新的知识，更新了数据。资料截止日期为 2006 年 7 月底。

《中国中学生百科全书》体现了这样的理念：对于中学生的培养应该是全面的。肩负祖国未来的中学生，不仅要是知识丰富、全面发展的人，也要是了解社会、善于处世的人，更要是思想活跃、领先潮流的人。

一个合格的中学生应该具备以下各方面的能力：

一、口头和书面语言表达能力。这一能力对将来从事任何一项工作都很重要。

二、对社会科学、文学、历史、地理的综合理解能力。这是各方面能力培养的基础。

三、数学的理解和实际应用能力。不仅要理解数学法则，更要能将数学应用于实际。

四、对物理、化学和生物科学与环境关系的理解能力。了解物质世界的运动规律，对作出正确的决策是有益的。

五、掌握外语背景知识和了解外国文化的能力。外语学习能锻炼记忆力、启迪思维，对外国文化的学习则有助于新观念的接受。

六、熟练使用计算机和其他技术手段的能力。不能满足于简单操作，要能解决较为复杂的问题。

七、艺术鉴赏能力。艺术素养的提高会使中学生的素质更加完善。

八、对社会政治、经济体制的理解能力。中学生很快就要步入社会，必须对现实社会有深入了解。

九、培养良好的生活习惯与顽强的毅力。注重身体、心理健康，加强身体锻炼、心理磨炼，克服不良习惯，抵制各种诱惑，对中学生的健康成长尤为重要。

十、分析、解决问题的能力和创造精神。这些决定着中学生的发展，影响他们今后的事业和生活。

《中国中学生百科全书》在培养中学生全面素质和能力方面，作出了新的有益尝试。

首先，本书涵盖了中学期间应当掌握的所有知识内容，《数理加油站》《史地大空间》和《文体新天地》三个分册对中学知识进行了全面的概括和梳理，对中学生的知识掌握大有裨益。

其次，本书摆脱传统百科全书的桎梏，推出了令人耳目一新的《成长充电器》分册，该册内容包括中学生成长问题的解决、中学生能力的培养、青春期心理问题的解惑等。这对中学生健康成长意义重大。

最后，本书还增加了大量最新的实用信息，如热门专业、热门科学话题、新兴职业、新发明，以及百所重点大学及其录取分数线等。这些实用信息增强了本书的实用性。

参加本书编写的作者都是中学教育方面的专家和在一线从事教学工作的优秀教师，他们付出了辛勤劳动，在此向他们表示衷心感谢！

编辑部

2006 年 8 月

凡　例

一、编排

1. 全书以条目为主体，条目按学科体系顺序排列。

2. 全书三册，按学科构成一个完整的知识体系。其中每册又各自构成独立的知识体系，具备独立的参见和索引系统。

3. 全书分为三册，每册包含多个学科的内容：《天地之间》，包含历史、天文、地质、地理等方面的内容；《科学之书》，包含数学、物理、化学、生物、医学、农业等方面的内容；《文艺之美》，包含语文、体育、美术、建筑、音乐、舞蹈等方面的内容。

二、条目标题

4. 条目标题仅由汉语标题组成。

5. 条目标题一般为词或词组，如“历史”“植物”“中国文学”“流行音乐”。

三、释文

6. 条目释文一般依次由定义和定性叙述、简史、基本内容、插图等构成，视条目的性质和知识内容的实际状况有所增减或调整。

7. 条目释文使用规范的现代汉语，并力求简明扼要、通俗易懂。

8. 一个条目的内容涉及其他条目并需由其他条目释文补充的，采用“参见”的方式。所参见的条目标题在释文中用蓝色楷体字显示。如“隶书由简略的篆书逐渐发展而成”。

9. 释文较长时，设置层次标题，并用不同的字体和排式表示不同的层次标题。

四、插图

10. 插图包括照片、线条图等，随文编排。

五、知识点

11. 知识点是条目内容的补充和延伸，随相关条目编排。

12. 知识点不列入目录。

六、索引

13. 每册正文后附有条目标题汉语拼音音序索引。

七、其他

14. 本书所用术语和外国人名、机构名的译名，以及常用数据均参照《中国大百科全书》（第二版）。本书所用地名及相关数据，均参照中国地图出版社出版的《中国地图集》《世界地图集》。

15. 本书的资料一般截止到 2018 年底。

条目分类目录

数学

数学……1
百鸡问题……1
计算工具……2
记数法……2
数学符号……3
进位制……4
黄金数……4
三大几何问题……4
数理逻辑……5
数学悖论……5
集合……6
自然数……6
0与1……7
有理数和无理数……7
绝对值……7
复数……7
代数学……8
合同变换……8
数论……9
哥德巴赫猜想……9
亲和数……10
完全数……10
费马大定理……11
分析学……11
函数……12
对数……12
导数……12
极限……13
几何学……13
蝴蝶定理……13
圆周率……14
分形几何……14
非欧几何……15
射影几何……15
投影……16
视图……16
拓扑学……17
排列与组合……17
幻方……17
三十六军官问题……18
科克曼女生问题……18
西尔维斯特问题……18
叙拉古猜想……19
抽屉原理……19
拉姆齐理论……19
七桥问题……20
四色问题……20
运筹学……21
博弈论……21
概率论……22
统计……22
模糊数学……22
公理和公理化方法……23
化归……23
分析与综合……23
割补法……23
换元法……23
参数法……24
递推与迭代……24
逐步逼近法……25
构造法……25
反证法……25
数学建模……26
国际数学家大会……26
费尔兹奖……26
国际数学奥林匹克竞赛……26
《九章算术》……27
《几何原本》……27
刘徽……27
祖冲之……28
秦九韶……28
杨辉……28
李善兰……28
华蘅芳……29

苏步青…… 29
华罗庚…… 29
陈省身…… 30
吴文俊…… 30
谷超豪…… 30
陈景润…… 31
丘成桐…… 31
毕达哥拉斯…… 31
欧几里得…… 32
笛卡尔，R.…… 32
费马，P.de …… 32
莱布尼茨，G.W.…… 33
欧拉，L.…… 33
拉普拉斯，P.-S.…… 34
傅里叶，J. …… 34
高斯，C.F. …… 34
泊松，S.-D. …… 35
希尔伯特，D.…… 35
冯·诺伊曼，J. …… 35
纳什，J.F. …… 36
阿蒂亚，M.F.…… 36

物理

物理学…… 37
物理量…… 38
物理实验…… 38
量子理论…… 39
能量…… 39
能量守恒定律…… 40
力…… 40
桥梁…… 41
卢沟桥…… 41
悬索桥…… 41
斜拉桥…… 42
立交桥…… 42
质量和密度…… 43
重力…… 43
失重和超重…… 44
弹力…… 44
胡克定律…… 45
摩擦…… 45
作用力和反作用力…… 46
气垫船…… 46
平衡力…… 46
速度和加速度…… 47
参照物…… 47
机械运动…… 47
自由落体运动…… 48
牛顿运动定律…… 48
机械能…… 49
功和功率…… 49
简单机械…… 49
杠杆…… 50
滑轮…… 50
向心力和离心力…… 50
万有引力…… 51
宇宙速度…… 52
火箭…… 52
飞艇…… 53
飞机…… 54
人造地球卫星…… 54
全球卫星定位系统…… 55
载人飞船…… 56
“神舟”号飞船…… 57
杨利伟…… 58
“阿波罗”11 号飞船 …… 58
宇宙空间站…… 59
“天宫”1 号 …… 59
宇宙探测器…… 60
嫦娥工程…… 60
航天飞机…… 61
压力和压强…… 62
大气压…… 62
马德堡半球实验…… 63
虹吸现象…… 63
液体压强…… 64
液压机…… 64
浮力…… 65
振动…… 65
共振…… 65
电磁学…… 66
电荷…… 66
电荷守恒定律…… 67
电量…… 67
自由电子…… 67

导体和绝缘体…………………………………… 67
半导体…………………………………………… 68
晶体二极管……………………………………… 69
集成电路………………………………………… 69
超导体…………………………………………… 70
静电感应………………………………………… 70
静电复印………………………………………… 71
雷电……………………………………………… 71
尖端放电………………………………………… 72
电流……………………………………………… 72
电路……………………………………………… 72
电阻……………………………………………… 73
欧姆定律………………………………………… 73
常用电路元件…………………………………… 73
电阻器…………………………………………… 74
电位器…………………………………………… 74
电容器…………………………………………… 74
电流表和电压表………………………………… 74
电功和电功率…………………………………… 75
焦耳定律………………………………………… 75
电源……………………………………………… 76
电池……………………………………………… 76
伏打电堆………………………………………… 76
蓄电池…………………………………………… 77
燃料电池………………………………………… 77
发电……………………………………………… 77
火力发电………………………………………… 77
水力发电………………………………………… 78
核能发电………………………………………… 78
风力发电………………………………………… 78
地热发电………………………………………… 79
发电机…………………………………………… 79
直流电和交流电………………………………… 79
高压输电线路…………………………………… 80
变压器…………………………………………… 80
电灯……………………………………………… 81
白炽灯…………………………………………… 81
荧光灯…………………………………………… 81
家庭安全用电…………………………………… 81
电动机…………………………………………… 82
电梯……………………………………………… 82
自动扶梯………………………………………… 83
磁场……………………………………………… 83
磁体……………………………………………… 83
指南针…………………………………………… 84
电磁感应………………………………………… 84
感应电流………………………………………… 85
电磁铁…………………………………………… 85
电磁波…………………………………………… 85
电磁污染………………………………………… 85
雷达……………………………………………… 86
无线电通信……………………………………… 86
短波通信………………………………………… 86
微波中继通信…………………………………… 86
卫星通信………………………………………… 86
电话机…………………………………………… 87
对讲机…………………………………………… 87
传真机…………………………………………… 87
无线电广播……………………………………… 87
调幅和调频……………………………………… 88
收音机…………………………………………… 88
电视……………………………………………… 88
有线电视………………………………………… 89
液晶电视………………………………………… 89
录音机…………………………………………… 90
立体声音响……………………………………… 90
电子琴…………………………………………… 90
电子钟表………………………………………… 90
电磁炉…………………………………………… 91
微波炉…………………………………………… 91
助听器…………………………………………… 92
声………………………………………………… 92
声速……………………………………………… 92
响度……………………………………………… 92
次声波…………………………………………… 92
超声波…………………………………………… 93
录音……………………………………………… 93
回声……………………………………………… 93
回声定位………………………………………… 93
声呐……………………………………………… 93
回音壁和三音石………………………………… 94
圜丘……………………………………………… 94
乐音和噪声……………………………………… 95
噪声污染………………………………………… 95
多普勒效应……………………………………… 95
声控……………………………………………… 95

内能…………96
比热容…………96
热膨胀…………96
热胀冷缩和热缩冷胀…………96
热传递…………96
采暖系统…………97
火炉…………97
火炕…………97
物态变化…………98
熔化和凝固…………98
汽化和液化…………98
升华和凝华…………98
蒸发和沸腾…………98
沸点…………99
高压锅…………99
温度…………99
温度计…………99
体温计…………100
摄氏温度…………100
热力学温标…………100
绝对零度…………100
热岛效应…………101
热机…………101
蒸汽机…………101
蒸汽机车…………101
内燃机…………102
内燃机车…………103
活塞式内燃机…………103
汽车…………104
电动汽车…………104
世界方程式赛车锦标赛…………104
摩托车…………105
制冷机…………105
电冰箱…………105
分子动理论…………106
扩散…………106
表面张力…………106
浸润和不浸润…………106
毛细现象…………106
自来水笔…………107
光…………107
红外线…………107
红外线烤箱…………108
紫外线…………108
荧光效应…………108
紫外线摄影…………108
X 射线…………108
零件探伤…………109
放射病…………109
光源…………109
光速和光年…………109
光的反射…………110
全反射原理…………110
平面镜…………110
球面镜…………111
太阳灶…………111
光的折射…………111
海市蜃楼…………112
光谱…………112
三棱镜…………113
光的色散…………113
物体的颜色…………113
三原色…………113
一次色…………114
交通信号灯…………114
透镜…………114
实像与虚像…………114
眼镜…………115
光学显微镜…………115
电子显微镜…………115
扫描隧道显微镜…………116
望远镜…………116
天文望远镜…………117
潜望镜…………117
电影放映机…………117
立体电影…………117
数字照相机…………118
激光…………118
激光笔…………118
激光武器…………118
激光通信…………119
全息照相…………119
遥感…………119
波谱特性…………120
红外遥感…………120
原子核物理学和粒子物理学…………120

原子钟……120
核裂变……121
核聚变……121
核电站……121
基本粒子……121
电子……122
放射性同位素……122
核磁共振……122
粒子加速器……122
对撞机……123
纳米材料……123
磁悬浮列车……123
电子计算机……123
智能计算机……124
生物计算机……124
光子计算机……124
量子计算机……125
中央处理器……125
内存……125
USB 闪盘……126
硬件……126
软件……126
计算机辅助设计……126
计算机专家系统……127
计算机网络……127
局域网……127
搜索引擎……127
电子邮件……128
计算机游戏……128
黑客……128
计算机网络安全……128
条形码……129
机器人……129
詹天佑……129
王淦昌……130
钱学森……130
吴健雄……130
钱伟长……131
钱三强……131
杨振宁……132
邓稼先……132
李政道……132
丁肇中……133
崔琦……133
哥白尼，N.……133
牛顿，I.……133
卡文迪什，H.……134
瓦特，J.……134
富尔顿，R.……134
安培，A.-M.……135
斯蒂芬森，G.……135
贝尔，A.G.……135
汤姆孙，J.J.……136
费森登，R.A.……136
居里夫人……136
卢瑟福，E.……137
玻尔，N.……137
查德威克，J.……137
费米，E.……137
中国科学院……138
中国工程院……138
STS 教育……138
国际物理学奥林匹克竞赛……139
全国中学生物理竞赛……139

化学

化学……141
物质……142
元素……142
分子……142
原子……143
离子……144
化合物……144
金属氧化物……144
非金属氧化物……145
单质……145
非金属单质……145
碘……146
硫黄……146
有机化合物……146
无机化合物……147
质量守恒定律……147
化学方程式……147
化学反应……148
化学变化……148

催化剂……148
燃烧……149
灭火器……149
爆炸……150
常见易燃易爆物……150
炸药……151
悬浊液……151
乳状液……152
气溶胶……152
溶解度……152
结晶……153
电解质……153
电解水实验……153
元素周期表……154
溶液酸碱度……154
酸碱指示剂……156
稀有气体……156
氮……157
氮的固定……157
氧……158
臭氧……158
臭氧空洞……158
氢……159
氟……159
硬水和软水……159
水体的自净能力……160
水的净化……160
氯……161
重水……161
海水淡化……161
碱金属……162
氢氧化钠……162
碳酸钠……162
石灰……163
碳……164
碳单质……164
金刚石……165
石墨……165
活性炭……165
木炭……166
碳-14测年法……166
一氧化碳……166
二氧化碳……167
水泥……167
硅……167
高纯硅……168
玻璃……168
温室效应……169
磷……170
金属……170
常见金属矿石……170
金属腐蚀……171
焰色反应……171
合金……171
锗……171
锡……172
铅……172
铜……173
铝……173
明矾……174
金……174
银……174
铂……175
锌……175
汞……175
钨……176
稀有金属……176
磁铁……176
酸……176
硫酸……177
硝酸……178
盐酸……178
醋酸……178
碱……178
盐……179
酸式盐……180
碱式盐……180
硫酸钡……180
硫酸钠……180
高锰酸钾……180
煤……181
石油……181
液化石油气……182
化肥……182
氨水……183
高分子化合物……183

天然气……183
沼气……183
甲醛……184
酒精……184
乙醇汽油……185
有机合成材料……185
塑料……185
聚氯乙烯塑料……186
可降解塑料……186
导电塑料……186
工程塑料……186
塑料芯片……186
有机玻璃……186
玻璃钢……187
塑钢……187
天然橡胶……187
功能高分子材料……188
化学纤维……188
染料……189
颜料……189
涂料……190
香料……190
食品添加剂……190
脱氧剂……191
干燥剂……191
洗涤剂……191
肥皂……192
厨房油污清洗剂……192
防冻剂……192
毒药……192
毒品……193
冰毒……194
可卡因……194
摇头丸……194
大麻……194
放射性元素……195
核燃料……196
“水中花园”实验……196
“火山爆发”实验……197
蜡烛……197
简易净水器……198
污染……198
大气污染……198
空气质量指数……200
室内空气污染……200
酸雨……200
土壤污染……201
水体污染……202
水俣病……203
光化学污染……203
白色污染……203
切尔诺贝利核电站爆炸事件……204
垃圾……204
炼金术……204
炼铜术……205
酿酒工艺……206
造纸术……207
葛洪……208
宋应星……208
徐寿……209
侯德榜……209
普里斯特利，J. ……210
舍勒，C.W. ……210
拉瓦锡，A.L. ……211
道尔顿，J. ……211
阿伏伽德罗，A.……212
本生，R.W. ……212
诺贝尔，A.B. ……213
门捷列夫，D.I. ……214
施陶丁格，H.……214
全国中学生化学竞赛……215
国际化学奥林匹克竞赛……215

生物

生物……217
生命……218
生命起源……218
生物分类……218
物种……219
进化……219
自然选择……219
生物进化论……220
绝灭……220
仿生学……220
生物电……221

生物钟……221
核酸……221
蛋白质……222
氨基酸……222
酶……222
维生素……222
糖类……223
脂肪……223
激素……223
干扰素……224
新陈代谢……224
细胞……224
生态学……225
食物链……225
生态平衡……226
生物多样性……226
寄生与共生……226
生物群落……227
生态系统……227
海洋生态系统……228
淡水生态系统……228
森林生态系统……228
草原生态系统……229
城市生态系统……229
生物入侵……229
生物地球化学循环……230
生物圈……230
浮游生物……231
游泳生物……231
底栖生物……231
发光生物……232
候鸟与留鸟……232
迁徙……233
保护色……233
警戒色……233
拟态……233
社会行为……234
遗传与变异……234
杂交……235
染色体……235
基因……235
生物芯片……235
克隆……236
生物工程……236
细胞工程……236
基因工程……237
转基因……237
基因组……238
人类基因组计划……238
生物制品……238
微生物……239
病毒……239
原核生物……239
细菌……240
真菌……240
霉菌……240
真核生物……241
植物……241
根……242
茎……243
叶……243
花……244
果实……244
种子……245
蒸腾作用……246
光合作用……246
叶绿体……246
叶绿素……247
顶端优势……247
低等植物……247
藻类植物……247
高等植物……248
苔藓植物……248
蕨类植物……248
种子植物……248
裸子植物……249
被子植物……249
苏铁……249
银杏……250
箭毒木……250
仙人掌……250
金花茶……251
梧桐……251
面包树……251
猪笼草……251
捕虫堇……252

食虫植物……252
珙桐……252
黄栌……252
雪莲……253
蝴蝶兰……253
濒危植物……253
珍稀植物……253
藤本植物……254
草本植物……254
木本植物……254
动物……255
足（动物）……255
角……256
触角……257
无脊椎动物……257
原生动物……258
草履虫……258
腔肠动物……258
水母……259
珊瑚……259
扁形动物……259
线形动物……259
环节动物……260
蚯蚓……260
软体动物……260
螺蛳……261
章鱼……261
节肢动物……261
甲壳动物……262
虾和蟹……262
蜘蛛……262
棘皮动物……263
海星……263
昆虫……263
翅（昆虫）……264
蜻蜓……264
螳螂……265
蝉……265
瓢虫……265
蝴蝶与蛾……265
蚊……266
蝇……266
蚂蚁……266
脊椎动物……267
鱼……267
热带鱼……267
食人鱼……267
鲨鱼……268
中华鲟……268
飞鱼……268
鲥鱼……268
大黄鱼……269
小黄鱼……269
带鱼……269
两栖动物……269
蟾蜍……270
青蛙……270
大鲵……271
爬行动物……271
乌龟……271
扬子鳄……271
蜥蜴……272
壁虎……272
蛇……272
蟒……273
鸟……273
企鹅……274
朱鹮……274
火烈鸟……274
鸿雁……275
鸳鸯……275
天鹅……275
鹰……275
孔雀……276
丹顶鹤……276
海鸥……276
鹦鹉……277
猫头鹰……277
蜂鸟……277
啄木鸟……278
燕子……278
喜鹊……278
乌鸦……279
麻雀……279
哺乳动物……279
鸭嘴兽……280

数学

数学 研究现实世界中数量关系和空间形式乃至更一般的抽象形式及关系的科学。

数学作为一门系统的、独立的和理性的科学来说，在公元前 600 ～前 300 年的古希腊学者登场之前是不存在的。大约在公元 1 世纪成书的《九章算术》，是中国古代数学形成的标志。古希腊数学家欧几里得所著的《几何原本》是一部划时代的著作，是最早用公理法建立起演绎数学体系的典范。阿拉伯数学家花拉子米通常被视为代数学的鼻祖，他的著作首次阐述了二次方程的解法。

数学从一开始研究的就是现实世界中的数与形的问题。数与形在数学发展中起到了核心作用，难以分割。例如，勾股测量提出了开平方的要求，而开平方、开立方又基于几何图形的考虑。17 世纪，R. 笛卡尔、P.de 费马创立的解析几何使数与形的结合更臻完善，也为随后产生的微积分奠定了基础。18 世纪后，数学以空前的规模迅速发展，微分几何、微分方程、拓扑学、概率论、运筹学等学科如雨后春笋般不断建立起来。20 世纪，数学发展的影响已经远远超出其自身的范围，力学、天文学、物理学、化学、生物学等学科不断与数学发生联系，科学的数学化已成为潮流。

原始社会末期，为了画圆作方，确定平直，中国人的祖先创造了规、矩、准、绳等作图与测量工具。图中左边人物手持的是规，右边人物手持的是矩

百鸡问题 5 世纪南北朝时期的数学著作《张丘建算经》里记载了百钱买百鸡的故事，即后来流传很广的百鸡问题：今有鸡翁一，值钱五；鸡母一，值钱三；鸡雏三，值钱一。凡百钱买鸡百只，鸡翁、母、雏各几何？

实际上，这是一个典型的不定方程问题。可设 x、y、z 分别表示公鸡、母鸡、小鸡的数目，则得下面方程：

$$\begin{cases}5x+3y+\frac{1}{3}z=100,\\ x+y+z=100,\end{cases}$$

消去 z，再化简得

$$7x+4y=100,$$

即
$$y=25-\frac{7}{4}x。$$

因为 y 是非负整数，所以 $0\leqslant x<15$，而 x 又是 4 的整数倍，故 x 只能是 0、4、8、12，于是得

$$\begin{cases}x=0,\\ y=25,\\ z=75;\end{cases}\quad\begin{cases}x=4,\\ y=18,\\ z=78;\end{cases}$$

$$\begin{cases}x=8,\\ y=11,\\ z=81;\end{cases}\quad\begin{cases}x=12,\\ y=4,\\ z=84。\end{cases}$$

计算工具 从事计算所使用的器具或辅助计算的实物。要提高运算速度和精度，必须借助相应的计算工具。人类始终在寻觅和发展着各种计算工具。

小时候学习算术经常借助十指帮助计算，手指成为最简单易用的计算工具。除了手指外，古代人们也常通过在绳子上打结来记数和计算，史称结绳记数。算筹是中国古代用于计算和占卜的重要工具。利用算筹，古代中国人最先创立了完善的十进制记数法。算盘实际上是算筹的改进，在中国、罗马、日本、俄罗斯都曾出现，至今在某些场合仍然适用。计算器是比较简单的计算机。它的雏形可以追溯到 1642 年 B. 帕斯卡发明的能做加减运算的机械。在此之后，G.W. 莱布尼茨曾制成一台能做加减乘除四则运算的机械。后来，人们又为做出机械计算机奋斗了许多年。从 20 世纪四五十年代起，电子计算机已从采用电子管的第一代发展到以采用超大规模集成电路为特征的第四代，成为相当普及和目前最好的计算工具。

古代印加王国的结绳记数

中国西汉时期使用的象牙算筹

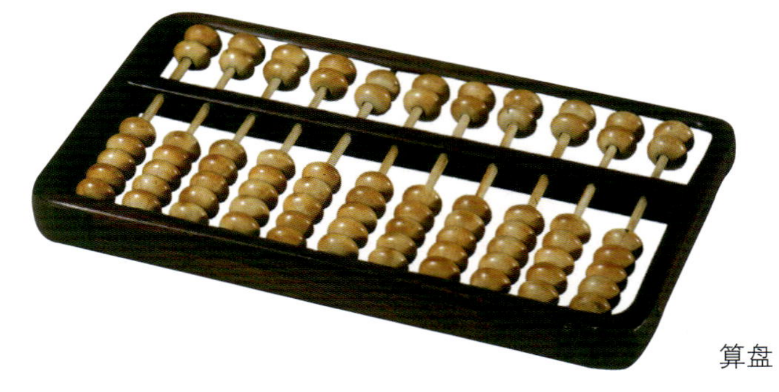

算盘

记数法 记录或标志数目的方法。

古巴比伦人用泥板来记数，用“𒁹”表示 1，用“𒌋”表示 10，采用六十进制。

古埃及人用象形文字记数，用“I”表示 1，用“∩”表示 10，采用十进制。

古巴比伦人的记数符号

古埃及人的记数符号

算筹式记数法

古代中国的甲骨文记数符号

最早的阿拉伯数字

记数法

与古巴比伦人不同的是，他们的每一个较高单位用一个特殊符号表示，这种记数方法在数学上被称为非位值制。而古巴比伦人的记数方法是位值制的。

中国最早的记数见于甲骨文，采用十进位非位值制。甲骨文上用于记数的独立符号有13个。后来又出现了一种算筹式的记数法，这是世界上最早的十进制记数法。

人们现在所用的阿拉伯数字最早源于印度，后来传入阿拉伯，最终演变为世界通用。

数学符号 最常见的数学符号一般有“+”“−”“×”“÷”“=”“>”“<”等。加号“+”、减号“−”是1489年德国数学家J.魏德曼在他的著作中首先使用的。英国数学家W.奥特雷德于1631年提出用“×”表示相乘，而另一种乘号“·”是英国数学家T.哈里奥特首创的。瑞士数学家J.H.雷恩在著作中正式将“÷”作为除号。等号“=”在1557年首次被英国数学教育家R.雷考德使用，直到17世纪末期才为人们普遍接受。大于号“>”、小于号“<”也是哈里奥特的创造。圆周率“π”是1737年瑞士数学家L.欧拉第一个使用的。欧拉还首先使用了函数记号“$f(x)$”、自然对数的底数“e”和虚数的单位“i”，连加号“Σ”据说也是欧拉最早使用的。Σ是希腊字母，与英文sum（即中文“和”）的第一个字母s有渊源关系。法国数学家R.笛卡尔首次使用了平方根号“$\sqrt{\ }$”。

进位制 中国早在五六千年前就有了数字记法。到3000多年前的商朝，刻在甲骨或陶器上的数字已十分常见，这时自然数计数都采用十进制。甲骨文中就有从一到十、百、千、万共13个记数单位。

对于任意大于1的整数p，每个自然数都可以唯一地写成$a^n p^n + a^{n-1} p^{n-1} + a^{n-2} p^{n-2} + \cdots + a^1 p + a^0$的形式，其中$a^0, a^1, \cdots, a^{n-1}, a^n$是在$0, 1, 2, \cdots, p^n$中取值的整数。于是就可以用（$a^n\ a^{n-1} \cdots a^1\ a^0$）$p$来表示这个自然数，这种表示自然数的方法被称为$p$进制记数法。当$p = 2$时，就是二进制记数法；当$p = 10$时，就是十进制记数法。

在二进制中，只有0和1两个记号，遵循逢二进一的规则。机械式计算机的发明者G.W. 莱布尼茨系统研究了二进制，并曾受到中国古代八卦的启发。二进制与十进制的关系见下表。

十进制记数与二进制记数对照表

十进制	1	2	3	4	5	6	7	8	9	10	…
二进制	1	10	11	100	101	110	111	1000	1001	100	…

黄金数 古希腊有一个政治、宗教、数学合一的秘密团体，即毕达哥拉斯学派。该学派对五角星情有独钟，甚至将五角星作为团体的标志。他们认为五角星不但漂亮，而且五角星每条边都有着迷人的比例性质：每条边小段与大段的长度之比恰好等于大段与全段的长度之比，比值约为0.618。这个数被文艺复兴时期的画家、科学家达·芬奇称为黄金数。满足以上比例关系的线段的分点被称为黄金分割点。

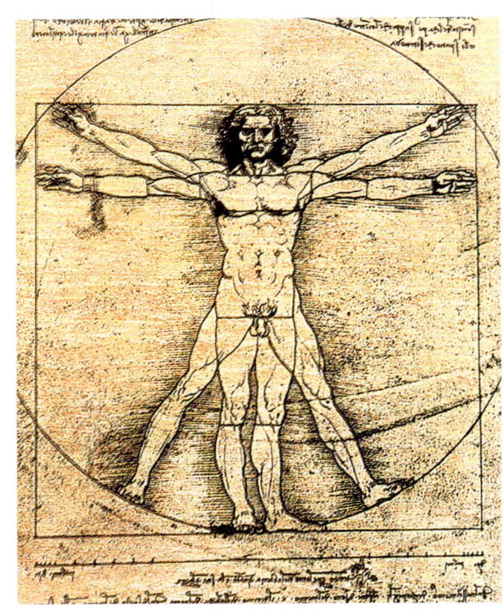
达·芬奇按照黄金数画的人体比例图

黄金数在自然界和人们生活中随处可见：人的肚脐大约是人体总长的黄金分割点；人的膝盖大约是肚脐到脚跟的黄金分割点；植物的生长也与0.618这个数有关；通常书的开本也满足黄金分割的特点；许多国家的国旗中都有五角星；许多建筑物如埃及金字塔、巴黎圣母院等，也都与黄金分割有关系。

三大几何问题 即古希腊三大几何问题。分别是：①倍立方体问题，即求作一立方体的边，使该立方体的体积为给定立方体的两倍；②化圆为方问题，即作一正方形，使其与一给定的圆面积相等；③三等分任意角问题，即分一个给定的任意角为三个相等的部分。

古希腊三大几何问题从形式上看非常简单，实际上却有着深刻的内涵。它们都要求作图只能使用无刻度的直尺和圆规，而且只能有限次地使用直尺和圆规。但直尺和圆规只能过两点画一条直线、作圆、作两条直线的交点、作两圆的交点、作一条直线与一个圆的交点。某个图形是可作的，就是指从若干点出发，可以通过有限个上述基本图形复合得到。这一过程隐含了近代代数学的思想。经过两千多年的艰苦探索，数学家们终于弄清楚了这三个古典难题是“不可能用尺规完成的作图题”。认识到有些事情确实是不可能的，是数学思想的一大飞跃。

然而，一旦改变作图的条件，问题就会变成另外的样子。比如直尺上如果有了刻度，则倍立方体和三等分任意角就都是可作的了。20 世纪 80 年代，中国数学家张景中和杨路解决了美国几何学家 D. 佩多提出的关于“生锈圆规”（半径固定的圆规）的两个作图问题，为尺规作图增添了精彩的一笔。

数理逻辑 用数学的方法研究逻辑推理和数学计算，将推理论证、数学计算的过程符号化、形式化、公理化的学科。数学的分支。又称符号逻辑、数学逻辑。在由 D. 希尔伯特与 W. 阿克曼合著的《理论逻辑基础》中，曾称数理逻辑为理论逻辑。用数学方法研究逻辑的系统的思想一般可追溯到 G.W. 莱布尼茨，萌芽于古希腊的亚里士多德。数理逻辑是经先驱者沿着莱布尼茨的思想进行了大量实质性的工作而逐步发展和完善起来的，其内容分为狭义、广义和最广义三个层次。数理逻辑已经成为计算机科学的基础，且在其他数学分支中的应用也越来越多。

数学悖论 一些看起来好像正确，但却能导致与直觉和日常经验相矛盾的命题。又称反论。

约公元前 5 世纪的古希腊哲学家芝诺提出了四个著名的悖论。第一个悖论说运动不存在，理由是运动物体到达目的地之前必须先抵达中点，也就是说，一个物体从 A 到 B，永远不能到达。因为要从 A 到 B，必须先到达 AB 的中点 C，为到达 C 必须先到达 AC 的中点 D……这就要求物体在有限时间内通过无限多个点，因而是不可能的。第二个悖论说希腊的神行太保阿基里斯永远赶不上在他前面的乌龟，理由是追赶者首先必须到达被追者的起点，因而被追者永远在前面。第三个悖论说飞箭静止，理由是在某一时间间隔，飞箭总是在某个空间间隔中确定的位置上，因而是静止的。

追不上的乌龟

第四个悖论是游行队伍悖论，内容与前者基本相似。芝诺悖论在数学史上有着重要的地位，有人将它看成是第二次数学危机的开始（无理数的发现被认为是第一次数学危机），并由此导致了实数理论、集合论的诞生。

英国哲学家、数学家、逻辑学家B.A.W. 罗素于20世纪初提出了著名的理发师悖论，也即罗素悖论。悖论中有一个村庄的理发师立下了“只为所有不自己理发的人理发”的规矩。于是有人问他：“理发师先生，您的头由谁理呢？”这可难住了理发师。因为从逻辑上讲有两种可能性——自己给自己理或请别人给自己理。但若自己给自己理，那就违背了立下的规矩；如果请别人给自己理，那他自己就成了“不自己理发的人”，按照规矩，他应该给自己理发。无论怎样都和自己立的规矩相冲突。罗素悖论标志着第三次数学危机的开始，由此导致了对数学基础的广泛讨论。实际上，与罗素悖论本质上完全一样的说谎者悖论早在公元前4世纪就由古希腊数学家欧几里得提出，即“我正在说的这句话是谎话”。这句话到底是真话还是谎话呢？这也是一个无法自圆其说的论题。

对数学悖论的研究，推动了数学的发展，同时也使人们认识到尽管数学是很严密的，它的真理性却也是相对的。

集合 数学中最重要、最基本的概念之一。在数学里，当人们把一些事物放在一起考虑时，就说它们组成了一个集合。比如1、2、3、4、5这5个数字组成一个集合。一个集合，总是由一些基本事物构成的，这些基本事物被称为这个集合的元素。比如3是自然数集合的一个元素。一个事物一定属于或不属于这个集合，是确定的；集合中的元素不允许重复，也即必须互异；集合中的元素不分次序，也就是说是无序的。

集合论是专门研究集合的学科，是现代各门数学学科的基础。在代数里，人们经常要用到自然数集合、有理数集合、实数集合；在几何里，人们会遇到由点组成的集合——直线、线段、圆、平面等。

如果某一集合的任意一个元素同时也是另一集合的元素，则称前一个集合是后一个集合的子集。两个集合中的元素合在一起组成的集合，被称为这两个集合的并集；两个集合中共有元素组成的集合，被称为这两个集合的交集。

此外，在研究问题时所涉及的一切对象组成的集合，被称为全集。如果从全集中取出集合 A 的所有元素，由剩下的元素所组成的集合，被称为集合 A 的补集。

自然数 人类由计量事物多少的需要形成的最早的数学概念。在数学的浩瀚海洋中，人们最熟悉的就是自然数了。一般把1, 2, 3, 4, …称为自然数。关于0是否属于自然数，过去有不同看法。现在已统一规定0是第一个自然数。

自然数一般可以分为偶数和奇数，即双数和单数；还有一种重要的分类是质数（又称素数）与合数。自然数中只能被1与它自身整除的数被称为质数，其他的数被称为合数。比如 2 就是最小的质数，也是唯一既是偶数又是质数的自然数；3 是最小的奇数质数。20 以内的质数有 2、3、5、7、11、13、17、19。自然数中的合数大大多于质数，比如 4、6、9、15 等。

0 与 1 数学中丰富多彩的变换，许多都可以看成 0 或 1 的千变万化。

表示“没有”是 0 的第一层意义，当出现了负数以后，0 还可以表示一个确定的状况，如 0℃并非没有温度。这时，0 是既非正又非负的中性数。很多问题化成 0 以后，则便于解决。如 $a > b$ 等价于 $a-b > 0$。这样，就把两端不确定转化成一端不确定了。

1 是什么？我们常把一个整体设定为 1，如单位分数的分子、工程问题等。同样，很多问题化成 1 以后，也变得容易解决，如 $a > b > 0$，则 $a / b > 1$。

有理数和无理数 人们定义有理数为两个整数的商 q / p（$p \neq 0$）。有理数有这样一个简单的几何解释：在一条水平直线上标出不同的两个点 O 和 I，选定线段 OI 作为单位长。如果用 O 和 I 分别表示 0 和 1，则可以用这条直线上间隔为单位长的点的集合来表示正整数和负整数（正整数在 O 的右边，负整数在 O 的左边）。以 p 为分母的分数可以用每一单位间隔分成 p 等份的点表示。于是，每一个有理数都对应着直线上的一个点。古代数学家们想当然地认为，这条直线的每一个点也都对应一个有理数，即有理数把这条直线上的点都用“完”了。然而，毕达哥拉斯学派却发现后一论点是不正确的：如图以线段 OI 为边作正方形，令线段 OP 的长等于正方形的对角线长，则没有有理数能与 P 对应。要证明这件事就需要证明$\sqrt{2}$不是有理数。假设$\sqrt{2}$是有理数，即$\sqrt{2} = q / p$，这里 p、q 是互素的整数（即不能再约分的整数），于是 $q = \sqrt{2}\,p$，$q^2 = 2p^2$，即 q^2 是一个偶数，从而 q 也是偶数（不然 q^2 必为奇数，矛盾）。设 $q = 2k$，则 $2p^2 = q^2 = 4k^2$，$p^2 = 2k^2$，这又得到 p 必为偶数，此与 p、q 互素矛盾。所以$\sqrt{2}$肯定不是有理数。这种数的发现出乎人们的预料，因而称之为无理数。

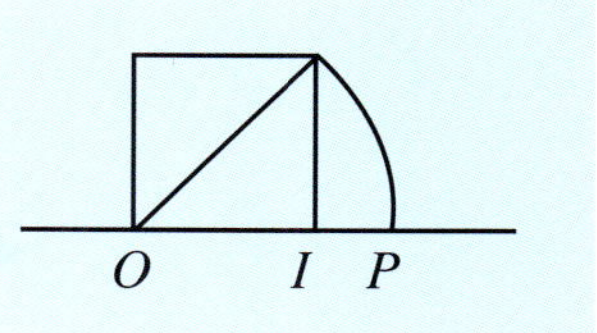

P 点不对应有理数

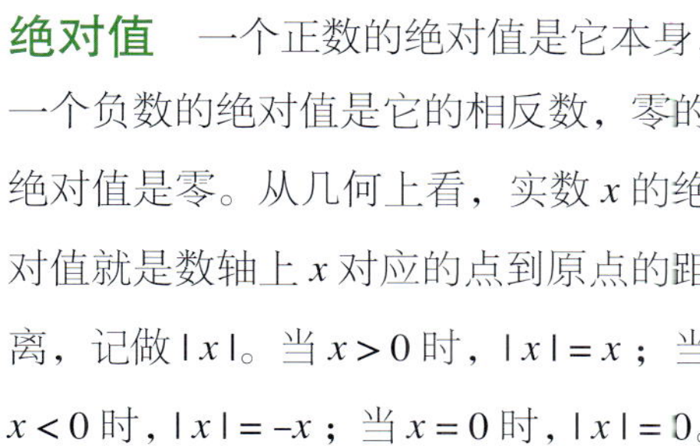

绝对值 一个正数的绝对值是它本身，一个负数的绝对值是它的相反数，零的绝对值是零。从几何上看，实数 x 的绝对值就是数轴上 x 对应的点到原点的距离，记做 $|x|$。当 $x > 0$ 时，$|x| = x$；当 $x < 0$ 时，$|x| = -x$；当 $x = 0$ 时，$|x| = 0$。

数学始终处在发展之中。当从实数发展到复数时，绝对值也在发展。复数的绝对值也称模，在复平面上是表示复数的点到原点的距离。设复数为 $a + b\mathrm{i}$（其中 a、b 为实数），则它的绝对值或模为$\sqrt{a^2 + b^2}$。

复数 解方程曾经是代数学研究的主要内容。利用配方法不难得到一元二次方程 $x^2 + px + q = 0$ 的求根公式：

$$x = \frac{-p \pm \sqrt{p^2 - 4q}}{2}。$$

如果 $p^2 - 4q < 0$，上面的公式中出现了

负数的平方根，这在实数范围内是不可能的。如何解决这一问题？最早人们简单地认为这时方程无解。但是，随着时间的推移，负数的平方根逐渐显示出重要的作用，数学家们开始认真思考这一问题。瑞士数学家L.欧拉首先使用i来表示$\sqrt{-1}$，即$i^2=-1$。虽然数学家们不断使用这类数解决问题，但仍认为这是不可能存在的、幻想中的数，并称之为虚数，i被称为虚数单位。直到德国数学家C.F.高斯对该问题进行研究后，这类数才开始得到人们的普遍理解。高斯首先引进了复数的概念：当a、b为实数时，将$a+b\mathrm{i}$称为复数。特别地，当$a=0$，$b\neq0$时，称之为“纯”虚数。高斯还给出了复数的几何表示。从此，一个新的数学分支——复变函数论便发展起来。

代数学 数学中一个重要的、基础的分支。由于人类生活、生产、技术、科学和数学本身的需要而发生和发展，历史悠久。代数学在研究对象、方法和中心问题上经历了重大的变化。

初等代数学（或称古典代数学）是更古老的算术的推广和发展。它是研究数字和文字的代数运算（加法、减法、乘法、除法、乘方、开方）的理论和方法，更确切地说，是研究实数或复数和以它们为系数的多项式的代数运算的理论和方法。中国和其他文明古国对初等代数学都有过不少贡献。诸如正负数加减运算，求联立一次方程组和正系数二次、三次方程的数值解，二项式展开系数表，高阶等差级数论等，都是古代中国的发明。古代巴比伦、埃及、希腊、印度、阿拉伯等也对初等代数学的发展做出了重要贡献。例如，希腊丢番图的一次与二次不定方程的解法；印度婆罗摩笈多和婆什迦罗第二的二次方程一般解，后者认识到负根的存在；阿拉伯花拉子米的二次方程一般解法、奥马·海亚姆的三次方程的圆锥曲线求解法等。欧洲则于16～17世纪系统地建立了这门科学。随着电子计算机的使用，有些内容的新发展被归入计算数学的范围，形成了数值代数。

抽象代数学（曾称近世代数学）则是在初等代数学的基础上，通过数系概念的进一步推广或者可以实施代数运算的对象范围的进一步扩大，逐渐发展而形成的。它自18、19世纪之交萌芽、成长，于20世纪20年代建立。它研究的对象是非特定的任意元素的集合和定义在这些元素之间的、满足若干条件或公理的代数运算。也就是说，它以各种代数结构（或称系统）性质的研究为中心问题。实际上，抽象代数中仅研究少数类型的代数结构，它们是在代数学发展过程中自然出现的最基本的几种，如群、环、域、格、模等。

合同变换 两个图形形状、大小完全一样，移动后可以重合，称作全等。合同变换就是“全等”变换。三角形的全等是合同变换最好的例子。

严格地说，两个图形F与F'的点之间有一一对应关系，并且图形F上任意两点所连接的线段，等于图形F'上两对应点连接的线段，则称图形F合同于图

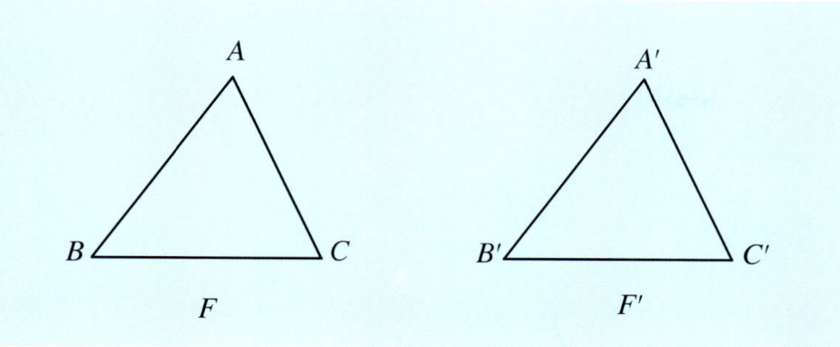

合同图形

形 F' 。这两个图形被称为合同图形。把图形变为自己的合同图形的变换被称为合同变换。

合同变换包括反射变换、平移变换和旋转变换。这几种变换常指导人们添加辅助线。图形 F 中关于直线 l 的各对称点所组成的图形 F' ，被称为图形 F 的轴对称图形。把一个图形 F 变为它的轴对称图形 F' 的变换被称为反射变换。把图形 F 上的所有点都按一定方向移动一定距离 d 形成图形 F' ，这种变换被称为平移变换。把平面图形 F 绕这平面内一个定点 O 旋转一个定角 α ，这样的变换被称为旋转变换。O 点被称为旋转中心，α 被称为旋转角。旋转角为 180° 的旋转变换就是中心对称变换。

数论 研究整数性质的数学分支。

自然数是最重要、最基本的数学概念之一，对它的认识和研究与人类文明有着同样悠久的历史。人们在不断地发现、提出和寻求解决有关整数之间关系的各种问题的过程中形成了数论。

数论问题的一个显著特点是它的表述大多是算术的，十分初等，简单明了，但是要解决它却异常困难，绝大多数问题用初等方法根本无法讨论。欧几里得的名著《几何原本》总结了前人和他自己关于整数性质的研究成果，是数论学科的导引。从欧几里得到 C.F. 高斯这两千多年的时间里，数论的研究方法都是初等的。高斯于 1801 年发表的名著《算术研究》是数论发展史上的里程碑。他创立了同余理论，并在此基础上将以前孤立的内容予以系统整理，建立了完整的初等数论理论，使数论真正成为数学的一个独立分支，开创了现代数论的新时期。

在探索应用数学方法研究各种问题的过程中，数论形成了以下分支：以研究方法或对象为中心的各个分支，如初等数论、代数数论、解析数论、几何数论、超越数论、概率数论和计算数论等；以研究问题为中心的各个分支，如素数分布、不定方程、堆垒数论及丢番图逼近等。这些分支各自形成了自己的理论体系。

有的数论问题可以用高等方法来解决，但是寻求一个初等的算术解法或较初等的分析、代数解法，仍是数论中十分重要的事。

哥德巴赫猜想 1742 年德国人 C. 哥德巴赫与数学家 L. 欧拉在通信中提出的猜想：①每个大于 4 的偶数都能表示为两个奇质数之和，如 $6=3+3$ 等；②每个大于 7 的奇数都能表示为三个奇质数之和，如 $9=3+3+3$ 等。实际上从①成立可以推出②成立，因为每个大于 7 的奇数显然可以表示为一个大于 4 的偶数与 3 的和。1937 年，苏联数学家 I. M. 维诺格拉多夫利用他独创的三角和方法证明了每个充分大的奇数可以表示为三个

报告文学《哥德巴赫猜想》插图（袁运甫绘）

奇质数之和，基本上解决了猜想②。但是证明猜想①成立至今仍未解决。数学家们转而研究较弱的命题：每个充分大的偶数可以表示为质因数个数分别为 m、n 的两个自然数之和，简记为“$m+n$”。猜想①基本上就是“1+1”。1920 年挪威数学家 V. 布龙证明了“9+9”；以后的二十多年里，数学家们又陆续证明了“7+7”“6+6”“5+5”“4+4”“1+c”，其中 c 是常数。1956 年中国数学家王元证明了“3+4”，随后又证明了“3+3”“2+3”。20 世纪 60 年代前半期，中外数学家将命题推进到“1+3”。1966 年中国数学家陈景润证明了“1+2”，这一结果被称为陈氏定理，至今它仍是最好的结果。

亲和数 数与数之间的一种特殊关系。古希腊数学家毕达哥拉斯在自然数研究中发现，220 的所有真约数（不是自身的约数）之和为：1+2+4+5+ 10+11+20+22+44+55+110=284。而 284 的所有真约数为 1、2、4、71、142，加起来恰好等于 220。人们将这样的数称为亲和数。一般地讲，如果两个不相等的正整数中任何一个数都是另一个数的（正）真约数之和，则这两个数就是亲和数。

220 和 284 是最早被发现的、最小的一对亲和数。第二对亲和数（17296，18416）直到 1636 年才由法国数学家 P.de 费马发现。1638 年，法国数学家 R. 笛卡尔发现第三对亲和数。瑞士数学家 L. 欧拉在 1747 年给出了 30 对亲和数，1750 年又增加到 60 对。到目前为止，人类已发现近千对亲和数。然而，第二对小的亲和数（1184，1210）竟然被数学家们遗漏了，直到 1886 年才由意大利的一位 16 岁男孩发现。

亲和数还可以推广为若干个数组成的亲和数链，链中的每一个数的真约数之和恰好等于下一个数，如此连续，最后一个数的真约数之和等于第一个数。目前已知的最大的亲和数对中的两个数都是 5577 位数。

完全数 一些特殊的自然数。自然界中的许多现象都与 6 有关系：晶莹剔透的雪花呈六角形，蜂房的入口呈六边形。6 是一个很有趣的数，它的约数有 1、2、3、6，如果不算 6 本身，把其余的约数加起来恰好等于 6 自身。人们称这种除了自身以外的所有（正）约数之和恰好等于自身的正整数为完全数。古希腊人认为这种数代表吉祥，会给他们带来幸福。

第二个完全数是 28，第三个完全数是 496，第四个完全数是 8128。可以看出：

$$6=2\times3=2\times(2^2-1)$$
$$28=4\times7=2^2\times(2^3-1)$$
$$496=16\times31=2^4\times(2^5-1)$$
$$8128=64\times127=2^6\times(2^7-1)$$

蜂房结构底面为 3 个菱形的六棱柱体

于是人们猜测，具有 $2^{n-1}(2^n-1)$ 形式的数（其中 n 是质数）是否都是完全数？任何偶完全数是否都有 $2^{n-1}(2^n-1)$ 这种形式？经过数学家们的努力，已经证明后一问题的答案是肯定的，而前一问题在 2^n-1 为质数时也是肯定的。由于法国数学家 M. 梅森最早研究 2^n-1 型的质数问题，人们称这种形式的数为梅森数，其中的质数 n 被称为梅森质数。于是，有一个梅森质数就有一个偶完全数，偶完全数与梅森质数联系起来了。但梅森质数一共有多少个，目前仍是一个未知数。借助于计算机，人们已经找到三十多个梅森质数。对于是否存在奇完全数，数学家们已经证明：如果存在奇完全数，那么这个数必大于 10^{50}。

在研究完全数的同时，人们也研究了盈数与亏数，即除了自身之外所有（正）约数之和大于自身的正整数和除了自身之外所有（正）约数之和小于自身的正整数。比如 8 是一个亏数，而 12 是一个盈数。

费马大定理 设 n 是大于 2 的正整数，则不定方程 $x^n+y^n=z^n$ 没有 x、y、z 全不为零的整数解。大约在 1630 年，法国数学家 P.de 费马在一本书的空白处写下了这个定理，并说他找到了一个真正奇妙的证明，但因书上空白太小而未写下。其后，许多数学家试图证明它，但进展十分缓慢。

1976 年 S.S. 瓦格斯塔夫证明了对 $n<125000$，费马大定理都成立。1983 年年轻的德国数学家 G. 法尔廷斯证明了不定方程 $x^n+y^n=z^n$ 只能有有限多组解，他的突出贡献使他在 1986 年获得了费尔兹奖。1993 年英国数学家 A. 维尔斯宣布证明了费马大定理，但随后 N. 卡茨发现了证明中的一个漏洞。1995 年 R. 泰勒和维尔斯合作填补了这个漏洞。历史长达三百多年的费马大定理终于得以彻底证明。

分析学 17 世纪以来在微积分基础上发展起来的数学分支。人们曾把它与几何学、代数学并列为纯数学的三大分支。

分析学的发展始终与力学、物理学和几何学紧密相关。17 ~ 18 世纪的分析学，以无穷小分析为主。当时，人们主要围绕 I. 牛顿和 G.W. 莱布尼茨所创立的微积分理论与方法，以及无穷级数中的问题进行研究。19 世纪，A.-L. 柯西与 K. 外尔斯特拉斯等人发展了完善的极限理论，澄清了微积分概念中的某些问题，使分析学的基础得以严密化。在此基础上，变分法、微分方程得到进一步发展。20 世纪初，É. 波莱尔与 H.L. 勒贝格研究了集合测度的概念，勒贝格在他的测度理论的基础上建立了一种新的积分理论。测度论与勒贝格积分使分析学中的许多研究如傅里叶级数的研究出现了新的面貌，并为公理化概率论的建立奠定了基础。由于研究变分法、积分方程的一般理论和其他方面的需求，产生并发展了泛函分析的理论。它使分析学的研究从有限维空间扩展到无限维空间。泛函分析的发展又促进了近代微分方程理论、计算数学理论、概率论和数理统计的发展。

20 世纪中叶以后，分析学出现了许多新的分支或研究领域，如多复变函数论、群上的调和分析、非线性泛函分析、大范围变分法、动力系统、位势论、流形上的分析等。这些研究领域虽仍可划归为分析学，但其研究内容与研究方法与经典分析学已大相径庭。

函数 数学的基础概念之一。函数概念最初产生于 17 世纪，这首先应归功于法国数学家 R. 笛卡尔。但是，最早使用“函数”一词的却是德国数学家 G.W. 莱布尼茨。瑞士数学家 L. 欧拉曾认为“一个变量的函数是一解析表示，由这个变量及一些数或常量用任何规定方式结合而成”，并把“用笔画出的线”也称为函数。19 世纪，函数概念逐渐发展为现代的函数概念，俄国数学家 N. I. 罗巴切夫斯基最早较为完整地叙述了函数的定义。

在物质世界里常常是一些量依赖于另一些量，即一些量的值随另一些量的值确定而变化。函数就是这种依赖关系的一种数学概括。一般地，把非空集合 A 到 B 的对应 f 称为函数（或映射），f 满足：对 A 中任意元素 a，在 B 中都有唯一确定的元素 $f(a)$ 与之对应。

函数在人们的日常生活中很常见。函数关系不一定很有规律，也不一定非得用规则的表达式表示出来。实际上，更多的函数是不能用表达式表示出来的。

对数 关于实数的一种常用运算。它是指数运算的逆运算。设 a 为一常数，$a>0$，$a\neq 1$。当 $x=a^y$ 时，则称 y 是以 a 为底 x 的对数，记为 $\log_a x$。比如，$100=10^2$，那么称 2 是以 10 为底 100 的对数，也即 $2=\log_{10}100$。以 e 为底的对数，被称为自然对数。

对数运算中有如下的基本公式：$\log_a(xy)=\log_a x+\log_a y$。基于这一性质，人们可以把乘法运算通过对数化作加法运算。过去，人们编制了以 10 为底的对数表，把这种办法广泛应用于数值计算中。计算尺也是基于这一原理设计的。随着计算器和电子计算机等的广泛使用，人们已经不再利用对数表和计算尺进行计算了。

导数 函数的因变量与自变量的变化比率。微积分的基本概念之一。设 $y=f(x)$ 在一点 a 的附近有定义。考虑自变量 x 的一个改变量 $\Delta x=x-a$ 和与其相应的因变量 y 的改变量 $\Delta y=f(a+\Delta x)-f(a)$。若当 Δx 趋于零时，因变量的改变量与自变量的改变量之比 $\Delta y/\Delta x$ 的极限 $\lim\limits_{\Delta x\to 0}\frac{\Delta y}{\Delta x}=\lim\limits_{\Delta x\to 0}\frac{f(a+\Delta x)-f(a)}{\Delta x}$ 存在，则称之为 $y=f(x)$ 在点 a 处的导数，记作 $f'(a)$ 或 $\left.\frac{df}{dx}\right|_a$。

导数可以用来研究函数的性质。如果一个函数的导数总是正的，那么它的函数值随自变量增大而增大；如果一个函数的导数总是负的，那么其函数值随自变量增大而减小。一个处处有导数的函数在一点达到极大或极小时，则函数在该点的导数为零。

极限 微积分乃至整个分析学的基础概念之一。用以描述自变量的某个给定变化过程中，其函数值的一种稳定的变化趋势。

数列的极限是：给定数列 $\{a_n\}$ 和数 a，如果对于任意给定的 $\varepsilon>0$，存在正整数 N，当 $n>N$ 时，总有 $|a_n-a|<\varepsilon$，则称 a 是数列 $\{a_n\}$ 的极限，记作 $\lim\limits_{n\to+\infty}\{a_n\}=a$。可以类似地定义函数的极限。有极限的数列（或函数）被称为收敛的数列（或函数），无极限的数列（或函数）被称为发散的数列（或函数）。极限为 0 的被称为无穷小量。

几何学 数学最古老的一个分支学科。相传起源于古埃及尼罗河泛滥后为修整土地而产生的测量法。古希腊哲学家柏拉图确立了几何学中定义、公设、公理、定理等概念。欧几里得的《几何原本》，是现代几何基础论的先驱。19 世纪，俄国数学家 N.I. 罗巴切夫斯基和匈牙利数学家波尔约各自独立地发展了非欧几何。欧洲文艺复兴之后，代数学得到蓬勃发展，几何学开始和代数学联系起来。R. 笛卡尔和 P.de 费马发明了坐标法，在空间中的点和数组之间建立对应关系，把图形表述为数组所满足的方程来进行研究。这就是现在所称的解析几何。笛卡尔和费马的坐标法促进了微积分的产生和发展。反过来，将微积分用于几何学，形成了微分几何。此外，文艺复兴时期在造型美术发展过程中产生的透视图法逐渐成为一个独立的分支，形成射影几何。到 18 世纪，微分几何成为数学的一个分支学科，对它做出最大贡献的是 C.F. 高斯。他奠定了曲面论的基础。高斯的内蕴曲面论在 1854 年由黎曼推广为高维的黎曼几何。自从 A. 爱因斯坦将它用于广义相对论以后，黎曼几何成为微分几何的主角。20 世纪 20 年代以后，开始了大范围微分几何的研究。70 年代以后，偏微分方程和非线性分析与大范围微分几何相结合，产生了几何分析。

蝴蝶定理 古典欧氏平面几何最精彩的结果之一。1815 年，欧洲的一本通俗杂志《男士日记》上刊登了一个后来被称为蝴蝶定理的几何征解题：如图，过圆的弦 AB 的中点 M，任意引两条弦 CD 和 EF，连接 ED、CF，分别交 AB 于 P、Q，则 $MP=MQ$。由于问题中图形的圆内部分像一只翩翩起舞的蝴蝶，蝴蝶定理因此得名。证明它是初等几何近代著名的问题之一。

在问题刊出的当年，英国的中学数

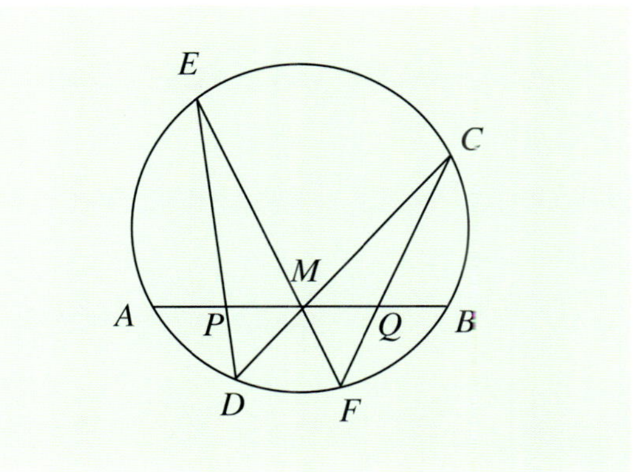

蝴蝶定理图形

学教师霍纳就给出了第一个证明。不过，霍纳的证明比较繁琐，使用的知识也比较深。1973 年，英国中学教师斯特温利用三角形面积关系，给出了一个漂亮而简捷的证明。从这以后，这个定理限于初等数学的证明像雨后春笋般涌现，证法多得不胜枚举。

斯特温的证明方法如下：

设 $AM=MB=a$，$MQ=x$，$PM=y$，又设△ EPM、△ CMQ、△ DMP、△ FMQ 的面积分别为 S_1、S_2、S_3、S_4。

因为$\angle E=\angle C$，$\angle D=\angle F$，$\angle CMQ=\angle PMD$，$\angle FMQ=\angle PME$，所以有

$$\frac{S_1}{S_2}\cdot\frac{S_2}{S_3}\cdot\frac{S_3}{S_4}\cdot\frac{S_4}{S_1}=1\ ,$$

即
$$\frac{PE\cdot EM\cdot\sin E}{MC\cdot CQ\cdot\sin C}\cdot\frac{MC\cdot MQ\cdot\sin CMQ}{MP\cdot MD\cdot\sin PMD}\cdot\frac{DM\cdot DP\cdot\sin D}{MF\cdot FQ\cdot\sin F}\cdot\frac{MQ\cdot MF\cdot\sin FMQ}{ME\cdot PM\cdot\sin PME}=\frac{PE\cdot DP\cdot(MQ)^2}{CQ\cdot FQ\cdot(PM)^2}=1\ ,$$

也即 $PE\cdot DP\cdot(MQ)^2=CQ\cdot FQ\cdot(MP)^2$。

由相交弦定理有

$$CQ\cdot FQ=BQ\cdot QA=(a-x)(a+x)=a^2-x^2,$$

$$PE\cdot DP=AP\cdot PB=(a-y)(a+y)=a^2-y^2,$$

所以有 $(a^2-y^2)\,x^2=(a^2-x^2)\,y^2$。

因为 x、y 都是正数，所以 $x=y$，即 $MQ=PM$。

圆周率 在平面上圆周与直径的长度之比。圆有一个非常重要的性质，即无论圆的大小如何，它的周长与直径之比永远是一个常数——圆周率，圆周率用希腊字母 π 表示。

古典的计算 π 的办法是利用圆内接或圆外切正多边形近似地求出圆的周长，然后除以直径来得到 π 的近似值。用这种方法，古希腊数学家阿基米德得到 π 的近似值为 3.14；中国古代数学家祖冲之得到 π 介于 3.1415926 和 3.1415927 之间，并给出了两个最佳的有理近似值——约率 22/7 和密率 355/113。1610 年，德国的 L.van 科伊伦（鲁道夫・范・科伊伦）通过 262 边形计算 π 到小数点后的第 35 位，这项工作占去了他一生的大部分时间。时至今日，德国有人还把这个数称为鲁道夫数。后来人们改进了计算 π 的方法，并于 1767 年证明 π 是无理数。随着电子计算机的使用，π 值的计算飞速发展，2011 年已经算到小数点后 10 万亿位。

分形几何 研究不规则曲线的几何学。1904 年瑞典数学家 H.von 科赫讲述了一种描述雪花的方法：先画一个等边三角形，把边长为原来三角形边长 1/3 的小等边三角形放在原来三角形三边向外的正中部分，由此得到一个六角星；再将这个六角星的每个角上的小等边三角形按上述方法变成一个小六角星；如此一直进行下去，就得到了雪花的形状。从上面的描述过程我们可以看出：原来雪花的每一部分经过放大都可以和它的整体一模一样。这种特点被称为自相似，即在所有的尺度上部分与整体相似。现在已经有了一个专门的数学学科来研究像雪花这样的图形，这就是 20 世纪 70 年代由美国计算机专家

雪花的枝状结构

分形几何图示

B. B. 曼德尔布罗特创立的分形几何。分形几何已经在很多领域得到应用。

非欧几何 不同于欧氏几何的几何体系。19世纪，由于各国数学家对欧几里得的《几何原本》中第五公设“过直线外一点有且仅有一条直线与已知直线平行”或者“三角形的内角和为180°”的怀疑和探索，出现了非欧几何。

俄国数学家N. I. 罗巴切夫斯基通过研究认为，“过直线外一点至少有两条直线与已知直线平行”或者“三角形的内角和小于180°”。罗巴切夫斯基的观点当时遭到许多人的反对，但他坚持了自己的观点，并为自己的观点奋斗了一生。除罗巴切夫斯基几何之外，德国数学家B. 黎曼在1854年提出另一种几何：“过直线外一点没有直线与已知直线平行”，或者“三角形的内角和大于180°”。

罗巴切夫斯基几何和黎曼几何都是非欧几何。罗巴切夫斯基几何又称双曲几何，黎曼几何又称椭圆几何。非欧几何的出现，从根本上革新和拓展了人们对几何学的认识，导致人们对几何基础的深入研究，而且对物理学关于空间和时间等观念的变革起了重大作用。

射影几何 研究图形在射影变换下不变性质的几何学分支学科。古希腊数学家欧几里得和阿波罗尼奥斯都有一些属于射影几何的发现。1639年，法国数学家G. 德扎格通过对透视的研究，建立了无穷远点和射影空间的概念。1640年，法国数学家、物理学家B. 帕斯卡发现了著名的帕斯卡定理。射影几何自此创立，并在19世纪得到很大发展。射影几何主要包含三个基本定理，即帕斯卡定理、德扎格定理和帕普斯定理。

帕斯卡定理：设$ABCDEF$是⊙O的内接六边形。对边AB和DE交于点X，对边BC和EF交于点Y，对边CD和AF交于点Z，则X、Y和Z在一条直线上。

德扎格定理：设△ABC和△$A'B'C'$的对应顶点连线AA'、BB'和CC'交于一点，则三组对应边的交点在同一条直线上。

帕普斯定理：设A、C、E是一条直线上的三个点，B、D、F是另一条直线上的三个点。如果直线AB、CD、EF分别与DE、FA、BC相交，则三个交点L、M、N共线。

投影 用一组光线将物体的形象投射到一个面(通常是平面)上所得到的图形。这个面被称作投影面，光线被称作投影线，做出形体投影的方法被称作投影法。投影法的一个重要性质就是“保平行”，即原来平行的直线，投影后仍然平行。投影是把立体图形转化为平面图形的有效方法。

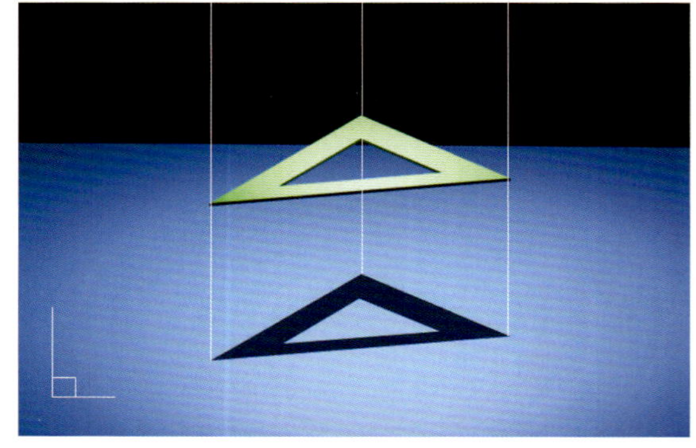
正投影法

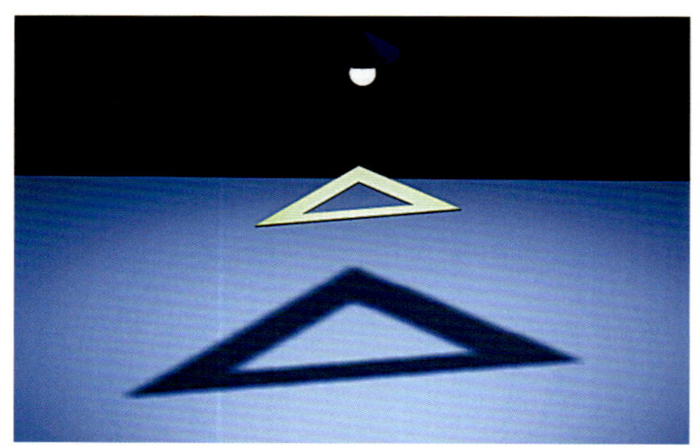
中心投影法

视图 为了将空间物体的形象在平面上表达出来，人们利用投影创造了三视图。三视图是从正面、上面和侧面（左面或右面）三个不同方向对同一物体进行投影的结果。从正面（从前向后）看到的图形为主视图，从上面向下看到的图形为俯视图，从侧面看到的图形为侧视图。

投影可以用三视图，有时也可以用二视图，如圆柱、圆锥、圆台等。

汽车正面图

汽车背面图

汽车俯视图

汽车侧面图

汽车侧面图

组合体视图

拓扑学 数学中一个重要的、基础的分支。起初它是几何学的一支，研究几何图形在连续变形（所谓连续变形，形象地说就是允许伸缩和扭曲等变形，但不许割断和黏合）下保持不变的性质；现在已发展成为研究连续性现象的数学分支。由于连续性在数学中表现方式与研究方法的多样性，拓扑学又分成研究连续性对象与方法各异的若干分支。在拓扑学的孕育阶段，19 世纪末，就已出现点集拓扑学与组合拓扑学两个方向。现在前者已演化为一般拓扑学，后者则成为代数拓扑学。后来，又相继出现了微分拓扑学、几何拓扑学等分支。

拓扑连环套

拓扑学主要是由于分析学和几何学的需要而发展起来的。它自 20 世纪 30 年代以后的大发展，尤其是其成果与方法对于数学各个领域的不断渗透，是 20 世纪理论数学发展的一个明显特征。

拓扑学的重要性，体现在它促进了微分几何、分析学、抽象代数学等其他数学分支的发展。同时拓扑学的概念和方法在物理学（如液晶结构缺陷的分类）、化学（如分子的拓扑构形）、生物学（如 DNA 的环绕、拓扑异构酶）中都有直接的应用。

排列与组合 组合数学中的两个基本概念。排列指有限个事物按照一定顺序排成的队列，组合指有限个不同事物组成的整体或者说有限个元素组成的集合。它们是从给定的对象集合中选出子集的两种方式：排列要求考虑选出对象的次序，组合则不考虑次序。一般地，从 n 个不同元素中取出 m $(n \geqslant m)$ 个不同元素，所有可能的排列数记作 P_n^m，$P_n^m = n(n-1)(n-2)\cdots(n-m+1)$。所有可能的组合数记作 C_n^m，$C_n^m = \frac{P_n^m}{P_m^m}$。

幻方 从 1 到 n^2（$n \geqslant 3$）这些数排成 n 行 n 列的方阵，如果各行、各列及两条对角线上数的和都相等，那么这个 n 阶方阵就被称作 n 阶幻方，又称魔方或纵横图。据传在伏羲时代，有龙马出于黄河，背负河图；有神龟出于洛水，背负洛书。伏羲氏根据河图、洛书画成八

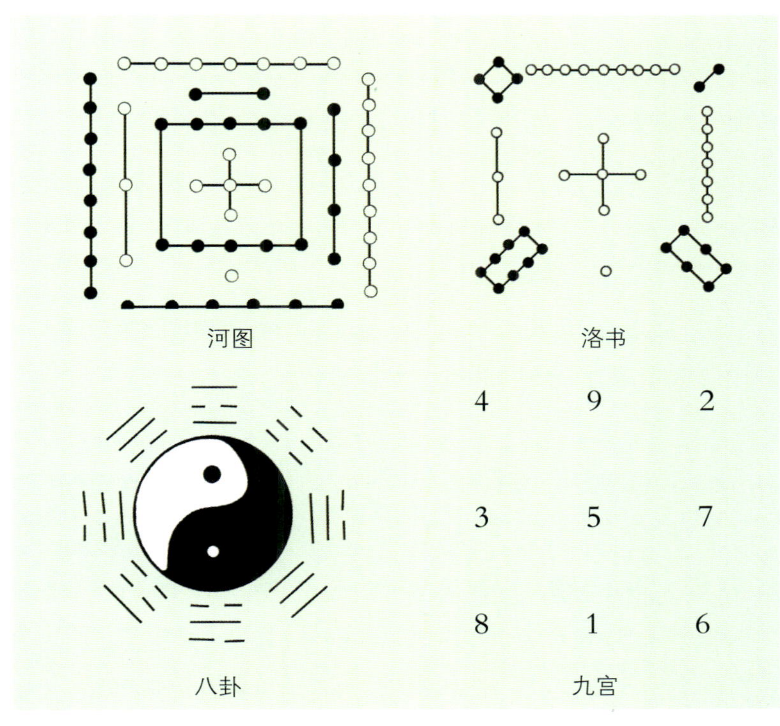

卦。洛书又称九宫图，是最早的幻方。幻方于 14 ～ 15 世纪才传至欧洲，现在已经是组合数学的重要组成部分。

三十六军官问题 数学家 L. 欧拉曾提出一个问题：从不同的 6 个军团各选 6 种不同军阶的 6 名军官共 36 人，排成一个 6 行 6 列的方队，使得各行各列的 6 名军官恰好来自不同的军团且军阶各不相同，应如何排这个方队？如果用（1，1）表示来自第一个军团具有第一种军阶的军官，用（6，6）表示来自第六个军团具有第六种军阶的军官，则欧拉的问题就是如何将这36个数对排成方阵，使得每行每列的数无论从第一个数看还是从第二个数看，都恰好是由1、2、3、4、5、6 组成。历史上称这个问题为三十六军官问题。

三十六军官问题提出后，很长一段时间没有得到解决，直到 20 世纪初才被证明这样的方队是排不起来的。如果将三十六军官问题中的军团数和军阶数推广到一般的 n 的情况，则相应的满足条件的方队被称为 n 阶欧拉方。对此欧拉曾猜测：对任何非负整数 t，$n=4t+2$ 阶欧拉方都不存在。$t=1$ 时，$n=6$，即三十六军官问题；而 $t=2$ 时，$n=10$，数学家们构造出了 10 阶欧拉方，这说明欧拉猜想不对。到 1960 年，数学家们彻底解决了这个问题，证明了 $n=4t+2\ (t\geqslant 2)$ 阶欧拉方都是存在的。

科克曼女生问题 组合数学中的一个著名问题。1850 年英国数学家 T. P. 科克曼在《女士和先生日报》上提出了一个问题：某寄宿学校一位女教师每天带领她班上的 15 名女生去散步，她把这些女生按 3 人一组分成 5 组，问能不能做出一个连续散步 7 天的分组计划，使得任意两个女生曾被分到一组而且仅被分到一组。这就是科克曼女生问题。

科克曼给出了如下的分组方案：将 15 名女生从 1 ～ 15 编号，表中所列是满足条件的分组。科克曼给出的解并不是唯一的。除了在数学上被认为是等价的简单调换排列顺序的不同解外，还可以给出不少答案，当时人们曾猜测本质不同的分组方案有 13 个。这一猜想到 1974 年才借助计算机得到解决。

15 名女生的分组方案

星期日	{1，2，3}	{4，8，12}	{5，10，15}	{6，11，13}	{7，9，4}
星期一	{1，4，5}	{2，8，10}	{3，13，14}	{6，9，15}	{7，11，12}
星期二	{1，6，7}	{2，9，11}	{3，12，15}	{4，10，14}	{5，8，13}
星期三	{1，8，9}	{2，12，14}	{3，5，6}	{4，11，15}	{7，10，13}
星期四	{1，10，11}	{2，13，15}	{3，4，7}	{5，9，12}	{6，8，14}
星期五	{1，12，13}	{2，4，6}	{3，9，10}	{5，11，14}	{7，8，15}
星期六	{1，14，15}	{2，5，7}	{3，8，11}	{4，9，13}	{6，10，12}

科克曼女生问题中女生的人数 n（由题意，n 必须是 3 的整数倍）如果被改变，那么是否还能有相应的散步方案呢？1971 年，两位美国数学家发表论文证明，只有当 n 被 6 除余 3 时才能构造出满足条件的方案。值得指出的是，中国数学家陆家羲早在 1965 年就解决了这个问题。

西尔维斯特问题 英国数学家 J. J. 西尔维斯特提出的一个很有趣的几何猜想。内容是：平面上给定 n 个点（$n\geqslant 3$），如果过其中任意两点的直线都经过这些点中的另一个点，那么这 n 个点在同一条直线上。

这个看起来很容易的问题，难倒了不少数学家，却被一位“无名小卒”解决了。解决的方法是反证法：假设这 n 个点不在同一直线上，那么过其中任意两点的直线外，均有已知点，它们到这条直线的距离都是正数。因为 n 是一个有限的数，所以这种距离最多只能有有限个。设 A、B、C、D 是其中的4个点，B、C、D 在同一条直线上，而且 A 到这条直线的距离 h 是上面我们提到的距离中最小的（如图）。

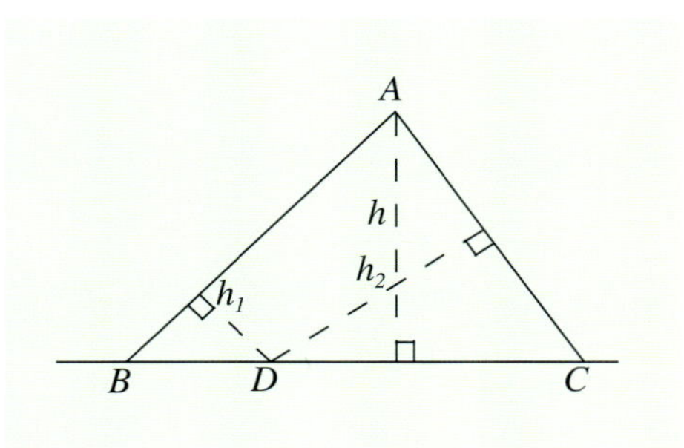

不妨设 D 在 B、C 之间，D 到 AB、AC 的距离分别为 h_1、h_2，那么由 h 的最小性，有 $h_1AB+h_2AC>h(AB+AC)>hBC$。而这个不等式两端均表示△ ABC 的面积，因而矛盾。所以假设不对，这 n 个点只能在同一直线上。

叙拉古猜想 数学猜想之一。又称科拉茨猜想或角谷猜想。指对任何一个正整数，若是奇数，就把这个数乘以3再加1，若是偶数，就把这个数除以2；如此循环，最终都能够得到1。利用计算机，人们已经验证了对小于 7×10^{11} 的正整数，叙拉古猜想都能成立。

抽屉原理 组合数学中的一个重要原理。抽屉原理的一般形式为：将 $n+1$ 个苹果放进 n 个抽屉里，则至少有一个抽屉里放进了两个或两个以上的苹果。

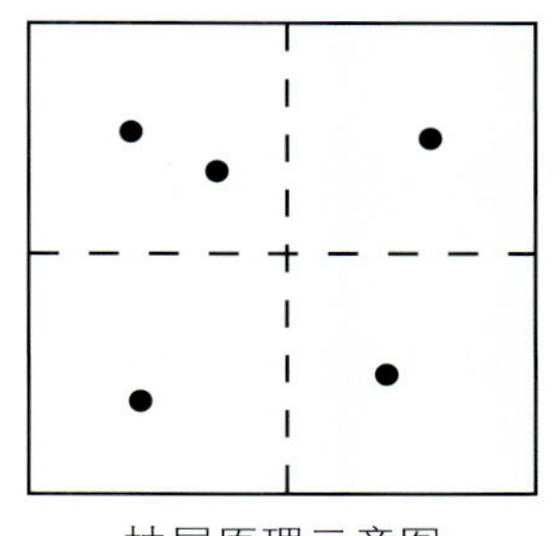
抽屉原理示意图

许多有趣的问题，都可以用抽屉原理来解决。比如，在边长为1的正方形内，任意给定5个点，则其中必有两个点，它们之间的距离不会大于 $\sqrt{2}/2$。证明这个问题只需要将正方形分为面积相等的四等分（如图），则4个小正方形的边长都是1/2，每个小正方形内任意两点之间的距离均不会大于小正方形的对角线长 $\sqrt{2}/2$。将5个点看成苹果、4个小正方形看成抽屉，由抽屉原理必然有一个小正方形中有两个点，于是这两点之间的距离不大于 $\sqrt{2}/2$。

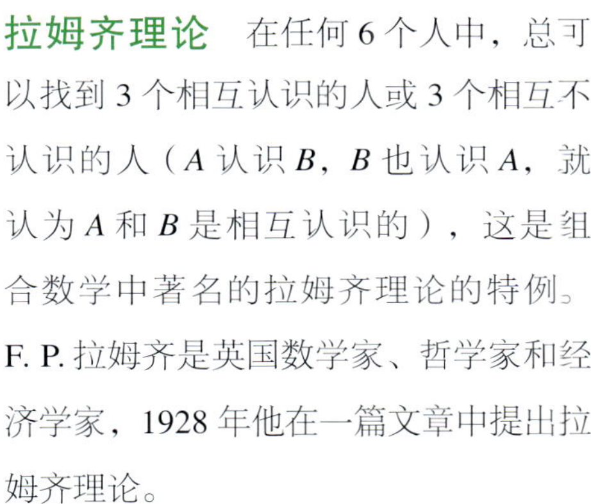

拉姆齐理论 在任何6个人中，总可以找到3个相互认识的人或3个相互不认识的人（A 认识 B，B 也认识 A，就认为 A 和 B 是相互认识的），这是组合数学中著名的拉姆齐理论的特例。F. P. 拉姆齐是英国数学家、哲学家和经济学家，1928年他在一篇文章中提出拉姆齐理论。

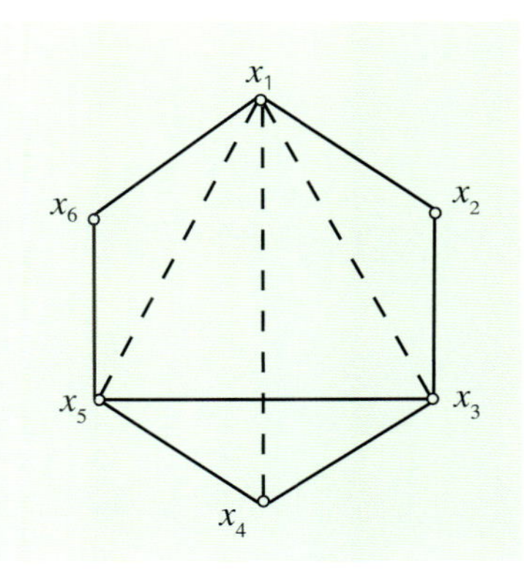

关于上述例子的证明是很有意思的：6个人用6个顶点表示，两个人相互认识用实线相连，两个人相互不认识则用虚线相连。考虑 x_1 所连出的线，在5条线中每一条不是虚线就是实线，因此一定有一种线的数目≥3（这实际上用了抽屉原理）。不妨设 x_1x_3、x_1x_4、x_1x_5 是虚线，这时若连线 x_3x_5 是虚线，则 x_1、x_3、x_5 就是相互不认识的3个人，已经满足

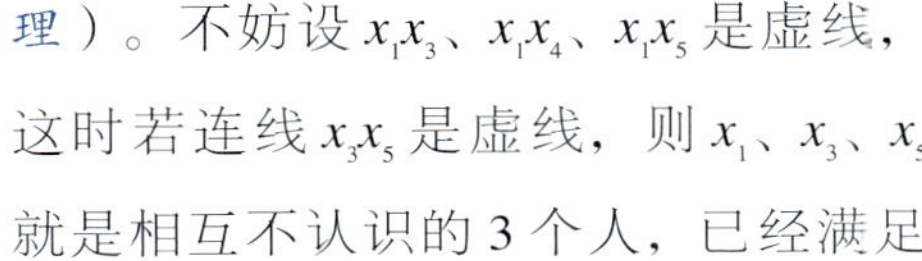

题目要求，因而设 x_3x_5 是实线。同理，x_3x_4、x_4x_5 是虚线时也已经找到 3 个相互不认识的人，从而也只能是实线。但这时 x_3、x_4、x_5 成为相互认识的 3 个人，题目条件同样被满足。所以，无论如何总能找到 3 个相互认识或相互不认识的人。

七桥问题 18 世纪著名古典数学问题之一。普莱格尔河（今普列戈利亚河）流过柯尼斯堡（今俄罗斯加里宁格勒）市中心，河上有岛 2 个、桥 7 座（下图）。问能否每座桥走一次，再返回出发点？这就是七桥问题。人们反复试走都无法实现，于是请教数学家 L. 欧拉。1736 年，欧拉证明这一问题无解，并由此开创了图论与拓扑学。

欧拉首先把这一问题抽象成数学问题，把 4 块陆地抽象成 A、B、C、D 4 个点，把桥抽象成线，得到一个抽象的图形。与偶数条线相连的点被称为偶点，其余则被称为奇点。由于中途经过的点必须有进有出，可以证明只有 0 或 2 个奇点时，才可以不重复地走完。本题有 4 个奇点（上图），所以永远不能不重复地走完。

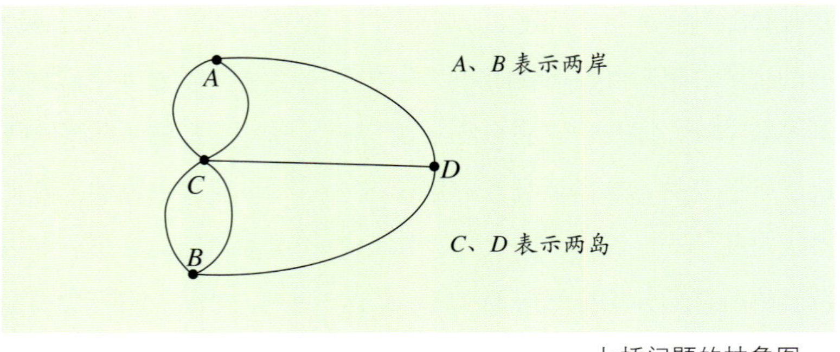

七桥问题的抽象图

四色问题 图论中的问题。又称四色猜想。对平面上或球面上的地图着色，至多用 4 种颜色，可以使两两相邻的国家或地区的颜色不同。

为了区分不同的国家或地区，一张地图常印上各种不同的颜色。习惯上，只要彼此相邻的国家或地区用不同的颜色即可。1852 年 F. 格思里研究地图着色时提出这一猜想。然而这一猜想很长时间没能得到数学证明，直到 1976 年美国数学家 K. 阿佩尔和 W. 哈肯才宣布

七桥问题

用计算机解决了这个问题。虽然四色问题的证明非常困难，但相应的五色问题却早在 1890 年就已得到 A. B. 肯普和 P. D. 希伍德的证明，而且证明的方法基本上是初等的。因此，人们对四色问题的计算机证明并不满意，希望能找到更简明的证明方法。四色问题仍然是很吸引人的课题，值得进一步深入研究。

运筹学 用定量化方法了解和解释运行系统，为管理决策提供科学依据的学科。它把有关的运行系统首先归结成数学模型，然后用数学方法进行定量分析和比较，求得合理运用人力、物力和财力的系统运行最优方案。运筹学作为一门用来解决实际问题的学科，在处理各种实际问题中，一般从确定目标、制订方案、建立模型和制订解法等方面考虑。虽然不可能存在处理运筹学问题的统一途径，但从运筹学发展过程中形成的某些数学模型却可以得出一些算法和结论，并将之用于解决实际问题。运筹学包含数学规划、图论、决策分析、排队论、库存论、对策论、搜索论等分支。它拥有广阔的应用领域，已渗透到诸如服务、库存、搜索、人口、对抗、控制、时间表、资源分配、厂址定位、能源、设计、生产、可靠性等方面。

博弈论 研究由一些带有相互竞争性质的主体所构成的体系的理论。又称对策论。它能以数字表示人的行为或为人的行为建立模式，研究对抗局势中最优的对抗策略和稳定局势，以及如何追求各方的最优策略和决定对策的结果，协助人们在一定规则范围内寻求最合理的行为方式。它被广泛运用于政治学、经济学、军事学、心理学等领域，特别是在国际政治学中被当作一种特殊的决策方法。

博弈论的经典案例——囚徒困境，最早由美国普林斯顿大学的数学家 A. 塔克于 1950 年明确叙述。假设甲、乙两个涉嫌共谋犯罪的嫌疑犯被捕后，被关在相互隔离的牢房中。他们可以选择坦白或者保持沉默（即不坦白）。他们被告知：如果他们之中有一人坦白，而另一人不坦白，则坦白者可获得自由，而拒不坦白者要被判 10 年监禁；如果两人都坦白，则两人都被判 5 年监禁；

囚徒困境

如果两人都不坦白，则两人都被判 1 年监禁。有两个预设：一是甲、乙二人都是自私理性的个人，即只要给出两种可选的策略，每一方将总是选择其中对他更有利的那种策略；二是两人无法互通信息，要在不知道对方选择结果的情况下，自己进行选择。从甲的立场来看，有两种可能情况：第一种是乙采取坦白的策略，这时如果甲也坦白，则要入狱 5 年，如果甲不坦白，则要入狱 10 年，两相比较，结论是甲应该坦白；第二种是乙采取沉默的态度，这时若甲也沉默，要入狱 1 年，如果甲坦白，则可获得自由，两相比较，结论是甲应该坦白。因此，无论乙是坦白还是沉默，甲采取坦白的策略对自己都更为有利。以上推理对于乙也适用。结果两个囚徒都坦白了，都被判刑 5 年。囚徒困境的“困境”在于如果甲、乙二人都保持沉默，则都只被判刑 1 年。可是两人经过一番理性计算后，却选择了一个使自己陷于不利的结局。

概率论 研究随机现象数量规律的数学分支。人们常对各种事物做出估计和预测。有的事情确实会发生，人们使用推理就可以知道事情会不会发生；有的事情随机性很大，确切推理的方法已经无效，只能知道它发生的可能性的大小。

概率论立足于捕捉偶然中的必然。把一定发生的事件称为必然事件，把它的概率定为 1；把一定不发生的事件称为不可能事件，把它的概率定为 0；一般事件的概率是介于 0 与 1 之间的一个数。概率论与实际生活有着密切的联系，并在自然科学、技术科学、社会科学、军事和工农业生产中有着广泛的应用。正如法国数学家 P. -S. 拉普拉斯所说：“生活中最重要的问题，其中绝大多数是概率的问题。”

统计 人类对事物数量的认识形成的定义。人们对数量资料的研究逐渐形成了一门学问——统计学。统计学中，总体就是研究对象的全体，总体中的元素被称为个体；抽样就是按一定法则抽取若干个体的过程。由于费用、时间和破坏等原因，人们早已认识到很多问题只能抽样不能普查。抽样有无放回随机抽样、分层抽样、多级抽样等方法。抽样方法的不同可以导致结果的不同。为表达统计的结果，人们创造了各种统计图表，如条形统计图、折线统计图、扇形统计图等。

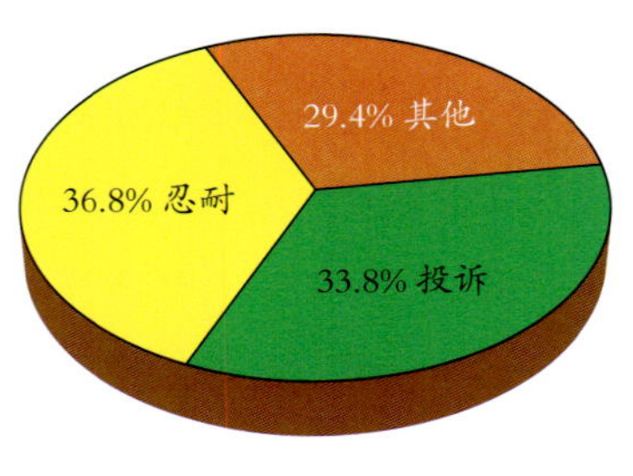

用扇形统计图表示人们受到侵犯时的不同反应

模糊数学 通过引进模糊集合来研究模糊现象的数学分支。1965 年，美国控制论专家 L.A. 扎德创立了处理模糊现象的理论体系——模糊数学。通常，集合是指具有某种性质的对象的全体。任何一个被研究的对象要么具有这一性质，要么不具有，即要么是该集合的元素，要么不是，不能似是而非。模糊集合打破了这一观念。对于模糊集合中的每个元素，都有一个反映该元素属于这个集合程度的量——隶属度。隶属度用于对元素亦此亦彼的中间性质给出具体描述。模糊数学在自动控制、图像识别、信息处理、医学诊断等方面有着广泛的应用。

公理和公理化方法 简单地说，公理就是不证自明的道理，它是人们研究问题的基础。而公理化方法则指从尽可能少的原始概念（不加定义的概念）公理出发，利用逻辑推理展开研究的方法。平面几何就是用这种方法建立起来的一门学问，而且是用得最早和最完善的。20 世纪以来，公理化方法在数学中得到广泛应用，现代代数学、现代概率论等数学分支都是用公理化方法建立起来的。物理学的公理化作为希尔伯特第 6 问题，自 20 世纪初提出以来也获得了很大进展。

化归 将已知问题化成以前已经会的问题。会解一元一次方程以后再解二元一次方程组的时候，只需消元把二元化为一元；掌握了三角形内角和是 180°以后，要求多边形内角和，只需把多边形分割成三角形就可以了。总之，在解决问题的过程中，数学家往往不是直接对问题进行思考，而是进行转化，化归为已经解决的问题，这就是化归思想。数学中解决问题都离不开化归。

分析与综合 从已知出发通过一系列推理、判断来达到未知，称为分析；以未知作为条件，对未知进行分析得出未知所需的一系列条件，直至联系到已知，称为综合。在解决实际问题时，分析和综合往往交叉使用，难分彼此。

如：已知 a、b、c 为三角形三条边的长度，证明方程 $b^2x^2+(b^2+c^2-a^2)x+c^2=0$ 无实根。

因 b 是三角形的边长，所以 $b>0$，从而方程 $b^2x^2+(b^2+c^2-a^2)x+c^2=0$ 是二次方程。欲使其无实根，只需判别式小于 0，即

$$(b^2+c^2-a^2)^2-4b^2c^2<0,$$

整理得

$$[(b+c)^2-a^2][(b-c)^2-a^2]<0。(*)$$

注意到 a、b、c 所满足的条件，有 $b+c>a$，$|b-c|<a$，从而 $(b+c)^2>a^2$，$(b-c)^2<a^2$，即 $(b+c)^2-a^2>0$，$(b-c)^2-a^2<0$。这说明 (*) 在题设条件下是成立的，从而得证命题。

在上述证明过程中，既用到了分析又用到了综合。当然，也可以只用分析或者综合完成证明，但二者结合更符合人们的思维过程。

割补法 一种解题方法。多用于几何问题的解答。简单说就是把某些部分从原来的地方割下来，再填补到另外的地方。割补方法在中国运用得相当早，勾股定理等的证明就很好地运用了割补的方法。用割补法解题时，或者把图形补成一个规则图形，或者把图形割成几个规则图形，使问题便于解答。

用割补法求圆的面积

换元法 把某一式子用一个新的变量（元）替换，得到便于求解的新问题。换元法常使问题的结构变得简单，有时也可能使问题变得复杂，但都利于问题

的化归。如解方程

$$\frac{x^2-5x}{x+1}+\frac{24(x+1)}{x(x-5)}+14=0。$$

分析：注意到方程两个分式中所含式子 $\frac{x^2-5x}{x+1}$ 和 $\frac{x+1}{x(x-5)}$ 互为倒数，想到换元。

解：设 $\frac{x^2-5x}{x+1}=y$，则原方程可以化为 $y+\frac{24}{y}+14=0$，即

$$y^2+14y+24=0,$$

解得 $y_1=-2，y_2=-12$。

当 $y_1=-2$，有

$$\frac{x^2-5x}{x+1}=-2,$$

即 $x^2-3x+2=0$，

解得 $x_1=1，x_2=2$；

当 $y_2=-12$，有

$$\frac{x^2-5x}{x+1}=-12,$$

即 $x^2+7x+12=0$，

解得 $x_1=-3，x_2=-4$。

经检验，它们都是原方程的根。

参数法 在解数学题时，除了应设的未知数外，增设一些辅助未知数（也称参数），借以沟通已知量和未知量的关系。

例如，从重 12 千克和 8 千克且含铜百分比不同的合金上各切下重量相等的一块。切下后的每块和另一块剩余的合金放在一起，熔炼后两块合金含铜的百分比相同。求切下的合金重多少？

分析：已知涉及合金的含铜百分比，因此只有增设它们的含铜百分比为参数，才能较好地利用已知，为列方程创造条件。

解：设切下的合金重 x 千克，重 12 千克的合金含铜百分比为 p，重 8 千克的合金含铜百分比为 q $(p\neq q)$，于是有

$$\frac{xq+(12-x)p}{12}=\frac{xp+(8-x)q}{8},$$

整理得 $5(q-p)x=24(q-p)$。

因为 $p\neq q$，所以 $q-p\neq 0$，因此 $x=24/5=4.8$。

故切下的合金重 4.8 千克。

本题中无须求出 p、q 的值，通过运算它们最终被消去，它们就是参数。

递推与迭代 两种解数学题的方法。

例如，请根据下列各数之间的关系，在括号里填上一个适当的数：0.625,1.25, 2.5, 5, (　　)。考察相邻两数，发现后一数都是前一数的 2 倍。依此，括号内应填 10。这种后项与前项的关系被称为递推关系。通过递推关系解题的方法被称为递推法。

又例如，一段楼梯有 10 级台阶，规定每一步只能跨一级或两级，问要登上第 10 级有多少种不同的走法？由于每次只能跨一级或两级，登上第 n 级台阶仅与登上第 $n-1$ 级和第 $n-2$ 级台阶有关。设登上第 n 级有 a_n 种方法。登上第 n 级台阶的方式有两种：一是已经登上第 $n-1$ 级，再跨一级到第 n 级，有 a_{n-1} 种走法；二是已经登上第 $n-2$ 级，再跨两级到第 n 级，有 a_{n-2} 种走法。由加法原理可以得到 $a_n=a_{n-1}+a_{n-2}$。容易理解 $a_1=1，a_2=2$，所以登上台阶的方法为 $a_1=1，a_2=2，a_3=a_1+a_2=3，a_4=a_2+a_3=5$，依此类推得 $a_{10}=89$，即登上第 10 级台阶有 89 种不同的走法。这种由 a_{n-1} 和 a_{n-2} 得到 a_n 的方法被称为迭代法。

逐步逼近法 对于数学难题，先证明它的一种减弱命题，然后一步一步地向它逐渐逼近。这种方法在数学中十分有用。例如，求方程组

$$\begin{cases} 6x - y - z = 20 & ① \\ x^2 + y^2 + z^2 = 1979 & ② \end{cases}$$

的正整数解。

分析：有三个未知数，只有两个方程，一般解是不能确定的。但这里要求的是正整数解，且两个方程有一定的特点，从而弥补了方程个数的不足。借助于逐步逼近法，可设法缩小解不存在的范围。

第一次逼近：注意到方程①和②中 y、z 的系数分别相同，又由②知 $x^2 > 0$，所以 $y^2 + z^2 < 1979$。又 $2yz \leqslant y^2 + z^2$，所以 $(y + z)^2 \leqslant 2(y^2 + z^2) < 3958 < 63^2$，因此 $y + z \leqslant 62$。从而 y、z 都可能取 61 个不同的值。

第二次逼近：由方程①得 $6x = 20 + y + z \leqslant 82$，所以 $x \leqslant 13$。从而 x 可能取 13 个不同的值。

第三次逼近：由 $x \leqslant 13$ 及方程②得 $y^2 + z^2 = 1979 - x^2 \geqslant 1979 - 13^2 = 1810$。所以 y、z 中必有一个数不小于 31。再由方程①得 $6x = 20 + y + z \geqslant 51$，所以 $x \geqslant 9$。这样，x 只可能取 9、10、11、12、13。

第四次逼近：从方程可以看到，x 不能为偶数。因为，由方程①可知，x 为偶数，则 y、z 必有相同的奇偶性。若 y、z 同为偶数，则三个偶数的平方和不可能是奇数 1979；若 y、z 同为奇数，则一个偶数、两个奇数的和也不可能是奇数。

至此，x 只可能有两个值：11，13。代入方程组，得

$$\begin{cases} x = 11, \\ y = 43, \\ z = 3; \end{cases} \quad \begin{cases} x = 11, \\ y = 3, \\ z = 43; \end{cases}$$

$$\begin{cases} x = 13, \\ y = 21, \\ z = 37; \end{cases} \quad \begin{cases} x = 13, \\ y = 37, \\ z = 21。 \end{cases}$$

构造法 将所要解决的数学问题具体构造出来，利用相对更为熟悉的模型来表达所要研究问题的方法。这种方法往往能收到事半功倍的效果。

举个例子，设 a、b、c 都是正数，证明存在边长分别等于 $\sqrt{c^2+b^2}$、$\sqrt{a^2+c^2+d^2+2cd}$、$\sqrt{a^2+b^2+d^2+2ab}$ 的三角形，并计算这个三角形的面积。

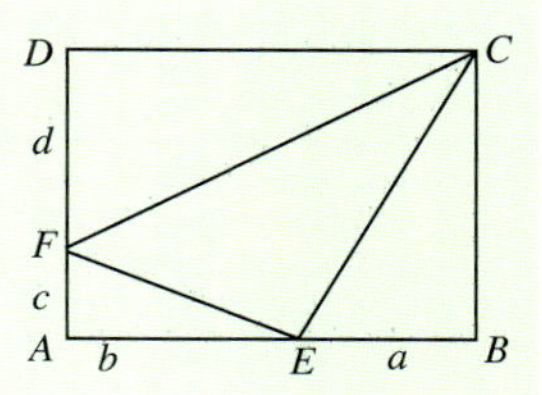

注意到 $\sqrt{c^2+b^2}$、$\sqrt{a^2+c^2+d^2+2cd}$、$\sqrt{a^2+b^2+d^2+2ab}$ 的特点，构造以 $a+b$、$c+d$ 为边的矩形 $ABCD$（如图）。于是

$$EF = \sqrt{c^2+b^2},$$

$$CE = \sqrt{a^2+(c+d)^2} = \sqrt{a^2+c^2+d^2+2cd},$$

$$CF = \sqrt{d^2+(a+b)^2} = \sqrt{a^2+b^2+d^2+2ab},$$

所以 $\triangle CEF$ 就是满足题设要求的三角形。由图得 $\triangle CEF$ 的面积

$$\begin{aligned} S_{\triangle CEF} &= S_{矩形ABCD} - (S_{\triangle CDF} + S_{\triangle FAE} + S_{\triangle CBE}) \\ &= (a+b)(c+d) - \left[\frac{1}{2}d(a+b) + \frac{1}{2}bc + \frac{1}{2}a(c+d)\right] \\ &= \frac{1}{2}(ac+bc+bd)。 \end{aligned}$$

反证法 数学证明中的一种重要方法。从否定命题的结论出发，通过正确的逻辑推理导出矛盾，从而证明原命题的正确性。

例如，求证型如 $4n + 3$ 的整数不能化为两整数的平方和。假设 p 是 $4n + 3$

型的整数，且 p 能化成两个整数的平方和，即 $p=a^2+b^2$，其中 a、b 为整数。由 p 是奇数得，a、b 必为一奇一偶。不妨设 $a=2s+1$，$b=2t$，其中 s、t 为整数，则 $p=a^2+b^2=(2s+1)^2+(2t)^2=4(s^2+s+t^2)+1$，这与 p 是 $4n+3$ 型的整数矛盾。

数学建模 运用数学思想、方法和知识解决现实数学问题的过程。侧重于解决非数学领域的问题，如来自日常生活、经济、物理、化学、生物、医学等领域的应用数学问题。这类问题往往是“原坯”形式。建模时需要对原始问题进行分析、假设、抽象等数学加工，需要对所用数学工具、方法等进行选择，需要对问题求解、验证，再分析、修正，然后再求解。在数学建模的数学加工中，忽略一些因素而突出其他事实是十分必要的，只有这样才能把研究的现象理想化。数学是关于模式的学科，只有建立了数学模型，问题才更概括、准确，才更可演绎、预测、检验和统一。

国际数学家大会 国际数学界四年一度的集会。首次会议于 1897 年在瑞士苏黎世举行，当时只有 200 人左右参加。以后规模逐渐扩大，近几届一般在 4000 人左右。会议为期 10 天。主要内容是进行学术交流，并颁发两项数学奖——费尔兹奖和奈望林纳奖。学术交流的形式很多，主要是由大会程序委员会邀请的数学家做大会报告和分会报告。报告内容都很精彩，并能较全面地反映近四年中数学各分支的最重要进展。

费尔兹奖 国际数学界的最高奖赏之一。又译菲尔兹奖。由加拿大数学家 J. C. 费尔兹捐献的部分资金和 1924 年国际数学家大会的经费结余设立。在 1932 年国际数学家大会上获得通过，并从 1936 年起在每届大会上颁发。

费尔兹奖主要是颁赠给年轻的、已有一定成就的数学家，以资鼓励，至今尚未有超过 40 岁的人获奖。获奖者一般是在当届国际数学家大会之前几年间做出突出成绩并且以确定的形式发表出来的数学家。另外，费尔兹奖只颁赠给纯粹数学方面的工作者。因此，费尔兹奖对于获得者是很高的荣誉，但也并不完全是数学家最高水平的恰当评价。

国际数学奥林匹克竞赛 世界上规模和影响最大的中学生数学学科竞赛活动。1959 年 7 月在罗马尼亚布拉索夫首次举行。

举办国际数学奥林匹克竞赛的目的是为了激发青年人的数学才能，引起青年对数学的兴趣，发现科技人才的后备军，促进各国数学教育的交流与发展。竞赛每年举办一届，时间定于 7 月，由参赛国轮流主办，经费由东道国提供。参赛选手为中学生，每支代表队有学生 6 人，另派 2 名数学家为领队。试题由各参赛国提供。主试委员会由各国的领队及主办国指定的主席组成，主席通常是该国的数学权威。竞赛设一等奖（金牌）、二等奖（银牌）和三等奖（铜牌）。

1985 年中国第一次参加国际数学奥林匹克竞赛。

《九章算术》 中国古代数学专著。其主要内容在先秦已具备，秦火中散坏。现传本的成书年代大约是公元 1 世纪的下半叶。它的出现，标志着中国古代数学体系的形成。许多人曾为它作注，其中著名的有刘徽、李淳风等。

《九章算术》共收有 246 个数学问题，分 9 章：①方田——分数四则运算法则与各种面积公式；②粟米——以今有术（即今之三率法）为主的比例算法；③衰分——比例分配算法，以及异乘同除问题；④少广——面积与体积的逆运算；⑤商功——各种体积公式和土方工程工作量的分配算法；⑥均输——赋税的合理负担算法及各种算术难题；⑦盈不足——盈亏类问题算法及其在其他算术问题中的应用；⑧方程——线性方程组解法与正负数加减法则；⑨勾股——勾股定理、解勾股形及简单测量问题。《九章算术》构筑了中国和东方数学的基本框架，为中国传统数学领先世界千余年奠定了基础。然而，其分类不甚合理，没有任何定义和推导，少数公式有错误或不准确，是不容讳言的缺点。

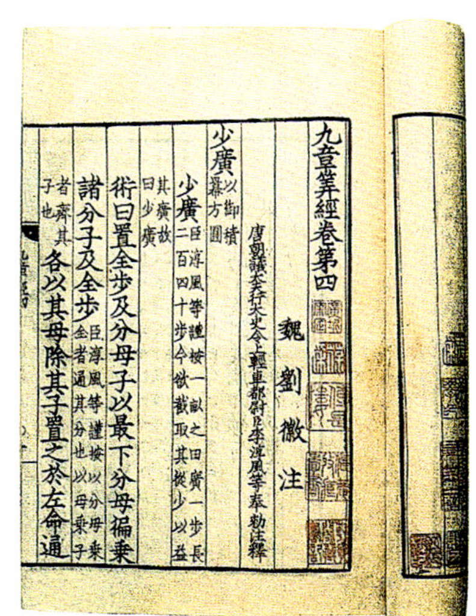

九章筭經卷第四

魏 劉徽 注

唐朝議大夫行太史令上輕車都尉臣李淳風等奉勅注釋

少廣以御積冪方圓

少廣臣淳風等謹按一畝之田廣一步長二百四十步今欲截取其從少以益其廣故曰少廣

術曰置全步及分母子以最下分母徧乘諸分子及全步臣淳風等謹按以分母乘全步者通其分也以母乘子者齊其子也各以其母除其子置之於左命通

宋刻本《九章算术》书影（上海图书馆藏）

《几何原本》 古希腊数学著作。简称《原本》。古希腊数学家欧几里得所著。最早用公理法建立起演绎数学体系的典范。古希腊的海伦、帕普斯、辛普利休斯等人都曾为它作注。亚历山大的塞翁提出一个修订本，对正文做了校勘和补充。这个本子成为后来所有流行的希腊文本和译本的蓝本。一直到 19 世纪初，才在梵蒂冈发现早于塞翁的希腊文手抄本。

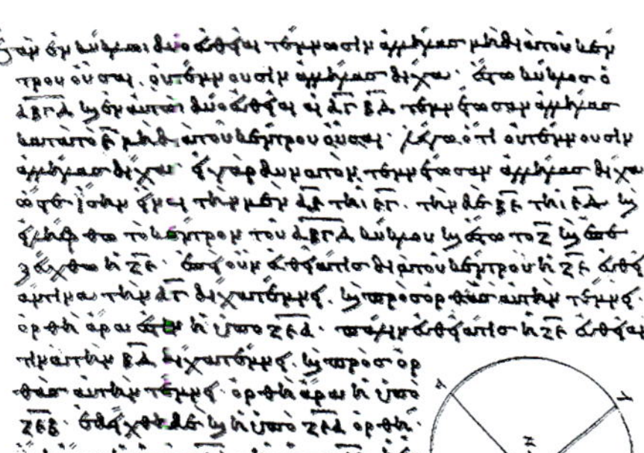

希腊文手抄本《几何原本》（英国牛津大学藏）

中国最早的译本是 1607 年利玛窦和徐光启根据德国人 C. 克拉维乌斯校订的拉丁文本《欧几里得原本》（15 卷，1574）合译的，定名为《几何原本》，中文名称“几何”即由此得来。译本还确定了几何学中一些基本术语的译名，如点、线、直线、平行线、角、三角形和四边形等。这些译名流传到日本等国，且一直沿用至今。

刘徽 中国魏晋数学家。中国传统数学理论的奠基者。淄乡（今山东邹平）人。生平不详。魏景元四年（263）注《九章算术》九卷，并撰《重差》作为《九章算术》注第十卷。唐初以后，《重差》以《海岛算经》为名单行。他全面论述了《九章算术》所载的方法和公式，指出并纠正了其中的错误，在数学方法和数学理论上做出了杰出的贡献。他创造的割圆术已含有现代极限的思想，为计算圆周率提供了科学的方法。

祖冲之（429 ~ 500） 中国南北朝宋、齐科学家。字文远。原籍范阳郡遒县（今河北涞水），后因战乱迁居江南。先后在南朝宋、齐任官职。在世界数学史上第一个将圆周率π算到第七位小数，其数值在3.1415926与3.1415927之间，并确定了两个分数形式的π值：约率22/7（π ≈ 3.14）和密率355/113（π ≈ 3.1415929）。在天文方面，创制《大明历》，最早将岁差引进历法，使每一回归年的日数准确到365.2428日。在机械方面，曾设计制造过指南车、水碓磨、千里船、漏壶等。还精通音律，擅长文学。著作很多，但都已失传。与其子祖暅合著的《缀术》是《算经十书》之一，被唐代国子监列为算学课本。

秦九韶 中国南宋数学家。字道古。自称鲁郡（今山东曲阜一带）人，生于普州安岳（今四川安岳）。淳祐七年（1247）撰成《数书九章》。先后在多地为官，主张施仁政，并将数学视作实现其仁政抱负的手段。《数书九章》原名《数术》，分大衍、天时、田域、测望、赋役、钱谷、营建、军旅、市易9类，每类9题，共81题。问题之复杂超过以往任何数学著作。其中大衍总数术系统叙述了一次同余式组解法，其核心是大衍求一术，近代数学大师L.欧拉、C.F.高斯才达到或超过秦九韶的水平；正负开方术发展了贾宪的增乘开方法，完整地解决了求高次方程正根的问题。此外，他改进了线性方程组解法，提出与海伦公式等价的三斜求积公式，使用了完整的十进小数记法。《数书九章》还记载了世界文明史上最早的测雨器、量雪器。

杨辉 中国南宋数学家。字谦光，钱塘（今浙江杭州）人。生平不详，只知是江浙一带一个管钱粮的下级官员，为政清廉。景定二年（1261）所撰《详解九章算法》，今存约三分之二。次年所撰《日用算法》，已佚。1274年撰《乘除通变本末》。次年撰《田亩比类乘除捷法》，其中保存了北宋数学家刘益的著作《议古根源》的资料。同年又与他人合撰《续古摘奇算法》。后三种当时合刻为《杨辉算法》。他的主要贡献在二阶等差级数求和、总结民间筹算乘除捷算法、纵横图知识，以及数学教育等方面。

李善兰（1811 ~ 1882） 中国清代数学家、天文学家、翻译家、教育家。中国近代科学的先驱。原名心兰，字壬叔，号秋纫。浙江海宁人。自幼酷爱数学，17岁参加杭州乡试未中，从此钻研天文、历算，颇有成就。1852 ~ 1859年，他在上海墨海书馆从事西方近代科学著作的翻译出版工作。他创译的许多科学名词，如代数、函数、方程式、微分、积分、级数、植物、细胞等，流传广泛，并沿用至今。1860年起，他先后在徐有壬、曾国藩军中做幕僚，积极参与洋务运动中的科技学术活动。1867年将数学、天文学著作汇刻为《则古昔斋算学》。1867年李善兰就任京师同文馆首任算学总教习，从事数学教育十余年，培养了一大批数学人才。

李善兰在数学方面的成就，主要有尖锥术、垛积术和素数论三项。李善兰恒等式自 20 世纪 30 年代以来受到国际数学界的普遍关注。

华蘅芳（1833 ~ 1902） 中国清代数学家、机械制造家、翻译家、教育家。字若汀。江苏金匮（今江苏无锡）人。自幼酷爱数学，对物理、化学、地理、工艺技术、医学乃至音乐等都有广博的知识。1862 年他到安庆军械所，与徐寿等一起研制机动船，1865 年造出木质蒸汽机轮船“黄鹄”号。同年，曾国藩于上海创办江南制造局，他参与其事，主持试制硝酸。后来长期在该局与 J. 傅兰雅等翻译《代数术》《微积溯源》《三角数理》《决疑数学》等西方数学著作，以及《金石识别》《地学浅释》等地质学著作。他的数学著作结集为《行素轩算稿》。他先后应聘讲学于上海格致书院、天津武备学堂、湖北自强学堂、两湖书院及无锡竢实学堂。1896 年任常州龙城书院院长兼江阴南菁书院院长。对于发展中国近代数学和人才的培养多有贡献。

苏步青（1902-09-23 ~ 2003-03-17） 中国数学家。中国微分几何学派创始人，中国近代数学的奠基者之一。生于浙江平阳。中学毕业后去日本求学，1927 年毕业于日本东北帝国大学数学系，随后进入该校研究院，1931 年获理学博士，同年回国。先后任浙江大学教授、数学系主任，中华人民共和国建立后任该校教务长。1952 年后，历任复旦大学教授、教务长、数学研究所所长、研究生部主任、副校长、校长等职。1955 年当选为中国科学院学部委员（院士）。1956 年获国家自然科学奖。

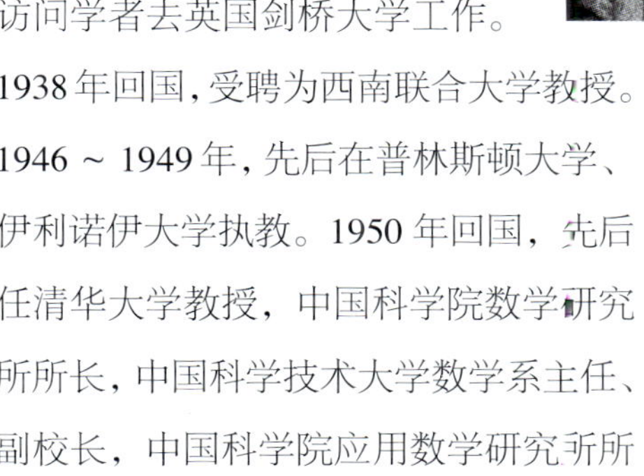

苏步青对数学和教育事业的贡献是多方面的：深入、系统地研究了仿射曲面理论、射影曲线理论、曲面的射影微分几何理论等，创办复旦大学数学研究所和《数学年刊》杂志，首创数学讨论班的学习形式，提出恢复研究生制度等。

华罗庚（1910-11-12 ~ 1985-06-12） 中国数学家。生于江苏金坛。1924 年初中毕业后，在上海中华职业学校学习不到一年，因家贫辍学，刻苦自修数学。1930 年在《科学》上发表关于代数方程式解法的文章，受到熊庆来的重视，被邀到清华大学工作。他先为管理员、助教，后再升为讲师。1936 年，作为访问学者去英国剑桥大学工作。

1938 年回国，受聘为西南联合大学教授。1946 ~ 1949 年，先后在普林斯顿大学、伊利诺伊大学执教。1950 年回国，先后任清华大学教授，中国科学院数学研究所所长，中国科学技术大学数学系主任、副校长，中国科学院应用数学研究所所长，中国科学院副院长等职。

华罗庚在解析数论、矩阵几何、典型群、自守函数论、多复变函数论、偏微分方程、高维数值积分等数学领域中都做出了卓越贡献。发表专著与学术论文近 300 篇。有许多用他的姓名命名的定理、引理、不等式、算子与方法。20世纪50～60年代，根据中国国情和国际潮流，他积极倡导应用数学与计算机研制。他亲自去全国各地普及应用数学方法长达20年之久，为经济建设做出了重大贡献。他重视数学教育，培养了一批数学家，如段学复、闵嗣鹤、万哲先、王元、陈景润等。

陈省身（1911-10-26 ～ 2004-12-03）
美籍华裔数学家。生于浙江嘉兴。他15岁考入南开大学，后进入清华大学研究生院。1934年赴汉堡就学于当时德国几何学权威W.J.E.布拉施克。1936年博士毕业后赴法国师从微分几何大师É.嘉当继续深造，由此开始他在整体微分几何领域的开创性工作。他结合微分几何与拓扑方法，先后完成两项划时代的重要工作：一为黎曼流形的高斯—博内一般公式，另一为埃尔米特流形的示性类论。除在数学上取得巨大成就外，陈省身还培养了一大批数学家，如吴文俊、丘成桐等。20世纪80年代以后，他致力于中国数学研究的开展，多次回国讲学，举办讨论班，指导各种学术活动。他于1985年创办南开大学数学研究所，并任所长。2001年正式回国定居。他由于在整体微分几何上的杰出工作获得1984年的沃尔夫数学奖。

吴文俊（1919-05-12 ～ 2017-05-07）
中国数学家。生于上海。1940年毕业于上海交通大学。1949年在法国获博士学位，后在巴黎法国科学研究中心从事研究工作。1951年夏回国，在北京大学任教授。1952年起历任中国科学院数学研究所研究员、系统科学研究所研究员、数理学部主任、数学与系统科学研究所研究员等职。1957年当选为中国科学院学部委员（院士）。获2000年首届国家最高科学技术奖。

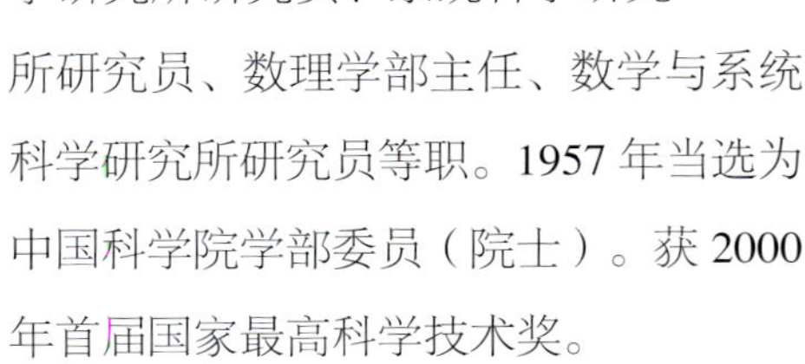

吴文俊在拓扑学方面做了奠基性工作，在示性类、示嵌类领域取得一系列成果，还得到了许多著名的公式，这些成果和公式被称为吴示性类、吴示嵌类、吴公式。20世纪70年代后期，他转而研究几何定理的机器证明，彻底改变了这个领域的面貌，他的研究方法被称为吴方法。他还在拓扑不变量、代数流形、自动推理、代数几何、中国数学史、对策论等方面做了创造性的工作。

谷超豪（1926-05-15 ～ 2012-06-24）
中国数学家。生于浙江温州。1948年毕业于浙江大学数学系，留校任教。1953年到复旦大学工作。1959年获苏联莫斯科大学物理数学科学博士学位。回国后历任复旦大学教授、数学系主任、数学研究所所长、副校长，中国科学技术大学校长。1980年当选为中国科学院学部委员（院士）。获2009年国家最高科学技术奖。

谷超豪从事偏微分方程、微分几何、数学物理等方面的研究和教学工作。他解决了超声速机翼绕流等若干数学问题，其成果比国外早十多年。他在正对称型方程组和混合型方程、规范场的数学结构、高维时空的孤立子理论及其几何应用等方面均取得重要成果。他因在偏微分方程和规范场理论研究方面的成果，获得国家自然科学奖、2005 年何梁何利基金科学与技术成就奖等。

陈景润（1933-05-22 ~ 1996-03-19） 中国数学家。生于福建福州。1953 年毕业于厦门大学数学系。由于他对塔里问题的一个结果做了改进，受到华罗庚的重视，被调到中国科学院数学研究所工作，先任实习研究员、助理研究员，再越级提升为研究员，并当选为中国科学院学部委员（院士）。

陈景润主要研究解析数论，在 20 世纪 50 年代即对高斯圆内格点问题、球内格点问题、塔里问题与华林问题的以往结果做了重要改进。60 年代后，他又对筛法及其有关重要问题进行了广泛深入的研究。1966 年他证明了“每个大偶数都是一个素数及一个不超过两个素数的乘积之和”，这使他在哥德巴赫猜想的研究上居于世界领先地位。这一结果在国际上被誉为陈氏定理，受到广泛征引。这项工作还使他与王元、潘承洞共同获得 1982 年国家自然科学奖一等奖。

丘成桐（1949-04-04 ~ ） 美籍华裔数学家。生于广东汕头，后移居香港。1966 年入香港中文大学数学系，1969 年提前修完课程，被美国加利福尼亚大学伯克利分校破格录取为研究生。在陈省身指导下，1971 年获博士学位。先后在纽约州立大学石溪分校、斯坦福大学、加利福尼亚大学圣迭戈分校任教。1994 年当选为中国科学院首批外籍院士。

1976 年，丘成桐因解决微分几何中的卡拉比猜想而声名鹊起。他与 R. 舍恩应用微分几何方法证明了广义相对论中的正质量猜想。他在高维闵可夫斯基问题、塞梵利猜想（与萧荫堂合作）、弗兰克尔猜想、三维流形的拓扑学与极小曲面、史密斯猜想等方面均有成就。1982 年获费尔兹奖。2010 年与 D. 沙利文共获沃尔夫数学奖。

毕达哥拉斯（约前 580 ~ 约前 500） 古希腊数学家、哲学家、天文学家。生于萨摩斯（今希腊东部小岛）。早年曾游历埃及、巴比伦（一说到过印度）等地。为摆脱暴政，他移居意大利半岛南部的克罗托内，在那里组织了一个政治、宗教、数学合一的秘密团体——毕达哥拉斯学派。这个团体后来在政治斗争中遭到破坏，他逃到他林敦，后被杀害。

毕达哥拉斯学派有一个习惯，就是将一切发明都归于学派的领袖，而且秘而不宣。他们很重视数学，企图用数来解释一切。毕达哥拉斯以发现勾股定理（西方称毕达哥拉斯定理）著称于世。这定理早已为巴比伦人和中国人所知，不过最早的证明大概可归功于毕达哥拉斯学派。通过勾股定理发现不可通约量，是这个学派的重大贡献。毕达哥拉斯还是音乐理论的鼻祖，阐明了单弦的乐音与弦长的关系。在天文方面，首创地圆说，认为日、月、五星都是球体，浮悬在太空中。毕达哥拉斯死后，学派继续存在达两个世纪之久。毕达哥拉斯的思想和学说，对希腊文化有巨大影响。

欧几里得 古希腊数学家。以其所著的《几何原本》闻名于世。早年大概就学于雅典，深知柏拉图的学说。公元前300年左右，在托勒密王的邀请下来到亚历山大，长期在那里工作。

欧几里得将公元前7世纪以来希腊几何积累起来的丰富成果整理在严密的逻辑系统之中，使几何学成为一门独立的、演绎的科学。除《几何原本》之外，他还有不少著作，流传下来的有《已知数》《图形的分割》《光学》《镜面反射》和《现象》（论述天文学及球面几何）等。其中《已知数》是除《几何原本》之外唯一保存下来的希腊文纯粹几何著作，体例与《几何原本》前6卷相近，包括94个命题，指出若图形中某些元素已知，则另外一些元素也可以确定。

笛卡尔，R.（1596-03-31 ~ 1650-02-11）法国哲学家、数学家。与P.de费马同为解析几何创立人。生于图赖讷。青少年时期即喜爱数学，阅读大量课外书籍。1616年毕业于普瓦捷大学法科。次年往荷兰志愿从军，退伍后定居巴黎。1629年他迁居荷兰，在那里隐居了20年。

笛卡尔从军期间曾苦思冥想，考虑治学方法，形成了唯理主义的哲学思想。他于1637年著成的《论方法》一书，论述唯理论的方法论和认识论，社会影响颇大，甚至被誉为“近代哲学的宣言”。后又写成《形而上学的沉思》和《哲学原理》。他所说的“我思故我在”成为哲学上的一句名言。

笛卡尔用法文写的《几何学》《折光学》和《气象学》三篇论文，奠定了他在数学、物理和天文学中的地位。他同时看到了几何的直观、推理的优势和代数机械化运算的力量，并由此创立了解析几何。

费马，P.de（1601-08-17 ~ 1665-01-12） 法国数学家。生于博蒙－德洛马涅。最初学习法律，后来以图卢兹议会的议员终其一生。他博览群书，精通数国文字，掌握多门自然科学。虽然年近三十才认真注意数学，但成果累累。去世后，很多论述遗留在旧纸堆里或书页的空白处或给朋友的书信中。他的儿子S.费马将这些汇集成书并出版。

费马特别爱好数论，他证明或提出了许多命题，如费马小定理等。最有名的费马大定理激发起历代数学家的兴趣，至20世纪90年代才为A.维尔斯及其合作者证明。 和R.笛卡尔同时或较早，费马已得到解析几何的要旨。他在《平面与立体轨迹引论》一文中明确指出方程可以描述曲线，并通过方程的研究推断曲线的性质。费马是微积分学的先驱。他提出的求极大、极小的步骤，实际已相当于令导数为零，求出极点的方法。他还是概率论的探索者之一。他提出光学的费马原理，给后来变分法的研究以极大的启示。

莱布尼茨，G.W.（1646-07-01 ~ 1716-11-14） 德国数学家、哲学家。和I.牛顿同为微积分学的创建人。又译莱布尼兹。生于莱比锡。他多才多艺，著作包括历史、语言、生物、地质、机械、物理、法律、外交、神学等方面。他11岁时自学拉丁文和希腊文。1661年入莱比锡大学学习法律，1663年曾到耶拿大学学习几何，1666年在纽伦堡阿尔特多夫大学取得法学博士学位。他当时写出的论文《论组合的技巧》已含有数理逻辑的早期思想，后来的一系列工作使他成为数理逻辑的创始人。

莱布尼茨终生奋斗的主要目标是寻求一种可以获得知识和创造发明的普遍方法。这种努力导致许多数学的发现，最突出的是微积分学。牛顿建立微积分学主要是从运动学的观点出发，而莱布尼茨则从几何学的角度去考虑。今天的积分号∫、微分号d都是莱布尼茨首先使用的。他发明了能做乘法、除法的机械式计算机（十进制），并首先系统研究了二进制记数法，这对现代计算机的发明至关重要。

由于考察哈尔茨山的矿藏和提出地球开始时处于熔融状态的假设，他也被认为是地质学创始人之一。

欧拉，L.（1707-04-15 ~ 1783-09-18） 瑞士数学家、力学家。生于巴塞尔。1727年，欧拉到俄国彼得堡科学院工作，历任物理教授、院士、数学教授、数学部主任。1735年因劳累导致右眼失明。1741年应邀到德国任柏林科学院院士、物理数学研究所所长，达25年之久。1766年回俄国圣彼得堡。1771年左眼也失明，但仍凭着惊人的记忆力和心算技巧继续从事科学研究，通过口授完成了大量科学论著。

欧拉是18世纪著述最多的数学家，写有专著和论文800多篇。他的著述涉及当时数学的各个领域，许多数学名词、定理、公式是以欧拉命名的，如关于多面体的欧拉定理、数论中的欧拉函数、微分方程中的欧拉方程、复变函数中的欧拉公式等。他最突出的数学贡献是扩展了微积分领域，为分析学的一些重要分支（如无穷级数、微分方程）与微分几何的产生和发展奠定了基础。他还是变分法的奠基者和复变函数论的先驱者。如今许多常用的数学符号也起源于欧拉。

欧拉在力学各个领域都有突出贡献：他是刚体动力学和流体力学的奠基者、弹性系统稳定性理论的开创人；他的《行星和彗星运动理论》《月球运动理论》，是天体力学的开创性著作。

拉普拉斯，P.-S.（1749-03-23 ~ 1827-03-05） 法国数学家、天文学家。生于卡尔瓦多斯的博蒙昂诺日。年幼时就显露出数学才能。1767 年到巴黎拜见 J.le R. 达朗贝尔，随即被达朗贝尔介绍到巴黎军事学校任数学教授。1785 年当选为法国科学院院士。1795 年起先后在巴黎综合工科学校、高等师范学校任教授。1816 年当选为法兰西学院院士，次年任该院院长。

拉普拉斯的研究领域很宽广，涉及天文、数学、物理、化学等方面，一生把最主要的精力花费在天体力学上。他把数学当作解决问题的重要工具，在运用数学的同时又创造和发展了许多新的数学方法。在微分方程、复变函数论、代数学和概率论等方面都有卓越贡献。他推导出拉普拉斯方程；他在 1782 年就考虑了拉普拉斯变换；他是复变函数论的先驱者之一，较早地考虑了复函数求积法；他提出了关于行列式的拉普拉斯展开定理；他被公认为概率论的奠基人之一。

他的研究成果大都包括在《宇宙体系论》《天体力学》《概率的分析理论》这三部总结性著作中。

傅里叶，J.（1768-03-21 ~ 1830-05-16） 法国数学家。生于奥塞尔。1795 年在巴黎综合工科学校任讲师。1798 年随拿破仑远征埃及。1801 年回法国，任伊泽尔地区的行政长官。1817 年当选为法国科学院院士，1822 年成为科学院的终身秘书。1827 年当选为法兰西学院院士。

傅里叶很早就开始并一生坚持从事热学研究。1807 年他在向法国科学院呈交的一篇关于热传导问题的论文中宣布：任一函数都能够展开成三角函数的无穷级数。他的著作《热的解析理论》于 1822 年出版，成为数学史上一部经典文献。该书处理了各种边界条件下的热传导问题，以系统地运用三角级数和三角积分而著称，他的学生把它们称为傅里叶级数和傅里叶积分，这两个名称一直沿用至今。

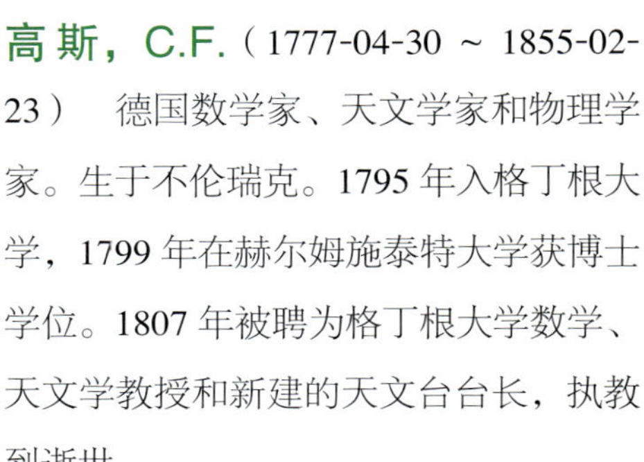

高斯，C.F.（1777-04-30 ~ 1855-02-23） 德国数学家、天文学家和物理学家。生于不伦瑞克。1795 年入格丁根大学，1799 年在赫尔姆施泰特大学获博士学位。1807 年被聘为格丁根大学数学、天文学教授和新建的天文台台长，执教到逝世。

高斯在数论、代数学、非欧几何等方面均有一系列开创性贡献。1801 年发表的《算术研究》是数学史上为数不多的经典著作之一，开辟了数论研究的全新时代。他首次引进同余的记号并系统而深入地阐述了同余式的理论，证明了数论中的重要结果二次互反律等。他在代数方面的代表性成就是对代数基本定理的证明。高斯的方法不是计算一个根，而是证明它的存在。这种方式开创了探讨数学中整个存在性问题的新途径。他是非欧几何的创立者之一。

高斯十分注重数学的应用，并在对天文学、大地测量学和磁学的研究中发明和发展了最小二乘法、曲面论、位势论等。

泊松，S.-D.（1781-06-21 ~ 1840-04-25） 法国数学家、力学家、物理学家。又译普阿松。生于卢瓦雷省的皮蒂维耶。青年时期曾学习医学，后因喜好数学，于1798年入巴黎综合工科学校深造。毕业时因优秀的研究论文而被指定为讲师，1806年接替J.傅里叶任该校教授。1809年任巴黎理学院力学教授。1812年当选为法国科学院院士。

泊松是第一个沿复平面上的路径求复函数积分的人。他修正了拉普拉斯方程，并将引力位势理论用于研究静电学。他主张概率方法的普遍适用性，得到了著名的泊松分布。他所著的《力学教程》在很长时期内被作为标准教科书。在天体力学方面，他推广了J.-L.拉格朗日和P.-S.拉普拉斯有关行星轨道稳定性的研究，所建立的泊松方程成为星系动力学的基本方程之一。在固体力学中，泊松以泊松比而知名。

希尔伯特，D.（1862-01-23 ~ 1943-02-14） 德国数学家。生于柯尼斯堡（今俄罗斯加里宁格勒）。1880年入柯尼斯堡大学，1885年获博士学位。1892年任该校副教授，翌年为教授。1895年赴格丁根大学任教授，直至1930年退休。他是许多国家科学院的荣誉院士。

希尔伯特是20世纪最伟大的数学家之一，他的数学贡献是巨大的和多方面的。他典型的研究方式是直攻数学中的重大问题，开拓新的研究领域，并从中寻找带普遍性的方法。他在不变量理论、代数数论、数学分析、积分方程论、几何基础、数学基础等领域都有所建树。他于1899年发表著名的《几何基础》一书，第一次给出了完备的欧几里得几何公理系统。因其工作的意义远超出几何基础的范畴，他成为现代公理化方法的奠基人。

1900年，希尔伯特在巴黎举行的国际数学家大会上发表演说，提出了20世纪数学面临的23个问题。对这些问题的研究有力地推动了20世纪数学发展的进程。

冯·诺伊曼，J.（1903-12-28 ~ 1957-02-08） 美籍匈牙利数学家，计算机科学的先驱。生于布达佩斯一个犹太人家庭。在布达佩斯大学、柏林大学和瑞士苏黎世联邦理工学院学习，1926年获布达佩斯大学数学博士学位。1933年起任美国普林斯顿高级研究院数学教授。

冯·诺伊曼是20世纪最重要的数学家之一。他在集合论、数学基础、量子理论、算子环、遍历理论、博弈论等领域都取得了重大成果。他和F. J.默里合作，创造了算子环理论，即现在所谓的冯·诺伊曼代数。他是数理经济学的奠基人之一，与 O. 莫根施特恩合作写出《博弈论与经济行为》一书。1945 年，他发表提出了一种储存程序的计算机结构，这是世界上第一个完整的计算机体系结构，被称为冯·诺伊曼结构。目前绝大多数计算机系统仍然属于冯·诺伊曼结构。由于他在计算机逻辑结构设计上的贡献，他被誉为“计算机之父”。

纳什，J.F.（1928-06-13 ～ 2015-05-23） 美国数学家、经济学家。博弈论的奠基人之一。生于西弗吉尼亚州布鲁弗尔德市。1948 年从卡内基理工学院数学系以优异成绩毕业时，学校同时授予他理学学士和理学硕士学位。1950 年获普林斯顿大学数学博士学位。同年留校任讲师，1951 年转到麻省理工学院数学系工作，1959 年由于患精神分裂症而辞去教职。后在妻子的照料下康复。获 1994 年诺贝尔奖。

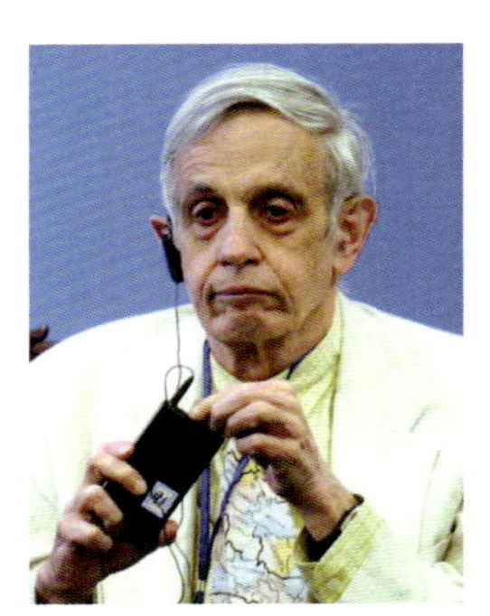

纳什在非合作博弈方面的贡献集中体现在他 1950 年的博士论文中，论文后来被整理成《*n* 人博弈的均衡点》和《非合作博弈》，这两篇论文确立了他在非合作博弈论中的奠基人地位。他首次区分了合作博弈与非合作博弈，并为非合作博弈创立了一种均衡概念——纳什均衡。纳什均衡是非合作博弈分析的基础，同时也是纳什获得诺贝尔奖的主要学术贡献。纳什均衡及其后续理论不仅影响了数学界，而且也改变了经济学乃至整个社会科学的面貌。

纳什的一生充满传奇色彩。虽然他后来在博弈论研究方面还有不少贡献，但不久进入核心数学的研究。在数学界，他更以黎曼流形嵌入定理、纳什－莫泽迭代法等著称。

阿蒂亚，M.F.（1929-04-22 ～ ） 英国数学家。生于伦敦。在剑桥大学三一学院学习，1952 年获学士学位，1955 年获博士学位。之后在剑桥大学任讲师，1961 ～ 1968 年在牛津大学任教。1969 ～ 1972 年被美国普林斯顿大学高等研究院聘为教授。1972 年回到牛津大学任皇家学会数学教授。1990 年到剑桥大学三一学院任院长，1992 年起兼任牛顿数学科学研究所首任所长。2000 年退休后任爱丁堡大学教授。他还是美国国家科学院、法国科学院等科学院的外籍院士。

阿蒂亚的研究领域涉及代数几何、拓扑学、代数学、分析学及数学物理学。1963 年与美国数学家 I.M. 辛格合作，证明了阿蒂亚－辛格指标定理。其中使用的工具——拓扑 K 理论是他与 F. 希策布鲁赫共同创立的。这一理论不仅成为一个新的研究方向，而且产生了许多重要应用。20 世纪 70 年代中期起，他转向数学物理学特别是规范场理论的研究。

阿蒂亚 1966 年获费尔兹奖，2004 年同辛格一起获第二届阿贝尔奖。

物理

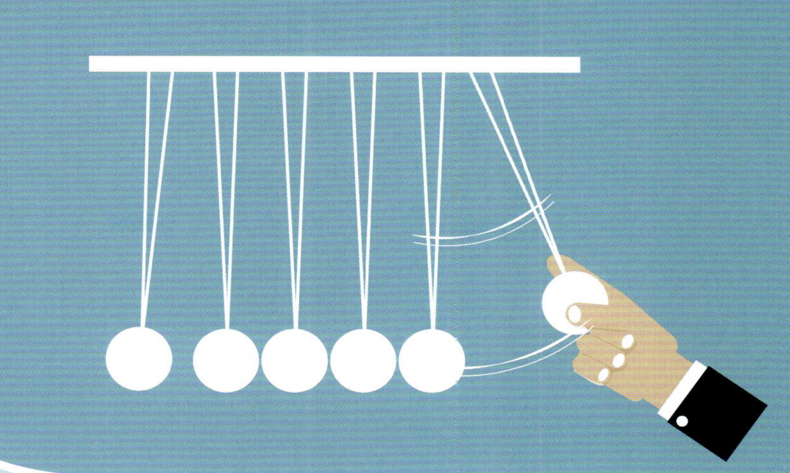

物理学 研究物质运动规律及物质基本结构的学科。物理学简称“物理”，在希腊语中的意思是“自然哲理”。在古代欧洲，物理学是自然科学的总称。后来随着自然科学的发展，它的各个分支先后形成独立的学科，如物理学、化学、生物学、地质学、天文学等。

在物理学的发展过程中，经典力学占有重要的地位，它研究宏观物体的低速机械运动的现象和规律。17 世纪，英国物理学家 I. 牛顿，在意大利天文学家伽利略、德国天文学家 J. 开普勒等人研究的基础上，总结出牛顿运动定律和万有引力定律，为经典力学奠定了基础。19 世纪，英国物理学家 J.P. 焦耳、法国物理学家 S. 卡诺、德国物理学家 R. 克劳修斯等人，提出了热力学第一定律和热力学第二定律。19 世纪下半叶，英国物理学家 J.C. 麦克斯韦提出了描述电磁场的基本规律的麦克斯韦方程组，预言了电磁波的存在，奠定了经典电动力学的基础。20 世纪初，物理学家 A. 爱因斯坦从实际出发，对空间和时间的概念进行了深刻的分析，从而建立了新的时空观。在此基础上，1905 年他提出了狭义相对论，1915 年又提出了广义相对论。量子力学和量子电动力学也是 20 世纪发展起来的新兴学科，它们不仅应用于原子物理学，也应用于分子物理学、原子核物理学以及对宏观物体的微观结构的研究。量子电动力学研究的是量子化的磁场，它的一些结论的精确性达到自

在物理学的不同发展时期，都有着做出伟大贡献的代表人物，如奠定了经典力学基础的伽利略和牛顿，开辟了原子能应用新世纪的居里夫人，创建了对空间和时间概念进行伟大变革理论的爱因斯坦

然科学中前所未有的高度。

通常根据所研究的物质运动形态和存在形式的不同，将物理学分为力学、声学、热学和分子物理学、光学、电磁学、原子物理学、原子核物理学、固体物理学（包括半导体物理学）、粒子物理学（又称高能物理学）等分支学科。但这种分类法并不十分稳定，它随着科学的发展而不断变化。但可以肯定的是，随着人类对自然界认识的不断扩展和深入，物理学内容也必将不断扩展和深入，物理学的应用也必将越来越广泛。

物理量 量度物质的属性和描述其运动状态时所用的各种量值。各种物理量都有自己的量度单位，并以选定的物质在规定条件下所显示的数量作为基本量单位的标准。例如，长度的度量单位是米，在 1960 年 10 月的第 11 届国际计量大会中通过一项决议，规定 1 米等于氪 -86 在真空中发生 $^2p_{10}$ 和 $^5d_5$ 能级之间跃迁时，所发射的橙色光波波长的 1650763.73 倍，这样规定的米称为原子米。后来随着科技的发展，标准米的规定越来越先进，到 1983 年第 17 届国际计量大会上，又通过了米的新规定："米是光在真空中，在 1/299792458 秒的时间间隔内运行距离的长度。"这个定义将长度单位与时间单位结合起来。

为便于国际交流，物理学家们创建了国际单位制。国际单位制简称"国际制"，代号 SI，是 1960 年第 11 届国际计量大会制定的适合一切计量领域的单位制。它规定长度、时间、质量、温度、电流强度、发光强度和物质的量等 7 个量为基本量，称为基本物理量，它们的单位米（m）、秒（s）、千克（kg）、开尔文（K）、安培（A）、坎德拉（cd）和摩尔（mol）为 7 个基本单位，还规定了两个辅助单位即弧度和球面度。其余物理量则根据基本量和有关方程来表示，称为导出量，其单位是通过它们与基本单位的关系来确定，称作导出单位。

应用 7 个基本物理量，就可以导出物理学中的各个物理量。例如，所有的力学量都是由长度、质量和时间这 3 个基本量构成的。在电学领域，上述 3 个基本量再加上电流强度这一基本量，就可以导出所有电学物理量。

物理实验 人们根据研究的目的，运用科学仪器设备，人为地控制、模拟或纯化某种自然过程，使之按预期的进程发展，同时在尽可能减少干扰客观状态的前提下进行观测，以探究物理过程变化规律的一种科学活动。物理实验主要包括探究性实验、测量性实验和验证性实验等。探究性实验就是运用科学的方法，通过探索去发现人们尚未认识的科学事物及其规律的过程。探究性实验具

上海文来中学高中部物理实验室

有多种多样的形式，其主要要素有：提出问题、猜想与假设、制订计划与设计实验、进行实验与收集证据、分析与论证、评估、交流与合作。在具体的实验探究过程中，上述 7 个要素可以进行组合、改变顺序、合理增减。可以说没有探究性实验，物理学就不可能发展。

16 世纪，伽利略提倡的数学与实验相结合的研究方法得到学术界公认之后，逐渐形成物理这门学科。牛顿力学统治物理学长达 200 多年，到了 19 世纪末 20 世纪初，物理学开始了一个新的发展时期。人们进行了大量的实验探究工作。19 世纪后半叶，英国科学家 J.J. 汤姆孙进行了一系列的实验研究，终于在 1897 年确认阴极射线是带负电的粒子——电子。1900 年，M. 普朗克在辐射能量不连续的概念下导出了完全符合实验数据的黑体辐射公式，导致量子理论的出现。1905 年 A. 爱因斯坦在新的时空概念基础上发表了狭义相对论，完美地解释了光速不变的实验结果。1911 年，英国物理学家 E. 卢瑟福用实验确定了原子核内的正电荷集中在很小的范围内，从而提出了原子的核式结构。20 世纪初，由于居里夫妇、卢瑟福等许多人的大量实验工作，物理学向原子、原子核、电子等微观方向发展，也向高速（接近光速）方向发展。伴随着这些近代物理实验，物理学家逐步建立了相应的理论系统。

物理学是一门实验科学，实验在不断地修正理论，新的理论也在不断地指导新的实验。

量子理论 揭示原子结构、原子光谱的规律性、化学元素的性质、光的吸收与辐射等微观物质世界基本规律的理论。量子理论给我们提供了新的关于自然界的表述方法和思考方法。以量子理论为基础的量子物理学与牛顿经典物理学一起构成了现代物理学的两大基石。

量子理论的创建是许多科学家共同努力的结果。1900 年，德国柏林大学教授 M. 普朗克在解释黑体辐射规律时引入了能量子概念。1906 年 12 月 14 日，普朗克在柏林的物理学会上发表论文，提出了著名的普朗克公式，这为量子理论的建立打下了基石，这一天也被普遍认为是量子物理学诞生的日子。随后，许多世界著名的科学家都为量子理论的建立和发展做出了重要的贡献，如 A. 爱因斯坦、瑞利、N. 玻尔、L. V. 德布罗意、W. K. 海森伯、M. 玻恩等。

尽管许多人对量子理论的含义还不太清楚，但它在现实中获得的成就却让我们知道了它的威力。例如，用量子理论可以解释原子如何键合成分子；用量子理论来研究晶体，可以解释为什么银是电和热的良导体却不透光，金刚石不是电和热的良导体却透光。正是在量子理论很好地解释了处于导体和绝缘体之间的半导体的原理后，人们才发明了晶体管，从而开创了全新的信息时代。它用很小的电流和功率就能有效地工作，而且其尺寸可以做得很小。

能量 描述物体做功本领大小的物理量，简称为能。一个物体能够对外界做功，这个物体便具有能量。能量和运动

爱因斯坦，A. (Albert Einstein, 1879-03-14 ~ 1955-04-18) 德裔美国科学家。1905 年，爱因斯坦在 3 个不同领域中都取得了重大突破：光量子理论、分子运动论和狭义相对论。当时他不过 26 岁，所有研究只能利用业余时间来进行，而且没有名师指导。这在科学史上是史无前例的。此后，他经过 8 年的艰苦努力，又创立了广义相对论。

1921 年爱因斯坦因发现光电效应获得诺贝尔物理学奖。

永动机 在能量守恒定律建立之前，历史上曾有人设想制造一种不需要耗费任何能量就能对外做功、对外输出能量的机器，这就是所谓的“永动机”。这些人认为，能量可以被源源不断地创造出来，从而用之不竭。能量守恒定律的最终建立，从科学上宣判了要制造永动机是不可能的，从而促使人们摆脱了梦幻，用掌握的自然规律来有效地开发和利用自然界所能提供的多种多样的能量。

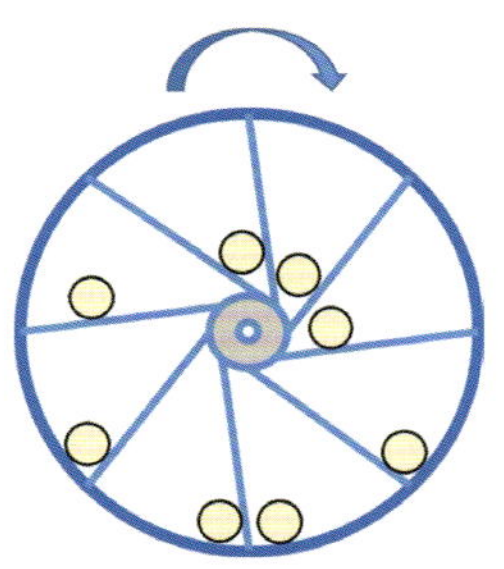

设想中的一种永动机

是分不开的。与物质的各种运动形式相对应，能量也有各种不同的形式，主要分为机械能、内能、化学能、电磁能以及原子能。它们可以通过一定的方式相互转化。

机械能是指做机械运动的物体所具有的能量，如从高处流下的水流，正在运动的汽车等都具有机械能。内能又称热能，是由构成物质的大量分子所做的无规则运动以及分子间的相互作用力所引起的，通常以热传递的形式表现出来。化学能是自然界中的各种物质进行化学变化时释放或吸收的能量。电磁能包括电能和磁能。现代生活离不开电磁能，人们能看电视、听广播等都是电磁能的功劳。原子能，确切地说应该叫原子核能，简称核能，是原子核发生变化时释放出来的能量。核能的利用已经成为现代科学技术发展的主要标志之一。

能量守恒定律 能量既不会消灭，也不会创生，它只能从一个物体转移到另一个物体，或者从一种形式转化为另一种形式。一种能量的消失，必然伴随着其他形式能量的产生，并且无论形式如何，在转移或转化的过程中，能量的总量都是守恒的。

无数事实说明了各种不同形式的能量彼此都是可以相互转化的。在生活中，能量转化和守恒的应用比比皆是。

力 物体之间使物体改变运动状态或发生形变的相互作用，是物理学中使用最广泛、最重要的基本概念之一。力是不能离开物体而单独存在的，一个物体受到力的作用，一定有另一个物体对它施加这种作用。力有很多种，如地球的引力、大气压力、物体运动所受的空气或水的阻力、电磁引力和斥力、物体相互接触时的压力及摩擦力等。一般按照力的性质分为场力(包括重力、电场力等)、弹力(压力、张力、拉力等)、摩擦力(静摩擦力、滑动摩擦力等)。自然界物质之间的相互作用力则可以归纳为4种：万有引力、电磁力、原子核各成分间的强相互作用力和弱相互作用力。

描述一个力一般从3个方面进行，即力的三要素：力的大小、方向和作用点。力的大小用测力计来测量，单位是牛顿，国际符号是N。它是这样规定的：

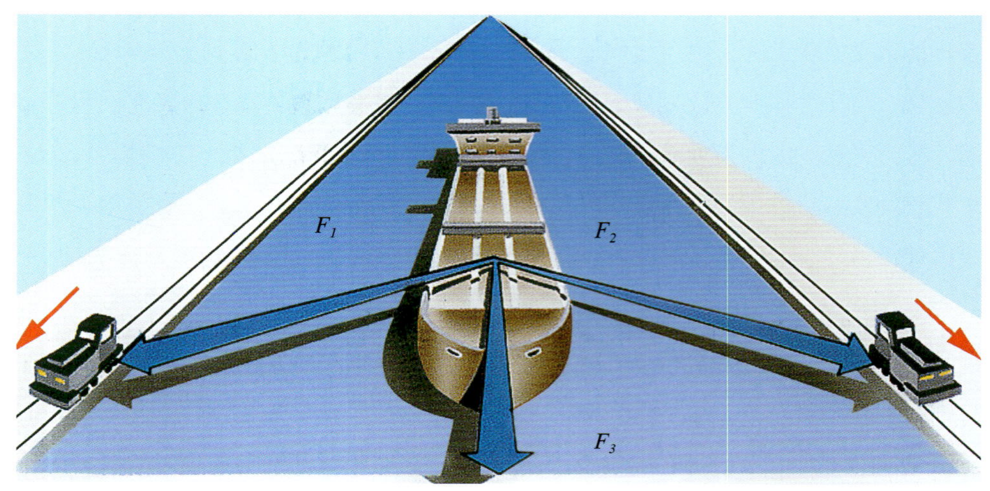

物体受到的力往往不止一个，也不全是同一个方向，比如这艘正在通过运河的轮船，在牵引力 F_1 和 F_2 的共同作用下前进，F_3 是 F_1 和 F_2 的合力

使质量为1千克的物体获得1米/秒^{2}的加速度的力为1牛顿。力是有方向的，如物体受到的重力总是竖直向下的，在液体中受到的浮力总是竖直向上的。力的方向不同，作用效果也不同。如用力拉弹簧，弹簧伸长；用力压弹簧，弹簧就会缩短。因此要把一个力完全表达出来时，不仅仅要考虑力的大小，还要考虑力的方向，同时还要考虑力作用在物体上的具体位置，即力的作用点。

在研究力时，为了直观地说明力的作用，常常用一根带箭头的有向线段来表示力。线段的长短表示力的大小，箭头表示力的方向，习惯上用箭尾表示力的作用点（有时也用箭头表示）。从力的作用点沿力的方向所画的直线叫力的作用线，这种表示力的方法称作力的图示法。

桥梁 一种用来跨越障碍（如河流、山谷、街道）的建筑物。桥有多种分类，按用途可以分为铁路桥、公路桥、公铁两用桥等；按结构材料分为木桥、圬工桥（砖桥、石桥等）、钢桥和钢筋混凝土桥等；按结构特点分为梁式桥、拱桥、刚架桥、悬索桥和斜拉桥等；按使用连续与否可分为固定桥和活动桥。

位于河北赵县的赵州桥，建于隋大业年间，是世界上现存最古老的敞肩式石拱桥

卢沟桥 位于中国北京西南宛平县城西门外的永定河上（现属丰台区），是一座联拱石桥。

永定河在金代称卢沟河，桥即以此命名。卢沟桥始建于金大定二十九年（1189），成于明昌三年（1192）。元、明两代曾经修缮过。卢沟桥全长212.2米，计入两端桥堍共长约266.5米。全桥有11孔，各孔的净跨径和矢高均不相等，采用边孔小、中孔逐渐增大的韵律设计，形成了优美的桥型。全桥有10个墩，每墩上游迎水面砌成分水尖，其尖头部装有1根三角形铁柱，用以保护桥墩。基础为木桩基。桥面两侧筑有石栏，石栏柱北侧有140个，南侧有141个，各柱头上立有雕刻的石狮。石狮雕饰工巧，姿态各异，或蹲、或伏，或大抚小、或小抱大，头数众多，共有485头。桥两端各有华表、御碑亭、碑刻等，桥东御碑亭的石碑上刻有清乾隆题字“卢沟晓月”。

意大利人马可·波罗著《马可·波罗游记》一书，对卢沟桥有较详细的记载。1937年7月7日的“七七事变”在此发生，又称“卢沟桥事变”。

悬索桥 主要由缆索、塔和锚碇三者组成，以承受拉力的缆索或链索作为主要承重构件，又称吊桥。悬索桥一般用抗拉强度高的钢材（钢丝、钢绞线、钢缆等）制作。由于悬索桥可以充分利用

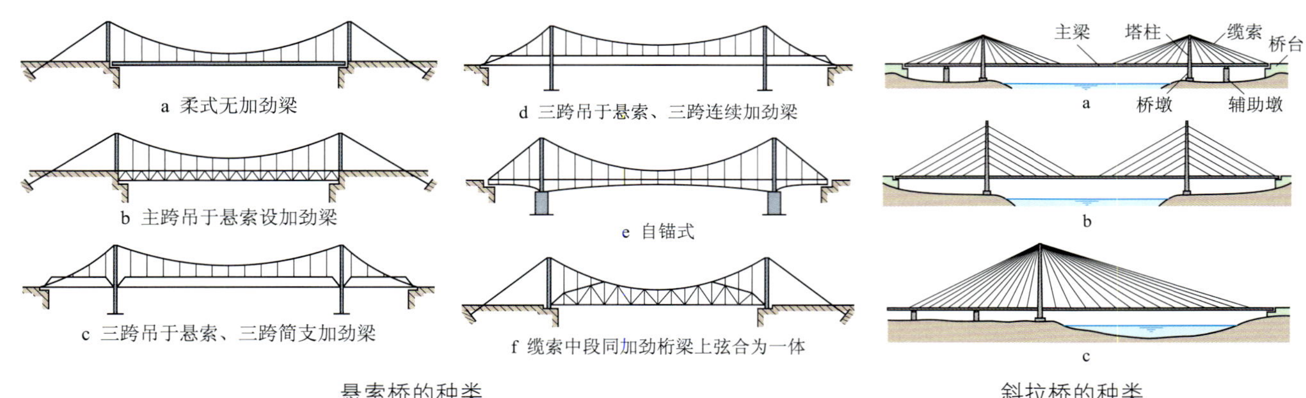

悬索桥的种类

斜拉桥的种类

材料的强度，并具有用料省、自重轻的特点，因此在各种结构桥梁中的跨越能力最大，跨径可以达到1000米以上。悬索桥的主要缺点是刚度小，在荷载作用下容易产生较大的挠度和振动，需注意采取相应的措施。按照桥面系的刚度大小，悬索桥可分为柔性悬索桥和刚性悬索桥。

日本于1998年建成世界最大跨径的悬索桥——明石海峡大桥，其主跨跨径为1990米。20世纪90年代以来，中国在悬索桥方面的建桥技术发展很快，相继建成了汕头海湾大桥、西陵长江大桥、江阴长江大桥等悬索桥。润扬长江大桥南汊主桥为主跨1490米的单孔悬索桥，是目前中国第一、世界第三的特大跨径悬索桥。

斜拉桥 由塔、梁、索、墩等主要部件组成。斜拉桥的缆索张拉成直线形，整个结构为几何不变体，其刚度比悬索桥大。主梁同弹性支承上的连续梁的性能相似。斜拉桥的跨径一般在梁桥和悬索桥之间。斜拉桥在构造上有单塔或双塔、单面布索或两面布索、密索或少索等形式，索的布置也有不同的放射形式，塔、梁、墩之间铰接或固接等也有多种类型。

斜拉桥自20世纪50年代开始修建，第一座现代斜拉桥始建于1955年的瑞典，跨径为182米。2008年建成通车的苏通长江大桥是目前世界上建成的最大跨径的斜拉桥，主跨径达1088米。

立交桥 不在同一平面上相交的道路路口。它将互相冲突的车流分别设置在不同高程的道路上，也就是道路呈立体交叉，简称立交。在立体交叉口通常设置交通标志引导车流。

早在马车时代就出现了道路立交桥，如1858年美国在纽约中央公园建成跨路桥。20世纪初，美国、德国出现了沿线限制的道路，这种道路与其他道路相交采用了立交桥。1928年美国在新泽西州伍德布里奇修建了每昼夜平均通行6.25万辆汽车的完全互通的苜蓿叶式立交桥。30年代，随着高速公路的出现，美国、瑞典、德国、加拿大等国先后在高速公路上修建了各种形式的立交桥。中国于1963年在广州修建了第一座环形立交桥，80年代在北京二环路上修建了9座立交桥。

上海莘庄外环立交桥

立交桥形式有苜蓿叶形、半苜蓿叶形、菱形、环形、T形和Y形等基本形式。

质量和密度 质量是物体惯性（见牛顿运动定律）大小的量度。它的国际单位是千克，可以用天平进行测量。质量是物质本身的属性，用符号 m 表示。在经典物理学中认为它与物体的温度、位置、形状和运动状态无关。例如，质量是1千克的一瓶水，无论水温如何，质量都不变；加热变为水蒸气或放热结冰后，质量还是不变；放到高山上甚至被宇航员带到月球上，质量仍是1千克。

人们都有这样的经验，一杯水结成冰后虽然质量并没有发生变化，但是体积变大了，这是由于水和冰在某一方面的物理性质不同所造成的。反映这一性质的物理量是密度。密度是某种物质单位体积的质量，是该物质的特性之一。不同物质的密度一般不同；同一种物质的密度一般不变，与这种物质的形状、体积和质量的大小无关。在国际单位制中，密度的单位是千克 / 米^3。

密度是物质的一种特性，因此可以利用密度来鉴别物质或计算不便直接称量的物体的质量，还可以计算形状复杂的物体的体积。

重力 由于地球对物体的吸引而使物体受到的力。重力的方向总是竖直向下的，即物体自由下落的方向。重力的国际单位是牛顿。当人们向离开地心的方向移动时，重力会减小；进行太空航行的人，会产生没有重力的奇异感觉，那是因为航天器在轨道上绕地球飞行时产生的离心力抵消了重力。重力是人们生存的重要条件之一，如果没有重力，大气将漂浮散去，人类的生命也将完结。

既然受重力作用的物体总是要落向地面，从这个意义上说，任何天体产生的使物体向该天体表面降落的力，都可以称为“重力”，如月球重力、火星重力等。由于地球并不是一个真正的圆球，而是一个在赤道处半径最大的扁球，并且由于地球在不停地自转，所以同一物体在地球不同的纬度上所受重力略有不

重力探矿 由于地球上各地区的地形不同，特别是地质构造不同，物体在各地所受地球的引力就会发生变化，物体所受的重力也会发生变化，在埋有密度较大的矿石附近地区，物体受到的重力要比周围地区稍大一些。利用重力的这些变化，可以探测石油、铁矿、煤矿和其他矿床，这种探矿方法称作“重力探矿”。

同，从赤道到两极是逐渐增加的。

生活中常说的物体的重量实际上是质量的习惯叫法，把重量当成质量是不准确的。国际计量大会提出，在科技术语中不再使用重量这个词语，用质量代替重量。

物体各部分所受重力的合力的作用点称作重心。重心是物体中的一个定点，与物体所在的位置和怎样放置没有关系。对于规则均匀的物体来说，它的重心就在物体的几何中心，如均匀球体的重心在球心，均匀长方体的重心在它的体对角线的交点上。均匀圆环的重心在它的中心，在这种情况下，物体的重心不在物体上。不均匀物体重心的位置除了跟它的形状有关，还跟物体内部的质量分布有关。

航天员在太空行走时，要穿着装有空气供应、通信设备以及喷射推力系统的太空服，以便他们在失重状态下行动

失重和超重 当一个物体加速上升或减速下降时，支持物对物体的支持力或悬挂物对物体的拉力大于物体的重力，这就是超重；反之，当一个物体减速上升或加速下降时，支持物对物体的支持力或悬挂物对物体的拉力将小于物体的重力，这就是失重。在日常生活中，绝大多数的情况下，人们受到的重力和支持力或拉力是平衡的，因此没有什么异样的感觉。但在一些特殊的情况下，重力和支持力或拉力不平衡，就造成了失重和超重。失重和超重现象可以用牛顿运动定律来进行解释。

人造地球卫星或航天飞机在发射过程中加速升高或返回地球进入大气层减速降落时，都有一个向上的加速度，都会发生超重现象。超重不能过大，否则超出一定限度后宇航员就有生命危险。在人造卫星进入轨道以后，有一个向下的指向地球的加速度，这个加速度就是卫星绕地球做圆周运动的向心加速度，因而发生失重现象，这时宇航员的动作就像电影中的慢镜头一样，迟缓有趣，而且舱内不论什么物体，都得固定住，不然就要满舱飞舞。

弹力 物体受外力作用形状和体积发生改变（这种改变称为形变）时，物体内部产生的反抗外力、恢复原来形状的力，又称弹性力。正是因为弹簧发生了形变，为了恢复原来的形状，弹簧内部才产生了弹力。

弹力一般产生在直接接触的物体之间，并以物体发生形变为先决条件。它的方向跟使物体产生形变的外力的方向相反。物体的形变是多种多样的，不仅弹簧可以发生形变，常见的很多物体，如地面、桌面、墙壁、绳子等，都可以在外力的作用下发生形变，因此对应的弹力也以各种各样的形式表现出来，如压力、拉力、支持力等。例如，放在水平桌面上的物体，由于受到重力作用，因此对桌面有一个向下的压力，使桌面发生了微小的形变，桌面为了恢复原状，将产生一个垂直桌面向上的弹力，此弹力作用在物体上，通常称为支持力。

胡克，R. (Robert Hooke, 1635-07-18 ~ 1703-03-03) 英国物理学家。曾担任玻意耳的助手。胡克是一个多才多艺的实验物理学家、仪器设计师和发明家，对当时出现的几乎所有仪器都做过重大改进或创新。胡克最早展示了生物、矿物的显微结构并引入“细胞”一词。由胡克揭示的弹性体受力与形变的比例关系被称为胡克定律。他还是光波动说的最早倡导者之一。在天体力学领域，胡克与牛顿的论争促使牛顿对万有引力定律进行了更深入的研究。

胡克定律 弹簧产生的弹力与其形变大小成正比，这个特性是英国物理学家R.胡克于1678年在一篇论文中提出的，因此被称为“胡克定律”。

胡克定律是物理学中的基本定律之一。利用弹簧的这个性质，可以制成弹簧测力计，用来测量作用力的大小和物体受到的重力。常见的测力计是拉力弹簧测力计，此外还有压力测力计。拉力弹簧测力计的主要结构是一根钢质的弹簧，弹簧的上端固定在壳顶的环上，下端和一只钩子连接在一起。把要称量的物体挂在钩子上，弹簧就会伸长，当物体静止后，物体所受到的弹力就等于物体的重力，而且在弹性限度内，弹力大小与弹簧形变大小成正比，因此物体所受的重力可以根据测力计指针指在外壳上的标度直接读出。

摩擦 相互接触的两物体，在其接触表面上沿切线方向发生的阻碍物体相对运动的现象。阻碍相对运动的力叫摩擦力。按照其特点，摩擦可以分为静摩擦、滑动摩擦和滚动摩擦。

未能推动一张放在地面上的桌子，这时物体之间没有发生相对滑动，仅仅有滑动的趋势，这样产生的摩擦称作静摩擦。静摩擦力的方向与物体的相对运动趋势方向相反。静摩擦力是很常见的，拿在手中的瓶子、钢笔不会滑落，就是静摩擦力作用的结果；能把线织成布，从而把布缝成衣服，也是靠纱线之间的静摩擦力的作用。

滑动摩擦也很常见，桌子推动后，松手又会停下，必须要不停地用力才能使它继续运动下去，这就是存在滑动摩擦的缘故。物体之间发生相对滑动时产生的力称作滑动摩擦力。滑动摩擦力f的方向与物体相对运动的方向相反，并与物体表面间的正压力N的大小成正比，即$f=\mu N$，其中μ是滑动摩擦系数，它与制成物体的材料和接触面的粗糙程度有关。

滚动摩擦是一个物体在另一个物体上滚动或有滚动趋势时，在接触面处产生的阻碍滚动前进的作用。一般情况下，物体之间的滚动摩擦力远小于滑动摩擦力，所以滚动物体要比推动物体省力得多。

由于摩擦的存在，人们为达到目的，不得不浪费大量的能量来克服摩擦。而且，摩擦生热又限制着一些工业技术的发展。在工业生产中，常常采用涂润滑剂和减小压力的办法来减小摩擦的不利影响。摩擦的存在也影响着高科技的发展。例如，发射火箭必须要考虑到高速运行的火箭与大气之间的摩擦。摩擦带给人们的也不全是弊端，在工作和生活中利用摩擦的地方也很多。自行车刹车闸皮便是利用摩擦的很好的例子。摩擦在生产技术中的应用也很多，如皮带运输机就是靠货物与传送带之间的静摩擦力传输货物的。

作用力和反作用力 力总是成对出现，并且是同时出现。如甲物体对乙物体有力的作用，那么乙物体对甲物体也一定有力的作用，这就是作用力与反作用力。值得我们注意的有两点：一是作用力和反作用力总是大小相等、方向相反、在同一直线上，同时存在，同时消失。但是作用力和反作用力分别作用在两个不同的物体上，所以是不可能相互抵消的；二是作用力和反作用力属于同一性质的力，如果一个力是弹力，另一个力也必定是弹力。两者没有本质的区别，不能说哪个力是起因，哪个力是结果，两个力中的任何一个都可以被看成是作用力，另一个力相对来说就成了反作用力。

脚给地面一个作用力，地面对脚就产生一个反作用力，人体因此前进

作用力与反作用力在生活、生产和科学技术中应用非常广泛。人能够游泳、轮船的螺旋桨和气垫船的工作都与作用力和反作用力原理有关。火箭在燃料被点燃后喷出高温高压的气体，喷出的气体同时给它一个反作用力，推动火箭前进。

气垫船 利用高压空气在船底和水面（或地面）间形成气垫，使船体全部或部分垫升而实现高速航行的船。气垫是用大功率鼓风机将空气压入船底下，由船底周围的柔性围裙或刚性侧壁等气封装置限制其逸出而形成的。

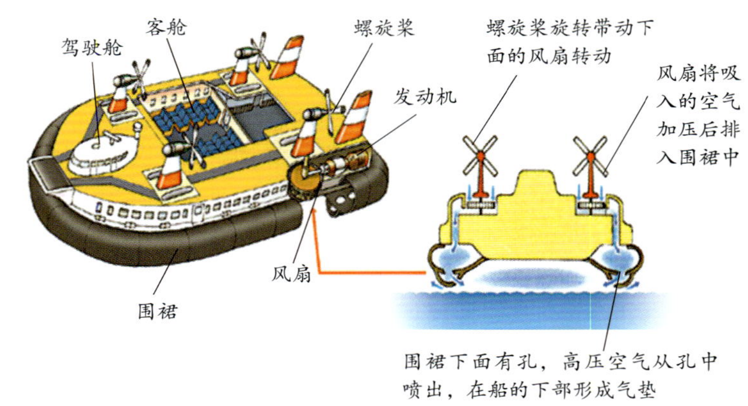

气垫船构造及原理图

气垫船包括全垫升式气垫船、侧壁式气垫船和双体气垫船三种。多用作高速短途客船、交通船、渡船等，也用于军事目的，航速可达60～80海里/小时。气垫船有两类：全垫升气垫船和侧壁气垫船。气垫船的缺点是耐波性较差，在风浪中航行失速较大。

平衡力 如果物体处于静止状态或处于匀速直线运动状态中，我们就说这个物体处于平衡状态。如果物体只受两个力而处于平衡状态，就称作二力平衡。

这两个力又称一对平衡力。二力平衡的条件是：作用在同一个物体上的两个力，大小相等、方向相反，并且在同一条直线上。二力平衡时，它们的合力为零。现实生活中做匀速直线运动或处于静止状态的物体都是受到平衡力的缘故。平衡力不一定是一对平衡力，可能是几对平衡力。

速度和加速度 速度是描述物体运动快慢和运动方向的物理量。如果物体在 t 秒的时间内运动了 s 米，则在这段时间内的平均速度为 $v = s / t$，在国际单位制中速度的单位是米 / 秒。一般来说，汽车的运动速度是 10 ~ 55 米 / 秒，人步行的速度是 1 ~ 1.5 米 / 秒，步枪子弹速度是 900 米 / 秒，普通炮弹速度是 1000 米 / 秒，一般军用飞机速度是 650 米 / 秒，而地球围绕太阳运动的速度为 30000 米 / 秒，光速为 3×10^8 米 / 秒。

加速度是描述速度变化快慢的物理量。一个物体的速度变化快，人们称其加速度大；速度变化慢，人们称其加速度小。这里的速度变化包括大小和方向的变化。加速度在国际单位制中的单位是米 / 秒 ^{2}。对汽车来说，一项非常重要的技术指标就是汽车起动时的加速度，它可使汽车在很短的时间内就达到正常行驶的速度。

参照物 一个物体到底是运动的还是静止的，这便涉及参照物。通常人们在研究一个物体运动的时候，必须选定另外一个物体作为参照标准，并事先假定这个被选定的物体是不动的。这个物体便称作参照物。

一般常说房屋、桥梁等是静止的，便是以地面作为参照物来说的。再如，坐在行驶的火车车厢里的乘客认为自己和同伴是静止的，而车厢外的树木、房子是运动的，这便是选择了车厢本身作为参照物的结果。世界上没有绝对不动的物体，因此运动是绝对的。静止是相对的，是相对于我们事先选定的参照物来说的。在人们的眼中，房屋、山岭、桥梁、树木总是在原地不动，但实际上由于地球在不停地自转，并且围绕太阳公转，因此地球上的所有物体都是跟着地球一起运动的。同步地球卫星，如果以地球为参照物，卫星是静止的；如果以太阳为参照物，卫星是运动的。可见，判断一个物体是静止的，还是运动的，与我们所选择的参照物有关。选择不同的参照物，对物体运动的描述就有可能不同。所以要客观描述物体的运动，就应指明选取什么物体作为参照物。

机械运动 物体之间或同一物体的不同部分之间相对位置随时间而变化的过程。平动、转动和振动是机械运动的三种基本形式。

如果一个物体上任意两点所连成的直线在整个运动过程中始终保持平行，这种运动称作平动，又称平移。平动物体的运动轨迹是直线的称作直线运动，运动轨迹是曲线的称作曲线运动。在这两类中又可细分，如直线运动可以分为匀速直线运动和变速直线运动。比如一辆汽车在行驶时是平动，它可以直线行驶也可以曲线行驶。但是汽车的车轮就

参考系 与参考体（参照物）固连的整个延伸空间。为了能用数值表示物体的位置，还需在参考体上设置坐标系，称为参考坐标系。同一参考体上可设置不同的参考坐标系，同一物体的位置坐标在不同参考坐标系中虽然不同，但有确定的变换关系。运动学中各种参考系是等价的，即不同参考系中运动学各种理论的表述均相同。但在动力学的研究中，需要区分惯性参考系与非惯性参考系。

不一样了，车轮一方面向前进，一方面绕着轮轴旋转，这就是平动和转动的合成。转动是指运动的物体除转轴外，其他各点都绕轴做圆周运动的运动。比如电风扇叶片旋转，门窗的开和关等都是转动。还有一种运动，如钟表的摆动、敲击后正在振动的音叉，都属于物体在平衡位置附近来回做往复运动，称之为振动。

自由落体运动 物体只在重力作用下，从静止开始下落的运动。它是初速度为零的匀加速直线运动。无论什么物体，它们的自由落体运动速度都是一样的，而此时的运动加速度就是重力加速度，用 g 表示。重力加速度的大小会因所在地区不同而有差别，一般常取 9.8 米 / 秒 ^{2}。

公元前 4 世纪的亚里士多德认为，物体下落的快慢是由它们受到的重力决定的，物体的重力越大，下落得越快。彻底推翻亚里士多德理论的是著名的意大利物理学家伽利略。伽利略先采用了归谬法，从亚里士多德的理论出发，最后又反推亚里士多德理论的错误性。后来，伽利略又做了著名的比萨斜塔实验：他在塔顶让一重一轻两个铁球同时下落，结果这两个铁球最后是同时落地，再次推翻了亚里士多德的理论。忽略空气阻力等因素，比萨斜塔实验中的铁球所做的运动就是自由落体运动。

伽利略 (Galilei，1564-02-15 ~ 1642-01-08) 意大利物理学家、天文学家、哲学家。伽利略 25 岁时任比萨大学教授，后来做了著名的比萨斜塔实验。他通过大量实验发现了伽利略相对性原理和落体定律，还发明了温度计。在天文学方面，制作了伽利略望远镜并第一个利用望远镜观察天体，取得了大量成果。由于伽利略在物理学方面有杰出贡献，并且创造出一整套将实验、物理思维和数学演绎三者巧妙结合的科学方法，后人称伽利略为“近代科学之父”。

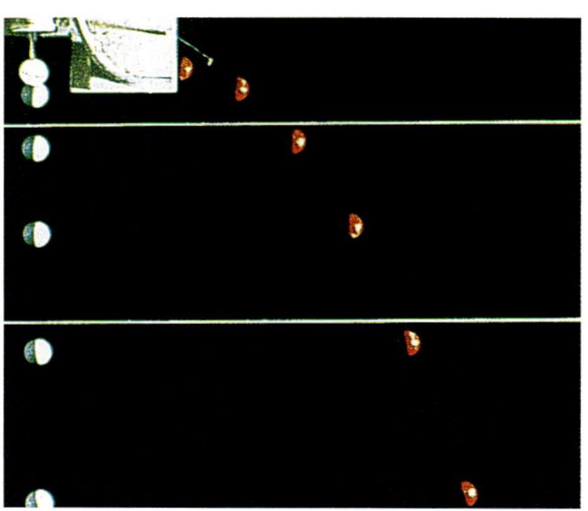

从每隔 0.1 秒拍摄的小球下落照片可以看出，圆球愈降至下方，间隔愈大，表明下落的速度加快（图左是圆球做自由落体运动，图右是一个水平投出的球）

牛顿运动定律 英国科学家 I. 牛顿系统地总结了前人的研究成果，又结合自己的研究，提出了三条运动定律，并于 1687 年首次发表在《自然哲学的数学原理》一书中。这三条运动定律成了整个经典力学系统的基础。

牛顿第一运动定律，又称惯性定律。它是在实验的基础上经过科学推理得出的一条重要运动定律。其内容是：一切物体在没有受到外力作用的时候，总保持匀速直线运动状态或静止状态。这一定律反映了力和运动的关系，阐明了力是改变物体运动状态的原因。人们把物体保持静止或匀速直线运动的这种性质称作惯性。惯性是物体本身的一种性质，即物体总要保持原来的运动状态。

牛顿第二运动定律，又称加速度定律。其内容是：物体运动的加速度与作用在物体上的合外力成正比，与物体的质量成反比。物体的质量越大，物体的惯性就越大。火车的质量比汽车大很多，火车的运动状态不容易改变，因此火车起动和停止要比汽车慢得多。

牛顿第三运动定律，又称作用力与反作用力定律。其内容是：两个物体间的作用力与反作用力总是大小相等，方向相反，作用在同一条直线上。

机械能 物体所具有的做机械运动的能量。行驶的汽车、飞行的飞机、压缩的弹簧等都具有机械能。

机械能包括动能和势能。动能的大小是由运动物体的速度和质量所决定的，物体的质量越大、速度越大，具有的动能就越多。势能的大小是由相互作用的物体之间或物体本身的各部分之间的相对位置所决定的。势能包括重力势能和弹性势能。由物体和地球之间的相对位置所决定的势能叫重力势能。物体由于发生弹性形变所具有的能量称作弹性势能。物体的重力势能的大小决定于物体的质量和相对于地面的高度，如果选择地面的重力势能为零，则物体的质量越大，距离地面位置越高，重力势能就越大。物体的弹性势能的大小决定于物体发生弹性形变的大小和本身的性质。

动能和势能是可以相互转化的，在只有动能和势能相互转化的过程中，机械能的总量保持不变。这就是机械能转化与守恒定律。机械能转化与守恒定律是力学中一条重要的规律，又是能量守恒定律的一个特例。

功和功率 功是指作用力和物体在力的方向上通过的距离 s 的乘积。其符号为 W，表达式为：$W = Fs$。

在国际单位制中，功的单位是焦耳，简称焦（J），是以在能量守恒定律方面做出巨大贡献的英国物理学家 J.P. 焦耳的姓氏命名的。功和能量之间有着密切的关系，力对物体做功的过程，实质是能量从一种形式转化为另一种形式的过程。比如电动机工作时把电能转化为机械能，就是电流对机器做了功，所以功是能量改变的量度。对外做功必然要消耗能量，对外做了多少功就消耗了多少能量。

做功有快有慢，为了表示物体做功的快慢，引入了功率的概念。物体在单位时间内所做的功称作功率。两辆质量相等的汽车向山上开，功率大的先开到山顶。功率的国际单位是瓦特，简称瓦（W）。这个单位是以英国发明家 J. 瓦特的姓氏命名的。功率的常用单位是千瓦（kW）。

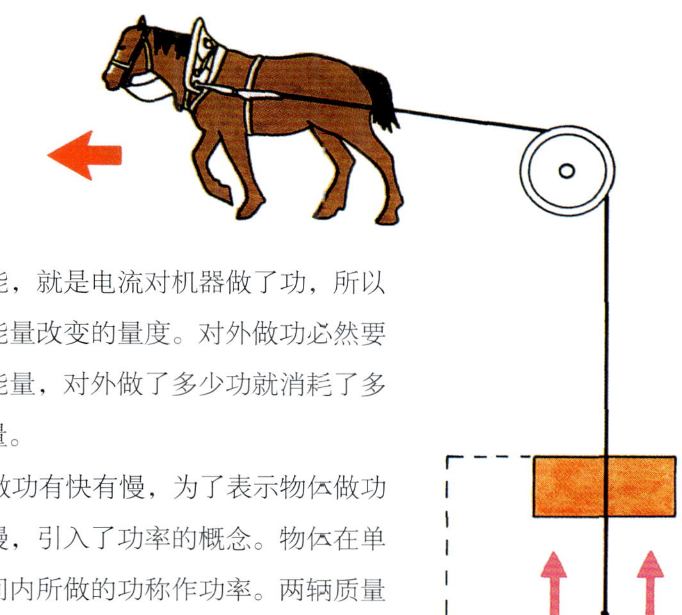

这匹马做的功等于它所付出的力与重物上升距离的乘积

简单机械 人类在劳动实践中创造了生产工具。最早发明的一些简单工具后来演变成为简单机械，包括劈、斜面、螺旋、杠杆和滑轮等。在中国战国时期的著作《墨经》和古希腊阿基米德的著作中，都有关于简单机械及其力学原理的论述。

简单机械虽然十分古老，但它在现代各种机械和仪器中仍然被广泛采用。在许多机器中都可以找到不同形式的简单机械或由简单机械演变而来的各种机械。夹具多由劈与斜面演变而来；丝杠则是螺旋的直接应用；金属切削机床中的操纵手把多由杠杆演变而来；升降国旗、起重机等则应用了滑轮的原理。这些实例说明简单机械是现代机械的基础之一。

斜面 同水平面成一倾斜角度的平面，这个角度通常称为升角。斜面是一种简单机械。它的构造非常简单，但却非常实用。斜面的特点是在高度一定时，斜面越长越省力，如盘山公路就是利用了斜面省力的道理，虽然车绕行的距离比较远，但不需要太大的牵引力也能上升到顶端。

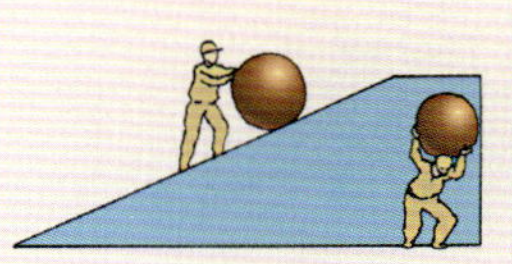

桔槔 桔槔是古代用来提挈重物或向深井打水的机械，是典型的杠杆机械。桔槔的形制是在井旁或渠边的高柱上横支一根长木，长木前端用长绳悬一空水桶，后端捆扎一重物（如石块）。将前端绳索往下一拉，水桶就可打水；然后把手放松，由于后重前轻，水桶便被提上来了。这种机械要比完全靠人力提水轻巧得多，因而得到广泛的应用。现在已经很少使用这种机械了。

杠杆 杠杆是具有一个支点并在两点受力的刚性杆。杠杆的发明同量度质量有关，中国《吕氏春秋》《庄子外篇》和《墨经》上都有用杠杆权衡质量的记载，说明中国在古代就已普遍利用杠杆作秤或天平。阿基米德也发现了杠杆原理。杠杆可以作为增力机械，也可以用于节省距离。

杠杆原理可以用熟悉的跷跷板来说明。一个大人和一个小孩子玩跷跷板，人们都知道，只要小孩坐在离支点较远的一面，即使大人比小孩重得多，也可以达到平衡，这实际上就是“杠杆”的作用。同样，利用一根撬棒，用相当小的力也能够撬起重物。它的办法是使支点靠近重物、而尽量远离外力的作用点。杠杆一般有 3 种。第一种如撬棒，支点在受力点和重物之间，剪刀也是第一种杠杆；第二种如手推车，物体在受力点和支点之间。这两种杠杆可以省力。第三种如夹方糖的夹子，作用力在物体和支点之间，可以用来节省距离。

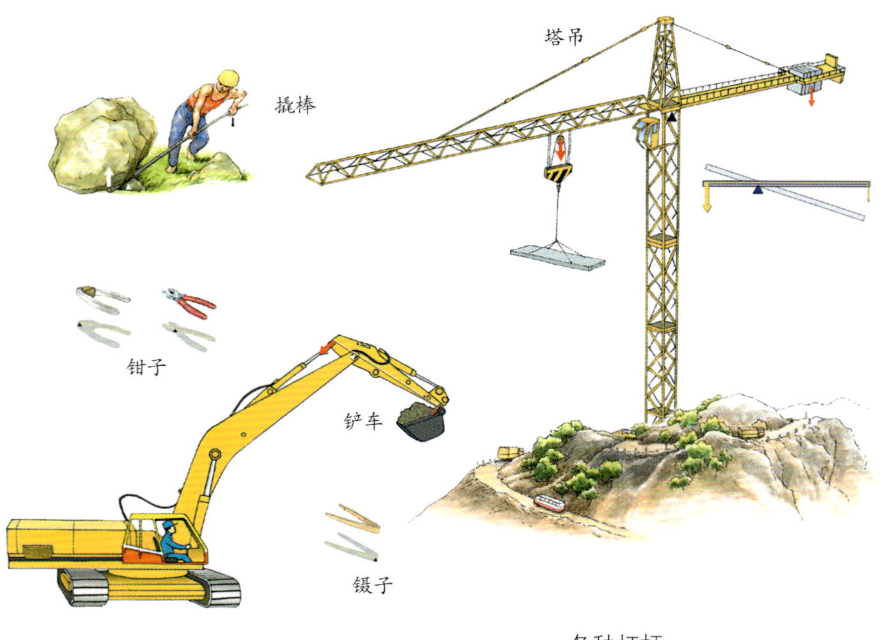

各种杠杆

滑轮 用来提升物体的简单机械。通常是周边有槽且能够绕轴转动的轮子。滑轮构造虽然简单，但确实是一种很有用的机械。将一个滑轮吊在天花板上，

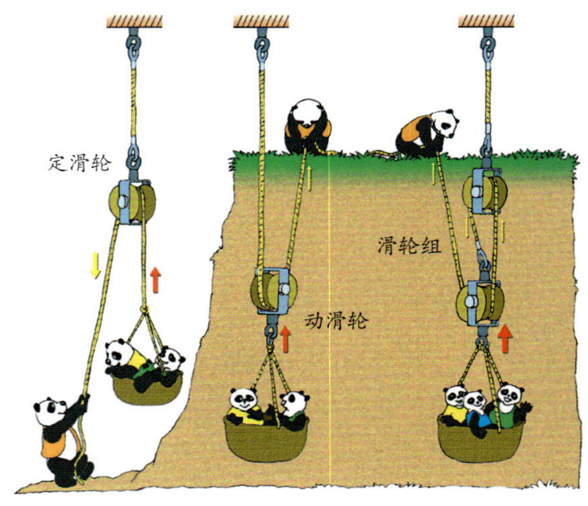

简单机械——滑轮

滑轮上绕一根绳子，便可以用来吊东西。这种装置称定滑轮，虽然不能省力，但它能改变力的方向。这种滑轮在生活、生产中的应用是极为广泛的。如果使用滑轮时，滑轮和重物一起移动，这样的滑轮称为动滑轮，使用动滑轮可以省一半的力。把定滑轮和动滑轮组合起来使用称为滑轮组，使用滑轮组省力效果显著，组合方式不同时，省力的程度也不同。

向心力和离心力 物体只有受到指向圆心的力时才能做圆周运动，这个力便是向心力。向心力并不是一种特殊的力，它是按照力的效果来命名的，它可以是重力、弹力、摩擦力、电场力、磁场力或它们之中几个力的合力，其作用

效果是使物体不断转变运动方向做圆周运动。其实，在日常生活中，人们骑自行车转弯时、在弯道跑步时，身体都要向圆心倾斜，就是为了让地面的支持力和重力的合力来提供向心力；火车的铁轨在弯道处同样也是外轨高于内轨，轨道对火车的支持力和重力的合力提供向心力。

离心力是做圆周运动的物体施于其他物体上的力，是向心力的反作用力。它们大小相等，方向相反，但是分别作用在两个不同的物体上。例如游乐园里的过山车旋转到轨道顶部时，人不会飞出去，也不会掉下来，是因为有离心力和向心力的作用。人和小车对轨道有一个离心力，同时人和小车又受到一个向心力的作用。这个向心力是由人和小车的重量及轨道对小车的弹力提供的。做圆周运动的物体，由于失去向心力或提供向心力不足，将做逐渐远离圆心的运动，即离心运动。离心运动有时是有益的，应该加以利用。例如，可以制成离心式水泵、离心节水器、离心分液器、离心甩干桶等。但是，离心运动有时又是十分有害的，应该防止，例如摩托车、火车在转弯时，如果速度太大，合力提供的向心力不足以维持它做圆周运动，就会出现离心现象，造成事故。

万有引力 人们知道，苹果之所以落向地面，是因为地球对苹果有力的作用，I. 牛顿受此启发，首先提出万有引力。

牛顿认为万有引力不仅存在于苹果与地球之间，也存在于地球和月亮以及太阳和行星之间。宇宙中任何两个物体之间都存在着由质量引起的相互吸引力，这就是万有引力。一个物体既能吸引其他物体，同时也能被其他物体所吸引。万有引力是自然界存在的四种基本力之一，是物质的一种基本属性。地球和其他行星之所以能不停地围绕太阳旋转，是因为它们之间有引力的作用；地

游乐园里的过山车

人能站在地面上而不是悬浮在空中，抛向空中的球又落回到地面，都是因为地球引力的作用

手中的餐具不小心掉落在地上，也是地球引力的作用

球上的物体受到的重力就是地球与物体的万有引力产生的。牛顿将自己的发现应用到开普勒的行星定律中，从而于1687年发表了万有引力定律。这个定律说明，任何两物体之间相互吸引力的大小，和它们质量的乘积成正比，和距离的平方成反比。

万有引力定律最有意义的贡献是这一理论为实际天文观测提供了一套计算方法。利用万有引力定律，只凭少量的观测资料，就能算出天体运行的长轨道周期，免去了冗长的计算，而且计算结果十分精确可靠；同时，它可以解释几百年内的许多天体现象与地球物理现象，如哈雷彗星的回归、地球的扁椭球形状等。利用这一理论，人们还预测了海王星的位置并发现了这颗行星。直到今天，万有引力定律仍是最精密可靠的定律之一，也是天体力学和宇航计算的基础。

宇宙速度 为什么发射到太空的人造地球卫星和宇宙飞船受到地球的引力作用，它们却能够不再落向地面呢？这是因为卫星和飞船具有足够快的速度——宇宙速度，足以克服地球的引力做匀速圆周运动，在太空中飞行而不坠落。

从地球表面向宇宙发射人造地球卫星、行星际和恒星际飞行器所需要的最低速度称为宇宙速度。宇宙速度分为3种：第一宇宙速度是人造卫星环绕地球运行所必需的最低速度，为7.9千米/秒。第二宇宙速度是指航天器为摆脱地球引力场飞往太阳系空间所必需的最低速度，为11.2千米/秒。第三宇宙速度是指航天器为摆脱太阳系的引力场飞往恒星际空间所必需的最低速度，为16.7千米/秒。

月球脱离速度（2.4千米/秒）

月亮

地球脱离速度（11.2千米/秒）

地球

地球和月亮的质量不同，因而对同一物体的引力也不相同，物体脱离它们的引力场的速度也就不等，脱离月球的速度只需2.4千米/秒

科学家借助太阳系其他星球的“引力支援”，使宇宙探测器的最高速度能够达到100千米/秒以上。可对于浩瀚的宇宙来说，这样的速度仍然不够快。科学家们正在努力研究，以制造速度更快的飞船去探索宇宙的奥秘。

火箭 靠火箭发动机喷射工质（工作介质）产生的反作用力向前推进的飞行器。它自身携带全部推进剂，不依赖外界工质产生推力，可以在大气层内，也可以在大气层以外飞行。火箭是实现航天飞行的运载工具，应用广泛。军用火箭一般用于发射导弹等。用于太空探测的运载火箭能将人造地球卫星、载人飞船和空间探测器等航天器送入预定轨道。

火箭根据能源的不同分为化学火箭、核火箭和电火箭等。化学火箭又分为固体火箭、液体火箭和混合推进剂火箭。火箭的分类方法虽然很多，但组成

齐奥尔科夫斯基，K.E.（Konstantin Eduardovich Tsiolkovsky，1857-09-17 ~ 1935-09-19） 苏联科学家，现代航天学和火箭理论的奠基人。1903年发表论文《利用喷气工具研究宇宙空间》，推导出著名的齐奥尔科夫斯基公式，对利用火箭发射人造卫星以及宇宙飞船的构造都提出了设想，如飞船应与外界隔绝，人在太空中要依靠专门的生命保障系统等。他的许多设想已经成为现实。齐奥尔科夫斯基对火箭也进行了深入的研究，人们现在利用多级火箭将卫星和宇宙飞船送入太空就是根据他的理论和设想实现的。

部分和工作原理基本相同。

火箭的基本组成有推进系统、箭体结构和有效载荷三部分。火箭的运动服从牛顿运动定律。火箭发动机工作时，喷出的高速气体给予火箭本体一个反作用力，即推力，使火箭的速度产生变化。在飞行过程中，随着推进剂的消耗，火箭的质量不断减小，速度不断增大。K.E. 齐奥尔科夫斯基首先推导出单级火箭所能得到的理想速度公式，称为齐奥尔科夫斯基公式。由于受到火箭发动机比冲和火箭结构水平的限制，用单级火箭通常难以达到第一宇宙速度，因此远程火箭和运载火箭往往使用多级火箭。

“长征”3 号火箭调试完毕，起竖待发

多级火箭工作时先点燃最下面一级，即第一级。第一级工作结束后被抛掉。随即点燃第二级，依此类推，直到带有有效载荷的末级将有效载荷送到预定轨道为止。多级火箭总理想速度等于各级理想速度之和。火箭级数增加，初始重量会减小。但级数过多系统复杂，反而没有好处，最经济的级数是 2 ~ 4 级。多级火箭有串联、并联和混合式三种组合形式，分离方式有冷分离和热分离两种。

20 世纪 40 年代以来，火箭得到飞速发展和广泛应用，结构日益庞大，系统越来越复杂，精度不断提高。人造卫星运载火箭质量已由早期的近 10 吨提高到 2900 多吨，运载低轨道卫星的能力也由几公斤提高到 120 多吨。火箭将进一步向可靠性高、经济性好和多次使用的方向发展。在目前阶段，化学火箭仍占有重要地位，未来使用其他种类能源的火箭也有可能取得新进展。

飞艇 100 多年前，德国人首次乘坐“空中庞然大物”——飞艇升上天空。

飞艇是一种有推进装置，可控制飞行的，充有密度小于空气的气体的航空器。飞艇由巨大的流线型艇体、位于艇体下面的吊舱、起稳定控制作用的尾面和推进装置组成。艇体的气囊内充有密度比空气小的浮升气体（氢气或氦气）借以产生浮力使飞艇升空。吊舱供人员乘坐和装载货物。尾面用来控制和保持航向、俯仰的稳定。1852 年法国人 H. 吉法尔制成一艘装有蒸汽机的飞艇。1900 年德国人 F.von 齐伯林制造了第一艘硬式飞艇。飞艇体积大、速度低、不灵活，

齐伯林，F.von（Ferdinand von Zeppelin，1838-07-08 ~ 1917-03-08）德国伯爵，飞艇设计家。齐伯林首次飞艇试飞成功是在 1900 年。1910 年，他开办了世界上最早的商业航空服务。第一次世界大战期间，德国曾用齐伯林飞艇轰炸伦敦和英国东南部。两次世界大战之间，齐伯林飞艇成为著名民用航空工具。

现代飞艇

民用客机结构剖视图

极易受到攻击。因此飞艇在军事上的应用后来逐步被飞机所代替。

飞机 飞机是由动力装置产生前进动力，由固定机翼产生升力，在大气层中飞行的，密度大于空气的航空器。飞机机翼并不是水平伸展的，而是向上凸起一些，这样当飞机水平前进时，迎面而来的气流就在机翼下形成向上的升力。飞机飞行速度越快、机翼面积越大，所形成的升力就越大，所以飞机在起飞前要在机场跑道上行进一段距离才能升空，而且飞机不能飞到空气稀薄的地方。

早期的飞机靠机身前端螺旋桨旋转产生的牵引力向前运动。螺旋桨产生的牵引力不大，飞机飞行速度也不快。1939年8月27日，第一架使用喷气发动机的飞机飞行成功，大大提高了飞机的飞行速度。喷气发动机把吸入的空气压缩，再与燃料混合燃烧，形成高温高压气体向后喷出，产生强大的推力，使飞机高速向前飞行。

现在，飞机的飞行速度可以达到几倍于声音在空气中传播的速度（约340米/秒），驾驶这样的飞机，只需要十几个小时就能环绕地球赤道飞行1周，这样的飞机叫超音速飞机。制造超音速飞机不仅需要先进的喷气式发动机，还需要在飞机的制造材料与飞机外形方面达到很高要求，是一项非常复杂的技术。除了先进的战斗机、侦察机外，大型的客机中也出现了超音速飞机。

在飞机不断发展的同时，飞行事故也威胁着乘客的人身安全，严重时会造成几百人的伤亡，产生惨重的后果。现在飞机上都安装了俗称“黑匣子”的仪器，它用来记录飞机飞行时的各种数据。人们为“黑匣子”设计了非常好的保护措施，即使发生飞行事故，它也不会损坏。当发生飞行事故后，找到“黑匣子”并分析其中记录的数据，可以帮助人们找到事故的原因，避免再次发生同样的事故。所以，当发生飞行事故后，寻找“黑匣子”是一项很重要的工作。

除了用于交通运输外，飞机在军事、科研、农业、公共安全等方面都有着广泛的用途，已经成为现代化生活的重要组成部分。

人造地球卫星 人造地球卫星是人工

莱特兄弟（Wright Brothers） 世界航空先驱、美国飞机发明家。莱特兄弟仅读完中学课程，自幼对飞行怀有浓厚兴趣。1900～1903年间他们共制造三架滑翔机。在第三架滑翔机基础上制成的飞机安装一台自制的8.8千瓦（12马力）功率的内燃机，带动两副二叶推进式螺旋桨。这架飞机被命名为“飞行者”1号，并于1903年12月试飞成功。此后两年，莱特兄弟又制造了“飞行者”2号和3号，后者是世界上第一架实用的飞机。

制造并发射到太空中，在空间轨道上围绕地球运行的无人航天器。简称人造卫星。1957 年 10 月 4 日，苏联发射了第一颗人造地球卫星。此后有十几个国家发射了人造地球卫星，总数有数千颗。中国于 1970 年 4 月 24 日发射了第一颗人造地球卫星“东方红”1 号。目前，中国已拥有超过 170 颗在轨卫星，居世界第二位，仅次于美国。

发射人造地球卫星是一项非常复杂艰巨的工作，需要许多不同学科的科学家密切合作，使用许多现代化手段和工具才能完成。卫星发射时，一般使用多级火箭把卫星送入太空中的预定轨道，发射的成本非常高，美国等国家后来使用航天飞机发射卫星，大大节省了发射成本。

人造地球卫星在距离地面几百到上万千米的高度绕地球不停地运行，它们绕地球运行一周的时间各不相同，距地球越远，绕地球运行一周的时间越长。如果把人造地球卫星发射到离地面 35890 千米高度的赤道上空，卫星运行一周的时间就和地球自转一周的时间相等，恰好是一昼夜。这样，在地面上的人看来，卫星仿佛挂在一个地方不动，卫星和地面是相对静止的，这样的卫星叫作地球同步卫星。

中国于 1970 年 4 月 24 日发射的人造地球卫星“东方红”1 号

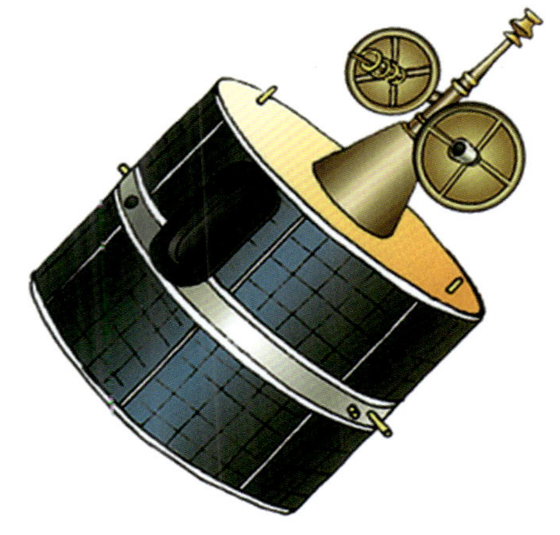

中国发射的“风云”2 号气象卫星

多数卫星沿着自己的轨道不停地绕地球运行，直到坠入大气层烧毁。但有些卫星上有小型动力装置，在完成任务后可让卫星返回地球，这就是可回收式卫星。中国已经能够成功地进行卫星回收工作。

全球卫星定位系统 GPS 是英文“Global Positioning System”的缩写，也就是人们现在常说的全球卫星定位系统，它是美国继“阿波罗”登月计划和航天飞机之后的第三大航天工程。全球卫星定位系统是美军 20 世纪 70 年代初在“子午仪卫星导航定位”技术上发展起来的具有全球性、全能性、全天候性优势的导航定位、定时、测速系统。它由空间卫星系统、地面监控系统、用户接收系统三大子系统构成。

20 世纪末，全球卫星定位系统已广泛用于军事和民用等众多领域中。全

定位卫星

球卫星定位系统技术按待定点的状态分为静态定位和动态定位两大类。静态定位是指待定点的位置在观测过程中固定不变，如全球卫星定位系统在大地测量中的应用。动态定位是指待定点在运动载体上，在观测过程中是变化的，如全球卫星定位系统在船舶导航中的应用。静态相对定位的精度一般在几毫米到几厘米范围内，动态相对定位精度一般在几厘米到几米范围内。

载人飞船 能保障航天员在外层空间生活和工作，在执行完航天任务后能返回地面的航天器。它是运行时间有限，仅能一次使用的返回式载人航天器。载人飞船一般包括卫星式载人飞船和登月载人飞船。载人飞船可以独立进行航天活动，也可作为往返于地面和航天站之间的“渡船”，还能与航天站或其他航天器对接后进行联合飞行。载人飞船容积较小，受到所载消耗性物资数量的限制，不具备再补给的能力，而且不能重复使用。1961 年苏联发射了第一艘“东方”号飞船，后来又发射了“上升”号飞船和“联盟”号飞船。与此同期，美国也相继研制成功“水星”号飞船、“双子星座”号飞船和“阿波罗”号飞船等载人飞船。中国是世界上第三个掌握载人航天技术的国家。1999 ~ 2016 年，中国先后发射了十一艘宇宙飞船。其中四艘为无人试验飞船，七艘为载人飞船。

载人飞船一般由乘员返回座舱、轨道舱、服务舱、对接舱和应急救生装置等部分组成，登月飞船还具有登月舱。返回座舱是载人飞船的核心舱段，不仅和其他舱段一样要承受起飞、上升和轨道运行阶段的各种应力和面对复杂环境条件，而且还要经受再入大气层和返回地面阶段的减速过载和气动加热。轨道舱是航天员在轨道上的工作场所。服务舱通常安装推进系统、电源和气源等设备，对飞船起服务保障作用。对接舱是用来与航天站或其他航天器对接的舱段。对接舱除有对接锁紧机构外，还有气闸舱，航天员可由此出舱进入太空。应急救生装置可在应急情况下，使航天

加加林，Yu. A.（Yury Alekseyevich Gagarin, 1934-03-09 ~ 1968-03-27） 世界第一名航天员。生于苏联格扎茨克区，1968 年 3 月 27 日在一次练习飞行中遇难。1955 年从工业技术学校毕业后参军。1960 年被选为航天员。1961 年 4 月 12 日，他驾驶“东方”1 号飞船完成有史以来的首次太空飞行，使人类从太空观察到了自己居住的地球。为纪念他，国际航空联合会设立了加加林金质奖章。月球背面的一座环形山也以他的名字命名。

“阿波罗”11 号太空船在 16000 千米的距离上看到的月球景象

员安全返回地面，或转移到其他航天器上。它也是载人飞船的重要组成部分。

“神舟”号飞船 1999年11月20日，中国第一艘宇宙飞船“神舟”1号在甘肃酒泉卫星发射中心由长征运载火箭发射升空，次日在内蒙古自治区中部地区成功着陆。2001年1月10日，“神舟”2号飞船也在这里发射升空，飞船返回舱在轨道上飞行7天后成功返回地面。“神舟”2号飞船的结构、技术性能等与载人飞船基本一致，取得了大量宝贵的飞行试验数据。

2002年3月25日，酒泉卫星发射中心成功发射“神舟”3号飞船。飞船搭载了人体代谢模拟装置、拟人生理信号设备以及形体假人，能够定量模拟航天员在太空生活中的重要生理活动参数，如呼吸和血液循环系统中的心跳、血压、耗氧及产生热量等。飞船上安装了逃逸系统，若火箭发射和升空阶段出现意外故障，可确保航天员的生命安全。2002年12月30日，“神舟”4号无人飞船又在酒泉卫星发射中心发射升空，并成功进入预定轨道。

2003年10月15日，“神舟”5号载人飞船发射升空，将中国航天员杨利伟送上太空。飞船绕地球14圈以后，于16日6时23分在内蒙古阿木古郎草原安全着陆。这次航天飞行任务的顺利完成，标志着中国突破和掌握了载人航天的基本技术，使中国成为世界上第三个能够独立开展载人航天活动的国家。2005年10月12日，“神舟”6号载人飞船发射起飞，将航天员费俊龙、聂海胜送上太空。17日飞船安全着陆，成功实现中国第二次载人航天任务。2008年9月25日，中国再次向太空发射了一艘载人飞船——“神舟”7号。“神舟”7号搭载了翟志刚、刘伯明和景海鹏3名航天员，绕地球飞行了68小时左右。在飞船飞行期间，航天员进行了中国首次空间出舱活动。

2011年至2013年，“神舟”8号到“神舟”10号飞船顺利发射，并成功实现与“天宫”1号的空间交会对接。以后还有更多的“神舟”飞船飞向更远的太空。

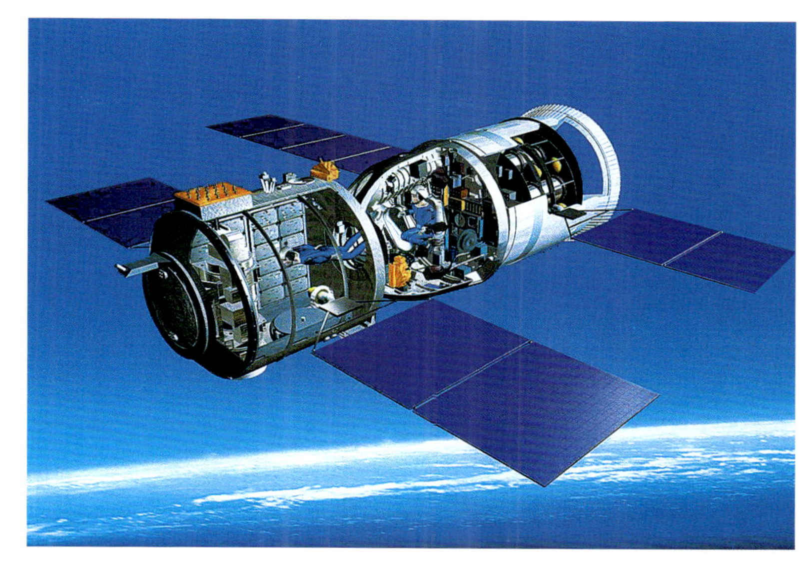

“神舟”6号飞船剖视示意图（中国空间技术声像多媒体中心制作）

被选为“神舟”7号的航天员景海鹏（左）、翟志刚（中）、刘伯明（右）

杨利伟（1965-06-21～） 杨利伟是中国首位航天员，中国人民解放军航天员大队航天员。1965年6月21日生于辽宁绥中县。1983年6月入伍，1987年毕业于空军第八飞行学院，历任空军航空兵某师飞行员、中队长，曾飞过歼击机、强击机等机型，安全飞行1350小时。1996年起参加航天员选拔，1998年1月正式成为中国首批航天员。

中国第一位遨游太空的航天员杨利伟

经过5年多的训练，他完成了基础理论、航天环境适应性、专业技术等8大类几十个科目的训练任务，通过了航天员专业技术综合考核，被选拔为中国首次载人航天飞行首飞梯队成员。2003年10月15日，他搭乘“神舟”5号宇宙飞船升空，成为“中国太空第一人”。在太空飞行21小时，飞行里程60万千米，围绕地球飞行14圈后，于10月16日安全返回地面。2003年11月被授予“航天英雄”称号，21064号小行星被命名为“杨利伟”星。现任中国航天员科研训练中心副主任，少将军衔。

“阿波罗”11号飞船 20世纪50年代，苏联在宇航领域的成功促使美国也加紧进行宇宙飞船的研制，并提出了更高的目标——让人类登上月球。为达到这一目标，美国开始了著名的“阿波罗”工程。在投入了大量的人力物力，经过几十万人8年多的工作和反复演习之后，1969年7月16日，“土星”5号超大型三级式运载火箭携带着“阿波罗”11号飞船起飞，开始了向月球的进军。经过两天多的飞行，航天员N.A.阿姆斯特朗和E.E.奥尔德林进入登月舱，并驾驶登月舱与母船分离，向月球表面降落。另一名航天员M.柯林斯驾驶飞船绕月球飞行准备接应。7月20日23时17分32秒，登月舱在月球表面软着陆，宇航员阿姆斯特朗走出登月舱小心翼翼地踏上了月球，实现了人类第一次登上月球的壮举，说出了那句注定要载入史册的名言：“对一个人来说，这不过是小小的一步，但对人类而言，这却是一个巨大飞跃。”航天员对月球表面进行了两个多小时的科学考察，并在登陆处竖立了一个牌子，上面写着：“人类首次月球登陆处，1969年7月。我们是为了全人类带着和平之意而来。”然

在月球上行走的宇航员和月球车

后航天员返回飞船，向地球返航，于7月24日在太平洋夏威夷西南海面落地。

“阿波罗”11号登月成功以后，人类又进行了多次登月考察，包括乘特制的月球车在月球上遨游，采集标本，对月球内部进行探测等。

宇宙空间站 宇宙空间站又叫空间实验室或轨道站，简称空间站。它也像人造卫星一样由运载火箭送入太空，在距地面约500千米的低轨道上运行。空间站是由多个太空舱连接而成，主要有对接舱、轨道舱、生活舱、服务舱等，太阳能电池翼装在空间站的外侧，为其提供电源。由于太空中没有空气，生存条件非常恶劣，再加上地面物资供应只能隔很长时间依靠航天飞机运送，所以在空间站内设有非常复杂、精密的设施保障航天员的生活需要。在空间站中，水、空气都要经过处理以循环利用，航天员的饮食、排泄也都需要使用特殊的设备帮助。航天员要在这样的条件下生活很长时间，同时还要完成很多艰巨而细致的工作，这对航天员来说是非同寻常的考验，因此要对航天员进行严格的挑选和认真的训练。

苏联于1971年4月19日发射的“礼炮”1号空间站，是世界上第一个宇宙空间站。“和平”号空间站于1986年2月20日发射升空，在距地面300 ~ 400千米的高空运行。整个空间站重量达90吨，可容纳五六名航天员工作生活。航天员创造了在空间站连续生活366天的纪录。2001年3月28日，“和平”号空间站在完成历史使命后，按照预定轨道安全坠落南太平洋。15年中先后有12个国家的100多位航天员登站工作。现在在太空工作的空间站是“国际空间站”，它是以美国和俄罗斯为主，欧洲空间局、日本和加拿大等国参与建造的。它不仅可以供航天员长期居住，进行科学实验，甚至可以接待游客。

国际空间站将成为人类在太空中长期逗留的一个平台，可容纳7名航天员长期居住，最多时可以容纳15人在上面从事考察活动。目前的国际空间站，可供3名航天员长期工作

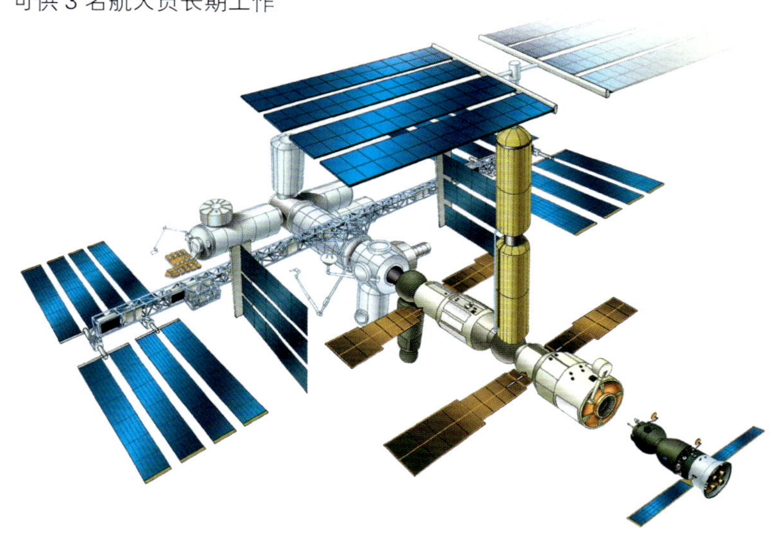

“天宫”1号 “天宫”1号是中国首个目标飞行器和空间实验室，属载人航天器。

“天宫”1号于2011年9月29日在酒泉卫星发射中心发射，由“长征”2号FT1火箭运载。这标志着中国已经拥有初步建立空间站，即建立短期无人照料的空间站的能力。“天宫”1号的结构分为资源舱和实验舱。与之前的载人航天器相比，“天宫”1号为航天员提供的可活动空间大大拓展，达15立方米，能够同时满足3名航天员工作和生活的需要。实验舱前端装有被动式对接结构，可与追踪飞行器进行对接。

2011年11月，“天宫”1号与“神

空间实验室对接想象图

舟”8号飞船成功对接，中国也由此成为世界上第三个自主掌握空间交会对接技术的国家。2012年6月18日，“神舟”9号飞船与“天宫”1号目标飞行器成功实现自动交会对接，中国3位航天员首次进入在轨飞行器。2013年6月13日，“神舟”10号飞船与“天宫”1号顺利完成了自动交会对接。

2018年4月2日，“天宫”1号到达其寿命末期，主动脱离轨道，最终陨落南太平洋。

宇宙探测器 宇宙探测器（又称深空探测器）携带着各种科学仪器在茫茫太空中飞行，它可以飞到月球和太阳系各个行星附近，进行近距离观察，并把观测结果用无线电波发回地球，使人们更清楚地了解这些天体。

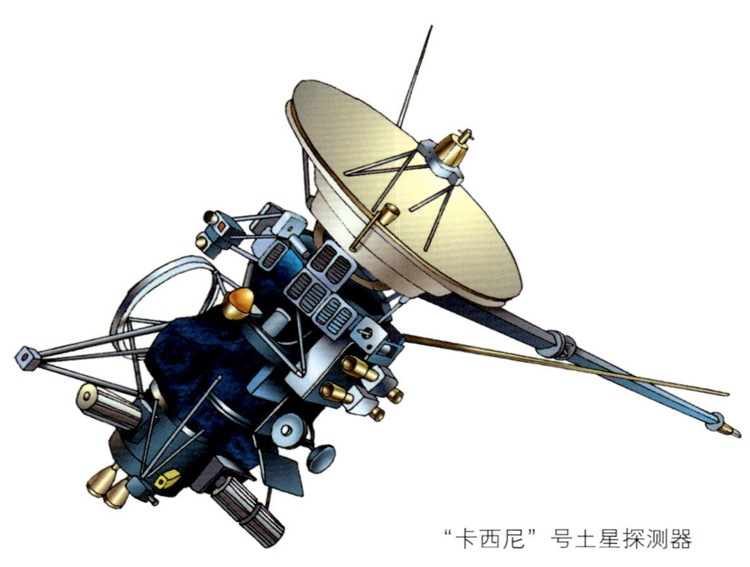

“卡西尼”号土星探测器

发射宇宙探测器需要非常先进的技术，如要有强大动力的火箭使探测器能以很高的速度飞行，脱离地球的引力范围；要有精密的控制系统使宇宙探测器不会在太空中偏离方向；要有灵敏的无线电地面接收装备接收探测器发回的信号等。最早的宇宙探测器是苏联1959年1月发射的“月球”1号，它对月球进行了观测，9个月后成为第一颗人造行星飞往太空。此后人们接连发射了多颗宇宙探测器，对太阳系的许多行星，如水星、金星、火星、木星、土星进行了观测，得到大量的宝贵资料。1990年10月，美国发射了“尤里西斯”号宇宙探测器，它从新的方位去观测太阳，使人们能对太阳有更多的了解。1997年7月4日，由美国宇航局发射的“火星探路者”号探测飞船经过7个多月、近十亿千米的航行后，在火星表面着陆，并且不断地向地球传回资料。目前还有一些宇宙探测器在向更遥远的目标前进。例如，美国1977年发射的“旅行者”1号和“旅行者”2号探测器，在完成对太阳系行星的考察后，又向宇宙深处飞去。它们携带着地球的资料，在寂寞的空间寻找知音。

嫦娥工程 2004年，中国正式开展月球探测工程，并命名为“嫦娥工程”。嫦娥工程分为“无人月球探测”“载人登月”和“建立月球基地”三个阶段。

“嫦娥”1号月球探测卫星于2007

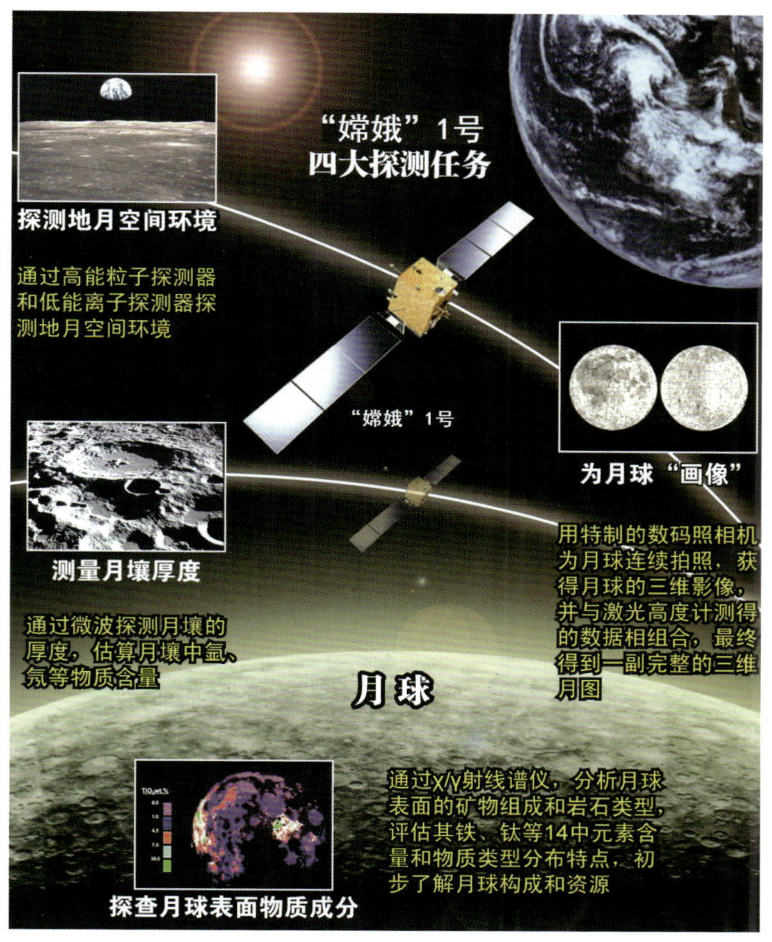

年10月24日在西昌卫星发射中心由"长征"3号甲运载火箭发射升空。运行在距月球表面200千米的圆形极轨道上执行科学探测任务。2009年3月1日，在一年多的绕月飞行探测后，"嫦娥"1号卫星以硬着陆的方式成功撞击月球，为中国月球探测的一期工程画上圆满句号。2010年10月1日，搭载着"嫦娥"2号卫星的"长征"3号丙运载火箭在西昌发射升空，为"嫦娥"3号探测器的发射进行准备工作。"嫦娥"3号探测器是中国第一个在月球进行软着陆的无人登月探测器，由月球软着陆探测器（简称着陆器）和月面巡视探测器（又称"玉兔"号月球车）组成。"嫦娥"3号探测器于2013年12月2日在西昌由"长征"3号乙运载火箭送入太空，当月14日成功软着陆于月球雨海西北部，15日完成着陆器、巡视器分离，并陆续完成了"观天、看地、测月"的科学探测和其他预定任务。

航天飞机 航天飞机是可以重复使用的、往返于地球和近地轨道之间运送有效载荷的载人航天器。它像飞机一样带有机翼，除自身的发动机外另有两个巨大的助推器。航天飞机的机头是流线型的，机头后面是乘员舱，分别由驾驶室、生活室和机械室等部分组成。航天飞机发射时像火箭一样竖直起飞，在主发动机和助推器推动下飞向太空。助推器燃料耗尽后便脱离航天飞机，依靠降落伞落到地面并被回收以便重复使用。航天飞机进入太空完成预定任务后返回地球，能像飞机一样在大气层中滑行，并和飞机一样在跑道上降落。这样航天飞机就可以重复使用很多次，大大降低了发射费用，用途十分广泛。航天飞机为人类自由进出宇宙太空提供了很好的工具。航天飞机一次可载货30吨，为建立宇宙空间站提供了有力的运输手段。现在已经可以利用航天飞机把人造卫星送入预定轨道，并能将出现故障的卫星抓住在太空中进行修理。

人们利用航天飞机还可以进行科学研究。在航天飞机上已经进行了许多项科学实验，取得了非常有益的成果，其中有些实验是中学生设计的。

1981年4月12日，美国"哥伦比亚"号航天飞机实现了航天飞机的第一次飞行。此后美国又先后有"挑战者"

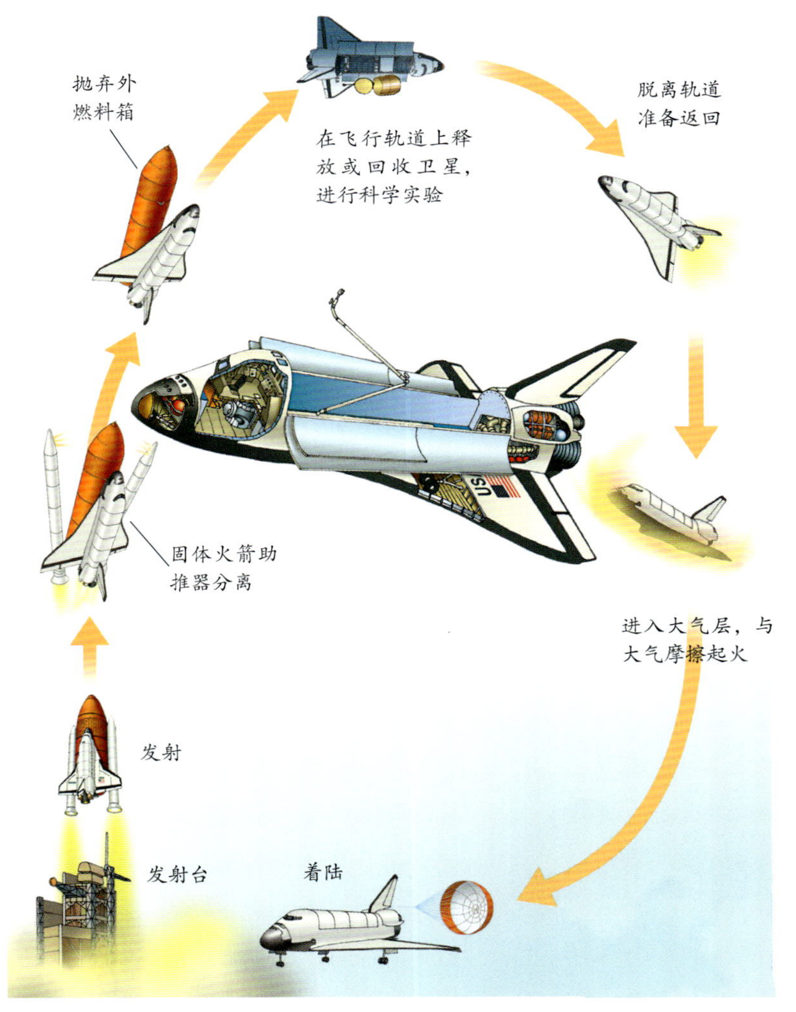

航天飞机的飞行过程

号、“发现”号、“亚特兰蒂斯”号和“奋进”号航天飞机多次进入太空。苏联于1988年11月发射了“暴风雪”号航天飞机。它们在创造许多太空业绩的同时，也为人类留下了悲壮的一页。美国“挑战者”号和“哥伦比亚”号先后于1986年1月和2003年2月失事，有14名航天员不幸遇难。这是人类航天史上的巨大损失。

压力和压强　垂直作用在物体单位面积上的力叫作压力。

用两手的中指拿住一根一端削尖、一端是平的铅笔，相互挤压，虽然两个手指受到的压力是一样的，但是，你的两个手指的感觉会很不一样。物体在单位面积上受到的压力，称之为压强。正是因为压强不同，两个手指的感觉才不同。压力作用的效果不仅仅跟压力的大小有关，还与受力面积有关。如果压力相同，减少受力面积，压强会增大；反之，增大受力面积，压强会减小。

任何物体承受压强都有一定的限度，超过这个限度，物体将被破坏。在日常生活中，人们应用压强的特性的例子很多。我们的书包带一般都做得比较宽、大型拖拉机和坦克不用轮胎而用履带、铁路轨道铺设在枕木上，都是为了增大受力面积以减少压强；切菜刀的锋刃磨得比较薄、田径运动员的跑鞋底上的钉子比较尖，都是为了减小受力面积以增大压强。

大气压　水对浸在它里面的物体要产生压强（参见液体压强）。同样，空气对它包围的物体也要产生压强，即大气压强，简称大气压。早先人们认为空气没有重量，不会产生压强。1643年意大利物理学家E.托里拆利提出大气存在压强。他用一根长约1米，一端封闭的玻璃管装满水银，然后将开口端倒插在装有水银的槽中，这时玻璃管内的水银会下降，在管的上端形成真空，但是当管内外的水银面高度差为760毫米时，管内的水银面就不再下降。由于管内是真空，而管外有大气压强，因此托里拆利测出了大气压强的数值大约等于760毫米水银柱所产生的压强，它相当于在每平方厘米的面积上作用10牛顿的压

托里拆利气压计玻璃管内的水银柱，高约 760 毫米

力。通常在重力加速度为 9.80665 米/秒^2，温度是 0℃时，人们把等于 760 毫米垂直水银柱高的大气压叫作标准大气压。人类生活在这么大的大气压下，却感觉不到，这是因为长期生活在这种环境下，造成了人体内部的压强与大气压强相等的缘故。

地球表面大气层受到重力作用，离地面越近，空气越厚，压强越大；而在离地面越远的地方，大气层越薄，因此大气压强随着海拔高度的增加逐渐减小。初次登上青藏高原的人，会感到呼吸困难，特别是心脏病患者的病情会加重。这是由于高原上的空气稀薄，大气压减小，人们一时难以适应而造成的。

为了测定某一个物体所处的高度，根据大气压强分布的原理制成了高度计。只要测定出某一点的大气压强，就可以知道该点所处的高度。大气压强的变化还与天气的变化有关，高气压往往带来晴天，低气压往往带来阴雨天。因此通过观测大气压的变化，可以预测天气形势的发展。

马德堡半球实验 1654 年，德国物理学家、马德堡市市长 O. 格里克曾经做了一个震惊世界的实验，被人们称为马德堡半球实验。这个实验告诉人们，大气压强不但存在，而且大得惊人，同时也说明人类可以制造真空。格里克用铜材做了两个直径为 37 厘米的空心半球，两个半球之间贴得紧紧的，无一丝缝隙，然后他用自己发明的抽气机，将球内的空气抽出。当球内空气全部抽出后，用 16 匹马分成两队拼命地往相反的方向拉，结果也没有使两个半球分开。但当空气进入球内后，两个半球毫不费力地分开了。这次实验使社会各界产生了对实验科学的广泛兴趣。

格里克市长利用马德堡半球实验让大家知道大气压力的存在：两个半球内的空气抽掉之后，要再拉开是多么困难

虹吸现象 一辆因无汽油而抛锚的汽车向其他汽车借汽油时，司机一般采用的办法是：将一根胶管的一端放入装有汽油的油箱里，用嘴对着胶管的另一端吸，直到吸出汽油后快速把这端放入空油箱中，汽油就会自动流入空油箱中，这就是虹吸现象。

由于大气压的作用，液体从液面较高的容器，通过胶管流入液面较低的容器的现象，称为虹吸现象。当油从胶管流向空油箱时，在胶管中就形成部分真空，受大气压力的作用，胶管中的汽油就向上流动。汽油到达最高点时，受重力作用又向下流动。因此，油箱内的汽油就能自动流出来了。虹吸现象发生的条件是：有大气压存在，虹吸管内必须先充满液体，虹吸管两边容器里的液面要有高度差，高位液柱的压强要小于大气压。

虹吸现象有着广泛的应用。在黄河

弦乐器共鸣箱利用琴弦与空气柱共鸣增强乐声

过桥时，要改齐步走为便步走。

认识到共振的破坏性，对于生产和生活很有用。在建造铁路桥梁时，要注意避免火车过桥产生的频率与铁路桥梁的固有频率相近或相同，火车过桥时要减速慢行，以免发生共振，造成交通事故；在攀登雪山时，也不能大声说话，以免空气的振动引起山体共振发生雪崩。共振还可用来为人类服务，如人们用机械共振原理制造出地震仪，来监测地震灾害的影响；收音机也是利用共振现象来进行调谐选台的。人的耳朵中也有一套共振系统，所以我们才能听到别人的声音，才能与他人交流。声波是由物体振动产生的，声波的共振现象就是共鸣。许多乐器都利用声源和空气柱的共鸣来增强发声。

在现代，共振技术普遍应用于各个领域。如各种弦乐器中共鸣箱利用的“力学共振”，广播电视中利用的“电磁共振”，医疗技术中利用的“核磁共振”等。在当今正蓬勃发展的信息技术、基因科学、纳米材料、航天技术等领域中，更是大量应用到共振现象。

电磁学 电磁学是物理学的分支学科，主要研究电、磁和电磁相互作用现象及其规律和应用。根据近代物理学的观点，磁是由运动电荷所产生，因而在电学的范围内必然不同程度地包含有磁学的内容。

电磁学从原来互相独立的两门科学（电学、磁学）发展成为物理学中一个完整的分支学科，主要是基于两个重要的实验发现，即电的流动产生磁效应，而变化的磁场则产生电效应。这两个实验现象，加上J.C.麦克斯韦关于变化的电场产生磁场的假设，奠定了电磁学的理论体系，使得对现代文明产生重大影响的电工和电子技术得以发展。

麦克斯韦电磁理论的重大意义，不仅在于这个理论支配着一切宏观电磁现象（包括静电、稳恒磁场、电磁感应、电路、电磁波等），而且在于它将光学现象统一在这个理论框架之内，深刻地影响了人们对物质世界的认识。

后来，电子的发现，使电磁学和原子与物质结构的理论结合了起来，H.A.洛伦兹的电子论把物质的宏观电磁性归结为原子中电子的效应，统一地解释了电、磁、光等现象。

麦克斯韦，J.C. (James Clerk Maxwell, 1831-06-13 ~ 1879-11-05） 英国物理学家。麦克斯韦一生中最重要的贡献就是在1864年建立了麦克斯韦方程。它是一组描述电磁基本运动规律的方程。麦克斯韦从理论上预言有电磁波存在并预言它在真空中以光速传播。1887年赫兹发现了电磁波，证实了麦克斯韦的预言，而后人们才得以发明无线电、雷达、电视等现代技术。

电荷 自然界只存在两种电荷：正电荷和负电荷。同种电荷相互排斥，异种电荷相互吸引。用摩擦的方法可以使物

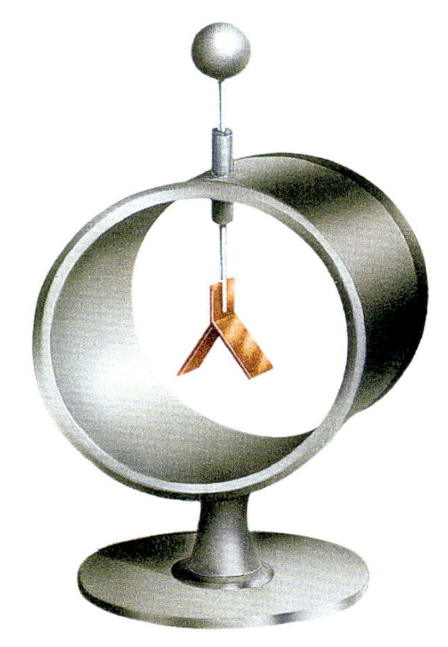

在同种电荷相互排斥实验中，当金属杆端的球体接触带电体时，这个验电器的两个薄金属叶片获得同样电荷，就会互相排斥而分开

体带电，用丝绸摩擦过的玻璃棒带正电荷，用毛皮摩擦过的硬橡胶棒带负电荷。发现了这样的规律，利用同种电荷相互排斥、异种电荷相互吸引的特性，就可以对所有物体所带的电荷进行正、负性判定。等量的正、负电荷相互吸引到一起并中和后，电荷量为零，对外不显电性。

电荷守恒定律 电荷的移动可以产生电现象，但是在任何电现象中电荷的总量不变，电荷是不能创生和消灭的。电荷守恒是物理学的基本定律之一，其内容是：一个孤立系统的电荷量不变，即在任何时刻系统中的正电荷与负电荷的代数和保持不变。如果某处在一个物理过程中产生（或消失）了某种符号的电荷，那么必有等量的异号电荷伴随产生（或消失）；如果某一区域中的总电荷增加（或减少）一定量，那么必有等量的电荷进入（或离开）这一区域。

电量 物体带电的多少叫作电荷量，也叫电量。正电荷的电量用正数表示，负电荷的电量用负数表示。1881 年爱尔兰物理学家 G.J. 斯托尼提出“电子”这一名词。他依据法拉第电解定律，认为任何电荷都是由基元电荷组成，并给电荷的这一最小单位取名为电子。英国物理学家 J.J. 汤姆孙对阴极射线进行了深入研究，测定了阴极射线中带电粒子的荷质比。由于一系列成功的实验，他被科学界公认是电子的发现者。在国际单位制中电量的单位是库仑，简称库（C）。电子的电量为 -1.6×10^{-19}C，称为基本电量。电子是带有单位负电荷的一种基本粒子。

自由电子 原子是由原子核和核外绕核旋转的电子组成的。原子中离核较远的电子，如金属原子的最外层的电子，很容易挣脱原子核的束缚。这种电子在外电场的影响下，可移动宏观距离，所以称它为自由电子。金属导体中的自由电子浓度很大，每立方厘米约为 10^{22} 个，所以在外电场作用下做定向移动易形成较大电流，因此金属表现出良好的导电性。

导体和绝缘体 善于传导电流的物质称为导体，如铜、银、铝和碱、酸、盐的水溶液。不善于传导电流的物质称为绝缘体，如常见的玻璃、橡胶、塑料等。

导体中存在大量可以自由移动的带电物质微粒，称为载流子。在外电场作用下，载流子做定向运动，形成明显的电流。金属是最常见的一类导体，其中

束缚电荷 与自由电荷相反，如果电荷被紧密地束缚在局域位置上，不能作宏观距离移动，只能在原子范围内活动，这种电荷叫作束缚电荷。绝缘体内部，绝大多数的电荷为束缚电荷，缺少自由电子，所以导电能力差。理想的绝缘介质内部只有束缚电荷。

的载流子是自由电子，金属中自由电子的浓度很大，所以金属导体的电导率通常比其他导体材料的大。电解质的水溶液及熔融电解质也是导体，其中的载流子是正负离子。电解液在通电过程中伴随着化学变化，因此它常应用于电化学工业（如电解提纯、电镀等），并被称为第二类导体。而导电过程中不引起化学变化，也没有显著物质转移的导体，如金属，被称为第一类导体。

导体和绝缘体的划分也不是绝对的。在通常情况下很好的绝缘体，当条件改变时也可以变为导体。如通常情况下的空气是不导电的，但潮湿的空气是导电的。

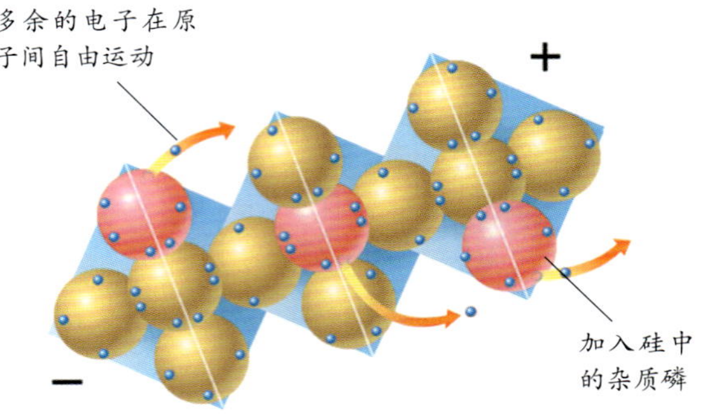

电子型（N 型）半导体

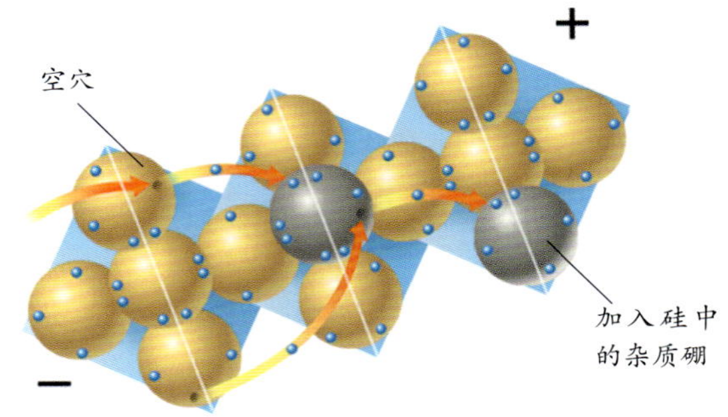

空穴型（P 型）半导体

半导体 人们通常按导电能力的大小，将材料分为导体、半导体和绝缘体 3 种。半导体的导电能力介于导体和绝缘体之间。因为半导体内部用来导电的自由电子，既不像导体那么多，也不像绝缘体那么少。

常用的半导体材料有硅、锗、硒等。它们之所以能成为半导体，是因为它们的导电能力受掺杂、温度和光照的影响十分显著。例如，纯硅原子的最外层有 4 个电子，由于它们全被邻近的原子所吸引，无法在硅中自由运动，因而纯硅是绝缘体。如果在硅中添加一些磷作为杂质，由于磷原子外层有 5 个电子，其中 4 个电子被邻近的硅原子所吸引，多出的一个电子就成为在硅中自由运动的电子，这时的硅就能导电了。这种以自由电子导电的半导体，叫作电子型半导体。如果在纯硅中加入外层只有 3 个电子的硼原子或铟原子，它们就会从邻近的硅原子中吸引 1 个电子过来，结果就使硅原子表面形成一个带正电荷的空穴。带空穴的硅也能导电，叫作空穴型半导体。所以同一种半导体材料，可以做成两种类型的半导体，即电子型半导体（以符号 N 表示，也称 N 型半导体）和空穴型半导体（以符号 P 表示，也称 P 型半导体）。

用半导体可以制造二极管、三极管和集成电路等多种半导体元件。半导体元件有许多独特的功能，它具有单向导电性，即仅允许电流由一个方向通过元件。半导体三极管还可以用来放大电信号。在常用的电器中，如收音机、电视机、电脑等，都可以找到大量的半导体元件。在一片微小的半导体材料硅片上，可以放置几亿个晶体管、电阻等电子器件，它们构成了大规模、超大规模集成电路。

电子计算机、彩色电视机、电子游戏机等多种电器，都采用了集成电路。一块集成电路芯片甚至可完成彩色电视机所有电路的功能。半导体的出现和使用，为人类社会从工业时代进入到信息时代打下了基础。

晶体二极管 晶体二极管是半导体集成电路中的主要元件。它的基本结构是由一块 P 型半导体和一块 N 型半导体结合在一起形成的 PN 结。在 PN 结的交接面处，P 型半导体中的空穴和 N 型半导体中的电子相互向对方扩散，形成一个具有空间电荷的偶极层，此偶极层阻止空穴和电子的继续扩散而使 PN 结达到平衡状态。当 PN 结的 P 型半导体一侧接电源的正极而另一端接负极时，空穴和电子都向偶极层流动使偶极层变薄，电流随外加电压很快上升。如果把电源的方向反过来接，则空穴和电子都背离偶极层流动使偶极层变厚，同时电流被限制在很小的饱和值内（称反向饱和电流）。因此，PN 结具有单向导电性。此外，PN 结的偶极层还起电容的作用，此电容随外加电压的变化而变化。在偶极层内部，电场很强。当外加电压达到一定阈值时，偶极层内部会发生雪崩击穿而使电流突然增加几个数量级。利用 PN 结的这个特性可制成各种类型的晶体二极管，用来产生、控制、接收、变换、放大信号和进行能量转换。

晶体三极管 晶体三极管是由两个 PN 结构成的电子器件。其中一个 PN 结称为发射结，另一个称为集电结。两个结之间的一薄层半导体称为基区。接在发射结一端和集电结一端的两个电极分别称为发射极和集电极，接在基区上的电极称为基极。这类晶体管是双极型晶体管，有 PNP 型和 NPN 型两种。

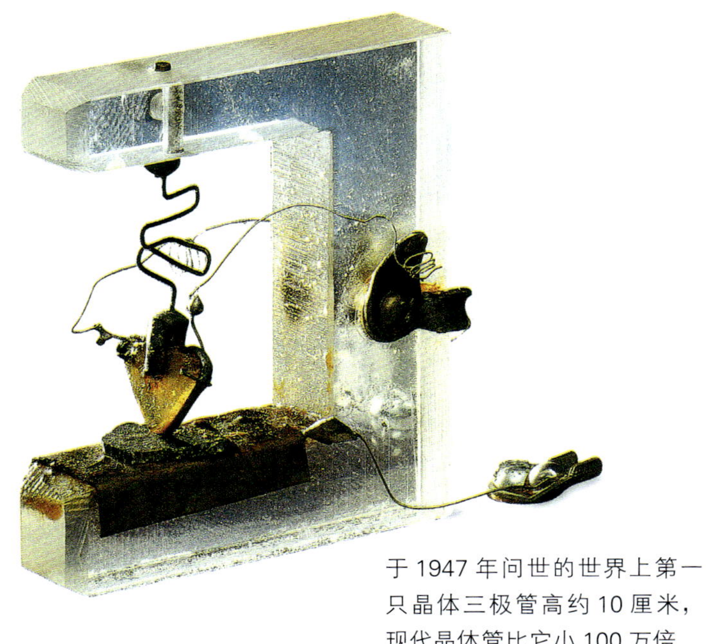

于 1947 年问世的世界上第一只晶体三极管高约 10 厘米，现代晶体管比它小 100 万倍

集成电路 集成电路是将晶体三极管、晶体二极管等有源元件和电阻器、电容器等无源元件，按照一定的电路关系“集成”在一块半导体单晶（主要是硅单晶）片上，以完成特定功能的电路或系统。这种集成电路与过去将各个电子元件分别封装，然后装配在一起的电路不同，不仅表现在外形体积更小、重量更轻，而且反映在制造工艺技术上，它的全部元件及其互连导线都在一系列特定工艺技术加工过程中完成，大大提高了电路性能的可靠性。原先几间房子那么大的电子计算机现在可以变成和书包差不多大，而功能却提高许多，依靠的就是集成电路。

集成电路发展很快，集成程度不断提高。一块硅芯片上（只有指甲大小）集成的元件数小于 100 个的称为小规模集成电路，100 ~ 1000 个元件集成的称为中规模集成电路，1000 ~ 100000 个元件的称为大规模集成电路，100000 个元件以上的称为超大规模集成电路。

集成电路是当前发展计算机等电子信息技术所必需的基础电子器件。20 世纪 90 年代以来，集成电路的集成程度

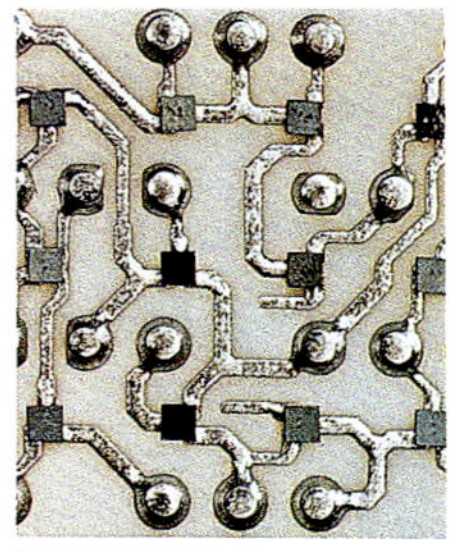

半导体集成电路

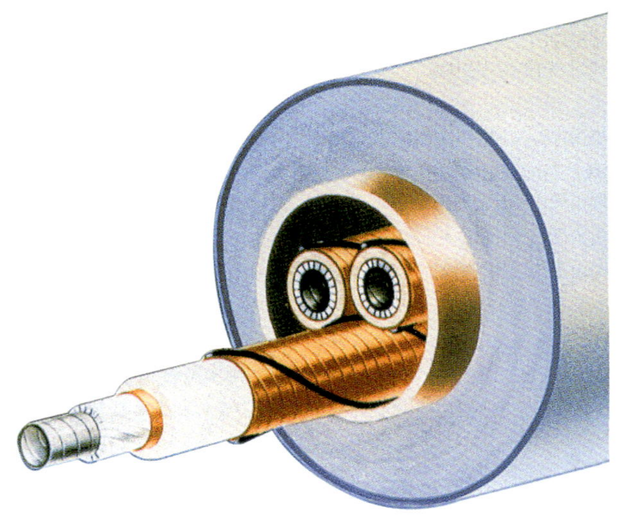
由超导体金属制造的高张力低阻电缆

卡默林·昂内斯，H.（Heike Kamerlingh Onnes, 1853-09-21 ～ 1926-02-21） 荷兰低温物理学家。因制成液氦和发现超导现象，1913 年获诺贝尔物理学奖。昂内斯最初相信开尔文的观点，即随着温度的降低，金属的电阻在达到一极小值后，会由于电子凝聚到金属原子上而变为无限大。1911 年 2 月，他测量了金和铂在液氦温度下的电阻，发现在 4.3K 以下，铂的电阻保持为一常数，而不是通过一极小值后再增大。因此他改变了原来的看法，认为纯铂的电阻应在液氦温度下消失。

以每年增加 1 倍的速度在增长。在生产、生活的各个领域，超大规模集成电路都发挥出不可估量的作用。

超导体 某些物质在低温条件下呈现电阻等于零和排斥磁力线的性质，这种物质称为超导体。

1911 年荷兰物理学家 H. 卡默林·昂内斯发现，当温度降低到 4.2K 附近时，汞样品的电阻突然降到零。不但纯汞，甚至汞和锡的合金也具有这种性质。他把这种性质称为超导电性。现已发现有 28 种元素、几千种合金和化合物是超导体。超导体的另一个特性是磁力线不能穿过它的体内，也就是说超导体处于超导态时，体内的磁场恒等于零。超导体的这种排斥磁力线的现象称为迈斯纳效应（理想抗磁性）。超导体由正常态转变为超导态的温度称为临界温度（T_c），大多数在 10K 以下。在 20 世纪 80 年代末，世界上掀起寻找高温超导材料的热潮，1986 年发现氧化物超导体，其临界温度超过了 125K，在这个温度区上，超导体可以用廉价而丰富的液氮来冷却。此后，科学家不懈努力，在高压状态下把临界温度提高到 164K。20 世纪末，超导体在某些科学技术领域中开始进入实用阶段。

静电感应 将一种能导电的物体，放在一个带电体附近，这时靠近带电体的导电体表面，就会出现相反的电荷，这种现象就是静电感应。

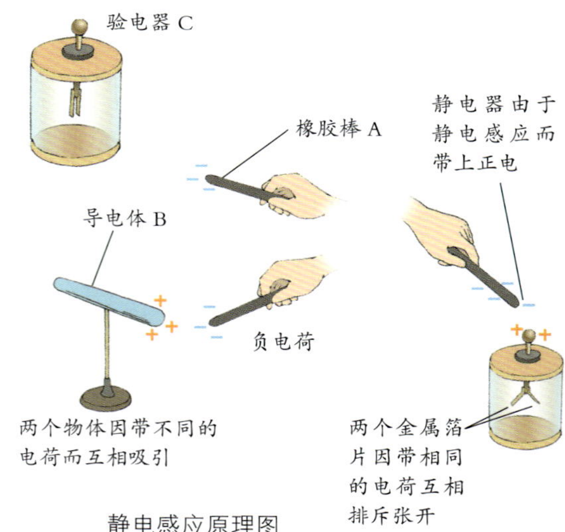

静电感应原理图

静电除尘 利用静电消除烟气中的煤粉。其原理是利用带电的物体有吸引轻小物体的性质。静电除尘器由金属烟筒内壁和悬在烟筒中的金属线组成，金属线接到电源的正极，烟筒内壁接到电源的负极，它们之间有很强的电场，而且距内壁越近，场强越大。空气中的烟尘分子被强电场电离，成为电子和正离子。正离子向内壁运动被吸到内壁上，得电子又成为分子。电子向着正极运动的过程中，遇到烟气中的煤粉，使煤粉带负电，吸到正极上，最后在重力的作用下落入下面的漏斗中。

我们可以用验电器、橡胶棒和导体做一个小实验来说明静电感应的基本原理。验电器C不带电时，金属箔片呈下垂状态。橡胶棒A是已带有负电荷的带电体。将导电体B靠近A，由于静电感应，在B靠近A的一端就感应出了正电荷，于是A和B出现了相吸的现象。同理，再将A靠近验电器C，由于C也是导电体，所以靠近A一端的C也带上了正电荷，而验电器C中的金属箔片就相应地带上了负电荷，两个带负电荷的金属箔片出现了同性排斥现象，所以金属箔片就张开了。利用静电感应现象可以使导体带电。静电复印、静电除尘等，都是利用静电感应原理工作的。

静电复印 复印机是用静电感应原理制成的办公设备。在复印机中有一个重要的部件叫硒鼓，它是由铝质滚筒表面镀半导体硒制成的。半导体硒在无光照时是很好的绝缘体，能保持电荷，受到光照立即变成导体，将所带电荷导走。当复印机工作时，给硒鼓充电，使其表面带正电荷。利用光学系统将原稿上的字迹成像于硒鼓上，即曝光。有文字的地方保持着正电荷，其他地方受到光照，正电荷被导走。硒鼓上有了静电潜像（带正电部分），如果墨粉带负电，它会被静电潜像吸引，使静电潜像带上墨粉。转印电极可以使输纸机的纸带正电，这样纸与带墨的静电潜像接触就在纸上生成复印件。

雷电 雷电的本质是自然界中一种大规模的火花放电。在通常的气压下，当在比较平坦的冷电极间加高电压时，若电源供给的功率不太大，则在强电场下气体被击穿，伴随有火花和爆裂声，这就是火花放电。由于气体被击穿后电流强度猛增而电源功率不够，电压随即下降，放电暂时熄灭，电压恢复后又继续放电，因此火花放电具有间歇性。

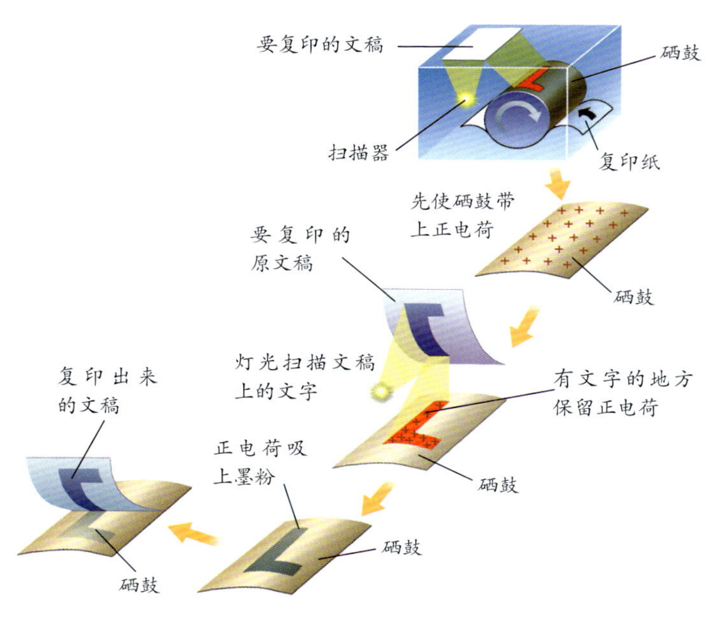

静电复印原理图

利用长时间曝光法拍摄的闪电照片

云层之间的摩擦、水滴冰粒上升过程中的摩擦都会使云层带电。带电量越大，云层间的电压越高。当电压高到一定程度时，就会击穿云层间的空气，形成火花放电，产生雷电。

避雷针 带电云层接近地面时由于静电感应使地面物体出现异种电荷，并且密集在凸出的物体上。电荷累积到一定程度，带电云层和凸出物体之间发生强烈的放电，形成雷电，对人身和建筑物可能造成伤害。避雷针是一个金属的尖端导体，安装在建筑物顶端，用粗导线与埋在地下的金属板连接，与大地良好接触。通过避雷针可以不断地放电，避免电荷大量积累，防止强烈的火花放电，避免建筑物和人员受到雷击。

尖端放电 放电有多种形式。冷电极间的高压可以使电极间的空气被击穿产生火花放电；如果是在强电场下电极间的空气被电离，会形成另一种放电形式，就是尖端放电。

电荷在导体表面的分布与导体表面的弯曲程度有关。导体表面比较平坦的地方，电荷的分布比较稀疏，导体表面附近的电场比较弱；导体表面凸出和尖锐的地方，电荷的分布比较密集，导体表面附近的电场比较强。空气中的残留离子在尖端附近的强电场作用下发生剧烈运动，与空气中的气体分子碰撞，使空气中的气体分子电离，产生的大量与导体尖端同种电荷的离子被排斥远离尖端；与导体尖端异种电荷的离子被吸引，与尖端上的电荷中和，相当于导体尖端失去电荷，这样会发生尖端放电。利用尖端放电可以进行金属的焊接和制作避雷针。

定向避雷针

电流 电荷的定向流动就是电流。人们规定正电荷移动的方向为电流的方向。在电源外部的电路中，电流的方向是从电源正极出发经用电器回到电源负极。电流的强弱有所不同，这种强弱可用物理量表示：通过导体横截面的电荷量 q 跟通过这些电荷量所用时间 t 的比值为电流。用 I 表示电流，则有：$I = q/t$。

在国际单位制中电流的单位是安培，简称安，符号是 A。如果在 1 秒的时间内通过导体横截面的电荷量是 1 库仑，导体中的电流就是 1 安培。

方向不随时间而改变的电流叫直流电流，简称直流电。方向和强弱都不随时间而改变的电流叫作恒定电流。通常所说的直流电常常是指恒定电流。方向随时间而改变的电流叫交流电流，简称交流电。我们平时家里电器用的电都是交流电。此外，电流还具有热效应、磁效应、化学效应。

电路 用导体把离散的电源、电阻器、电容器、电感器以及其他电器件或设备连接起来，构成电流的通路，叫电路。各离散的器件或设备概称电路元件。大至全国的电力网，小至计算器中的基片，都是实际的电路。用符号表示电源、用电器、开关、仪表等电路元件，再用线条把它们连接起来构成的线路图就是电路图。

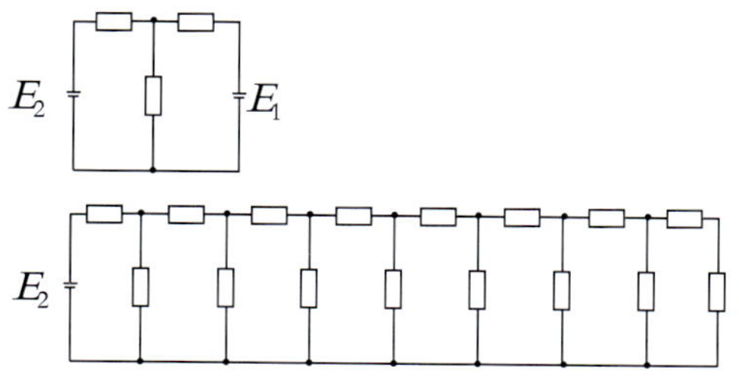

复杂电路和简单电路图

如果两个用电器首尾相连，然后接到电路中，就说这两个用电器是串联的；如果把两个用电器的两端分别连在一起，然后接到电路中，就说这两个用电器是并联的。

电阻 导体对电流的阻碍作用叫电阻。一个导体对电流阻碍作用的大小，是由导体本身决定的，与外界因素无关。实验表明，导体对电流的阻碍作用大小与导体的长度 l 成正比，与它的横截面积 S 成反比。如果用 R 表示电阻，则有：$R = \rho\ l/S$。

上式称为电阻定律。式中的比例常量 ρ 跟导体的材料有关，是一个反映材料导电性能的物理量，称为材料的电阻率。横截面积和长度都相同的不同材料的导体，ρ 值越大电阻越大。当 $l =$ 1 米，$S = 1$ 米^{2}时，ρ 的数值等于电阻 R 的值。

各种材料的电阻率不同，且都随温度而变化。许多金属的电阻率随温度的升高而增大。电阻温度计就是利用金属的电阻随温度变化的性能制成的。

欧姆定律 欧姆定律是电学的基本实验定律之一，其表述为：通过导体的电流 I 与其两端之间的电压 U 成正比，比值为导体的电阻 R。欧姆定律适用于金属，也适用于导电的溶液（如酸、碱、盐的水溶液）。电路理论中把适用于欧姆定律的电阻称为线性电阻。欧姆定律的数学表达式为：$I = U/R$。

在欧姆的实验装置中，悬挂着的磁针可指示电流的大小

包括电源在内的闭合电路称为全电路，其电流强度 I 和电源的总电动势 E、电源内电阻 r 及外电路总电阻 R 的关系用下式表示：$I = E/(R+r)$。

这一公式所描述的是全电路欧姆定律，而称前一个公式所描述的欧姆定律为部分电路的欧姆定律。

常用电路元件 最常用的电路元件有电阻器、电容器、电感器等。它们对电流的控制作用不同：电阻器对直流电、交流电都有阻碍作用；电容器对直流电有隔断作用，对交流电的阻碍作用与交流电的频率有关，频率越高阻碍作用越小；电感器对直流电没有阻碍作用，对交流电的阻碍作用与交流电的频率有关，频率越低阻碍作用越小。

欧姆，G.S.（Georg Simon Ohm，1787-03-16 ~ 1854-07-06）德国物理学家。欧姆最重要的贡献是建立电路定律。他还设计了利用电流通过导线的磁效应引起磁针偏转而显示电流大小的仪器，用来研究电流与导线长度的关系。1826 年，他总结出关系式 $X = A/L$，式中 A 为导体两端的电势差，L 为电阻，X 表示通过 L 的电流强度。此式就是现在的欧姆定律。为了纪念欧姆在电学方面的贡献，人们把电阻的单位命名为“欧姆”。

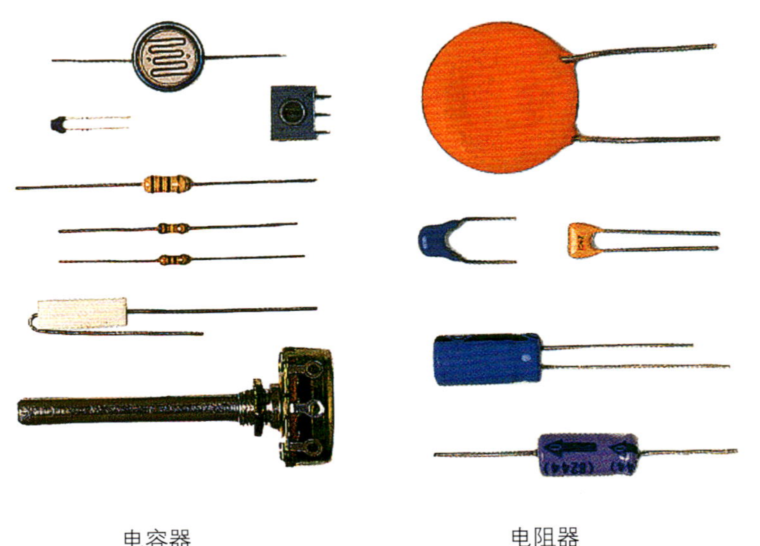

电容器　　电阻器

光敏电阻与热敏电阻　光敏电阻是利用一些半导体受光照后显著改变导电性能的特性制成的器件。在半导体两端镀上电极就构成了光敏电阻。光敏电阻可以起到开关的作用，在需要对光照有灵敏反应的自动控制设备中广泛应用。

热敏电阻是根据导体电阻随温度变化的特性制成的器件。它能将温度变化转化为电信号，测量这种电信号就可以知道温度的变化情况。

电阻器　利用导体的电阻对电流有阻碍作用制成的电路元件叫电阻器，可用于控制电流的大小和实现电能向内能的转换。电阻器的种类按阻值可分为定值电阻、可变电阻；按功能可分为热敏电阻、光敏电阻等；按欧姆定律又可分为遵循欧姆定律的线性电阻（伏安特性曲线为过坐标原点的直线）和不遵循欧姆定律的非线性电阻（伏安特性曲线不为直线），还可以按材料分为若干种电阻器。电阻器种类繁多，用途广泛。

电位器　电位器是一种常见的用作可连续调节的分压器和可变电阻器。一般有 3 个接线头，其中两个固定在两端并接于电路中，一个在中间接于活动的接触臂。转动接触臂，就能调节臂与任何一固定端的电阻，从而调节臂与该端的电压。这样可以用来控制与电压有关的电器，如电热器的温度调节、灯光的明暗调节。

电容器　电容器是贮存电荷的容器。一对互相绝缘的导体构成一个电容器，这对导体则被称为该电容器的两个极。电容器的两个极上贮存等量的、电性相反的电荷，两极间则充满绝缘介质。

电容是描述电容器容纳电荷性能的物理量，用符号 C 表示，单位是法拉（F）。电容的大小取决于两导体的形状、大小、相对位置及导体间的绝缘介质。把电压 U 接到电容器的一对极板上，它们得到的大小相等、符号相反的电荷电量为 Q，两导体间的电势差 $U_A-U_B=U$，则有关系式为：$C=Q/U$。

电容器种类繁多，用途各异。大型的电力电容器主要用于提高用电设备的功率因数，以减少输电损失和充分发挥电力设备的效率。电子学中广泛采用电容器，以提供交流旁路稳定电压，用作级间耦合，以及用作滤波器、移相器、振荡器等。

电流表和电压表　电流表是测定电流强弱的仪表，又称安培表。按照其测量范围的大小可分为微安表、毫安表和安培表。电流表的主要结构是：在很强的磁体之间固定一个可以绕轴转动的线圈。其工作原理是：当有电流通过线圈时，由于磁场对通电线圈的磁力矩和固定在线圈轴上游丝的回复力矩的作用，使线圈发生一定的偏转，固定在线圈上的指针就在标尺上指出待测电流的大小。使用电流表时必须和待测电路串联，一般可直接测量微安或毫安数量级的电流。为扩大电流表的测量范围，电流表需要并联电阻器（又称分流器）。对于几安的电流，可在电流表内设置专用分

万用电表 万用电表又称多用电表，是一种测量电流、电压、电阻等电器参量的小型可携带式仪表。它的特点是量程多、用途广。一般的万用表可以用来测量直流电流、直流电压、交流电压、电阻和二极管、三极管等。它由磁电系仪表、选择开关和测量电路等部分组成。通过选择开关的变换可以方便地测量各种量值。

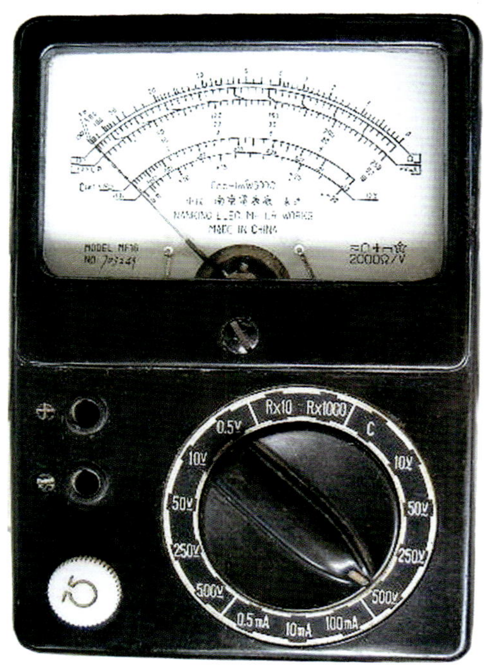

MF-16 万用表

流器；对于几安以上的电流，则采用外附分流器，大电流分流器的电阻值很小。

电流表所能测量电流的最大范围，即它的满刻度电流称电流表的量程。如果通过的电流超过允许值，就会把指针碰弯，甚至把电流表烧坏。因此，使用时要注意表的量程。

电压表是测量电路两端电压的仪表，又称伏特表。电流表的电阻一旦确定，所有通过电流表的电流与其两端的电压成正比。知道了电流值，也就可以间接知道电压值，但这个电压是受电流表最大电流限制的，而在实际测量中往往要测量大大超过电流表允许的电压，所以将一个阻值大的分压电阻串联在电流表上，就把电流表改装成了电压表。电压表必须与被测电路并联在一起使用。由于电压表的电阻很大，可以认为是断路，对被测电路影响很小。

电功和电功率 电功是电流做功的简称。电流是在电场力作用下，自由电荷发生定向移动形成的。显然电场力对自由电荷做功，就是电流在这段电路上做功。设一段电路两端的电压为 U，通过的电流为 I，在时间 t 内电流所做的功为 W，则：$W=UIt$。在国际单位制中，电功的单位是焦耳（J）。

在微观粒子的计算中，还有一个常用的电功的单位是电子伏特（eV）。它的意义是：电场力使 1 个电子在电场中两点间移动，如果这两点间的电压是 1 伏，则电场力所做的功是 1 电子伏特。1 电子伏特等于 1.6×10^{-19} 焦耳。

电流做功意味着电能转化为其他形式的能。单位时间内电流所做的功，叫作电功率，用 P 表示，则有：$P=W/t=UI$。电功率的单位是瓦特（W）。1 瓦特表示在 1 秒内电流做了 1 焦耳的功。

电器的额定功率是指电器在正常工作时所消耗（或发出）的功率。在这个功率下电器或元件可以长时间工作。电器只有在额定电压下才能发出额定功率。如果所加电压大于额定电压，则电器的实际功率大于额定功率，这样的状态不可时间太长，否则电器会损坏。如果所加电压小于额定电压，则电器不能发挥设计功率，会造成浪费。

焦耳定律 焦耳定律是定量说明传导电流将电能转换为热能的定律，它是由 J.P. 焦耳在 1840 年根据实验结果提出的。

焦耳定律指出：电流通过导体时产生的热量 Q（称为焦耳热）与电流 I 的平方、导体电阻 R 和通电时间 t 成正比。采用国际单位制时，其表达式为 $Q = I^2Rt$。它是设计电路照明、电热设备、计算各种电气设备温升的重要公式。

电源 物理学中把对电路提供电能的装置称为电源。它可以把化学能、机械能、热能、光能、核能等直接转化为电能。

在电源内部由非静电力对正电荷做功，将正电荷从电源的负极移到电源的正极。过程中不同的电源对正电荷所做的功是不同的，对单位正电荷做功多的电源，即是将其他形式能转化为电能的本领强的电源。可以用物理量电源电动势 E 表征这一性能，它是标量，单位为伏特（V）。电源电动势与外电路的性质以及是否接通都没有关系。电源内部的电路称为内电路，在内电路上也有电阻，称为内电阻，用 r 表示。在高中阶段认为电源电动势 E、内电阻 r 是不变量。在电源的工作过程中电源一方面对电路提供电能，另一方面由于内电阻的存在，电源内部不可避免地消耗一些能量。电源转化的功率为 IE，电源内部消耗的功率为 I^2r，电源的输出功率为 IU（U 为电源两端的电压），则有下面关系式：$IE = IU+I^2r$。如果两边同时除以 I，则有 $E = U+Ir$。说明电源电动势在数值上等于外电压与内电压之和。

不同的用电器对电源的要求不同，为适应这些要求，人们制作出不同的电源，如交流电源、直流电源、稳压电源、可调电源等。

电池 电池是把化学能、光能、热能等直接转换为电能的装置。如化学电池、

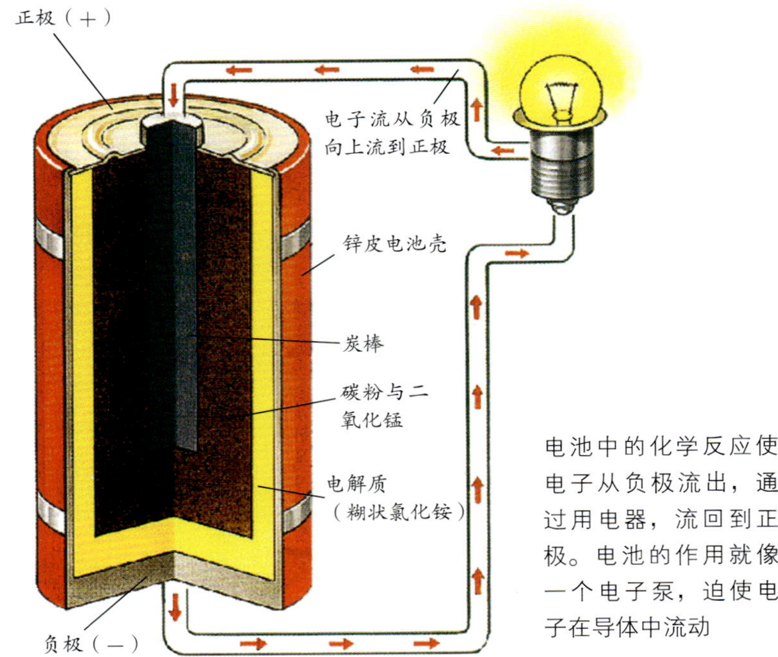

电池中的化学反应使电子从负极流出，通过用电器，流回到正极。电池的作用就像一个电子泵，迫使电子在导体中流动

太阳能电池、温差电池等。

实用的化学电池可以分成两个基本类型：一次电池与二次电池。一次电池制成后即可以产生电流，但放电完毕即被废弃；二次电池又称蓄电池（充电电池），使用前须先进行充电，充电后可放电使用，放电完毕后还可以反复充电再用。蓄电池充电时，电能转换成化学能；放电时，化学能转换成电能。

伏打电堆 1792 年，意大利科学家 A. 伏打提出：电流是两种不同金属插在一定的溶液内并构成回路时产生的。基于这一思想，1799 年他制造了第一个能产生持续电流的化学电池。

一对大小相同的银片、锌片，在它们的中间夹一张用盐水浸泡过的硬纸板，就构成了能产生电流的最简单的电池，不过这种电流是十分微弱的。为增大电流，伏打设想了“垒”的办法。他

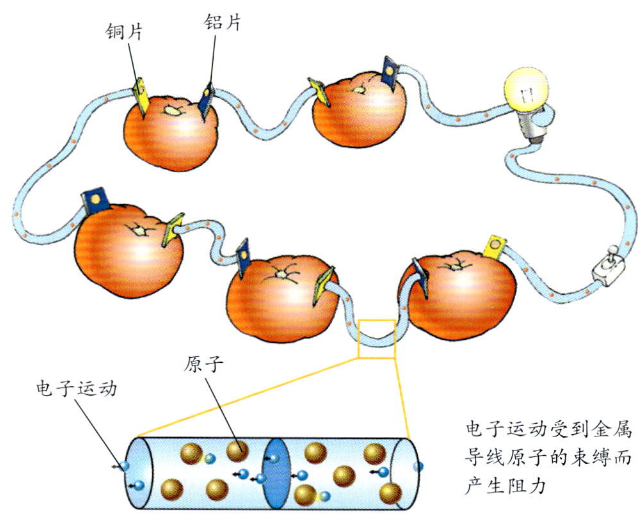

西红柿电池

制成的装置为一系列按同样顺序叠起来的银片、盐水浸泡过的硬纸板、锌片组成的柱体，叫作“伏打电堆”。当导线连接两端的导体时，导线中产生了持续电流。

伏打电堆和伏打电池在此后的一段时间中成为产生电流的唯一手段，它们的发明和运用开拓了电学的研究领域。

水果电池 取用身边的材料，应用伏打电池的原理，能做成一个电池吗？没问题，果汁、蔬菜汁就是一种电解质，利用它们就可以做成电池。

把铜片和铝片分别插在同一水果（或蔬菜）的不同部位，如柠檬、西红柿等，就制成了一个水果电池，两个金属片就是电池的两个电极。这样的电池产生的电很微弱，只有通过电流表测量才能直观看到。如果将几个这样的电池并联，就可以点亮小电珠，这是一个特别有趣味的电池。

蓄电池 蓄电池种类很多，如铅蓄电池（酸性）、铁镍蓄电池（碱性）、镍镉蓄电池、银锌蓄电池（碱性）、锂离子电池、聚合物锂电池、镍氢电池等。共同的特点是可以经历多次充电、放电循环，反复使用。汽车蓄电池可以随时放电、充电。当用电器开启时蓄电池放电，汽车在运行时又有发电机对蓄电池充电。这样反复进行，故我们很少看到司机专门给车上的蓄电池充电。

最常用的蓄电池是铅蓄电池，它的极板是铅合金制成的格栅，电解液为稀硫酸，两极板均覆盖有硫酸铅。它的电动势约为 2 伏，优点是放电时电动势较稳定，缺点是笨重，对环境腐蚀性强。

燃料电池 燃料电池又称为连续电池，一般以天然燃料或其他可燃性物质如氢、甲醇、煤气等与空气中的氧或纯氧作为反应物质。燃料电池不像热电厂那样将燃烧产生的热能转变为机械能再带动发电机发电，而是直接将化学能转变为电能，所以具有能源利用效率高、可常温工作、环境污染小等优点。燃料电池在宇航工业中发挥了巨大作用。燃料电池的民用开发成为了一个热点，尤其是世界各大汽车公司都在竞相开发可供商业化应用的燃料动力电池汽车。燃料电池的开发和应用具有非常好的前景。

发电 发电就是用其他各种形式的能，如化学能、水能、风能、原子能、太阳能等，通过一定装置去推动发电机产生电能的过程。现在世界上主要的发电方法是火力发电、水力发电、核能发电。有些地方已开始运用太阳能和海洋潮汐能发电。科学家们还在研究氢能发电、磁流体发电等新方法。此外制造先进的发电机至关重要。

到 2015 年中国的电力结构为：火力发电约占 65%，水力发电约占 23%，风能发电约占 7%，光伏发电约占 2%，核能发电约占 1.5%。

火力发电 燃烧煤、石油等燃料把水变成蒸汽，再用蒸汽使汽轮机旋转，推动发电机发电的过程。从全世界范围来看用得最多的发电方法就是火力发电。

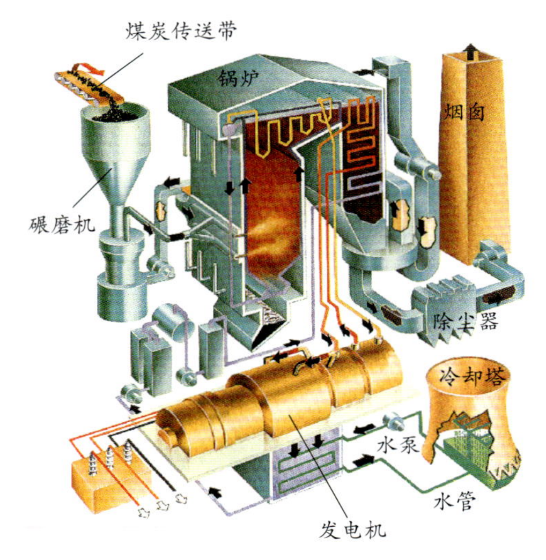

燃煤火力发电厂的发电流程

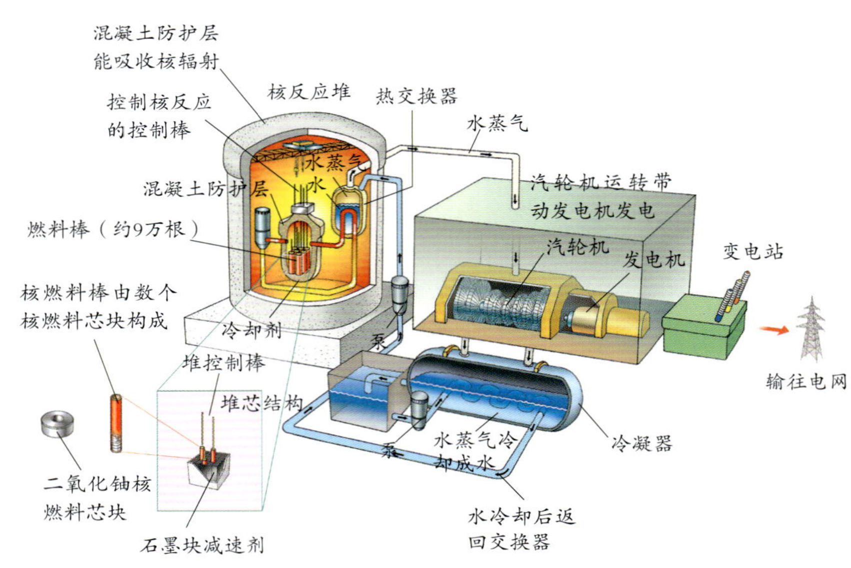

核能发电系统

建造火力发电厂所需投资较少，花费时间较短，但建成后需要不断运送燃料，还存在热效率低、烟尘污染等问题，人们正在努力寻找解决的方法。

世界上第一座火力发电厂于 1875 年在法国巴黎建成，中国第一座火力发电厂于 1882 年在上海建造。

从能量的转化来看，火力发电是将燃料的内能转化为电能的过程。

水力发电 水力发电是利用水力推动水轮机，水轮机再带动发电机来发电的过程。水电站需要建造高大的堤坝蓄水，投资大，花费时间也长，但建成后运行管理和发电成本比燃煤电站低，可以长久使用，还可以解决防洪、灌溉等各种水利问题。

世界第一座水力发电站于 1878 年在德国建成，中国第一座水力发电站于 1912 年建成。中国的许多江河上都已经建造水电站。其中，最大的是长江三峡水利枢纽。

从能量的转化来看，水力发电是将水的机械能转化为电能的过程。

核能发电 核能发电是用核反应堆将原子能先转变为热能，把水加热变成蒸汽推动发电机发电的过程。在核反应中 1 个核子释放的能量是 1 个碳原子在燃烧过程中释放的能量的数十万倍。所以，核能发电消耗的燃料与火力发电相比非常少，而且没有烟尘污染，但必须建造可靠的保障装置防止放射性污染。

世界上第一座核电站是 1954 年在苏联建成的。中国已经建造了秦山核电站、大亚湾核电站等大型核电站。

从能量的转化来看，核能发电是将原子核能转化为电能的过程。

风力发电 利用风能驱动风轮机以带动发电机发电的过程。风是一种永不枯竭的能源。地球上的风能大大超过水流的能量，也大于固体燃料和液体燃料能量的总和。

风力发电机

在能源紧缺的今天，风力发电受到了各国的重视。风力发电的设备要比火力发电、水力发电简单，但是风力的大小和连续性受自然条件限制。设备简单、无污染是风力发电的最大优点。

从能量的转化来看，风力发电是将风能转化为电能的过程。

地热发电 利用地热能进行发电的过程。在地球内部，由于放射性元素在衰变时不断地放出大量热，所以形成了许多地下高温岩浆和热泉。我们称之为地热资源。中国的地热资源十分丰富，已经发现的天然温泉就有2000处以上，温度大多在60℃以上，个别地方达100～140℃。在西藏、云南等省区还发现了地热湿蒸汽田。

地热发电和火力发电的原理一样，都是将蒸汽的内能在汽轮机中转变为机械能，然后带动发电机发电。根据地热流体类型的不同，地热发电方式基本上可分为两大类，即地热蒸汽发电与地下热水发电。中国最为著名的地热电站是西藏羊八井地热电站。

发电机 将机械能转化为电能的机械。主要由转子和定子两个部分组成。定子是固定不动的部分，由电磁铁构成，用于产生磁场；转子可以转动，由线圈构成。转子与外部动力机相连接。当人们利用其他能源产生的力带动转子转动时，线圈就在磁场中切割磁力线，不断地产生出电流。实际使用的发电机常用电磁铁作转子，用线圈作定子，功能是一样的。根据设计，发电机可以发出交流电，也可以发出直流电。

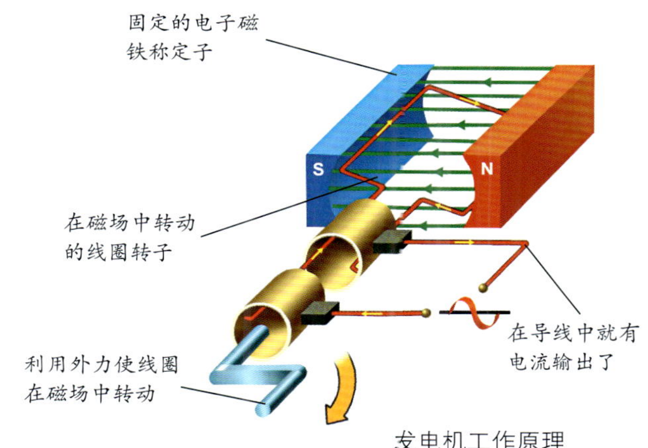

发电机工作原理

直流电和交流电 电流的方向不随时间而改变的电流叫直流电。可分为两种，一种是电流方向和电流强弱都不随时间变化的直流电，称为稳恒电流；另一种是电流的方向不随时间而改变，而电流的强弱可以随时间改变，而且每次变化的时间相同，称为脉动直流电流，简称脉动电流。直流电可以由各种电池、直流发电机产生。直流电主要应用于各种电子仪器、电解、电镀、直流电力拖动等方面。

大小和方向都随时间做周期性变化的电流叫交流电。交流电每次流动方向变化的时间间隔都是一样的。在电学上把每次变化的时间间隔叫周期，而把1

整流器 因为交流电便于传送，所以人们可以方便地使用交流电，但是许多用电器需要直流电，这时就要对交流电进行整流。整流就是将交流电变为直流电的过程。将交流电变为直流电的装置叫整流器。从所用的主要器件分有二极管整流器、可控硅整流器等。从整流的效果分有全波整流器、半波整流器等。

秒内变化的次数叫频率。19 世纪 30 年代人们发现交流电。由于交流电可以利用变压器方便地改变电压，运用高压输电线路输送可以大大降低输电线路上的能量损失，所以得到广泛应用。中国使用的交流电的频率是 50 赫兹，有些国家使用的是 60 赫兹。交流电一般是由交流发电机提供的。

高压输电线路 电流经过导线时的损失不仅与电线的导电能力有关，还和通过导线的电流有关。电流越大，损失越严重。从电功率与电流、电压的关系式 $P=IU$，人们认识到，升高电压减小电流，可以减少输电过程中的电能损失。于是人们采取了用很高的电压输送电能的方法，这样既保证了有足够的电能输送出去，又不会有很大的电流通过导线，避免电能的过多损失。电压越高，能把越多的电能输送到更远的地方。所以，在远距离输电线路上，一般有很高的电压。

发电厂发出电以后，先要把电压大幅度提高后再经过高压输电线路输送。如果是交流电，要用变压器来提高电压；如果是直流电，需要用特殊的设备来提高电压。一般称 220 千伏及以下的输电电压为高压输电，330 ～ 765 千伏的输电电压为超高压输电，1000 千伏及以上的输电电压为特高压输电。高压输电线路可以是架在地面上的高大的铁塔和电线，也可以是埋在地面下的电缆。在经过高压输电线路时要特别注意安全。当电输送到用电的地方后，还要经过降压才能使用。

变压器 一种根据电磁感应定律变换交流电压、电流的装置，它可以根据人们的要求改变交流电的电压，在电的使用中发挥着巨大的作用。变压器是在 19 世纪出现的，1851 年俄国人列姆勒夫发明感应线圈，这是变压器的雏形，到 1883 年，实用的变压器面世。今天人们已经能够根据需要制造出不同大小、形状、性能的变压器。

最常用的变压器是由闭合铁芯和绕组构成的。铁芯由硅钢片制成，绕组是由导线在铁芯上一圈一圈绕成的，可以有 1 个或几个绕组。绕组的两端就是变压器的输入和输出部分。根据变压器输入与输出电压的比较，变压器可分成升压变压器和降压变压器。使用时应当注意变压器对输入电压的要求。

高压输电线路中的超高压大型变压器

爱迪生，T.A.

（Thomas Alva Edison, 1847-02-11 ~ 1931-10-18） 美国发明家。1879年10月，他用炭丝做成白炽灯。1882年爱迪生在纽约建立了第一个发电站，从此人们的夜间生活一片光明。1888年他发明了电影摄影机，大大丰富了人们的文化生活。经过了十几年5万多次的实验，1909年他发明的碱性蓄电池问世了……爱迪生一生完成了2000多项发明，人们称这位伟大的发明家是天才，但爱迪生说“天才，就是百分之一的灵感，百分之九十九的血汗”。

此外，变压器不能改变直流电的电压，如果不小心把变压器直接与直流电源（如电池）相连就会造成事故，一定要注意防止这种事故发生。

电灯 早在1809年，英国人H. 戴维就发明了最早的电弧光灯。它是靠电池来供电的，很不实用。后来，有很多人努力研究想制造出更好的电灯，其中美国发明家T.A. 爱迪生为造出实用的电灯做出了重要贡献。现在，已有许多种类的电灯供人们在各种场合使用，家庭中常用的是白炽灯和荧光灯。

1883年美国印第安纳波利斯城点燃了第一盏电弧光灯

人们还在研究效率更高的节能灯，它能把绝大部分电能都转换成光能，可以大大减少耗电量，达到节能目的。

白炽灯 把钨丝制成的灯丝密封在球形玻璃灯泡里的电灯。灯泡中抽成真空或充以特殊的气体保护灯丝。当电流通过灯丝时，使灯丝达到非常高的温度而放出光来。白炽灯只把少量的电能转化为光能，其余的以热辐射形式放出，因而效率不高。但白炽灯有益于视力保护。

荧光灯 俗称“日光灯”。荧光灯的玻璃灯管中充入了少量水银蒸气和惰性气体，灯管内壁涂有荧光粉。通电后，水银蒸气在电场的作用下发射出紫外线，荧光粉吸收紫外线就放出很接近日光的可见光。荧光灯的效率比白炽灯高，因此比同样功率的白炽灯要亮得多。但是，日光灯发生的冷荧光带灰蓝色调，在这种光线下，书本上的文字图案缺乏鲜明的轮廓，容易导致阅读者眼睛疲劳，久而久之，可能诱发近视或加深近视程度。

家庭安全用电 电给人们的生活带来方便，但使用不当就会发生事故，造成人身伤害和财产损失，因此必须认真注意用电安全。

通常电都送到各式各样的插座上，要用电时插上插头就行了。有的插座有两个插孔，分别接着两条线。一条叫“火线”，电流就从这条线传送过来；另一条叫“零线”，上面没有电，是让电流走的回路。还有的插座有3个插孔，上面除了接着火线和零线外，还接有一根地线，是起保护作用的。与不同插座配合有不同的插头，在使用时应当用相互对应的插头和插座。

只有把电器（如电视、电灯）分别与火线、零线相连，使电流从火线进入电器，再由零线流走，电器才能工作。此时，电路是接通的。如果在火线、零线或者电器内部有中断的地方，不能形成流动的电流，电器就不会工作。这时，电路是断开的，叫断路。如果把火线和零线直接连通，电流不经过用电器就会发生短路。也有时电器内部分电路会发生短路。短路会引起严重的事故，如烧毁电器或引起火灾等，要避免出现短路。

随着生活水平的提高，越来越多的电器走入家庭，对电的需要量也越来越大，进入各家各户的电流强度也越来越大。电流在电线和用电器中流过时会产生热量，当电线较细而电流较大时，产生的热量就可能烧坏电线，甚至引起火灾。当使用功率很大的电器，如空调、微波炉，或有很多电器同时使用时，就要注意线路是否能承受这样大的电流。

家庭电路中为了保证安全，都配有保险丝。保险丝是用熔点很低的金属制成的一段导线。它接在线路上，当由于短路或使用电器的功率太大时，电路中流过的很大电流，产生的热量会使保险丝立即熔化，切断电路，避免发生更大的事故。所以，当保险丝烧断造成停电时，应认真查找原因而绝不能用铜丝、铁丝等代替保险丝。

为避免发生事故需要注意的事情还有很多，如不要用湿手触摸开关和插座，如果没有经过专门学习不要随便拆卸电器和电路等。

电动机 把电能转换成机械能的装置，又称马达。它可以满足不同场合对动力的需要。电动机的使用、控制非常方便，工作时的噪声也很小，而且不像内燃机那样产生废气污染环境。由于这些优点，电动机在许多方面起着重要的作用，从家庭中的电风扇、洗衣机到工厂中的各种机床以及许多农业机械，都是用电动机提供动力。

特斯拉感应电动机的外形和现在的电动机有很大差别，但操作原理基本相同

电动机的构造和发电机有些相似，也有固定的定子和能转动的转子，但是原理却是相反的。电动机是利用电流通过磁场中的导体时能使导体运动的原理来把电能转变成转子的动能的。磁场可以由电动机内部的磁铁产生，也可以用导线绕成的线圈通电产生。电动机既可以使用直流电，也可以使用交流电，根据它们的工作特点还可以分成许多种类。不过，由于交流电的使用较普遍，使用交流电的电动机的应用也就更多些。

对某一个电动机来说，它只能提供有限的功率，带动一定的负载。如果负载太大，就可能使电动机受到损坏。比如，家庭使用的电风扇，如果轴承润滑不好或扇叶被什么东西缠住不能转动，就可能把电动机烧坏。

电梯 沿固定导轨自一个高度运行至另一个高度的升降机。19 世纪中期开始采用液压电梯。这种电梯至今还在低层

电梯标志

建筑物上应用。1852 年美国的 E.G. 奥蒂斯研制了一台钢丝绳提升的安全升降机。19 世纪 80 年代，在驱动装置方面做了进一步改进，如电动机通过蜗杆传动带动缠绕卷筒、采用平衡重等，为现代电梯打下了基础。19 世纪末，采用了摩擦轮传动，大大增加了电梯的提升高度。

电梯的安全至关重要。通常规定悬吊轿厢的钢丝绳不少于三根，其安全系数不小于 12。电梯必须设置限速器、安全钳和缓冲器等安全装置。当电梯速度超过规定数值时，限速器动作并且带动安全钳动作，钳住导轨使轿厢停止在空中。缓冲器在轿厢冲底时起缓冲作用。电梯还应有门锁、端站超行程保护装置和强迫减速装置等，并应符合防火要求。

自动扶梯 设置在建筑物层间连续运载人员的输送机。与电梯相比自动扶梯的输送能力大，能连续不断地运送乘客，断电时还可作普通楼梯使用；缺点是不能中途上、下人，造价和占地面积较大。自动扶梯主要用于商场、车站、码头、机场和地下铁道等人流集中的地方。

自动扶梯由梯路和两旁与梯路同步运动的扶手组成。梯路是变形的板式输送机，扶手是变形的带式输送机。梯路和扶手的运动都是由梯级的主轮、辅轮分别沿不同的梯级导轨行走来实现的。

磁场 磁体之间不接触亦有吸引和排斥的作用，是因为存在着一种媒介物，这种特殊形态的物质叫磁场。场这种物质不是由分子、原子组成的，人的感觉

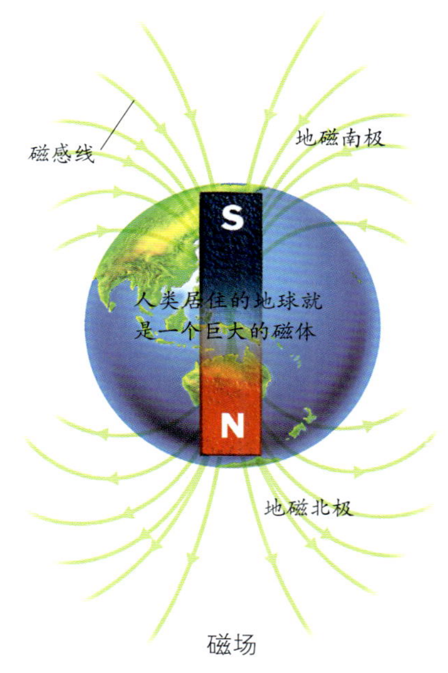

磁场

器官（视觉、触觉）不能感受到它，但它是一种客观存在。场是物理学中的重要概念。

电流、运动电荷、磁体或变化电场周围空间里都存在磁场，其基本特性是对场中电流、运动的带电粒子施加力，因此可以根据这一点来描述磁场。描述磁场的基本物理量是磁感应强度 B，它是一个矢量。磁场中某点的磁感应强度 B 的方向是放在该点小磁针北极的指向，它的大小可以用垂直于磁场方向（B 的方向）放置的、通有 1 安培电流的 1 米长的导线所受到的力的大小表示。B 的单位是特斯拉（T）。也可以根据在某点运动电荷受到的磁场作用力——洛伦兹力公式 $f = qv \times B$ 来确定磁感应强度 B 的大小和方向，其中 q 为电荷电量，v 为电荷运动速度。

磁体 “吸铁石”不仅可以吸铁，而且会相互吸引或排斥。很早就有人注意到了这种现象，并把这种性质称为磁性。具有磁性的物质叫磁体。一个从铁屑堆

永磁体 人们最早发现和最早使用的磁体，它的磁性可以长久保持。构成永磁体的材料叫永磁材料，又叫硬磁材料，它们多含有铁、钴、镍成分。

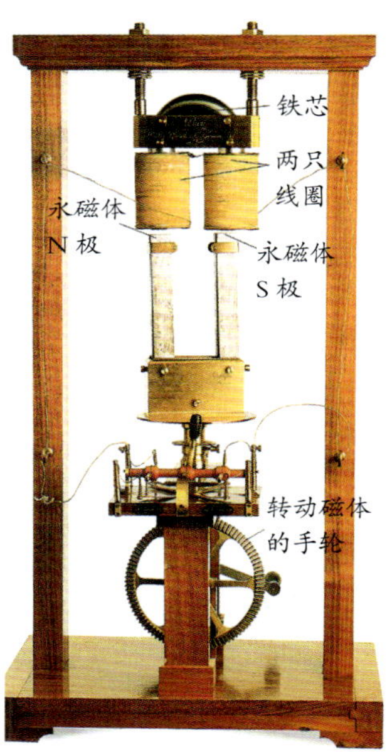

永磁发电机使用一个永磁体提供发电所需的磁场，由法国皮克西 1832 年发明

铁屑堆中取出的棍形永磁体，铁屑密集在棍的端部

中取出的棍形永磁体，铁屑主要密集在棍的端部。如果永磁体更细一些，则被吸住的铁屑更显得集中在两端，磁棍的这两个端部被称为“磁极”。

两个永磁体之间的相互作用也就是它们的磁极之间通过磁场的相互作用。用 3 个以上的永磁体做实验就可以证明：①每一个永磁体都有两个性质不同的磁极，通常利用永磁体指示南北方向，指向北的这一端被称为 N 极，指向南的这一端被称为 S 极。②同名磁极相斥，异名磁极相吸。

地球本身也是一个大磁体，地球两个磁极的中心分别位于地理的南、北两极（地球自转轴与地面的交点）的附近。在地理的北极附近地磁极是磁南极，而在地理的南极附近地磁极是磁北极。

磁体在很多地方都得到了利用，如各种开关、阀门等。现代化的磁悬浮列车是利用同性磁极相互排斥的原理使列车悬浮在轨道上，这种列车的速度可以达到每小时 500 千米。

指南针 春秋时期，古人发现，有一种天然矿石对铁矿石有吸引力，便称其为“慈石”，后来又写成“磁石”。磁石就是磁铁。

大约 2000 多年前，中国古代人利用磁铁制造了一种指示方向的工具，叫“司南”。司南就是指南的意思。司南是用整块的天然磁铁琢磨成的，长柄端为 S 极。拨动长柄，使它转动，待停下来，它的长柄就指向南方。人们发明司南以后，又继续不断地研究改进指南的工具，造出了指南针。指南针发明以前，在大海里航行是非常困难的。指南针发明后，这个问题就得到了解决。据古书记载，最晚在宋代，中国已经在海船上应用指南针了。

汉代司南仪

电磁感应 人们把由磁场与导体的相互作用而产生电的现象称为电磁感应。H.C. 奥斯特在 1820 年发现电流的磁效应，揭示了电与磁联系的一个方面之后，不少物理学家探索磁是否也能产生电，并进行过不少的实验。1831 年 M. 法拉第发现通电线圈在接通和断开的瞬间，能在邻近线圈中产生感应电流的现象。紧接着奥斯特做了一系列的实验，用来探明产生感应电流的条件和确定电磁感应的规律。法拉第又根据电磁感应的规律制作出了第一台发电机。

电磁感应现象的发现在理论上有重大意义，使人们对电和磁之间的联系有了更进一步的认识，从而激发人们去探索电和磁之间的普遍联系的理论。该现象在实际应用方面有更为重要的意义，电力、电信等技术的发展就同这一发现有密切的关系。发电机、变压器等重要的电力设备都是直接应用电磁感应原理制成的。用这些电力设备建立的电力系统，能将各种能源（煤、石油、水力等）

法拉第，M.（Michael Faraday，1791-09-22～1867-08-25） 英国物理学家、化学家。1831 年，法拉第发现了电磁感应现象，提出了法拉第电磁感应定律，它是现代电工学的基础。法拉第还提出了光的电磁性、磁力线等概念，为麦克斯韦电磁场理论开辟了道路，人们称他是电磁理论的奠基人。为了纪念法拉第对电磁学的贡献，将电容的单位命名为法拉。

法拉第利用电磁感原理制作的圆环线圈，和现在的变压器线圈很像

转换成电能并输送到需要的地方，极大地推动了人类社会生产力的发展。

感应电流 发生电磁感应的那部分电路产生感应电动势，这部分电路就是电源。如果这部分之外的电路是闭合电路，则就会有电流产生，这种电流称为感应电流。感应电流的方向可以用楞次定律进行判定。楞次定律内容是：感应电流具有这样的方向，即感应电流的磁场总要阻碍引起感应电流的磁通量的变化。如果是直导线切割磁感线，感应电流的方向可以用右手定则判定。右手定则是：右手平伸，磁感线穿过掌心，伸开大拇指指向导线运动方向，四指的方向为感应电流方向。

电磁铁 利用电流的磁效应制成的磁铁。在铁芯上按一定方法缠绕上导线，就做成了电磁铁。当有直流电流通过导线线圈时，铁芯就有了磁性。电磁铁磁力的大小与铁芯的材料、线圈的圈数、线圈的直径、电流强度的大小有关；电磁铁的 N、S 极是根据电流的流向决定的，这样就可以方便地通过对电流的调节而对电磁铁进行控制。人们利用电磁铁的这些特点，制造出了许多电力设备和装置，如电磁开关、继电器、电磁起重机、电铃、电磁打点计时器、最早期的电报机等。

电磁波 电磁波是电磁场的一种运动状态，简称为电波。电可以生成磁，磁也能带来电。1864 年，英国科学家 J.C. 麦克斯韦在总结前人研究电磁现象的基础上，建立了完整的电磁波理论。他断定了电磁波的存在，并推导出电磁波与光具有同样的传播速度。1887 年德国物理学家 H.R. 赫兹用实验证实了电磁波的存在。之后，人们又进行了许多实验，不仅证明光是一种电磁波，而且发现了更多形式的电磁波。

由于电磁波的存在以及无线电技术的飞跃发展，人类才能在遥远的他乡听到和看到亲人的声音与面容；电报、广播、电视靠它传递；卫星靠它控制、导航等。看不见的电波，使得人类社会的发展日新月异。

电磁污染 影响人类生活环境的电磁污染源可分为天然的和人为的两类。

天然的电磁污染是某些自然现象引起的。常见的雷电除了可能对电气设备、飞机、建筑物等直接造成危害外，还会在广大地区从几千赫到几百兆赫以上的极宽频率范围内产生严重电磁干扰。另外，火山喷发、地震、太阳黑子活动引起磁暴等，都会产生电磁干扰。天然的电磁污染对短波通信的干扰特别严重。

人为的电磁污染主要有：①脉冲放电。例如，切断大电流电路时产生的火花放电，本质上与雷电相同。②工频交变电磁场。例如，在大功率电机、变压器以及输电线等附近形成的电磁场，对近场区产生严重的电磁干扰。③射频电磁辐射。例如，无线电广播、电视、微波通信等各种射频设备和辐射，频率范围宽广、影响区域大，对近场区的工作人员造成危害。目前射频电磁辐射已经成为电磁污染环境的主要因素。

电磁场 英国科学家 J.C. 麦克斯韦认为在变化的磁场周围产生电场，变化的电场周围产生磁场，变化的电场和变化的磁场总是相互联系的，形成一个不可分离的统一的场，这就是电磁场。电场和磁场只是这个统一的电磁场的两种具体表现。电磁场由近及远地传播就形成电磁波。

雷达天线能同时发射与接收信号。雷达在运行中不断改变无线电波的发射方向，进行搜索。雷达网的直径越大，雷达的方向性越精确

波波夫，A.S.
（Aleksandr Stepanovich Popov，1859-03-16 ~ 1906-01-13） 俄国物理学家，无线电通信的创始人之一。1895年5月7日波波夫在彼得堡学术会议上，宣读了论文《金属屑与电振荡的关系》，并当众展示了他发明的无线电接收机。不久波波夫用电报机代替电铃作接收机的终端，形成了比较完整的无线电收发报系统。1896 ~ 1900年，他不断进行远距离通信的实验，使电台的通信距离增加到45千米。为了纪念波波夫在无线电方面的贡献，1945年苏联政府将5月7日定为苏联无线电节。

雷达 运用各种无线电定位方法，探测、识别各种目标，测定目标坐标和其他情报的装置。雷达是英文RADAR (Radio Detecting And Ranging) 的音译，意为“无线电检测和测距”。

雷达由天线系统、发射装置、接收装置、防干扰设备、显示器、信号处理器、电源等组成。其中，天线是雷达实现大空域、多功能、多目标的技术关键之一，信号处理器是雷达具有多功能能力的核心组件之一。

无线电通信 利用无线电波在空间的传播来传递声音、文字、图像和其他信息的通信方式。无线电通信系统由发射部分和接收部分组成。发射部分包括发射机和发射天线，接收部分包括接收机和接收天线。利用无线电通信可以开通电报、电话、传真、广播、电视等传播业务。

无线电通信与有线通信相比，不需要架设线路和铺设电缆，因而经济、灵活，但其保密性和可靠性稍差。根据无线电的波段以及传播方式，无线电通信可以分成许多种，如中、长波通信和短波通信，超短波通信，微波中继通信和卫星通信等。

短波通信 利用频率为3 ~ 30兆赫的电磁波进行的无线电通信。适合于建立边远和复杂地形地区的通信联系。短波传播的距离很远，主要途径是靠高空电离层的反射，因此短波无线电波又称“天波”。短波通信传播的信息是电话和电报，以及短波广播。

微波中继通信 利用无线电波在视距范围内进行信息传输的一种通信方式。微波是指频率高于300兆赫的无线电波。它在大气层中做直线运动，只能在看得见的地面上两点传播，因此通信距离受到限制。为了解决这个问题，人们从古代驿站通信的方式中得到启示，每隔50千米左右，建立中继站接收和转发，以实现远距离通信。所以，长距离的微波通信又叫微波中继通信或微波接力通信。微波的波段宽广，能提供很大容量的多路通信，传送多路彩色电视节目。

卫星通信 利用空间卫星进行信号中继转发的一种通信方式。实际上也是一种微波中继通信，但它的中继站是在卫星上。先把通信卫星发射到赤道上空，并且使卫星的转动与地球同步。通信信号发射到卫星上后，经过处理被转发出去。一颗卫星上能看到地球表面1/3的范围，因此只要在赤道上空均匀布置3颗卫星，就可以实现全球范围的通信。卫星通信传输容量大，通信距离远，通信质量好。中国中央电视台和一些省市电视台的电视节目都通过卫星来传播。

智能手机 智能手机是指像个人电脑一样，具有独立的操作系统与运行空间，可以由用户自行安装第三方应用程序，并且可以通过移动通信网络实现无线网络接入的手机类型的总称。智能手机的使用范围已经遍布全世界，并逐渐取代了键盘式手机。由于其具有独立的CPU和内存，可以安装不同的应用程序，因此功能得到极大扩展，可以充分满足各类人群的不同需求。

电话机 实现电话通信的用户设备。由送话器、受话器和发送、接收信号的部件等组成。发话时，由送话器把话音转变成电信号，沿线路发送到对方；受话时，由受话器把接收到的电信号还原成话音。

电话机一般分为磁石式、共电式和自动式三类。磁石式电话机用磁石手摇发电机作振铃信号源并配有通话电源。它对线路和交换设备的要求低，通话的距离较远，机动灵活，使用方便，可不经过交换机直接通话。因此它适用于野战条件下和无交流电地区的电话通信。共电式电话机，由交换设备集中供给通话和振铃信号电源。其结构简单、使用方便，用户间通话由人工转接。自动式电话机是在共电式电话机基础上，对电话机加装拨号或按键盘等部件，通过拨号或按键发送选号信息，控制交换机进行自动接续，使用简便，不需人工转接，但自动交换设备较复杂。

英国电话公司的地面发射站

对讲机 一种近距离通信工具。使用对讲机不能随意与某一个人通话，而只能与另外一部对讲机“对讲”。对讲机上有一根拉杆式天线，只要双方预先调谐于同一个工作频率，就可以随时随地与对方直接联系。大部分对讲机通信方式为“单工”方式，即发话和送话要用开关转换，“讲话”的时候不能“听话”，“听话”的时候不能“讲话”。对讲机的体积小、重量轻、携带方便。所以对讲机还常用于流动性强的生产活动中，以便人们能够及时联系。

传真机 应用扫描技术，把固定的图像（包括相片、文字、图表等）转换成电信号再进行收发的终端设备。它通过光学扫描系统，将传送文稿有光区和无光区上的信息变换成数字信号，然后再转变为音频信号，由发射端发送给另一个传真机。另一个传真机的接收端收到音频信号后，再将音频转换成数字信号，通过热敏感光装置把接收的信息打印出来。

多功能传真机

无线电广播 利用无线电波向广大听众播送声音节目的通信过程，属于无线

北京中央人民广播电台大楼

电通信范畴。1906年，美国人R.A.费森登在实验室里作了有史以来的第一次无线电广播。迄今为止，广播已具有调频、调幅、立体声广播、数字音频广播等多种制式。广播电台制作的节目都是声音信号，声音是无法传得很远的。要想把声音传播到很远的地方，就要把声音信号变成电信号即音频信号，再把音频信号加到高频电磁波上发送出去。把音频信号加载到高频电磁波上的过程叫调制。根据调制方法的不同，有调频广播和调幅广播。未调制的高频电磁波叫载波。人们收听广播电台的广播节目时，就是接收载有音频信号的电磁波。

调幅和调频 两种不同的音频信号调制方式。用调频的方式传输信号叫调频广播（FM），用调幅的方式传输信号叫调幅广播（AM）。

调频广播一般使用频率很高的波，它不容易受干扰，能清晰地还原声音，还可以立体声传输，但调频广播的传输距离短，所以一般城市的电台都使用调频广播。调幅广播可以使用长波（LW）、中波（MW）、短波（SW）等各种波段的波，它的传输距离比调频广播远，但声音信号比调频广播差。有些城市的电台也使用中波传输，这样在国内别的地方也能接收到广播信号。短波的传输距离更远，在短波波段，能收听到国外一些电台的节目。

收音机 收音机是声音广播系统的接收设备，属于无线电接收机的一种。它由接收天线、调谐电路、高频放大电路、检波电路及电源电路等部分组成。由天线接收的广播电台信号在调谐电路里进行选台，经高频放大器直接放大后，再经检波器取出音频信号（即解调），送到音频放大器放大，最后经过电声转换推动扬声器放声。

随着广播技术的发展，收音机也在不断更新换代。自无线电广播诞生以来，收音机经历了矿石收音机、电子管收音机、晶体管收音机、集成电路收音机到DSP收音机的变化。

电视 电视是用无线电电子学的原理，远距离传送活动图像的技术。在发射端，

尼普科夫，P.G.（Paul Gottlieb Nipkow, 1860-08-22 ~ 1940-08-24） 德国发明家。1884年他发明了“扫描转盘”。这种会转动的轮盘上布满了一连串以螺旋样式排列的小孔，可以用来扫描物体影像。它利用了人眼的“视觉暂留”效应。当轮盘转动时，每个小孔会经过影像的不同部位，所以轮盘需要转1周才能完整扫描到1个物体画面。当圆盘转得足够快，就好像我们对着小窗在圆盘上开了一个同样大小的洞一样。扫描的图像经过硒光电管进行光电转换，实现了画像电传扫描的设想。人们称这是“机械式电视机的雏形”。

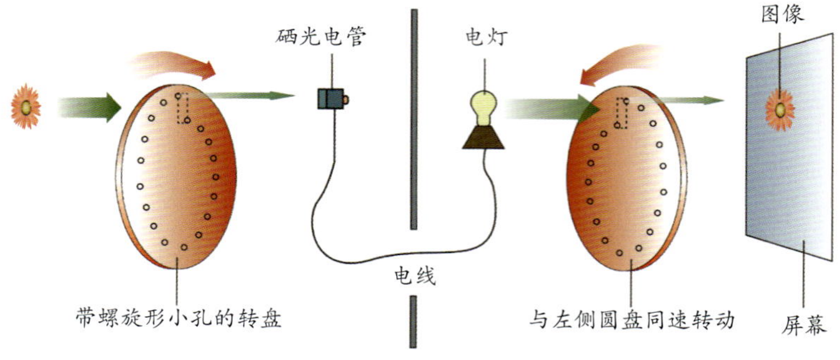

尼普科夫发明的扫描转盘

用电视摄像机把景物、图像分解为很小的像素单元，然后再将一个个的像素变换为电信号通过无线电波（或有线线路）传送到远方；接收端的接收装置也就是电视接收机将电信号还原为像素，最后再将许许多多的像素重新组合成为图像显示出来。

1884 年，德国科学家 P.G. 尼普科夫发明螺盘旋转扫描器，用光电池把图像的序列光点转变为电脉冲，实现了最原始的电视传输和显示。1925 年和 1926 年美国人 C.F. 詹金斯和英国人 J.L. 贝尔德相继实现影像粗糙的机械扫描电视系统。英国和美国分别在 1937 年、1939 年开始了黑白电视广播。1954 年美国的彩色电视正式广播。中国在 1958 年开始黑白电视广播。近几十年来，电视事业以空前的速度向前发展，越来越先进的电视技术将人们引入五彩绚丽的世界之中。

有线电视 20 世纪 60 年代后，许多工业发达国家兴起有线电视。它是相对开路电视的接收方式而发展起来的。有线电视通过电缆、光缆来传送电视信号，不仅能够克服电视在空间传播时的干扰，还有与观众“双向沟通”的优点，因而又称交互电视。尤其是这种电缆电视网与计算机、电话连接起来后，就构成了完整的闭路电视系统。观众可以不受电视台播送节目的限制，任意选择电视节目，频道可达上百个。

液晶电视 采用液晶显示器代替显像管显示图像的电视机。液晶显示器利用液晶在电压作用下发光成像的原理进行图像显示。液晶显示技术主要有三种，即扭曲向列（TN）、超扭曲向列（STN）和薄膜晶体管（TFT）。当前液晶电视机都采用 TFT 型。

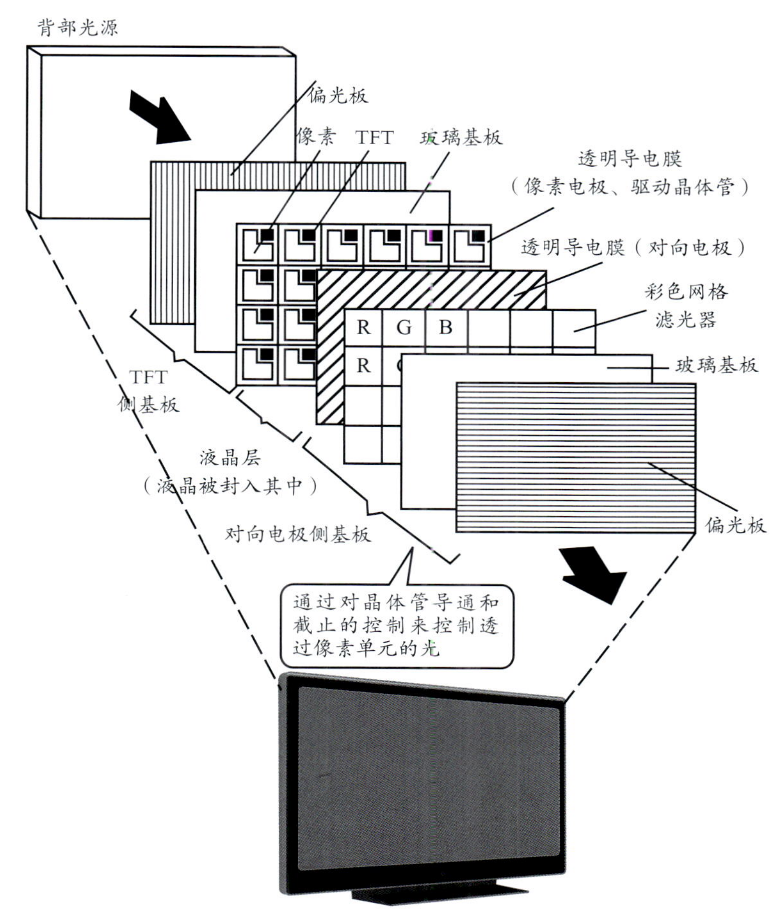

TFT 型液晶显示器的结构

TFT 型液晶显示器的结构如图所示。先由背部光源（一般为荧光管）投射入射光，入射光经偏光板进入由玻璃基板封好的液晶，利用液晶分子的排列方式改变穿透液晶的光线的角度，然后经过彩色网格滤光器和另一块偏光板。通过控制加在液晶板的电压值便可改变呈现的光线强度和色彩，在液晶面板上显示不同深浅的彩色图像。

世界上第一台液晶显示设备出现在 20 世纪 70 年代初，但直至 90 年代初，液晶显示技术仍未成熟，难以普及。90年代后期，开始出现高分辨率、大屏幕的液晶电视。进入21世纪后，液晶电视的清晰度不断提高，体积、重量和价格却不断下降，逐渐取代了体积庞大、耗电多、辐射强的显像管电视并成为主流。

双耳效应 人长着两只耳朵，而且对称地分布在头的左、右两侧。很多听觉效果取决于两只耳朵。例如，声源定位主要是根据两耳听到的声音的时间差和强度差来实现的。由于头部、耳廓、外耳道的共振、反射作用，使听到的声音频谱受到调制。来自右边的声音，必先到达右耳，强度也比左耳收到的强，经大脑的辨析，指挥头部转动，从而可确定声音传来的方向及声源位置。运用双耳来达到听觉的某些效果即为“双耳效应”。

录音机 以硬磁性材料为载体，利用磁性材料的剩磁特性将声音信号记录在载体上的电器。又称磁带录音机。它能够将外界的声音记录下来，同时还能把记录下来的信息恢复成原来的声音。

录音机有一个绕有线圈的环形铁芯，即磁头。录音时，声波通过话筒转变成电信号，经过电流放大器放大，再送到录音磁头的线圈中，铁芯就产生了随声音而变化的磁场。当磁带紧贴着磁头转动时，磁带上就会记录下与声音相应变化的磁信号。如果将录好音的磁带，按照录音时的速度通过放音磁头，放音磁头的铁芯受到磁带上有变化的磁信号的作用，铁芯上的线圈就产生相应变化的电流。将这个电流放大后再送往扬声器上或耳机上，就能将原来录制的声音重放出来。录过音的磁带，如果不需要时，可以用抹音磁头将所录的声音消掉。

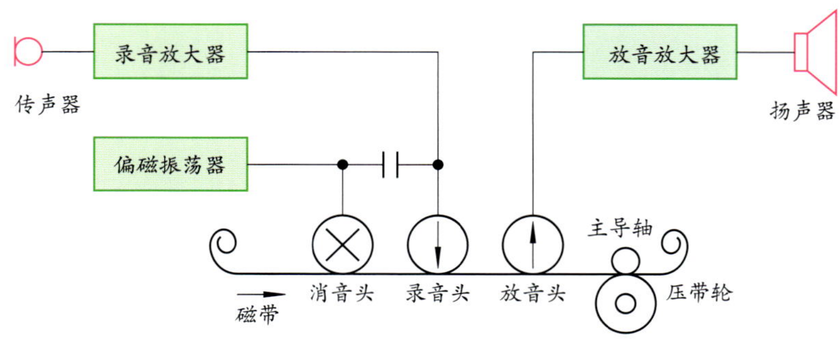

磁带录音机工作原理示意图

磁带录音机的发展方向是微型化、组合化和数字化。随着新型芯片录音装置的出现，录音机已逐渐退出历史舞台。

立体声音响 立体声音响是一种多声道的音响系统，通过几个分开的声道来传送、记录和重放不同的声音信号。用立体声音响听音乐时，能够分辨出声音的方向、强弱程度和先后次序。它能反映各个空间位置处的声源，使人听到各方向声源的发音，富有立体感。

听声音时能够感受到立体效果，这与人们的两只耳朵有关。声音首先传送到离声源较近的耳朵，然后再传送到另一只耳朵，使得两只耳朵对声音的感觉出现差别。

电子琴 采用半导体集成电路对音乐信号进行放大，并通过扬声器产生音响的键盘乐器。声学研究发现，声音可以转换为电信号，经过多种处理之后又可还原成声音。于是，根据这个原理，人们研究出了直接与声音相对应的电信号，而且创造出了声音的合成效果，甚至创造出自然界中本不存在的声音，产生了音乐艺术与电子技术的结晶——电子琴。

电子琴装有许多如半导体三极管、电阻、电容等电子元器件，它们组成振荡器。这些振荡器事先调整在不同的频率上，工作时所产生的振荡信号，经过电路中半导体三极管的放大，通过扬声器就会传出音调不同的立体声乐音来。

电子钟表 出现在20世纪60年代。

它以电池为能源，以石英振荡器为时间基准，以集成电路为核心，通过指针或数字来显示时间。石英振荡器振荡速度快、稳定性高，并且不受外界环境温度、湿度和其他振动的影响，因而电子钟表走时精度大大提高。它每天的计时误差可减小到 0.2 秒，走时的准确度大大超过机械表。

电子钟表有两种形式：指针式和数字式。指针式电子钟表与机械钟表一样，通过齿轮带动指针来指示时间，而数字式电子钟表是用数字来显示时间的。

电子钟表使用和维护都比机械钟表方便。它不像机械钟表那样需要天天上发条，只要一两年换一块电池即可。它没有机械部件，只有简单的集成电路部件，因而不易损坏，几乎不需专门的维护。

电磁炉 一种利用电磁感应原理进行加热的炉灶。它的主要部件是金属导线缠绕的线圈。当交流电通过这个线圈时，会产生交变的电磁场。磁力线穿过锅体时，锅体的底部受到感应，会产生大量的强涡流。涡流受材料电阻的阻碍时，放出大量的热量，使饭菜煮熟。电磁炉的热量传递损耗较低，没有明火，热利用效率可达 80%，并且热量均匀，因此烹调速度快，节省能源。20 世纪 80 年代以后，电磁炉成为成熟的家电产品。

微波炉 利用微波辐射烹饪食物的厨房电器。微波是指波长为 1 毫米 ~ 1 米、频率在 300 兆赫 ~ 300 吉赫的电磁波。它除具有一般电磁波的共性外，还有自身的特性，如微波遇到一些金属导体就会反射，导体不吸收其能量；微波在玻璃、塑料中能自由传递，并且不消耗能量；微波遇到含有水分的淀粉、蔬菜、肉类等物质，不仅不能穿透这些物质，而且它的能量还要被吸收掉。磁控管是微波炉的重要部件。它在接通电源后，会产生微波，使食物中的水分子，按照磁场方向首尾一致排列。随着磁场方向的变化，水分子频繁快速运动，产生大量的热量，加热食物。微波烹调靠微波深入食物内部，能全面均匀地加热，烹调的能量高、速度快。微波烹调没有油

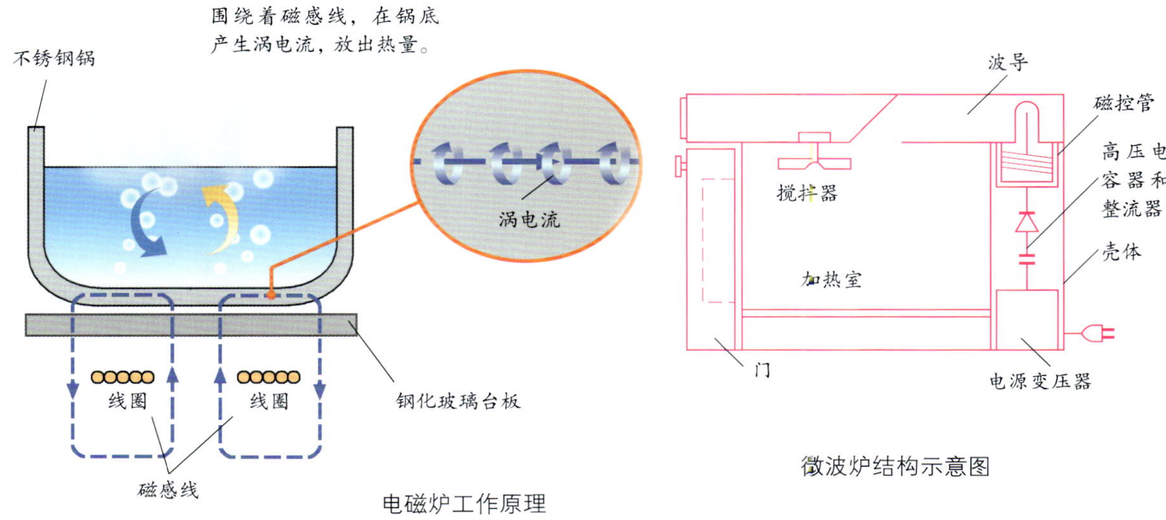

电磁炉工作原理

微波炉结构示意图

烟，能保持食物天然的色香味，对维生素的破坏也较小。

助听器 一种有助于听障者改善听觉障碍的装置。通过它将声音放大，最大限度地利用听障者的残余听力，使之听到原来听不到或听不清的声音。

助听器种类众多，但其基本构造和原理是相同的，即生活环境中的各种声音通过话筒（麦克风）传入助听器。话筒的功能是把声音信号转变为电信号，电信号又经过处理并放大，传到接收器（耳机）。耳机把电信号再转换成声音信号，声音信号又通过助听器耳膜内的管道传输到耳道内。

声 本质是一种机械波，叫声波，是由物体振动产生的，具有机械能。固体、液体、气体均可以发生振动形成声波。但声波还不是声音，声波进入耳朵后，迫使耳膜振动，把声波传递给听觉神经，大脑的听觉神经形成的听觉才是声音。

世界上各种物体所发出的声音，人有的能听得到，有的则听不到。对人类来说，只有频率在 20 ~ 20000 赫的声波才能被听见，这一段声波叫可闻声波。低于 20 赫的声波叫次声波，地震、台风、核爆炸等都能产生次声波。高于 20000 赫的声波叫超声波。有些动物可以发射和听见超声波，如海豚、蝙蝠等。

声波要通过一定的物质（如空气）才能传播出去，能够传播声波的物质叫作介质。我们能听到各种声音，是因为我们的周围有大气作为介质传播声波。声音在真空中不能传播。在不同的介质中，声波传播的速度是不同的。大气是我们身边最重要的传声介质，声波在大气中的传播速度大约是 340 米 / 秒。

当声波在传播过程中碰到障碍物时会被反射回来，我们听到的回声就是这样形成的。在门窗关闭的室内谈话，听起来比在旷野里声音大，也是这个道理。

声的产生、传播、接收、作用、影响和应用，与我们的生活生产密切相关。研究这些问题的一门学科叫声学，它是物理学的一个重要分支。

声源 一切正在发声的物体都在振动，这些正在发声的物体叫作声源。声源可以是固体、液体和气体。例如拉琴时琴弦振动发声，水滴落入容器中发出的“叮咚”声，口吹一端封闭的细管引起管内空气的振动发声。发声物体的振动，可以用眼观察或用手触摸加以体会。如电铃响时，在听到声音的同时会看到铃壳在不停地振动。

声速 声波在介质（传播声波的物质）中单位时间里传播的距离。又称音速。介质可以是固体、液体和气体。声波在不同介质中的传播速度一般不同。声波在海水中的传播速度为 1450 米 / 秒，在钢铁中的传播速度能达到 4900 米 / 秒。所以，有时我们想知道火车是不是过来了，趴在铁轨上听要比在大气中先听到。声速还与温度有关，如空气中的声速，15 ℃时是 340 米 / 秒，30 ℃时是 349 米 / 秒。

响度 人耳主观上感觉到的声音强弱（声音的响亮强度），即音量。响度与客观上的声强（每秒钟垂直于声音传播方向的单位面积上的能量）有关，也与声源的振动幅度和距离声源的远近有关。响度往往因人而异，人耳能听到的最低声强跟频率有关，所以频率不同而声强相同的声音，其响度可能不同。

次声波 低于 20 赫的声波。又称为亚声波。地震、台风、核爆炸、火箭起飞等都能产生次声波。建立次声波接收站，可以探测到火箭发射和核试验，还能探测海啸、地震、台风等。次声波有时也给人带来意想不到的灾难。1986年4月，法国国防部次声研究所在进行次声波实验时，因无良好防护，使处于16千米外的一家20口人突然丧生。这是由于次声波频率与人体主要器官固有频率十分接近，发生共振造成的。

超声波　频率高于20000赫的声波。超声波的频率很高，具有较大的能量，可用于“粉碎”溴化银制成优质照相乳胶。超声波的穿透能力很强，具有较好的定向性，可制成超声波探测仪，用于探测金属内部裂纹缺陷，还可用于医学的“B超”检查等。蝙蝠的视觉很不发达，几乎是“瞎子”，但靠接收自己发出的超声波的反射波，来探测和定位目标而自由飞翔。

蝙蝠靠超声波来探测和定位自己的飞翔目标

录音　将声音通过传声器、放大器转换为电信号，用不同的材料和工艺记录下来的过程。又称录声。现行的录音方法分为3类：①唱片录音。又称机械录音，是将声音变成机械振动，然后在转动着的圆形塑质片上刻上与声音对应的槽纹。②磁性录音。将声音变为强弱不同的感应磁场，在感应磁场中移动着的磁性材料（磁带或存储器）被磁化记录下声音。③光学录音。将声音变为光束的强弱或宽窄变化，再用照相感光的方法在移动着的胶片上记录下来，或在转动着的光盘上用光刻制下来。供记录声音的电声机械是录音机。

回声　当声波在传播过程中遇到障碍物时，会被反射回来，反射回来的声波传入人耳，就形成了回声。人听到回声是有条件的。这个条件是：听到原声和听到回声的时间差在0.1秒以上。若原声和回声的时间差不到0.1秒，则回声和原声混在一起，人听到声音的时间就延长了，使人感觉声音“加大”了。如果常温下声音传播速度取340米/秒，则障碍物到观测人的距离为17米以上时，才能听到回声。有些场合，如播音室、图书馆、会议室等，需要除去回声保持安静，就得使用削弱反向声波的吸音材料，如软木和多孔的材料（像地毯等）。还有些地方，如剧场和电影院等，需要加强回声并避免形成声音焦点，使回响时间（声音加强的时间）合理，就要把墙壁等做得不光滑，合理布置座椅等，使声音均匀地反射到全场。

回声定位　利用回声来确定障碍物的方位和距离的探测方法。例如已知回声声速 v 与滞后时间（原声与回声的时间差）t，则在此方向上障碍物与声源的距离 $s=\frac{1}{2}vt$。自然界中的蝙蝠、海豚等动物就是采用回声定位的方法避开障碍物、捕捉食物或相互联系。根据声波的特性而制造的声呐可以帮助我们探测海中的鱼群、礁石、沉船、潜艇，以及测量海洋的深度。这就是回声探测法。回声探测法除用于渔业、军事领域，还可以用于导航、石油开发等，特别是对海洋开发具有十分重要的作用。

声呐　利用声波对水下物体进行探测

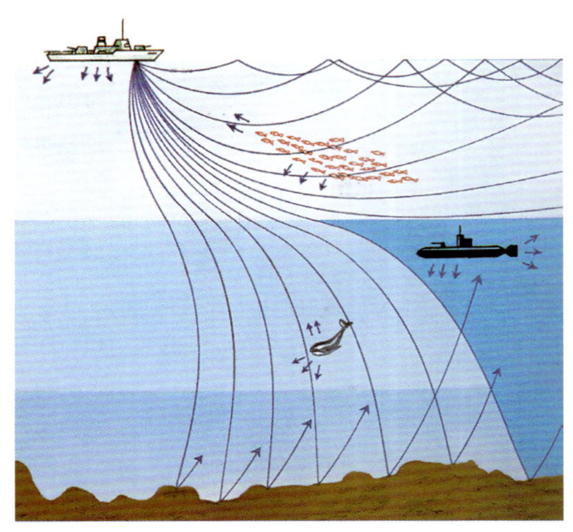
声呐系统工作示意图

和定位识别的方法及所用设备的总称。英文 sonar 的音译。sonar 一词由 sound navigation and ranging（声音导航和测距）的字头组成。

声呐可分为主动式和被动式两种，主动式声呐指能辐射声波并能接收其反射波的仪器，被动式声呐指仅能接收声波的仪器。目前，声呐技术已广泛运用在舰艇和水下作业中。

回音壁和三音石　回音壁是 1530 年在北京天坛修建的一座高约 6 米、半径约 32.5 米的圆形围墙，整个围墙砌得整齐光滑，是一个优良的声音反射体。站在墙壁内侧相距较远的甲、乙两人，当甲紧贴围墙对着墙壁小声说话，声音经围墙不断反射并沿着围墙传播，最后到达乙的位置。乙能听到清晰得似乎近在耳旁的声音。

三音石是回音壁里石甬道上从北向南数的第三块石板，正处在围墙的中央。传说人站在这块石板上拍一下手掌，可听到三声响，所以叫它三音石。事实上听到的声音可达五六声响，这是掌声等距离地传到围墙以后，被同时反射回中央使人听到了第一次回音，紧接着第一次回音又等距地传到围墙，再被同时反射回中央，这样往返数次，直到声能被墙和空气完全吸收为止。

圜丘　除回音壁外，在天坛还有一处回音建筑，叫圜丘，也是 1530 年修建的。圜丘的最高层离地面约 5 米，半径约 11.5 米，除 4 个出入口处，四周都有青石栏杆，圆形台面是一个从圆心向四周稍微倾斜的台面，整个圜丘由反射性能良好的青石和大理石料砌成。

圜丘的声学效果很奇特，当人站在台中心喊一声，自己听到的声音比平时听到的声音更响。这是声波被青石栏杆反射到稍有倾斜的台面，再从台面反射到人耳的缘故。这也是站在中央的人觉得声音似从地下来的原因。圜丘是世界上罕见的具有良好声学效果的建筑物。

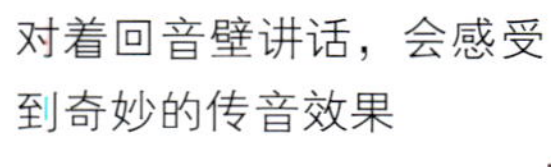
对着回音壁讲话，会感受到奇妙的传音效果

北京天坛圜丘

乐音和噪声 根据人的感受，通常把声音分为两类：乐音和噪声。好听悦耳的声音叫作乐音。从物理学的角度上看，乐音是由做周期性振动的声源发出来的。嘈杂刺耳的声音叫作噪声。从物理学的角度上看，噪声是由于声源做无规则的非周期性振动产生的。从环保角度上看，噪声是指一切对人们生活和工作有妨碍的声音。噪声不单由声音的物理性质决定，还与人们的生理和心理状态有关。

噪声分贝列表

10～20 分贝	很静，几乎感觉不到
20～40 分贝	相当于轻声说话
40～60 分贝	相当于普通室内谈话
60～70 分贝	相当于大声喊叫，有损神经
70～90 分贝	很吵。长期在这种环境下学习和生活，会使人的神经细胞受到破坏
90～100 分贝	会使听力受损
100～120 分贝	使人难以忍受，几分钟就可暂时致聋

多普勒效应 当波源和观察者有相对运动时，观察者接收到的波的频率和波源发出的波的频率会有差别，这种现象叫作多普勒效应。当波源与观察者靠近时，观察者接收到的频率变大；当波源与观察者远离时，观察者接收到的波的频率变小。多普勒效应是以奥地利物理学家 J.C. 多普勒的姓氏命名的一种物理现象。机械波（包括声波）、电磁波、光波等都能发生多普勒效应。多普勒效应有很多应用，如超声波测速仪就是利用多普勒效应，用超声波测定运动物体（如汽车）的速度的。此外，多普勒效应已成为研究宇宙的有力工具，如根据多普勒效应，遥远天体的光谱频移现象证明了宇宙正在不断地膨胀。

分贝 引起听觉的声音强弱随频率的不同而不同。表示声音强弱级别（音量大小）的单位是分贝，1 分贝（dB）等于 1/10 贝尔（B）。贝尔是为了纪念电话发明者美国人 A.G. 贝尔而命名的。

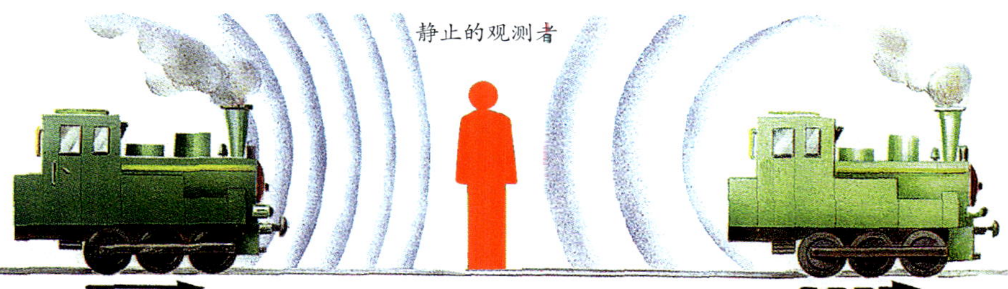

为了描述多普勒效应，最具代表性的例子是火车的汽笛声。当火车接近人时，人接收到的汽笛声波的频率变大，音调变高；远离人时汽笛声波的频率变小，音调降低

噪声污染 生活或工作环境中，产生的噪声超过国家规定的环境噪声排放标准，并干扰人们正常生活、工作和学习的现象。

医学专家介绍，一般情况下，噪声如果超过 60 分贝，长时间处在这种环境里，人的神经系统就会受到影响。噪声平均每提高 3 分贝，噪声能量就会增强 1 倍。经常处于噪声困扰之中，会出现记忆力减退、失眠等症状。噪声污染严重时，甚至会破坏人体的听觉系统。

声控 用声音启动装置把声波变成诱发信号，使人工操作变成自动行为的控制过程。

楼房的楼梯处安装的声控型节能电灯，就是声控的实际应用。夜晚人在楼梯上走动时，脚步声会诱发电灯连动装置，使电灯通电发光；通过延时装置，经适当时间后自动断电，电灯熄灭。声控使人们只需动口就能指挥机器服务于人成为可能。为了帮助全身瘫痪的病人，人们设计了用语音控制的轮椅，它能按照人的口令行进，可以前进、左右转弯、停止和倒退。

内能 物体内所有分子具有的分子动能和分子势能的总和。

物体的内能与物体的质量、温度和体积有关。同一物体，温度越高，分子运动得越激烈，分子的动能越大，物体的内能就越大。内能除了与温度有关外，还与物态有关，如质量相同的同种物质，温度相同时，处于气态时的内能就比处于液态时的内能多。改变物体内能有两种物理途径：做功和热传递。

比热容 单位质量的某种物质，温度升高（或降低）1℃所吸收（或放出）的热量。简称比热。符号为c，单位为焦/（千克·开）。

比热容是物质的特性之一。不同的物质比热容数值不同。金属的比热容较小，水的比热容较大。因此海水调节气温的能力较大，使靠海处的昼夜温差较小。

热膨胀 在压力不变的条件下，绝大多数物体在受热温度升高后，长度、面积、体积比温度低时增加，这就是热膨胀。热膨胀是主要的热现象。如果物体受热膨胀受到限制，物体就会向限制它的物体施加强大的力。因此在铺设铁路的钢轨时，钢轨之间的连接处要留出空隙，为夏季热膨胀预留空间。假如在钢轨间不留空隙，到夏季因温度较高，钢轨膨胀会产生很大的力将钢轨顶弯，其后果不堪设想。同样道理，架设电线时，架在电线杆上的电线应有一定的松弛程度，为电线在寒冬天气里的收缩留出余地。自行车在夏季时，车胎不能打气过足，以免在阳光照射下胎内空气因热膨胀而反抗车胎的约束使车胎爆裂。

飘浮在空中的热气球

热胀冷缩和热缩冷胀 绝大多数物体都是热胀冷缩，也就是说物体受热时膨胀，温度降低时收缩。也有少数物体遇热时体积收缩，温度降低时反而膨胀，即所谓热缩冷胀。水在0～4℃时是热缩冷胀，在4℃以上是热胀冷缩，因此4℃时水的密度最大。

热传递 内能从温度高的物体转移到温度低的物体上，或由物体温度高的部分转移到温度低的部分的现象。

热传递有3种方式：①热传导。温度不同的物体相互接触，热量直接从高温物体传向低温物体就是热传导。从微观角度看，热传导是物体内的分子间实现了能量的交换。不同物质传导热的本领不同，例如金属容易传热，因此多数炊具用金属制作；冬季穿棉衣、羽绒服等，就是利用棉絮、羽绒及空气等不善于传导热的性质。②热对流。通过气体

热量 物体之间由于温度不同而发生热传递时，物体吸收或放出的内能的多少称为热量。热量是在热传递过程中，物体内能的改变量。热量总与热传递过程相对应。说一个物体具有多少热量是没有意义的。

或液体的流动传递热量的方式就是热对流。自然界中刮风实际上是阳光照射一部分空气，使这部分空气温度升高而产生的对流现象。③热辐射。高温物体直接用电磁波的方式把能量传递给低温物体就是热辐射。例如，人在篝火旁，靠近篝火的一侧会感到较热，这主要是热辐射造成的；太阳的能量通过辐射到达地球。掌握了热传递各种方式的特点，就可以根据需要利用或限制热传递。

采暖系统 在冬天，不管是大雪纷飞还是寒风凛冽，人们居住的房屋和工作场所仍然可以保持适宜的温度，依靠的就是采暖系统。采暖系统是将其他形式的能量（化学能、电能等）转变成热能，再通过热传递的几种途径将热量输送到各处的装置。

在现代北方城市住宅中，采暖系统已是必不可少的设施。城市中存在很多居民区，每个居民区都用一个大型的锅炉通过燃煤、气或油产生热水或蒸汽，经过暖气管道输送到各家各户来取暖。室内暖气的散热器采用薄片或多层的方式尽量增大采暖设备与空气接触的面积，这样就能提高热传递的效率。

火炉 火炉是日常生活中最简单的采暖设备。火炉的主要燃料是煤。煤燃烧产生的热量主要经过两个途径向外传递，一是炉火通过热辐射使远处感到温暖；二是炉火加热炉壁，使热量通过炉壁传递给周围的空气，空气受热产生对流把热量再传到更远处。

燃料燃烧需要消耗氧气，在通风不良时容易产生一氧化碳等使人窒息的气体，因此用火炉时应防止煤气中毒。遇到有人煤气中毒时，首先要打开门窗通风，然后赶快叫急救车，把病人送往医院。

火炕 东北农村常用的采暖系统。火炕的外形如一平台，内部设有许多通道与烟囱相连，外有炉灶可以做饭。炉灶的燃料种类较多，如干草、庄稼秆、木柴、煤等，燃料燃烧产生温度很高的热气，热气经过火炕内的通道时加热火炕，人就在火坑上坐卧、休息。使用火炕要注意及时检修，如修补裂缝，以防热气从裂缝溢出，引起棉织物等燃烧而发生火灾。

水箱
暖气片
热水
冷水
锅炉

楼房供暖系统中的暖气以传导、对流和辐射三种方式来加热房间的空气

物态变化 一种物质的状态不是一成不变的，它可以在一定条件下从一种状态转变为另一种状态，这就是物态变化。物态变化是有条件的，如水在一般条件下呈现为可以流动的状态，即液态；而当水从外界吸收热量，会变成气体状态（气态）的水蒸气。反过来，水蒸气遇冷放出热量会变成水，水遇冷放出热量，会变成固体状态（固态）的冰。冰吸热时会变成水；冰有时吸热后会直接变成水蒸气。水蒸气遇冷时有时会直接变成冰。

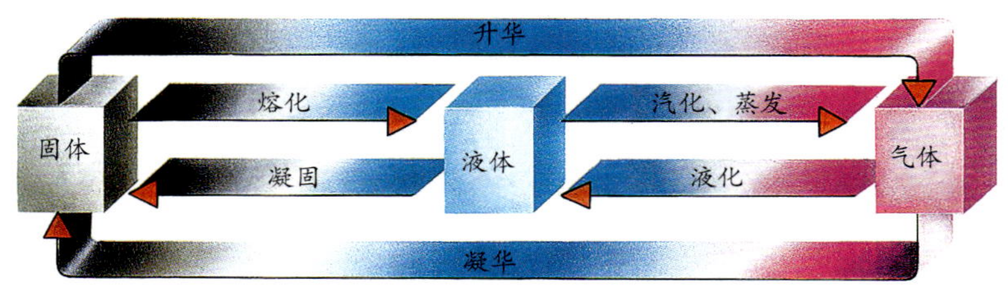

物体的物态变化过程

我们的祖先很早就会利用物态变化。例如，将铁化为铁水，再把铁水浇铸在模具中，可制造出各种铁器。物质在发生物态变化时，分子的内部结构没有变化，所以物态变化是一种物理变化。

熔化和凝固 物质从固态变成液态的过程叫熔化，从液态变为固态的过程叫凝固。物质熔化时吸热，凝固时放热。

固体物质有晶体和非晶体两类。晶体熔化过程中有一定的熔化温度（熔点），非晶体在熔化过程中没有确定的熔化温度。晶体在凝固过程中有凝固温度（凝固点），非晶体在凝固过程中没有确定的凝固温度点。

汽化和液化 物质从液态变为气态的过程叫汽化，从气态变成液态的过程叫液化。物质汽化时吸热，液化时放热。

物质汽化有蒸发和沸腾两种方式。研究表明，任何气体在温度降到足够低时都可以液化。利用压缩气体体积的方法，也能使某些气体液化。例如液化石油气就是在常温下利用压缩气体体积的方法使石油气液化，并贮存在钢罐里的。使用时降低压强使液化石油气汽化为气体，供燃烧用。

升华和凝华 物质由固态直接变成气态的过程叫作升华，由气态直接变成固态的过程叫作凝华。物质升华时吸热，凝华时放热。

冬季冻成冰的湿衣服晾干的过程，是冰直接变成水蒸气的升华过程。霜是水蒸气遇冷凝华的结果。人工降雨很好地利用了升华和凝华的原理。飞机在空中喷洒干冰（固态二氧化碳），干冰在空中迅速吸热升华，使空气温度急剧下降。空气中水蒸气遇冷凝华变成小冰粒，小冰粒逐渐变大而下落，下降过程中溶化为水滴，形成了雨。

蒸发和沸腾 只在液体表面发生的汽化现象叫作蒸发。在任何温度下液体都能蒸发，液体蒸发过程中要吸热。沸腾是指在一定温度下，在液体表面和内部同时进行的剧烈汽化现象。液体在沸腾过程中要吸热，但温度保持不变。

蒸发受许多因素影响，如液体的表面积、液体的温度、液体表面上的空气流动等。例如水蒸发时，水和空气交界面的水分子进入空气中，并向周围扩散。

水沸腾的瞬间

显然交界面越大，水分子进入空气中的通路越多；水温越高水分子运动越激烈，越容易进入空气；水面上方空气流动加快，可加速水分子扩散。以上情况均能加速蒸发。蒸发过程中吸热有重要应用，如家用电冰箱和空调，就是利用液体蒸发时吸热的原理制成的。人发高烧时，在身体表面涂上酒精，利用蒸发吸热可以达到降低体温的效果。

沸腾时，液体表面和内部都发生向气体转变的过程。如水沸腾时在内部产生大量水蒸气，形成气泡浮出水面。

沸点 液体开始沸腾的温度叫沸点。液体在沸腾时温度保持不变。在一个标准大气压下，纯净的水在100℃时沸腾。水沸腾时产生较蒸发时多的水蒸气，需要吸收更多的热量，使在压强一定时温度保持在沸点不变。水的沸点与气压有关，气压越高，沸点越高；气压越低，沸点也越低。高山上气压较低，水的沸点低于100℃，致使有时连鸡蛋也煮不熟。

高压锅 高压锅是利用高气压提高沸点的炊具。高压锅把水等封闭起来，水受热产生的蒸汽只能保留在锅内，使锅内气压高于1个大气压，造成水在高于100℃时沸腾。这样在高压锅内部就形成高压高温的环境，使食品很快变熟。

高压锅有排气装置，使锅内气压达到一定程度时把蒸汽排出，以保证使用安全。使用高压锅时，一定要防止因食物堵塞气孔造成锅内气压过大而爆裂的事故。

温度 温度是表示物体冷热程度的物理量。温度和热传递有关，温度高的物体放出热量，温度低的物体吸收热量，直到两个物体的温度相等时为止。从微观上看，温度与物体内分子的无规则运动的激烈程度有关。分子无规则运动激烈程度越高（分子平均动能越大），则温度越高。温度的高低，可以用温度计来测量。

温度是针对大量分子运动的平均效果而言的物理量，对单个分子来说是没有意义的。只能说物体的温度是多少，不能说某个分子的温度是多少。在研究“热现象”时，会发现这些现象都与温度有关，如物体的热胀冷缩或热缩冷胀，物质的物态变化等。

温度计 测量物体温度的仪器。常用温度计是根据液体的热胀冷缩性质制成的，主要有水银温度计、酒精温度计、煤油温度计等。将水银等液体装在玻璃制成的液泡内，上面连通细玻璃管，当液泡内的液体受热膨胀后，液体顺细管上升，

英国早期的水银温度计，玻璃泡和玻璃管固定在一块刻有温度标记的木板上

从细管中液柱的上升程度可以确定物体的温度。不同的温度计，用途不同，它们的测温范围和最小分度值也不同。

体温计 医用温度计，主要用来测量人体的温度。体温计分为水银体温计、电子体温计和耳式体温计。

体温计的测温范围和最小分度值符合测体温的要求。水银体温计的结构原理是：存储水银的玻璃泡上方有一段细小的缩口，测体温时水银膨胀通过细小的缩口上升，体温计离开人体后玻璃泡内的水银遇冷收缩，水银在缩口处断开，上面的水银柱退不回来，能够保持温度数值不变，以便读数。使用水银体温计前，要手拿体温计上部用力向下甩，使水银柱下降到最小刻度值附近。

摄氏温度 一种使用广泛的温度。历史上它是摄氏温标所定义的温度。现在摄氏温标已废弃不用，摄氏温度有了新的定义，但在数值上，它与过去人们习惯使用的摄氏温标温度很相近。摄氏温度的单位称为摄氏度，用符号℃表示。

摄氏温标是瑞典天文学家 A. 摄尔西乌斯在 1742 年首先提出的一种经验温标。摄氏温标规定，在一个标准大气压下，冰水混合物的温度定为 0℃，沸水温度定为 100℃，中间分为 100 等份，每一等份就是 1℃。1954 年第 10 届国际计量大会决定采用水的三相点一个固定点来定义温度的单位，冰点已不再是温标的定义固定点了。

热力学温标 在科学研究中常使用热力学温标，它是国际单位制（SI）所采用的基准温标。又称绝对温标或开氏温标。热力学温标选择水的三相点为标准点。由于水的三相点温度是 0.01℃，所以热力学温标规定 0.01℃为标准点的温度，数值为 273.16K。1K 等于水的三相点的热力学温度的 1/273.16。

热力学温标是一种理论温标，是英国物理学家开尔文于 1848 年创立的。

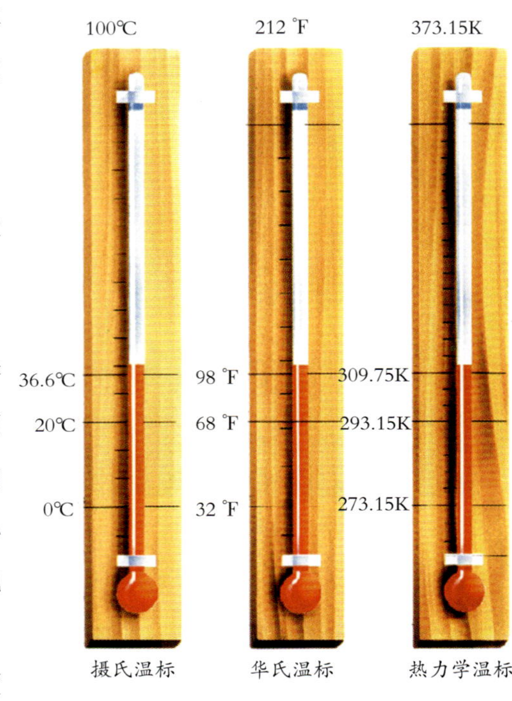

三种温标的刻度比较

绝对零度 在国际单位制（SI）中，将 -273.15℃作为测量温度的起点，称为绝对零度。

尽量地接近绝对零度是目前科学家们正在努力探索的一个重要课题。现在科学家们已经可以达到比绝对零度只高 5×10^{-10}K 的水平了。随着科学研究的不断深入发展，科学家们还会取得更好的成果。

华氏温度 华氏温度是华氏温标所定义的温度。华氏温度按一定的数学公式与摄氏温度相联系。华氏温标是 18 世纪初 D.G. 华伦海特首先提出的历史上第一个经验温标，它使得温度测量第一次有了统一的标准。华氏温标规定冰点为 32 度，水沸点为 212 度。华氏温度的单位为华氏度，用符号℉表示。

外燃机 早期出现的动力机械装置蒸汽机，属于外燃机。外燃机是燃料在锅炉等设备内燃烧，放出的热量中有一部分传给工质（工作物质，如蒸汽等），再在发动机里将工质带来的内能的一部分转变为机械能的热机。典型的外燃机有蒸汽机、蒸汽轮机等。

热岛效应 一个地区由于人口稠密、工业集中等原因造成温度高于周围地区的现象。

热岛效应可以造成局部地区气象异常。例如，城市大气温度比郊区的大气温度高出 1 ~ 5℃，城市空气上升，郊区的冷空气就流入城市，从而形成“城市风”。城市人口越多，工业交通越发达，热岛现象也就越明显。热岛现象还会造成城市上空云量和降水量增加等影响。

热机 把内能转换为机械能的装置统称为热机。热机是热力发动机的简称。热机的种类很多，常根据燃料燃烧的方式分为内燃机和外燃机两大类。

热机工作时需要热源和冷源。热机先从热源吸收热量，再把热量释放到冷源，在这种吸热和放热的过程中，可以把部分内能转化为机械能。热机工作中需要的内能可以来自燃料燃烧、原子能释放、太阳照射等。热机所用的工作物质是水蒸气、燃气等气态物质。热机的应用十分广泛，如各种汽车、轮船和飞机等都使用热机。但热机只能转换吸收内能中的一部分，即热机的效率不可能达到 100%。

1712 年，英国人 T. 纽科门借鉴萨弗里发明的真空泵原理制造出早期的热机——第一台蒸汽机样机。其活塞通过摇杆横梁与抽水泵的泵杆相连

蒸汽机 最早出现的热机，它以水蒸气作为工作物质。燃料燃烧加热锅炉中的水产生高温高压的水蒸气；蒸汽进入汽缸后膨胀，推动活塞运动并做功，做功后的蒸汽排出汽缸进入大气；蒸汽机通过自身的配气机构，把蒸汽按先后顺序分配到汽缸的两端，使活塞往复运动，完成连续做功。

第一部原始蒸汽机是法国人 D. 帕潘于 1690 年发明的，在以后的 100 多年中得到不断改进和完善。其中英国人 J. 瓦特对此做出了巨大的贡献，使得原来只能进行煤矿抽水作业的蒸汽机被推广到其他行业。如 1785 年用于纺织行业，1807 年用于轮船，1825 年用于火车等。蒸汽机在 18 ~ 19 世纪为社会生产提供了足够的动力，大大地提高了生产能力，成为推动工业革命的重要因素。但蒸汽机效率不高且有笨重的锅炉，所以现在很少使用。

蒸汽机车 火车前进要靠机车来牵引。火车最早出现时使用的机车用蒸汽机产生动力，人们叫它蒸汽机车。1804 年，英国人 R. 特里维西克研制出世界上第一台蒸汽机车“新城堡”号，并在轨道上行驶成功，但是这台机车没有实际应用。1814 年，英国发明家 G. 斯蒂芬森设计制造出他的第一辆蒸汽机车。这辆机车自重为 6.5 吨，可牵引 30 吨载货车辆，是世界上第一台实用的蒸汽机

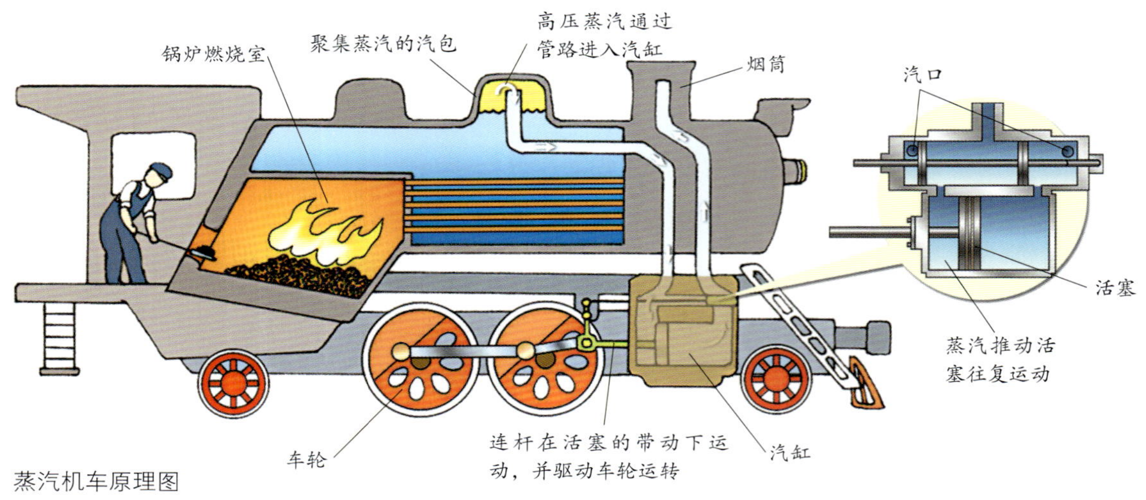

蒸汽机车原理图

车。1829年，斯蒂芬森和他的儿子又设计制造出“火箭”号蒸汽机车。这辆机车在蒸汽机车比赛中，以运行可靠、速度快而得奖，并且成为后来广泛使用的蒸汽机车的鼻祖。

蒸汽机车靠蒸汽产生牵引动力。机车上装有一个大的锅炉，以燃烧煤产生的热量使锅炉里的水变成蒸汽，由蒸汽推动汽缸活塞运动，通过连杆带动机车主动轮转动，使机车牵引列车运行。但是蒸汽机车在运行中产生的烟和废气对大气污染严重。此外，它的效率低，牵引力有限，机车工人劳动强度大。因此，现在除少数地区外，在世界范围内，蒸汽机车已基本上被内燃机车和电力机车所取代。

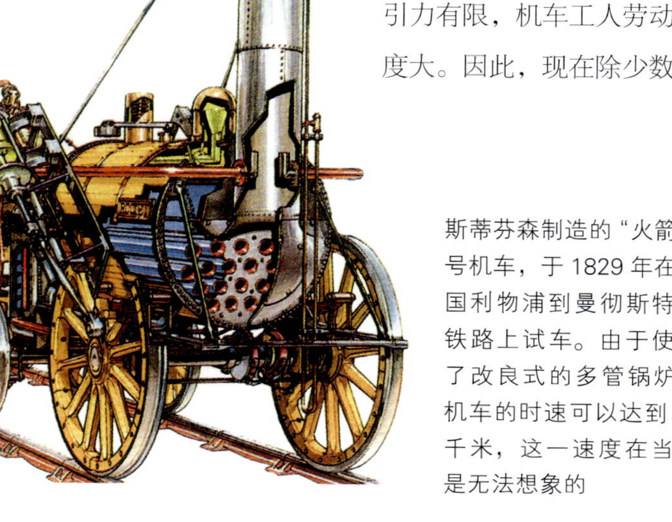
斯蒂芬森制造的“火箭”号机车，于1829年在英国利物浦到曼彻斯特的铁路上试车。由于使用了改良式的多管锅炉，机车的时速可以达到47千米，这一速度在当时是无法想象的

内燃机 内燃机是让燃料直接在机器内燃烧获得高温高压气体而产生动力的机器。内燃机根据构造、燃料、工作时的运动方式等不同，可以分成许多种类。如活塞式内燃机，它一般有圆筒状的汽缸，汽缸内有沿汽缸壁移动的活塞。工作时，燃料进入汽缸并在汽缸内燃烧，产生的高温高压气体推动活塞对外做功，然后气体被排出，内燃机再开始新一轮同样的过程，这样不断循环，内燃

内燃机剖面图

机可以源源不断地产生动力。喷气发动机也是一种内燃机，它是根据“起花”（一种爆竹）点火后，燃气向外喷射的同时给炮体以巨大反推力的反冲运动的原理制成的。喷气发动机有两类，一类自带燃料，它借用空气中的氧气助燃，如喷气式飞机使用的发动机；另一类自带燃料又带氧化剂，称为火箭发动机，装有这种发动机的飞行器（如宇宙飞船）可以在大气层外飞行。

最早的实用内燃机是 1860 年由法国人 É. 勒努瓦制造的，现在内燃机已成为主要的动力机器。

内燃机车 以内燃机作动力机的火车头。它利用柴油在内燃机中燃烧产生的热能作为原动力，再通过传动装置形成牵引力驱动车轮前进。内燃机车的传动装置有两种。一种是电力传动，就是内燃机把燃烧柴油产生的热能转变成机械能，带动发电机发电，发出的电提供给电动机，由电动机驱动机车的车轮转动。这种内燃机车相当于电力机车，但不用架设电力系统。中国的“东风”系列机车属于电力传动的内燃机车。另一种是液压传动，就是内燃机把燃烧柴油产生的热能转变成机械能后，通过一套液压装置转变成牵引力，驱动机车车轮转动。液压传动装置的优点是不用电机，可以节省大量昂贵的铜，同时它的重量也轻些。这使得机车降低了造价，也减轻了重量，即在同样的机车重量下，它的机车功率一般都比电传动机车大。中国的“东方红”系列机车就属于液压传动的内燃机车。

内燃机车

活塞式内燃机 利用燃料在汽缸内燃烧，获得高温高压气体，推动活塞对外做功的机器。目前的绝大多数汽车都使用这类内燃机做引擎。根据所用燃料和燃烧方式不同，活塞式内燃机一般分为汽油机（点燃式）和柴油机（压燃式）两种类型。

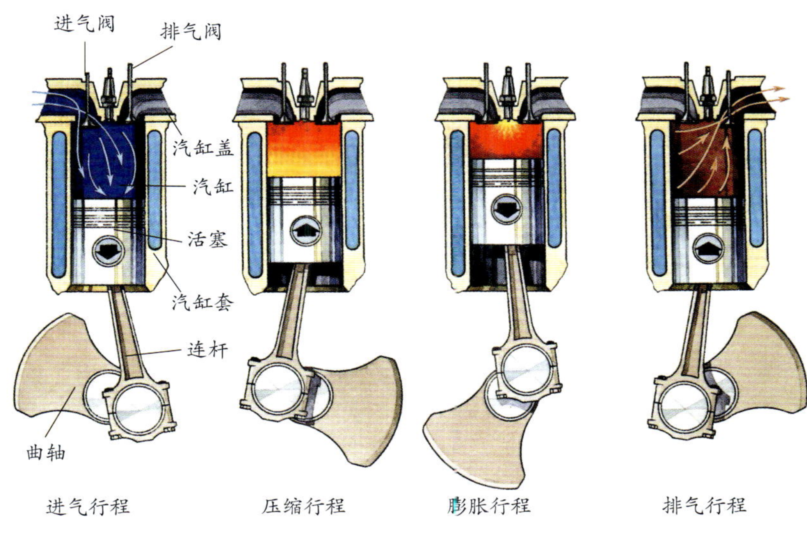

活塞式四冲程内燃机结构图

活塞式内燃机工作时按照吸气、压缩、燃料做功、排气等过程循环进行，一般有四冲程和二冲程之分。活塞式内燃机可以用人力或用电动机启动，工作时需要用冷却介质进行冷却。

汽车 由自身动力装置驱动，具有4个（或以上）车轮的无轨车辆。世界上第一辆汽车是法国军官N.J.居纽于1769年用蒸汽机产生动力制造出来的。这是一辆三轮蒸汽机车，全长7.23米，时速达3.6千米。直到19世纪后期内燃机出现后，汽车才得到快速发展。在改进汽车性能使其更实用的过程中，许多人付出了艰辛的努力。其中美国人H.福特建造了大规模生产汽车的工厂，大大地降低了汽车制造的成本，使汽车进入百姓家。

一辆汽车由上万个零件组成，结构非常复杂，主要分为底盘和车身两部分。底盘上安装有动力、传动、制动等各种零部件，车身用于乘坐或装货。制造品质优异的汽车需要先进的技术和科学的管理，这是一个国家工业水平发达的重要标志。

电动汽车 以车载电能为动力源的汽车。电动汽车在行驶中没有排放污染、噪声小、不消耗燃油，有利于环境保护。此外，电动汽车能源效率高、结构简单、使用维修方便，是较为理想的汽车类型。

电动汽车按动力源类型可分为3种：①纯电动汽车，以车载电源蓄电池为动力；②燃料电池电动汽车，燃料电池是一种可以将燃料中的化学能直接转化为电能的能量转化装置，它的特点是能量转化效率高，排放物是水，不污染环境；③混合动力电动汽车，是装有两个以上动力源的汽车，动力源包括传统内燃机、蓄电池、电动机等。

世界方程式赛车锦标赛 汽车场地赛项目中最高级别的比赛，简称一级方程式（F-1）。以共同的方程式（规则限制）所造出来的车称为方程式赛车。目前F-1共有11支参赛车队，每场比赛最多只有22位车手上场，每年规划有17站左右的比赛，通常在3月中开跑，10月底

本茨，C.（Carl Benz, 1844-11-25 ~ 1929-04-04） 德国机械工程师，汽油机的发明者和改进者之一。他设计并制造了世界上第一辆实用的内燃机汽车。1885年本茨制成了单汽缸二冲程三轮汽车，现保存在慕尼黑。1886年本茨获得汽车制造的专利权。1893年制造出四轮汽车，1899年生产出第一辆赛车。1900年，本茨公司（即奔驰公司）已售出4000辆装有三马力发动机的汽车，成为欧洲最大的汽车制造公司。1926年本茨公司同戴姆勒汽车公司合并，继续生产奔驰牌汽车。

结束赛季。每站比赛可吸引超过 10 亿人次通过电视转播或其他媒体观看。

赛车车手有 10 项安全装备，主要包括：安全头盔、防火灾面罩、颈带与颈圈、手套、赛车服、内衣、赛车鞋、赛车座椅、五点式安全带和驾驶座舱。

摩托车 以汽油发动机为动力的两轮机动车，还可挂搭边车成为三轮摩托车。摩托车按车型可分为 3 类：机动自行车、轻便摩托车和大型摩托车。

1884 年，英国人 A. 布特勒在自行车上加装一个煤油驱动机动力装置，制成了一辆三轮车，这是最早的摩托车。1885 年，德国的“汽车之父”G. 戴姆勒制成用单缸汽油机驱动的三轮摩托车，并获得了专利。

摩托车有自行车的灵活性，驾驶者的体重与车重相比常占相当大的比例，因此驾驶者重心的移动能使摩托车改变行驶状态，做转弯、车轮离地和腾空等动作。摩托车的缺点是无驾驶室，不避风雨。发生事故时，乘员容易受伤。作为交通工具，摩托车交通事故比较多，排气污染也较严重，因此许多国家不鼓励发展。

戴姆勒，G.（Gottlieb Daimler，1834-03-17 ~ 1900-03-06）德国机械工程师，汽油机的发明人之一。戴姆勒于 1883 年成功制造立式汽油机。1884 年获得小型高速发动机专利，1889 年获 V 型汽缸发动机专利。1885 年他和 W. 迈巴赫将汽油发动机装在自行车上并获得专利权，成为摩托车的创始者。1886 年他制成了第一辆四轮汽车。1890 年在坎斯塔特建立戴姆勒汽车公司，1926 年该公司与奔驰汽车公司合并。

制冷机 可以从物体中吸收热量使某一空间内的温度低于环境温度并保持这个低温的装置。制冷机是利用气体被压缩成液体时放出热量，而让液体汽化并自由膨胀时又能吸收热量的原理工作的。制冷机的工作原理是：液化的工作物质在汽化过程中从低温物体吸收热量，然后通过外界对工作物质做功，将

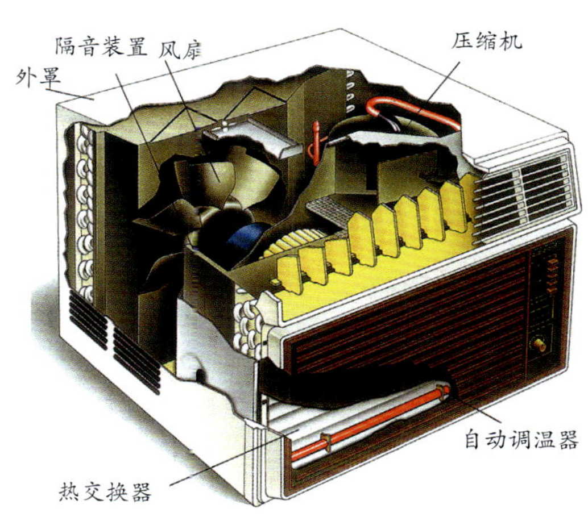

窗式空调剖面图

气体的工作物质再液化，使热量向高温物体释放，以达到维持低温的目的。这个过程是热传递过程的逆过程。空调和电冰箱都属于制冷机。

制冷机的工作物质采用容易液化的物质，如氨或氟利昂。由于氟利昂等氯氟碳化物进入大气层后，会破坏大气层中的臭氧层，所以现在的电冰箱和空调限制使用氟利昂制冷剂。家用制冷机所能达到的温度都不很低。要得到非常低的温度，需使用凝点更低的气体作为工作物质，如氢、氦等，但使这些气体液化需要特殊装置。

电冰箱 一种可以冷藏或冷冻食品的常用制冷机。电冰箱的核心部分是压缩机，压缩机中储存着一些导热性很好又易于液化的气体，称为制冷剂。压缩机工作时，气态制冷剂被压入冷凝器使其液化，温度升高的制冷剂通过冷凝器的散热装置将热量传递到冰箱外，液态制冷剂经过节流阀进入蒸发器，在蒸发器里迅速汽化，吸收冰箱内储存物品的热量，使冰箱内温度降低，如此不断重复，电冰箱就达到了制冷的效果。

布朗运动 1827年，英国植物学家R.布朗在用显微镜观察悬浮在水中的花粉时发现，花粉在做不停地无规则的运动。后来人们把悬浮在液体（或气体）中的微小颗粒（直径约为1微米）所做的永不停息的无规则运动叫作布朗运动。需要指出的是：①布朗运动是小颗粒的运动，不是单个分子的运动，因此布朗运动不是热运动，只是反映了分子的热运动；②悬浮颗粒越小，温度越高，布朗运动越激烈。

分子动理论 分子动理论认为物质是由不停运动着的分子所组成，并以分子运动的集体行为来说明物质的有关物理性质。分子动理论的主要内容有3点：①一切物体都是由大量分子组成的，分子之间有空隙；②分子做永不停息的无规则运动，这种运动称为热运动；③分子间存在相互作用着的引力和斥力。

无数客观事实证明了分子动理论的正确性，其中布朗运动、扩散现象等就是典型例证。分子动理论不仅很好地解释了各种不同物质的结构和特点，也可以解释固体、液体和气体的热现象（大量分子热运动的集体表现），并把物质的宏观现象和微观本质联系起来。分子动理论的深入发展，促进了统计物理学的发展。

扩散 不同物质在接触时，没有受到任何外力影响而能彼此进入对方的现象。发生扩散的条件是物质分子浓度分布不均匀。固体、液体、气体自身及相互间都可以发生扩散现象。一般来说，扩散是向着浓度较小的方向发生，使扩散物质的分子分布趋向均匀。浓度差越大，温度越高，物质颗粒越小，扩散速度越快。

表面张力 液体表面相邻两部分间的相互牵引力。在水面上放一个小木片，在小木片的一头涂一些肥皂，木片就会往另一头的方向移动，这是由于有肥皂的一端的表面张力变小了，小木片就被另一端的表面张力拉动了。

表面张力是液体表面分子间的吸引力形成的、使液体表面自动收缩的力。在表面张力的作用下，液体表面有收缩到最小的趋势，如雨后荷叶上的小水滴呈球形或椭球形。所有液体都有表面张力。表面张力的大小与液体的性质、纯度和温度有关。毛笔从水中取出，笔毛会聚集在一起，就是表面张力存在的结果。

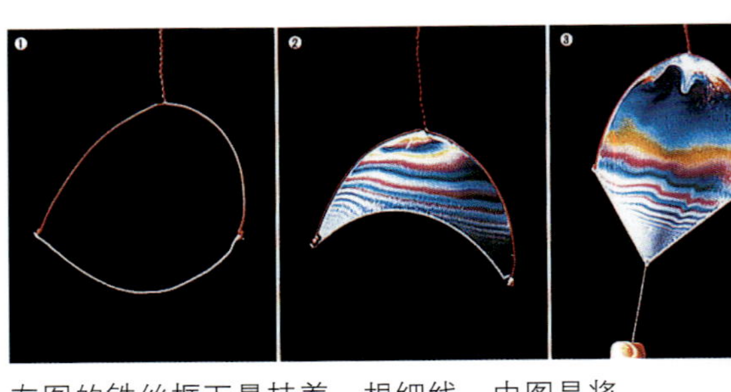

左图的铁丝框下悬挂着一根细线；中图是将线框浸过肥皂液后，细线靠近铁丝；右图是用手拉细线时，手会感觉到力的作用，这说明肥皂液膜具有表面张力

浸润和不浸润 液体附着在固体表面上的现象叫作浸润。液体不附着在固体表面上的现象叫作不浸润。浸润和不浸润现象，是分子力作用的表现。当液体与固体接触时形成跟固体接触的液体薄层称为附着层，它受固体分子的作用（附着力）和液体分子的作用（内聚力）。当附着力大于内聚力时，液体表现出浸润固体；当附着力小于内聚力时，液体表现出不浸润固体。由于浸润现象，细玻璃管中的水面呈凹形；由于不浸润现象，玻璃管中的水银面呈凸形。

毛细现象 将内径很小的管子——毛细管插入液体中，管内外液面产生高度差的现象，称为毛细现象。当构成毛细管的固体材料被液体浸润时，管中液面升高并呈凹状；不浸润时，管中液面下降并呈凸形。

毛细现象在自然界、科学技术和日常生活中都起着重要作用。大量多孔性的固体材料在与液体接触时即出现毛细现象。纸张、纺织品、粉笔等物体能够吸水就是由于水能浸润这些多孔性物质从而产生毛细现象。人们在工程技术中，常常利用毛细现象使润滑油通过孔隙进入机器部件去润滑机器。

自来水笔 人们写字时常用的书写工具。用自来水笔写字时，笔中的墨水能不断地流出，靠的是浸润和毛细作用。在自来水笔中，笔尖和储存墨水的笔胆之间的部分有许多做好的细缝，因毛细现象墨水沿细缝到达笔尖。因为笔胆外的大气压强比笔胆内的压强稍大，所以停笔后墨水不再流出。当笔尖用力接触到纸时，墨水就附着在纸上，留下字迹。第一支实用型的自来水笔是美国人L.E. 沃特曼于 1884 年制造的。

光 通常说的光是可以引起人的视觉的电磁波，这部分电磁波在真空中的波长范围是 400 ~ 760 纳米，称作可见光。不同波长的光，人眼看起来呈现不同的颜色，波长由长到短依次呈现红、橙、黄、绿、青、蓝、紫等色，因此人们可以看到五彩缤纷的世界。其中人眼对波长为 0.55 微米的黄绿色光最敏感。广义的光还包括红外光和紫外光，有时将 X 射线也列入光波的范围。

能够自行发光的物体，我们叫它光源。对地球上的一切生物来说，最大的光源是太阳。光可以在真空或介质中传播。人们对光的认识步步深入，已经认识到光具有波动性和粒子性的“波粒二象性”，光还能产生折射、散射、反射等现象。

红外线 波长介于红光和无线电波微波之间的电磁波。又称红外光。红外线在真空中的波长范围约为 760 纳米 ~ 1 毫米。

红外线是英国天文学家 F.W. 赫歇耳在 1800 年发现的。一切物体都可以发射红外线。利用红外摄影可得到景物的照片，用红外线夜视仪可观察到肉眼看不到的目标。在卫星遥感、遥测技术中，红外线是一个重要波段。军事上常利用红外线制导导弹。红外线遥控技术广泛应用于电视机、录像机等民用产品中。

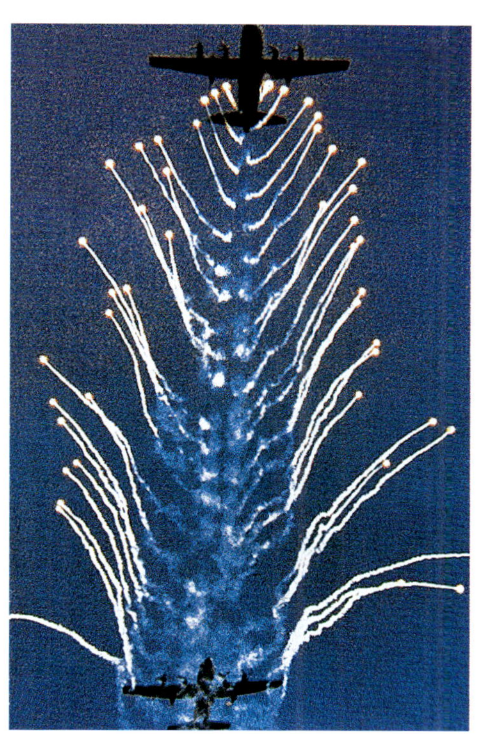

飞机投掷红外诱饵弹

赫歇耳，F.W.

（Frederick William Herschel，1738-11-15 ~ 1822-08-25）英国天文学家、恒星天文学的创始人，第一个确定了银河系形状大小和星数的人。1776 年他用自制的反射式望远镜观测天象，到 1781 年发现天王星。1783 年根据 7 颗恒星的自行，发现太阳在空间运动。1800 年赫歇尔利用温度计在日光谱红端以外观察到增温现象，确定为一种新的射线，即红外线。赫歇尔制造了一系列大望远镜，进行了很多开创性的观测工作。

红外线烤箱 由红外线灯泡产生红外线，利用其热效应来工作的电器。由于红外线波长较长，进入物质内部后被物质吸收并转化为内能的能力强，加热速度快，所以红外线烤箱可以用来加热食品。但它只能在红外线照射到的食品表面产生热效应，因此需要转动食品才能使其前后左右均匀加热。利用红外线烤箱灭菌类似于干烤灭菌，多用于医疗界。

紫外线 波长介于紫光和X射线之间的电磁波。又称紫外光。紫外线在真空中的波长范围为10 ~ 400纳米。

紫外线是德国物理学家J.W.里特于1801年发现的。一切高温物体，如太阳、弧光灯发出的光都含有紫外线。紫外线的化学作用显著，很容易使照相底片感光。紫外线能使许多物质激发荧光。另外，紫外线还有杀菌消毒作用。但过强的紫外线能伤害人的眼睛和皮肤，如电焊的弧光中有过强的紫外线，因此电焊工工作时须穿工作服，并使用防护面罩。

荧光效应 某些物质在受到外来光线或高能粒子的照射时，能发出荧光的现象。荧光是余辉（当照射停止，发光仍能持续一段时间的现象称为余辉）时间与发光体温度无关的发光现象。能产生荧光的物质称为荧光物质。

紫外线有很强的荧光效应，能使许多物质发出荧光。日光灯发光是紫外线荧光效应的应用实例。农业上诱杀害虫用的黑光灯与日光灯相似，也是用紫外线来激发荧光物质发光的。验钞机同样用荧光效应束辨别钱的真伪。

紫外线摄影 利用紫外线进行的摄影。紫外线的化学作用强，很多物质都能吸收、反射或透射紫外线。紫外线与可见光有明显的差异，这使得紫外线摄影可以获得与白光照相完全不同的图像，并能展现更多的信息，区分出物质间的细微差别。例如，紫外线摄影能清晰地分辨出留在纸上的指纹。

紫外线摄影的镜头要用能透过紫外线的石英玻璃等做透镜。拍摄时可直接紫外摄影，也可以紫外荧光摄影。

X射线 波长介于紫外线和γ射线之间的电磁波。俗称X光，又称伦琴射线。它是高速电子流射到固体上产生的不可见光线。在真空中，X射线的波长范围是0.001 ~ 10纳米。高速电子流射到任何固体上，都能产生X射线。

X射线是德国物理学家W.K.伦琴

这幅1903年的绘画，显示一名医生正用X射线检查病人。当时人们并不完全了解过度照射放射线的危害，因此病人与医生都暴露在大量放射线中

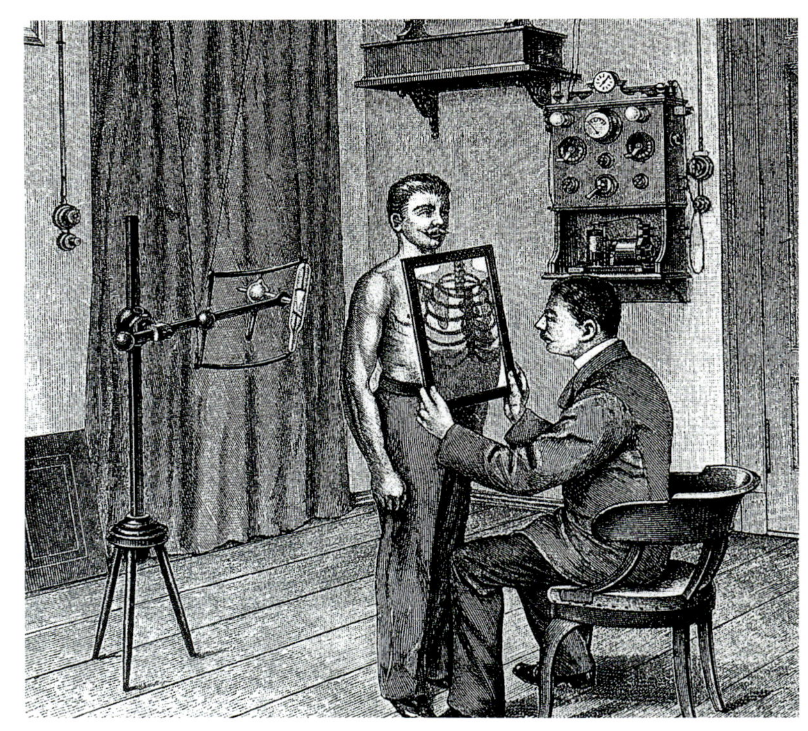

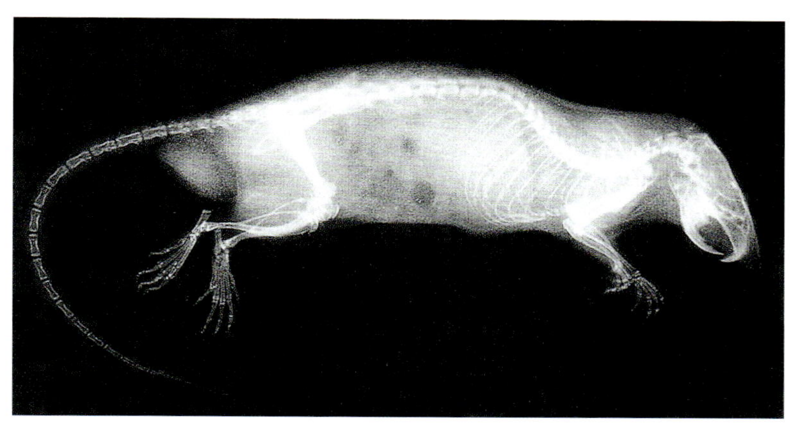

图为早期X射线实验小鼠，不用解剖就可以看清它的骨架

伦琴，W. K.（Wilhelm Conrad Röntgen, 1845-03-27 ~ 1923-02-10）德国实验物理学家。1895年11月8日，伦琴在进行阴极射线实验时发现了不寻常的现象：相距2米远的一块涂有荧光物质的硬纸板上出现了一片亮光，并且它能使包在黑纸里的照相底片感光。伦琴深入研究这种看不见的射线，终于获得了结果，并将其称为X射线。后来，人们为了纪念伦琴的发现，又把这种射线叫作“伦琴射线”。1901年，第一届诺贝尔物理学奖也颁给了伦琴。

于1895年发现的，开始因不知道这种光的本质，就称它为X射线。X射线的波长很短，因此穿透本领很强，在医学上常用作人体透视，检查体内的病变和骨骼情况。在工业上用作零件探伤，检查金属部件有无砂眼、裂纹等缺陷。X射线能使荧光物质发光、照相乳胶感光、气体电离。但长期接触X射线对身体是不利的，所以实际使用中要对人体加以保护。

零件探伤 让零件通过X射线区，通过荧光屏观测X射线通过零件后的情况，就可以检查零件内有没有砂眼、裂纹等缺陷，这就是零件探伤。X射线能对零件探伤，是因为X射线的波长很短，穿透本领很强。X射线不能被人眼看到，但可以让X射线照射到荧光物质上发光再行观测。零件探伤也可以用波长更短的γ射线进行。

放射病 放射性损伤的一种。它是X射线、α射线、β射线、γ射线等作用于人体后引起的一种全身性疾病。患病者初期出现头晕、乏力、恶心、呕吐等症状，继而出现造血功能障碍，内脏出血，组织坏死、感染或恶性病变等，伴随有人体毛发脱落现象。放射病分急性和慢性两种。急性放射病是人体在短期内受到大量放射线照射引起的。慢性放射病是人体长期多次受小量放射线照射引起的。放射病可以预防，一定要遵守安全操作规程。如在X射线下工作的人员，要用含铅的橡皮围裙、手套和铅玻璃眼镜来保护身体各部位。

光源 通常指能发出可见光的发光体，如太阳、照明灯、霓虹灯等。物理学中的光源指能够发光（包括可见光和不可见光，如红外光、紫外光等）的物体，也就是能发出一定范围电磁波的物体。

按光的激发方式，光源可以分为热（辐射）光源和冷（辐射）光源。热光源如太阳、白炽灯、弧光灯等，光辐射性质主要取决于温度，当温度升高时，光源的亮度和颜色都将发生变化。冷光源如荧光灯、水银灯、萤火虫等，光辐射性质主要取决于物体的性质，不同物质可以发出不同波长的光。

激光器是一种新型光源，具有发射方向集中、亮度高等优点。此外，随着光谱学的发展，对光源光谱的研究，可以分析发光物质的结构和成分，为人类认识物质世界提供了便利。

光速和光年 光速一般指光在真空中传播的速度，用c表示。目前公认的光速$c = 299792458$米/秒，一般取$c = 3 \times 10^3$米/秒，即30万千米/秒。光速也是所有电磁波在真空中的传播速度，是重要的物理常量之一。

光年表示光在真空中一年的时间内所传播的距离，1光年等于94605亿千米。光年常用符号ly表示。光年不是速度的单位，而是天文距离的单位，一般用它做单位来度量天体之间的距离，如天狼星距地球8.65光年（合8.18×10^{16}米）。

光的反射 光从一种介质射到与另一种介质的分界面上时，一部分光改变传播方向回到原介质里继续传播的现象。在物理学中，一般把传播光的物质叫作介质，又称媒质。空气、水、玻璃等都是传播光的介质。

光在反射时遵循如下的规律：反射光线跟入射光线和法线在同一平面上，反射光线和入射光线分别位于法线两侧，反射角等于入射角。这就是反射定律。光的反射定律是几何光学中的基本规律之一，它确定了反射现象中反射光线的方位。

由于两种介质的交界面的平滑程度不一样，会出现两种不同的反射现象。如果界面非常平滑，像镜面、平静的水面等，能使平行入射光线沿同一方向平行地反射出去，这种反射叫镜面反射。如果界面粗糙不平，沿同一方向射到界面上的光线将沿不同的方向反射，这种反射叫作漫反射。人眼可以在不同方向上看见本身不发光的物体，靠的是漫反射。需要指出，无论镜面反射或漫反射，每一细束光线均遵从反射定律。

光导纤维 光导纤维是一种由石英玻璃制成、能传输光线、结构特殊的纤维，简称光纤。不论如何扭曲，当光线以合适的角度射入光纤时，光都会沿着弯曲的光纤前进，大部分光线可以经光纤传送至另一端。多股光导纤维做成的光缆可用于通信，它的传导性能良好，传输信息容量大，1条通路可同时容纳10亿人通话，并可以同时传送上千套电视节目。

光导纤维

全反射原理 光从光密介质（在该介质中光速大，比如水）射向光疏介质（在该介质中光速小，比如空气），当入射角大于某一角度（即临界角）时，折射光线消失，只剩下反射光线的现象。

1870年的一天，英国物理学家J.丁达尔到皇家学会的演讲厅讲光的全反射原理。为了形象地说明这个原理，他做了一个简单的实验：在装满水的木桶上钻个孔，然后用灯从桶上边把水照亮。人们惊奇地看到，放光的水从水桶的小孔里流了出来，水流弯曲，光线也跟着弯曲。在丁达尔的实验中，表面上看，光好像在水流中弯曲前进。实际上，在弯曲的水流里，光仍沿直线传播，只不过在水流内表面上发生了多次全反射，使光线沿着水流传播。后来人们根据全反射原理成功研制了光导纤维。

平面镜 平面镜可以是一块有平滑表面的金属板，如青铜镜；也可以是一块有平滑表面的玻璃板，在其一面涂上银或其他发亮的金属做成，俗称玻璃镜。平面镜可以成像，也可以用来控制光路。

根据光的反射定律，物体发出的光（包括反射光）经平面镜反射后所成的像，是正立的虚像，像和物体等大，且二者对称于镜面，这使光看起来好像是

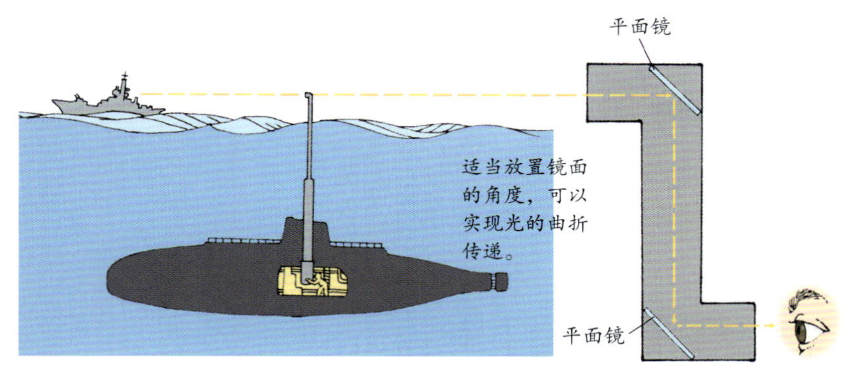

平面镜在潜望镜中的应用

哈哈镜 哈哈镜是一种特制的玻璃镜，镜面凹凸不平，是由不同球面按不同方式组合的复合面镜。面对哈哈镜时，由于凹面镜和凸面镜对光线的会聚作用和发散作用，使身体的有些部位被放大，有些部位被缩小，人像奇形怪状，像一个“怪物”，惹人发笑，因此人们给这种镜子起名叫“哈哈镜”。

从镜子后面出来似的。平面镜可以用来改变光线的行进方向，所以常用来控制光路，简单的潜望镜就是利用平面镜改变光线的行进方向达到潜望的目的。

球面镜 镜面的反射面是球面一部分的面镜就是球面镜，它是工程上常用的一种反射镜。用球面的凹面做反射面的叫作凹面镜（简称凹镜），用球面的凸面做反射面的叫作凸面镜（简称凸镜）。凹镜对光有会聚作用，凸镜对光有发散作用。利用凹面镜对光的会聚作用，可以使反射光束更为集中，如太阳灶就利用了这一点。利用凸面镜的发散作用，可以扩大观察范围，因此汽车的后视镜都做成凸面镜，以提高行驶的安全性。

“哈哈镜”的镜面不规则，在反射时使人像扭曲，令人发笑

太阳灶 利用大面积凹面镜做成的。它把太阳光会聚于凹面镜焦点处，再反射到锅底上对锅里的食品加热，更有效地利用太阳能。太阳炉的原理与太阳灶相同，只是凹面镜面积更大一些，聚集的太阳能更多一些。如果采用涂铝涤纶薄膜作为反射材料制成伞形太阳灶，则便于携带，适合野外使用。

光的折射 光在同一种均匀介质里是沿直线传播的。当光由第一种介质射到与第二种介质相接的分界面上时，可能会有一部分光进入到第二种介质里，而且传播的方向也可能发生改变，这种现象称为光的折射。光的折射遵循折射定律：折射光线位于入射光线和法线所决定的平面内；折射光线与入射光线分处在法线两侧；如果光线是从真空斜射入某一种介质时，则折射角小于入射角；如果光线从某一种介质斜射向真空时，若有折射光线，则折射角大于入射角。

光的折射定律是1621年荷兰科学家W. 斯涅耳在实验中发现的，所以又称斯涅耳定律。光的折射定律是几何光学的基本定律之一。日常生活中，光的折射现象普遍存在，如人在岸上看到的水深要比真实水深显得浅一些。光的折射有很多应用，如放大镜、眼镜、望远镜等都利用了它的原理。

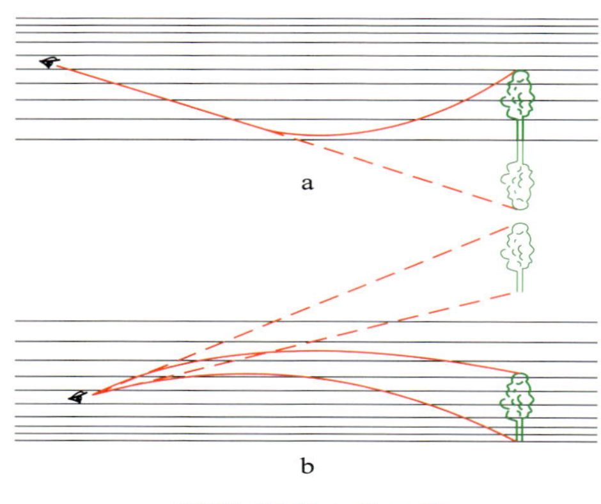

下现蜃景和上现蜃景

海市蜃楼 剧烈的温度梯度使光线发生显著折射时，在空中、海上或地面附近及地平线下出现的奇异幻影。海市蜃楼的形成过程是：当地面与上层空气产生强烈温差时，近地面层的空气密度差异很大，地面景物的反射光在这种密度不同的空气中传播时，在不同密度空气层的界面上连续发生折射和全反射，最终投影到很远的地方成像，从而形成海市蜃楼。旅行者在沙漠中旅行，航海者在海洋上航行时，都可能见到海市蜃楼。

光谱 光源所发出的光波经分光仪器分离后，各种不同波长成分的有序排列。光谱是研究和认识微观世界的重要手段。光谱的种类很多，按波长范围可分为可见光谱、红外光谱、紫外光谱等；按产生的方式可分为发射光谱、吸收光谱、散射光谱等；按光谱形态可分为连续谱、线状谱、带状谱等。

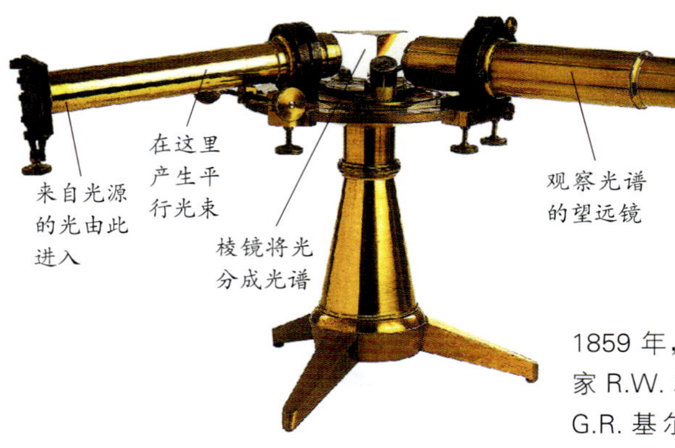

1859 年，由德国化学家 R.W. 本生和物理学家 G.R. 基尔霍夫发明的分光镜，可以将光分解成能够拍摄和测量的线性形式

物体发光直接产生的光谱叫作发射光谱。发射光谱有连续谱和线状谱，其中连续谱为炽热的固体、液体和高压气体发射的光谱，线状谱为稀薄气体发射的光谱。高温物体发出的白光通过低温

海市蜃楼

物质时，某些波长的光被物质吸收后得到的光谱叫作吸收光谱。太阳光谱是典型的吸收光谱。无论是线状谱还是吸收光谱都可以用来做光谱分析。光谱分析可以鉴别物质和确定物质的化学组成，是重要的化学检测手段。

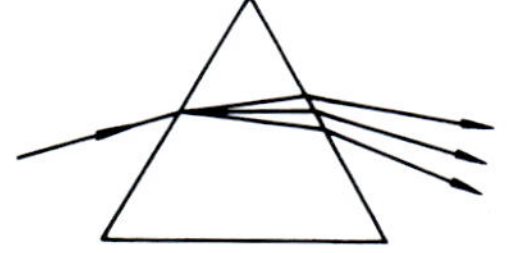
三棱镜分光原理图

三棱镜 光学中常用一种横截面为三角形的棱镜，这就是三棱镜，简称棱镜。三棱镜是一种折射棱镜。它的作用主要是改变光的行进路线，即改变光路。1666年，物理学家I. 牛顿用三棱镜发现了白光是由红、橙、黄、绿、青、蓝、紫7种颜色组成的。三棱镜中横截面是等腰直角三角形的棱镜叫全反射棱镜。在光学仪器里，常用全反射棱镜改变光线的传播方向，如用在潜望镜中。在光学分析中要使用分光镜，其中有一块三棱镜，目的是让复色光通过三棱镜后形成一条彩色光带。

光的色散 介质折射率随光波频率（或真空中的波长）而变的现象。利用色散性质可将复色光（如白光）分解成单色光而形成光谱。光的色散是光和物质相互作用的结果。能够发生色散的光叫复色光，不能发生色散的光叫单色光。

美丽的彩虹也是由日光色散形成的

光的色散中，各色光通过棱镜时的偏折角度不同，表明各色光以相同的入射角射入棱镜时产生的折射角不同，可见棱镜材料对于不同的色光有不同的折射率。由于红光的偏折角度最小，紫光的偏折角度最大，说明棱镜材料对红光的折射率最小，对紫光的折射率最大。各色光在同一介质中的折射率不同，是因为它们在同一介质中的传播速度不同，红光的传播速度最大，紫光的传播速度最小。

物体的颜色 颜色是眼睛对不同波长的光的感觉。物体的颜色是由射入到人眼睛中的光波的频率决定的。

物体颜色的成因是复杂的。不透明物体，往往以反射光的颜色显示为物体的颜色。透明物体，往往以透射光的颜色显示为物体的颜色。如白光通过紫色玻璃，使其呈现紫色，透明的海水是通过散射而呈现出蔚蓝色，彩虹是云层中的小水珠折射阳光产生的。

三原色 颜色中不能分解的基本色。人眼看到的颜色可以用3种基本的色光红、蓝、绿组合得到，人们称它们为三原色，也称三基色。将三原色按照不同

三原色示意图

的比例加以混合，就可以得到不同的色彩。如把红色和绿色混合就得到黄色，绿色和蓝色混合就得到青色，红色和蓝色混合就是紫色，而红、绿、蓝3种色光混在一起就是白色。三原色的原理在实际生活中有很多应用，如彩色电视机的显像管、彩色照片等。

一次色 美术工作者用颜料作画，颜料有不同颜色的主要原因是它们有独特的选择吸收某种色光的特性，如黄色颜料吸收蓝色，紫色颜料吸收绿色等。正是由于这种原因，对颜料的三原色的确定与物理的三原色有所差别。

在美术里，红、黄、蓝被称为颜料的三原色或一次色。绘画或彩色印刷时，可用三原色的颜料调配成各种颜色加以使用。

交通信号灯 用于给互相冲突的交通流分配有效的通行权，以提高道路交通安全和道路容量的一类交通灯。分为两种：一种给出方向性信号、显示单一颜色，如红绿灯；另一种带有符号，表示特定内容，如人的走和停、车辆的前进方向等。

第一批交通信号灯于1868年出现在伦敦十字路口。这些信号灯有机械操纵臂和彩色煤气灯，供夜间使用。拥有红、绿信号的现代交通信号灯是1912年在美国盐湖城首先使用的。第一批三色信号灯是1920年在纽约开始使用的。

雾灯 雾天，汽车要开亮雾灯，以照亮道路并提示前方对面的其他车辆的司机，以减少交通事故。雾灯就是雾天使用的灯。雾灯的灯光容易穿过灰尘或雾中的小水滴，因此在雾天、雨天、大雪天、沙尘天气时，用雾灯可照射更远处。

雾灯广泛应用在汽车、轮船等交通工具上。中国汽车前雾灯颜色多为黄色，后雾灯多为红色。

透镜 由透光材料（如光学玻璃、水晶、透明塑料等）磨制成的两个折射面都是

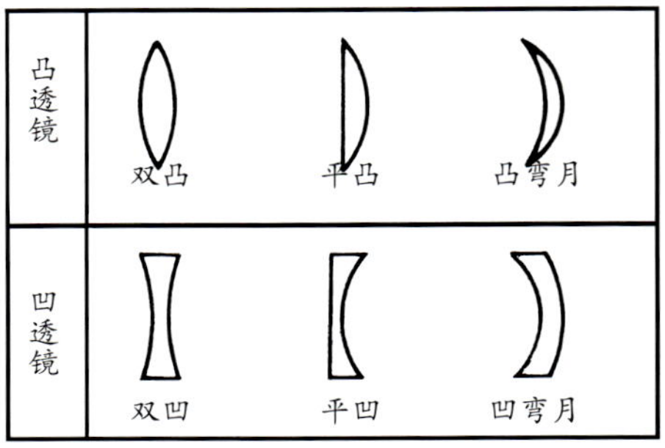

凸透镜	双凸	平凸	凸弯月
凹透镜	双凹	平凹	凹弯月

球面，或一面是球面另一面是平面的透明体。它是一种非常重要的光学元件。透镜可分为凸透镜和凹透镜两大类。凸透镜是中央部分比边缘部分厚的透镜，对光线有会聚作用。凹透镜是中央部分比边缘部分薄的透镜，对光线有发散作用。

透镜的中心一般叫作光心。过构成透镜的两个球面的球心的连线或过构成透镜的一个球面的球心并垂直于另一平面的直线叫作透镜的主光轴。对于薄透镜，主光轴一定过光心。

平行于主光轴的入射光线经凸透镜折射后会聚于凸透镜另一侧主光轴上的一点，这一点就是凸透镜的焦点。对于凹透镜，平行于主光轴的入射光线经凹透镜折射后是发散的，但折射光线的反向延长线交于主光轴上一点，这一点就是凹透镜的焦点。由对称性可知，凸透镜和凹透镜都有两个焦点，它们以光心为对称点，位于透镜两侧的主光轴上。从透镜的焦点到光心间的距离，叫作透镜的焦距。透镜的主要用途是成像。透镜成像中，当物体的位置改变时，像的位置、大小、性质随之改变。

实像与虚像 像是从物体发出的光线经光学器件（透镜、反射镜、棱镜等）

近视镜 近视眼将从无穷远处射来的平行光线会聚在视网膜前，为了矫正，应该用适当的凹透镜做眼镜，使入射的平行光经凹透镜发散后再射入眼睛，会聚在视网膜上。透镜焦距的倒数叫作焦度，其国际单位是屈光度。眼镜的度数指眼镜的焦度以度为单位的数值，1 度为 1 屈光度的 1/100。例如，焦距为 –25 厘米的凹透镜，焦度为 –4 屈光度，则用此镜片所制的近视镜的度数为 –400 度。

后所形成的与原物相似的图像。

像有实像和虚像两种。实像是指从物体发出的光线经光学器件后实际的反射光线或折射光线会聚而成的像，可以在屏幕上呈现出来，如照相底片上、电影屏幕上所成的像是实像。虚像是指物体发出的光线经光学器件后的反射光线或折射光线的反向延长线相交而成的像。由于虚像不是实际光线的交点形成的，所以不能在屏幕上显现出来，只能用眼睛观察或拍摄下来，如平面镜、近视眼镜、望远镜等助视仪器观察到的物体的像都是虚像。透镜成像中，凹透镜只能成正立缩小的虚像；凸透镜在物距（物体到透镜的距离）大于焦距时成放大或缩小的倒立的实像，在物距小于焦距时成正立放大的虚像。

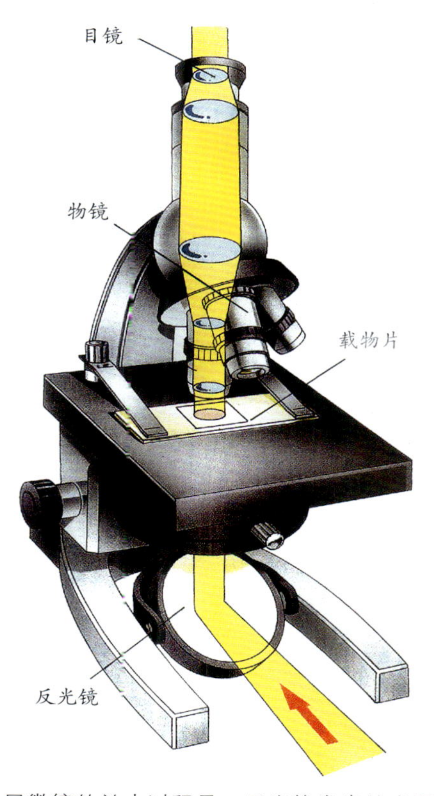

显微镜的放大过程是：反光镜发出的光通过标本反射到物镜，物镜使标本第一次放大，物镜所形成的实像再被目镜放大

眼镜 矫正视力的眼镜有近视镜和老花镜，分别用来矫正近视眼和远视眼的视力。近视眼和远视眼都是物体成像不在视网膜上，眼镜片可以使物体的图像准确地落在视网膜上，使眼睛看物体更清晰。如远视眼是平行光的会聚点落在视网膜后，佩戴凸透镜后使光会聚，像落到视网膜上。

光学显微镜 利用可见光照明，使微小物体放大成像的仪器。一般光学显微镜主要由 1 个目镜和 1 个物镜组成。目镜和物镜都是由几个透镜适当配置而成的透镜组，各相当于一个凸透镜。物镜焦距较短，目镜焦距较长。被观察的物体先经物镜成一放大的实像，再经目镜放大后得一放大的虚像，眼睛通过目镜观察放大的虚像。此外，显微镜中还有调焦、照明、拍摄等装置，是非常精密的光学仪器。

光学显微镜受使用可见波波长的限制，放大倍数有限，当物体细小到比光的波长还小时，由于光的衍射，用光学显微镜就看不到清晰的像了，这时就要采用电子显微镜等仪器进行观察。

电子显微镜 用电子束代替光学显微镜的光束来放大样品图像的显微镜。电子显微镜利用磁场来做透镜，根据其基本工作原理的不同，可以将它分为通用式电子显微镜和扫描式电子显微镜。通用式电子显微镜是在一个高真空系统中，由电子枪发射电子束，穿过被研究的试样，经电子透镜聚焦放大，最后在

场离子显微镜 场离子显微镜出现在1951年，是由E.E.缪勒发明的一种高分辨率、可直接观察金属表面原子分布的分析装置。场离子显微镜是点投影显微镜，没有磁或静电透镜，而是由成像气体的“场电离”过程来完成成像。后又与飞行时间质谱仪组成一种联合分析仪器——原子探针场离子显微镜。20世纪末，场离子显微镜用于观察固体表面原子的排列，研究晶体缺陷，以及观察原子的三维分布状况等。

荧光屏上显示放大的图像。如果用电子束在试样上逐点扫描，然后利用电视原理进行放大成像显示在电视显像管上，就称为扫描式电子显微镜。电子显微镜可看到单个分子、某些病毒等，它广泛应用于金属物理学、高分子化学、医学、生物学等领域。

扫描隧道显微镜 20世纪80年代初期出现的一种新型表面分析工具，能够操纵原子，简称STM。它的基本原理是量子力学的隧道效应和三维扫描。STM工作时，用一个极细的尖针（针尖头部为单个原子）去接近样品表面，当针尖和样品表面靠得很近，即小于1纳米时，针尖头部的原子和样品表面原子的电子云发生重叠。此时若在针尖和样品之间加上一个偏压，电子便会穿过针尖和样品之间的势垒而形成纳安级的隧道电流。通过控制针尖与样品表面间距，并使针尖沿表面进行精确的三维移动，就可将表面形貌和表面电子态等有关信息记录下来。扫描隧道显微镜具有很高的空间分辨率，横向可达0.1纳米，纵向可高于0.01纳米。它主要用来描绘表面三维的原子结构图，在纳米尺度上研究物质的特性。利用扫描隧道显微镜还可以实现对表面的纳米加工，如直接操纵原子或分子完成对表面的剥蚀、修饰及直接书写等。

望远镜 观测远处物体的光学仪器。望远镜中有一组重要的元件就是凸透镜，其中对着观测物体的叫物镜，用来聚集光线；对着眼睛的叫目镜，用来观看已聚焦好的影像。也可用凹面镜作物镜，它也一样起聚焦光线的作用，这样的望远镜称反射望远镜。这种构造尽管使得看到的图像是倒立的，却能得到高放大倍数的放大效果，一般在天文观测中用到。在军事、科学考察中使用的望远镜，是在这样的望远镜中再装上转像装置，这样就得到了正常的图像。除了透镜外，望远镜还有许多组成部分，如焦距调节、保护等装置。在天文望远镜上还要安装照相装置，星空的照片就是

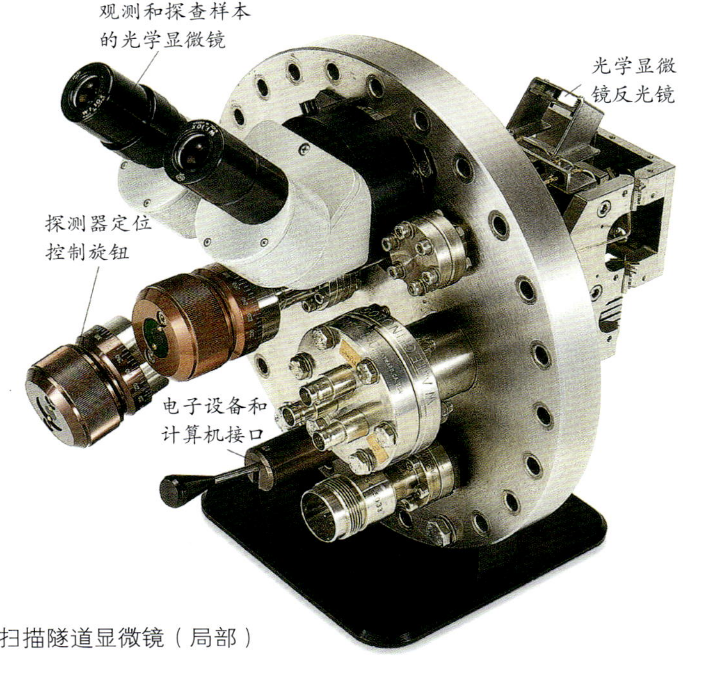

扫描隧道显微镜（局部）

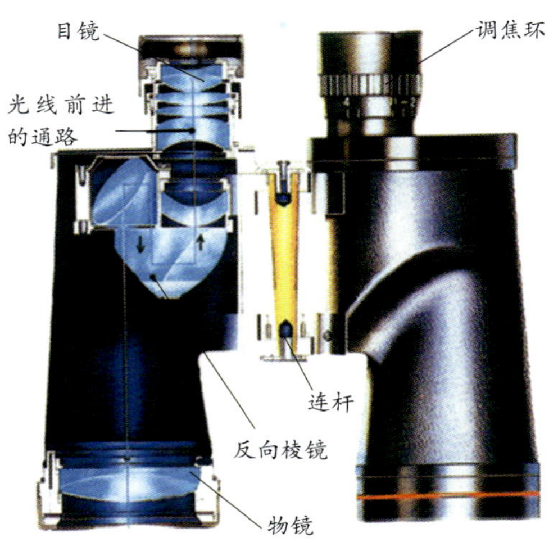

双筒望远镜结构示意图

通过望远镜拍摄的。

天文望远镜 用于天文观测的望远镜。天文望远镜在天文学研究中起着重要作用，人们利用它观察宇宙，获得了许多重要的发现。

牛顿用面镜取代透镜制成了反射式望远镜，这种设计原理沿用至今

开普勒天文望远镜是德国天文学家J. 开普勒于1611年发明的，由焦距长的物镜和焦距短的目镜组成，二者均为会聚透镜，且目镜的前焦点与物镜的后焦点重合。物镜得到天体的倒立缩小的实像，目镜再成放大的虚像，人眼看到的是放大的虚像。反射望远镜是英国物理学家I. 牛顿于1668年发明的。他用一面很大的凹面镜作物镜，将天体射来的光线向凹面镜的焦点会聚，再由一面小平面镜反射会聚成实像，再经旁边的目镜（会聚透镜）放大。

潜望镜 一种特殊的望远镜。它是让观测目标发出的光先通过一组镜子的反射，再经过望远镜放大，使观测者可以很隐蔽地进行观测。原始的潜望镜是用两个平面镜把光线进行两次方向改变的装置。现代潜望镜的结构复杂，主要包括两个全反射棱镜和由透镜组成的两组望远镜。全反射棱镜改变光的行进方向，望远镜起放大望远作用。现代潜望镜在军事、科研中有着广泛的用途。

电影放映机 把影片上记录的影像和声音，配合荧幕和扩音机等还原出来的设备。放映时进行两项工作，一是将电影胶片的画面放大并连续快速地投射到银幕上，形成活动画面；二是将电影胶片上记录的声音信息还原出来。二者同步进行，就出现逼真的效果。为了达到某些特定效果，还常常采用一些特殊放映形式，如环幕电影、穹幕电影、巨幕电影、全息电影等。

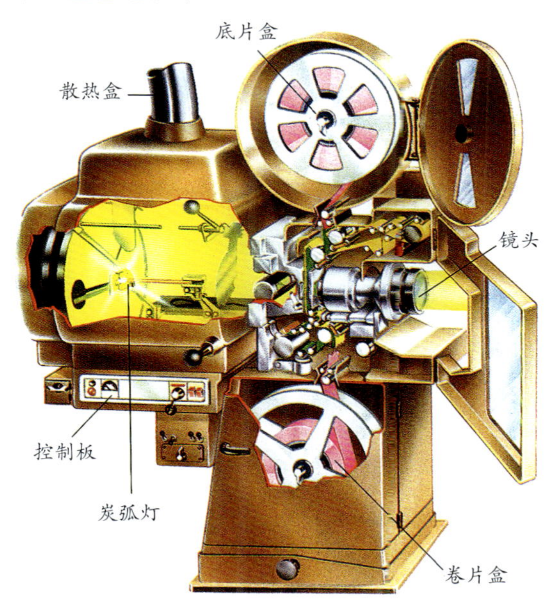

电影放映机工作时，电流通过炭弧灯发出强烈的白光，足够将一个明亮的影像投射到大屏幕上

立体电影 让观众从银幕上看到有立体感影像的电影。根据人左、右眼看到景象的差别，用并列的两台摄影装置分别代表人的左、右眼，同时摄取两个影像，将这两个由于视点不同略有偏差的影像，分别由两台电影放映机同时放映

电影胶片 电影胶片是电影工作者用摄像机拍摄制作出来的许多幅有画面的透明胶片。在这些透明胶片上不仅记录着画面，而且记录着声音。电影胶片上每一幅画面都是一张正片，像照片一样。比较两幅相邻画面，几乎看不出它们的差别。这是拍摄中摄像机自动将1秒内的变化分别记录在24幅画面上的结果。电影胶片上也记录着与画面同期的声音所转换成的光信号。

小孔成像 在有针孔的挡板两侧，分别置放物体（如点燃的蜡烛）和光屏。适当调整后，就会在光屏上看到烛焰倒立的实像，这就是小孔成像。小孔成像说明了在同一种均匀介质里光是沿直线传播的。显然，当物体到小孔的距离（物距）小于小孔到屏的距离（像距）时，成缩小倒立的实像；当物距等于像距时成等大倒立的实像；当物距大于像距时成放大倒立的实像。

数字照相机

在银幕上。观众观看时戴上特殊的眼镜，使每只眼睛只能对应一台放映机放映的画面，两眼看到的画面反映到大脑里就形成很强的立体感，产生身临其境的效果。也有不戴特制眼镜的立体电影，产生立体感的是光栅银幕。

数字照相机 一种利用光电传感器把静态光学影像转换成电子束的照相机。又称电子照相机。这种照相机在摄像形成技术上与传统的照相机相同，仍具有镜头和机身，并须先行摄制景物的光学影像。不同的是它不用胶卷来记录图像，而是把拍摄下来的图像经电磁转换成数字信号，记录在机内的磁盘里。需要观看时，可直接显示出来，或用打印机输出图像。数字照相机可以照出高质量图片，还可以用电脑进行后期加工和远距离传输，也便于保存。

激光 非天然光，基于受激辐射的光放大过程产生的相干光辐射。能够发射出激光的实际技术装置被称为激光器。激光器主要由工作物质、能量激励装置、光学谐振腔三部分组成。激光器的工作物质有红宝石、二氧化碳、氦氖等。激光器工作时，工作物质从能量激励装置得到能量，再把获得的能量用光的形式放出，放出的能量在光学谐振腔中来回振荡，不断被放大，就形成了激光。激光器常以使用的工作物质命名，如常用的红宝石激光器、氦氖激光器等。

激光具有以下特性：方向性好，单色性强，相干性好，亮度高。

激光有广泛的应用，如激光雷达可用在导航、气象、天文、大地测量、宇宙技术、军事等方面；激光“刀”可用在医学手术上；还有激光通信，激光遥测，激光打孔、切割、焊接，全息摄影，激光照（相）排（版）印刷，激光唱片等。

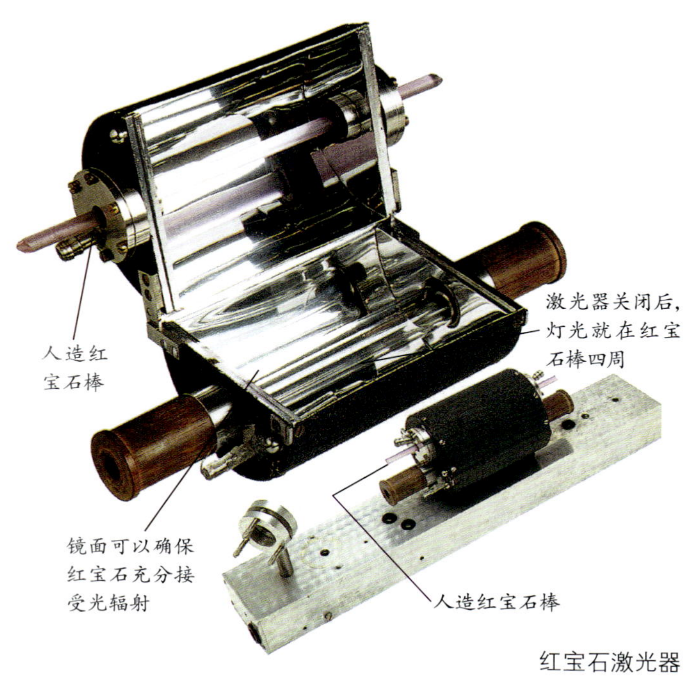

红宝石激光器

激光笔 外形似笔的激光器，可以发射出激光。常见的激光笔发射出红色激光。绿色和蓝色的比较少。

利用激光笔可以演示激光的各种特性，因此常用来进行光学实验。此外，老师讲课或科学家进行学术讨论时，有时用激光笔射出的激光照射到演示图形或讲稿的重要部分，以提示学生或听众。

激光武器 利用激光束摧毁飞机、导弹、卫星等目标或使之失效的定向能武器。又称激光炮。根据作战用途分为战术激光武器和战略激光武器两大类。根据能量强弱常常在实际中分为强激光器和弱激光器。激光武器主要由高能激光器、精密瞄准跟踪系统和光束控制与发射系统组成。激光武器的优点是：激光束以光速传播，命中率极高；激光束质量近于零，几乎没有后坐力，能迅速变换射击方向，可在短时间内拦击多个目标。激光武器拦截低空快速飞机和战术导弹，在反战略导弹、反卫星以及光电对抗等方面，能发挥独特作用。

激光通信 用极细的玻璃光导纤维制成的光缆代替金属电缆，用激光作载波代替电流来传递信息的通信方式。又称光纤通信。与以往的通信技术相比较，激光通信有4个显著特点：信息容量大，通信质量高，传递图像色彩逼真，保密性能好。

全息照相 用一般照相机照出的图像是平面的，而利用激光技术进行的照相可以记录被摄物体反射或透射光波中的全部信息（振幅、位相），所以称它为全息照相，又称全息摄影。全息照相利用激光的相干性好这一特性，利用干涉记录下全部信息。在全息照片上看到的物体具有立体感，改变观看角度还可以看到物体的侧面甚至背面，使成像栩栩如生。

偏轴式全息摄影所使用的仪器

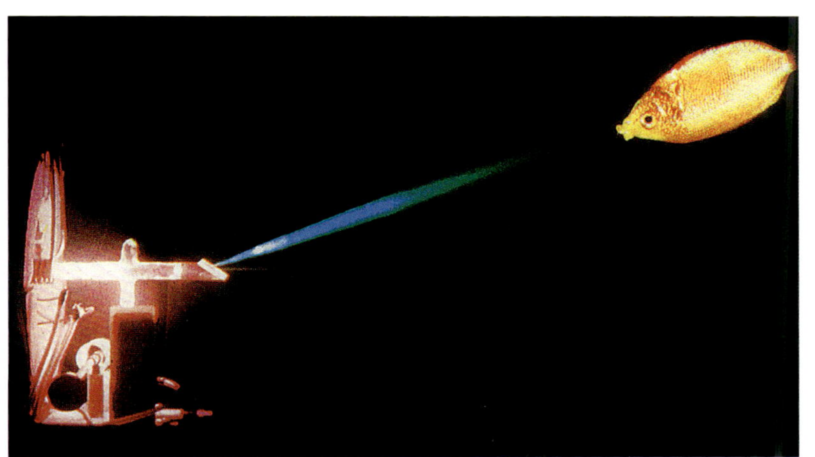

全息照片必须在相同相干性的激光下欣赏，否则就无法重现原来底片上所记录的三维立体影像。

遥感 在高空或远距离处，利用传感器接收物体辐射的电磁波信息，经加工处理后得到用电子仪器或电子计算机能够识别的图像，揭示被测物体的性质、形状和变化动态的探测方法。遥感系统由遥感器、遥感平台、数据传输系统以及信号处理和判读设备组成。遥感器由许多测量仪器组成，它们能够测量记录被测物体的物理、化学和生物信息的电磁波，将其转换为遥感图像或数据；数据传输系统将信息送给信号处理和判读设备进行分析处理，然后就能将测量物体清晰地显示出来。遥感平台是安装遥感器的飞行器，最早使用的是气球和飞机，后来又使用卫星和航天飞机。根据遥感器工作的电磁波波段，遥感分为可见光遥感、红外遥感、多谱段遥感、紫外遥感和微波遥感等。

辽东湾海冰遥感图像

遥感技术有着广泛的应用，如进行国土调查、资源探查、监测水文、监测污染源、气象预报、海洋监测、军事侦察等。

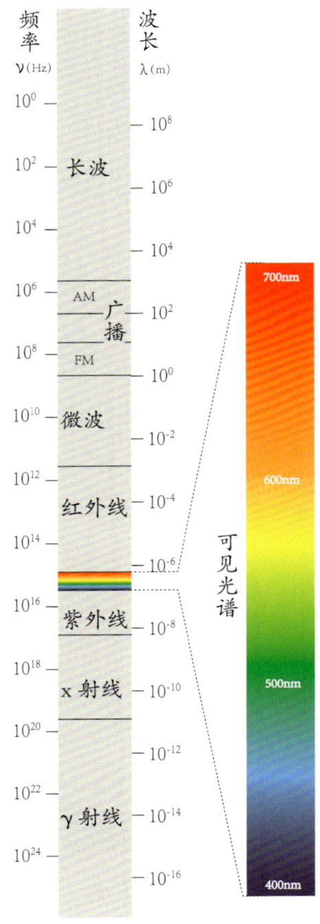

电磁波谱

波谱特性 所有的物体甚至空气等都能够反射和辐射电磁波，而这些电磁波又记录着物体的物理、化学性质，物体的这种特性被称为物体的波谱特性。遥感时，没有与目标物体直接接触却可以在远处感知到目标物体，这是由于物体的波谱特性为遥感提供了依据。所以，测出物体的波谱特性，就可以知道这是什么物体以及它有什么样的特性了。

红外遥感 利用红外辐射信号进行探测的技术。一切物体都在辐射红外线，不同物体辐射的红外线的波长和强度不同，可用灵敏的红外线探测器接收，然后用电子仪器对接收信号进行处理，就可察知被测物体的特征并转变成物体的图像。

此外，利用红外线容易透过烟雾和尘埃的特性，红外遥感可发现隐藏在树丛中的人员和车辆，甚至驶过汽车的热痕、水中的目标都可被发现，还可在夜间工作。所以，红外遥感在许多领域都有应用。

原子核物理学和粒子物理学 原子核物理学主要研究原子核的结构和变化规律，以及同核能、核技术相关的物理问题。在对原子核的研究中，人们进一步发现原子核还可以继续分成更小的微粒，比原子核还小的微粒称为基本粒子。这就又产生了一个更新的学科——粒子物理学。粒子物理学又称高能物理学，是研究基本粒子的性质、相互作用和转化等的一门科学。

粒子物理学使人们的认识深入到亚原子（或亚原子核）级别，了解到物质的最小构成单元不再是分子、原子，而是夸克和轻子（电子是其中的一种）。认识的尺度分别缩小到原来的 10 亿分之一（相对于原子）和万分之一（相对于原子核）。原子核物理学今后研究的重点有两个：核素与核反应。基本粒子物理学未来的发展方向主要有三个方面：探索更基本的物质组分、探索自然界基本规律的统一、高能粒子能量的开发问题。

原子钟 利用原子的一定共振频率而制造的精确度非常高的计时仪器。原子钟的电子元件被某种原子或分子在量子跃迁（能级改变）时发射或吸收的电磁波辐射的频率所调制。由于这种电磁波

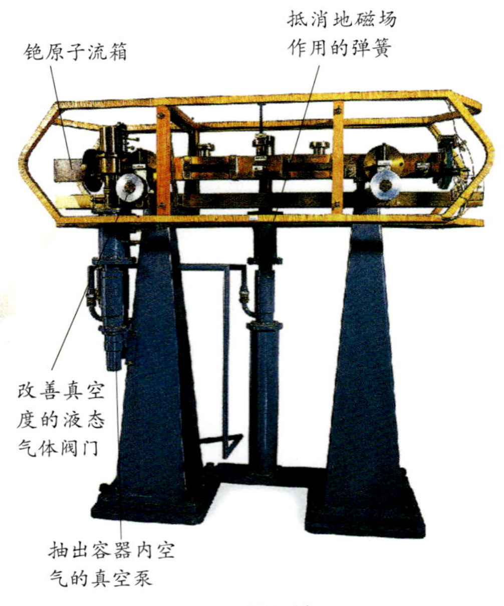

原子钟

哈恩，O.（Otto Hahn，1879-03-08 ~ 1968-07-28） 德国放射化学家。1938年发现重核裂变反应。其意义不仅在于中子可以把一个重核打破，关键在于中子打破重核的同时释放巨大能量。核裂变的发现使世界开始进入原子能时代。哈恩因此获得1944年诺贝尔化学奖。但为了不让当时统治德国的纳粹政权掌握原子能技术，哈恩拒绝参与任何有关这方面的研究。

非常稳定，再加上利用一系列精密的仪器进行控制，原子钟的计时就可以非常准确了。现在用在原子钟里的元素有氢、铯、铷等。

核裂变 一个重原子核分裂成两个或两个以上质量为同一量级的原子核的现象。只有一些质量非常大的原子核像铀、钍等才能发生核裂变。这些原子的原子核在吸收一个中子以后会分裂成两个或更多个质量较小的原子核，同时放出2 ~ 3个中子和很大的能量，放出的中子又能使别的原子核接着发生核裂变，这种裂变可以持续进行下去，这种过程称作链式反应。

原子核在发生核裂变时，释放出巨大的能量，称为原子核能，俗称原子能。原子弹的巨大威力就是来自原子能。现在世界上拥有核武器的国家正在增多，为了人类的和平与发展，全世界都在呼吁禁止制造和试验核武器。当然原子能不仅仅能制造核武器，也能为人类造福。

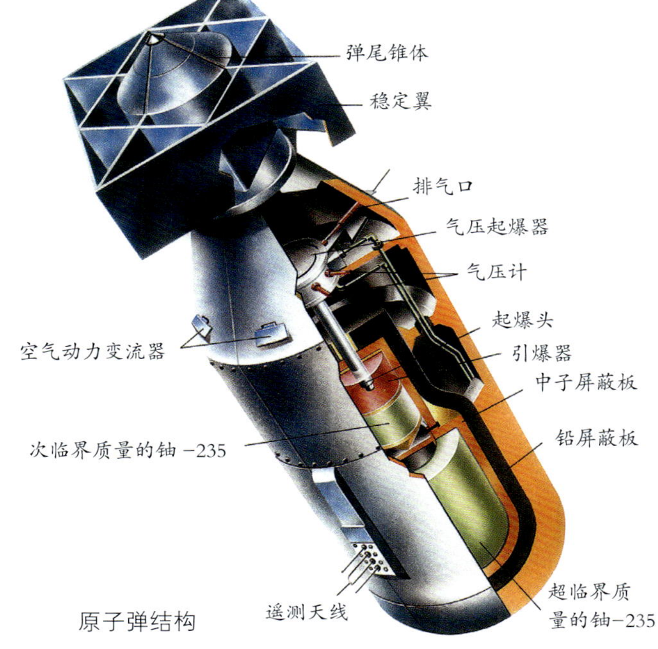

原子弹结构

利用原子核裂变产生的巨大能量进行发电，是和平利用原子能的有效途径。

核聚变 两个质量数很小的轻原子核聚合成一个较重核的反应。核聚变的原料是海水中的氘（重氢）。核聚变会放出比核裂变更加巨大的能量。太阳内部连续进行着氢聚变成氦的过程，它的光和热就是由核聚变产生的。目前人们只能在氢弹爆炸的一瞬间实现非受控的人工核聚变。要利用人工核聚变产生的巨大能量为人类服务，就必须使核聚变在人们的控制下进行，即研究受控核聚变。

核电站 在原子核反应堆中利用可控核裂变释放出的能量来发电的设施。核电站大体可分为两部分：一部分是利用核能生产蒸汽的核岛，包括反应堆装置和一回路系统；另一部分是利用蒸汽发电的常规岛，包括汽轮发电机系统。核电站用的燃料是铀。用铀制成的核燃料在一种叫“反应堆”的设备内发生裂变而产生大量热能，再用处于高压力下的水把热能带出，在蒸汽发生器内产生蒸汽，蒸汽推动汽轮机带着发电机一起旋转，电就源源不断地产生出来，这就是最普通的压水反应堆核电站的工作原理。

世界上最早的核电站是1954年在苏联建成的。现在世界上已有400多座各种类型的核电站。在一些国家，核电站的发电量已占据整个国家全部发电量的很大比例。

基本粒子 构成物质的最基本的组

夸克 基本粒子如此之多，难道它们真的都是最基本、不可分的吗？科学家们一直在研究这个问题。已有大量实验事实表明至少强子是有内部结构的。1964年，美国科学家M.盖耳－曼借用文学著作中的名字对3种粒子进行命名，提出了夸克模型，认为介子是由夸克和反夸克所组成，重子是由3个夸克组成。后来，科学家们陆续设想出“上、下、奇、粲、顶、底”6种夸克，并用它们解释微观世界的现象。

分，泛指比原子核还要小的物质单元，包括电子、中子、质子、光子以及在宇宙射线和高能原子核实验中发现的一系列粒子。自1897年物理学家J.J.汤姆孙发现电子以来，已发现几百种基本粒子。根据基本粒子的质量、寿命、自旋以及参与的相互作用等性质，可将其分为轻子、强子（重子、介子），以及相互作用的传递子等。许多基本粒子都有对应的反粒子。一对正反粒子相遇时，会同时消失而转化为其他粒子，这种现象叫作湮灭（湮没）。现在，人们已经意识到，基本粒子也不是组成物质的基本单元，它也是由更基本的微粒组成的。科学家们正努力探索，继续深入了解物质组成的秘密。

电子 带有单位负电荷的一种基本粒子，是人们最早发现的基本粒子。所有原子都是由一个带正电荷的原子核和若干带负电荷的电子组成的。

1897年，英国物理学家J.J.汤姆孙做出结论：阴极射线是由比氢原子小得多的带负电的粒子所组成。由于一系列成功的实验，他被科学界公认是电子的发现者。电子的发现揭示了原子具有内部结构，打破了千百年来认为原子是组成物质的最小单元的学说。

放射性同位素 具有放射性的同位素。同位素是同一化学元素中具有不同质量数的一些原子品种。如碳-12和碳-14。铝核被α粒子击中后发生的反应中，生成物是磷的一种同位素，它有放射性，像天然放射性元素一样发生衰变，衰变时放出正电子。人工方法得到放射性同位素是一个重要的发现，使人们知道能够制造放射性同位素，不再受天然放射性同位素只有40多种的局限，使放射性同位素的应用更广泛。放射性同位素的应用主要有两大类：一是利用它的射线，二是作为示踪原子。

核磁共振 具有磁矩的原子核在恒定磁场中由电磁波引起的共振跃迁现象。核磁共振的发现，跟核磁矩的研究紧密相关。分子束磁共振方法在1945～1946年取得了突破性的进展。通过磁共振的精密测量，1946年E.M.珀塞耳用吸收法、F.布洛赫用感应法几乎同时发现物质的核磁共振现象。利用功能性核磁共振成像技术对人类大脑的成像是该领域的一项重要应用，如追踪中风病人重新恢复活动能力时的大脑活动的变化。

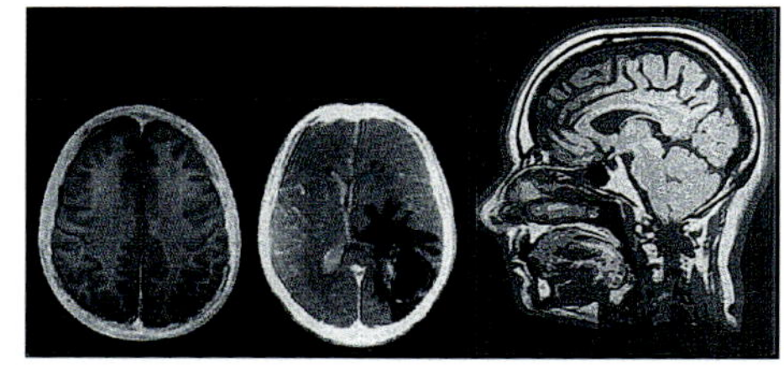
用核磁共振层析术“拍摄”的脑截面图像

粒子加速器 用电场加速带电粒子，并用电磁场控制粒子轨道的装置。粒子加速器是科学家用来轰开基本粒子大门的“大炮”。该设备是一个能将其内部粒子的速度提高到接近光速的管状设备，它还能将粒子分裂，从而研究宇宙的微小粒子。按粒子运动的轨道形状，粒子加速器可分为直线形加速器和圆形加速器两大类。

对撞机 将两束带电粒子同时加速到高能量后，实现相向对撞的高能粒子加速器。通常的粒子加速器不论用什么方法加速，最终都是用高能粒子去轰击静止的目标，这样只有很少一部分能量被用来促使粒子发生反应。随着研究的深入，需要设法使高能粒子的能量更多地被用来发生反应，对撞机就是为了这个目的建造的。

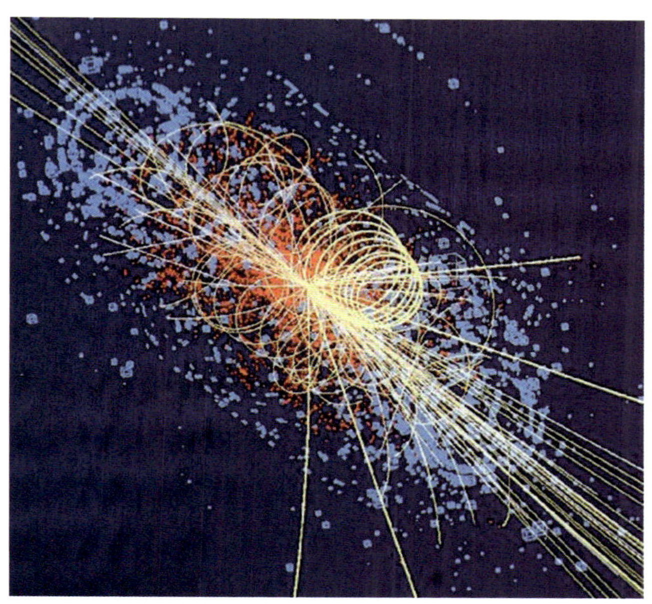

希格斯玻色子模拟图

对撞机能加速、积累、储存带电粒子并在其中使两束相向运动的粒子对撞。按对撞的粒子种类，有正负电子对撞机、电子－质子对撞机、质子－反质子对撞机等。2012 年，欧洲核子研究组织在利用大型强子对撞机进行的实验中探测到希格斯玻色子的存在。

纳米材料 材料基本结构单元至少有一维处于纳米尺度范围，并由此具有某些新特性的材料。纳米尺度范围为 1 ~ 100 纳米（1 纳米 = 10^{-9} 米）。当材料微粒的尺寸进入纳米量级时，其力学、热学、电学、磁学和光学性质会发生根本性变化。纳米材料中的颗粒极小，所以材料中的相当大一部分原子位于颗粒表面上，因而纳米材料具有奇异的性质和特殊功能。

磁悬浮列车 以超导电磁铁相斥原理建设的铁路运输系统。磁悬浮的构想是由德国工程师 H. 肯佩尔于 1922 年首先提出的。磁悬浮列车包含有两项基本技术：一项是使列车浮起来的电磁系统，另一项是用于牵引的直线电动机。形象地说，是把圆形旋转电机剖开并展成直线型的电机结构。它依靠铺在线路上的长定子线圈极性交错变化的电磁场，根据同极相斥异极相吸的原理进行牵引。磁悬浮列车分为常导型和超导型两种。

中国从 20 世纪 70 年代开始进行磁悬浮列车的研制，2004 年正式投入运行的上海磁悬浮列车是世界上第一条商业化运营的磁悬浮列车线。高速磁悬浮列车可达到 500 千米 / 小时以上的运行速度。

电子计算机 一种具有数学运算和逻辑运算能力的机器，能够根据预先设定好的程序自动高速并且精确地进行信息处理。在某种程度上，它具有与人脑相似的功能，所以人们又称之为“电脑”。

电子计算机系统由硬件和软件构成，它的构造极为复杂，通常可分为输入、输出、记忆、计算和控制五大部分。现代的电子计算机广泛应用于科学计算、实时控制、信息处理、数据分析、计算机辅助设计（CAD）、网络信息传

二进制是电子计算机的运算基础

递和人工智能等领域。特别是近20年，计算机技术高速发展，现在几乎所有的领域都离不开电子计算机，它在人类的生活中扮演着越来越重要的角色。

电子计算机诞生至今已经经历了4代的变迁。第一代是电子管计算机，第二代是晶体管计算机，第三代是集成电路计算机，第四代是大规模集成电路电子计算机。这四代计算机都属于以顺序控制和按地址寻址为基础的冯·诺伊曼式计算机体系，都以高速数值计算为主要目标，而系统设计原理没有太大的变化。20世纪80年代起，一些国家的专家开始研制第五代智能计算机。此外，对生物计算机、光子计算机、量子计算机的开发也在进行之中。

智能计算机 1981年10月，日本首先提出“第五代计算机”的说法，并指出第五代计算机系统将是以词组逻辑为基础的知识信息处理系统。第五代计算机又称智能计算机，它是为适应未来社会信息化的要求而提出的，与前四代计算机有着质的区别。它不仅能进行数值计算或处理一般的信息，而且主要面向知识处理，具有形式化推理、联想、学习和解释的能力，能够帮助人们进行判断、决策，开拓未知的领域和获取新的知识，配有智能化的人机界面，可以直接通过自然语言（文字、声音）或图形、图像交换信息。可以认为，它是计算机发展史上的一次重大变革，将广泛应用于未来社会的各个领域。

生物计算机 随着微电子技术的高速发展，作为计算机核心元件的集成电路的制造工艺已经达到了理论极限，半导体硅芯片因电路密集引起的散热问题实难解决，科学家们正致力于寻找新的材料。而第六代计算机——生物计算机是极具潜力的选项。

生物计算机（又称分子计算机）的主要原材料是蛋白质分子，并以此作为生物芯片。在这种芯片中，信息以波的形式传播，当波沿着蛋白质分子链传播时，引起蛋白质分子链中单键和双键结构顺序的变化。因此，当波传播到分子键的某个部位时，它们就像芯片中的载流子那样来传递信息。由于蛋白质分子比硅芯片上的电子元件小得多，其密集度可做得很高。蛋白质构成的生物芯片有着巨大的存储功能，而且阻抗低、能耗小。此外，蛋白质分子很容易构成三维立体型分子排列结构，形成立体生物集成芯片。而目前电子计算机用的芯片，几乎都是二维平面型集成电路。对于生物芯片，存储几十亿兆位的信息是相当容易的事。此外，生物计算机还有望模仿人脑灵活处理模糊信息的功能。

光子计算机 一种由光信号进行数字运算、逻辑操作、信息存贮和处理的新

巨型计算机 随着科技飞速发展，人类在宇航技术、海洋工程、流体力学、理论物理学等方面遇到了许多难度越来越大的复杂问题。要解决它们，微机及小、中、大型计算机都无能为力，巨型计算机（又称超级计算机）则成为不可替代的工具。这是因为巨型计算机的运算速度快、存储容量高。中国自主研制的“神威·太湖之光”超级计算机拥有目前世界最高的计算速度，持续速度可超过每秒9亿亿次。

型计算机。光子计算机的基本组成部件是集成光路，在光子计算机中必须有激光器、透镜和棱镜。光脑和电脑的工作原理基本一样，所不同的是光子代替了电子，光互连代替了电子导线互连，光开关、光三极管、光存储器、反馈装置和集成光路等部件，代替了电脑中的电子硬件，光运算代替了电运算，非冯·诺伊曼结构代替了冯·诺伊曼结构，使光脑的功能为电脑望尘莫及。

光脑具有超并行性，并且可以在接近室温条件下达到超高运算速度。同时光脑的抗干扰能力强，容错性好。随着光脑技术的不断发展，未来它将具有广阔的发展前景。

量子计算机 量子计算机与传统计算机原理不同，它是建立在量子力学的原理上工作的。经典粒子在某一时刻的空间位置只有一个，而量子客体则可以存在于空间的任何位置，具有波粒二象性。量子存储器可以以不同的概率同时存储0或1，具有量子叠加性。如果量子计算机的CPU中有n个量子比特，1次操作就可以同时处理$2n$个数据，而传统计算机1次只能处理1个数据。由于具有强大的并行处理能力，量子计算机将对现有的保密体系产生根本性的冲击。

中央处理器 计算机中负责解释指令功能，控制各类指令的执行过程，完成各种算术和逻辑运算的部件。又称CPU，是计算机的“大脑”，也是计算机硬件系统的核心。它具有运算功能和控制功能。中央处理器的基本构造包括运算器和系统控制器，在结构上还包括中继系统、通用寄存器和堆栈等部分。实际上，中央处理器只是一小块集成电路，也就是芯片。别看它体积不大，上面有成千上万个微小的电子元件，这些电子元件大多是晶体管。

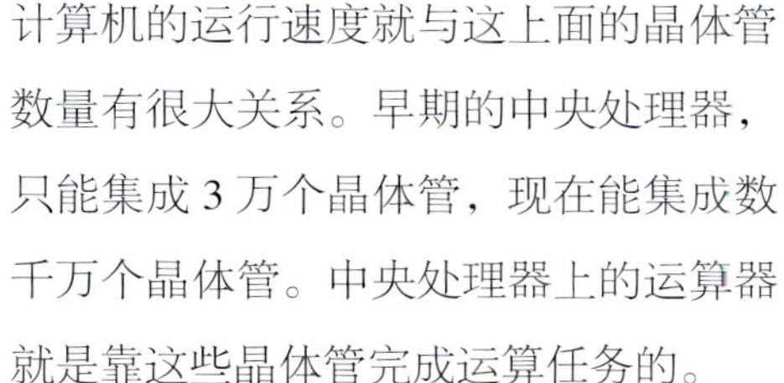

计算机的运行速度就与这上面的晶体管数量有很大关系。早期的中央处理器，只能集成3万个晶体管，现在能集成数千万个晶体管。中央处理器上的运算器就是靠这些晶体管完成运算任务的。

内存 在计算机系统中用来存放指令和数据、能够被中央处理器直接随机访问的存储器。又称主存。它读取和写入速度很快（纳秒级），是中央处理器（CPU）使用硬盘中数据的中间存储介质。

内存分为随机存储器（RAM）、只读存储器（ROM）、可编程存储器、电可重复编程存储器和电可擦除编程存储器。随机存储器中的数据在断电后立即丢失。只读存储器中的内容在出厂时已经固定，无法更改，在任何情况下都不会丢失。可编程存储器的内容可以在出厂后进行一次写入，之后无法更改，在任何情况下都不会丢失。电可重复编程存储器的内容可以在出厂后使用特定的设备进行写入，断电后内容不会丢失，但是当紫外线通过玻璃窗口照射后内容丢失，之后可以再次进行写入。电可擦除编程存储器的内容可以在出厂后使用特定的设备进行写入和删除，断电后内容不会丢失，亦不受紫外线影响。

USB闪盘 利用闪存技术进行数据信息的存储或删除的小型存储器。简称U盘。闪存是英文Flash Memory的中文意译，意思是这种存储器的存储过程就像照相机的闪光灯一样。U盘的存储介质是闪存芯片，通过USB接口与电脑连接，断电后存储芯片里的数据信息不会丢失，而且在存储和读取数据信息时不用机械驱动，所以几乎不受震动的干扰。U盘因其体积小、存储速度快、防震等特点而广受欢迎。

硬件 构成电脑的所有元器件、线路、部件和设备。冯·诺伊曼式计算机的硬件由五大部件组成：运算器、控制器、存储器、输入设备和输出设备。

运算器是计算机加工处理信息并形成信息的加工厂，其主要功能是完成对数据的算术运算、逻辑运算和逻辑判断。控制器是计算机的指挥中心，它实现各部件的联系，并控制和指挥计算机自动工作。存储器是计算机的记忆设备，主要用来保存和提供数据、运算结果和程序，因此，存储器必须具备存数和取数功能。“存”和“取”有时也称为“写”和“读”。输入设备主要用于把用户的数据和程序等信息转变为计算机能接受的电信号送进计算机。输出设备主要用于将计算机的运算结果或工作过程按用户所要求的形式表现出来。输入/输出设备常简称为I/O设备，它们统称为外围设备。

计算机主板

软件 计算机系统包含的各种程序及其文档。是用户与硬件之间的接口界面，用户通过软件与计算机进行交流。软件又是计算机系统中的指挥者，它规定计算机系统的工作，包括各项计算任务内部的工作内容和工作流程，以及各项任务之间的调度和协调。软件还是计算机系统结构设计的重要依据。为了方便用户，在设计计算机系统时，必须通盘考虑软件与硬件的结合，以及用户的要求和软件的要求。

各种计算机软件

计算机辅助设计 由一定的硬件和软件组成的辅助人们进行设计与绘图的系统称为计算机辅助设计（简称

CAD）系统。CAD 系统帮助设计人员更有效地完成设计，担负计算、信息储存和制图等各项工作。

目前，计算机辅助设计广泛应用于工业部门和各个设计领域。彩色图形显示使设计人员更易于识别计算机的分析结果和观察复杂的三维空间关系。在使用统一的标准后，计算机辅助设计系统之间可以实现互相兼容并能互相“通话”。未来，人工智能的概念和方法将逐渐用于计算机辅助设计，提高计算机辅助设计系统在人机交互和解决问题方面的能力。

计算机专家系统 人工智能领域有实用价值的软件系统。计算机专家系统收集某一领域专家的知识，以推理计算模型模拟人类专家分析处理本领域问题的思路，得出和人类专家一样的结论。显然，专家系统要有一个知识库“记住”人类专家的知识，还要有一个推理机，可根据输入的要解决的问题，按知识库中的知识（事实和规则）推导出结论。因为机器是不掌握任何知识的，推导的基本原理是它能做基于谓词逻辑的符号演算，即它认识符号以及符号出现的次序，会到库中查寻匹配并作相应置换及简单的逻辑运算。

计算机网络 利用通信设备和线路将地理位置不同、功能独立的多个计算机系统连接起来，以功能完善的网络软件实现资源共享和信息传递的系统。是计算机和通信技术发展相结合的产物。根据计算机网络覆盖的范围分类，计算机网络可以分为广域网和*局域网*两种类型。

信息通过光纤以光速在计算机网络中传播

局域网 局域网即计算机局部区域网，它是在一个局部的地理范围内，如一个公司、一所大学等，将各种计算机、外围设备、数据库等互相连接起来组成的计算机通信网，简称 LAN。根据不同的拓扑结构组建的局域网称作星型网络、总线型网络、网状网络等。局域网内的数据传输速度快，能通过多种介质传输，如电缆、光纤以及无线传输等。局域网络成本低，安装、扩充及维护方便，成为一种使用范围最广泛的网络。

搜索引擎 自动从因特网搜集信息，经过一定整理以后，提供给用户进行查询的系统。它使用一种叫“网络蜘蛛”或“网络机器人”的软件，扫描一定 IP 地址范围内的网页，并根据网页上的超链接到达另一个网页，采集资料，就这样一连十，十连百，机器人能游遍大部分网页。网络机器人采集的网页，还要由其他程序进行分析，根据一定的算法计算建立网页索引，然后添加到索引数据库中。

因特网 被人们称为全球信息高速公路的因特网是全球最大的计算机互联通信网络。因特网源自英文的“Internet”，从广义上来说，它就是“连接网络的网络”。作为专有名词，它指的是全球公有并使用 TCP/IP（传输控制协议 / 互联网络协议）通信协议的一个计算机系统。

搜索引擎有几种不同的形式，我们平时使用最多的是全文搜索引擎，它的主页只有一个检索界面，当输入关键词进行查询时，搜索引擎会从庞大的数据库中找到符合该关键词的所有相关网页的索引，按照一定的排名规则呈现出来。

电子邮件 建立在计算机网络上的一种通信形式，又称 E-mail。计算机用户可以利用网络进行信件的书写、发送和接收。电子邮件可在计算机局域网或广域网上进行传递。进行电子邮件通信，必须在网络文件服务器（即计算机）上建立电子邮件的“邮局”。它是电子邮件的中心集散地，可为每个用户设置有地址的信箱。别人可向该信箱发送电子邮件，信箱的主人则可在方便时从信箱中“取出”其邮件。这里的“邮局”实际上是网络文件服务器上的一组数据库文件。电子邮件软件可利用用户计算机的处理能力和存储空间，使邮件处理过程自动进行，其功能包括：离线信件准备，自动发送和接收，将电子邮件自动归档，提供常用地址簿及向多地址发送等。

计算机游戏 在电子计算机上运行的、具有娱乐功能的游戏软件。计算机游戏产业与电脑硬件、电脑软件、互联网的发展联系甚密。计算机游戏也是一门艺术，因为计算机游戏为游戏参与者提供了一个虚拟的空间，从一定程度上让人可以摆脱现实世界中的自我，在另一个世界中扮演现实生活里扮演不了的角色，能带给人们很多体验性感受。但一个人不能长期沉迷于计算机游戏中。

黑客 黑客一词最早源自英文“hacker”的译音，指热衷于计算机程序的设计者，或者专指凭借所掌握的计算机技术，通过窥视别人在计算机网络上的秘密进行电脑犯罪的人，也称“软件骇客”。黑客在计算机技术上有特长，他们或是擅于进行计算机、软硬件和通信系统程序的设计，或是擅长计算机及其功能的开发利用。不过，多数黑客制造病毒并无恶意，仅仅是想显示自己的计算机技术水平。只有少数人凭借掌握的技术知识，采用非法的手段逃过计算机网络系统的存取控制进入计算机网络，进行未经授权的或非法的访问。所以，在计算机安全领域里，“hacker”译为“恶作剧者”更贴切。

计算机病毒 计算机病毒是一种人为制造的并具有自我复制能力的计算机指令或程序代码，它同生物病毒一样，潜伏在计算机中，利用系统数据资源进行繁殖和传染，影响计算机系统正常运行，严重时能够破坏计算机系统。为了使计算机正常运行，必须安装杀毒软件，时刻对计算机病毒采取防范措施。如果所使用的操作系统的文件已经感染病毒，要及时运行杀毒软件进行病毒清除工作。

电影《黑客帝国》中的男主角尼奥能够通过改写“矩阵”（Matrix）的程序使虚拟世界中的子弹停下。当然，现实中的黑客与电影是有很大区别的

不要去当黑客，但可以学习黑客掌握的技术，以提高自己防御网络攻击的水平。

计算机网络安全 计算机网络安全是指计算机信息系统和信息资源不受自然和人为有害因素的威胁和危害。计算机安全的范围包括实体安全、运行安全、数据安全、软件安全和通信安全等。实

二维码 二维码利用二进制概念，使用在二维方向上分布的黑白相间的图形记录数据符号信息，并通过图像输入设备或光电扫描设备进行识读，实现信息的自动处理。二维码是一种比一维码更高级的条码格式，在水平和垂直方向都可以存储信息。因此二维码的应用领域要比一维码广泛得多。此外，二维码还具有容错能力强、译码可靠性高、成本低、易制作、持久耐用等特点。

体安全主要是指计算机硬件设备和通信线路的安全，其威胁来自自然和人为危害等因素。信息安全包括数据安全和软件安全，其威胁主要来自信息被破坏和信息被泄漏。当前威胁信息安全的主要问题集中在计算机病毒、计算机黑客、传输线路安全和设备的电辐射信息泄漏等方面。实现计算机网络安全措施的一种重要手段就是防火墙技术。

条形码 一种用于人机对话的特殊语言。每个商品上都有由长短不一、粗细不匀和间距不等的线条构成的商品代码，用于表示商品的名称、生产批量、生产厂家、重量、数量、价格、规格、型号等，或者表示出厂时间、订货批量、到货地点等信息。机器读知条形码，还需要有一个特殊的“眼睛”，称为条形码读出装置。它由光扫描器对条形码进行阅读，并把条形码代表的数字传送给计算机，计算机就可以根据人的指令对商品进行控制。条形码不仅在销售领域用途很大，在产品的生产、存贮和运输过程中的作用也相当重要。

机器人 一种能够代替人从事多种工作的高度灵活的自动化机械，这种新型机械的根本特点是具有智能，能够模仿人的部分动作。按照机器人从低级到高级的发展程度，可以分成三代机器人：第一代机器人主要是以“示教－再现”方式工作的机器人，它重复执行操作人员事先教会并存储的动作；第二代机器人是具有一定感觉的机器人，可以做简单的推理；第三代是智能型机器人，具有多种感知功能，能在作业环境中独立行动。

这个机器人的脚部可以前后自由移动，头部和腰部依照声音的指示转动，手、腕、臂则能和人一样灵活，能从事相当精细的工作

机器人按功能可分为 3 种类型：家庭机器人、专业机器人和智能机器人。家庭机器人用于从事家务劳动和家庭护理工作。专业机器人可以从事特种作业，它们充当焊接工、喷漆工、装配工等，代替人们完成重活、脏活，人们称它是“钢领工人”。智能机器人除能完成体力劳动外，还具有类似人脑的功能，可完成部分脑力劳动者的工作。智能机器人与第五代计算机关系密切，目前都处于实验探索阶段。

安卓（Android）一词的本义就是机器人，最早出现于法国作家利尔亚当在 1886 年发表的科幻小说《未来夏娃》中

詹天佑（1861-04-26 ～ 1919-04-24）铁路工程专家。生于广东南海（今广州市）。1872 年，詹天佑作为第一批官办留美学生留学美国。1881 年毕业于耶鲁大学，同年回国。1905 ～ 1909 年，他

主持修建了中国自建的第一条铁路——京张铁路，即现今京包线北京至张家口段。设计中，他因地制宜运用“人”字形路线，减少了施工的工程数量，并利用“竖井施工法”开挖隧道，缩短了工期。通过京张铁路的修建，培养了中国第一批铁路工程人员。1912 年，中华工程师学会成立，詹天佑被选为第一任会长。

王淦昌（1907-05-28 ～ 1998-12-10）核物理学家，中国科学院院士。生于江苏常熟县。1929 年清华大学毕业，1930 年入德国柏林大学，1934 年获柏林大学博士学位，同年回国，先后在山东大学、浙江大学任教。1941 年，他提出了验证中微子存在的实验方案，并为实验所证实。1959 年，在苏联杜布纳联合原子核研究所领导研究工作，在世界上首次发现反西格马负超子，把人类对微观物质世界的认识向前推进了一大步。1964 年，他独立地提出了用激光打热核材料靶实现核聚变的设想，是世界激光惯性约束核聚变理论和研究的创始人之一。王淦昌参与和领导了中国原子弹、氢弹的试验和研制工作。是中国核武器研制的主要奠基人之一。

钱学森（1911-12-11 ～ 2009-10-31）火箭专家，工程控制论与系统工程专家，系统科学思想家，中国科学院院士，中国工程院院士。生于上海。1934 年毕业于上海交通大学，1935 年赴美国麻省理工学院留学，翌年获硕士学位，又转入加利福尼亚理工学院，1939 年获博士学位后留校任教并从事火箭导弹研究。1955 年回国后，从事航天科技和国防科技事业的研究和领导工作。

钱学森在座谈会上

钱学森在超音速及跨音速空气动力学、薄壳稳定理论方面所做的研究，对航空工程理论有许多开创性的贡献。他对中国火箭导弹和航天事业的迅速发展做出了重大贡献。钱学森在 20 世纪 50 年代初将控制论发展成为一门新的技术科学——工程控制论，为导弹与航天器的制导理论提供了基础。钱学森在力学的许多领域都做过开创性工作。他的系统科学思想，首先表现在他提出了一个清晰的现代科学技术的体系结构。他的专著有《工程控制论》《物理力学讲义》《星际航行概论》《论系统工程》等。

吴健雄（1912-05-31 ～ 1997-02-16）美籍华裔女物理学家。生于江苏上海（今上海市）。1923 年她进入师范学校后，自学了数学、物理等课程。1934 年毕业

吴健雄在做学术研究报告

于南京中央大学。1936 年她赴美学习，1940 年获得美国加利福尼亚大学博士学位。此后，先后在美国加利福尼亚大学、史密斯学院、普林斯顿大学、哥伦比亚大学任教。

吴健雄具有杰出的物理实验才能，她进行了多项有关物质基本结构的复杂的实验，获得了许多重要的成果，加深了人们对微观世界的认识。她最突出的成果是用实验验证了李政道、杨振宁提出的弱相互作用下宇称不守恒理论。这是一项重要的微观世界的基本规律。

吴健雄是美国物理学会第一位女会长，同时也是美国科学院院士和美国文理研究院院士。吴健雄从 1973 年起多次到中国探亲和讲学，1982 年被聘为北京大学、南京大学的名誉教授，1992 年在东南大学建立了吴健雄实验室。1996 年 6 月，当选为中国科学院首批外籍院士。

钱伟长（1912-10-09 ～ 2010-07-30）力学家、应用数学家，中国科学院院士，中国工程院院士。生于江苏无锡。1935 年于清华大学物理系毕业，1939 年清华大学物理系研究生毕业。同年作为中英庚子赔款公费生留学加拿大多伦多大学应用数学系，1942 年获哲学博士学位。曾任美国加利福尼亚理工学院喷射推进研究所研究员。1946 年起，历任清华大学教授、副校长，中国科学院数学研究所研究员、力学研究所所长，上海工业大学校长，上海大学校长，上海应用数学和力学研究所所长。

钱伟长长期从事数学、力学等方面的教学与科研工作，获得许多重大成果。关于板壳内禀理论的非线性微分方程组，在国际上称为“钱伟长方程”。他在弹性力学、变分原理、摄动方法等领域也有研究成就。他参与筹建了中国科学院力学研究所和自动化研究所，并长期从事高等教育工作，为培养中国科技人才做出了重要贡献。著有《弹性力学》《变分法及有限元》《广义变分原理》《实用力学》等专著。

钱三强（1913-10-16 ～ 1992-06-28）核物理学家，中国科学院院士。生于浙江吴兴。1936 年毕业于清华大学。1937 年赴法国留学，入巴黎大学后，受约里奥-居里夫妇指导，1940 年获法国国家博士学位。1944 年被委任为法国国家科学研究中心研究员。1945 年受 I. 约里奥-居里派遣，赴英国布里斯托尔大学威尔斯物理实验室学习核乳胶技术，并出席英法宇宙线会议。1948 年，钱三强回国，任清华大学物理系教授。同时，与其妻何泽慧积极组建北平研究院原子学研究所，并兼任所长。1950 年 5 月，中国科学院组建了以研究原子核科学为主的近代物理所（1953 年改名为物理研究所，1958 年又改名为原子能研究所），钱三强先后任副所长、所长。在核物理研究中获多项重要成果，特别是发现重原子核三分裂和四分裂现象，

并对三分裂机制做了科学的解释，为中国原子能科学事业的创立、发展和“两弹”研制做出了突出贡献，同时在中国科学院以及国家的科学活动的组织推动等方面也做出了重要贡献。

杨振宁（1922-10-01～　）物理学家，中国科学院院士。生于安徽合肥。1942年毕业于昆明西南联合大学，1944年获清华大学硕士学位。1948年获美国芝加哥大学博士学位。1949年后历任美国普林斯顿高等研究院教授，纽约州立大学石溪分校教授兼该校理论物理研究所所长、名誉所长。1956年，他与李政道一起提出“弱相互作用下的宇称不守恒理论”，为此两人共同获得1957年诺贝尔物理学奖，成为最先获得诺贝尔奖的华人科学家。他是美国国家科学院院士（1965）、英国皇家学会外籍会员、俄罗斯科学院外籍院士。1994年6月8日当选为首批中国科学院外籍院士。2003年底，杨振宁从美国回到中国，定居清华园。2017年，重新加入中国国籍。

邓稼先（1924-06-25～1986-07-29）核物理学家，核武器科学和技术专家，中国科学院院士。生于安徽怀宁县。1945年毕业于西南联合大学物理系，1948年赴美国留学，在印第安纳州普度大学获物理学博士学位。1950年9月回国后，先后在中国科学院近代物理研究所、原子能研究所任助理研究员、副研究员。

邓稼先是中国核武器理论研究工作的奠基者之一，为中国原子弹、氢弹的研制和试验成功做出了重要贡献。他签署确定了中国第一颗原子弹总体计划方案。1999年国庆50周年前夕，中共中央、国务院和中央军委向邓稼先追授了“两弹一星功勋奖章”。

李政道（1926-11-25～　）美籍华裔物理学家。生于上海。1943年考入浙江大学物理系，1945年转学至西南联合大学，在此与杨振宁认识。1946年大学未毕业即获奖学金赴美国芝加哥大学学习。在E.费米指导下，24岁时获得博士学位。1951年到美国普林斯顿高级研究院工作，1953年在哥伦比亚大学任教，他还是美国科学院院士。

1957年，诺贝尔物理学奖第一次授予两名美籍华人物理学家。年仅31岁的李政道，因和杨振宁教授共同提出弱相互作用中宇称不守恒理论而同获此殊荣。这个理论打破了宇称守恒定律普遍适用的旧观念，促进了基本粒子的物理研究，具有划时代的意义。

李政道热爱祖国，关心祖国的教育科研工作，他是清华大学、复旦大学、中国科技大学等校的名誉教授。

丁肇中（1936-01-27 ～ ） 美籍华裔实验物理学家。生于美国密歇根州，

3个月后随父母回中国。1956年到美国密歇根大学物理系和数学系学习，1962年获物理学博士学位。丁肇中和他的同事在1974年通过实验发现了一种新的基本粒子——J粒子，它具有非常独特的性质。这个发现使有关基本粒子的研究又活跃了起来，并取得了许多成果。由于这一突出贡献，丁肇中和美国物理学家B.里克特共获1976年的诺贝尔物理学奖。丁肇中热心培养中国高能物理学人才，他是中国科学技术大学名誉教授、中国科学院高能物理研究所学术委员会委员。

崔琦（1939-02-28 ～ ） 美籍华裔物理学家。生于中国河南宝丰。1958年到美国伊利诺伊州的奥古斯塔纳学院学

习，那时全校只有他一名华裔学生。他以优异的成绩从学院毕业。在发现了“分数量子霍尔效应”后两年，他便于1984年赢得“美国科学院院士”荣誉头衔及巴克利物理大奖。此后又与另两位科学家因发现强磁场中相互作用的电子能形成具有分数分子电荷的新型“粒子”而获得1998年诺贝尔物理学奖。2000年，崔琦当选为中国科学院外籍院士。

哥白尼，N.（Nicolaus Copernicus，1473-02-19 ～ 1543-05-24） 波兰天文学家，日心说创立人，近代天文学的奠基人。生于波兰托伦城。哥白尼一生最大的成就是以科学的日心说推翻了在天文学上统治了1000余年的地心说，引起了人类宇宙观的革新。

1503年，哥白尼获得教会法博士学位。1512年他写成《论天体运行的假设》，此书直到1543年改名为《天体运行论》才正式出版。1543年5月24日《天体运行论》印成后送到久病不起的哥白尼手中，一小时后他就与世长辞了。日心说引起教会的恐慌，教会当局宣布日心说为邪说，把《天体运行论》列为禁书，对哥白尼和他的拥护者进行攻击和打压。《天体运行论》的发表，在自然科学发展史上是一次革命，它向教会权威挑战，使自然科学从神学中解放出来。

牛顿，I.（Sir Isaac Newton，1643-01-04 ～ 1727-03-31） 英国物理学家、天文学家和数学家，经典物理学的奠基人。生于苏格兰林肯郡。

牛顿于1665 ～ 1666年建立了微积分学，此外还创立了二项式定理，传说中“苹果落地”的故事也发生在这段时间里。1669年，年仅26岁的牛顿就担任了剑桥大学的数学教授。在剑桥大学的25年中，牛顿完成了许多科学杰作，如1687年发表的《自然哲学

的数学原理》，开创了自然科学发展史的新时代。

牛顿关于空间、时间、质量和力的学说是解决任何具体的力学、物理学和天文学问题的总纲要。牛顿在伽利略等人的工作基础上确立了经典力学的基础——牛顿运动定律。此外，他深入研究开普勒等人的工作，运用流数（微积分初步）理论，发现了万有引力定律，完成了开普勒三定律和万有引力定律间相互关系问题的论证。牛顿还对色散、颜色的理论和光的本性等问题做了大量的研究。他最早进行了用三棱镜分解阳光的实验。1704 年牛顿出版了《光学》一书。在光的本性问题上，牛顿主张“光的微粒说”。

卡文迪什，H.（Henry Cavendish, 1731-10-10 ~ 1810-02-24） 英国物理学家和化学家。

生于法国尼斯。卡文迪什在物理学方面较重大的贡献是 1798 年所完成的著名实验，被称为卡文迪什实验。这个实验所用的方法、构思非常精巧，至今仍可应用，并开精微测定技术的先河。在电学方面，卡文迪什独自发现一对电荷之间的作用力与它们之间的距离平方成反比。他用实验演示了电容器的电容取决于介于其两极板之间的物质。他最早建立了电势的概念，研究了热的现象，发现了“比热”和“潜热”的真正物理意义。

卡文迪什逝世后留下大量财产，后来他的家族捐赠了一大笔资金给剑桥大学建立物理实验室。实验室在 1874 年建成，为纪念他而定名为卡文迪什实验室。

卡文迪什实验室 卡文迪什实验室即英国剑桥大学的物理系，是当时剑桥大学校长 W. 卡文迪什捐款兴建的。他是 H. 卡文迪什的近亲。从 1871 年起，麦克斯韦着手筹建卡文迪什实验室，花费了很大的精力。这个实验室在以后成为世界上少数几个最有声望的物理学研究和教育的中心之一，对近百年来物理学的发展起过非常重要的作用。20 世纪 30 年代之前，英国、美国的著名物理学家大多出于这个实验室。

瓦特，J.（James Watt, 1736-01-19 ~ 1819-08-25） 英国发明家、机械师。生于英国苏格兰的格里诺克。瓦特年轻时在苏格兰拉斯哥大学从事修理仪器工作。1764 年在修理一台纽可门式蒸汽机后，开始对蒸汽机进行改进。

1765 年设计出一种与汽缸分离的冷凝器。1781 年其雇员发明行星齿轮，将蒸汽机的往返运动变为旋转运动。1788 年发明离心调速器的节气阀。1790 年发明压力表。这些发明使瓦特蒸汽机配备齐全，切合实用，从而使瓦特蒸汽机被广泛使用。为了纪念瓦特为人类做出的贡献，人们将功率的单位命名为“瓦特”。

富尔顿，R.（Robert Fulton, 1765-11-14 ~ 1815-02-24） 美国轮船发明家。生于宾夕法尼亚州兰开斯特。从 1793 年起，富尔顿在研究和总结前人经验的基础上，绘制了许多船舶、桨轮、锅炉和蒸汽机的草图。他

设计制造的第一艘以蒸汽机作动力的轮船，长 21.35 米，1803 年在法国的塞纳河试航成功，但当晚被暴风雨所毁。后来他得到 J. 瓦特的支持，于 1805 年 3

月获得新的更大的船用蒸汽机。两年后，富尔顿在美国造成明轮推进的蒸汽机船“克莱蒙脱”号，长 45 米，于 1807 年 8 月 18 日在纽约州的哈得逊河上作历史性的航行，航速为 1.61 千米 / 时。后经多次改进，航速渐增至 12.87 千米 / 时。他一生共造船 17 艘，1812 年在抗击英国封锁时制造了世界上第一艘蒸汽机军舰，称水上炮台。

安 培，A.–M.（André-Marie Ampère, 1775-01-22 ~ 1836-06-10） 法国物理学家。生于里昂。1820 年 9 月 4 日，安培在奥斯特的实验基础上发表报告，揭示电和磁之间的关系。安培提出了著名的“分子电流”的假设与后来以他的名字命名的安培定律。同时，安培也是发展电测量技术的第一人，他制造了一种仪器，利用自由移动的针来测量电的流动，也就是后来的电流计的雏形。为了纪念安培在电磁学上的贡献，人们把电流的单位命名为“安培”。

斯蒂芬森，G.（George Stephenson, 1781-06-09 ~ 1848-08-12） 英国工程师、铁路蒸汽机车发明家。生于诺森伯兰郡。1814 年，他采用蒸汽鼓风法，把废气导引向上喷出烟囱，带动后面空气，从而加强了通风，这一新设计使蒸汽机车进入实用阶段，人们给它取名叫“火车”，蒸汽机车则叫“火车头”。1825 年 9 月 27 日“动力”1 号蒸汽机车牵引列车运送旅客，开创了铁路运输事业。

斯蒂芬森的“动力”1 号机车的模型

贝 尔，A.G.（Alexander Graham Bell, 1847-03-03 ~ 1922-08-02） 电话发明人。生于英国苏格兰爱丁堡。贝尔在多路电报通信的实验过程中，突然意识到如果同一条电线能传送不同音调，不是可以把声音传递过去吗？因为声音就是由高低不同的音调组成的。于是，贝尔便开始了电话研究，终于在 1876 年发明了电话机。1878 年，他成功地完成了相距 300 多千米的波士顿和纽约之间长途电话通话的实验。三个月后他成立了贝尔电话公司，从此电话得到了迅速发展，为人们的工作和生活带来极大的方便。

贝尔正在为世界第一部电话机做通话实验

贝尔实验室 全称贝尔电话实验室，始建于 1925 年，总部在美国纽约。它是一个在全球享有极高声誉的研究开发机构。贝尔实验室对通信技术的研究成果为美国电报电话公司（前身为贝尔电话公司）所采用，在世界上占据重要地位。贝尔实验室的科学家们从事着许多方面的探索研究，很多成果——譬如有声电影、晶体管、3K 宇宙背景辐射等对我们的世界产生了重要的影响。

汤姆孙，J.J.（Joseph John Thomson 1856-12-18 ~ 1940-08-30） 英国物理学家。生于曼彻斯特。汤姆孙测量了阴极射线的速度，否定了阴极射线是电磁波。他又通过阴极射线在电场和磁场中的偏转，得出了阴极射线是带负电的粒

子流的结论。他进一步测定了这种粒子的荷质比，与当时已知的氢离子的荷质比相比较，发现阴极射线粒子的质量比氢原子的质量小得多。他还给放电管中充入各种气体进行试验，发现其荷质比跟管中气体的种类无关。由此他得出结论，这种粒子必定是所有物质的共同组分。汤姆孙把这种粒子叫作“电子”。1884 ~ 1919 年担任卡文迪什实验室教授。1906 年获诺贝尔物理学奖。

费森登，R.A.（Reginald Aubrey Fessenden, 1866-10-06 ~ 1932-07-22） 美国无线电技术专家。生于加拿大魁北克。他是世界上第一个成功进行无线电广播的人。1906 年 12 月 24 日，费森登使用一台功率为 1 千瓦、频率为 50 赫兹的交流发射机，借助麦克风在美国马萨诸塞州进行调制、播发讲话和音乐，

向人们祝贺圣诞节，许多地区，包括海上的船只都可清楚地收听到。这预示着人类传播信息的一次革命。从此，人类开始有了无线电广播播出的节目。1907 年他又将通信距离延长到 320 千米，送到了纽约。他一生曾获得 500 项专利。

居里夫人（Marie Curie, 1867-11-07 ~ 1934-07-04） 波兰裔法国物理学家和放射化学家。生于波兰华沙。居里夫人一生从事于放射性元素的研究工作。她和丈夫经过长期艰苦的努力，在 1898 年分析出放射性比纯铀要强 400 倍的新元素——“钋”。同年 12 月，他们又发现了另一种新元素——“镭”。由于这些重大的发现，居里夫妇与 H. 贝可勒尔共同获得 1903 年诺贝尔物理学奖。1906 年，居里因车祸不幸去世。居里夫人从悲伤中振作起来，后来她提炼出纯氯化镭，并分析出纯镭元素，还测定了氡及其他很多元素的半衰期，并研究出放射性元素的衰变关系。由于这些

居里夫妇工作之余最主要的休闲活动是骑自行车旅行

重大的成就，居里夫人于 1911 年再次获得诺贝尔化学奖。

卢瑟福，E.（Ernest Rutherford, 1871-08-30 ~ 1937-10-19） 英国物理学家。生于新西兰岛纳尔逊南部。1895 年进入

剑桥大学卡文迪什实验室，成为*J.J. 汤姆孙*的学生。1896 年发现了铀射线由两种成分组成——易被吸收的 α 射线和穿透性强的 β 射线。同时他还根据实验预言了一种穿透能力更强的射线——γ 射线。1902 年卢瑟福首先发现了放射性元素的半衰期，提出放射性是元素自发衰变现象。1905 年他应用放射性元素的含量及其半衰期，计算出太阳的寿命约为 50 亿年，开创了用放射性元素半衰期计算矿石、古物和天体年纪的先河。卢瑟福以特有的洞察力和直觉，抓住 α 粒子轰击原子时发生 α 粒子急转弯的这个反常现象，从原子内存在强电场的思想出发，1911 年构思出原子的核式结构模型。

1919 年卢瑟福继汤姆孙之后，担任卡文迪什实验室领导，将卡文迪什实验室的研究发展到一个新的高峰，将物质微观结构的研究推向崭新的阶段，同时也培养出了许多青年科学家，包括 10 位诺贝尔奖获得者。

玻 尔，N.（Niels Henrik David Bohr, 1885-10-07 ~ 1962-11-18） 丹麦物理学家。生于哥本哈根。因研究原子结构及其辐射的出色成就，获 1922 年诺贝尔物理学奖。

玻尔最重要的贡献是在量子物理学方面的建树。20 世纪初，玻尔和其他一些科学家经过辛勤的工作，建立了量子力学，展示了自然界更深奥的秘密，告诉人们物理学中还有无数未知的领域等待探索。量子力学的建立，还使人们对整个世界的认识前进了一大步。

查 德 威 克，J.（James Chadwick, 1891-10-20 ~ 1974-07-24） 英国实验物理学家。生于曼彻斯特。查德威克是*卢瑟福*的学生。1931 年，约里奥－居里夫妇公布了关于石蜡在“铍射线”照射下产生大量质子的新发现。查德威克意识到，这种“铍射线”很可能是由中性粒子组成的，这是解开原子核质量之谜的钥匙。通过实验查德威克发现，这种粒子的质量和质子一样，而且不带电荷。他称这种粒子为“中子”。查德威克因发现中子的杰出贡献，获得 1935 年诺贝尔物理学奖。

费米，E.（Enrico Fermi, 1901-09-29 ~ 1954-11-28） 美籍意大利物理学家。生于意大利罗马。费米对统计物理、原子物理、原子核物理、粒子物理、中子物理都有重要贡献。由于发现慢中子核反应及其产生的新核素，他获得了 1938

哥本哈根理论物理学研究所 正式成立于 1920 年，是当时国际物理学的三大研究中心之一。物理学家 N. 玻尔是它的创始人并担任负责人直到逝世。这个集体形成了闻名于世的理论物理学派——哥本哈根学派。20 世纪物理学最重要的成就之一——量子力学就是在这里发展起来的，还前后出现了十几位诺贝尔物理学奖获得者。为了纪念玻尔，哥本哈根理论物理学研究所于 1965 年改名为玻尔研究所。

动性和兴趣、改进学习方法、增强学习能力；促进学校开展多样化的物理课外活动，活跃学习气氛；发现具有突出才能的青少年，参加国际物理学奥林匹克竞赛。

竞赛分为预赛、复赛和决赛。预赛采用笔试的形式，所有在校的中学生都可以报名参加。在预赛中成绩优秀的学生经推荐，可以参加复赛。复赛包括理论和实验两部分。复赛成绩优秀的学生经推荐可参加决赛。决赛由全国竞赛委员会命题和评奖。

全国中学生物理竞赛开始于1984年，每学年举行一次。从第二届开始，从全国中学生物理竞赛的一、二等奖获得者中选出中国准备参加国际物理学奥林匹克竞赛的集训队员。经过短期培训，从中选出正式参赛的代表队员。

化学

化学 研究物质的性质、组成、结构、变化，以及与物质变化过程相伴随的能量转变的科学。化学是最古老的自然科学之一。自然界中的物质时刻都在发生着变化。从物质变化时所发生的现象来分析，像玻璃破碎、用木板制飞机模型、水的三态变化等都有一个共同的特征：只是物质的形态发生了变化，并没有新的物质生成。这种没有生成其他物质的变化称作物理变化。铁矿石炼铁、石灰石烧制生石灰，以及煤、石油、天然气的燃烧等变化也有一个共同特征：变化后产生了与原来的物质完全不同的新物质。这种生成其他物质的变化称作化学变化，又称化学反应。

化学变化与人的关系十分密切。有些化学变化可造福于人类，像金属的冶炼，塑料、纤维、橡胶、医药、染料等的合成，燃料的燃烧都可以为人类提供丰富的物质资源。有些化学变化在为人类造福的同时也会给人类带来灾难，例如汽车尾气中的二氧化硫及氮氧化物，与空气中的氧气及水蒸气发生化学反应而形成对生物、土壤及建筑物造成危害的酸雨。因此，人类在研究物质的性质及变化的同时，应当注意保护自身的生存环境。

人类从学会用火之时起，就开始了用化学方法认识和改造天然物质的历史。随着科学和生产力的发展，化学科学不仅在认识物质的组成、结构、反应合成、测试等方面有了突飞猛进的发展，而且取得了丰硕的理论和实践成果，为人类提供着众多新物质、新材料，并与自然科学的其他学科相互渗透，不断产生新学科，如发展迅速的生命科学和宇

铁条生锈是化学变化，是铁与氧气发生反应，生成氧化铁

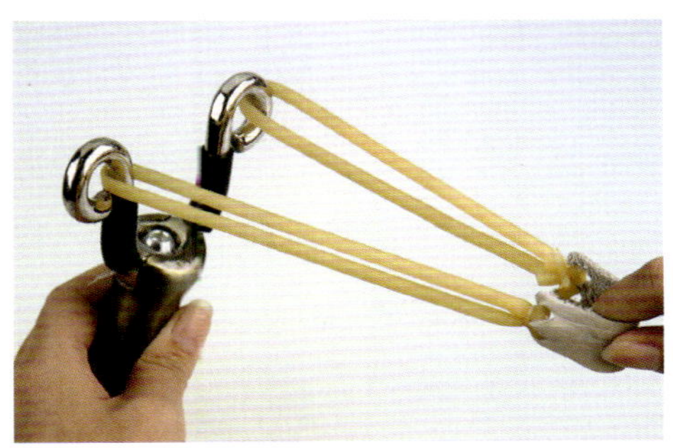

橡皮筋的伸缩是物质状态的变化，即物理变化

宙起源等方面的新兴交叉学科等。

物质 哲学家们很早就认识到，世界万物起源于少数基本物质。有人认为气是万物之源，有人认为水是万物之本，也有人认为金、木、水、火、土组成了万物，这些认识都没有科学依据。直到认识了原子及其内部结构以后，人们才对组成万物的基本物质——元素有了进一步了解。

按照物质的组成，可以把物质分成两大类：纯净物和混合物。纯净物是由同种分子组成的物质。例如，氧气是由氧分子组成的，水是由水分子组成的，它们都是纯净物。纯净物又可以细分为单质和化合物。混合物是由不同的分子组成的物质。例如，空气中含有氮、氧、二氧化碳、惰性气体等多种分子，因此是一种混合物。

元素 同类原子的总称。1661 年，英国化学家 R. 玻意耳经过反复实验，第一次为元素下了科学的定义。他认为元素是用一般化学方法不能再分解为某些简单实体的物质，并初步确定化学研究的对象是化学元素及其化合物。从此化学走向科学的发展道路。

目前，已经确定的 110 多种化学元素中，常温下单质是气体的有 12 种，包括氢、氟、氯、氧、氮，以及 7 种惰性气体；是液体的有两种，它们是汞和溴；其余都是固体。在这些元素中有 36 种是放射性元素。

化学元素的中文名称用一个字表示。在通常情况下为气体的，从“气”字头；液体的为“氵”旁（汞除外）；固体金属元素从“钅”字旁；固体非金属元素，从“石”字旁。一看化学元素的中文名称，便可知化学元素是金属元素还是非金属元素，单质是气体、液体还是固体。

化学元素的外文名称，往往有一定的含义。例如，居里夫人为纪念她的祖国波兰，将她发现的 84 号元素命名为“钋”；为纪念意大利杰出的物理学家 E. 费米，把 100 号元素称作“镄”；为纪念瑞典化学家 A.B. 诺贝尔，把 102 号元素称作“锘”。有时是以元素的特性来命名，如“镭”表示放射性，“碘”表示紫色。

19 世纪中叶以后，国际上普遍采用统一的元素符号来表示各种元素。元素符号用该元素拉丁文名称的第一个大写字母表示。例如，氧的拉丁文名称是 Oxygenium，元素符号就是大写的 O；碳的拉丁文名称是 Carbonium，元素符号就是大写的 C。

如果元素的拉丁文名称的第一个字母与其他元素相同，则用两个字母表示，第二个字母小写。例如，铜的拉丁文名称是 Cuprum，元素符号是 Cu；氩的拉丁文名称是 Argonium，元素符号是 Ar。

元素符号可表示某种元素，也可表示某种元素的 1 个原子。例如，H 既表示氢元素，又表示 1 个氢原子。

分子 物质中能独立存在而保持其组成和一切化学性质的最小微粒。一切物质的分子都在不断地运动，并且分子之间有一定的间隔。

玻意耳，R.（Robert Boyle 1627-01-25 ～ 1691-12-30） 英国化学家、物理学家。他发明了石蕊试纸，也是第一位给酸和碱下定义的化学家。他明确提出，不应把化学作为炼金术或医药学的附庸，而应当把化学作为一门独立的学科来研究。玻意耳在 1661 年发表的《怀疑派化学家》是一部划时代的不朽著作。

在物理学方面，他对光的颜色、真空和空气的弹性等进行研究，总结出了玻意耳定律。

1 个氧分子　2 个氢分子　化合生成　2 个水分子

1 个氯分子　2 个钠分子　化合生成　2 个氯化钠分子

分子结构

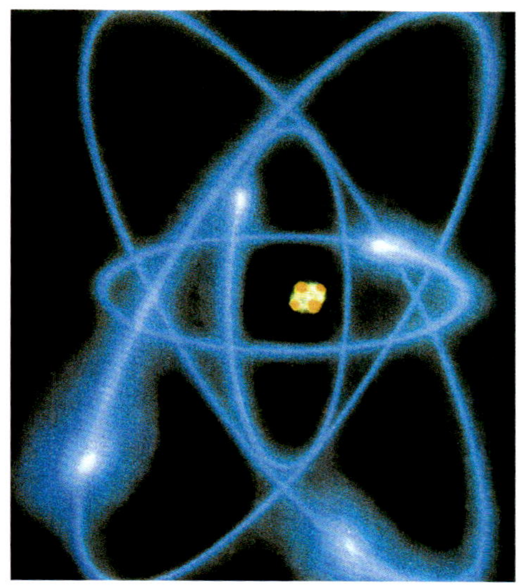

原子由带正电的原子核和围绕原子核不断运动的带负电的核外电子组成。图中蓝色表示电子，红色表示质子，绿色表示中子

德谟克利特（Democritus，前 460 ~ 前 370） 古希腊哲学家。“原子论”的创始者，认为万物的本源是原子与虚空。原子是一种最后的不可分的物质微粒。宇宙的一切事物都是由在虚空中运动着的原子构成。所谓事物的产生就是原子的结合。原子处在永恒的运动之中，即运动为原子本身所固有。

同种物质分子的化学性质相同，不同种物质分子的化学性质不同。

分子在化学反应中可以分解成原子。有的分子由 1 个原子组成，如氦、氖；有的分子由多个相同原子组成，如氧、硫。多数分子是由不同元素的原子组成的，如水、二氧化碳。

原子　组成分子和凝聚态物质的基本单位，化学变化中的最小微粒。这一术语是希腊文“不可分割”的意思。早在公元前 5 世纪，希腊哲学家德谟克利特就已经提出原子的概念，认为一切物质都是由不可分割的小微粒——原子构成，但假说缺乏科学实验的验证。经过二十几个世纪的探索，科学家在 17 ~ 18 世纪通过实验，证实了原子的真实存在。19 世纪初英国化学家 J. 道尔顿在进一步总结前人经验的基础上，提出了具有近代意义的原子学说。这种原子学说的提出开创了化学的新时代，它解释了很多物理、化学现象。

原子是肉眼看不见的微粒，假如把 1 亿个原子排成 1 行，也只不过才有 1 厘米长。原子虽小，但有质量。原子和分子一样，处于不断运动之中，同种原子的性质相同，不同种原子的性质不同。

原子在化学变化中不能再分，这已被大量实验所证实，但是，并不是说在任何情况下原子永远是“不可分割的”最小微粒。放射现象的发现证实了这一

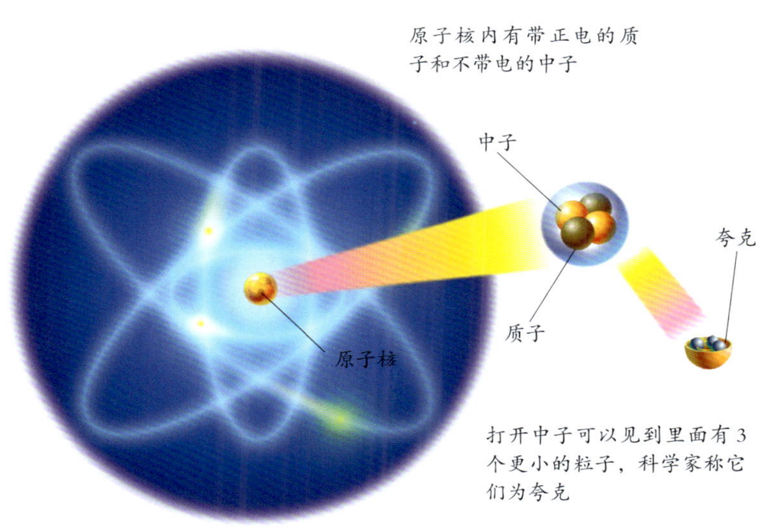

看法，并揭开了原子内部结构的秘密。大量实验证明，原子是由带正电的原子核和围绕原子核不断运动、带负电的核外电子组成。原子质量的 99.95％以上都集中在原子核。原子核和核外电子相互吸引，组成电中性的原子。放射性物质在放射过程中，原子的原子核发生了变化，变成另一种元素的原子。由此人们认识到原子并不是不可分割的最小微粒，它的内部还存在着一个复杂天地。

1932 年英国物理学家 J. 查德威克发现了中子，后来科学家们确认原子核主要是由质子和中子构成的。进一步的实验揭示，原子核内除质子、中子外，还有多种基本粒子。

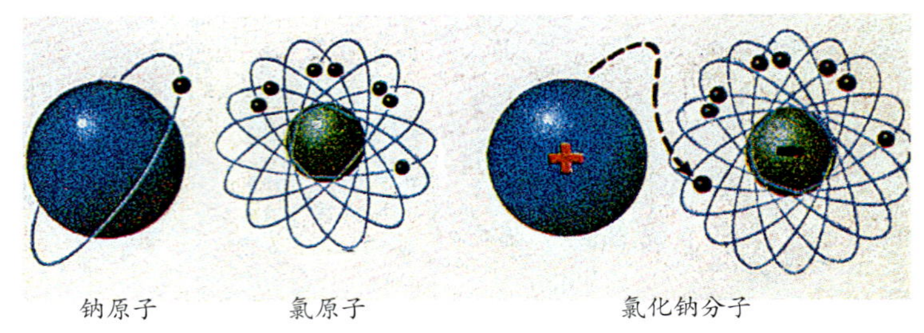

氯化钠是离子化合物。其中钠原子失去 1 个电子成为钠离子，而氯原子获得 1 个电子成为氯离子

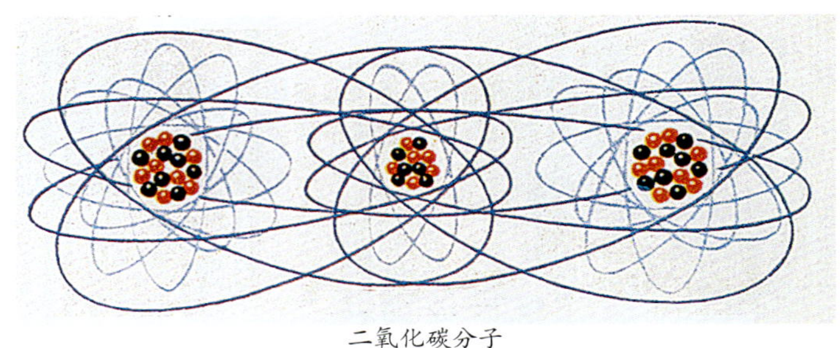

二氧化碳是共价化合物。它的 3 个原子中的每个原子都共用另外 2 个原子的电子

离子 带电荷的原子或原子团。原子失电子而带正电荷，形成阳离子，阳离子所带的正电荷数等于该原子失去的电子数，即该元素的正化合价；原子得电子带负电荷，形成阴离子，阴离子所带的负电荷数等于该原子得到的电子数，即负化合价。离子的表示方法是用离子符号，即将离子所带的电荷数分别写在元素符号的右上角。例如 Na^+表示带 1 个单位正电荷的钠离子，OH^-表示带 1 个单位负电荷的氢氧根离子。同理，还有 NH_4^+、Cl^-等。带正电荷的是阳离子，带负电荷的是阴离子。

化合物 不同种元素组成的纯净物。除了同种元素组成的单质以外，不同种元素之间也能组成化合物，因此物质种类才会如此丰富。

氯化钾（KCl）、氢氧化钠（$NaOH$）、二氧化锰（MnO_2）、氯化钠（$NaCl$）、氯化氢（HCl）等都是化合物。化合物一般有固定的组成，可用化学式表示。化合物具有确定的物理性质和化学性质，不同于其组成元素的性质。

不同元素之所以能相互结合形成固定的化合物，是因为元素原子之间以某种形式相互作用。例如，氯化钠是由带正电的阳离子（Na^+）与带负电的阴离子（Cl^-）互相作用而构成的化合物。这种由阴、阳离子相互作用而形成的化合物称作离子化合物。氯化氢则与氯化钠不同，氢原子与氯原子通过 1 个共用电子对形成氯化氢分子，这种以共用电子对形成分子的化合物称作共价化合物。

根据其组成和性质，化合物还可以分为无机化合物和有机化合物。

金属氧化物 金属元素和氧元素结合

氧化铝 金属铝的氧化物，白色粉末，化学式为 Al_2O_3。在自然界中主要存在于铝土矿中。氧化铝粒度均匀、抗高温、耐磨，是一种很好的耐火材料，可以用来制造耐火坩埚、耐火管和耐高温的实验仪器等。氧化铝还是工业上制取金属铝的主要原料。将氧化铝在高温下电解，能得到金属铝：$2Al_2O_3 \xlongequal{电解} 4Al+3O_2\uparrow$

形成的化合物。金属氧化物的种类繁多，除了金、铂等少数几种活泼性特别弱的金属以外，其他金属都有相应的金属氧化物。变价金属一般有多种氧化物，如铁元素具有 FeO、Fe_2O_3 和 Fe_3O_4 三种氧化物。

金属氧化物都是固体。活泼金属的氧化物能溶于水而生成碱，例如：

$$Na_2O+H_2O = 2NaOH$$

活泼性较差的金属氧化物不溶于水，但大多数都溶于酸：

$$CuO+H_2SO_4 = CuSO_4+H_2O$$

一些金属的氧化物来源于矿藏。例如，Fe_2O_3 是赤铁矿的主要成分，稀土金属的矿物成分主要是它们的氧化物；另外一些氧化物可以由分解反应制得，如钙的氧化物生石灰（CaO）的制取：

$$CaCO_3 \xlongequal{高温} CaO+CO_2\uparrow$$

非金属氧化物 非金属元素和氧元素结合形成的化合物。绝大部分非金属都有相应的氧化物。由于很多非金属有可变化合价，氧化物都不止一种，如碳元素的氧化物有 CO_2 和 CO 两种，氮元素的氧化物则有 N_2O、NO、N_2O_3、NO_2、N_2O_5 等。

大多数非金属氧化物都能跟碱起反应而生成盐和水，这样的氧化物称作酸性氧化物。非金属氧化物中只有 H_2O、NO、CO 等少数几种不符合酸性氧化物的条件，它们是不成盐氧化物。大多数酸性氧化物能跟水反应，生成含氧酸。例如：

$$P_2O_5 + 3H_2O \xlongequal{\triangle} 2H_3PO_4$$

有的酸性氧化物（如 SiO_2）不能跟水反应。但所有的酸性氧化物都有相应的水化物——含氧酸。例如，CO_2 对应的水化物是 H_2CO_3，SiO_2 对应的水化物是 H_2SiO_3。反过来，酸性氧化物被称为相应含氧酸的酸酐，如 CO_2 是碳酸酐，SO_3 被称为硫酐等。

单质 由同种元素组成的纯净物。在纯净物里，一部分是由同种元素组成的。例如，氧气是由氧元素组成的，铁是由铁元素组成的。已经确定的 110 多种化学元素中，常温下单质是气体的有 12 种，它们是氢、氟、氯、氧、氮，以及 7 种惰性气体；是液体的有 2 种，它们是汞和溴；其余元素常温下都是固体。

单质——卤素：碘（左）、溴（中）、氯（右）

非金属单质 已知的 110 多种元素可以分为金属元素、非金属元素和惰性气体元素。由非金属元素组成的单质称作非金属单质。

一般的非金属单质都没有金属光泽，缺乏延展性，是电和热的不良导体。在通常状况下，非金属单质有的是固体，如碳的单质石墨、金刚石等；有的是气体，如氧气、氢气等；只有溴是液体。

非金属单质原子的价电子较多，在化学反应中倾向于得到电子，具有氧化性，容易跟金属化合形成化合物。非金属之间相结合时，其中非金属性较弱的元素原子会部分失去电子，显示还原性。大多数非金属能跟氧结合成酸性氧化物。

碘 碘主要赋存在海水里，有“海洋元素”的美称。海水中的碘可以富集到海藻中去。干海带含碘量高达1%，为制碘创造了良好的条件。中国海带产量居世界第一，除供食用外，大量用于制碘。

单质碘是一种黑色光亮的非金属固体，易升华，在日常生活中用作消毒剂、药品、食品补充剂、染料等。碘酒是一种常见的消毒剂，它是碘溶在酒精里制成的，浓度一般为1%～2%。碘酒具有较强的消毒、杀菌作用，主要用于外伤伤口消毒。

碘最重要的作用表现在它是人体必不可少的微量元素。碘摄入不足时，机体会出现一系列的障碍，如地方性甲状腺肿大、克汀病、聋、哑、瘫痪、儿童先天畸形等，这些病症被统称为“碘缺乏病”。中国是碘缺乏病较严重的国家，为了消除这些疾病，国家有关部门建议食用含碘食盐。除此之外，多吃海产品如海鱼、海带、紫菜等有利于补碘，因为海产品中的碘含量通常是陆地植物的几十倍。

碘具有升华性，碘晶体在加热时不熔化成液体而直接升华成气体

硫黄 硫在自然界中存在的单质状态，具有鲜明的橙黄色，燃烧时发出强烈的臭味。中国古代的炼丹家们就是利用硫黄易燃的性质，将它与硝石和木炭混合，制成中外闻名的四大发明之一——火药。

在印度尼西亚爪哇的一座火山上，工人正在搬运硫黄

硫黄在远古时代就被人们知晓并使用。每次火山爆发都会把地下的大量硫黄带到地面，温泉中也会释放出硫黄的气味。

有机化合物 世界上的无机化合物大约有十几万种，而有机化合物的种类更多，目前已超过1000万种。

有机化合物通常指除一氧化碳、二氧化碳和碳酸盐以外的含碳化合物，简称有机物。有机物是一个庞大的家族。在有机物里，有一类物质是由碳、氢两种元素组成的，称作烃，包括烷烃、环烷烃、烯烃、炔烃、芳香烃等。还有一类物质是以烃为母体衍生而来的，称作烃的衍生物，主要包括卤代烃、醇、酚、醚、醛、酮、羧酸、酯等。

无机化合物 主要包含氧化物、酸、碱、盐等几种化合物，简称无机物。

二氧化锰（MnO_2）、二氧化碳（CO_2）、氧化铜（CuO）、水（H_2O）等，它们都由两种元素组成，其中有一种是氧元素，这类化合物称作氧化物。

盐酸（HCl）、硝酸（HNO_3）、硫酸（H_2SO_4）等属于酸。酸的水溶液都具有酸性。酸在水溶液中能发生电离，生成能自由移动的阳离子氢离子（H^+）和阴离子酸根离子。在化学领域，凡在水溶液中电离出来的阳离子全部是氢离子的化合物，就称为酸。

氢氧化钠（NaOH）、氢氧化钾（KOH）、氢氧化钙［$Ca(OH)_2$］、氢氧化钡［$Ba(OH)_2$］等属于碱。碱的水溶液都具有碱性。碱在水溶液中都能发生电离，生成能自由移动的阴离子氢氧根（OH^-）和金属阳离子。

还有一类如氯化钠（NaCl）、碳酸钠（Na_2CO_3）、硫酸铜（$CuSO_4$）等，电离时能生成金属离子和酸根离子，这类化合物称作盐。

质量守恒定律 化学变化只能改变物质的组成，但不能创造物质，也不能消灭物质；或者说参加化学反应的各物质的质量总和，等于反应后生成的各物质的质量总和。

俄国科学家 M.V. 罗蒙诺索夫用实验结果向他的德国导师沃尔夫教授“燃素说”错误观点发起挑战，证明自然界存在着一条定律——质量守恒定律。1777 年，法国化学家 A.L. 拉瓦锡做了同样的实验，也发现化学变化前后物质的质量是守恒的。1908 年德国化学家 H.H. 兰多尔特及 1912 年英国化学家 J.J. 曼利也都用天平精确地研究了化学反应前后的质量关系，一致承认质量守恒定律的正确性。

20 世纪以来，随着原子核科学的发展，科学家们发现物质的质量与能量是相互联系的，应把质量守恒与能量守恒联系起来，称为质能守恒定律。

化学方程式 根据质量守恒定律，可以用物质的化学式来表示具体的化学反应。这种用化学式来表示化学反应的式子，称作化学方程式。

化学方程式的配平方法有多种，常用的有：①观察法。首先从化学式比较复杂的一种生成物推求出有关各反应物化学式的系数和这一生成物的系数，然后根据求得的化学式的系数再找出其他化学式的系数。②最小公倍数法。首先应选择方程式中原子总数最多的元素，求出它反应前后原子个数的最小公倍数，确定有关化学式的系数，然后再推求其他化学式的系数。③奇数配偶数法。例如，配平方程式：

$$FeS_2+O_2 \longrightarrow Fe_2O_3+SO_2$$

抓住方程式中出现次数较多的氧元素。O_2 是双原子分子，在 O_2 前的系数无论加奇数还是偶数，反应物中氧原子个数总是偶数。但在生成物 Fe_2O_3 和

燃素说 17 ~ 18 世纪中期，以德国医生兼化学家 G.E. 施塔尔为代表提出的“燃素说”影响最为深远。他们认为一切可燃的物质中都含有一种气态的要素，即所谓燃素，它在燃烧过程中从可燃物中分散出来，与空气结合，从而发光发热。正因为木头中含有这种特别的要素，所以能够燃烧，而石头中不含这种特别的要素，所以不能燃烧。

SO_2 里总共含有 5 个氧原子，是个奇数。在 SO_2 中氧原子是 2 个，在它的化学式前无论加奇数还是偶数，氧原子个数总是偶数。在 Fe_2O_3 中氧原子个数是奇数 3，只有在它的化学式前加偶数，才能使生成物里氧原子总数成为偶数。

一般情况是在 Fe_2O_3 前加 1 个最小的偶数 2，然后再配平。配平后的化学方程式为：

$$4FeS_2+11O_2 \xlongequal{高温} 2Fe_2O_3+8SO_2$$

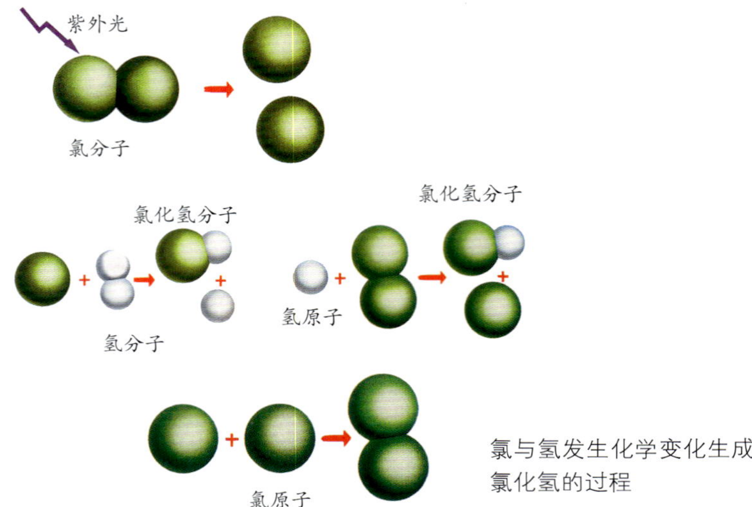

氯与氢发生化学变化生成氯化氢的过程

化学反应 一种或多种物质转变成另外一些物质的化学过程。典型类型有化合、分解、置换、复分解等。

由两种或两种以上物质生成另一种物质的化学反应，称作化合反应。例如，氢气在氧气中燃烧生成水：

$$2H_2+O_2 \xlongequal{点燃} 2H_2O$$

由一种物质生成两种或两种以上物质的化学反应，称作分解反应。例如，加热碱式碳酸铜生成水、二氧化碳和氧化铜：

$$Cu_2(OH)_2CO_3 \xlongequal{\triangle} 2CuO+H_2O+CO_2\uparrow$$

由一种单质跟一种化合物起反应，生成另一种单质和另一种化合物的反应，称作置换反应。例如，锌与稀硫酸反应制取氢气：

$$Zn+H_2SO_4 = ZnSO_4+H_2\uparrow$$

由两种化合物互相交换成分，生成另外两种化合物的反应，称作复分解反应。例如，氢氧化钠溶液与硫酸溶液的反应：

$$2NaOH+H_2SO_4 = Na_2SO_4+2H_2O$$

化学变化 一种或多种物质变成化学性质与原来不同的新物质的过程。如铁的冶炼、石灰石煅烧和天然气燃烧等都属于化学变化。变化前的原物质称为反应物，变化后产生的新物质称为生成物。

例如，氯分子受到紫外光的照射后分裂为两个氯原子，氯原子与氢发生化学反应，生成氯化氢分子，反应后剩余的一个氢原子与其他氯分子发生反应，再生成一个氯化氢分子，反应剩余的氯原子组成一个氯分子。

化学变化过程中，原子间的结合方式和结合能有所变化。化学变化的过程就是反应物化学键的断裂和生成物化学键的形成过程。化学变化过程伴随着热效应，它来源于化学键改组时能量的变化。

催化剂 在化学反应中能改变其他物质的化学反应速率，而本身的质量和化学性质在化学反应前后都没有变化的物质。在加热氯酸钾和二氧化锰的混合物制氧气的反应中，实际发生分解的只是氯酸钾，而二氧化锰具有使氯酸钾在较低温度下迅速释放氧气的本领，起的是催化剂的作用。

各种催化剂外观

催化剂的使用，大大推动了化学工业的发展。合成氨、石油裂解、化学纤维、合成橡胶及塑料的生产都离不开催化剂。

人的生命活动也离不开催化剂。食物中的淀粉和蛋白质必须在特殊的催化剂——酶的作用下水解为葡萄糖和氨基酸，才能被人体吸收。

燃烧 发光、发热的剧烈化学反应。可燃物与空气中的氧气发生发光、发热的剧烈氧化反应，属于燃烧现象。使可燃物达到燃烧条件时所需的最低温度称作着火点。

铁在氧气中燃烧

燃烧必须同时具备两个条件：一是可燃物要与氧气接触，二是要使可燃物达到着火点。

像木材、柴草、煤炭、棉纱等可燃物，在缓慢氧化过程中产生的热量若不能及时散失，就会越积越多，引起这些物质温度升高，当达到物质的着火点时，不用点火就自发燃烧，这就是自燃。为了生产及生活的安全，要注意防止自燃现象的发生。

灭火器 灭火的有力武器，是利用物理或化学原理来灭火的装置。通常使用的灭火器有泡沫灭火器、干粉灭火器、液态二氧化碳灭火器等几种。

泡沫灭火器内装有硫酸铝 [$Al_2(SO_4)_3$] 和碳酸氢钠（$NaHCO_3$）两种溶液及发泡剂。使用前它们分别装在不同的容器内，遇到火情，把灭火器倒转，两种溶液立即接触，产生大量二氧化碳及泡沫从喷射口喷出。这种灭火器可用于扑灭木材及棉布失火等一般火灾。

干粉灭火器内装有压缩的二氧化碳及干粉碳酸氢钠（$NaHCO_3$）等物质。它具有流动性好、喷射率高、不腐蚀容器、不易变质等优点。干粉灭火器既可用于扑灭一般火灾，也可以用于扑灭可燃性油、气火灾和电器火灾。

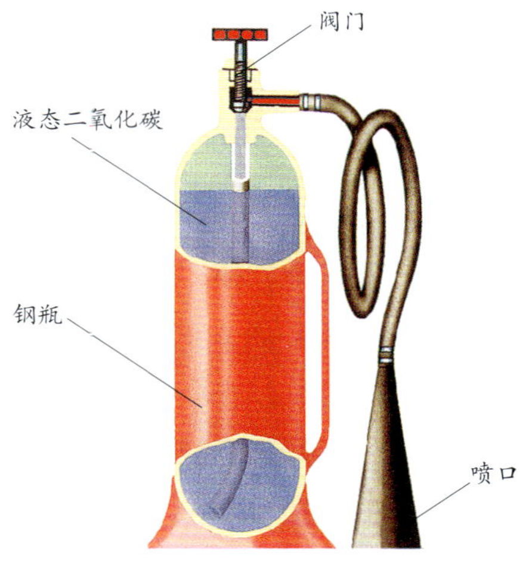

液态二氧化碳灭火器的构造图
灭火器内装有液态二氧化碳，当阀门打开后，二氧化碳迅速膨胀，并从喷口压出扑灭火焰

液态二氧化碳灭火器是在加压的情况下，将液态二氧化碳装在小钢瓶内制成的。它不会留下痕迹而使物体损坏，因此可用来扑灭图书档案、精密仪器及贵重设备所发生的火灾。

甲烷 甲烷是由碳和氢组成的化合物，化学式是 CH_4。甲烷没有颜色、没有气味，它的密度比空气的小，极难溶于水，很容易燃烧，燃烧时火焰明亮，呈蓝色，燃烧的反应方程式如下：

$$CH_4+2O_2 \xlongequal{点燃} CO_2+2H_2O$$

点燃甲烷和氧气或甲烷和空气的混合物可能发生爆炸。

爆炸 物质在极有限的时间内发生急剧变化并放出大量能量的现象。

在油库、煤矿矿井、面粉加工厂、纺织厂内常常会看到四个引人注目的大字："严禁烟火"。这是因为这些地方的空气里常混有可燃性气体或粉尘，它们遇到明火，就有发生爆炸的危险。

煤矿矿井内的空气里含有可燃性气体甲烷（CH_4），若井内通风不好，遇到明火，甲烷和空气的混合物就会被点燃而发生爆炸，即瓦斯爆炸。甲烷在空气中的含量是 5% ~ 15% 或在氧气中的含量是 5.4% ~ 59.2% 时，遇明火会爆炸。

面粉厂、纺织厂里也会发生爆炸，这个问题似乎不如油库爆炸、矿井爆炸那么好理解，其实可燃物爆炸的道理都是一样的。在空气中，当干燥的面粉粉尘达到每立方米 20 ~ 25 克，且这些粉尘周围又有充足氧气足以氧化这些粉尘时，如果温度达到着火点，面粉粉尘就会急速氧化而燃烧，并产生大量气体和热量；气体受热，体积迅速膨胀，有限的空间容不下突然增加的气体，于是便会发生面粉厂爆炸事故。

爆炸会产生强大的压力波和巨大的热量。图中爆炸产生的热，使目标未受压力波之前就燃烧起来

常见易燃易爆物 一般来说，易燃物是指易燃的气体和液体，容易燃烧、自燃或遇水可以燃烧的固体以及能引起其他物质燃烧的物质。易爆物是指那些受热或受到撞击时容易发生爆炸的物质。

工厂或实验室内的可燃性气体主要有氢气、一氧化碳、甲烷、丙烷等。这些气体在空气中的浓度若达到爆炸极限，遇火就会爆炸。易燃的液体主要有甲醇、无水乙醇、苯、甲苯、二甲苯、乙醚、丙酮、乙醛、乙酸乙酯、乙酸丁酯、乙酸异戊酯、甲酸乙酯、二硫化碳、戊醇、丙醇等。这些液体有机物不仅易燃，而且它们的蒸气与空气混合会形成爆炸性混合物。易燃的固体有红磷、白磷、硫、纤维素三硝酸酯（火棉、胶棉）等。钠、钾、钙等金属粉末遇水、遇酸也会放热，引起猛烈燃烧或爆炸。锌的粉末与空气混合并达到一定浓度时，也会爆炸。三硝基苯酚，也叫苦味酸，是一种有毒的黄色晶体，当遇到火花、高温或受撞击时，会发生强烈燃烧和爆炸。

在日常生活中常见的易燃易爆物，气体有氢、一氧化碳、甲烷、丙烷、乙烯；液体有汽油、苯、乙醚、甲醇、乙醇；固体有镁粉、铝粉等金属粉末，活

道尔顿在收集甲烷

性炭和煤等煤炭粉末，小麦、淀粉等粮食粉末，鱼粉、血粉等饲料粉末，塑料、染料等合成材料粉末，棉花、烟草等农副产品粉末，纸粉、木粉等林业品粉末。

炸药 具有爆炸性的物质。当其受到适当的激发冲量后可爆炸，能产生快速的化学反应，并放出足够的热量和大量的气体产物，产生巨大的压力而形成一定的机械破坏效应和抛掷效应。

黑火药是中国古代的四大发明之一，是人类最早使用的炸药。它一般由75%的硝酸钾、10%的硫黄和15%的木炭研成极细的粉末，均匀混合而成。黑火药燃烧时生成大量气体，同时放出大量的热，使气体体积骤然膨胀，发生爆炸。黑火药是不太猛烈的炸药，现在仅用于生产烟花爆竹和安全引信等。

TNT是一种烈性炸药，又称黄色炸药。成分是三硝基甲苯。它是一种浅黄色晶体，熔点81℃，常温下稳定，受热或受撞击也不易爆炸。只在起爆药引爆的条件下才发生猛烈的爆炸。TNT由甲苯与硝酸、硫酸的混合酸发生硝化反应制得。TNT广泛应用在军事上，也常用作比较军事武器爆炸力的标准。

硝化甘油是一种烈性炸药，它是由甘油与浓硝酸和浓硫酸组成的混合酸进行硝化反应制得的黄色油状液体。硝化甘油爆炸时，最高温度可达3400℃。硝化棉是用干净的棉纤维与混合酸反应后形成的各种黏度的液体。把硝化棉与硝化甘油按一定的质量比混合成为胶状的爆胶，是已知烈性炸药中爆炸力最强的，爆炸力约为TNT的1.5倍。这种炸药对撞击不敏感，使用、运输、储存都较安全，常用来采石、挖掘隧道。

核炸药有两种，一种核炸药是利用元素铀-235或元素钚-239为原料，通过核裂变反应，短时间内释放出大量的热而发生爆炸。另一种核炸药利用氢的两种同位素氘和氚的原子核发生聚变时瞬间产生大量的热而发生爆炸。1千克铀-235或钚-239全部裂变放出的能量相当于2000万千克TNT炸药释放的能量。1千克氘、氚的混合物全部聚变产生的能量相当于5800万千克TNT炸药释放的能量。

氯酸钾 一种常见的氯酸盐，呈白色粉末状，易溶于水，化学式为$KClO_3$。实验室利用加热氯酸钾和二氧化锰的混合物来制取氧气：

$$2KClO_3 \xrightarrow[\triangle]{MnO_2} 2KCl + 3O_2\uparrow$$

氯酸钾有强氧化作用，与碳、硫、磷及可燃物混合时，只需稍微摩擦即可发生燃烧爆炸，因此它是火柴头药粉中的氧化剂，在国防工业中也用于制造炸药和雷管。

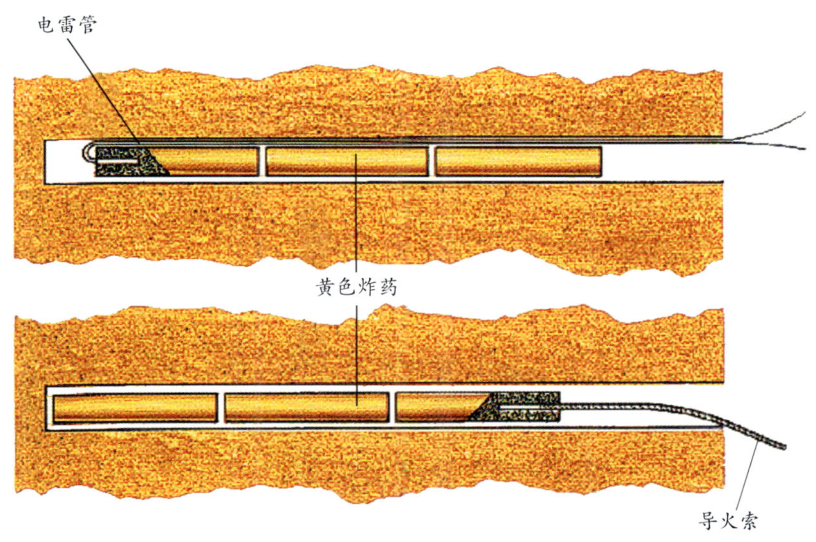

黄色炸药需要用雷管引爆，引爆有利用导火索和通电两种方式

悬浊液 如果把泥土撒入水杯中，得到的是浑浊的液体。仔细观察就会发现，在液体中悬浮着许多固体小颗粒，静置

之后，固体颗粒还会沉淀下来。这种固体小颗粒悬浮于液体中形成的混合物称作悬浊液。

乳状液 如果把植物油注入含水的杯中，振荡后发现在液体里分散着不溶于水的小油滴，得到乳状的浑浊液体。小液滴分散到液体里形成的混合物称作乳状液，又称乳浊液。牛奶、冰激凌、雪花膏等都是乳状液。乳状液在工农业生产、医药、日常生活中都有广泛的应用。

气溶胶 在斜射的一缕缕阳光中，我们能看到悬浮的小颗粒、小毛毛，这些悬浮在空气中的灰尘杂质称为气溶胶。

气溶胶是由固体或液体小质点分散并悬浮在气体介质中形成的胶体分散体系，又称气体分散体系。其分散相为固体或液体小质点，分散介质为气体。天空中的云、雾、尘埃，工业和运输业上用的锅炉和各种发动机里未燃尽的燃料所形成的烟，采矿、采石场磨材和粮食加工时所形成的固体粉尘，人造的掩蔽烟幕和毒烟等都是气溶胶的具体实例。

气溶胶在工业、农业、国防和其他方面都已得到广泛的应用。工业上，已广泛用于医药工业与洗衣粉的生产。农业上，农药的喷洒可提高药效，降低药品的消耗；利用气溶胶进行人工降雨，可大大改善旱情。国防上，用来制造信号弹和遮蔽烟幕。气溶胶的粒子在雨、雪的凝结形成过程中，起着凝结核心的作用。它还能阻挡部分紫外线，减轻其对人和动物的伤害。

溶解度 在一定温度下，某固体物质在 100 克溶剂里达到饱和状态时所溶解的克数，称作这种物质在这种溶剂里的溶解度。例如，20℃时，硝酸钾的溶解度是 31.6 克。往 20℃的 100 克水里加

气溶胶

硝酸钾，硝酸钾不能无限制地溶解，只能溶解 31.6 克，形成 131.6 克的硝酸钾溶液。如果在这种条件下继续加硝酸钾，即使用力搅拌，多加入的硝酸钾也不再溶解。人们将在一定温度下，在一定量的溶剂里，不能再溶解某种溶质的溶液称作这种溶质在此温度下的饱和溶液；还能继续溶解某种溶质的溶液称作这种溶质的不饱和溶液。

各种物质的溶解度千差万别，大部分固体物质的溶解度随温度的升高而加大，少数固体物质的溶解度受温度的影响很小。只有极少数物质，如熟石灰，溶解度随温度的升高而减小。

对于气体，用体积计量较方便。气体的溶解度是指在 1.01×10^5 帕压强下，一定温度时溶解在 1 体积水里达到饱和状态时的气体体积数。如在 0℃时，氧气的溶解度是 0.049，就是指 0℃，氧气压强为 1.01×10^5 帕时，1 体积水最多溶解 0.049 体积氧气。大多数气体物质的溶解度随温度的升高而降低。

结晶 人们把海水引进晒盐场，经过风吹日晒，水分大量蒸发，逐渐形成了食盐的饱和溶液，过剩的盐就以晶体的形式从溶液中析出。这种晶体从饱和溶液中析出的过程就称作结晶。许多物质从溶液中析出形成晶体时，晶体里常常结合一定数目的水分子，这样的水称为结晶水。含有结晶水的物质称为结晶水合物。像胆矾（$CuSO_4 \cdot 5H_2O$）就是硫酸铜的结晶水合物。

有些晶体能吸收空气中的水蒸气，在晶体的表面逐渐形成溶液，这种现象称作潮解。像氯化钙、氢氧化钠等都易潮解，所以常用作干燥剂，利用它们易潮解的性质保护其他放置在一起的物品。

电解质 在水溶液中或是熔融状态下能导电的物质。它们的分子能电离成带正、负电荷的离子，在电场作用下，正、负离子分别向负、正两个电极方向运动形成电流。最常见的电解质是酸、碱和盐，它们在溶于水或醇等溶剂时发生电离，形成离子导电。电解质又分为强电解质和弱电解质两大类。例如，强酸——硫酸、盐酸、硝酸和典型的盐类，都属于强电解质；而有机化合物中的羧酸、酚、胺等都属于弱电解质。电解质不限于水溶液状态，有些熔盐、固态物质和离子交换树脂，也具有离子导电性，它们也是电解质。

电解水实验 水到底是什么样的物质，它的组成到底如何呢？通过电解水实验能够找出正确答案。

利用电源、导线、石墨电极、水槽、小试管等搭建如图所示的实验装置。通

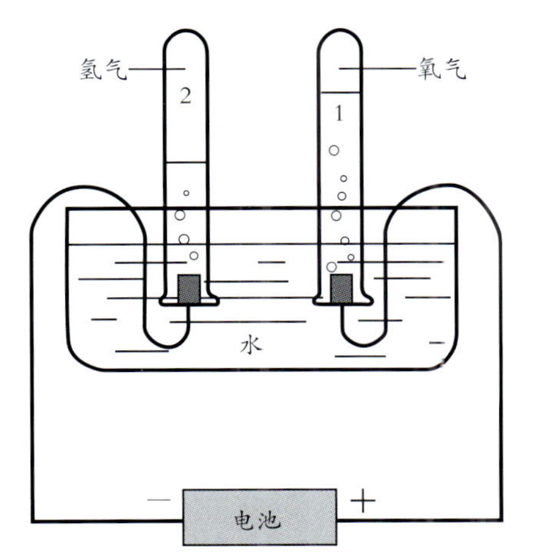

电解水实验

胆矾 又叫蓝矾，学名五水硫酸铜，化学式为 $CuSO_4 \cdot 5H_2O$，为蓝色斜方晶体。可在不同温度下逐步失去结晶水：110℃时失去 4 分子 H_2O，150℃时失去全部结晶水而变成白色粉末状的无水硫酸铜。25 ℃时无水硫酸铜溶解度为 23.05 克。

电后，发现两只电极上均有气泡冒出。一段时间后试管 1 和试管 2 中所收集到的气体体积比约为 1 ∶ 2。通过气体检验发现，试管 1 中的气体能使带火星的木条复燃，说明是氧气；试管 2 中的气体能燃烧，火焰呈淡蓝色，是氢气。

电解水实验说明，水在通电的条件下，发生分解反应产生氢气和氧气。氢气由氢元素组成，氧气由氧元素组成，这说明了水由氢元素和氧元素组成。根据两支试管中气体的体积比，最终能确定水的化学式是 H_2O。

元素周期表 1661 年 R. 玻意耳确立了元素的概念，并初步确定了化学研究的对象是元素及其化合物。1869 年俄国化学家 D.I. 门捷列夫运用科学的方法发现了自然界的一条重要规律：元素的性质随着原子量的递增呈现周期性变化。门捷列夫按原子量由小到大的顺序，排成一个表，这个表就是元素周期表。门捷列夫在周期表中，还给未发现的元素留有空的位置，并对这些未发现的元素进行了预言。

门捷列夫发现的元素周期律是在 1875 年法国化学家 P.-Ê.de 布瓦博德朗发现了金属镓之后，才得到科学界的公认的，而镓就是门捷列夫预言的元素之一。自此以后，他预言的其他十多种新元素不断被发现，这些元素的性质与元素周期表中的预言十分吻合。

元素周期表就好比是“化学元素大厦”，110 余种元素在大厦中都有各自的“房间”。现在采用的是维尔纳长表，表中有 7 横行，为 7 个周期，第一、二、三周期称作短周期，四、五、六、七周期为长周期；18 个纵行，除第八、九、十纵行称作第VIII族外，其余 15 个纵行，每一纵行为一族。有 IA ～ VIIA 表示的 7 个主族，有 IB ～ VIIB 表示的 7 个副族，还有 0 族，共 16 族。

在元素周期表中，若沿硼、硅、砷、碲、砹与铝、锗、锑、钋之间画一条虚线，虚线的左面是金属，而虚线的右面是非金属。金属元素远远多于非金属元素。同一周期中，自左至右，元素的金属性逐渐减弱，元素的非金属性逐渐增强；同一族中，自上至下，元素的金属性逐渐增强，元素的非金属性逐渐减弱。元素周期表对于研究化学和运用化学知识有着重要的指导意义。

溶液酸碱度 人类生活在溶液王国之中。无论何种溶液，其中都含有氢离子和氢氧根离子，当溶液中氢离子浓度大于氢氧根离子浓度时，溶液呈酸性，反之溶液呈碱性。

溶液的酸碱度常用 pH 表示，取值在 0 ～ 14 之间。pH ＝ 7 时，溶液呈中性；pH ＜ 7 时，溶液呈酸性；pH ＞ 7 时，溶液呈碱性。

测定溶液的 pH 的方法是使用“广泛 pH 试纸”。扯一条 pH 试纸，在上面滴上待测液，然后把试纸显示的颜色与标准比色卡对照，便可得知待测液的 pH，方法简便而快速。

经科学测定，农作物生长适宜的土壤 pH 在 4 ～ 8。人们吃的食物酸碱度各不相同：醋的 pH 约为 2.4 ～ 3.4，番茄的 pH 是 4.0 ～ 4.4，鸡蛋清的 pH 是

元素周期表

原子序数 26；元素符号(1) Fe；元素名称(2) 铁；原子量(3) 55.847；价电子组态(4) $3d^64s^2$

金属　非金属　半金属　稀有气体　过渡元素

周期 \ 族	IA 1	IIA 2	IIIB 3	IVB 4	VB 5	VIB 6	VIIB 7	VIII 8	VIII 9	VIII 10	IB 11	IIB 12	IIIA 13	IVA 14	VA 15	VIA 16	VIIA 17	0 18
1	1 H 氢 1.00794(7) $1s^1$																	2 He 氦 4.002602(2) $1s^2$
2	3 Li 锂 6.941(2) $1s^22s^1$	4 Be 铍 9.012182(3) $1s^22s^2$											5 B 硼 10.811(7) $1s^22s^22p^1$	6 C 碳 12.0107(8) $1s^22s^22p^2$	7 N 氮 14.0067(2) $1s^22s^22p^3$	8 O 氧 15.9994(3) $1s^22s^22p^4$	9 F 氟 18.9984032(5) $1s^22s^22p^5$	10 Ne 氖 20.1797(6) $1s^22s^22p^6$
3	11 Na 钠 22.98976928(2) $3s^1$	12 Mg 镁 24.3050(6) $3s^2$											13 Al 铝 26.9815386(8) $3s^23p^1$	14 Si 硅 28.0855(3) $3s^23p^2$	15 P 磷 30.973762(2) $3s^23p^3$	16 S 硫 32.065(5) $3s^23p^4$	17 Cl 氯 35.453(2) $3s^23p^5$	18 Ar 氩 39.948(1) $3s^23p^6$
4	19 K 钾 39.0983(1) $4s^1$	20 Ca 钙 40.078(4) $4s^2$	21 Sc 钪 44.955912(6) $3d^14s^2$	22 Ti 钛 47.867(1) $3d^24s^2$	23 V 钒 50.9415(1) $3d^34s^2$	24 Cr 铬 51.9961(6) $3d^54s^1$	25 Mn 锰 54.938045(5) $3d^54s^2$	26 Fe 铁 55.845(2) $3d^64s^2$	27 Co 钴 58.933195(5) $3d^74s^2$	28 Ni 镍 58.6934(2) $3d^84s^2$	29 Cu 铜 63.546(3) $3d^{10}4s^1$	30 Zn 锌 65.409(4) $3d^{10}4s^2$	31 Ga 镓 69.723(1) $3d^{10}4s^24p^1$	32 Ge 锗 72.64(1) $3d^{10}4s^24p^2$	33 As 砷 74.92160(2) $3d^{10}4s^24p^3$	34 Se 硒 78.96(3) $3d^{10}4s^24p^4$	35 Br 溴 79.904(1) $3d^{10}4s^24p^5$	36 Kr 氪 83.798(2) $3d^{10}4s^24p^6$
5	37 Rb 铷 85.4678(3) $5s^1$	38 Sr 锶 87.62(1) $5s^2$	39 Y 钇 88.90585(2) $4d^15s^2$	40 Zr 锆 91.224(2) $4d^25s^2$	41 Nb 铌 92.90638(2) $4d^45s^1$	42 Mo 钼 95.94(2) $4d^55s^1$	43 Tc 锝* [98] $4d^55s^2$	44 Ru 钌 101.07(2) $4d^75s^1$	45 Rh 铑 102.90550(2) $4d^85s^1$	46 Pd 钯 106.42(1) $4d^{10}4s^0$	47 Ag 银 107.8682(2) $4d^{10}5s^1$	48 Cd 镉 112.411(8) $4d^{10}5s^2$	49 In 铟 114.818(3) $4d^{10}5s^25p^1$	50 Sn 锡 118.710(7) $4d^{10}5s^25p^2$	51 Sb 锑 121.760(1) $4d^{10}5s^25p^3$	52 Te 碲 127.60(3) $4d^{10}5s^25p^4$	53 I 碘 126.90447(3) $4d^{10}5s^25p^5$	54 Xe 氙 131.293(6) $4d^{10}5s^25p^6$
6	55 Cs 铯 132.9054519(2) $6s^1$	56 Ba 钡 137.327(7) $6s^2$	57～71 La~Lu 镧系	72 Hf 铪 178.49(2) $4f^{14}5d^26s^2$	73 Ta 钽 180.94788(2) $4f^{14}5d^36s^2$	74 W 钨 183.84(1) $4f^{14}5d^46s^2$	75 Re 铼 186.207(1) $4f^{14}5d^56s^2$	76 Os 锇 190.23(3) $4f^{14}5d^66s^2$	77 Ir 铱 192.217(3) $4f^{14}5d^76s^2$	78 Pt 铂 195.084(9) $4f^{14}5d^96s^1$	79 Au 金 196.966569(4) $4f^{14}5d^{10}6s^1$	80 Hg 汞 200.59(2) $4f^{14}5d^{10}6s^2$	81 Tl 铊 204.3833(2) $4f^{14}5d^{10}6s^26p^1$	82 Pb 铅 207.2(1) $4f^{14}5d^{10}6s^26p^2$	83 Bi 铋 208.98040(1) $4f^{14}5d^{10}6s^26p^3$	84 Po 钋* [209] $4f^{14}5d^{10}6s^26p^4$	85 At 砹* [210] $4f^{14}5d^{10}6s^26p^5$	86 Rn 氡* [222] $4f^{14}5d^{10}6s^26p^6$
7	87 Fr 钫* [223] $7s^1$	88 Ra 镭* [226] $7s^2$	89～103 Ac~Lr 锕系	104 Rf 𬬻* [263] $(5f^{14}6d^27s^2)$	105 Db 𬭊* [262] $(5f^{14}6d^37s^2)$	106 Sg 𬭳* [266] –	107 Bh 𬭛* [267] –	108 Hs 𬭶* [277] –	109 Mt 鿏* [268] –	110 Ds 𫟼* [281] –	111 Rg 𬬭* [272] –	112 Cn 鿔* [285] –	113 Nh 鿭* [284] –	114 Fl 𫓧* [289] –	115 Mc 镆* [288] –	116 Lv 𫟷* [293] –	117 Ts 鿬* [294] –	118 Og 鿫* [294] –

镧系	57 La 镧 138.90547(7) $4f^05d^16s^2$	58 Ce 铈 140.116(1) $4f^15d^16s^2$	59 Pr 镨 140.90765(2) $4f^35d^06s^2$	60 Nd 钕 144.242(3) $4f^45d^06s^2$	61 Pm 钷* [145] $4f^55d^06s^2$	62 Sm 钐 150.36(2) $4f^65d^06s^2$	63 Eu 铕 151.964(1) $4f^75d^06s^2$	64 Gd 钆 157.25(3) $4f^75d^16s^2$	65 Tb 铽 158.92535(2) $4f^95d^06s^2$	66 Dy 镝 162.500(1) $4f^{10}5d^06s^2$	67 Ho 钬 164.93032(2) $4f^{11}5d^06s^2$	68 Er 铒 167.259(3) $4f^{12}5d^06s^2$	69 Tm 铥 168.93421(2) $4f^{13}5d^06s^2$	70 Yb 镱 173.04(3) $4f^{14}5d^06s^2$	71 Lu 镥 174.967(1) $4f^{14}5d^16s^2$
锕系	89 Ac 锕* [227] $6d^17s^2$	90 Th 钍* 232.03806(2) $5f^06d^27s^2$	91 Pa 镤* 231.03588(2) $5f^26d^17s^2$	92 U 铀* 238.02891(3) $5f^36d^17s^2$	93 Np 镎* [237] $5f^46d^17s^2$	94 Pu 钚* [244] $5f^66d^07s^2$	95 Am 镅* [243] $5f^76d^07s^2$	96 Cm 锔* [247] $5f^76d^17s^2$	97 Bk 锫* [247] $5f^96d^07s^2$	98 Cf 锎* [251] $5f^{10}6d^07s^2$	99 Es 锿* [252] $5f^{11}6d^07s^2$	100 Fm 镄* [257] $5f^{12}6d^07s^2$	101 Md 钔* [258] $(5f^{13}6d^07s^2)$	102 No 锘* [259] $(5f^{14}6d^07s^2)$	103 Lr 铹* [262] $(5f^{14}6d^17s^2)$

注：(1) 黑—固体，红—气体，绿—液体，空心字—人造元素。
(2) 注*的是放射性元素。
(3) ^{12}C为基准，[ ]表示半衰期最长的同位素。
(4) ( )表示可能的价电子组态。

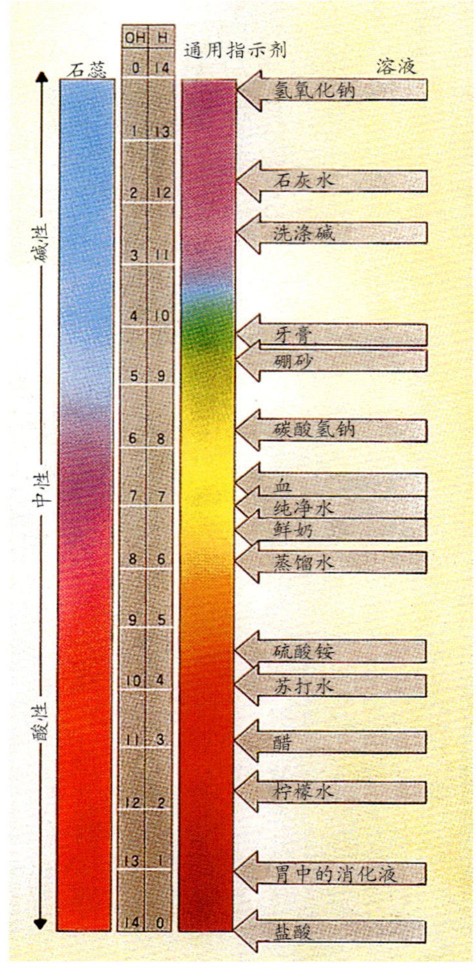

常见物质的 pH

7.6 ~ 8.0，玉米粥的 pH 是 6.8 ~ 8.0。人血液的 pH 基本上在 7.39 ~ 7.41，运动之后血液的酸度会增加，休息数小时后才能恢复到正常值。

酸碱指示剂　一类能随着溶液酸碱性的变化而使溶液颜色发生变化的化学试剂。它是一种有机弱酸或有机弱碱，在水溶液中由于它们的分子和离子具有不同的颜色，当溶液的酸度发生变化时，指示剂分子和离子的浓度比发生了变化，从而呈现不同的颜色。常用的酸碱指示剂有酚酞、石蕊、甲基橙、甲基红等，它们的变色范围见下表：

指示剂	pH 变色范围	颜色变化
甲基橙	3.1 →橙色 4.4	红～黄
甲基红	4.4 →橙色 6.2	红～黄
石　蕊	5.0 →紫色 8.0	红～蓝
酚　酞	8.2 →粉红色 10.0	无～红

稀有气体　元素周期表中第 18 列（VIIIA 族）元素的总称。1785 年，英国科学家 H. 卡文迪什发现，空气中的氮气和氧气被除尽后，仍有很少量的残余气体存在，但这一现象在当时并未引起足够的重视。直到 1892 年，英国科学家瑞利发现从氮的化合物中制得的氮气和从空气中分离出来的氮气在相同条件下每升的质量相差几毫克，他没有忽视这一细微的差别，联想到卡文迪什的发现，他怀疑来自大气的氮气中含有尚未发现的较重气体。经过多方面试验，他断定该气体为一种新元素，并将其命名为“氩”。瑞利的杰出成果为他赢得了 1904 年的诺贝尔物理学奖。

在氩气被发现后的 10 年间，氦、氖、氪、氙、氡 5 种气体也相继被发现。稀有气体化学性质非常稳定，人们还一度

百里酚蓝指示剂

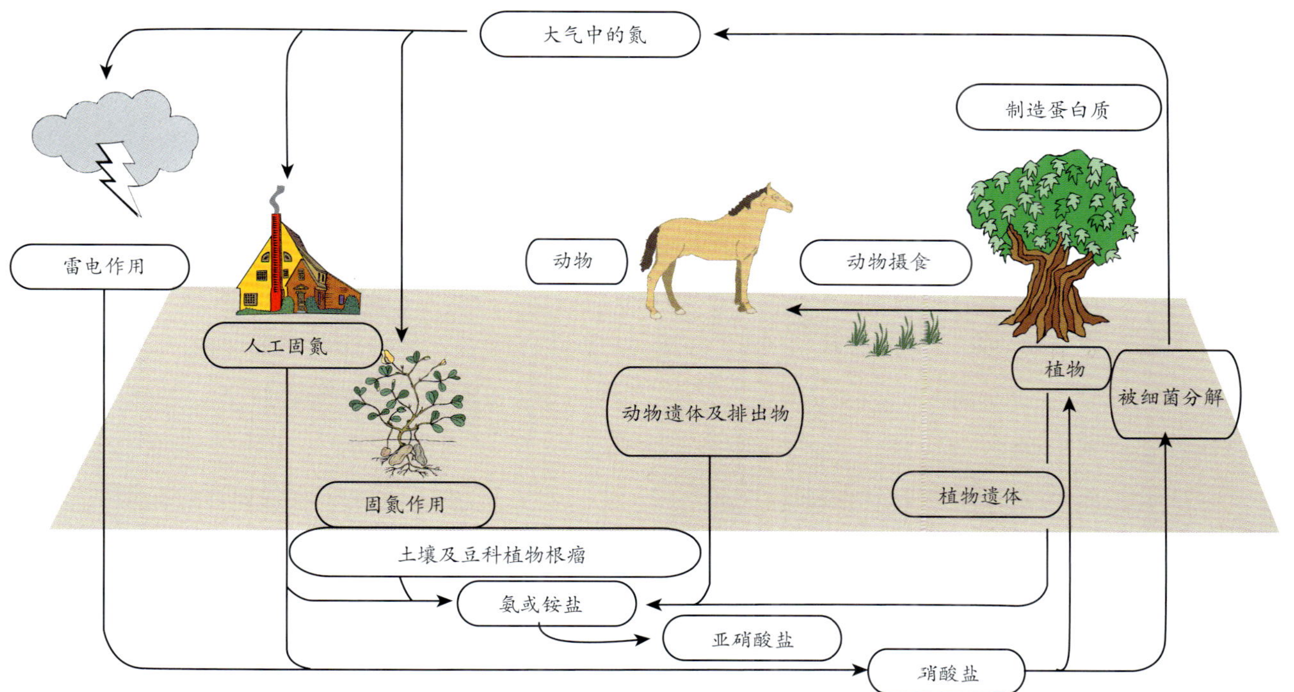

氮循环图

把它们称作惰性气体。后来，人们又合成了氪。随着科学技术的发展，人们已经发现，在一定的条件下，有些稀有气体也能跟某些物质发生化学反应。

氮 非金属元素，化学符号为N。纯净的氮气是无色、无味的气体，可由空气分离而得。氮气的化学性质不活泼，但高温下能与锂、镁、钙、钛等化合，在放电条件下也能与空气中氧气作用生成NO。

氮气可供填充灯泡，用作易氧化、易挥发、易燃物质或反应器中的保护气体，以及在食品工业中用来防止食品腐烂变质。氮气还容易被液化和固化。液氮是一种普遍的冷冻干燥剂，在医学方面用于保护血液、活组织等，在机械工业中用作仪器或机件的深度冷冻剂。

氮的固定 空气中虽然含有大量的氮气，但多数生物不能直接吸收氮气，只能吸收含氮的化合物。因此，需要把空气中的氮气转变成氮的化合物，才能作为动植物的养料。这种将游离态的氮转变为化合态的氮的方法，称作氮的固定。在自然界，大豆、蚕豆等豆科植物的根部都有根瘤菌，能把空气中的氮气转化成含氮化合物，所以，种植这些植物时不需施用或只需施用少量氮肥。另外，放电条件下氮气与氧气化合及工业上合成氨等也属于氮的固定。

氮气在空气中体积占比78%，是空气的主要组分。同时，氮也是蛋白质的重要组成成分，动植物生长都需要吸收含氮的养料。自然界中存在着氮的循环，如图所示。氮的固定和循环对于自然界意义重大。通过氮的固定，化合态的氮才能进入土壤，植物从土壤中吸收含氮化合物制造蛋白质，动物则靠食用植物得到蛋白质。动物的尸体残骸、排泄物及植物的腐败物等再被细菌分解，变为含氮化合物，部分被植物吸收；土壤中的硝酸盐也会被细菌分解而转化成氮气，再次回到大气中。氮在大气中的浓度就是氮的循环平衡的结果。

氧 非金属元素，化学符号为O。在常温下氧气是无色、无味的气体，比空气重，可被液化和固化。氧的另一种单质是臭氧。

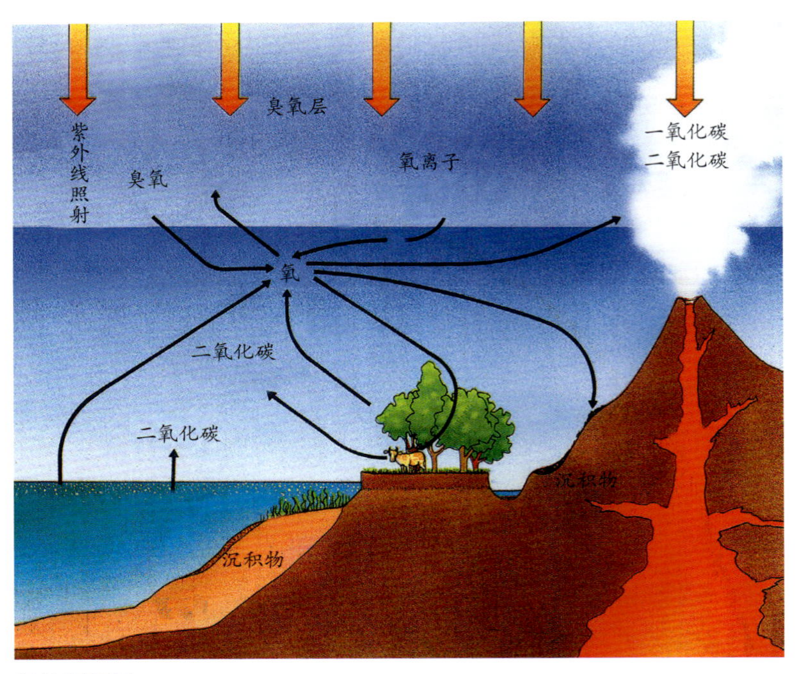

氧的循环图

氧具有强氧化性，高温时几乎能与所有单质发生作用。

氧气最重要的用途是供给呼吸和支持燃烧，是动植物生命过程中不可缺少的物质。

实验室中常用加热分解氯酸钾或高锰酸钾来制取氧气，加热氯酸钾时还需要加入一些二氧化锰。工业上较大规模生产氧，采用液态空气分馏的方法，将惰性气体和氮气分馏出去，留下的即为氧。纯度高的氧也可用电解法生产。

臭氧 氧元素除氧气以外的另一种单质，化学式为O_3。它是淡蓝色、有鱼腥臭味的气体，液态时呈深蓝色，固态时是深紫色晶体。

臭氧主要分布在距地面10～50千米的高空，形成一层臭氧层。臭氧层对保护地球上的生命起着重要作用，它可吸收大部分紫外线，使地面上生物免遭太阳紫外线的伤害，并且还可以吸收地球本身的红外辐射，防止地球变冷。

臭氧是已知可利用的最强的氧化剂之一。在实际使用中，臭氧呈现出突出的杀菌消毒作用，可使细菌、真菌等菌体的蛋白质外壳氧化变性，杀灭细菌繁殖体和芽孢、病毒、真菌等，而对健康细胞无害。因此，臭氧可用于水和空气的消毒、清除居室异味、预防疾病交叉感染。使用臭氧时最适宜的方式是将臭氧溶解于水，形成所谓“臭氧水”，它的杀菌速率比氯快许多倍。

液态臭氧还可用作火箭燃料燃烧时的高能氧化剂。工业上生产臭氧是通过在臭氧发生器中放电，从而使氧气转变为臭氧。

臭氧空洞 20世纪30年代以来，氯氟烃（商品名为氟利昂）被广泛用作冰箱、空调等设备的制冷剂。氯氟烃穿出臭氧层后，会产生极为活泼的氯原子，专门拆散臭氧分子，使臭氧层逐渐变薄，出现空洞，即臭氧空洞。除了氯氟烃外，氮氧化物、一氧化碳、甲烷等也会破坏臭氧层。

臭氧层出现空洞后，会使更多的紫外线照射到地球表面，导致皮肤癌的发病率大大增加，如不采取措施，后果不堪设想。1987年通过的《蒙特利尔议定

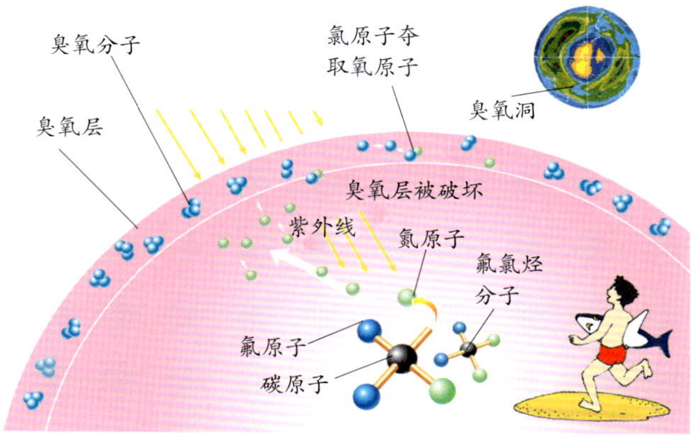

卫星拍摄的南极臭氧洞

书》规定了保护臭氧层受控物质种类和淘汰时间表，成为全球合作保护臭氧层的纲领性文件。到 2050 年，我们上空的臭氧空洞可望开始恢复。

氢 非金属元素，化学符号为 H。是最轻的元素，也是宇宙中含量最丰富的元素之一，广泛存在于星体和星际的气体中。氢元素的单质是氢气。氢气是双原子分子，为无色无臭的气体，是所有气体中最轻的，可用于填充氢气球。氢气有可燃性，与空气、氧气、氯气等助燃气体在一定体积比下混合可能发生爆炸，因此在使用氢气前必须进行纯度的检验。

实验室里制取较多氢气时常使用启普发生器。工业上制备氢气可采用电解水或水煤气法。液态氢可作为燃料。与石油、煤等有限的传统资源相比，氢气是一种来源广泛、热值高的清洁能源。

氟 非金属元素，化学符号为 F。单质氟是淡黄色有刺激性臭味的有毒气体。氟的性质非常活泼，稀有气体的第一种化合物就是氟的化合物——六氟合铂酸氙（$XePtF_6$）。

1884 年，H. 穆瓦桑开始了提取氟的研究工作。通过总结前人失败的教训，H. 穆瓦桑意识到必须选用低熔点的氟化物作为制取氟的原料，因为温度越高，氟的化学性质就越活泼。1886 年，他把氢氧化钾溶解在无水氢氟酸中作为电解液，将它置于铂制的 U 型管中，以强耐腐蚀的铂铱合金为电极，用萤石（CaF_2）制成的螺旋帽封住管口。为了降低电解液的温度，他用氯作冷冻剂使 U 型管冷却到 -23℃。这样，他终于在 1886 年 6 月 26 日离析出了一种淡黄色气体——氟。人类最终抓住了这个性情暴烈的元素。

氟是一种用途广泛的元素。氟化钠可以预防儿童龋齿，聚四氟乙烯是耐高温、耐低温、耐氧化、耐腐蚀的化工材料和绝缘材料。在核工业中人们利用铀的氟化物分离铀 -235 和铀 -238，制取核原料。航天工业中，用单质氟作火箭燃料。

硬水和软水 溶有较多量的钙盐和镁盐的天然水称作硬水；只溶有少量或不溶解钙盐和镁盐的天然水，称作软水。硬水中含盐量通常以硬度来表示，即把 1 升水里含有 10 毫克 CaO（或相当于 10 毫克 CaO）称硬度为 1 度。水的硬度在 8 度以下的为软水，在 8 度以上的为硬水。如果水的硬度是由钙和镁的碳酸氢盐所引起的，称为暂时硬度。这种硬度可以用加热的方法来降低。如果水的硬度是由钙和镁的硫酸盐或氯化物等所引起的，称作永久硬度。永久硬度不能用加热的方法来降低。

水的硬度过高会降低肥皂的去污能

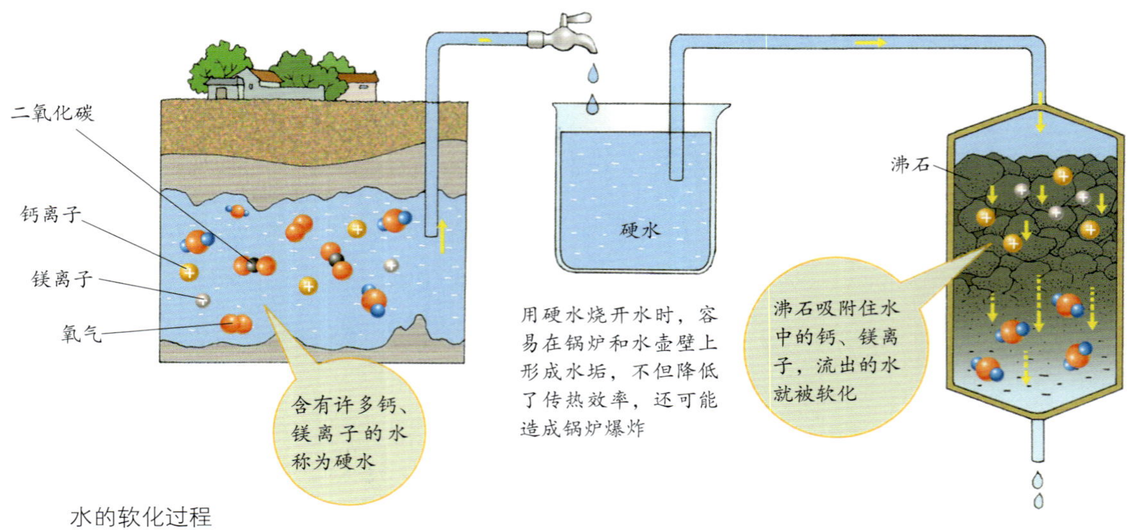

水的软化过程

力，增加锅炉的能耗并缩短锅炉的使用寿命，此外也不利于人体健康。因此需要对天然水进行处理，以降低或消除它的硬度。

水体的自净能力 水是一种重要的分散剂，在自然循环中水分散了许许多多的物质，如矿藏中的盐分、矿物质，空气中的气体，乃至土壤中的泥沙。与此同时，水在循环中也不断地除去污浊杂质，保持着自身的洁净，这就是水的自然净化。印度恒河被印度教徒视为圣河。每一位教徒都要到河中沐浴。恒河具有较强的自净能力，因此没有污染。

水的自然净化有多种途径。在水的循环中，污染物可能发生挥发、沉降、吸附等物理变化，也会发生氧化和微生物分解等化学变化。经过上述过程，水体中总还有一些自然污染物，但少量的自然污染物，经水的稀释会变得微不足道，水体经过一定时间可基本上或完全恢复到原来的状态。

但是，水体的自净能力是有限的。如果在短时间内排入水体的污染物数量超过某一界限，将造成水体的永久性污染。一般来说，江河水体的自净能力比较强，而湖泊、水库等静水水体的自净能力则比较弱，容易发生严重污染。另外，一些污染物，如铅、镉等重金属的存在也会降低水体的自净能力。

水的净化 在某些农村，人们利用明矾溶于水后生成胶状物，吸附杂质使其

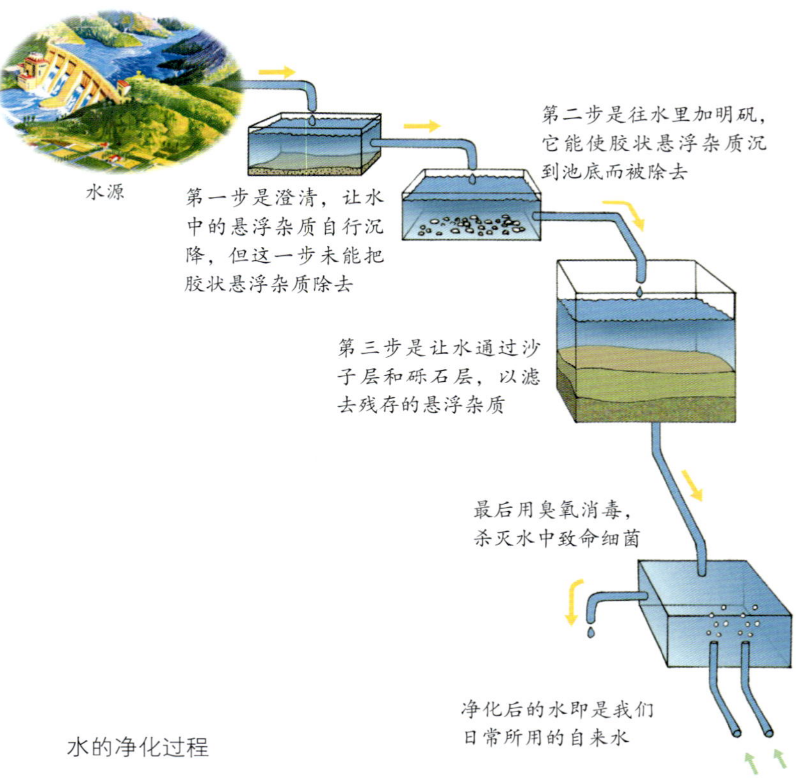

水的净化过程

沉降来达到净水的目的；而城市生活用水是经自来水厂净化处理的。自来水厂除了采用自然沉降、混凝等方法除去悬浮物以外，还会在水中加入少量漂白粉（含氯）作为杀菌剂进行消毒。

除了去除污染物，人们还希望降低水中钙、镁离子的含量来将水软化。离子交换法是最简单易行的方法。将待处理的水通过阳离子交换树脂，水中的钙、镁离子会与树脂上的H^+交换而被除去，得到软水。长期使用过的树脂可以经过再生处理后再次使用，非常方便。

近年来反渗透作为一种新的净水技术受到很大关注。依靠外加压力使水通过反渗透膜，就能将多种溶解盐类、胶体、细菌、病毒、有机物截留，简化了净水过程。

氯 非金属元素，化学符号为Cl。氯气是一种非常活泼的浅黄绿色的腐蚀性气体，有剧毒性。氯气是有效的快速漂白剂，拉瓦锡的合作伙伴，法国化学家贝托莱把布浸泡在氯水中，经洗涤晾干，布匹立即变得雪白而有光泽。

氯气的发现来自瑞典化学家C.W.舍勒1774年的研究。

重水 氘与氧组成的水，化学式为D_2O。纯重水在1933年制得，由于其密度比普通水大，而称为重水。

1940年秋天，德国入侵挪威，占领了世界上唯一一座重水工厂。英国于1943年派出突击队，不惜巨大代价炸毁了那座工厂，以防德国获得军事优势。

重水的主要用途是在核反应堆中作中子减速剂。为了防止核扩散，重水的生产和出售在很多国家都受到限制。重水也可用作冷却剂和示踪材料。但是重水对生物（包括人类）有害，浓度为60%时即可致死。

普通水与重水的物理性质对比

	密度（25℃）（克/厘米）	熔点（℃）	沸点（℃）	临界温度（℃）
普通水	0.99701	0.00	100.00	371.2
重　水	1.1044	3.81	101.42	371.5

海水淡化 利用物理或化学方法将海水中的盐分除去以获得淡水的工艺过程。又称海水脱盐。目前常用的方法主要有两类：①采用蒸馏法、反渗透法、水合物法、溶剂萃取法和冰冻法等从海水中取水。②采用电渗析法、离子交换法和压渗法等除去海水中的盐分。

海水淡化成本较高是多年来制约海水淡化产业发展的一个关键因素。目前，随着海水淡化技术的进步，淡化水的成本正逐步降低，海水淡化的前景也将越来越广阔。

海水淡化

碱金属 元素周期表中最左边的一列6种元素都是金属元素，化学性质都非常活泼，且与水反应所生成的化合物都显碱性，所以统称为碱金属，包括锂、钠、钾、铷、铯、钫。对钾、钠的发现做出重大贡献的是英国化学家H.戴维。H.戴维多次改进实验装置，终于取得了成功。他把由苛性钾电解出的新金属取名为“钾”，原意即“草木灰”，因为苛性钾来自木灰碱。又以同样的方法从苛性钠中电解出了金属钠。“钠”原意即“苏打素”，因为当时称苛性钠为苛性苏打。两种新元素的发现都在1807年，时间仅仅相隔3天。1817年瑞典化学家A.阿弗韦聪发现了锂。1860年英国科学家R.W.本生和G.R.基尔霍夫发现了铯，1861年他俩又发现了铷。1939年法国化学家M.佩雷发现了钫。至此，6种碱金属全部被发现。

钠与钾的合金常温下呈液态，被用作核反应堆的冷却剂。高压钠灯是很好的照明灯。钠还用于还原制取钛等金属。钾肥则是植物生长的三大营养素之一。锂在冶金工业中用作脱泡剂和脱氧剂，也用于原子能工业。

氢氧化钠 化学式为NaOH。俗名烧碱、火碱、苛性钠。从这些别称里，不难想到这是一种腐蚀性很强的碱类。纯品为白色固体，熔点323℃，沸点1388℃，有很强的吸湿性，易溶于水，溶于水时强烈放热，加热时熔化挥发而不分解。氢氧化钠属强碱，化学性质活泼，具有碱的通性，可与许多单质（如卤素）、氧化物（如二氧化碳、二氧化硫）、几乎所有酸类、无机盐（如铜盐、铁盐）及有机物（如酯类）等发生化学反应。固体氢氧化钠因可从空气中吸收二氧化碳而生成碳酸钠，故须密闭保存在铁罐或玻璃瓶中。又由于其溶液可与玻璃中的二氧化硅反应生成硅酸钠，所以氢氧化钠溶液一定要盛放在配有胶塞的试剂瓶内，若还用原磨口玻璃塞，便会被所生成的硅酸钠黏死而无法倒出。

工业上制备氢氧化钠主要用电解饱和食盐水法。被称为“氯碱工业”的这种方法可一箭三雕，一举得到氯、氢氧化钠和氢。

碳酸钠 化学式为Na_2CO_3。俗称纯碱或苏打。纯品为白色粉末，加热至851℃时熔化但不分解。

碳酸钠及其各种水合物入水即水解，溶液呈碱性。若在空气中久置则可吸收水和二氧化碳，生成碳酸氢钠。

碳酸钠最早的工业制造方法是氨碱

碳酸氢钠 小苏打的化学名称为碳酸氢钠，又称酸式碳酸钠，化学式$NaHCO_3$。纯品为白色粉末，在水中的溶解度比Na_2CO_3略小。

碳酸氢钠用氨碱法制备。碳酸氢钠除了用于灭火外，还常在食品工业及日常烹饪中用作焙发粉，也在橡胶等工业中用作发泡剂。

氢氧化钠的生成示意图

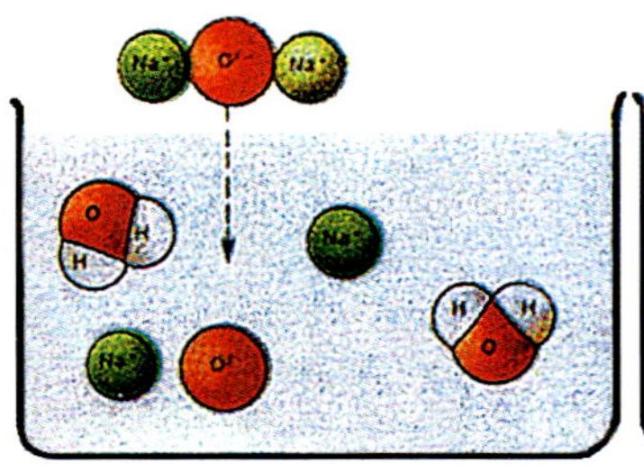

①氧化钠溶于水，产生钠离子和氧离子

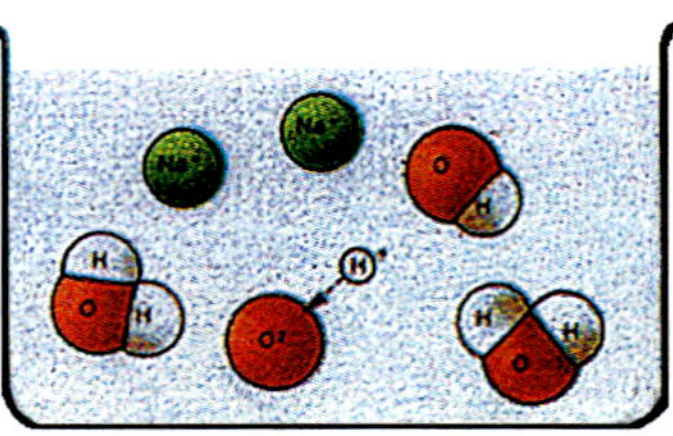

②氧离子与水中质子作用，形成氢氧离子

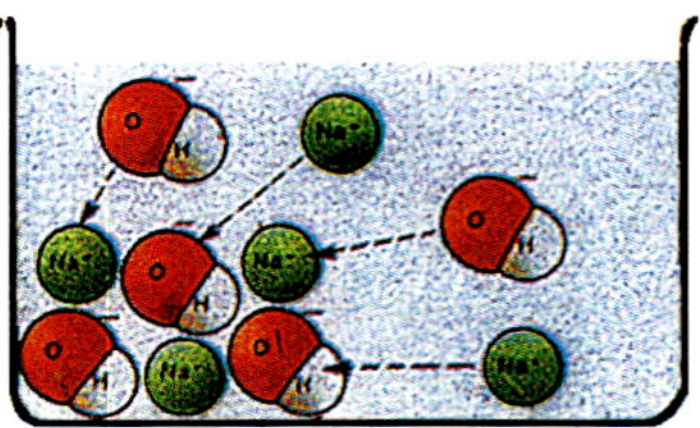

③经蒸发，氢氧离子与钠离子结合，形成氢氧化钠

法。因这种方法是比利时化学家索尔维1866年提出的，故又称索尔维制碱法。其原料、原理大致如下：

$$NH_3+CO_2+H_2O = NH_4HCO_3$$

$$NH_4HCO_3+NaCl = NaHCO_3+NH_4Cl$$

$$2NaHCO_3 \stackrel{\triangle}{=} Na_2CO_3+H_2O+CO_2\uparrow$$

这个方法用CaO处理母液中的NH_4Cl以回收NH_3，但却生成了用处不大的副产品$CaCl_2$。20世纪20年代，中国化学家、著名制碱专家**侯德榜**进行改进索尔维制碱法的研究，并于1924年打破了美英等国的垄断，制出了纯碱。后来他又提出联合制碱法，即被世人称道的侯氏联合制碱法，直至今天，中国各制碱厂仍沿用此法。

石灰 生石灰和熟石灰的泛称，在欧洲有时还包括石灰石。房屋建成后，人们往往要用白色的膏浆进行室内墙壁的粉刷。传统的粉刷涂料，主要成分是石灰。

生石灰的主要成分是氧化钙，化学式为CaO，纯净的生石灰为白色，含有杂质时可呈浅灰或微黄色，一般为块状，也可加工成粉状袋装销售。生石灰能强烈吸收水分并与水化合生成氢氧化钙，即熟石灰，也叫消石灰，同时放出大量的热：

$$CaO+H_2O = Ca(OH)_2$$

正因为生石灰有这样的性质，所以人们常用生石灰作干燥剂，以吸收一些气体中的水分或房间里的潮气。生石灰的用途广泛，常被大量用作建筑材料。工业生产中它是制造电石、漂白粉、硬水软化剂等产品的原料，还用于制革、

溶洞中的钟乳石最初是薄麦秸形的碳酸钙，之后经过数百年变成厚密的钟乳石

冶金、废水净化等方面。农业上还用它的粉剂来改良土壤，降低土壤酸性和增高土壤的团粒结构。在古代，人们曾用生石灰与草木灰加水反应生成的氢氧化钾来除痣美容。至今，一些厨师还用它与纯碱的混合液来泡发鱿鱼等。

熟石灰的主要成分是氢氧化钙，化学式为$Ca(OH)_2$。它是白色粉末，微溶于水，对皮肤、织物（尤其是毛织物）有很强的腐蚀性。因有较强的吸湿性，故很少能见到极干的熟石灰。熟石灰在空气中能吸收二氧化碳，生成碳酸钙和水。这就是用石灰新抹的墙面会“出汗”并变硬的缘故。工业上，熟石灰可制漂白粉、硬水软化剂、消毒剂、制酸剂、收敛剂等。熟石灰的澄清水溶液叫石灰水，实验中常用来验证二氧化碳的存在，此外还用于制糖及医药等。熟石灰与水组成的浓稠悬浊液称石灰乳，用来刷墙和树干；由黏土、熟石灰、沙组成的“三合土”则用于垫地基等建筑用途。

石灰石的主要成分是碳酸钙，化学式为$CaCO_3$。它是自然界中最常见的一种矿石，因含杂质不同可呈灰白、灰、深灰、浅黄等颜色，其中带有黑灰色条

纹的叫大理石，纯白的称汉白玉，几乎不溶于水，能溶于盐酸、硝酸并发生复分解反应，迅速放出二氧化碳。碳酸钙溶于含二氧化碳的水中则生成可溶性碳酸氢钙。正是由于这个原因，自然界中石灰岩地区常有溶洞形成。碳酸氢钙再在水滴滴落过程中分解而逐渐形成石钟乳、石笋、石柱、石幔，从而造化成喀斯特奇观。

石灰石在建筑业中可做石料，用来做地基或砌墙，碳酸钙含量高的则用来烧制生石灰。此外，它还可在炼铁炼钢中用作熔剂来降低冶炼温度和除去矿石中夹杂的脉石，在硅酸盐工业中是制造玻璃和水泥不可缺少的原料。

碳 非金属元素，化学符号是 C。碳对人类来说并不陌生。早在远古时期人们钻木取火后，就得到了木炭。这是人们对碳的最初利用。碳的名称取自拉丁语 carbo（木炭）一词。地壳中碳的丰度为 0.027%，含量并不高，但其化合物是地球上最多的物质。在地壳中碳主要以碳酸盐矿形式存在，如方解石、石灰石、大理石等。以单质存在的有金刚石和石墨。大气存在碳的化合物二氧化碳，煤是天然存在的无定形碳，石油、天然气的主要成分为碳氢化合物，动植物体中的脂肪、蛋白质、淀粉、纤维素等都是含碳的化合物。因此可以说碳是有机界的主要元素。

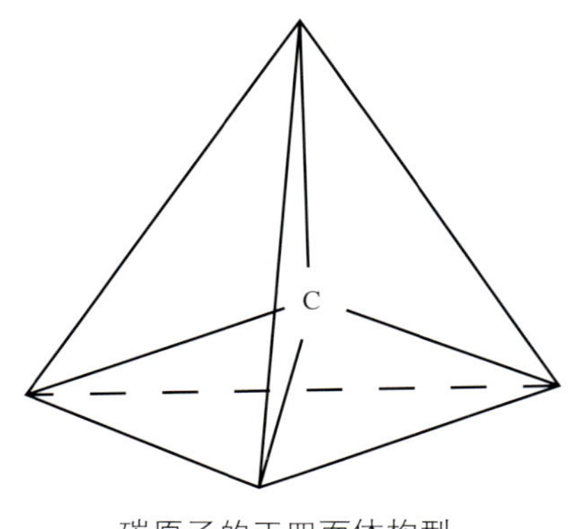

碳原子的正四面体构型

碳有无定形和结晶形两种形态，无定形碳有木炭、烟墨、骨炭、煤、焦炭；结晶形碳中有金刚石和石墨两种。金刚石和石墨虽然都是碳的单质存在形式，但分子结构不同，性质也截然不同，称为同素异形体。

碳化物指二元的碳化合物，但不包括碳与氧、硫、磷、氮和卤素形成的化合物。重要的碳化物有碳化铍、碳化铝、碳化钙等。

碳单质 碳单质形式多种多样，结构和物理性质各异，包括最硬的天然物质金刚石、最软的矿物石墨、多孔的无定形碳、球状的富勒烯等。

由于各种碳单质的性质差异，它们的用途各不相同。金刚石可用于切割玻璃和制作钻石；石墨能导电，用于制作电极；无定形碳可用作吸附剂；而富勒烯具有超导、半导体性质及强磁性等，在光、电、磁等领域有潜在的应用前景。有一种典型的富勒烯称为碳纳米管，是潜在的超强材料。据理论计算，它的强度是钢的 100 倍，而重量仅为钢的 1/7，如能做成碳纤维，将是理想的轻质高强度材料。碳纳米管还具有极强的储气能力，可用在燃料电池的储氢装置上。

尽管碳单质的形态各异，但它们都是由碳原子构成的。碳单质在常温下化学性质都不活泼，但在高温下，能够跟很多物质起反应。煤的主要成分是碳，

碳 60 碳 60 是一种碳元素单质，化学符号为 C_{60}。受建筑师 R.B. 富勒设计的拱形圆顶建筑结构的启发，英国科学家 H.W. 克罗托提出了 C_{60} 分子具有封闭球形结构的设想。最后，他的设想被光谱测量所证实。

由于 C_{60} 分子的形状和结构酷似足球，所以被形象地称为“足球烯”。基于富勒的启发，C_{60} 及 C_{70} 等后来发现的一系列的碳原子簇称为富勒烯。

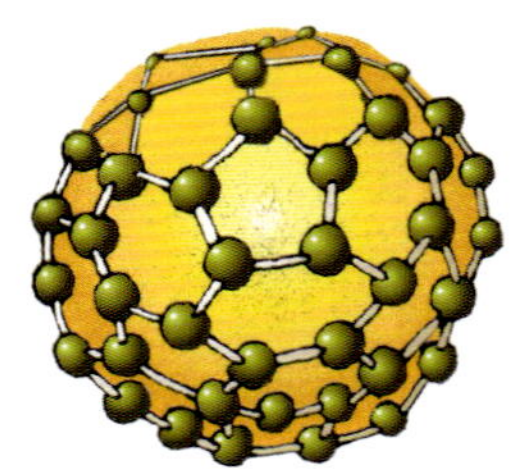
碳 60

它在氧气或空气中燃烧时放出热，可以直接供人们取暖、加热。高温下单质碳还具有还原性，可用于冶金工业。例如，焦炭可以把铁从它的氧化物矿石里还原出来。

金刚石　天然存在的硬度最高的物质，碳元素的一种单质。工人师傅在窗上安装玻璃时，常常需要把玻璃按照一定的大小裁下来。这时可用玻璃刀一划，再用双手一掰，玻璃马上就会被裁成两半。玻璃刀之所以能切割玻璃，是因为玻璃刀头上镶有一个小颗粒，它就是金刚石。

纯净的金刚石是一种无色透明的、正八面体形状的固体，含有杂质的金刚石带棕、黑等颜色。熔点为4000℃，莫氏硬度系数为10。天然采集到的金刚石并不带闪烁光泽，需要经过仔细琢磨成许多面后，才成为璀璨夺目的装饰品——钻石。金刚石不导电，在室温下与所有化学试剂（酸、碱、氧化剂等）均不发生反应。

坚硬是金刚石最重要的性质。利用这个性质，除可用金刚石划玻璃外，还可用它切割大理石，加工坚硬的金属，把它装在钻探机的钻头上，钻凿坚硬的岩层等。1953年人们已用人工方法制造出了人造金刚石。

石墨　碳元素的一种单质。写字用的铅笔芯主要成分是石墨，铅笔芯在纸上划过，会留下深灰色的痕迹，这说明石墨很软。石墨是最软的矿物之一。

石墨为灰黑色不透明晶体，有金属光泽，质软有润滑性，能导电、导热。在催化剂作用下，石墨于1600～1800℃高温和5万个大气压下可转变成金刚石。石墨在工业上大量用来制作电刷、套筒轴承、密封圈、冶金模、坩埚等，还用来制造化学反应器内衬、热交换器、泵、管、阀和其他工艺设备的零配件。石墨还能做电子管的阳极、反应堆的慢化剂和反射层材料、火箭发动机喷管和导航方向舵片。石墨粉可用作固体润滑剂、颜料和铅笔芯。

活性炭　经活化处理的无定形碳。无味、无毒，外观黑色、内部孔隙结构发达，比表面积大。

活性炭通常呈粉末状，化学成分就

共价键型晶体

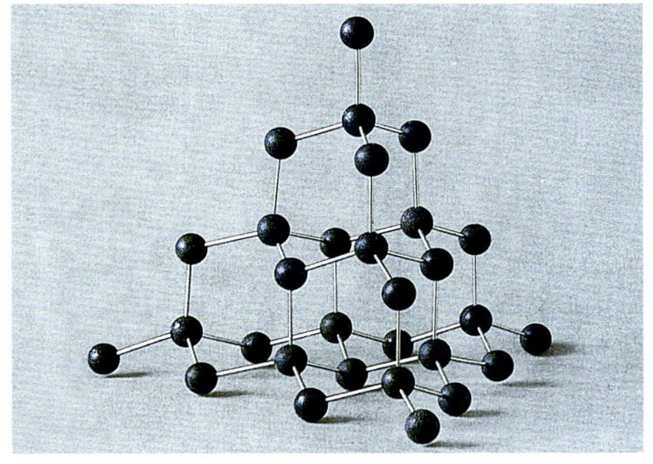

金刚石的晶体结构模型

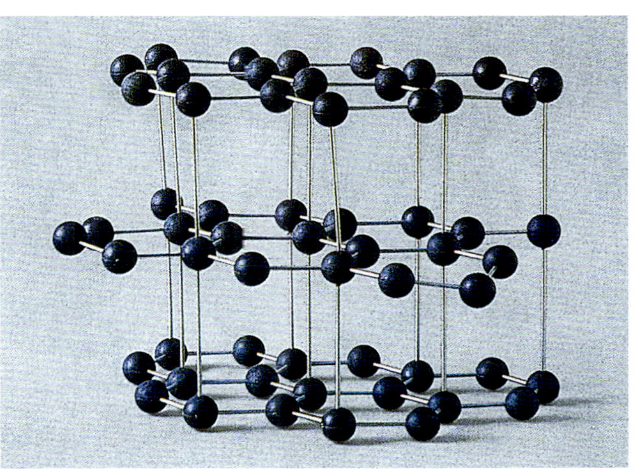

石墨的晶体结构模型

是我们最常见的碳元素。活性炭结构多孔，增大了与物质接触时的表面积，因此具有高吸附能力，能将各种气体、蒸气以及溶液里的溶质吸附在表面上。正是因为它有这一特点，才被用于防毒面具中。除此之外，活性炭还用来做制糖工业上的脱色剂和电冰箱中的除臭剂。

木炭 木材或木质原料经过不完全燃烧或者在隔绝空气的条件下热解所残留的深褐色或黑色多孔固体燃料。中国一些地区冬天仍然在燃烧木炭取暖。

一般来说，疏松多孔的结构具有较强的吸附能力，木炭也是如此。将它投放到滴有红墨水的水中，充分振荡后能发现红色变浅或消失。**活性炭**就是木炭经过特殊高温处理制得的。

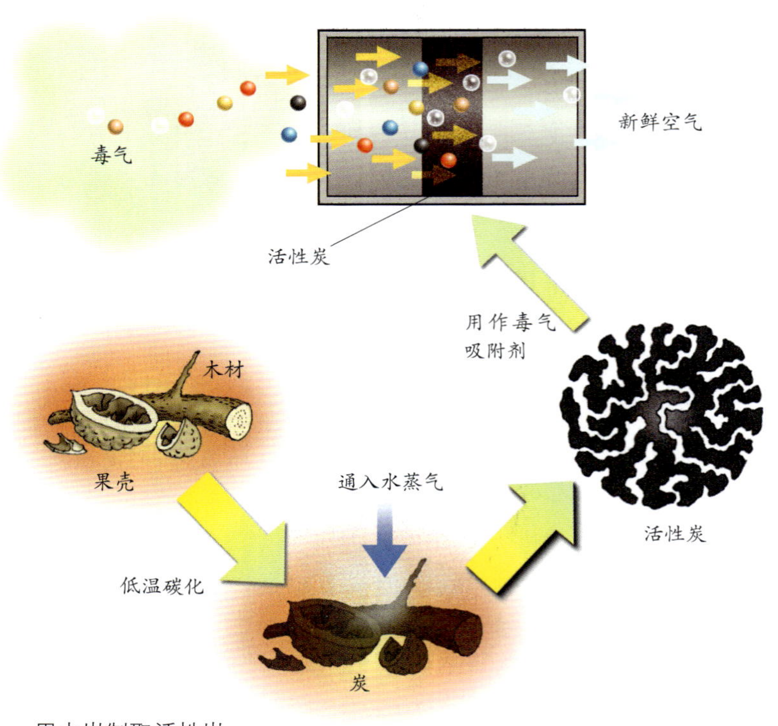

用木炭制取活性炭

碳-14测年法 根据生物体死亡后停止新陈代谢和该生物体中碳-14的量因衰变不断减少的规律而建立起来的推算生物体死亡年代的方法。由美国放射化学家W.F.利比建立。他为此获得1960年诺贝尔化学奖。在碳原子的同位素中，只有天然同位素碳-14具有放射性，它在非常缓慢地变为氮-14，称为元素衰变。碳-14的衰变极有规律，其精确性可以称为自然界的“标准时钟”。这个方法还有效而广泛地用于考古，也用于化学反应机理、碳原子定位、同位素交换，以及生理、病理和药理的研究。

一氧化碳 化学式CO，是无色、无臭、无味、剧毒的可燃性气体。用煤炉烧水，水开时常常会溢出来。水洒在通红的煤上，火不但不熄灭，反而“呼”的一声，会蹿出很高的火苗来。这是因为水和炽热的碳发生化学反应，生成了一氧化碳和氢气：

$$C+H_2O \xlongequal{高温} CO\uparrow+H_2\uparrow$$

这两种气体都能燃烧，因此就会蹿出很高的火苗来。工业上就是利用这个反应制备一氧化碳。

一氧化碳的毒性体现在它被吸进肺里能跟血液中的血红蛋白结合，使血红蛋白失去载氧能力。人如吸入少量的一氧化碳就会感到头痛，吸入较多量的一氧化碳，就会因缺乏氧气而死亡。冬天用煤火取暖，如果不注意通风，就会发生煤气中毒事件。

一氧化碳难溶于水，高温下具有还原性，在适当高温下能将许多金属氧化物还原成金属，因此广泛应用于冶金工业。一氧化碳在空气中燃烧呈淡蓝色火焰，放出大量的热并转变成二氧化碳，是一种气态燃料。在煤炉里煤层的上方能看到蓝色的火焰，这就是一氧化碳的燃烧。

二氧化碳 化学式 CO_2，是一种无色的微酸性气体。二氧化碳和氧气的循环是自然界中最重要的循环。人和动植物的呼吸以及燃料的燃烧放出大量的二氧化碳，这些二氧化碳被绿色植物的光合作用转化为氧气，供给生物体的呼吸和燃料燃烧。因此，虽然二氧化碳只占空气总体积的 0.03%，但假如把这 0.03% 的二氧化碳从空气中除去的话，自然界的生命活动将不能进行。二氧化碳还是很强的温室气体，与温室效应密切相关。

二氧化碳的密度约是空气的 1.5 倍，不支持燃烧，因此可用于灭火。二氧化碳溶于水生成碳酸。二氧化碳还是一种重要的化学试剂，被大量地用于生产纯碱、小苏打、氧化铝、尿素、保鲜剂、碳酸饮料等。

干冰 二氧化碳气体很容易液化和固化。将二氧化碳气体降温、加压，能制成外形像冰一样的固体，这就是干冰。干冰是一种比冰更好的制冷剂，它的冷却温度比冰低得多，可以产生 -78℃的低温。而且，干冰在室温下，不会像冰那样变成液体，而直接升华成为温度很低的、干燥的二氧化碳气体，因此它的冷藏效果特别好。

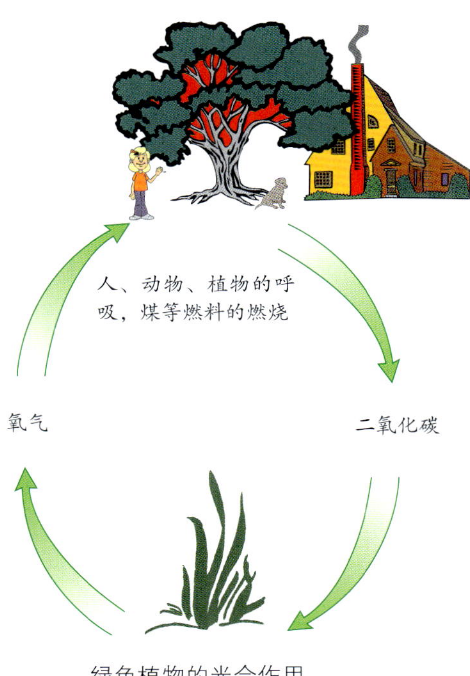

绿色植物的光合作用

水泥 粉状水硬性无机胶凝材料，与水拌合后能在空气中或水下硬结，将砂、石等材料胶结成一个坚固整体。水泥广泛用于建筑、交通、国防等领域。常见的硅酸盐水泥是以磨细的石灰石和富含二氧化硅的黏土经煤气或煤粉加热至约 1500℃，形成“熟料”烧结块，冷却后再加入一定比例的石膏，然后一起磨成细粉而制成。水泥大多数为灰色。为改善水泥性能、增加品种、综合利用、降低成本、扩大使用范围，人们又在水泥熟料中掺入适当比例的其他材料，制成各种混合水泥，例如矿渣水泥、沸石岩水泥、轻体泡沫水泥、白色水泥、变色水泥等。另有快硬水泥、抗硫酸盐水泥、自应力水泥等特种水泥。

硅 非金属元素，化学符号是 Si。它是构成矿物与岩石的主要元素。在自然界硅无游离状态，都存在于化合物中。硅约占地壳总重量的 25.7%，其丰度仅次于氧。

硅是非金属元素，有无定形和晶体两种同素异形体，晶体硅具有金属光泽和某些金属特性，因此常被称为准金属元素。硅是一种重要的半导体材料，掺微量杂质的硅单晶可用来制造大功率晶体管、整流器和太阳能电池等。1997 年中国第一根直径约 30 厘米直拉硅单晶研制成功。这一进展使中国成为继美国、日本、德国之后具有拉制大直径硅单晶技术的国家。二氧化硅（硅石）是最普遍的化合物，在自然界中分布极广，构成各和矿物和岩石。最重要的晶体硅石是石英。大而透明的石英晶体叫水晶，

硅酸盐岩

硅在自然界中最常见的存在形式

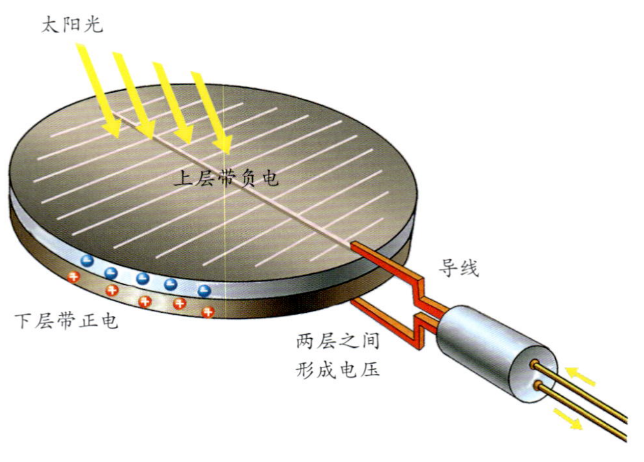

硅太阳能电池

黑色几乎不透明的石英晶体叫墨晶。常见的砂子是含杂质的石英。石英的硬度为7。石英玻璃能透过紫外线，可以用来制造汞蒸气紫外光灯和光学仪器。自然界中还有无定形的硅，称作硅藻土，常用作甘油炸药（硝化甘油）的吸附体，也可作绝热、隔音材料。普通的砂子是制造玻璃、陶瓷、水泥和耐火材料等的原料。硅酸干燥脱水后的产物为硅胶，它有很强的吸附能力，能吸收各种气体，因此常用来做吸附剂、干燥剂和部分催化剂的载体。

高纯硅 硅晶体是灰黑色固体，熔、沸点和硬度都很高。硅是良好的半导体材料，由于它良好的性能和广泛的来源，从20世纪中叶开始，硅成了信息技术中的关键材料。但普通的硅是不能用作半导体材料的，因为它里面有许多杂质。半导体材料中极微量的杂质会引起半导体性能的明显变化。因此，要控制半导体的性质，首先要把材料提纯到尽可能高的纯度，使之成为超纯材料，再在超纯材料中人为地掺入适量的某种有用杂质，才能获得所需性能的半导体。通常提纯后的高纯硅，纯度最高可达99.999999%以上。高纯硅是一种元素半导体材料，在半导体行业中用途广泛，主要用于制作电子元件、集成电路芯片和太阳能电池等。

玻璃 一类非晶态固体材料。一般透明而质脆，无固定熔点，在被加热时由软化到完全变为液态常有一个相当宽的温度范围。人们正是利用此性质而在它半软不硬时将其制成各种形状的器皿、工艺品等。玻璃在人们的日常生活中随处可见。无论这些玻璃制品的外观有多大差别，它们都是由组成不定的多种硅酸盐混熔而成的混合物（过冷液体）。

玻璃中最常见的为普通玻璃，即钠玻璃，它通常用砂子、纯碱和石灰石共熔制得。其成分可用近似化学式 $Na_2CaSi_6O_{14}$ 或 $Na_2O \cdot CaO \cdot 6SiO_2$ 表示。由它制成的门窗玻璃及瓶子早已为人们所熟悉。若用碳酸钾部分代替原料中的碳酸钠，即可制成钾玻璃。这种玻璃质地较硬，较耐高温，热胀冷缩性较小，化学性质较稳定。人们在化学实验室中使用的烧杯、烧瓶、试管、滴定管等，

玻璃制品

多以钾玻璃制造。若用含铅化合物代替玻璃中的钠，可制成铅玻璃。铅玻璃密度高、折射率大，且可阻挡有害放射线，所以适合做光学玻璃及防辐射玻璃屏等。

随着科学的发展，各种有特异功能的玻璃也相继问世。如几厘米厚的隔热玻璃的隔热效果相当于 40 多厘米厚的砖墙；防弹玻璃不怕震荡，能防枪弹；防火玻璃可以阻燃；变色玻璃可随光线强弱改变颜色；生物玻璃可以代替骨骼移植到人体内；一根头发丝细的光纤玻璃可以同时传递上万路电话。这些新型玻璃在人们的生产生活中起着越来越重要的作用。

温室效应 大气能强烈吸收来自太阳和地面的长波辐射，同时对地面存在大气逆辐射，使地表温度升高，这种现象被称为温室效应。在大气的成分中，二氧化碳、二氧化硫等气体吸收辐射的能力大大强于其他气体，被称为温室气体。人类大量燃烧化石燃料等使得大气中温室气体含量增加。这可能导致全球气候变暖，并对人类生存和社会发展带来不利的影响，甚至是灾难性的后果。

温室效应的影响在近几十年中逐渐显现出来。全球平均气温的升高、南极冰川的融化、海平面的抬升等现象已经给人类敲响了警钟。

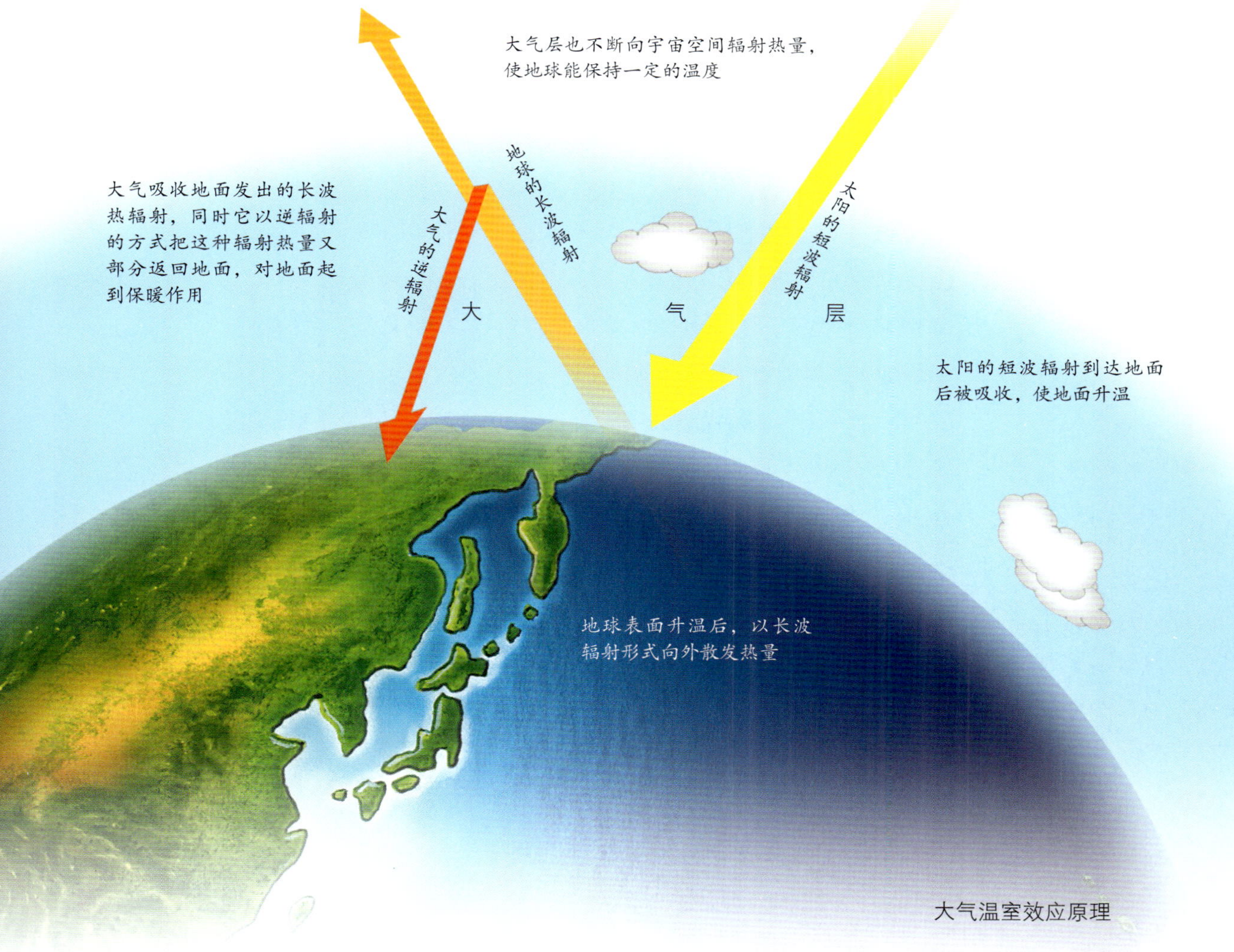

大气温室效应原理

磷 非金属元素，化学符号为P。1669年德国炼金术士H.布兰德把一种新发现的物质命名为“磷”，在希腊语中“磷”是“发光物”的意思。

磷灰石

自然界中磷以矿物磷酸钙、磷灰石等形式存在，同时在生物的细胞、蛋白质和骨骼中也含有磷。

磷有红磷、白磷、黑磷等同素异形体。今天，磷及其重要化合物越来越受到人们的重视，因为它在很多方面都有极其重要的用途。磷可以用来制造烟火、燃烧弹、磷肥、磷酸、杀虫剂等。磷在人体中参与许多重要的生理活动，如它以三磷酸腺苷（ATP）和磷酸肌酸这样的高能化合物形式运送、转移、贮存能量。农作物生长也离不开磷，因此需要给农作物施加磷肥。常用的磷肥有过磷酸钙（普钙）、重过磷酸钙（重钙）等。

金属 具有良好的导电性、导热性、延展性，并有特殊光泽（金属光泽）的物质。常温下金属除汞（液体）以外都是固体。除金、铜等少数具有特殊的颜色外，大多数呈银白色。金属都是不透明的。金属的密度、硬度、熔点等性质的差别很大。大多数金属有延展性，可加工成不同的形状。由于具有导热性和导电性，金属可用来做炊具或输电线等。

金属一般分黑色金属和有色金属两大类。黑色金属通常指铁、锰、铬及它们的合金，其余的均为有色金属。有色金属按其密度、价格、地壳中储量、分布情况等又分成轻金属、重金属、贵金属和稀有金属等。轻金属一般指密度在5克/厘米^{3}以下的有色金属，如铝、镁、钠、钙等。重金属一般指密度在5克/厘米^{3}以上的有色金属，如铜、铅、汞等。贵金属包括金、银等，这类金属在地壳中含量少，开采困难，价格较高。稀有金属通常指在自然界中含量少，分布稀散的元素，如钛等。

金属之最 地壳中含量最高的金属元素——铝；人体中含量最高的金属元素——钙；导电性、导热性最优秀的金属元素——银；硬度最高的金属元素——铬；熔点最高的金属元素——钨；熔点最低的金属元素——汞；密度最大的金属元素——锇；密度最小的金属元素——锂。

常见金属矿石 包括：①贵金属矿石，如金矿、银矿、铂矿等。②有色金属矿石，如铜矿石有孔雀石[$CuCO_3 \cdot Cu(OH)_2$]、黄铜矿（$CuFeS_2$）、斑铜矿（Cu_2FeS_4）、辉铜矿（Cu_2S）等。③黑色金属矿石，如铁矿石有赤铁矿（Fe_2O_3）、磁铁矿（Fe_3O_4）和菱铁矿（$FeCO_3$）等。④稀有金属矿石，如铌矿等。⑤放射性矿石，如铀矿等。

地球上的金属矿产资源是有限的，而且是不能再生的，而废旧金属是一种

金属矿石（上）和黄铜矿（下）

固体废弃物，会污染环境。把废旧金属回收后重新制成金属或它们的化合物加以利用，这样既可以减少垃圾量，防止污染环境，又可以缓解资源短缺的矛盾。

金属腐蚀 指金属由于受周围介质的作用而产生的损坏。金属发生腐蚀必须有外部介质（即环境）的作用，而且该作用发生在金属与介质的界面上。根据腐蚀的机理，金属腐蚀可分为：①化学腐蚀，指金属表面与非电解质直接发生化学作用而引起的破坏。②电化学腐蚀，指金属表面与离子导电的介质因发生电化学作用而产生的破坏。③物理腐蚀，指金属由于单纯的溶解所引起的破坏。

根据腐蚀的原理，可以采取适当的方法对金属进行保护。例如用耐腐蚀的物质涂在金属表面，使金属与介质完全隔绝以起到防护作用。金属保护的方法还有电化学保护和改变金属成分等。

焰色反应 许多金属及其化合物燃烧时，火焰会呈现特征颜色的现象。节日晚上燃放的五彩缤纷的焰火，就是钾、钠、钙、锶、钡等金属化合物焰色反应所呈现的各种鲜艳的色彩。

在温度极高的情况下，金属原子或金属离子中的电子吸收一定能量而被激发，跃迁到外层轨道上运动。当激发的电子重新回到原轨道上时，就会释放出一定的能量，并转化为一定波长的光。由于各种金属盐的电子跃迁能级不同，其发出的光也不同，所以其焰色也会不同。以下是一些常见离子的颜色：

焰火是某些化合物的焰色反应的应用

＊钾——紫色　＊钙——砖红色
＊锂——紫红色　＊钡——黄绿色
＊钠——黄色　＊铜——绿色

合金 一种金属与另一种金属，或与几种金属，或与非金属熔合而成的、稳定的、具有金属性质的物质。生铁和钢都是铁的合金，主要是铁碳合金。钢中再加入锰、铬、镍、硅、钨等元素可制成具有不同性能的合金钢。黄铜（主要含铜和锌）、青铜（主要含铜和锡）都是铜的合金。还有铝合金、镁合金、钛合金等多种合金。由于合金有良好的综合性能，又有适合某些特定要求的特殊性能，所以用途十分广泛。

锗 金属元素，化学符号 Ge。1886 年德国化学家 C. 温克勒第一次从硫银锗矿中分离出锗，该元素为纪念他的祖国而命名。锗的发现证实了 D.I. 门捷列夫在 1871 年对周期表中锗的存在及性质的预言。

锗是银灰色脆性金属。具有金刚石型体心立方点阵结构。莫氏硬度 6 ~ 6.5。锗的电导率随纯度而改变，纯度越高，

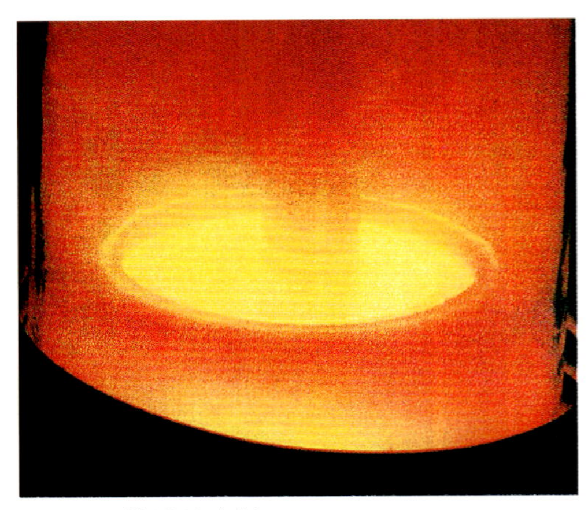
锗单晶生长

电导率越低。因此锗单晶是重要的半导体材料。锗约占地壳重量的0.0007%。锗的矿物极为稀少，自然界中锗主要是以分散状态存在于其他矿物中，因此一般从有色金属冶炼时的烟尘、泥渣中提取锗，也可由发电厂的烟道灰中以及煤炼焦时的焦炭、焦油和氨水中提取。锗及其化合物属低毒性，四氯化锗能刺激皮肤、黏膜和眼睛。

锗主要作为半导体材料，用于制作晶体管和二极管等元件。锗在电子工业中的用途已逐渐被硅所取代，但由于锗的一些特性优于硅，所以适用于超高速转换开关电路。锗还可用于制造红外窗口、红外光学透镜材料等。锗酸铋是闪烁体探测器材料。锗也是制备超导体的材料。

锡 金属元素，化学符号为Sn。约在公元前2000年，人类就开始使用锡。青铜器的主要成分就是锡和铜。锡在地壳中含量为0.04%，主要矿石是锡石，但很少见到高品位的锡石。锡容易从矿石中冶炼出来。金属锡柔软，熔点相对较低。锡有白锡、灰锡和脆锡3种同素异形体。

锡石

常温时锡与空气几乎不起作用，性质比较稳定，但能被硝酸氧化成偏锡酸。干燥氯气能把锡氧化成四氯化锡。此外，锡还能同碱发生反应。锡本身无毒，但其有机化合物有剧毒。

锡最重要的用途是镀覆贮存食品的钢制容器，以保护容器，也用来镀铁和铜以增加抗腐蚀能力或使其更美观。镀锡的铁片称作马口铁。锡的有机化合物和无机化合物均广泛应用于电镀、陶瓷和塑料工业中。锡的合金应用范围也很广，如铅锡合金用作焊料等。

铅 灰白色金属元素，化学符号为Pb。铅是人类最早使用的金属之一，在公元前3000年，人类已能从矿石中冶炼铅。铅约占地壳重量的0.016%，主要存在于方铅矿、白铅矿中，各种铀矿和钍矿中也含有铅。

金属铅在空气中受到氧、水蒸气和二氧化碳的作用时，其表面会很快氧化，生成一层保护膜而失去光泽，这层膜可能是碱式碳酸盐。水能使铅的保护膜脱落而继续氧化。铅对无氧、无二氧化碳的纯水是稳定的。铅与浓盐酸、浓硫酸几乎不发生反应，这是因为其表面生成的二氯化铅和硫酸铅极难溶于水。铅能慢慢地溶于稀硝酸而生成硝酸铅。

因为铅的密度很大，高能辐射几乎不能通过较厚的铅板，故铅板可用来防

云南兰坪金顶铅锌矿

世界罕见的古代铜矿采区之一——湖北铜绿山矿冶遗址

护 X 射线、γ 射线等辐射。铅、锡和锑的合金可铸铅字，锡和铅的合金可做焊锡。在化学、原子能、建筑、桥梁和船舶工业中，铅常用来制造防酸蚀的管道和各种构件。铅还曾大量用于制造汽油抗爆剂。

铅及其化合物对人体各器官都有毒。人体吸入或食用铅及其化合物所引起的中毒症称铅中毒。

铜 微红色金属元素，化学符号为 Cu。铜是人类历史上最早使用的金属。古埃及人约在前 5000 年开始利用红铜（即自然铜），前 3500 年学会制青铜。中国约在前3000年开始使用红铜和青铜。铜在自然界分布广泛，以 3 种形式存在：自然铜、硫化铜矿和氧化铜矿。

铜质地坚韧，有良好的延展性、导电性和导热性。铜广泛应用于制造电线、电缆和各种电器。铜和铜合金在机械、仪器仪表行业中常用于制造各种零件；在国防工业中用于制造枪弹、炮弹；在化学工业中用于制造各种化工器材。

铜的化学性质不活泼，在干燥空气和水中无反应，在潮湿的空气中，表面可生成碱式碳酸铜（铜绿），在空气中加热时可与氧气反应生成黑色的氧化铜。铜与盐酸、稀硫酸等不反应，但能与强氧化性的硝酸和浓硫酸反应生成铜盐。

铜的冶炼方法随铜矿石种类不同而异。氧化铜矿可直接用碳热还原法，也可用湿法冶炼，即用稀硫酸或络合剂浸出，然后进行电解；硫化铜矿的冶炼则较为复杂，步骤繁多。一般的冶炼只能得到粗铜，要制得纯度较高的精铜可以将粗铜进行氧化精炼或电解精炼。

铝 金属元素，化学符号为 Al。铝的化学性质很活泼，不如金、银那样耐腐蚀。它有银样的光泽，表面有细密的氧化层，能起到很好的保护作用，且质地很软、很轻，易于加工。

铝在地壳中的含量为 8%，仅次于氧和硅，是地壳中含量最多的金属元素，几乎占所有金属元素的 1/3。它广泛分布于岩石、泥土和动植物体内。铝为

铝合金 纯铝的导电、导热和耐蚀性能良好，可用做导电、导热材料，但是其强度低，不宜做结构材料。人们将铝与镁、硅、铜、锌、锰等元素制成合金，可以克服纯铝的以上缺点，使性能得到改善。铝合金具有质轻、坚韧、机械性能好的特点。

银白色轻金属，熔点660℃，沸点高达2467℃，具有良好的延展性、导电性和导热性。铝是活泼金属，常温下在干燥空气中铝的表面立即形成厚度约为50埃的致密氧化膜，使铝不会进一步被氧化并能耐水的腐蚀。这层氧化膜可吸着染料而使铝表现为各种颜色。细粉状的铝与空气混合极易燃烧。铝在高温下能将许多金属氧化物还原为相应的金属，这种反应称为铝热反应。铝既能溶于强碱，形成铝酸盐和氢气，也能溶于稀酸，形成相应的铝盐和氢气。铝的纯度越高，与酸的反应越慢。

明矾 化学名硫酸铝钾，化学式 $K_2SO_4 \cdot Al_2(SO_4)_3 \cdot 24H_2O$ 或 $KAl(SO_4)_2 \cdot 12H_2O$，无色透明晶体，无臭。又称钾明矾、白矾。将明矾石［$K_2SO_4 \cdot Al_2(SO_4)_3 \cdot 4Al(OH)_3$］煅烧后用水浸取、结晶而得。若在溶液中的 K_2SO_4 和 $Al_2(SO_4)_3$ 比例恰当，也可析出明矾晶体。

明矾可作净水剂、食品膨松剂、收敛剂和媒染剂等。

金 黄色贵金属，元素符号为Au，原意为“光辉的黎明”。金在自然界以单质状态存在，因此人类发现和利用金的历史较早。最古老的黄金提取法是漂洗法，即通常所称的“沙里淘金”。公元前3000年古埃及人已采集黄金制作饰物。中国古代用金银合金做装饰品。另外，还可用氰化物法提取黄金。金的精炼是用电解法，制得的金纯度可达99.95%～99.98%。

中国白玉县发现的重2700克的金块，犹如雄狮一头

到澳大利亚旅游的游客在金矿遗址上体验淘金的乐趣

金是热和电的良导体，延展性特别好，可做成金箔和拉成极细的金丝。装饰品中金的品质以K表示，纯金为24K，将24乘以含金百分数即为饰品金质的K值，如含金50%的饰品为12K金饰品。金的化学性质稳定，不被空气氧化，耐水、酸、碱，可用于制造宇航服。金主要用途是作为国家的黄金储备、货币和装饰品。

银 有金属光泽的白色金属，元素符号为Ag，意为“明亮”。自然界中银多以化合物形式存在。银的硬度介于铜和金之间，有很大的延展性，导电性和导

铜置换硝酸银中的银形成的银树

热性在金属中占首位。工业上，银合金常用于制货币、装饰品、银坩埚、银锌电池及仪器零件等。

铂 白色贵金属，元素符号为Pt。铂的俗名是白金，色泽纯白，自然界铂的储量比黄金稀少，所以其价格较黄金更加昂贵。

铂金的化学成分以金属铂（Pt）为主，还包括其他铂系元素。铂系元素指钌（Ru）、铑（Rh）、钯（Pd）、锇（Os）、铱（Ir）和铂6种金属。铂系元素的质地都比较柔软，耐腐蚀性强。铂在室温下耐酸，但能被王水缓慢腐蚀，也能溶于沸腾的王水。

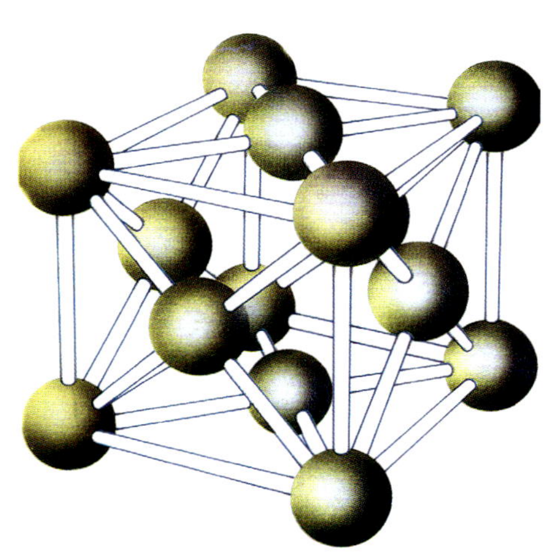

铂的晶体结构模型

铂原子的金属键数较多，因此铂的化学性质非常稳定

铂和钯的总含量高于99.0%的铂金称为足铂。市场上的铂金首饰中铂、钯含量大多在90.0%～95.0%。

锌 灰色金属，断面呈金属光泽，元素符号为Zn。锌最重要的用途是制造锌合金和作为其他金属的保护层。镀锌的铁称白铁。锌还用来做干电池的外皮。锌是人体必需的微量元素，是人体内多种酶的组分。许多疾病和先天性紊乱都是由于缺锌引起的。

汞 室温下唯一呈液态的金属元素，化学符号为Hg。俗称水银。在地壳中含量为两万分之一。自然界里的汞主要以硫化汞的形式存在于辰砂矿中，也有少量的自然汞。

汞的表面张力很大，能碎裂为银色液珠而不呈液流，这种现象在液体中很独特。汞在常温下不被空气氧化，加热时缓慢氧化成氧化汞。汞和汞盐都有毒，汞蒸气有剧毒。氯化汞对人的致死量为0.3克，空气中的汞含量不得超过0.01毫克/米^3。汞能溶解很多金属，所构成的合金统称汞齐，其中钠汞齐是很好的还原剂，金易溶于汞而形成金汞齐。

汞广泛用于制作温度计、气压计、压力计、电学仪器和各种控制器，在农业中用于杀灭真菌，在氯碱工业中可用作流动电极。2%～5%的汞红溶液可用作皮肤防腐剂，俗称红药水。细菌可将汞转变成有毒化合物，因此在河流和近海水域排放含汞废水必须加以制止。

汞是常温下唯一的液态金属

氧化汞 化学式HgO。俗称三仙丹。有红、黄两种晶体，颗粒粗的为红色，细的为黄色。不溶于水，溶于稀盐酸和硝酸，500℃时分解为汞和氧：

$$2HgO \xrightarrow{500℃} 2Hg + O_2\uparrow$$

氧化汞有一定的抗菌作用，可制眼药膏；有防腐作用，可做船底涂料；工业上还可做陶瓷颜料等。

钨 熔点最高的金属，元素符号为W。白炽灯发光时，钨制灯丝的温度高达3000℃以上，而灯丝不熔化。钨不仅熔点高，密度也很大，与金差不多。“钨”的瑞典语原意是重的意思。在自然界中以白钨矿和锰铁钨矿的形式存在，中国是钨矿的主要产地，约占世界钨矿的50%。钨除了制作电灯丝等电器元件外，还可用来制备钨钢、半导体器件、火箭发动机和人造卫星的结构元件及化学反应的催化剂等。

钛 稀有金属元素，元素符号为Ti。钛与其他金属或合金相比，具有密度小、强度大、耐高温、抗腐蚀、原料便宜等特点。钛及其合金已成为一种耐蚀结构材料，此外还用于生产贮氢材料和形状记忆合金等。

稀有金属 人们把自然界存在稀少、分布分散的单质及其化合物应用开发较晚的金属统称为稀有金属。一般包括难熔金属锆、铪、铌、钽、钼、钨，轻金属锂、铍、铷、铯等，稀散金属镓、铟、铊、锗、铼，放射性金属铀、钍和稀土金属镧、钇等。

铌、钽外观似钢，除熔点、沸点高外，还有高温导热性、低温超导性等特点，用它们制成的电容器用于雷达、导弹及电子计算机。铌、钽及其合金，还可用作飞机、宇宙飞船、核反应堆的结构材料、超导材料。锆合金被用作反应堆堆芯的结构材料，铪用作反应堆控制棒。锆是理想吸气剂，在电子工业中用来除去气体。稀散金属的熔点仅次于钨，抗蚀性能又好，是近年来获得迅速开发的新兴金属材料。

轻金属铷、铯是两种极活泼金属，熔点只有39℃和28.4℃，熔、沸点很低且挥发性大。它们的光电效应好，所制造的光电管光波范围广，灵敏度高且稳定。铷和铯原子钟精确度可达万亿分之一秒，用于航海、宇宙航行。铷和铯最有前景的用途是做离子推进发动机、磁流发电机及热离子发电器，用于卫星、飞船的推进和核反应堆的热核发电。

磁铁 磁铁具有磁性，能吸引铁和指示南北方向。用一块磁铁会很容易把掉在地上的回形针捡起来，因为回形针是用金属铁制成的。

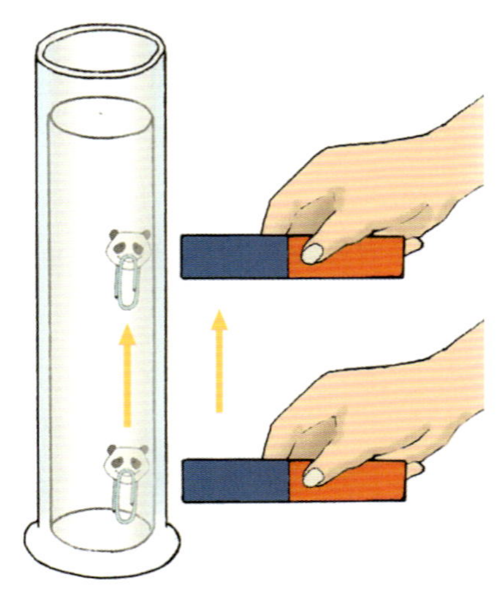

将磁铁靠近玻璃筒壁上下移动，玻璃筒里面的曲别针也跟着上下移动

有些磁铁的磁性可以长期保持，称作永久磁铁。人们最早使用的永久磁铁主要成分是铁的一些氧化物，现在人们在其中掺杂一些稀土元素，可以制造磁性非常强的永久磁体。

酸 酸是一大类物质，其水溶液有酸味，能中和碱并生成盐，能与某些金属反应放出氢气，能使石蕊由紫色变成红色。它们在水溶液中能电离并产生氢离子。从广义上讲，酸是指那些能接收电子对的物质。

根据在水中电离能力的大小，酸可以分为强酸（如硝酸 HNO_3）和弱酸

（如醋酸 CH_3COOH）；根据酸分子中可电离氢离子的数目，酸又可分为一元酸（如盐酸 HCl）、二元酸（如硫酸 H_2SO_4）、三元酸（如磷酸 H_3PO_4）；根据含氧与否，酸还可分为含氧酸和无氧酸等。

酸一般有腐蚀性，能溶解多种金属。酸的强弱用酸度表示。酸度是指酸溶液中氢离子物质的量浓度的负对数值，以 pH 表示。pH 小于 7 就是酸，pH 越小，酸性越强。pH 可用 pH 试纸或酸度计（pH 计）测出。实验发现，弱酸在水溶液中具有电离平衡的性质，即酸电离后氢离子浓度与带负电荷物质浓度的乘积与酸未电离时物质的量浓度的比值为一常数。多元弱酸是分步电离的。在一定温度下，弱酸的电离度随溶液稀释而加大，直至完全电离。

酸的用途很广，涉及许多工业及科学实验领域。许多化学反应都只能在一定 pH 下进行，故常用相应的弱酸及其盐类作缓冲剂。盐酸、硫酸、硝酸这三种强酸更是广泛应用于各领域。

硫酸 强无机酸，化学式为 H_2SO_4。硫酸与硝酸、盐酸是人们熟知的三大强酸。硫酸为三氧化硫和水的化合物。纯硫酸为无色油状液体，含杂质时可呈黄棕色，凝固点 10.31℃，沸点 337℃。常见浓硫酸浓度为 98.3%。到 444℃时硫酸蒸气基本上分解为三氧化硫和水。硫酸与水可形成多种水合物，溶解水合时会放大量热，所以在稀释浓硫酸时要切记“注酸入水”，即将密度较大的浓硫酸经玻璃棒导液沿器壁缓缓注入水中，并随之搅拌，以使其热量均匀放出。若弄反了顺序，便会因水、酸界面局部过热而使酸液暴沸、飞溅，造成事故。

在中世纪，硫酸是用加热水合硫酸亚铁（$FeSO_4 \cdot 7H_2O$）来制备的，加热后生成三氧化硫（SO_3）及水蒸气（H_2O），这些气体凝结起来便形成硫酸（H_2SO_4）

浓硫酸是强氧化性酸，加热时可将多种金属（包括不活泼金属）和非金属氧化，本身则被还原为二氧化硫、硫、硫化氢等。有趣的是，这种强氧化性的酸却能在常温下用铁、铝这样的活泼金属的管、桶输送和盛放。这是因为这两种金属器具此时被硫酸氧化生成了一层坚固致密的氧化膜，从而自我“钝化”。浓硫酸还有极强的吸水和脱水作用，即它不仅可吸收“现成”的水（如潮气、湿存水等），还能从有机物中将氢、氧按原子个数比 2 ∶ 1 将其强行掠出而使有机物碳化。浓硫酸的强氧化性、强脱水性及强酸性使其具有强腐蚀性。无论对衣物，还是对皮肤腐蚀性都很强，一旦溅在手上应立即用布吸干，并随即用大量水冲洗。

由于可用浓、稀硫酸与相应的盐作用制得多种酸类（如氯化氢、氟化氢、亚硝酸及硫化氢），所以在中世纪时硫酸曾被欧洲炼金术士们称为“众酸之母”。硫酸产量是衡量一个国家化学工业生产能力的标志之一。硫酸大量用于制造化肥、农药、药品、染料、炸药，并用于石油和其他化工产品的生产。

硝酸 强无机酸，化学式为HNO_3。大多数国家采用氨氧化法制取硝酸。在实验室，可用硝酸钠与浓硫酸在控制加热的条件下制得硝酸。

硝酸是强氧化剂，纯品为无色透明油状液体。硝酸有刺激性气味，易挥发，易溶于水。硝酸易分解，因此应用棕色瓶于冷暗处保存。

硝酸广泛用于制造化肥、炸药、染料、人造纤维、塑料、医药、感光材料及硝酸盐。

盐酸 强无机酸，学名为氢氯酸，是氯化氢气体的水溶液，与氯化氢共用化学式HCl来表示。人类胃液中约含有0.5%的盐酸，它对胃内消化和消毒起着重要的作用。纯净的盐酸为无色液体，工业品浓盐酸则因含+3价铁等杂质而显黄色。盐酸中氯化氢的最高浓度可达43.4%，实验室常用的浓盐酸浓度为38%左右。由于浓盐酸中的氯化氢易挥发，所以在空气中暴露时，会形成白雾，并有强烈刺激性气味，对人的呼吸系统有刺激作用，对环境中多种金属制品有强腐蚀作用。

作为重要化工原料，盐酸可制造金属氯化物、染料、医药及对金属制品进行酸洗去锈等。盐酸还是一种重要的化学试剂。

王水 中世纪欧洲的炼金术士们发现，金在单独的酸液中很难溶解，而把金子放入盐酸和硝酸混合溶液中，就能溶解了。这种液体可称得上是酸中之王，于是称之为“王水”。

王水是浓硝酸和浓盐酸按含酸的物质的量比3∶1混合所得到的溶液。王水具有极强的氧化能力，能将金、铂溶解。

王水作为溶剂主要用于冶金工业，也用来检验及溶解金、铂等。其性质极不稳定，因此要在使用前配制。

醋酸 分子式为CH_3COOH，为简便也常用HAc表示。人类最早发现和制造的酸类之一。因其组成中含两个碳原子，所以学名为乙酸。醋酸是人们烹饪时使用的重要调料。醋的酸味来自醋中浓度3%～10%的醋酸。它也是实验中用得最多的有机酸。

纯醋酸是无色有刺激性气味的液体，沸点117.9℃，熔点16.6℃，当室温低于16.6℃时它会凝结成冰样的晶体，故有“冰醋酸”之称。醋酸易溶于水（与水混合后总体积会减小）、醇、醚和四氯化碳。醋酸有酸的通性，但属典型弱酸。它能与醇发生酯化反应，分子间脱水则生成乙酸酐。

醋酸的制法分为古老的发酵法和近代的合成法。前者是以糖类物质发酵，经乙醇再氧化成乙酸，主要用来制造食用醋酸；合成法是以乙醛、甲醇或丁烷和丁烯作为原料，经催化氧化大量制造工业用醋酸。古今两种方法互补，很好地满足了人们的需求。

碱 通常指能与酸反应生成盐，有涩味，能使石蕊变蓝，在水溶液中能电离并产生氢氧根离子的物质。从广义上讲，碱是指那些能给出电子对的物质。碱的一般形式是氢氧化物。此外，碱金属的碳酸盐及碳酸氢盐、硫化钠等都是碱。往发酵的面粉里加适当的碱，就能做出好看又好吃的馒头，但碱放多了，馒头就会苦涩难吃。

碱分为强碱和弱碱两大类。强碱包括锂、钠、钾、铷、铯、钫等碱金属的氢氧化物和钙、锶、钡等金属的氢氧化

永利制碱公司

20世纪20年代在塘沽兴建的中国第一座纯碱厂

物。这些氢氧化物的溶液和固体能吸收空气中的二氧化碳变成碳酸盐，遇过量的二氧化碳产生碳酸氢盐。碱须用塑料容器装存，而不可用玻璃容器，因为玻璃能被碱腐蚀。强碱能吸收空气中的水分，所以盛碱的容器必须密闭。弱碱包括其他氢氧化物。所有难溶的弱碱都能溶于酸，只是溶解时所需的pH不同。氢氧化物受热分解成水和氧化物。铝、锌、铜、镓等的氢氧化物呈两性，既溶于酸，又溶于碱。

人们常用电解食盐水的方法制备氢氧化钠，用碱土金属氧化物与水作用生成该金属的氢氧化物。氢氧化钠溶液与金属盐溶液反应可制备难溶性氢氧化物。氢氧化钠和碳酸钠大量用于玻璃、日化、石油、纺织、造纸、染料、制革、冶金等工业中，其中碳酸钠的用途更广。

盐 由金属离子（包括 NH_4^+）和酸根离子组成的化合物，是一种电解质。盐可分为含氧盐，如硫酸亚铁；无氧盐，如氯化钠；**酸式盐**，如碳酸氢钠；**碱式盐**，如碱式氯化镁。酸式盐除电离出酸根阴离子和金属阳离子外，还可电离出氢离子；碱式盐则还可电离出氢氧根离子。

通常所说的盐是指以氯化钠为主的食用盐和工业用盐。氯化钠的化学式为NaCl。纯净的氯化钠为无色透明立方晶体，熔点801℃，沸点1465℃，是食盐的主要成分。氯化钠味咸，易溶．溶解度随温度变化很小。盐在人和动物的生命活动中占有重要地位。这是因为在人或动物的细胞膜两侧，钠、钾、氯离子的浓度有一个固定的比例关系，以保持细胞膜内外两侧的电位差为一固定值，这个电位差维系着生物的生命得以延续。而体内钠和氯离子的浓度是靠人或动物对盐的摄入来调节的。

氯化钠也是重要的化工原料，广泛用于制造盐酸、纯碱、烧碱、金属钠、漂白剂、肥皂及染料、皮革等。食品工业中更需要大量使用食盐。0.9%的氯化钠溶液称“生理盐水”，是哺乳动物及人体的等渗溶液，医疗上常用于补充水分和钠，也用于生理实验。

高温作业的工人要饮用含食盐的饮

复盐 由两种不同的金属离子和一种酸根离子组成的盐。

常见复盐有硫酸铝钾［$KAl(SO_4)_2$］、氯化镁钾（$KMgCl_3$）等。复盐也可以看作是由两种或两种以上简单盐类所组成的化合物。例如硫酸铝钾可以看作是由硫酸钾和硫酸铝组成。复盐及其水合物都属于纯净物。

料以补充体内的盐分，否则会出现乏力、恶心，甚至昏迷的现象。

在广阔的大海中储藏着大量的氯化钠。盐工们借助潮汐的作用将海水“关”在海滩的盐田中，经过风吹日晒，便可得到氯化钠晶体。在中国西部青海等内陆省份，干涸的古盐湖像是一望无际的盐的原野，为人们提供了方方正正的大粒氯化钠晶体。有了这样质量的原盐，只要经溶解、过滤、蒸发、重结晶，就可得到洁白如雪的精盐了。

酸式盐 含有可电离氢离子的盐。命名时用“氢”表示酸式盐，氢的数目用一、二、三表示（“一”可省略），如磷酸氢二钾（K_2HPO_4）。酸式盐的溶解度一般大于相应的正盐。

常见的酸式盐有碳酸氢铵、碳酸氢钠等。

碳酸氢铵简称“碳铵”，化学式NH_4HCO_3，纯品为无色晶体。碳酸氢铵易溶于水，水溶液呈弱碱性。碳酸氢铵易分解放出氨气，因此具有强烈氨臭。碳酸氢铵可作灭火剂和化学肥料，也可用作食品膨胀剂和配制冷烫精或电解液的原料。

碳酸氢钠俗称小苏打，化学式$NaHCO_3$，纯品为白色粉末，在水中的溶解度比碳酸钠略小。碳酸氢钠稳定性较碳酸钠差，可分解生成碳酸钠、水和二氧化碳。碳酸氢钠可用于灭火，在食品工业及日常烹饪中用作焙发粉，也在橡胶等工业中用作发泡剂。

碱式盐 碱中的氢氧根离子部分被中和的产物。它是由金属阳离子、氢氧根离子和酸根阴离子组成的。碱式盐的命名是在正盐的名称前边加“碱式”二字。例如，$Cu_2(OH)_2CO_3$ 称作碱式碳酸铜。

碱式盐的溶解度一般不大，但溶于强酸，受热易分解。如：

$$Cu_2(OH)_2CO_3 \xlongequal{\triangle} 2CuO+CO_2\uparrow+H_2O$$

硫酸钡 化学式 $BaSO_4$。白色晶体，难溶于水和酸。在自然界中以重晶石矿物形式存在。

硫酸钡不容易被 X 射线透过，医疗上常用来作为 X 射线透视肠胃的内服药剂（俗称钡餐），也可做优级白色颜料（钡白），还可用于造纸、颜料、石油、陶瓷、玻璃等工业。

硫酸钠 化学式 Na_2SO_4，无色晶体，味咸而苦。俗称元明粉，又称盐饼。水合物化学式为 $Na_2SO_4 \cdot 10H_2O$，天然十水硫酸钠矿石称为芒硝。无水硫酸钠可用于制造硫化钠、硫代硫酸钠，也用于玻璃、造纸、陶瓷等工业。芒硝在医学上用作缓泻剂、钡盐解毒剂等。

高锰酸钾 深紫色晶体，有光泽，俗称灰锰氧，化学式为 $KMnO_4$。高锰酸钾受热至 240℃时分解，是实验室制取氧气常用的原料之一。

高锰酸钾具有强氧化性，广泛用作化学试剂和消毒剂。近年来还用于空气净化、工业废物处理及水质处理等方面。

20 世纪六七十年代在中国一些车站、商场设立的饮水站，常备有一盆紫红色的高锰酸钾溶液，供乘客、顾客消毒水杯用。

煤 由地质时期植物因地壳运动被埋于地下，在漫长的地质时期内，在一定温度和压力下，经过生物化学、地球化学和物理化学变化，逐渐形成的固体可燃矿物。世界上各地质时期中，石炭纪、二叠纪、侏罗纪、白垩纪和第三纪是最重要的成煤时期。

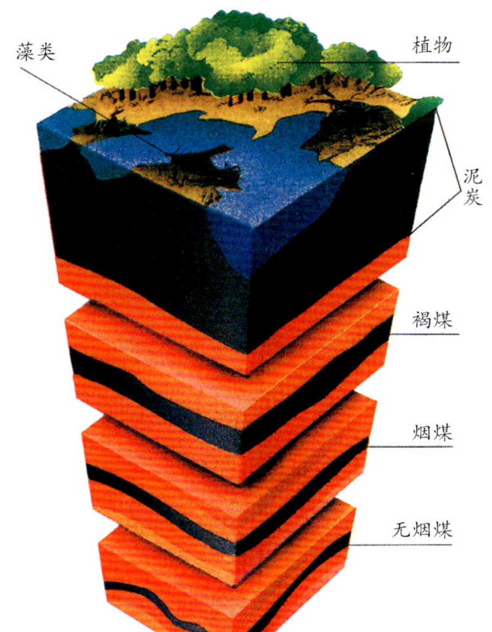

地质时期的植物被埋藏地下后，经煤化作用可形成泥炭、褐煤、烟煤、无烟煤

煤又称煤炭，一般呈黑色或褐色，是主要由碳、氢、氧、氮、硫等元素组成的极其复杂的混合物。

煤按煤化程度（可理解为成熟程度）的不同一般可分为泥炭、褐煤、烟煤、无烟煤等几个种类，每个种类又因产地、矿层的不同而有很大的区别。

煤的开采主要分为露天开采法和地下开采法。露天开采法适用于煤层埋藏较浅的煤矿；对于埋藏很深的煤层，则采用纵开竖井，再横挖巷道的地下采掘法进行。

煤被称作“工业的粮食”，用途非常广泛，除被用作燃料能源之外，还可通过干馏法（即隔绝空气加强热，使煤发生复杂的分解、变化的过程）来制造焦炭、煤气、煤焦油和氨水。煤焦油经蒸馏和其他处理后可以制成苯、甲苯、酚、萘等化学工业原料。苯和萘可以制造染料、杀虫剂和医药等，甲苯可以制造炸药、染料，酚可以制炸药、消毒剂和作为塑料的原料。煤焦油蒸馏得到的重油可以制成汽油和多种燃料油，剩下的沥青还可以制造电极或铺路。氨是制造氮肥和硝酸的原料。

煤浑身是宝，应进行综合利用。

石油 地质时期的动植物遗体在地下高温高压及微生物作用下，经漫长复杂的化学变化而形成的一种黏稠的液体矿藏，也是原油及原油加工产品的统称。凡从油田开采出来还未经加工处理的石油叫原油。原油一般为黑色、深褐色，但也有绿色，甚至无色的原油，各矿不一，有特殊的气味、不溶于水、密度一般比水小，没有固定的熔点、沸点。

原油的成分很复杂，随产地的不同而有很大差异，一般主要由烷烃、芳香烃、环烷烃所组成，并含有少量硫、氧、氮等元素。石油依所含的主要烃类的不同而分为：以烷烃为主要成分的石蜡基石油，以芳香烃为主要成分的芳香基石油，此外还有不同的混合基石油。

石油多深埋于地下（或海底）且为流体矿物，故一般只用打竖井继而通过采油管开采。

石油成分复杂，包含几百种物质，很少直接使用，而必须经过脱水、脱盐处理，再通过复杂的炼制加工后才能应用。

石油的炼制大致包括分馏和催化裂化及重整等过程。炼制后即可得到汽油、煤油、柴油、润滑油、凡士林、石蜡、沥青等，分别供运输业、工业等应用。

石油还是重要的化工原料，经过高温裂解可得到乙烯、丙烯等气态不饱和烃类。以乙烯、丙烯等为原料，可以合

石油钻井平台示意图

成多种重要有机物，进而制成化学纤维、合成橡胶和塑料“三大合成材料”，也可制成农药、化肥、炸药、染料、医药、合成洗涤剂等多种重要产品。

现代生活离不开石油，石油是工业的血液，是最重要的能源。

液化石油气　液化石油气是重要的家用燃料，它是在石油炼制时产生的由多种低沸点气体组成的混合物，没有固定的组成。这些低沸点气体由碳、氢两种元素组成，都能燃烧。储存时在低温、加压下使这些气体液化，所以叫液化石油气。它的主要成分是：丙烷约7%、丙烯约27.5%、丁烷约22.5%、丁烯约43%。

液化气通常装在耐压的钢罐里使用。打开阀门时压强减小，液化气从液态变成气态。它在点火燃烧时生成水和二氧化碳，放出大量的热。

与城市煤气比较，液化气具有较高的热值，同体积的液化气和煤气完全燃烧时，液化气放出的热量是煤气的20倍。但液化气具有易爆炸的缺点，空气里只要混入2%的液化气，遇明火就会发生爆炸。正因为液化气的热值高，所以爆炸时的破坏性也大。液化气一旦泄漏，会迅速气化而向外扩散，丙烷、丁烷等都是无色、无味的气体，逸出后难以察觉。所以通常在液化气中加入一些有恶臭气味的硫醚或硫醇，以便容易发现液化气泄漏。万一液化气逸出起火，要用干粉灭火器扑灭。

化肥　用化学和（或）物理方法制成的含有一种或几种农作物生长需要的营养元素的肥料，化学肥料的简称。中国农村主要使用的化肥有尿素、硝铵化肥等。化肥的有效组分在水中的溶解度通常是度量化肥有效性的标准。品位是化肥质量的主要指标，它是指化肥产品中有效营养元素或其氧化物的含量百分

碳铵 又称碳酸氢铵。是一种速效氮肥，成品为略带氨味的白色或微灰色晶体。其特性为：易溶于水、施后见效快、呈中性、无副作用。除供给农作物需要的氮素外，兼有二氧化碳的营养作用。

率，如N、P_2O_5、K_2O，CaO、MgO、S，B、Cu、Fe、Mn、Mo、Zn等。

农家肥虽然含营养成分的种类比较广泛，但是含量比较少，肥效较慢。化肥中的营养元素含量比较高，且化肥大多易溶于水，施入土壤后能很快被作物吸收，肥效快而显著。常见的氮肥有碳铵、尿素和氨水等。如用氨水作追肥，能使黄瘦矮小的秧苗在很短时间内返青。但长期使用会改变土壤酸碱度，应该与农家肥配合使用。

氨水 氨气的水溶液。因氨易挥发逸出而有强烈刺激性臭味。氨水是重要的化学试剂，密度小于1克/厘米^3。氨的含量越高则密度越小。氨溶于水主要形成水合分子，其中一小部分水合分子发生电离。稀氨水是速效肥料。含氨10%的氨水可作药用。

高分子化合物 分子量高达数千以至数百万的化合物。简称高分子。具有高强度、高韧性、高弹性等特点。分类有多种，按来源可分为天然高分子（蛋白质、麻、橡胶等）、天然高分子衍生物（乙酸纤维素等）、合成高分子（ABS树脂、聚对苯二甲酸乙二酯、聚乙烯等）三大类；根据用途则可分为结构高分子和功能高分子；另外根据工业产量和价格，还可分为通用高分子、中间高分子、工程塑料以及特种高分子等。

高分子应用广泛。如结构高分子中的塑料、橡胶和纤维，其中塑料产量最大，主要用于包装材料、结构材料、建筑材料以及交通运输材料；橡胶的主要用途为制造轮胎；纤维的主要用途为衣着用料。功能高分子最显著的特点则在于它具有特殊的光、电、磁、催化性能，等等。

天然气 从广义上讲，天然气是指埋藏在地层中自然形成的气体的总称。但通常所指的天然气只指贮藏在地层较深部的可燃性气体（气态的化石燃料）以及跟石油共存的气体（常称油田伴生气）。

天然气的主要成分是甲烷。此外，根据不同的地质条件，天然气还含有不同数量的乙烷、丙烷、丁烷、戊烷、已烷等低碳烷烃以及二氧化碳、氮气、氢气、硫化物等非烃类物质。有的气田中还含有氦气。甲烷含量高的天然气叫干气，两个或两个以上碳原子烷烃含量较高的天然气称为湿气。

沼气 植物残体等有机物通过厌氧微生物的生物化学反应而产生的可燃性气体。因多产生于池塘或沼泽的底部而得名。是一种可燃性的气体混合物。人们从20世纪开始人工生产沼气，并作为燃料资源加以利用。

沼气是气体的混合物，其中含甲烷50%～70%，此外还含有二氧化碳、硫化氢、氮气和一氧化碳等。将一些有机物质（如秸秆、杂草、树叶、人畜粪便等废弃物）在一定的温度、湿度和酸度条件下，隔绝空气（如用沼气池），经微生物作用（发酵）就会产生沼气。它含有少量硫化氢，所以略带臭味。

沼气产生的过程包含一系列复杂的

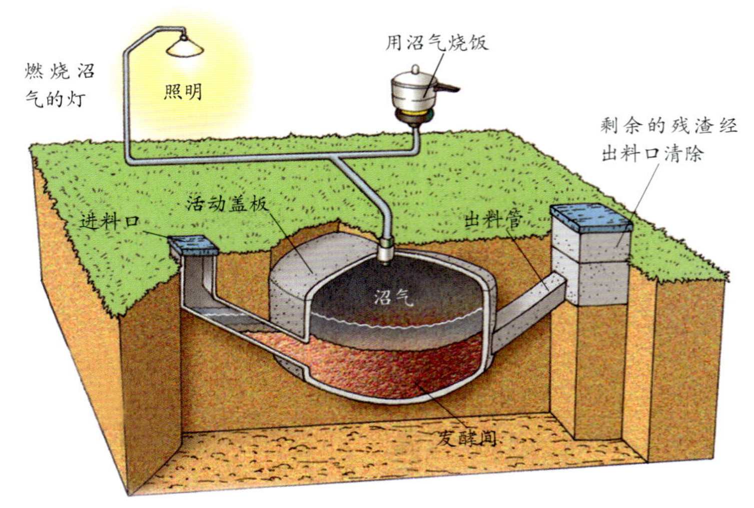

将秸秆、果壳、玉米芯等有机物质，通过进料口进入发酵间

生物化学变化，有许多微生物参与。微生物首先把复杂有机物质中的糖类、脂肪、蛋白质降解成简单的低级脂肪酸、醇、醛、二氧化碳、氨、氢气和硫化氢等，再在甲烷菌种的作用下，使这些简单的物质变成甲烷。

甲醛 分子式为 CH_2O，又称蚁醛。1859 年由 A.M. 布特列洛夫发现。常温下为无色、有刺激性气味的气体，能燃烧，易溶于水，35% ~ 40%的甲醛水溶液称作福尔马林。

甲醛在工业上是重要的有机合成原料，可用于制造酚醛树脂等多种有机化合物；在农业上，甲醛可用作农药和制缓效肥料等；在生物学上，稀释的福尔马林溶液可作消毒剂、防腐剂、杀菌剂，常用于浸种和保存生物标本。

由于甲醛具有较强的黏合性，还具有防虫、防腐的功能，目前生产人造板使用的胶黏剂是以甲醛为主要原料的脲醛树脂，因此板材中残留的甲醛会逐渐向周围环境释放，是室内空气甲醛污染的主要来源。

甲醛具有较高毒性，对人的眼、鼻、黏膜有刺激性，以及强烈的致癌和促进癌变作用。室内空气中甲醛浓度达到 0.1 毫克 / 米 ^{3} 以上时，人就会感觉有异味和不适；更高浓度时可能引起咽喉不适、恶心呕吐、气喘甚至肺水肿。长期接触低剂量甲醛可引起各种呼吸道疾病，尤其对儿童和孕妇影响更大，甚至造成新生儿畸形和白血病。因此，房屋装修时一定要注意避免劣质板材和家具中有害气体的残留问题。

酒精 化学名乙醇，分子结构简式为 CH_3CH_2OH 或 C_2H_5OH。乙醇为无色透明、具有醇香的可燃液体。乙醇吸水性很强，可与水无限混溶且总体积变小。乙醇熔点 -117.3℃、沸点 78.5℃，是最常见的醇，具有醇类通性。乙醇可在碱性溶液中被氯、溴、碘取代而生成相应的“卤仿”；可与羧酸作用生成酯等；在浓硫酸作用下还可发生脱水：140℃时分子间脱水生成乙醚，160 ~ 170℃时则分子内脱水生成乙烯等。

乙醇是最早发现的醇，传统方法用含淀粉等糖类的谷物、薯类、果类物质发酵酿造。

工业酒精在蒸馏至含乙醇 95.6%（水 4.4%）时即成为“恒沸混合物”，这时单靠蒸馏法已不能使乙醇含量增加，应加入新制取的氧化钙，使其与残余的水发生反应，并进一步蒸馏，可得到含 99.5%乙醇产物，即无水酒精。

无水酒精虽浓度很高，却并不能最有效地杀灭细菌，这是因为它过高的浓度会使细菌表面先被凝固，从而阻止酒

防腐剂 要防止腐败的发生，必须阻止氧化的发生及微生物和害虫的污染。防腐剂是能抑制微生物生长和繁殖，抑制氧化，防止腐败的化合物。化学上可做防腐剂的物质较多，且随防腐对象的不同而各异。如保存动物标本和器官，可用福尔马林（35%～40%甲醛溶液）或酒精作防腐剂。

精继续渗入细菌体内。欲使酒精能由表及里地有效杀灭细菌，须将无水酒精配成70%～75%的溶液，就是生活中常见的卫生酒精。

无论工业酒精、无水酒精或卫生酒精都含有不同浓度的甲醇，因而都不能用来配制或稀释作饮用酒。

乙醇汽油 一种由粮食及各种植物纤维加工成的燃料乙醇和普通汽油按一定比例混配形成的替代能源。按照中国国家标准，乙醇汽油是用90%的普通汽油与10%的燃料乙醇调和而成。它可以有效改善油品的性能和质量，降低一氧化碳、碳氢化合物等主要污染物排放。它不影响汽车的行驶性能，还能减少有害气体的排放量。同时，车用乙醇汽油在调配过程中加入了适量的防腐剂，因此不会对汽车的零配件产生腐蚀作用。

乙醇汽油作为一种新型清洁燃料，是世界上可再生能源的发展重点。乙醇汽油在缓解石油资源短缺、促进国家经济建设、保护自然环境、解决粮食过剩、调节农业结构等多方面具有重大的战略意义。

有机合成材料 通过工业合成反应制得的有机材料。它的出现是材料发展史上的一次重大突破。人类早期使用的是木材、棉花、羊毛等天然材料，以及通过冶炼和煅烧技术得到的各种无机非金属材料和金属材料。有机合成材料的出现使人类摆脱了只能依靠天然材料的历史，在改造大自然的进程中又大大前进了一步。

有机合成材料是人类赖以生存和发展的物质基础。有人将能源、信息和材料并列为新科技革命的三大支柱，而材料又是能源和信息技术发展的物质基础。

有机合成材料的品种很多，除了包括传统的塑料、合成纤维、合成橡胶三大合成材料以外，又出现了黏合剂、涂料、高分子膜以及各种具有特殊功用的功能高分子材料。特别是近年来为适应某些特殊领域的需要而发展起来的功能高分子材料的出现，大大扩展了合成材料的应用范围。人类正进入一个有机合成材料的时代。

塑料 用合成树脂或天然树脂为基础原料，在一定温度和压力下加工塑制成型或交联固化成型的合成材料。塑料具有韧性和刚性，但不具备橡胶的高弹性，主要优点是密度小，电绝缘性能好，摩擦系数小，可消音减震，耐化学腐蚀，容易加工等。

塑料在进行加工塑制前，要在原料内加入多种辅助剂、增塑剂、填料，以改善外观及性能。塑料主要分为热塑性塑料和热固性塑料两大类。成型后再加热仍可软熔、能重新塑制的塑料称为热塑性塑料，如聚乙烯、聚丙烯、聚氯乙烯、ABS树脂、有机玻璃。成型后不能再热熔重塑的塑料称为热固性塑料，如酚醛树脂（俗称电木）、环氧树脂、聚氨酯。目前工业化的塑料有300多种，常见的塑料有60多种。塑料在产品设计领域中也是被广泛使用的一种材料，受到人们的欢迎。

聚乙烯 乙烯的聚合物，英文简称PE，产量占塑料总量的20%。

聚乙烯塑料无毒，容易着色，化学稳定性好，耐寒，耐辐射，电绝缘性好。它适合做食品和药物的包装材料，制作食具、医疗器械，还可做电子工业的绝缘材料等。

聚氯乙烯塑料 1835年法国人V.勒尼奥发现，用日光照射氯乙烯时生成一种白色固体——聚氯乙烯。

聚氯乙烯是氯乙烯的聚合物，英文简称PVC，产量仅次于聚乙烯。

聚氯乙烯塑料的化学稳定性好，耐潮湿、耐老化、耐腐蚀、难燃。分软质塑料和硬质塑料。软质的主要制成薄膜，作包装材料、防雨用品、农用育秧膜等，还能做电缆、电线的绝缘层及人造革制品。硬质的用于制作水管、输油管、塑料地板等。但聚氯乙烯热稳定性差，光照或高温下易分解。

全塑汽车（陈林　摄）

可降解塑料 在较短的时间内、在自然界的条件（如光、水、微生物的作用）下能够自行降解的塑料。用可降解塑料代替传统的塑料，可以大大缓解“白色污染”。20世纪末可降解塑料已经大量应用于医药等领域，而它在更多领域中的应用，有待于成本进一步降低和应用范围的拓宽。

导电塑料 2000年10月10日，瑞典皇家科学院宣布当年度的诺贝尔化学奖由美国科学家A.黑格、A.G.麦克迪尔德和日本科学家白川英树分享，用于表彰他们在20世纪70年代对导电聚合物的发现和研究。

塑料等高分子聚合物通常不能导电，被用作电绝缘材料，但三位科学家发现，含有特殊结构或掺杂后的聚合物也能导电，导电塑料就此诞生了。导电塑料的应用很广，如在计算机等行业中，需要大量质轻、易加工而能导电的塑料，用于保护与屏蔽电磁波的辐射。

工程塑料 一类高性能的高分子材料，能承受一定的外力作用，具有密度小，电绝缘性优良，抗冲击、抗疲劳，机械性能及尺寸稳定性好等优点。其中有些在高、低温下仍能保持其优良性能。ABS树脂、尼龙等是应用较多的工程塑料，广泛用于电子、电气、建筑、汽车、机械、航空、航天等领域。

塑料芯片 传统的半导体芯片大多数都是由硅制成的。塑料芯片的制造成本比硅芯片低上百倍，一旦这项研究工作获得广泛成功并大量投入市场，人们将会看到更多、更方便的一次性芯片或个性化芯片应用于生活。目前常见的塑料芯片应用包括LED、OLED、OTFT等显示技术，与RFID塑料无线射频芯片等。

有机玻璃 由甲基丙烯酸甲酯聚合而制得的热塑性树脂，是最优秀的有机透明材料。正式名称是聚甲基丙烯甲酯。其透光率大于92%，这种优良的光学性

隐形眼镜 将有机玻璃或其他柔软透明材料制成很小的镜片，直接贴附在人的角膜表面，能起到矫正视力的作用。隐形眼镜不能连续长期佩戴，必须经常消毒，保持干净。角膜疾病及某些眼病患者不适宜使用隐形眼镜。

能，可与光学玻璃媲美，即使在强光下曝晒多年，透明度和色泽变化仍很小。与普通玻璃相比，有机玻璃有较强的韧性，不易破碎。它的主要缺点是表面不耐磨。1927 年德国罗相—哈斯公司制得性能很好的有机玻璃板。1931 年，有机玻璃正式投产。中国从 20 世纪 50 年代中期开始生产。

有机玻璃主要用于制造光学仪器、医疗器械、透明模型、标本、假牙、装饰品、广告牌、汽车上的透明窗玻璃等。

玻璃钢 玻璃纤维增强塑料，由合成树脂和玻璃纤维经复合工艺制成。它既不是玻璃，也不是钢，是一种新型功能材料。1942 年美国用不饱和聚酯制成玻璃钢。

玻璃钢因为具有与钢材媲美的机械强度而得名。同时它具有比重小、绝缘性能好、耐腐蚀性好的优点，因此在模具、建材等领域应用相当广泛。另外，生活中常见的汽车、抽油烟机等物品的外壳大部分都是玻璃钢材料。

塑钢 以聚氯乙烯树脂为主要原料，加上一定比例的稳定剂、着色剂、填充剂、紫外线吸收剂等，经挤出形成的型材。20 世纪 50 年代末出现于德国，中国 20 世纪 90 年代末开始普及应用。塑钢制品具有阻燃、高强度、抗衰老等特性，用于制作门窗，可以得到很好的隔热和隔音性能。

天然橡胶 是由三叶橡胶树分泌的乳汁，经凝固、加工而制得。主要成分为聚异戊二烯，其含量在 90%以上。此外还含有少量的蛋白质、脂、酸、糖分及灰分。世界上主要的天然橡胶产地为泰国、印度尼西亚、马来西亚和印度，中国的天然橡胶主要产于海南和云南。

天然橡胶具有很强的弹性和良好的绝缘性、可塑性，隔水隔气、抗拉耐磨。从交通运输上用的轮胎，到日常生活中所用的胶鞋、雨衣、暖水袋等都是以橡

采集橡胶

合成橡胶 以石油产品为原料，通过化学合成方法制得的橡胶。包括丁苯橡胶和顺丁橡胶。丁苯橡胶的英文缩写是 SBR。它的综合性能好，价格低。但其黏合性、弹性和变形发热量均不如天然橡胶。顺丁橡胶的英文缩写为 CBR。它是由一种称为顺丁二烯的有机物经特殊催化剂作用而聚合生成的。

胶为主要原料制造的。国防上使用的飞机、大炮、坦克，甚至尖端科技领域里的火箭、人造卫星、宇宙飞船、航天飞机等都需要大量的橡胶零部件。

功能高分子材料 某些具有特殊功能的高分子材料。它们正在将我们的生活变得更方便。例如，用聚乙烯、有机硅橡胶等材料能制成人造器官用于手术；用聚乙烯醇、聚丙烯酸盐等合成高吸水性材料，能制成尿不湿。

化学纤维 以天然高分子和人工合成聚合物为原料，制成纺丝原液，经纺丝和后处理得到的纤维。化学纤维具有耐磨、弹性好、密度小、不发霉、易洗、快干等优点，但也有静电大、吸水性差、染色性差等缺点。

棉花、羊毛、蚕丝、麻等纤维都是自然界中天然的纤维材料。它们通称为天然纤维。棉布、丝绸、毛料、麻布都是天然纤维织成的。人们在市场上还可以买到“的确良”、人造棉布、腈纶等纺织品，这些都是用化学纤维织成的。

化学纤维分为人造纤维和合成纤维两类。人造纤维以天然高分子材料（如木材、棉短绒等天然纤维，大豆、玉米蛋白质纤维）为原料经过化学加工制成。这类纤维有黏胶纤维（可生产人造棉、人造毛等纺织品）、醋酯纤维（用于生产人造丝等）、铜铵纤维（适于制成针织内衣和薄型织物）等。人造纤维的原料仍然受动植物资源的限制，性能也还不能满足人们的需求。

维纶纤维及其制成的玩具狗

现在人们越来越多地以一些简单的、比较容易得到的物质，如空气、煤、石油、天然气为原料，通过聚合反应得到合成聚合物，再以此为原料制成合成纤维。合成纤维品种繁多。按结构分为碳链合成纤维，如乙纶、丙纶、氯纶、腈纶、维尼纶；杂链合成纤维，如锦纶、涤纶、氨纶。按应用功能可分为耐高温纤维、耐腐蚀纤维、高强度纤维、耐辐射纤维、阻燃纤维、高分子光导纤维等。

维尼纶在中国又称为维纶。它具有柔软、保暖等特性，吸水率高达 5%，因此又称为合成棉花。但耐热性差，软化点只有 120℃。工业上用于制作运输带、滤布、防水布、帆布、工作服、渔网、缆绳等。

20 世纪六七十年代市场上销售的“的确良”是另一种合成纤维——涤纶与棉的混纺制品。涤纶的耐磨性是棉花的 4 倍，抗冲强度比锦纶高 4 倍、比黏胶纤维高 40 倍，抗张强度是棉花的 2 倍、比羊毛高 4 倍，还具有弹性好、耐日晒、耐腐蚀、不怕虫蛀等优良性能。但加工时易产生静电，染色和吸湿性差，生产时需采用高温、高压，设备复杂，成本高。涤纶可与棉花、蚕丝、麻、腈纶、羊毛混纺，生产出市场上销售的涤棉、涤丝、涤麻、涤腈、毛涤等混纺织品。涤纶大量用于服装、室内装饰。涤纶强力纤维主要用于制造传动带、滤布、绳索、毛毯、渔网、电绝缘材料、人造血管、降落伞及军用物品。

染料 一类能使纤维和其他材料着色的物质。染料之所以可以使纤维等材料着色，是因为染料的分子中有“发色团”和“助色团”两种原子团。发色团使物质产生颜色，助色团使颜色加深。人们懂得了染料的奥秘后合成出比天然染料颜色更多、更鲜艳，性能更优越的染料。染料以有机物为主，分为天然和合成两大类。天然染料大都是植物性染料，如从植物中提取的茜素、靛蓝等。合成染料种类也很多，色泽鲜艳，能大批量生产。目前主要使用合成染料。

西汉帛画

湖南长沙马王堆1号墓出土，画中富丽、典雅的色彩表明，两千多年前中国人对颜色的认识及应用已达到了很高的水平

染料的用途广泛，可以用于纤维、木材、纸张、皮革、玻璃纸等的着色，其中使用最多的是纺织物的印染。纺织物印染要求色泽鲜艳、染色坚牢、应用方便和价格低廉。不同纤维须选用各自最合适的染料染色，如棉麻使用直接染料、碱性染料、硫化染料、活性染料等，毛使用媒染染料、酸性染料、还原染料等，丝使用碱性或酸性染料、直接染料、阳离子染料等，皮革使用碱性或酸性染料、媒染染料等，其他纤维也使用分散染料、阳离子染料等。

染料不仅可以给纺织品着色，而且还能给感光材料、生物材料、半导体材料等多种物质染色。这些都需要专门的染料，现在工农业和科学研究中广泛应用的有液晶染料、激光染料、感光染料、半导体染料及医用染料等。

颜料 一种不溶于水或油的白色或有色的粉状物质。颜料与染料的区别在于颜料不能溶于介质中而仅仅使物品表面着色，染料则能溶于介质，可以使被染物品全部着色。颜料分天然的和合成的两种。天然的多为矿物性的，如石绿、朱砂等。过去人们多用天然颜料，但天然颜料种类少，颜色不够丰富。于是人们用工业方法制造出合成颜料。人工合成的颜料包括无机颜料，如铅白、红丹；有机颜料，如偶氮颜料、色淀、酞菁颜料。

目前人们使用的主要是有机颜料。这种颜料色谱齐全，色泽鲜亮，着色力高，适应范围宽，但成本较高。有机颜料的合成与染料的合成完全相同，但产品的加工后处理则不同。为了使用户使用方便，有机颜料具有各种商品形式，最常见的是粉状或浆状，也有将颜料和助剂预先分散在特殊的黏合剂中，成为专用的粉状、浆状或粒状颜料。

有机颜料主要用于油墨、涂料、塑料、橡胶等4个方面，以油墨用量最大。颜料除要求色泽鲜艳、经久不褪色外，

各色颜料

在各种应用条件下，还有不同的性能要求。例如：用于油墨时，要求具有着色力强、遮盖力强、吸油性好、耐晒、耐酸碱、耐水洗、耐热、分散稳定性高等性能。用于塑料时，要求具有分散稳定性高、着色力强、耐溶剂、耐迁移、耐热、耐酸碱药剂等性能。用于橡胶时，要求具有分散稳定性高、着色力强、耐溶剂、耐硫化、耐迁移、无毒等性能。

涂料 油漆是涂料的旧称。涂料是涂饰于物体表面，并能结成坚固保护膜的一类物料，大多数为黏稠的液体。因早期涂料以植物油为主体制成，故称为油漆。人们熟悉的油漆涂于物体表面后，不仅美观而且能起到保护作用，使物体经久耐用。现代涂料的品种已超出这一范围，主要由天然或合成的高聚物材料制得，统称为高聚物涂料。

涂料有 3 种主要功能：①保护物体，使物体表面免受大气、土壤、化学物质的腐蚀，减轻物体表面直接受到的摩擦，从而延长物体使用寿命。②使物体表面洁净并大大地增强物体的美感。③调节和改进各种器材表面的电气、光学和化学性能，起到阻燃、耐热、导电、高温绝缘、防辐射、伪装等作用。

现有的涂料型号、品种繁多，依主要成膜物质不同，可分为十几大类，主要有：油脂漆类、天然树脂漆类、酚醛树脂漆类、沥青漆类、氨基树脂漆类、硝基树脂漆类等。近年来为了防止涂料组分中有机溶剂在施工时挥发而污染环境，人们又研制了许多低污染涂料，其特点是溶剂含量大大降低，减少公害，降低能耗，简化施工工艺，缩短工时，便于提高劳动效率。涂料可涂在各种金属、木材、混凝土、皮革、塑料、橡胶、纤维、纸张等表面，广泛应用于建筑、航空、船舶、机电、金属制造等方面。为便于施工，涂料常制成底漆、二道漆、面漆和清漆等不同类型，配套使用。

香料 具有令人愉悦的香气和（或）香味，能用于调配香精的有机化合物。

香料分为天然香料和合成香料两大类。天然香料大部分是从植物中提取的，也包括麝香、灵猫香、海狸香等动物来源的香料。从动、植物中提取香料的办法有多种。如从薄荷茎叶、檀香木中提取香料是加水直接蒸馏，得到的物质经过油水分离就成为很纯的香精油；从柠檬、柑橘皮中提取香料用机械压榨法；从玫瑰、茉莉、桂花中提取香料则要加石油醚浸泡，把香气溶进溶剂，再进行蒸发，就可得到香气浓郁的凝膏了。

香料的用途十分广泛，它不仅可以用于化妆品、食品、烟草、医药等方面，在某些皮革、塑料、橡胶、涂料、油墨中加些香精，就可以遮盖掉它们原来难闻的气味。香料还是工业上重要的溶剂，如称作香蕉水的溶剂，在喷漆中应用广泛。

食品添加剂 为改善食品品质和色、香、味，以及为防腐和加工工艺的需要而加入食品中的物质。食品添加剂通常不作为食品消费，不是食品的典型成分，也不包括污染物或者为提高食品营养价值而加入食品中的物质。

食品添加剂种类很多，包括防腐剂、

香水 一种用天然香料和人造香料调配成的具有某种香型的水剂。香水的名称源于拉丁语中的“薰”，是燃烧有香味的树木的意思。化学工业发展起来，丰富了香水的品种。香水按照酒精和香料成分的混合率，以及赋香率的不同，可分为古龙水、花露水、香水、香精等种类；以香味区分，又可分为花香调、东方调、苔藓调、草原调等。

添加了乳化剂、胶凝剂、食用色素、表面装饰剂等的小食品

抗氧化剂、发色剂、着色剂、漂白剂、酸味剂、甜味剂、疏松剂、增稠剂、凝固剂、品质改良剂等。例如，使食品变得五颜六色的色素过去是用天然色素胭脂红、胡萝卜素、苋菜红等。由于天然色素数量少又不耐高温，不耐酸碱，怕氧化，现在食品中多用人工色素。人工色素是从又臭又黑的煤焦油中提炼出来的，这种色素既不能被人消化，也没有营养，但只要食品中含量不超过万分之一，对人体一般无影响。加在食品中的香料大多数是一些酯类化合物：乙酸异戊酯具有梨香味，丁酸乙酯具有菠萝味，丁酸戊酯具有香蕉味，苯甲醛具有杏仁味等。

应当强调，有些食品添加剂对人体并不是一点害处没有，所以对那些“浓妆艳抹”、香气袭人的食品最好还是减少食用。

脱氧剂 一类具有还原性的化学试剂。它利用自身与氧的反应，来除去其他物质中的氧，或者保护其他物质不被氧化。又称抗氧化剂。

脱氧剂主要用于冶金工业和食品包装工业。脱氧是炼钢流程中的重要一步，常用的脱氧剂有硅铁、锰铁等，其中的硅、锰等元素能与氧结合，其氧化物能从钢水中分离，起到降低铁水中氧含量和调节合金成分的作用；在食品包装工业中，脱氧剂被放置在食品包装中，与包装容器内的氧反应，把它消耗殆尽，使得容器内的食品不受到氧气影响而变质。

干燥剂 一种具有吸水吸湿性的物质，可用于工业品的防潮。常见干燥剂有精选生石灰、硅胶、蒙脱石、活性炭等。现在，很多食品、服饰、药品和精密仪器的包装内都配装有一包干燥剂，它的作用是防止物品受潮。

干燥剂使用时应该根据被干燥物的特性选用合适的种类，在储存时，干燥剂应该置于通风干燥处，否则极易吸湿而失效。

洗涤剂 主要成分是能够除去油垢的化合物，包括天然和合成两类，按用途又可分为家用和工业用两类。家用洗涤剂有粉状的，用于洗涤衣物，俗称洗衣粉；有液体的，用于洗涤衣服、厨房用具、蔬果和洗浴等，称洗衣液、清洗剂、洗涤灵、浴液；还有块状的肥皂和膏状的洗发膏等。

天然洗涤剂在工业社会中主要指动、植物油和碱制成的肥皂。肥皂在软水中有很好的去污能力，但在硬水中洗涤效果很差，在酸性溶液中就完全失去洗涤能力。肥皂的上述缺点，再加上作为原料的动、植物油脂资源有限，这些因素促成了合成洗涤剂的发展。

合成洗涤剂是表面活性剂中的一个大类，按照它们在水中离解的性质可分为负离子、正离子、两性和非离子等4种类型。

肥皂 脂肪酸金属盐的总称。主要是钠盐和钾盐，是一种表面活性剂。肥皂之所以有洗涤作用，是因为肥皂可分为能溶于水的亲水基和不溶于水的疏水基（又叫亲油基）两部分。在肥皂水中肥皂分子以球形存在，其疏水基向内以分子间作用力相结合；亲水基向外，分布在胶囊球体表面。胶囊分散在水中遇到不溶于水的油污后，可将油分散为细小的油珠，硬脂酸钠的疏水基插入油中，而亲水基留在油珠表面，使油珠可以悬浮在水中而起到去污作用。如果洗涤用水是含有钙、镁离子的硬水，肥皂便会与钙、镁离子形成不溶于水的物质，因此会降低去污能力。

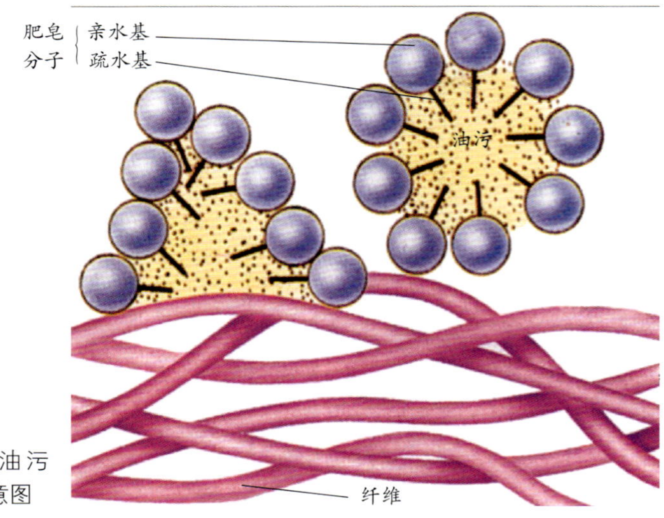

肥皂去除油污的原理示意图

厨房油污清洗剂 由多种功能超强的表面活性剂和其他助剂经化学方法复合混配而成，其去污原理主要是：由一个有许多碳原子和氢原子所组成的长键，其一端称为亲油端，另一端称为亲水端；亲油端包住油污，亲水端将之牵引入水中，从而达到将油污分离的洗净效果。厨房油污清洗剂可彻底清除煤气灶、抽油烟机、瓷砖等表面的油污。

防冻剂 一些能溶于水并使水的冰点大大降低的化学药品。常见的汽车防冻剂有乙二醇单甲醚、酒精和甘油等。乙二醇单甲醚俗名甘醇，是一种带甜味的黏稠液体，易溶于水。水中含60%体积乙二醇单甲醚时，冰点接近-40℃，这个温度是中国北方极少见的低温，因此汽车水箱里加防冻剂就不用担心冷却水结冰了。

毒药 像砒霜（As_2O_3）和氰化钾（KCN）等能够危害人和动物的生理机能，甚至可以致死的各类化学物质的统称。毒药主要分为两大类：无机毒药和有机毒药。其品种相当多，如白磷（P_4）、偏磷酸（HPO_3）和除硫酸钡（$BaSO_4$）以外的所有钡盐、可溶性汞盐（如$HgCl_2$）、铅盐[如$Pb(NO_3)_2$]，以及有机物硝基苯、甲醇等。

砒霜的化学名称为三氧化二砷，又叫白砒、红砒或信石，一般为白色粉末，有时也带黄色或红色。它进入人体之后，与人体细胞和酶系统中的巯基（—SH）结合，使酶丧失活性；与人体中的蛋白质和氨基酸反应，使机体代谢紊乱而导致中毒。砒霜中毒常表现为急性胃肠炎、休克、中毒性心肌炎、肝病以及抽搐、昏迷等神经和精神症状直至死亡。砒霜属剧毒物质。

氰化物是指一类含氰离子（CN^-）的化合物，包括氰化氢（HCN）和它的水溶液氢氰酸，以及该酸的易溶于水的盐：氰化钾（KCN）、氰化钠（NaCN）、氰化钙 $[Ca(CN)_2]$ 等。其中无色气体 HCN 本身就是速效全身中毒性战争毒剂，人如在不备中吸上一两口，就会马上晕倒并于两三分钟之内死亡。氰化钾、氰化钠是两种无色的盐，有剧毒，生效极快。一旦中毒，重者立即死亡；轻者出现呕吐、腹泻、昏迷、心悸，最后停止呼吸，很难抢救。

毒品 在医学上有一些管制药品，如麻醉剂、抑制剂、兴奋剂、幻觉诱发剂和大麻类剂，医生用它们为病人止痛、止咳、止泻，治疗精神障碍。但社会上一些不法分子为了赚钱，私自制造、倒卖这些药品。这些药品一旦流入地下黑市，便成了危害人类、危害社会的毒品。这是因为如果未经医生指导，连续滥用这些药品，就会出现急性或慢性中毒现象：头痛、头晕、恶心、呕吐，甚至心悸、昏迷，不得不再次吸食，以致形成毒瘾，在心理和生理上产生依赖性及耐药性。这不仅会损害身体健康，而且影响吸毒者对社会、对工作、对生活的适应能力。有些人为了得到毒品，甚至不择手段，走上犯罪道路。

在反毒、缉毒斗争中常见的毒品主要有鸦片、吗啡、海洛因等几种。

罂粟种植

100 多年前，英国殖民主义者向中国大量倾销鸦片，毒害中国人民，致使中国人被称为“东亚病夫”。这段惨痛的历史，至今历历在目。中华人民共和国建立以后，在很短的时间内就杜绝了社会上这种丑陋的贩毒、吸毒现象，西方有识之士惊呼中国创造了奇迹。然而，1978 年以来，贩毒、吸毒的丑恶现象又一次在中国大陆出现。为此，中国政府多次颁布禁毒令：严禁种植罂粟；严禁贩运、制造毒品和毒具；对吸毒者实行强制戒毒措施，并为此成立了戒毒所；对敢于违令的不法分子给予严厉的法律制裁。

鲜艳美丽的罂粟花

罂粟壳的横切面

罂粟结的果实，俗称大烟壳

鸦片 俗称大烟、烟土。它是医学上的麻醉性镇痛药，呈棕色或黑色的膏状固体，味苦，有臭味。它由未成熟蒴果经割伤果皮后，渗出的白色乳汁干燥凝固而得到。

吗啡 鸦片中最主要的生物碱（含量约 10% ～ 15%），1806 年由法国化学家 F. 泽尔蒂纳首次从鸦片中分离出来。它具有镇痛及催眠作用，其镇痛作用是天然存在的化合物无法匹敌的，但它的最大缺点是极易成瘾。

海洛因 俗称“白面儿”或“白粉”，是白色晶体，有苦味，极易上瘾。海洛因是由吗啡制成的。海洛因中毒的主要症状是：瞳孔缩小，皮肤冷而发黑，呼吸极慢，深度昏迷，衰竭致命。

冰毒 即脱氧麻黄碱，属于苯丙胺类中枢神经兴奋剂，是中国规定管制的精神药品。因其为白色透明结晶体，外观与普通冰块相似，故又被称之为“冰”。它作为药物小剂量服用时，有短暂的兴奋抗疲劳作用，因此其丸剂又有“大力丸”之称。

麻果

中国不生产冰毒（苯丙胺类药物），也严禁在临床上使用。吸食冰毒可产生强烈的依赖性，在人体内的作用快而强。用药后精神兴奋、性欲亢进，对食物和睡眠的要求降低，常导致激动不安状态和暴力行为。

可卡因 俗称“可可精”，是一种生物碱，可由古柯树叶中提取。古柯树是一种常绿灌木植物，广泛地生长在南美洲地区，尤其是在秘鲁、玻利维亚、巴西、智利和哥伦比亚等国。几百年来，南美洲安第斯山脉地区的印第安人一直就有嘴嚼古柯叶的习惯，用以增加力量，消除疲劳，增强耐饥渴的能力。

可卡因类毒品对人体的影响与鸦片、大麻等不同。鸦片及大麻系列毒品均属于麻醉、抑制剂类，吸食或注射后能麻醉神经、松弛肌肉，使人萎靡不振。而可卡因类毒品则属于兴奋剂，进入人体后能使脉搏、心率加快，体温升高，精神亢奋。可卡因成瘾者会出现类偏执性精神病，出现妄想、幻觉。在被害者妄想的驱使下，把一切人视为敌人，便采取“先发制人”、攻击他人的行为，伤害他人，危害社会。

摇头丸 冰毒的衍生物，外观为白色药片，是一类人工合成的兴奋剂。这类苯丙胺类药物最早在临床上用于治疗发作性睡眠病。

事实上，摇头丸成瘾性并不亚于海洛因，且精神依赖性更强烈。摇头丸有强烈的兴奋和致幻作用，长期服用可造成行为失控、精神病、自我约束力下降、出现幻觉和暴力倾向，具有很大的社会危害性，被认为是未来最具危险性的毒品。过量服用摇头丸可造成猝死。

摇头丸

大麻 在中国俗称“火麻”，是一种强韧、耐寒的草本植物，地球上大部分温带和热带地区都能生长。大多数大麻都没有有毒成分，通常所说的可制造毒品的大麻，是指印度大麻中一种较矮小、多分枝的变种。这种大麻的雌花枝上的顶端、叶、种子及茎中均有树脂，叫大

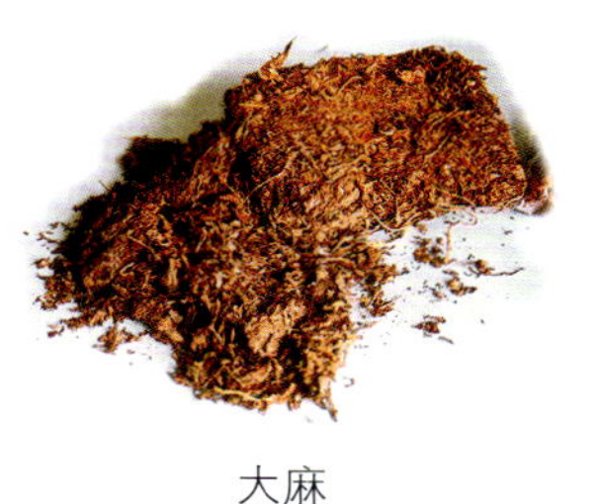
大麻

麻脂，这种大麻脂可提取大量的大麻毒品。科学家从大麻的树脂中提取了400种以上的化合物，其中有一种叫四氢大麻酚，是对神经系统起作用的主要成分。四氢大麻酚的含量越多，毒品烈性越强，毒瘾的劲头也就越大。长期吸食大麻，会使人的思维、记忆力和免疫系统受损。

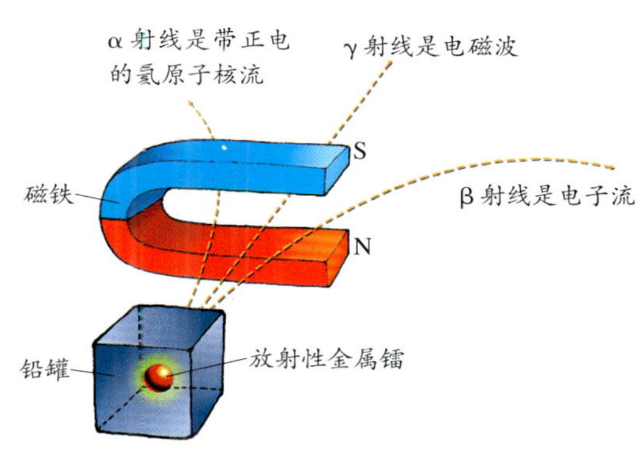

放射性元素 1895年年底德国科学家W.K.伦琴发现X射线（又称伦琴射线），1896年法国科学家H.贝可勒尔研究发现含铀物质能发出一种穿透力很强的不可见射线。后来人们研究出这种不可见射线由3部分组成：一种是高速运动的氦原子核束，它的穿透能力小，但电离能力最强，起名为α射线；第二种是高速运动的电子束，它的穿透能力中等，电离能力也是中等，起名为β射线；第三种是穿透能力最强，但电离能力最弱的波长极短的电磁波，起名为γ射线。这种能自发地放出α、β、γ等射线的元素就是放射性元素。

放射性元素分为天然放射性元素和人工放射性元素两类。天然放射性元素是指天然存在的放射性元素，它们大多属于由重元素组成的3个放射系：钍系、铀系和锕系，包括钋、氡、钫、铀和镭等元素。人工放射性元素是指由人工核反应制成的放射性元素。1934年，法国科学家约里奥－居里夫妇用α射线轰击铝，结果由铝-27产生磷-30，再通过磷-30放出正电子衰变到硅-30，发现人工放射性元素。目前所知的2000多种核素中绝大多数都是人工放射性核素。它们包括发现较早的锝、钷、钚等元素和晚些时候发现的108号元素（Hs）、109号元素（Mt）。

到目前为止，已发现的人工放射性元素有24种。人们对众多的放射性核素进行对比研究后发现，有些放射性不同的元素，其化学性质完全一样。英国化学家F.索迪根据对天然放射系各种放射性元素的研究，于1910年最先提出放射性同位素的概念。

放射性元素有广泛的用途。镭针可以治疗癌症，镭盐粉末和硫化锌粉末混合后可作仪表指针的永久性荧光指示剂。在快中子增殖堆中，1000千克天然

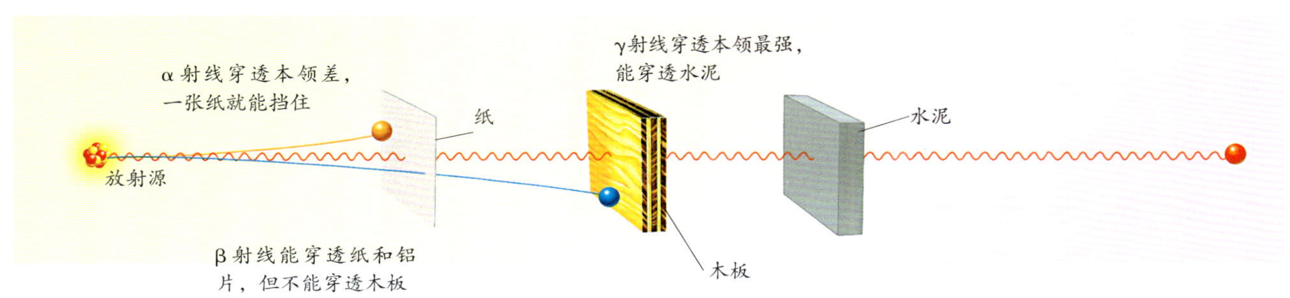

月季辐射育种使其发生白色突变

马铃薯辐照保鲜抑制发芽

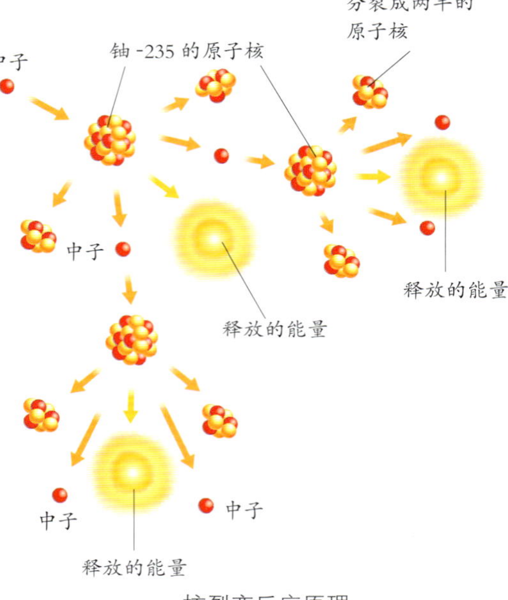

核裂变反应原理

在极短的时间内，许许多多的原子核相继分裂，形成链式反应

铀-238产生的热量与1000兆吨煤产生的热量相等，所以铀是极好的核燃料。钚-238制作的长寿命电池可在宇航、航标灯以及心脏起搏器等人工器官中做电源。锎-252、镅-241都是理想的中子源，广泛用于中子衍射、中子照相、活化分析等领域。镅-241放出的γ射线可激发元素周期表中从钙到钡各种元素的X射线荧光，用以测定恒量元素等。总之，放射性元素和放射性同位素在核燃料、军事、工业、农业、医学等领域都有广泛的应用。

核燃料 含有易裂变核素或可聚变核素，在反应堆中可以发生自持的核反应，并连续释放能量的材料。核燃料提供的能量远比化学燃料提供的能量大。1千克铀-235完全裂变所释放的能量约为2×10^{10}千卡，相当于2500吨煤完全燃烧所释放的能量。1千克氘聚变所释放的能量比1千克铀-235约大3倍。核燃料蕴藏有如此巨大的能量，所以自20世纪40年代以来，越来越受到人们的重视。

“水中花园”实验 “水中花园”的“栽培”方法如下：取1个大烧杯或小型鱼缸，在底部铺上厚度为5毫米左右经水洗过的砂子，并倒入稀释为2%的水玻璃溶液（化工商店有售），深度10厘米左右。取硫酸铜晶体、硫酸亚铁晶体、醋酸铅晶体、氯化锰晶体、氯化

美丽的“水中花园”

钴晶体、氯化铁晶体、硫酸镍晶体豆粒大小各一粒，分别分散地投入水玻璃溶液中，静置二三分钟后，这些晶体就开始长出约 5 毫米长的各色芽状物，随着时间推移又会长出很多丝状分支。不同的盐晶体会长成不同颜色、不同形状的芽枝。硫酸铜晶体的芽枝是蓝白色树状，氯化钴晶体的是紫色丝状物，氯化铁晶体的是橙色较粗树状物，等等，整个水下成为绚丽多彩的“植物园”。1 天以后，用虹吸法抽出水玻璃溶液，换上清水，这些“花草树木”并不溶解，它们在清水中显得更加美丽。

制作原理是这样的：水玻璃的成分为硅酸钠，盐晶体表面被硅酸盐溶液溶解形成泡状半透膜，由于溶液内压力不同使泡膜破裂，使得盐晶体表面又暴露在水玻璃中，再次被硅酸盐溶解成泡。如此往复，盐晶体便不断“长”出芽枝。晶体的芽状物生长情况与水玻璃浓度有关，若水玻璃溶液稍稀些，晶体芽状物生长速度虽慢，但分支会牢固粗壮。

“火山爆发”实验 “火山爆发”的制造步骤是：在 1 块大木板上面放 1 个三脚架，加上石棉网，网上放 1 个锥形瓶。在木板上用黏土泥巴做 1 个半边的假山头，将锥形瓶挡住。实验时，在锥形瓶底铺满化学试剂重铬酸铵，点燃酒精灯，给锥形瓶加热。重铬酸铵受热后迅速进行反应，放出大量热，生成的三氧化二铬粉末伴随着产生的大量气体冲出锥形瓶口，同时发出“呼呼”的声音。如果此时熄灭室内灯光，黑暗中喷出的浅绿色三氧化二铬粉末因受热而发红，犹如真的火山爆发一般。

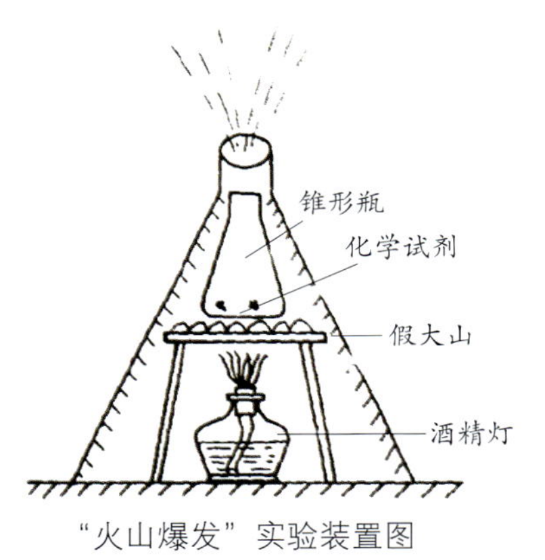

“火山爆发”实验装置图

这是一个重铬酸铵受热分解的反应。化学反应方程式如下：

$$(NH_4)_2Cr_2O_7 \overset{\triangle}{=} N_2\uparrow + Cr_2O_3 + 4H_2O$$

蜡烛 人们几乎都有使用蜡烛的经验，却往往说不清蜡烛是由什么组成的。其实蜡烛是以石蜡为原料制成的，其主要成分是含氢元素和碳元素的固体石蜡烃的混合物。这可用以下的小实验证明：

工艺蜡烛

取一个干燥的小烧杯，将其扣罩在燃烧着的蜡烛火焰上方，稍过一会儿，你会发现在原来干燥的小烧杯内壁上，出现了星星点点的小水珠。再换一个小烧杯，在其内壁涂上些澄清的石灰水，即饱和的氢氧化钙溶液。把这个小烧杯同样扣罩在燃烧着的蜡烛火焰上方，少顷你会观察到，原来涂在烧杯内壁上的澄清石灰水变浑浊了，出现了白色的斑迹。蜡烛燃烧过程中产生了水分，同时也产生了能使澄清石灰水变浑、生成白色沉淀物的气体——**二氧化碳**。蜡烛燃烧后生成物中出现了碳、氢、氧 3 种成分。氧是空气中具有的，蜡烛的燃烧即是在空气中的强烈氧化；剩下的成分则来自蜡烛本身。上述简单的实验可以证明：组成蜡烛的主要元素成分是氢和碳。

简易净水器 含有钙盐、镁盐的天然水是硬水。除去水中的钙、镁离子，就可以得到软水，也即人们常说的净水。而要除去这两种离子，最简单易行的方法是采用离子交换法，即让水通过阳离子交换树脂，去掉钙、镁离子。这种阳离子交换树脂可在化工商店买到，买回的新树脂要用蒸馏水浸泡 24 小时，再用开水漂洗后使用。经长时间使用过的阳离子交换树脂可经过“再生”处理后继续使用。“再生”的方法是：用 2 摩尔 / 升的盐酸溶液处理，再加 10% 氢氧化钠溶液处理即可。

知道了净水方法后可以动手自己制作一个简易净水器。取 1 个大塑料瓶，将底部剪去一截，配上 1 个插上乳胶管的盖子作为普通自来水入口。将瓶倒置，在原瓶口上加 1 个单孔胶塞，孔上装 1 个带阀门的活塞。打开盖子，在下方放些高压消毒脱脂棉，再加上 1 个微孔瓷制隔板（化学仪器商店有售），板上加阳离子交换树脂，阳离子交换树脂的体积约为瓶体积的 3/4。普通自来水由上边水管放入后，经过阳离子交换树脂等过滤层，由下口放出，就成为软水。假如对净水有特殊要求，可在树脂层上再加 1 个微孔瓷制隔板，在板上另加能起一定作用的物质来达到目的。如水中有悬浮杂质时，可加些漂洗消毒处理过的细河砂，以滤去悬浮颗粒杂质；如欲除去原水中带有的颜色，可加一层活性炭。假如所需净水的量较大，一般的塑料瓶就不能胜任了，必须换用较大的容器，但制作形式、原理不变。容器内放置的各种净化物质应该用微孔瓷隔板逐层分隔好、夹牢，以免加水时冲混；同时处理、更换净化物时也便于逐层取出。为了净化效果更好，还可以用同样方法制作 2 ~ 3 个净化筒，串联起来使用。

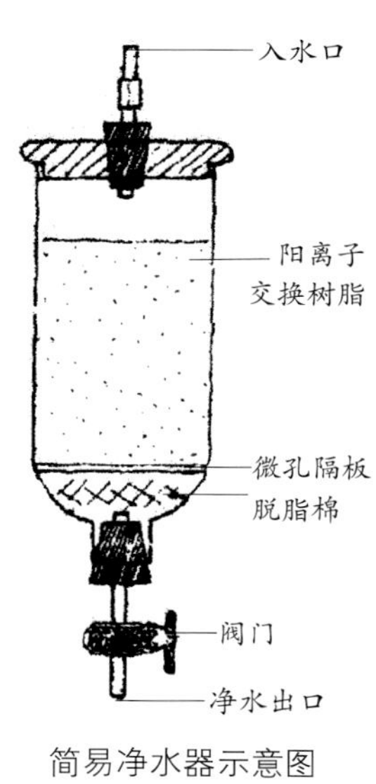

简易净水器示意图

污染 环境污染的简称。指由于某种物质或能量的介入使环境质量恶化的现象。能够引起环境污染的物质称为污染物，如生产过程中排放的 SO_2 和其他有害气体、各种重金属等。能量介入使环境质量恶化的现象，通常也称为污染，如热污染等。

环境污染按其污染物的性质可分为生物污染、化学污染、物理污染；按被污染的环境要素分，可分为**大气污染**、**水体污染**、**土壤污染**、海洋污染等；按污染产生的来源，可分为工业污染、农业污染、交通运输污染、生活污染等。环境污染既可由自然的原因引起（如火山爆发释放的尘埃和有害气体对环境的污染），也可由人类的活动引起（如人类生产和生活活动排放的污染物对环境的污染）。人们所要防治的环境污染，主要是人类活动产生的污染。

大气污染 进入大气中的污染物超过了大气环境的容许量，直接或间接地对人类的生产、生活和身体健康等产生有害影响的现象。已经引起人们注意的大气污染物有 100 种左右，其中对人类危害最大的是煤粉尘、二氧化硫、氮氧化

炼钢厂冶炼过程也能造成大气污染

物、碳氧化物、碳氢化合物、氟化物和氨等。产生这些污染物的来源可以分为两种：天然大气污染源，如排放火山灰、二氧化硫、硫化氢的活火山，自然逸出煤气和天然气的煤田、油田，森林火灾，腐烂的动植物尸体等；人为大气污染源，如煤田、油田的开发，各种工业锅炉、加热炉和民用炉灶，各种汽车、飞机、船舶等。大气污染主要来自人类的生产和生活活动，特别是工业生产和交通运输。

大气中的污染物达到一定浓度就会改变大气的性质和气候。例如，二氧化碳、粉尘等增多会使地面温度上升或降低。细微的颗粒会使能见度降低，降水量增加。大气污染形成的**酸雨**能对生物和各种建筑，以及供电、通信线路等设施造成明显损害。

一个成年人每天需要吸入十几千克的空气。受污染的空气进入人体，会导致神经、呼吸、心血管系统的疾病。例如，直径在 0.5 ~ 5 微米的粉尘能直接到达人的肺泡并沉积下来，还能随血液到达全身。空气中的重金属铅、镉、锌、铬、汞等进入人体后会引起慢性疾病或癌症。污染物在短时间内可以在大气中聚积到很高的浓度，老弱者、病人和婴幼儿会因此受到严重侵害，甚至死亡。人们如果长时间受低浓度大气污染物侵害，体质就会下降，正常的工作、学习和生活会受影响。和人一样，动植物也会受到大气污染的危害。

大气污染中还有一种比较特殊的现象——光化学烟雾。它是汽车、工厂等排入大气的碳氢化合物和氮氧化物在阳光下发生光化学反应所形成的烟雾污染现象。发生光化学烟雾的时候烟雾弥漫，大气能见度降低。烟雾中的臭氧（O_3）、过氧乙酰硝酸酯（PAN）、丙烯醛、甲醛以及二氧化硫（SO_2）、硫酸（H_2SO_4）、硫酸盐等，能伤害人和动物的眼睛和黏膜，并使人感到头痛，出现呼吸障碍、肺功能异常等症状。植物受到伤害时，

滚滚烟尘严重污染大气

表皮呈蜡质状，叶片上出现红色斑点，降低对病虫害的抵抗力，生长受到影响。

空气质量指数 随着空气污染的日趋严重，空气质量已成为公众最关心的问题之一。空气质量指数（AQI）分为 6 个等级，涉及 3 项主要空气污染物：二氧化硫（SO_2）、氮氧化物（NO_x）和可吸入颗粒物。例如，2019 年 5 月 16 日北京市的空气污染指数为 140，空气质量为三级，主要污染物为可吸入颗粒物，属轻度污染。

空气质量指数及相关信息

空气质量指数	空气质量指数级别	空气质量状况	表示颜色	对健康的影响	建议采取的措施
0 ~ 50	一级	优	绿色	可正常活动	
51 ~ 100	二级	良	黄色		
101 ~ 150	三级	轻度污染	橙色	易感人群症状有轻度加剧，健康人群出现刺激症状	儿童、老年人及心脏病和呼吸系统疾病患者应减少长时间、高强度的户外锻炼
151 ~ 200	四级	中度污染	红色	进一步加剧易感人群症状，可能对健康人群心脏、呼吸系统有影响	儿童、老年人及心脏病、呼吸系统疾病患者避免长时间、高强度的户外锻炼，一般人群适量减少户外运动
201 ~ 300	五级	重度污染	紫色	心脏病和肺病患者症状显著加剧，运动耐受力降低，健康人群普遍出现症状	儿童、老年人和心脏病、肺病患者应停留在室内，停止户外运动，一般人群减少户外运动
>300	六级	严重污染	褐红色	健康人群运动耐受力降低，有明显强烈症状，提前出现某些疾病	儿童、老年人和病人应当留在室内，避免体力消耗，一般人群应避免户外活动

室内空气污染 相比室外空气质量问题，室内空气污染带来的健康威胁也不可小觑。中国室内环境的主要污染源来自建筑、装饰品和家具，甲醛、苯、氨气污染超标已经严重影响了人们的身体健康。建筑材料散发出的甲醛对眼、鼻、喉有明显的刺激性，严重时甚至致癌。苯则会抑制人体造血功能，长期在这种环境下人们会有头疼、失眠症状，严重者则导致某些血液疾病。除了来自建筑材料和家具的污染，厨房里的油烟气对人体也有很大危害，过量吸入油烟气，容易患上肺炎、气管炎等疾病，还会增大肺癌的发病率。

室内空气污染是可以缓解的。经常对居室尤其是厨房进行通风换气是一种有效手段，另外，也可以使用空气净化器来改善室内空气质量。空气净化器中都配有活性炭过滤层，对装修所产生的有毒有害物质有一定的消除作用。

酸雨 指 pH 小于 5.6 的雨、雪或其他形式的降水，是大气污染的一种表现。

被酸雨腐蚀的树木

酸雨形成示意图

由于大气成分中有一定量能溶于水并与水化合成为碳酸的二氧化碳，所以一般的雨也不是绝对中性，而略呈一点酸性，这样的雨是农作物需要的。但是当空气被严重污染而含有较多二氧化硫和氮氧化物时，它们便会经大气化学和大气物理的复杂过程而形成酸雨。随着大气的不断恶化，酸雨发生的地域也由点到片，并波及全世界，成为全球性的环境污染问题。

酸雨被称为“空中死神”是当之无愧的。它可使河流湖泊酸化，对生态系统产生不良影响而使其成为“死河”“死湖”；使土壤酸化而破坏森林、草原，危害农作物生长；金属、石料遭受严重腐蚀，破坏建筑物、文物古迹；使饮水水源酸化、土壤元素平衡改变，直接或间接影响人体健康。

土壤污染　人类活动产生的污染物进入土壤并积累到一定程度，引起土壤质量恶化的现象。20 世纪 50 年代以来，由于现代工农业飞速发展，农药、化肥、农用塑料薄膜大量使用，大气烟尘和工业、生活污水对农田不断侵袭，土壤污染日趋严重。土壤污染物分为 3 类：①病原体，包括细菌、病毒、霉菌和寄生虫。它们主要来自人畜粪便、垃圾、生活污水和医院污水等。病原体污染的土壤能传播各种疾病，经雨水冲刷或渗透后还会造成水体污染，引起疾病的暴发流行。②有毒化学物质，如镉、铅、汞、有机氯农药等。这类污染来自工厂生产过程中排放的废渣、废水、废气。这类物质一般都是通过农作物、地面水和地下水间接对人体产生毒害。③放射性物质。它主要来自核爆炸的大气散落物，工业、科研和医疗机构产生的液体或固体放射性废弃物。土壤被放射性物质污染后，通过衰变产生放射线，穿透人体引起外照射损伤，或通过饮食和呼吸进入人体，造成内照射损伤，导致癌症、白细胞减少症等疾病。

土壤污染常常是大面积发生的，并且土壤污染一旦发生，便很难复原。中国很长一段时期都以六六六、DDT 等有机氯农药作为防虫治虫的基本农药，这些残毒期特长的农药在喷洒时只有 20% 左右落在作物叶面上，起到杀虫灭虫的作用，而更多的农药则直接落到了土壤中，有机氯农药等有毒物质进入土壤后便沿土壤→作物→果实→禽畜→人的途

重金属污染土壤中生长的嫩苗

径不断富集，最终危害到人体健康。若像切尔诺贝利核电站爆炸事件那样，放射性物质污染了土壤，就只有将大片的土地废弃，将世世代代生活在这片土地上的人民迁出。

水体污染 水体是一种自然生态系统，是海洋、河流、湖泊、沼泽、水库及地下水等的总称。在环境科学领域中还要包括其中的悬浮物、溶解物质、水生生物及底泥等，并将它们作为一个完整的自然综合体看待。当排入水体中的污染物超过了水体所能容许的含量时，水体不能通过自体的物理、化学、生物作用而恢复到受污染前的状态，这就降低了水体的使用价值，这种现象称为水体污染。

造成水中生物群落退化以及水体水质、底泥质量恶化的各种有害物质（或能量）都可称作水体污染物。水体污染物从化学角度可分为无机有害物、无机有毒物、有机有害物和有机有毒物4类；从环境科学角度则可分为病原体、植物营养物质、需氧物质、石油、放射性物质、有毒化学品、酸碱盐类及热能8类。

水体污染的危害随污染物的不同而异。病原体污染，主要是病毒、病菌、寄生虫等污染。危害主要表现为传播疾病：病菌可引起痢疾、伤寒、霍乱等，病毒可引起病毒性肝炎、小儿麻痹症等，寄生虫可引起血吸虫病、钩端螺旋体病等。有机物污染，主要是生活污水及食品加工、造纸等工业废水的污染。这类污染物因须通过微生物的生化作用分解和氧化，所以要大量消耗水中氧气，使水质变黑发臭，影响甚至使水中鱼类及其他水生生物窒息。长期饮用被汞、镉、铬、铅及非金属砷污染的水，会使人发生急、慢性中毒或导致机体癌变，危害严重。石油污染，指在开采、炼制、贮运和使用过程中，原油或石油制品因泄漏、渗透而进入水体。它的危害在于原油或其他油类在水面形成油膜，隔绝氧气与水体的气体交换，在漫长的氧化分

水华 由蓝藻等藻类大量繁殖引起的水体污染现象。水华发生时，水呈蓝色或绿色。淡水中水华造成的危害是：饮用水源受到威胁，藻毒素通过食物链影响人类的健康；蓝藻水华的次生代谢产物也具有促癌效应，直接威胁人类的健康和生存。

赤潮 水体中某些微小的浮游植物、原生动物或细菌，在一定的环境条件下突发性地增殖和聚集引起的一定范围内的水体变色现象。通常水体颜色因赤潮生物的数量、种类不同而呈红、黄、绿或褐色等。

固定盖污泥消化池（污泥消化设施）

解过程中会消耗大量的水中溶解氧，堵塞鱼类等动物的呼吸器官，黏附在水生植物或浮游生物上而导致大量水鸟和水生生物的死亡，甚至引发水面火灾等。

水俣病 水俣镇是日本熊本县水俣湾东部的一个小镇，水俣湾海产丰富，是渔民们赖以生存的渔场。1956年，水俣湾附近发现了一种奇怪的病。病症最初出现在猫身上，病猫步态不稳，抽搐、麻痹，甚至跳海死去，被称为“自杀猫”。不久，此地也发现了患这种病症的人。患者神经失常，或酣睡，或兴奋，身体弯弓高叫，直至死亡。

这种怪病就是日后轰动世界的水俣病，是最早出现的由于工业废水排放污染造成的公害病。水俣病的罪魁祸首是拥有当时世界化工业尖端技术的氮生产企业。1925年，日本氮肥公司在水俣镇建厂，后又开设了合成醋酸厂和氯乙烯厂，工厂把没有经过任何处理的废水排放到水俣湾中。氯乙烯和醋酸在制造过程中要使用含汞的催化剂，这使排放的废水中含有大量的汞。当汞在水中被水生生物食用后，会转化成剧毒物质甲基汞（CH_3Hg）。水俣湾中被污染的鱼虾通过食物链进入动物和人类的体内，使人和动物严重中毒。

光化学污染 大气中氮氧化物、碳氢化合物和氧化剂在日光作用下形成烟雾造成的污染。它对人体危害较大，甚至能造成生命危险。氮氧化物和碳氢化合物主要来自机动车排放的尾气和工业废气，在灰霾天气下，强烈的日照、低流动的空气和较小的湿度使城市中的各种污染物无法及时扩散，这会增大光化学烟雾产生的概率。

在中国，由于受到私家车过多、汽车尾气超标以及气候和地形的影响，一些城市雾霾天气愈来愈频繁，局部地区已出现了光化学烟雾超标的征兆。人类必须采取措施减少汽车尾气、工业废气的排放并对其进行治理，才能避免光化学污染造成更大的危害。

白色污染 大量的废旧农用薄膜、包装用的塑料薄膜、塑料袋和一次性塑料餐具，在使用后被抛弃在环境中，给环境带来很大破坏。由于废旧塑料包装物大多呈白色，因此造成的环境污染被称为“白色污染”。

由于塑料具有坚韧、耐用、防水，以及几乎可以成型为各种形状的特性，生活中塑料的使用越来越普遍。乱丢塑料会危害陆地和海洋的野生动物，甚至酿成海难事故；塑料废物占据了填埋场的大量空间，同时大多数的塑料在自然环境中很难分解，长此下去会破坏土壤结构，降低土壤肥效，污染地下水；如果焚烧塑料，则会产生有毒的气体和残渣（尤其是含氯塑料）。除了减少塑料制品的使用和加强回收之外，用化学方法降解塑料是消除白色污染的根本出路。

白色污染讽刺画——塑料袋“水母”

切尔诺贝利核电站爆炸事件 1986年4月26日凌晨，由于石墨型核反应堆堆芯熔化、人为差错和违章操作，导致苏联基辅市（今属乌克兰）北130千米的切尔诺贝利核电站4号反应堆发生猛烈爆炸。熊熊大火高达30多米，反应堆内大量放射性物质外泄，其中包括半衰期为4.4小时（氪）至38万年（钚）的23种放射性同位素，造成了严重的环境污染和人员生命财产损失。据当时苏联政府公布的数字，有33人死亡，300多人受严重辐射伤害，更多的人受到不同程度的辐射，约100万人接受医学观察监护。爆炸引起的大火7天后才被扑灭，直接损失达21亿卢布，总损失达100亿卢布以上。事故发生3年后，重灾区成人癌症患者成倍增加，儿童甲状腺病患者增多，灾区牲畜畸形，植物叶片变大变小不等。周边的白俄罗斯、瑞典、挪威、芬兰、丹麦及西班牙等国亦受到不同程度的影响。事故的远期影响难以估计。这一严重事故引起广泛关注，各国先后派出数百个代表团前往事故发生地考察、参观，从中吸取教训，探索消除或减少隐患的方法。

垃圾 在人类的生活、生产中，每天都要丢弃很多固体和泥状废物，如工厂生产中产生的下脚料，采矿时丢弃的废石，生活中丢弃的各种食物垃圾、粪便等。随着生产的扩大和生活水平的提高，垃圾的成分日益复杂，排放量也逐年增多。这些废弃物一方面占用大片土地堆放，一方面还通过不同途径产生大气污染、水体污染和土壤污染，危害人们的身体健康，已经成为世界公认的亟待解决的问题之一。然而，从化学角度看，一切“废物”都是相对的，这一过程的废物经人类加工转化后，很可能成为另一过程的原料或成品，因而可以成功地变废为宝，使各种资源得到最大限度的利用。

目前垃圾处理的方法主要有以下几种：对钢渣、废石等不容易溶解、不飞扬的工业垃圾，一般采取堆放或制成建筑材料和道路工程材料；对含有碳、油脂或其他有机物质的垃圾，可以焚化发电或进行生物降解；对污泥可以制成堆肥或制取沼气；有害工业垃圾或放射性垃圾采用封闭堆存的办法或用化学、物理方法固化后回收利用；对于废纸、废布等纤维，以及塑料、玻璃等材料可以回收成为再生原料。

垃圾山

炼金术 人们谋求用一般金属经过焙烧和冶炼转变为金、银。这种以一般金属炼金的学术思想和实践就称为炼金术。那些炼金的人称为炼金术士。

阿拉伯炼金术继承了起源于中国的炼丹术和起源于希腊的西方炼金术，而

太空垃圾 人类抛弃在太空中的固体废弃物。主要有寿命已尽的卫星残骸，火箭散失在太空中的碎片和零部件，未进入预定轨道又难以收回的卫星、航天器及其爆炸后形成的飞行器碎片等。它们在太空中越来越多，随时可能与新发射的火箭、航天器、卫星相撞，有的还可能因逐渐减速而最终落回到地球上来，对人们的航天、通信等事业造成很大的潜在威胁，对地面建筑和人类生命财产也有相当的威胁。例如，1991年9月美国“发现”号航天飞机距苏联火箭残骸特别近时，为避免相撞，不得不改变运行轨道。如何减少和清除太空垃圾，保证人类航天航空事业的发展，已经成为重大的现实问题。

后传入欧洲，成为当代化学的雏形。其代表人物之一是贾比尔。他的著作《物性大典》等论述了金属互变和四元素相克的理论，描述了制造几种无机酸的配方，强调炼金术士要注重实验。另一位大师是拉齐。他在《秘中之秘》一书中讨论了炼金的物质、仪器和方法，介绍了当时使用的炼金设备，如风箱、坩埚、勺子、铁剪、烧杯、平底蒸发皿、沙浴、焙烧炉、锉等。这不仅对以后的阿拉伯炼金术有很大的推动作用，而且对欧洲炼金术产生了极大的影响。

在 11 ~ 12 世纪，阿拉伯炼金术传到欧洲，欧洲封建帝王和教会为了发财致富驱使炼金术士为他们炼制黄金。英王亨利六世供养的炼金术士多达 3000 多人。在欧洲炼金术士看来，水银是一切金属的本原，硫为一切可燃物所共有，不同金属之间的区别在于汞、硫的含量及比例不同。他们企图寻求一种他们称为“哲人石”的东西来清除掉贱金属中的“下贱成分”，使其本质趋于完善，从而转变为金、银。炼金术士炼出的“黄金”当然都是伪金。长时期的炼金活动及其不断失败，不仅浪费了大量的人力、财力，而且炼出的伪金投入市场还引起金融财攻的混乱，致使统治者们大伤脑筋。15 ~ 16 世纪以后，随着化学方法在医药、冶金方面发挥了正当的作用，炼金术逐渐消亡。

中世纪欧洲炼金术士的工作室

炼铜术　在人类使用的金属中，首先被加工利用的是天然红铜。从中国 4000 多年前的甘肃齐家文化遗址中，发掘出铜刀、铜锥、铜凿和铜环等多种天然红铜器，经分析其含铜量为 99.8%。在埃及和美索不达米亚的最古老的文化遗址中，也曾发现被熔铸和冷锻而成的红铜器。由于当时烧制陶器的技术已相当成熟，既有了耐高温的陶器，又有能造出窑温 1000℃以上的高温窑体，这就具备了用矿石冶炼金属的条件。大约在距今 5000 年前，中国已进入了冶炼红铜的时期。最初利用的是孔雀石类氧化铜矿石。人们将它与木炭混合加热还原，得到红铜。随着对熔铸技术的熟练掌握，人们能够更有效地利用红铜了。

中国几乎在开始冶炼红铜的同时就出现了青铜。青铜主要是铜、锡的合金，其中往往含有铅和其他金属。由于其硬度比红铜大而且坚韧，熔点也较低，容易铸造，所以得到了较快发展。商、周时期，青铜技术步入鼎盛。1939 年在河南省安阳市出土的后母戊鼎是已发现的世界上最大的古代青铜器。这个拥有 3000 年历史的青铜器重 875 千克，通耳高 1.33 米，宽 0.79 米，长 1.66 米。经化验，含铜 84.77%、锡 11.84%、铅

铜奔马

2.76%，还有少量其他元素。后母戊鼎的铸造工艺有力地说明了中国当时铸造水平的高超和古代劳动人民的勤劳智慧。

在埃及和印度发现的青铜器古迹表明，其在公元前3000年已进入了青铜时代。在西欧也发现了青铜时代铜矿的竖井式开采遗址。

中国古代不仅用火法炼铜，还发明了水法炼铜。这种方法相比火法炼铜有以下优点：①可在产“胆水”的地方就地取材。②设备简单，操作容易，常温下提取铜，无需冶炼、鼓风设备，节省了燃料。这一方法以中国为最早，是水法冶金技术的起源，也是世界化学发展史上的一项重要发明。

酿酒工艺 酒是用高粱、大麦、小麦、米等粮食或葡萄等水果发酵制成的含有酒精的饮料。由于所用原料及酿酒方法不同，世界上各个民族几乎都独立地发明了各具特色的酿酒工艺。古代埃及在3000多年前已酿出麦酒。这种方法后来一直在欧洲流传。公元8世纪，德国人为了使酒别具香气及独特的风味，发明了在发酵过程中加入蛇麻花的工艺，这就制出了最初的啤酒。埃及和古罗马帝国的葡萄酒一直远近闻名。在中亚、西亚各国，葡萄酒也是当地名产之一，并在汉代传入中国。到唐代，中国已能独立酿造这种酒。从7世纪中期起，葡萄酒在中国发展起来。唐代诗人便有“葡萄美酒夜光杯”的诗句。由于酒中的乙醇浓度达到10%便会强烈地抑制酵母菌的活动和繁殖，因此酿造烈性酒就不能单靠发酵时间的延长，而必须借助蒸馏技术的应用与改进。大约在12世纪时，欧洲已掌握蒸馏烈性酒的技术。14世纪以后，各种著名的烈性酒陆续问世。例如苏格兰人蒸馏麦酒而发明了威士忌，俄国人制作了伏特加，荷兰人蒸馏葡萄酒而制得白兰地。在中国，蒸馏酒可能

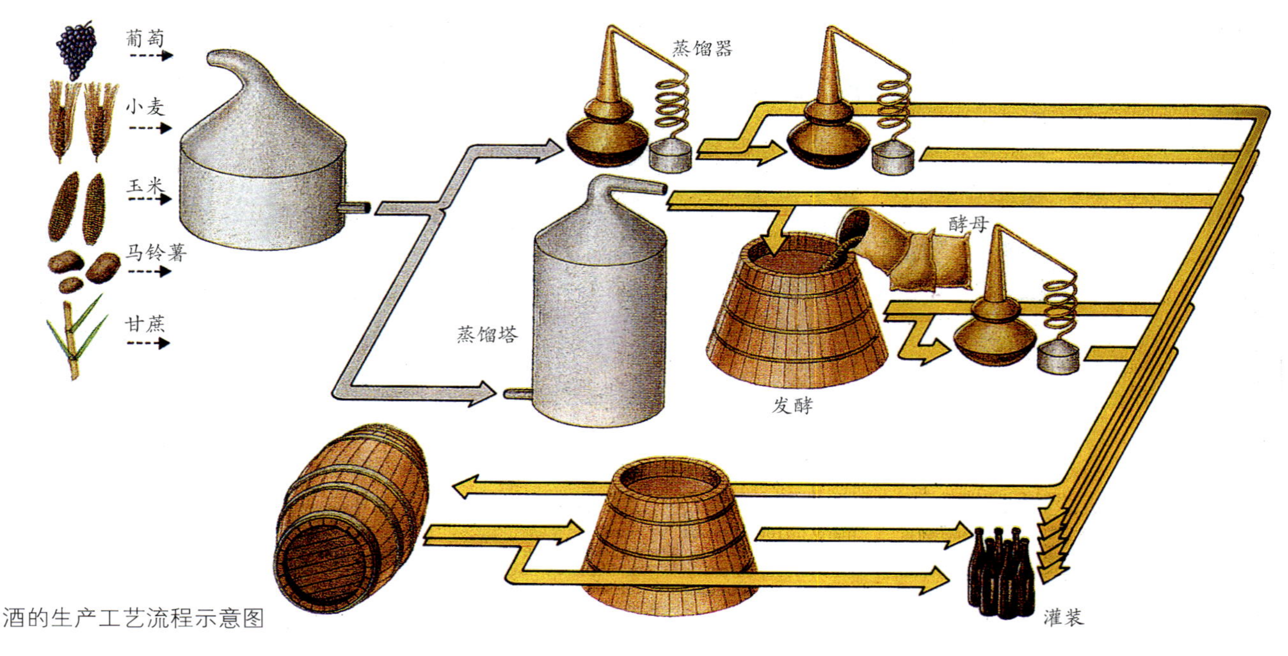

酒的生产工艺流程示意图

出现于宋代，但当时极罕见，至元、明时才较为普遍。《水浒传》中大碗喝酒而不醉的好汉们喝的一般都是酒精含量低于 10%的低度酒，而武松打虎之前喝的“三碗不过冈”的酒，看来是当时较为罕见的烈性酒了。

造纸术 纸是中国古代四大发明之一。过去都认为，纸是东汉宦官蔡伦于公元 105 年发明的，但是 20 世纪以来的考古发掘成果动摇了蔡伦发明纸的说法。1933 年在新疆汉烽燧遗址中出土了公元前 1 世纪的西汉麻纸，它比蔡伦的纸早了 1 个多世纪。造纸最初是以动物纤维和蚕丝为原料，后来逐渐采用了植物纤维的麻和麻织品，且树皮和破布边渐渐被用作造纸的原料。早期制得的麻纸比较粗糙，不便书写。到了东汉，蔡伦总结了西汉以来用麻质纤维造纸的经验，采用了多种植物原料，同时利用废弃的破布和旧渔网为原料，降低了造纸的成本。他凭借充足的人力和物力监制并组织生产了一批良纸，于 105 年献给朝廷，从此造纸术逐步在国内推广。从这个意义上说，蔡伦在历史上是以纸的监制者和推广者的身份出现的。

汉代的麻纸制造过程，大体是将麻头、破布等材料先用水浸湿，使之润胀，再用斧头剁碎，放在水中洗去污泥、杂质，然后用草木灰浸透并蒸煮。这个过程成为碱液制浆过程的基础。通过碱液蒸煮，可进一步除去残留于造纸原料中的木素、果胶、色素、油脂等杂质，再用清水洗涤后，即送去舂捣。将捣碎后的纤维在水槽中配成悬浮的浆液，再用滤水的纸模捞取纸浆，滤水后晒干，再经必要的研光，即成为成品纸，可用于书写。

中国的造纸术在 3 世纪传到朝鲜，7 世纪传到日本，8 世纪又传到阿拉伯。阿拉伯将纸向欧洲各国输出，于是很快欧洲各国也开始了造纸生产。到 16 世纪，纸张已流行于全欧洲，而后逐步流传到全世界。

古代造纸过程

19 世纪，造纸从手工作坊的小规模生产过渡到机械化造纸，制造纸浆的技术和设备也取得了重要突破。生产周期大大缩短，企业规模扩大。到了 20 世纪 30 年代，木材逐步成为主要原料，纸的质量大大提高。尽管造纸技术有了飞跃发展，但最基本的工艺环节仍然是制浆、调料、抄造纸幅、脱水成纸。可见中国发明的造纸术对人类文明做出了不可磨灭的贡献。

葛洪（283 ~ 343 或 363） 东晋道教学者，医学家。自号抱朴子，丹阳句容（今江苏句容）人。他出身于一个没落的官僚贵族家庭，因无钱买纸笔，小时用木炭练字，向别人借书阅读。他博览群书，终于成为一个学识渊博的人。他自幼好神仙导养之法，先跟葛玄弟子郑隐学炼丹术，后又拜鲍玄为师，最后在罗浮山上炼丹、著书，直到老死。

葛洪一生著作很多，计有 220 卷。其中被世人称为奇书的《抱朴子》，内篇 20 卷，记载了炼丹的方法，是中国现存年代较早而又比较完整的一部炼丹术著作；外篇 50 卷是儒家应世之术。这部著作反映出葛洪炼丹思想的特点是道儒结合，以神仙养生治内，以儒术应世治外。他还著有《金匮药方》100 卷，后节略为《肘后备急方》8 卷，详细记录了治疗天花、伤寒、痢疾、结核病等传染病及某些其他疾病的单方，与现代应用大致相符，有很大价值。

葛洪在炼丹实践中研究了许多化合物和矿物，如铜青（硫酸铜）、矾石（明矾）、密陀僧（氧化铅）、丹砂（硫化汞）等。在世界化学史上，葛洪是最早把一些化学反应记录下来的人。他还发现了化学反应的可逆性，如“丹砂烧之成水银，积变又还成丹砂”。因此，人造硫化汞可能是人类最早用化学合成法制成的产品之一。

宋应星（1587 ~约 1666） 明末科学家。字长庚，江西奉新县人。宋应星对中国的手工业生产进行了全面系统的总结，写出了科技巨著《天工开物》。书中的彰施（染色）、作咸（制盐）、甘嗜（制糖）、陶埏（陶瓷）、杀青（造纸）、燔石（烧矿）、五金、冶铸、佳兵（兵器及火药）、丹青（颜料）等卷，都包含了丰富的化学知识，因此，《天工开物》是一部明代的中国化学工艺“百科全书”。

《天工开物》图文并茂，详细记载了许多技术项目和操作环节。例如，在《五金》卷中对金、银、铜、铁、锡、铅、锌等金属的冶炼过程都做了细致的

《天工开物》书影

描述。关于“倭铅”（锌）的性质及制造，书中写道：“炉甘石十斤，装载入泥罐内，封裹泥固，以渐砑干，勿使见火拆裂，然后逐层用煤炭饼垫盛其底，铺薪发火、煅红，罐中炉甘石熔化成团，冷淀，毁罐取出，每十耗去其二，即倭铅也。”这样明确而生动地记载用碳还原甘石（碳酸锌）制锌的方法，在世界上还是第一次。除记述炼锌技术外，《天工开物》还对煤进行了分类，根据火焰、块度等化学、物理性质把煤分为明煤、碎煤和末煤 3 种，相当于无烟煤、烟煤和褐煤。

17 世纪以后，《天工开物》传入日本，18 世纪又传入欧洲，相继被译成日文、英文，并部分被译成法文和德文，成为世界科技名著之一。

徐寿（1818-02-26 ~ 1884-09-26） 字雪邨，江苏无锡人。化学家、翻译家。

19 世纪初，尽管中国少数知识分子和工商业者已经接触了西方近代化学工业的产品和零星知识，但是比较有系统地介绍近代化学理论和基础知识，却是 19 世纪 60 年代以后的事。上海江南制造总局于 1867 年附设了“翻译馆”，开始进行欧洲书籍的翻译工作，其中化学书籍绝大多数由英国人傅兰雅口译，再由徐寿执笔写成。

徐寿从小就对西方的科学技术颇感兴趣。他勤奋好学，曾经与儿子一起制造了中国第一艘轮船。据《清史稿》记载，徐寿一生著作颇丰，共译书 13 种，其中以《化学鉴原》影响最大。由于外文与中文有极大的差别，徐寿为了将这些书译成确切而恰当的中文，下了很大的功夫，尤其在化学用语、元素及其化合物的名称方面，他首先创造了一套化学元素的中文名称，即巧妙地利用西方第一音节造出相应的中文新字，这为中国的元素命名建立了基础，而且这些字沿用至今。

1875 年，徐寿和傅兰雅创办了格致书院，并编辑出版了中国最早的一种科技期刊《格致汇编》。格致书院讲求教学与实验相结合，这对国内兴办近代科学教育起了很好的示范作用。

侯德榜（1890-08-09 ~ 1974-08-26） 化学家、化工专家。生于福建闽侯。

1926 年，在美国费城举行的世界博览会上，中国永利制碱公司生产的“红三角”牌纯碱，一举夺得金牌。为中华民族在国际上赢得荣誉的就是中国化学工业的先驱侯德榜。侯德榜早年曾学习铁路工程，后考入清华留美预备学堂高等科学习。毕业后赴美学习化工。1921 年获博士学位。

早在 1861 年，比利时人 E. 索尔维就发明了氨碱法制纯碱的技术。但由于帝国主义的严密封锁，中国制皂、印染、玻璃等制造业得不到充足的赖以生存的碱做工业原料，民族工业受到严重威胁。当时正在美国的侯德榜怀着振兴民族化学工业的热情，毅然接受永利碱厂的聘请，于 1922 年回国。他吃住在厂里，

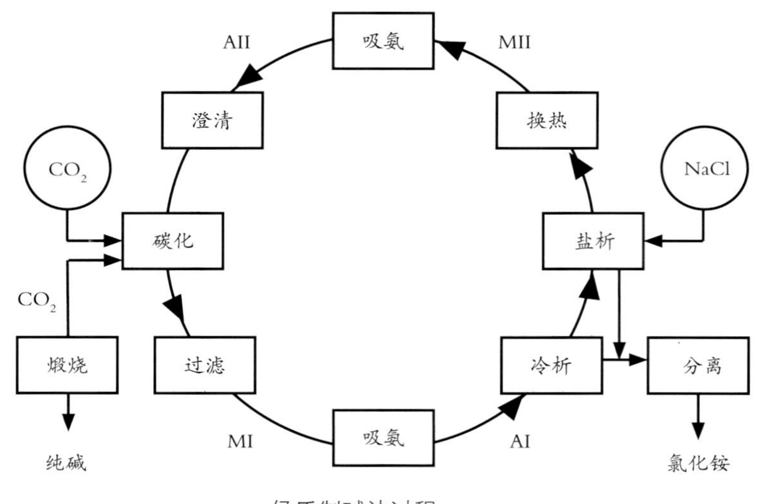

侯氏制碱法过程

经过 5 年夜以继日的探索，终于成功地掌握了索尔维制碱工艺，并对原制碱工艺和设备做了重大修改，使纯碱的纯度达到 99%，日产量达 30 吨，畅销日本及东南亚各国。1932 年侯德榜出版了《纯碱制造》一书，第一次系统地将索尔维制碱技术公之于世，打破了国际制碱集团长达 70 年的垄断，此举引起了世界化工界的巨大反响。

针对索尔维制碱法的缺点，侯德榜又做了 500 多次循环实验，分析了 2000 多个样品，终于在 1942 年成功发明侯氏联合制碱法。联合制碱法的食盐利用率由原来的 70% 上升到 98%，除得到纯碱外，还能同时得到氯化铵（用作肥料），把合成氨工业与制碱工业联系了起来。侯德榜对化学工业做出了杰出贡献，并因此而享誉世界。

普里斯特利，J.（Joseph Priestley, 1733-03-13 ~ 1804-02-06） 英国化学家。普里斯特利是第一位详细叙述了氧气的各种性质的科学家。他是燃素说的信徒，因此推断出新气体必然含有极少的燃素或不含燃素，称它为“脱燃素空气”。同年，普里斯特利将氧气的制法和性质告诉法国化学家 A.L. 拉瓦锡。后者重复了这些实验，指出普里斯特利制出的气体不是“脱燃素空气”，而是能够助燃的氧气。

普里斯特利于 1765 年获爱丁堡大学法学博士学位。他的职业是牧师，化学只是他的业余爱好。1766 年他当选为英国皇家学会会员。1782 年当选为巴黎皇家科学院的外国院士。

他的重大贡献是发现氧和其他气体。1772 年他发现了二氧化氮，1773 年发现氨，1774 年发现二氧化硫；同年他利用一个大凸透镜，把阳光聚焦起来加热氧化汞，用排水集气法收集产生的气体，并研究了这种气体的性质。他发现蜡烛在这种气体中以极强的火焰燃烧；瓶子容积相同时，老鼠在该气体瓶中存活时间为普通空气中的两倍。这种气体就是氧气。瑞典化学家 C.W. 舍勒也制备出了氧气。普里斯特利的主要著作有《电学史》（1766）、《光学史》（1772）和《各种空气的实验和观察》（1774 ~ 1777）等。

舍勒，C.W.（Carl Wilhelm Scheele, 1742-12-09 ~ 1786-05-21） 瑞典化学家。生于波美拉尼亚的施特拉尔松德（今属德国）。1757 年在哥德堡做药剂师学徒，开始学习和研究化学，并做实验。1770 年在乌普撒拉做药剂师。1775 年在

雪平开设药房，直到逝世。1775 年入选皇家科学院。

舍勒发现的有机和无机物不下 30 种。其中最著名的是氧和氯的发现。他研究了燃烧现象，分离出了氧气（当时他称为“火空气”），并证明“火空气”存在于空气中。1772 年舍勒用硫黄与铁粉的混合物吸收空气中的氧气来制取氮气（当时他称为“浊气”或“乏空气”）。他是第一个认为氮气是空气成分之一的人。1774 年他确定软锰矿是一种新金属的氧化物，把这种金属定名为锰。舍勒著有《论空气与火》（1777）。

拉瓦锡，A.L.（Antoine-Laurent Lavoisier, 1743-08-26 ~ 1794-05-08） 法国化学家，近代化学奠基人之一。生于巴黎。1763 年获法学学士学位，1764年开始从事地质学研究，以后转向化学。1772 年，拉瓦锡指出硫、磷在燃烧中增加重量是因为它们吸收了一些空气。1774 年，他重复了J. 普里斯特利加热氧化汞，制取“脱燃素气”的实验，断定普里斯特利所说的“脱燃素气”就是物质燃烧时吸收的那部分空气，并认为这种气体是一种元素。1777 年他把这种气体命名为氧。

1777 年，拉瓦锡向巴黎科学院提交了一份划时代的论文《燃烧概论》，建立了燃烧的氧化学说。他提出：物质燃烧时会放出光和热；只有氧气存在时，物质才会燃烧；空气由两种成分组成，物质在空气中燃烧时吸收了空气中的氧，物质所增加的重量就正好是它所吸收的氧的重量；一般的可燃物质（非金属）燃烧后通常变为酸，氧是酸的本原，一切酸中都含有氧；金属煅烧后变为煅灰，它们是金属的氧化物。拉瓦锡的氧化学说彻底推翻了燃素说，使近代科学革命在化学领域取得了一个伟大的胜利。

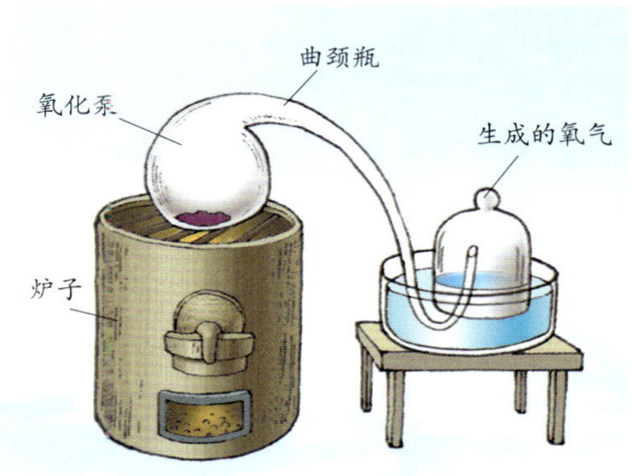

氧气制取实验

拉瓦锡一开始从事科研活动，就认识到精确的测量对科学研究的重要意义。他通过大量的定量实验，证明物质虽然在一系列化学反应中改变了状态，但参与反应的物质的总量在反应前后是相同的，从而证明了质量守恒定律。

1783 年，拉瓦锡和 H. 卡文迪什证明了水不是一种元素，而是氢和氧的化合物。

1789 年，拉瓦锡在他的《化学概要》一书中把当时已发现的 33 种元素排列出第一张化学元素表。此外，他还针对各类物质制定了科学的命名法，为科学带来了前所未有的条理性和系统性，这是他对化学发展做出的又一项贡献。

道尔顿，J.（John Dalton, 1766-09-06 ~ 1844-07-27） 古代希腊学者德谟克

利特认为世上万物都是由原子组成的，但那是靠逻辑推理和思辨进行的猜测，是一种朴素的哲学思想。19 世纪初，科学家道尔顿确立了原子学说，从而为元素和化学反应建立了近代理论。他被 F. 恩格斯誉为“近代化学之父”。然而这样一位大化学家却是个色盲，这对从事化学很不利，可道尔顿不但没有因生理缺陷而气馁，反而更加顽强地完成一个个重要的化学实验，甚至把色盲症作为自己的一个研究课题，初步找到了色盲的遗传规律。

道尔顿是英国化学家、物理学家，出生在一个纺织工人家里，因为穷没有上过什么学。他依靠自学，15 岁开始当老师。此后他不断充实自己，在当中学物理、化学教师时，开始了科学研究。道尔顿最初研究气象学，自 1787 年起连续 57 年每日观测气象并记录，最后一篇气象日记是他临终前几小时记下来的。他对大气的性质和成分进行了一些研究，于 1801 年总结出气体分压定律，即道尔顿分压定律。他主要研究化学，1803 年从混合气体产生的压力、混合气体的相互扩散、气体的热胀冷缩等现象出发，提出原子学说：化学元素是由非常微小的、不可再分的微粒——原子所组成；同一元素的原子质量和性质都相同，不同元素的原子质量和性质都不同；不同元素化合时，元素的原子按简单的整数比结合成化合物。他采用元素的相对原子量，列出了最早的原子量表。此外，他还发现了倍比定律。1808 年他的名著《化学哲学的新体系》出版。

阿伏伽德罗，A.（Ameldeo Avogadro, 1776-08-09 ~ 1856-07-09） 意大利物理学家。1792 年 8 月入都灵大学学习法学，1796 年获法学博士学位，此后从事律师工作。1800 ~ 1805 年又专门攻读数学和物理学，后主要从事物理学、化学研究。1811 年被选为都灵科学院院士。

阿伏伽德罗于 1811 年提出阿伏伽德罗定律。其内容是：在同一温度、同一压强下，体积相同的任何气体所含的分子数都相等。

在 19 世纪，阿伏伽德罗学说没有被科学界所确认和得到科学实验的验证之前，人们通常把它称为阿伏伽德罗的分子假说。直到多年以后《近代化学理论》一书出版，假说得到科学验证后，人们才称它为阿伏伽德罗定律。在验证中，人们证实在温度、压强都相同的情况下，1 摩尔的任何气体所占的体积都相等。例如在 0℃，压强为 760mmHg 时，1 摩尔任何气体的体积都接近于 22.4 升。人们由此换算出：1 摩尔任何物质都含有 6.02205×10^{23} 个分子。这一常数被命名为阿伏伽德罗常量，以纪念这位杰出的科学家。

本　生，R.W.（Robert Wilhelm Bunsen, 1811-03-31 ~ 1899-08-16） 德国化学家。生于格丁根。本生的科研成就很

多，重大的有：1837年开始研究卡可基化合物，他离析出二甲胂基氧，测定所有易挥发的二甲胂基化合物的蒸气密度，得出正确的化学式。1841年本生发明锌—碳电池，后称本生电池。1853年本生发明一种煤气灯，它构造简单，操作简便，使用安全，火焰温度可高达2300℃，且火焰无色。利用此灯检定出许多矿物的组分。这种灯后来被称作本生灯，并一直沿用至今。1855年发明吸收比色计。1859年与G.R.基尔霍夫一起发明分光镜，创立光谱分析法。本生提出每一种化学元素均具有特征光谱线，为元素发射光谱分析奠定基础。他用光谱分析研究太阳的化学成分，证实了太阳上有许多地球上常见的元素，由此说明其他天体和地球在化学组成上的同一性。他和基尔霍夫借助光谱分析，发现两个新元素铯（1860）和铷（1861）。

诺贝尔，A.B.（Alfred Bernhard Nobel，1833-10-21～1896-12-10） 瑞典化学家、工程师。生于斯德哥尔摩。小时候跟父亲学习研制炸药。17岁后他只身游历了欧洲、美洲的一些国家，增长了知识，开阔了眼界。当他看到矿工们繁重的劳动后，决心继续研制炸药。

1859年诺贝尔开始研究硝化甘油。硝化甘油是一种既不好控制，又不好保存的易爆物品。在这种炸药投产后不久的1864年，工厂发生爆炸，诺贝尔的弟弟和另外4人在事故中死亡。瑞典政府禁止重建这座工厂。早已被认定为“科学疯子”的诺贝尔，只好在湖面上的一艘驳船中进行实验，以寻求减少搬动硝化甘油时发生危险的方法。诺贝尔偶然发现在硝化甘油中掺入硅藻土可以解决安全问题，但爆炸力却降低了。经过多次试验诺贝尔终于找到用雷酸汞制造雷管来引爆炸药的办法。这种安全的烈性炸药制成后迅速地被用于开矿、筑路、开掘隧道等工程中。此后诺贝尔继续实验，将火棉与硝化甘油混合，制成一种威力更大的同一类型的炸药——爆炸胶；约10年后又发明了无烟炸药。此外，诺贝尔还有许多其他的发明，在橡胶合成、皮革及人造丝的制造上都做出了成绩。诺贝尔就这样取得了一项又一项发明的成功，一生获得了255项专利。诺贝尔经营的企业遍布欧美20多个国家，积累的财富多达上千万美元。

诺贝尔把毕生的精力都献给了科学事业，终身未婚。他在许多国家建立了自己的实验室，却没有为自己建造一处

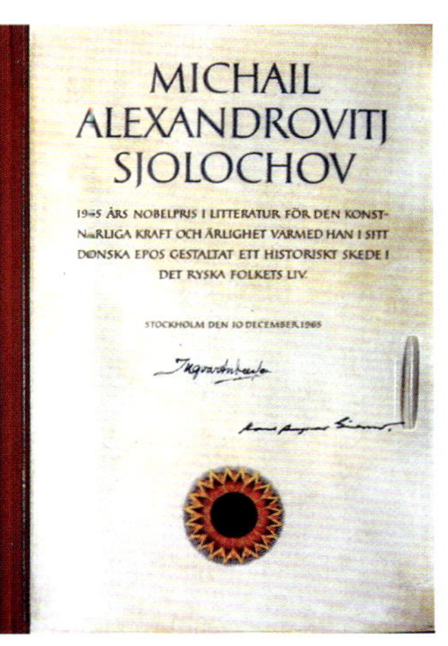

《静静的顿河》诺贝尔文学奖证书

舒适的住房。临终时他将遗产中的800多万美元作为基金设立了诺贝尔奖，用来奖励在物理学、化学、生理学或医学、文学及和平5个方面对人类做出巨大贡献的人士。

门捷列夫，D.I.（Dmitry Ivanovich Mendeleyev, 1834-02-08 ~ 1907-02-02） 俄国化学家。生于西伯利亚托博尔斯克。他一生从事科学研究，最伟大的贡献是发现了元素周期律。1869年他在深入探索了元素性质间的关系之后，将所有已知的63种元素按原子量递增的顺序排列成表，即元素周期表，揭示出元素性质具有周期性的变化规律。面对表中少数几个不符合规律的元素，门捷列夫没有轻易怀疑自己得出的结论，而是通过精确的测定修正了它们的原子量。此时，他更加确信元素周期律的客观性和正确性。门捷列夫还在元素周期表上留下了一些空位，并对这些未知元素的性质进行了大胆预测，如他预测“类铝”的原子量大约是68，比重为5.9 ~ 6.0。1875年，法国化学家P.-Ê.L.de布瓦博德朗发现了一种新元素镓，其性质与“类铝”有着惊人的相似，唯独比重是4.70，与“类铝”不符。在门捷列夫的建议下，布瓦博德朗重做实验，得出镓的比重为5.9。这使布瓦博德朗深深敬佩门捷列夫的远见卓识，他感叹：“我认为门捷列夫先生的这一理论的巨大意义已经是如此地不言而喻了。”元素周期律的发现激起了人们发现新元素和研究无机化学理论的热潮，成为化学发展史上一个重要的里程碑。

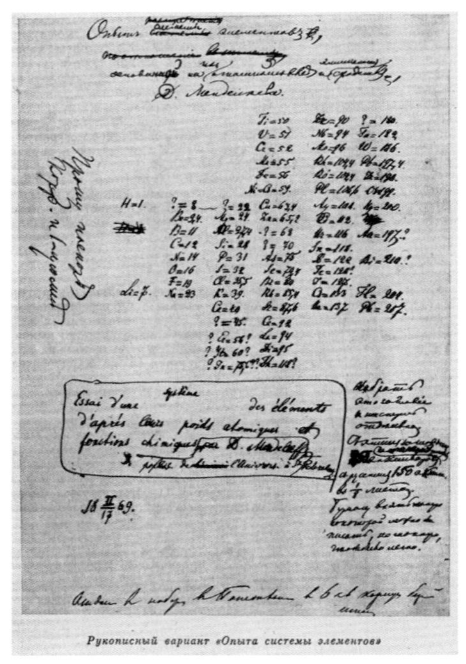

门捷列夫的周期表手稿（1869）

门捷列夫还曾研究气体和液体的体积与温度、压力的关系。1860年发现气体的临界温度，提出液体热膨胀的经验式。1865年提出了液体的水合物学说。1872年他和他的学生准确测定了数种气体的压缩系数。1877年他独自乘气球升空，研究高空气象。1888年他调查了顿巴斯煤矿，提出将煤层不经开采直接变成可燃气体引出地面的设想。1907年2月2日门捷列夫在书桌前与世长辞。

施陶丁格，H.（Hermann Staudinger, 1881-03-23 ~ 1965-09-08） 德国高分子化学家。生于沃尔姆斯。1903年在哈雷大学获化学博士学位。1912年在瑞士的苏黎世联邦高等工业学校任教授。1926年在弗赖堡任教，直至退休。

1947年，他编辑出版了《高分子化

学》杂志，形象地描绘了高分子存在的形式。从此，他把“高分子”这个概念引进科学领域，并确立了高分子溶液的黏度与分子量之间的关系，创立了确定分子量的黏度的理论（后来被称为施陶丁格黏性定律）。他的科研成就对当时的塑料、合成橡胶、合成纤维等工业的蓬勃发展起了积极作用。

1953 年，由于对高分子科学的杰出贡献，施陶丁格走上了诺贝尔奖的领奖台。

全国中学生化学竞赛 1986 年开始举行全国中学生化学竞赛。每年以冬令营的形式举办 1 次。为了向国际化学奥林匹克竞赛靠拢，竞赛分为理论竞赛和实验竞赛两部分，满分成绩分别为 60 分和 40 分，全部采取闭卷方式。参加冬令营的选手是由各参赛省、市、自治区自行选拔推荐的普通中学的学生，主要是高三学生。竞赛后，由竞赛组织委员会从优胜者中挑选选手组成国家队，参加国际化学奥林匹克竞赛。这种做法一直延续至今。竞赛是在中国科协、中国科学院和国家教委（教育部）支持下，由各省、市、自治区化学（化工）学会和教育部门一起组织的。竞赛轮流在一些省、市、自治区举行，共举办了 32 届。

国际化学奥林匹克竞赛 简称 IChO。化学奥林匹克最早起源于东欧。

2014 ~ 2018 年 IChO（世赛）中国队各学校成绩一览

省份	学校	金牌数
湖北省	华中师范大学第一附属中学	3
湖南省	湖南师范大学附属中学	3
河北省	衡水中学	2
浙江省	杭州第二中学	2
安徽省	芜湖市第一中学	1
北京市	育英学校	1
广东省	深圳中学	1
河南省	郑州外国语学校	1
湖南省	长郡中学	1
湖南省	长沙市第一中学	1
吉林省	吉林大学附属中学	1
山东省	德州市第一中学	1
上海市	华东师范大学第二附属中学	1
四川省	成都市第七中学	1

国际化学奥林匹克奖章

早在20世纪50年代，东欧三国波兰、捷克斯洛伐克、匈牙利就有作为中学生课外活动的化学竞赛，后来发展成全国化学竞赛。1968年捷克建议举办国际化学奥林匹克，同年5月15日三国代表在捷克召开了国际化学奥林匹克筹备会。6月18～21日，三国各派出6名中学生在捷克斯洛伐克首都布拉格和班第斯城进行化学竞赛，这就是第一届国际化学奥林匹克。从此，国际化学奥林匹克竞赛开始定期举行，1968～2018年（除1971年因故未能举办外）每年1届，已举办了50届。

1987年中国第一次派出4名代表参加了第19届国际化学奥林匹克竞赛，取得了1金2银1铜的好成绩。1995年中国举办了第27届国际化学奥林匹克竞赛，这是国际化学奥林匹克竞赛第一次由亚洲国家主办。

竞赛由两部分组成：第一部分是实验竞赛，第二部分是理论竞赛。每部分的竞赛时间为4～5小时，两部分竞赛之间至少相隔1天。每届正式竞赛之前，竞赛命题委员会要向参赛国下发1份预备题，大致规定了竞赛的知识范围、理论水平、涉及的领域等。

参加国际化学奥林匹克竞赛，是了解和赶超世界中学化学教学水平的一条重要途径。

生物

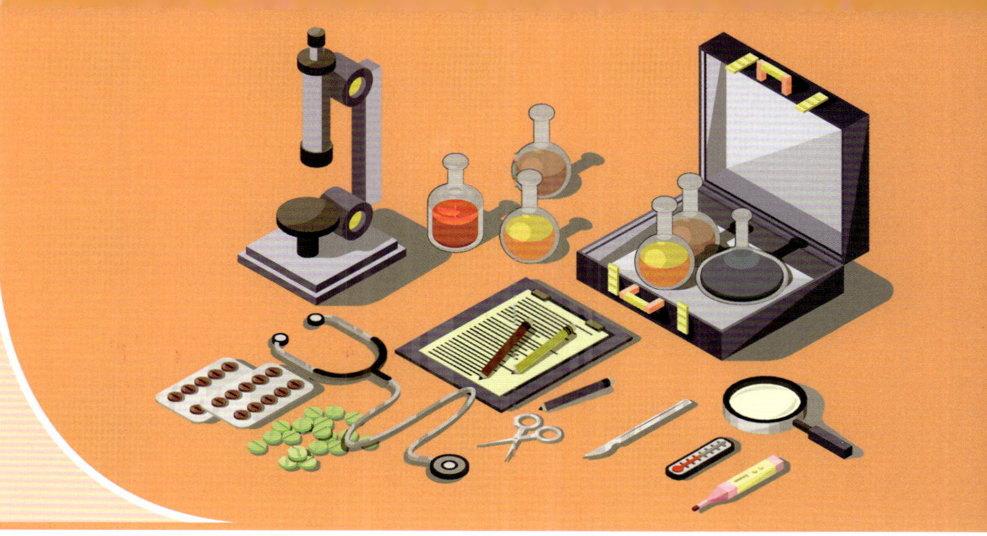

【生物】

生物 包括病毒、原核生物、真菌、植物、动物五大类，若把原生生物分出来则为六大类。所有的生物都表现出生命特征。

生物体具有完整的结构。除病毒等少数种类以外，生物体都是由细胞构成的。细胞是生物体结构和功能的基本单位。

生物体都有新陈代谢作用，都在不停地与周围环境进行物质交换。新陈代谢是生物体进行生命活动的基础。生物体都有生长现象。生物体在新陈代谢的过程中，通过吸取营养物质，个体会由小长大，显示出生物体的生长特征。

生物体都有应激性。任何生物体对外界的刺激都能发生一定的反应。现存大多数生物的身体结构和生活习性都是与其生存环境大体上相适应的，不然就要被环境所淘汰。生物在适应环境的同时，也影响着环境，使环境发生变化。

生物体都能生殖和发育。生物体的寿命总是有限度的。但是，一般来说，个体的死亡不会导致该物种的绝灭。这是由于生物体具有生殖作用，在自身死去的时候已经产生自己的后代，保持了生命的连续性。

生物体都有遗传与变异的特性。每种生物的后代都与它们的亲代基本相同，但又不会完全相同，必定有或多或

生物圈 生态系统 群落 种群 个体 器官 组织 细胞 蛋白质 丙氨酸 原子

生物的结构层次示意图

少的差异。因此，生物的各个物种既能基本上保持稳定，又能向前发展进化。

所有这些特征，是生物所具有而非生物所没有的，也就是生物区别于非生物的特点。

生命 生物体特有的现象。地球生命是地球进化的产物，只有地球进化到一定阶段才出现生命。生命是一个动态过程，一旦这一过程终止，生命便结束，生物逐渐解体。归纳现有各种生物的表现，可以认为生命现象具有以下属性：①生物体都含有蛋白质和核酸，并以细胞为基本结构单位。②生物体的高度有序结构是建立在动态的新陈代谢基础上的，生物必须不断吸收营养、消耗能量、更新自我，才能生存。③生物在个体生存期间表现出生长、发育等现象，能对外界的有效刺激作出反应，并具有一定的适应环境的能力。④生物能繁殖，子代与亲代相似但又有变异，可能比亲代具有更强的适应力。⑤在漫长的地球历史中，环境的变迁不断对生物提出新的要求，生物间在不断竞争，只有适者生存，这便是自然选择、生物进化。生存下来的生物常是结构更为有序和适应能力更强的物种。以上的概括不包括病毒和类病毒，因为它们不具细胞形态，甚至能以结晶状态存在，只有当进入寄主细胞之后才表现出完整的生命现象。

生命起源 原始地球上从无机物演变为最初生命体的过程。一般认为，生命是物质运动的高级形式，它是建筑在物理、化学规律之上的，但又不能完全归结为物理、化学规律。生命的物质基础是以核酸和蛋白质为主的、复杂而有序的多分子开放系统，这个系统表现出新陈代谢、自我复制、生长发育、自我调节、遗传变异和对刺激作出反应等特征。它是在地球发展到一定阶段才出现的。凡是条件适宜的地方，星际分子都有可能通过化学进化过程演变出生命。因此，其他天体上存在生命的可能性是不能排除的。

生物分类 遵循分类学原理和方法，对生物的各种类群进行命名和等级划分。地球上的生物种类繁多，形式多样，目前已定名的就有200多万种。人类很早就能识别生物类，给予名称。中国战国末、汉初成书的《尔雅》中谈到动、植物的分类，把植物分为草、木两类，动物分为虫、鱼、鸟、兽。

18世纪诞生了近代分类学，其奠基人是瑞典科学家C.von林奈。林奈为分类学解决了两个关键问题：一是建立双名制，一是确立阶元系统。

19世纪，生物学家根据生物的生活方式对生物进行分类，认为能把无机物制造成有机养料来提供自身营养的称为植物，自己不能制造有机养料而必须直接或间接依靠植物生活的称为动物。

后来科学家们又定出了生物分类的等级，即界、门、纲、目、科、属、种。界是最大的分类单位，往下依次递小。在越是大的分类单位中，生物彼此的共同特征越少，亲缘关系越远；在越是小的分类单位中，共同特征越多，亲缘关系越近。

物种 具有共同形态特征、生理特性及一定自然分布区的生物类群。又称种。为生物分类的基本单位，位于属之下。物种形成是生物进化的基本过程之一。一般说，一个物种内的个体不与其他物种中的个体交配，或交配后不能产生具有生殖能力的后代。物种学名由属名和种名两部分构成。

进化 生物由简单到复杂、从低级到高级的发展过程。又称演化。广义的进化，泛指事物的变化、发展过程，包括天体的演变、生物的演化和社会的发展等。人们习惯于把生物的演化简称为进化。

生物进化的形式是多种多样的。既有渐变性进化，又有跃进性进化；既有小进化（又称种内进化），又有大进化（又称种上进化）；既有前进性进化（又称上升式进化），又有倒退性进化（又称简化式进化，即退化）和基本上不前进又不倒退的停滞性进化等。

生物进化的机制也是多样的。生物之间的生存竞争促进进化，协同生存也促进进化。生物的进化，既受制于自然选择的作用，也与分子进化机制有关，还与宇宙间和地球内各因素引起的灾变、生物体遗传基因的突变等机制有关。

生物进化是不可逆的。至于生物界存在的返祖现象，仅是指其局部结构或形态回复到其祖先型的现象。类人猿在数百万年前演化成为人类，但人类不可能再倒退性地进化为类人猿；现代类人猿也不可能再进化为人类；已经绝灭的生物是不可能再现的。

自然选择 在自然界中基于自然的原因而发生的选择过程。又称自然淘汰。

C.R. 达尔文认为自然选择只是生物与环境相互作用的结果。经过分析，可以发现两个重要的问题：①从进化的角度来说，只有与繁殖相关联的生存才是有意义的，那些留下最多后代的个体才是“最适者”。②对于行有性生殖的生物来说，由于存在着基因的分离和重组，只有互交繁殖的群体才能保持一个相对恒定的基因库。因此，进化的改变不能体现在个体上，只能体现在群体（或种群）的遗传组成的改变上。现代综合进化论正是在上述两个问题上修正达尔文的自然选择概念，用群体遗传学的观点重新解释自然选择。

达尔文很早就注意到动物中同种雌雄个体之间具有显著的形态差异。他认

马的进化过程示意图

5000万年前的马

3000万年前的马

2000万年前的马

现代马

为某一性别（通常是雄性）为争夺配偶或争夺繁殖机会而斗争（或竞争），优胜者或因体躯强壮或因有有效的争斗器官或因形体及颜色等引诱力强而获得更多的繁殖机会，这种有差异的繁殖力就是性选择。性选择应纳入一般自然选择之中。

生物进化论 C.R. 达尔文的生物进化理论可概括为：生物是进化的，一切生物都经历了由低级向高级、由简单到复杂的发展过程。物种不断地变异，新种产生，旧种绝灭；生物的进化是连续的，没有不连续的突变，自然界没有飞跃；生物有共同祖先，彼此间有一定的血缘关系；自然选择是变异最重要的途径。

达尔文认为，生物都具有过度繁殖的倾向，但生物的生存资源是有限的，因而他们的生存必须通过竞争来实现。在竞争过程中，物种不断发生变异，有些变异对生存比较有利，有些则不利。这样就出现了适者生存、不适应者被淘汰的现象。生物经自然选择后的性状会遗传给后代。

生物进化模型

绝灭 某一生物种或更高的生物分类单位的全部消亡。又称灭绝。分为常规绝灭和集群绝灭。

常规绝灭以一定的规模经常发生，表现为新生种取代老种。绝灭的原因有物种内在因素、种间竞争或物种选择、环境因素和随机因素。

集群绝灭是在相对短暂的时间内生物的高级分类单元（科、目、纲、门）中大部分或全体物种趋向绝灭的现象。地球演化历史上若干大的集群绝灭，显示出某些共同特点：集群绝灭期间物种绝灭速率显著增高；常常是大的分类单元的大部分种甚至全部成员绝灭；“周期性”地发生；集群绝灭往往伴随着新门类的起源和适应辐射。集群绝灭的原因或假说大体上归为三类：竞争－替代说，强调生物学因素的高级分类单元；灾变说（或新灾变论），强调物理环境因素；随机说，强调随机因素。

仿生学 研究生物系统的结构和功能以为工程技术提供新的设计思想及工作原理的学科。为生物科学与技术科学之间的边缘学科。研究的目的在于制造各种模仿生物结构和运动原理的器械。“仿生学”一词由美国 J.E. 斯蒂尔于 1960 年提出。

仿生学的研究范围主要包括：①力学仿生。例如军事上模仿海豚皮肤的沟槽结构，把人工海豚皮包敷在船舰外壳上，可减少航行湍流，提高航速。

2005 年，德国戴姆勒－克莱斯勒公司开发出新型仿生概念车。该车型是依据海洋鱼类箱鲀的外形设计的，其风阻系数为 0.06，最高速度可达 190 千米 / 小时

②分子仿生。例如在搞清森林害虫舞毒蛾性诱剂的化学结构后，合成其类似有机化合物，在田间捕虫笼中用千万分之一克，便可诱杀雄虫。③能量仿生。④信息与控制仿生。例如根据象鼻虫视动反应制成的自相关测速仪可测定飞机着陆速度。

生物电 主要指生物体中所产生的电现象，也包括外界电因素对生命活动的作用。在生物体中广泛存在着各种电现象，从单个细胞到人和其他高等动物的神经、肌肉、骨骼及重要器官都发现有电压和电流的产生及传播等生物电活动。许多生物组织的功能，如神经中信息的传递和肌肉的收缩，主要是由于电的活动。一般动物组织中的电活动比较微弱，能被测出的电压只有数十微伏至数十毫伏。某些鱼类可产生很高的电压，如电鳗能产生的电压高达 600 ~ 1000 伏，可用来击伤捕食对象，但这类动物为数不多。能引起生物反应的电流也在微安至毫安的数量级。如果把数百伏以上的电压或安培级的电流引入生物体，将会引起生物组织不可逆的损害。这种现象就是电击或触电。

电鳗

生物钟 决定生物生理活动的周期性波动的内生节奏。又称生理钟。有两种假说试图对生物钟进行解释：一种是外源说，认为生物体系根据外界自然周期现象定时，因而产生了与天体物理因子等同步的节律。另一种是内源说，认为生物钟是先天性和遗传性的，是一种内在的振荡机制；节律周期之所以与自然周期一致，则是在外界调时因子作用下，长期适应和自然选择的结果。美国哈佛大学的研究者通过观察和试验证实，位于人脑视交叉上部宽度不到 0.25 毫米的细胞群为时限细胞，是生物钟细胞的一种。

核酸 由数十至数十亿个核苷酸通过磷酸二酯键形成的一类生物大分子。所有生物都含有核酸。根据组成成分不同，可分为脱氧核糖核酸（DNA）和核糖核酸（RNA）两大类。DNA 是绝大多数生物的遗传物质。某些病毒和类病毒则以 RNA 为遗传物质。遗传信息的传递和表达是通过核酸分子的复制、转录和翻译等过程实现的。

核苷酸是核酸的组成单位，由碱基、

戊糖和磷酸按特定方式连接而成。核苷酸的排列顺序称为核酸的一级结构。1953 年 J.D. 沃森和 F.H.C. 克里克提出的 DNA 双螺旋结构是 DNA 的二级结构。DNA 的超螺旋结构和转运核糖核酸（tRNA）的倒 L 型立体结构被称为核酸的三级结构。核酸含有大量的磷酸基团，呈强酸性，在生物体内一般以盐的形式存在。

蛋白质　生物体内普遍存在的一种主要由氨基酸组成的生物大分子。它与核酸同为生物体最基本的物质，担负着生命活动过程的各种极其重要的功能。

蛋白质的基本结构单元是氨基酸，在蛋白质中出现的氨基酸共有 20 种。氨基酸以肽键相互连接，形成肽链。有些蛋白质含一条肽链，也有不少蛋白质由几条肽链通过二硫键连接而成。还有的蛋白质除肽链外，尚有其他的组成成分和基团。

蛋白质在生命活动中除不具备遗传信息功能外，是执行其他多种功能的主体，如催化功能、运动功能、运输功能、机械支持和保护功能、免疫和防御功能、调节功能等。近年来，发现大量蛋白质参与细胞的各种信号转导；还有一大类蛋白质，作为细胞因子结合于 DNA 或 RNA，参与基因的调控和表达等。

氨基酸　一类既含氨基又含酸性基团的有机化合物。已发现的氨基酸、亚氨基酸有 700 余种，其中绝大多数是 L 型的 α-氨基酸。有 20 种氨基酸，严格地说，19 种氨基酸和 1 种亚氨基酸，是构成蛋白质所必需的。

有些氨基酸，动物自身不能合成而必须从食物中获得，缺乏这些氨基酸会导致营养不良。这类氨基酸称为必需氨基酸。氨基酸不仅是机体中构成蛋白质的必不可少的组分，还是合成肽的原料和重要的试剂。还可用作调味剂、食物添加剂和药物。谷氨酸钠盐就是我们食用的味精。甘氨酸可作甜味剂。许多种氨基酸的混合液是重要的急救药，用于补液。个别氨基酸也可药用。

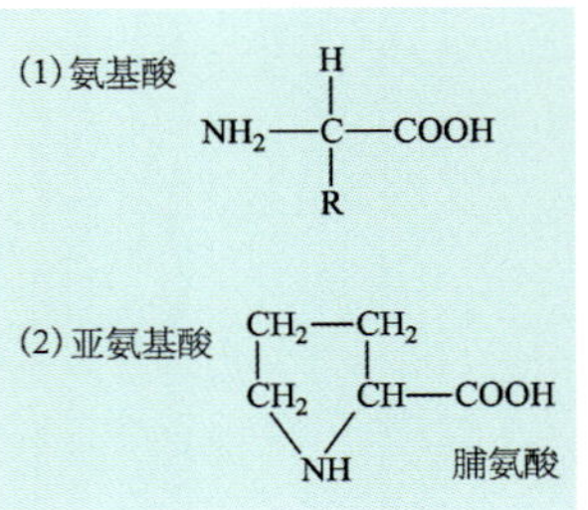

α- 氨基酸的结构示意图

酶　生物体产生的具有催化功能的生物大分子。主要是蛋白质，但也有 RNA 性质的酶（核酶）。酶是细胞赖以生存的基础。细胞新陈代谢中的所有化学反应几乎都是在酶的催化下进行的。酶按照所催化的反应类型分为氧化还原酶、转移酶、水解酶、裂解酶、异构酶和连接酶等。

酶的特殊的生物功能决定于它的特定结构。酶分子中结合底物并与催化直接有关的区域称为活性部位。酶具有催化效率高及催化专一性的特性。酶活性一般是非酶催化剂的 10^7 倍。酶的专一性主要表现在：对于被作用的底物是专一的，对于被催化的反应是专一的。

维生素　维持生物正常生命现象所必需的一类小分子有机物。许多维生素是辅基或辅酶的组成部分。根据溶解性，可把维生素分为两大类：水溶性维生素，包括 B 族维生素及维生素 C；脂溶性维生素，包括维生素 A、D、E、K 等。

维生素可调节物质代谢，缺乏维生

柠檬富含维生素 C 和柠檬酸

素会使细胞内一些代谢反应不能进行，平衡失调，影响细胞及组织功能，甚至引起生物死亡。所有水溶性维生素都参与催化功能。脂溶性维生素的功能没有 B 族维生素那样清楚。维生素 K 参与一些蛋白质中谷氨酸的羧化，维生素 D 促进钙的吸收，维生素 A 为视紫红质的组成部分。

维生素长期摄入不足或吸收障碍可引起维生素缺乏症，但过量摄入维生素也可能有害健康。

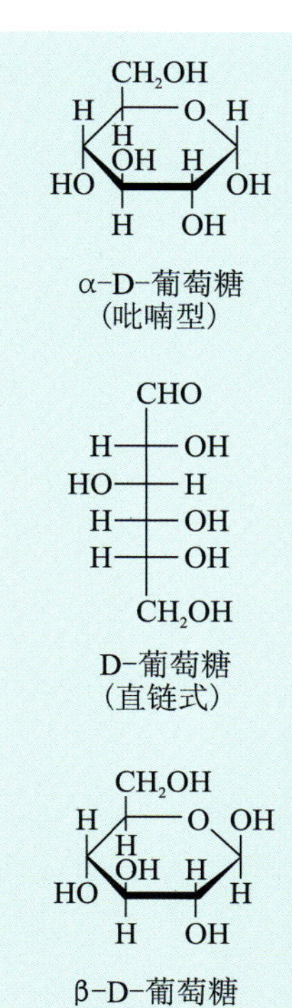

葡萄糖分子结构式

糖类　具有多羟基醛或多羟基酮的非芳香类分子特征物质的统称。又称碳水化合物。糖广泛分布于生物体内，其中以植物界最多，约占其干重的 50% ~ 80%，是绿色植物由二氧化碳和水经光合作用形成的。糖类在生物体内或以游离糖的形式存在，或与蛋白质、脂类及其他配糖体结合成糖缀合物存在，有多种生理功能。糖类是生物机体的重要碳源和能源，在生物体中，糖类还起支持保护作用。

糖类一般分单糖、寡糖（低聚糖）和多糖三类。单糖和寡糖大都是结晶体，能溶于水，具有甜味。多糖绝大多数不溶于水，个别虽溶于水，但成为胶体溶液，它们大都是无定形、无甜味的白色固体。

脂肪　甘油的三个羟基与三个脂肪酸分子脱水缩合形成的酯。又称甘油三酯或三酰甘油。室温下呈固态者称为脂，呈液态者称为油。油和脂之间并没有明显的界限，仅是物理状态的差异，因为降温可使油变成固态，而升温也能引起脂的液化。

脂肪不溶于水，易溶于有机溶剂。油脂在空气中暴露过久会缓慢氧化变质，颜色加深，继而产生一种难闻的臭味，称为酸败。在大多数真核细胞中，脂肪在胞液内形成脂质小滴以提供代谢所需燃料。作为储存燃料，脂肪较多糖更为优越。某些动物在皮下储存的脂肪可作为抗严寒的隔热绝缘体。动物体内子宫、肠系膜、肾周围等处的脂肪垫具有支撑衬垫和抗震动的功能。

激素　由动植物的某些特异细胞合成和分泌的高效能调节生理活动的有机物质。对动植物的繁殖、生长、发育及其他生理功能、行为变化等都发挥重要的调节作用。动物激素是体内起信息传递作用的一类化学物质，它们可以经过血液循环或局部扩散到达另一类细胞，调节后者的生理功能。植物激素是一些生长调节物质，其来源和传递方式与动物激素有很大差异。合成和释放植物激素的细胞不是充分分化的内分泌细胞，传递方式是靠细胞与细胞之间的扩散。

激素的量微、寿命短、作用广泛，并具有特异性。一旦激素分泌失衡，便会带来疾病。

干扰素 细胞在诱生剂作用下产生的一类蛋白质。具有广谱的抗病毒、抗肿瘤及免疫调节的活性。根据抗原特异性，将干扰素分为 α、β 和 γ 型。干扰素的生物学活性有三个特点：①活性高。约 1 毫克纯化干扰素就有 10 亿个活性单位。只要有一个干扰素分子，就可以使一个细胞产生抗病毒状态。②具有广谱性和选择性。对绝大多数病毒具有抑制作用，而对异常细胞（如肿瘤细胞）的作用比对正常细胞的作用大。③具有相对的种属特异性。在一些不同种的动物间，甚至在种系发生相差甚远的动物间，也存在着交叉活性。干扰素不仅能抑制病毒复制和抗肿瘤，而且对免疫应答有复杂的调节作用。

新陈代谢 生物体从环境中摄取营养物转变为自身组成成分，同时自身原有组成成分消耗转变为废物排泄到环境中去的不断更新的过程。简称代谢。就化学变化而言，凡将大分子化合物转变为小分子物质乃至排泄废物的化学过程称为分解代谢，如葡萄糖分解为乳酸；凡将小分子化合物转变为大分子化合物的过程称为合成代谢，如葡萄糖聚合成糖原。新陈代谢正是通过多种多样的合成代谢与分解代谢完成的。

对于维持生物体的结构，新陈代谢表现出惊人的速率与复杂性。不仅在胚胎及生长期通过各种营养成分合成各种机体成分，以完成各个时期发育及生长活动的需要；即使体重变化不大的成年人或成年动物，也能通过快速的新陈代谢以适应生理活动变化，如神经兴奋、肌肉收缩等。

细胞 生物结构和功能的基本单位。能够表现各种生命现象，如新陈代谢、生长和发育、繁殖、遗传变异、应激性和环境适应性等。病毒等生物并无细胞结构，但其生命活动离不开细胞。

根据结构，通常把细胞分为两大类：原核细胞（主要由细胞膜、细胞质构成）构成原核生物，如支原体、细菌和蓝藻；真核细胞（主要由细胞膜、细胞核、细胞质构成）构成真核生物，如真菌、植物、动物。不同类型的细胞大小差异很大。原核细胞的直径为 1 ～ 10 微米，

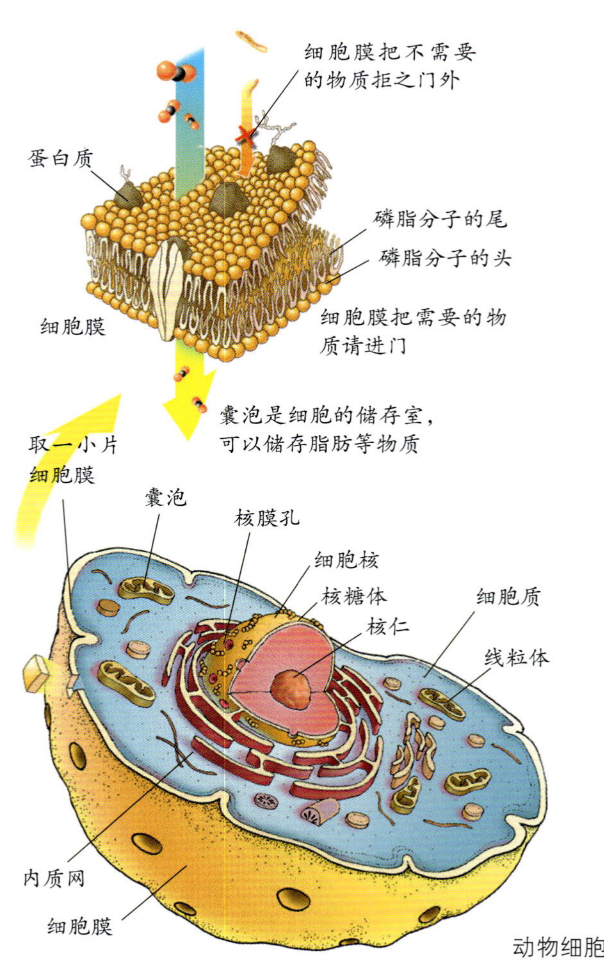

动物细胞

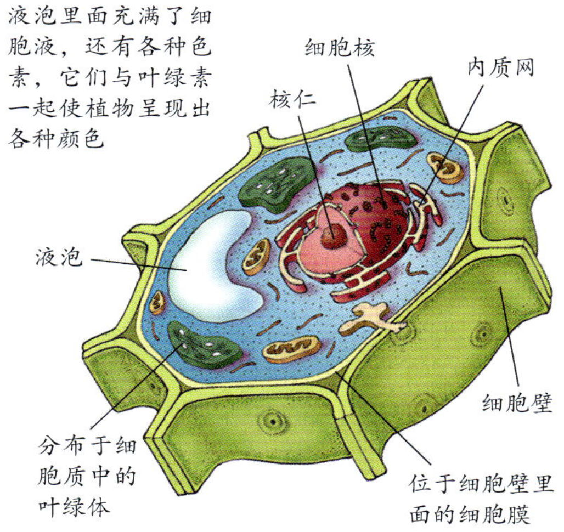

植物细胞

真核细胞的直径大多数在 10 ~ 60 微米。细胞的形态各异，特别是高等生物的细胞有许多适应于特定环境条件的特殊类型，如肌细胞为梭形，神经细胞形成长纤维突起等。

生态学 研究生物与环境及生物与生物之间相互关系的生物学分支学科。“生态学”一词是德国生物学家 E. 海克尔于 1869 年提出的。生物的生存、活动、繁殖需要一定的空间、物质与能量。生物在长期进化过程中，逐渐形成对周围环境某些物理条件和化学成分（如空气、光照、水分、热量和无机盐类等）的特殊需要。任何生物的生存都不是孤立的：同种个体之间有互助，有竞争；植物、动物、微生物之间也存在复杂的相生相克关系。人类为满足自身的需要，不断改造环境，环境反过来又影响人类。随着人类活动范围的扩大与多样化，人类与环境的关系问题越来越突出。因此近代生态学研究的范围，除生物个体、种群和生物群落外，已扩大到包括人类社会在内的多种类型生态系统的复合系统。人类面临的人口、资源、环境等几大问题，都是生态学的研究内容。

食物链 各种生物之间由于食物关系而形成的联系。又称营养链。

食物链主要有 3 种类型：生物界普遍存在的由捕食方式而形成的食物链称为捕食链，即弱肉强食，小的被大的吃

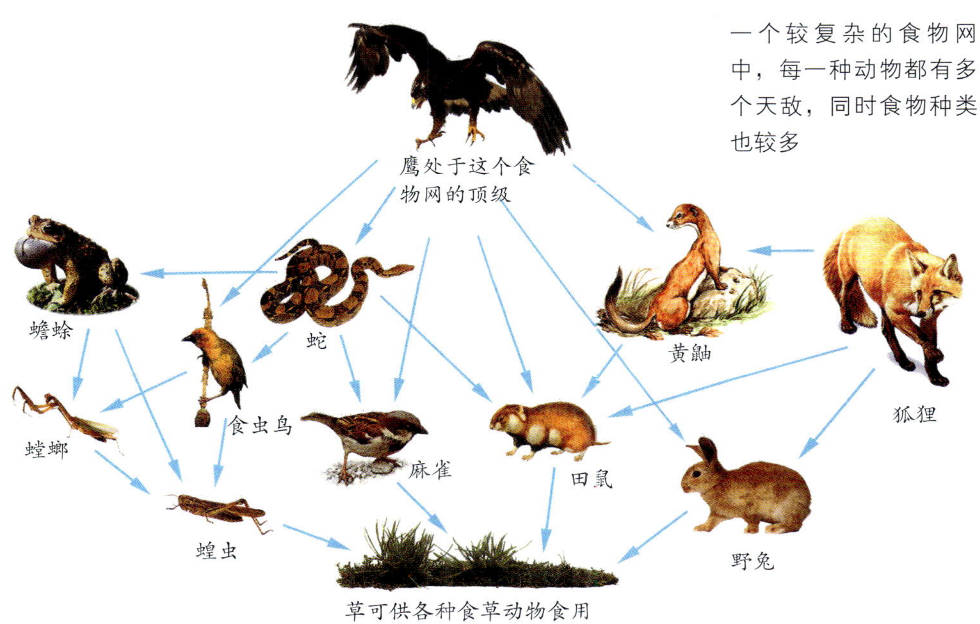

食；生物体以寄生方式而形成的食物链称为寄生链，如马蛔虫寄生在马的体内，有些原生动物又寄生在马蛔虫的体内；专以动植物遗体为食物而形成的食物链称为腐生链，在热带雨林生态系统中，腐生链占有重要地位。生物通过取食建立的联系是相当稳定的，一般是始于植物或植食性动物，而终于肉食者，一环套着一环，环环相扣。食物链中任何一环的改变都会引起整个食物链的变动。

在一个生态系统中，动植物之间都是借助食物关系联系起来的，常常有许多条食物链彼此交错，构成一个错综复杂的网络，形成食物网。

生态系统内的生物种类越丰富，食物网越复杂，生态系统也就越稳定。食物网维持着生态系统的平衡。在一个生态系统中，不论是生产者还是消费者，只要其中某一种群的数量突然发生变化，就必然牵动整个食物网，从而影响生态系统的平衡。

生态平衡 生态系统各部分的结构与功能均处于相互适应与协调的动态。生态系统内部具有一种自动调节的能力，这种能力在一定范围内能够保持生态系统自身的稳定性。在一定的限度内，生态系统可以忍受一定限度的压力，来维持自身的动态平衡。

在生物种类多样的情况下，生态系统一般比较容易保持稳定，即使生态系统内部某一部分的功能发生了障碍，这种障碍也会因其他部分的调节而得到补偿。相反，生物种类单一、内部结构简单的生态系统，其内部自动调节的能力就弱。

生态系统内部这种自动调节能力是有一定限度的，超出这个限度，就是人们通常所说的“生态平衡失调”或者“生态平衡遭到破坏”。导致生态平衡遭到破坏的因素有自然因素和人为因素，而且往往是人为因素作用强化了自然因素作用的结果。例如，人为破坏植被而造成的山洪暴发、水土流失、干旱和风沙等灾害，已经成为当前自然界生态平衡遭到破坏的重要表现。

生物多样性 各种生态复合体的总称。包括物种、遗传、生态系统和自然景观多样性四个层次。生物多样性既是生物之间及其与环境之间复杂的相互关系的体现，也是生物资源丰富多彩的标志；是对自然生态平衡基本规律的一个简明的科学概括，也是衡量生态发展是否符合客观规律的主要标准。研究生物多样性的目的在于减少由于人类发展所导致的资源问题，减缓许多物种日益濒临受威胁乃至绝灭的趋势，并使这些自然遗产得到保护和合理利用。

寄生与共生 两个不同种的生物彼此互利地在一起生活的现象称为共生。共生的生物和谐地生活在一起，彼此互相帮助、互相依赖。地衣是共生现象中最突出、最完善的类群。它们是藻类和真菌共生的共同体，地衣中的藻类向真菌提供有机物，而地衣中的真菌向藻类提供无机盐和水，如果去掉地衣中的藻类，地衣中的有些真菌甚至不能生存。

寄生与共生不同，是一种“以损害

别人来养活自己”的生活方式。寄生分为体内寄生和体外寄生。寄生的生物称作寄生物或寄生虫，被寄生的生物称作宿主或寄主。在豆科植物上常见一种茎细柔、呈丝状的植物，名为菟丝子，是一种为害大豆等作物的寄生植物。动物性的寄生物多数是无脊椎动物，如蛔虫、丝虫、疟原虫、蜱、螨等。寄生物给寄主造成不同程度的危害，产生疾病，甚至使寄主丧生。

生物群落 居住在一个地区的一切生物所组成的共同体。每一群落内的各个生物都互相联系、互为影响，并各自独立地、恒定地利用和消耗能量。群落有大有小，无数的小群落构成大群落，例如森林和池塘就是大群落。大群落具有自我维持和自我调节的生物学功能。

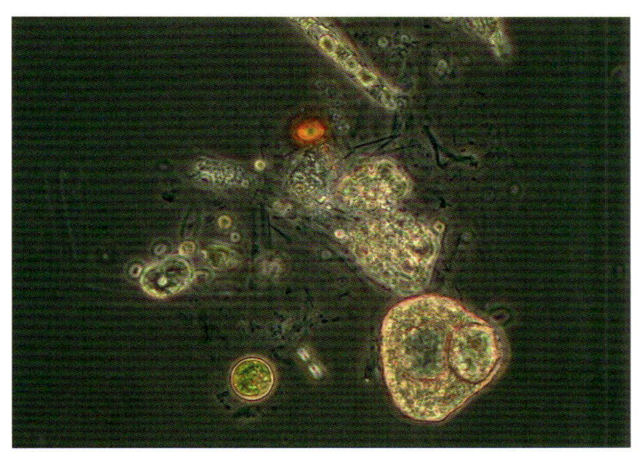

海洋生物群落光学显微照片（硅藻、绿藻和原生动物等）

生物群落有一系列基本特征，包括：群落中物种的多样性，拥有各种动植物、微生物；群落生长形式的多样性，具有森林、灌丛、草地、沼泽等；群落空间结构的多样性，包括垂直结构和水平结构；拥有优势种，即群落中有个体大、数量多或活动性强而对群落的特性起决定作用的物种；相对丰盛度，即群落中不同物种的相对比例、营养结构等。

生物群落是分层的，群落成员因所占据的空间不同，常呈现出垂直和水平的分化，垂直分层尤为明显，这是群落结构的一个基本特征。例如，草原群落可分为地下层、地表层和草层。群落分层使单位面积上可容纳的生物数目加大，使它们能更安全、更多方面地利用环境条件，大大减弱了它们之间的竞争强度，而且多层群落比单层群落有更大的生产力。

生物群落不仅有一定的结构，还有一定的功能，群落功能可以从生产力、有机物质的分解和养分循环三方面来描述。

每种植物在群落中所起的作用是不一样的，常常一些种以大量的个体出现，而另一些种以少量的个体出现，个体多而且体积较大的植物种决定整个群落的外貌，群落也常以此得名。地球上生物群落的种类很多，主要分为陆地群落和水生群落两大类。水生群落的结构比陆地群落简单些。在水生生物群落中占优势的是低等植物，尤其是藻类起的作用最大。而陆地生物群落以高等有花植物占优势。总之，在一定区域内的生物群落的结构都与环境中的各种生态因素有着密切的关系。

生态系统 一定空间中的生物群落与其环境组成的系统，其中各成员借助能流和物质循环形成一个有组织的功能复合体。“生态系统”一词是 1935 年由英国生态学家 A.G. 坦斯利提出的。

自然界的生态系统大小不一，多种多样。可分为水生生态系统（如海洋、湖泊、河流等）和陆地生态系统（如森林、草原等），以及人工生态系统（如城市、公园等）。在一个生态系统内，组成生态系统的生物种群和它们的相对数目在一定时期内保持或多或少相同。生态系统内生物种群之间的相互关系以一种网络形式出现，网络中的联系越多样、越复杂，系统也就越稳定。因为在这种情况下，当一个联系环节消失，它会被另一个取代，不会导致整个系统的瓦解。太阳能是驱动生态系统做功的最基本能源。

无论小面积的害虫防治、山林管理，还是大范围的农业规划、水土保持，甚至全国性的国土整治等问题，都需要从生态系统的观点来考虑。生态系统理论已成为现代环境科学的基石。

海洋生态系统 天然水体中最庞大的水生生态系统，是具有高盐分的特殊水环境。它的动植物类群与陆地淡水类群有明显的不同。与陆地生态系统比较，海洋生态系统生态地位的分化，无论食物的地位还是生活场所都要复杂得多。

构成海洋生态系统的要素有：自养生物、异养生物、分解者、溶解的和悬浮的有机物质、参加物质循环的无机元素、非生物的环境要素等。由于海洋各部分都有其特定的自然地理条件和生物演化历史，因此形成了不同特点的次一级生态系统。海洋生态系统的次一级生态系统主要有：沿岸、海湾、河口生态系统，藻场生态系统，珊瑚礁、红树林和沼泽湿地生态系统，海岛生态系统，外海及上升流海洋生态系统。海洋丰富的**生态系统**决定了它丰富的生物多样性。海洋生物大约有25万种之多，从**原生动物**到**脊椎动物**在海洋里都有分布，它们在海洋生态系统中都占有各自的位置，并在其中生活着。

淡水生态系统 江河、湖泊以及沼泽中淡水生物相互构成的依存关系和由此而形成的自然环境。在这一生态系统中，主体是淡水，其他各种水生动植物都属客体，只要主体的淡水环境不被破坏，客体一般不会出现太大的问题。淡水生态系统可以分为两类，一类是动水生态系统，即河流生态系统；另一类是静水生态系统，主要指湖泊、水库生态系统。两者都应包括周边的淡水湿地。一个稳定的淡水系统，是一个生物群落多样性丰富的系统，是一个食物链（网）结构复杂而完善的系统，是一个物质循环、能量流动及物种流动通畅的系统。

森林生态系统 陆地生态系统的主体，陆地上面积最大、结构最复杂、生物量最大、初级生产力最高的**生态系统**。森林生态系统分布在湿润或较湿润的地区，其主要特点是动植物种类繁多，群落的结构复杂，种群的密度和群落的结构能够长期处于较稳定的状态，尤其是**热带雨林**生态系统。

森林中的植物以乔木为主，也有灌木和草本植物。由于在树上容易找到丰富的食物和栖息场所，森林中的动物营树栖和攀缘生活的种类特别多，如**松鼠**、貂、眼镜猴、长臂猿、避役和树蛙等。由于森林中障碍物多，肉食性动物常常采用伏击的方式进行捕食，被捕食的动物往往采用隐蔽躲藏的方式来逃脱敌害。由于森林中地下树根密集，土壤潮湿，不利于动物挖洞和穴居，森林中挖洞和穴居的动物比较少见。森林中的鸟类大都把巢筑在树杈上或树洞里，这显然要比在地面上筑巢安全得多。

草原生态系统 草原地区生物和草原地区非生物环境构成的生态系统。草原生态系统在其结构、功能过程等方面与森林生态系统和农田生态系统具有完全不同的特点。

草原生态系统的生产者不是高大的乔木，而是以禾本科、菊科植物为主的草本植物。其地上部分现存量较低，而地下部分有发达的根系，且以细根为主。现存量是指生态系统特定时刻全部活有机体的总重量。草原生态系统地下部分现存量是地上部分现存量的 5 倍以上。草原生态系统的消费者在野生动物中以啮齿动物为主。分解者以真菌、细菌、放线菌为主。草原生态系统的非生物环境也很具特色，一般降水量较低，在中国都低于 450 毫米。草原生态系统不仅是重要的畜牧业生产基地，而且是重要的生态屏障。

锡林郭勒草原自然保护区

城市生态系统 城市居民与周围生物和非生物环境相互作用而形成的一类具有一定功能的网络结构，也是人类在改造和适应自然环境的基础上建立起来的特殊的人工生态系统。城市生态系统由自然系统、经济系统和社会系统组成。城市中的自然系统包括城市居民赖以生存的基本物质环境，如阳光、空气、淡水、土地、动物、植物、微生物等；经济系统包括生产、分配、流通和消费的各个环节；社会系统涉及城市居民社会、经济及文化活动的各个方面，主要表现为人与人之间、个人与集体之间以及集体与集体之间的各种关系。这三大系统之间通过高度密集的物质流、能量流和信息流相互联系，其中人类的管理和决策起着决定性的调控作用。

生物入侵 某种生物从外地自然传入或人为引种后成为野生状态，并对本地生态系统造成一定危害的现象。外来生物在其原产地有许多防止其种群恶性膨胀的限制因子，这些限制因子能将其种群密度控制在一定数量之下，其中捕食和寄生性天敌的作用十分关键。一旦它们侵入新的地区成为外来生物，失去了限制因子，其个体数量则会迅速增长并蔓延成灾。自然界生态环境中存在着食物链，天敌之间相互制约，一旦某种生物人为绝灭和人为引入，都会产生一系列难以想象的后果。

生物入侵分有意和无意两种。随着物种的引进，这些外来“移民”一方面可能造福人类，一方面也可能给当地生态环境乃至经济发展造成一定影响。

生物地球化学循环 生物所需要的化学元素在生物体与外界环境之间的转运过程。包括水循环、碳循环、氮循环、磷循环、硫循环和其他元素及化合物的循环。具有生物学意义的主要是可溶性物质随水流的运动。生物需要的液态物质就是水及其中溶解的营养物。但水流只能由高而低单向流动，即从高海拔流向低海拔，最后汇于海洋。水分蒸发为气态后才能随气流返回内陆，原来溶于水中的物质大部分不能随同返回。气态物质的活动性最大，特别是陆地生物生活于空气中，摄取和排放气态物质都很方便。自然界中的水，以及碳、氮、磷、硫等元素的循环，基本是以液、气两种物态进行的。以溶液方式运动的营养物（如磷），大量地以沉积物的形式贮存在土壤和岩石中，这类物质的循环常称为沉积型循环。

生物圈 地球表层中生物栖居的范围，包括全部生物和它们赖以生存的自然环境。地球上的几百万种生物大多生存在陆地上和海面下各约100米的范围内。

在地球的表面自上而下分布着大气圈、水圈和岩石圈3个圈层。3个圈层中适于生物生存的范围就是生物圈。岩石圈是指地壳的固体部分，地球上的大多数生物都生活在岩石圈上。水圈包括地球上全部海洋和内陆水域，在水圈中几乎到处都有生物。大气圈在岩石圈和水圈的上方，由各种不同的气体组成，其中含量最多的是氮气和氧气，大气圈中的生物主要分布在底层，即大气圈与岩石圈、水圈的交界处，鸟类在1000米以下的空中飞行。

生物圈中的各个生态系统都存在着一定联系。河流连通着海洋；森林通过强大的蒸腾作用增加降雨，又通过茂密的枝叶和根系保持水土，影响着河流；海洋蒸发的水蒸气随大气飘向陆地上空，又能变成雨或雪。在寒冷的冬季，

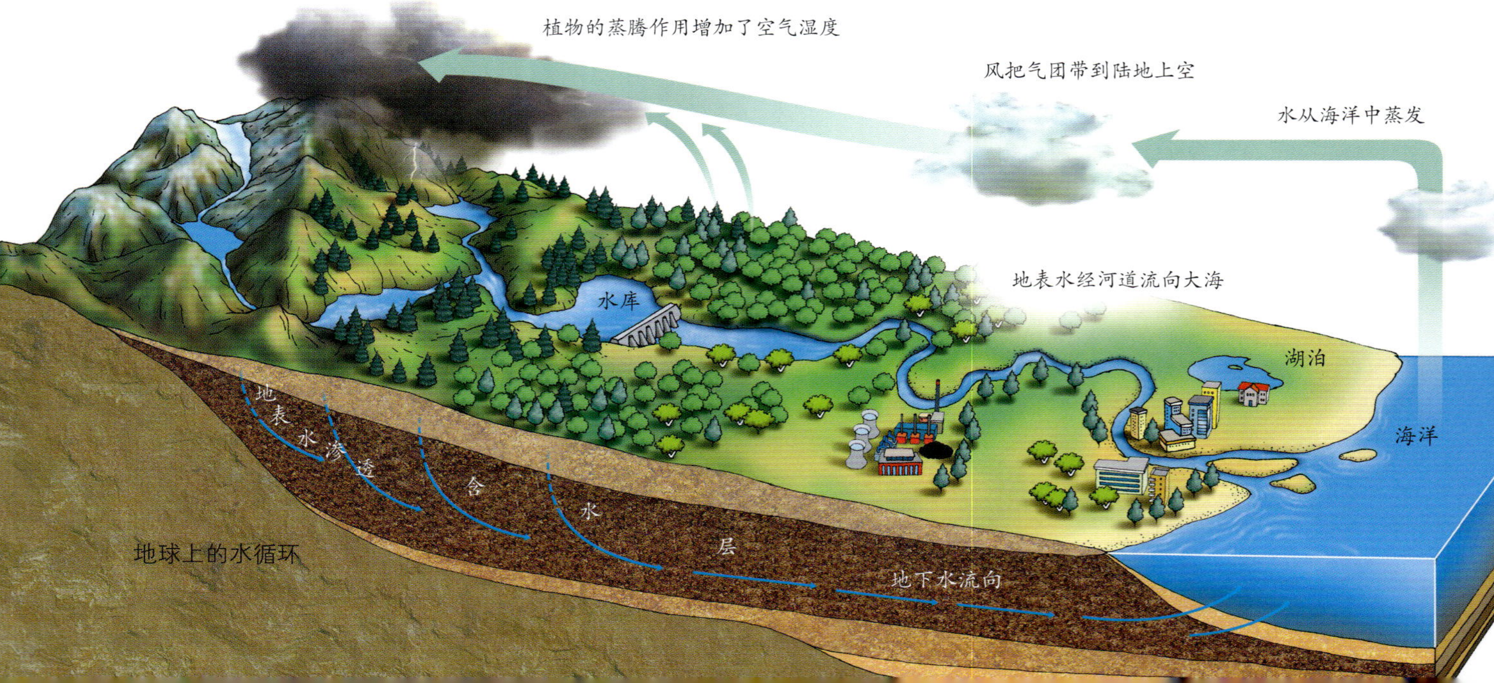

地球上的水循环

植物的光合作用几乎完全停止，但人们并没有感到缺氧，这是因为其他温暖地区的植物在不断释放出大量氧气，氧气能随着大气的流动而流向四方。因此，整个生物圈在结构和功能上是一个整体，是地球上最大的生态系统。

浮游生物 行动能力微弱，主要受水流支配悬浮于水层中的生物。一般个体很小，在显微镜下才能看清其构造，但种类繁多、数量很大、分布很广。从大海或池塘中取一滴水放在显微镜下观察，会看到许多浮游动物和植物。它们大都由一个细胞组成。包括单细胞动植物、细菌、小型无脊椎动物和某些动物的幼体，以及极少数的大型种等。

有些鱼类以吃小虾、鱼虫等浮游动物为生，而小虾、鱼虫又以浮游植物为食。浮游生物是食物链中的重要一环，是水生生物的重要组成部分。

浮游植物分布在水面或日光可以穿透的浅处，因为这里有它们进行光合作用所需的阳光。浮游动物分布在水层中和近海底水层

游泳生物 在水中能克服水流阻力而自由游动的水生动物。游泳生物即游泳动物，主要有鱼类、水生哺乳类、头足类、甲壳类、爬行类和少数鸟类。游泳生物与浮游生物的不同之处在于前者能主动地自由行动。

游泳动物分布全球，从海洋到内陆水域，从两极到赤道水域都可以见到。大多数游泳动物具有洄游习性。它们的游泳能力、速度和方式有很大差异。有的可长途跋涉往返千百海里（1 海里＝1852 米），到产卵场生殖或到索饵场所取食，还可在冬季到深水处或低纬度水域过冬。游泳动物的游泳速度依种类而异，淡水中生活的某些种类，只在几乎是“静止”的水体中游动；而海洋中的海豚却能以每小时 40 千米的速度持续游泳很长时间，最快时速可接近每小时 60 千米。生活在大海中的游泳动物，没有任何可供辨认方向的目的物，却常常能进行有规律地远程洄游，这是物种对外界环境条件长期适应的结果。

海洋底栖生物

底栖生物 栖息于海洋或内陆水域底内或底表的生物。底栖生物是水生生物中的一个重要生态。它们种类繁多，淡水中的底栖生物主要是水草、软体动物、环节动物等。海洋中底栖生物最多，自海岸到超过万米的海底深处都有生存，

有无脊椎动物的绝大部分门类、大型藻类和少数种子植物（海草、红树林等）。藻类和种子植物固着于底表，仅栖于透光的浅水区。动物的生活方式则多种多样，蛤类、海胆埋栖于水底泥沙中，虾、多毛虫穴居于底内管道里，牡蛎附着于岩礁上，鲍、螺类匍匐爬行于基底等。

许多底栖生物是渔业捕捞或养殖的对象，具有重要的经济价值。其中最主要的是虾蟹类和贝类。不少底栖生物是鱼类等的天然饵料，它们数量的多少影响着鱼类等的数量。

发光生物 能够发出光辐射的生物体。自然界具有发光能力的生物种类很多。从最简单的细菌、原生动物到植物、无脊椎动物和鱼类动物中都有发光生物，这些生物体内能分泌一种会发光的物质或具有发光细胞。

全世界已发现的发光生物约有30纲538属，其中海洋发光生物约占86%，在水深600米以下水层中，大部分动物能发光。发光鱼类大都栖息在海洋深处，这些鱼身体上有发光细胞或附着发光细菌，发光鱼的发光部位和器官不同，鲽鱼的发光器是它的一对眼睛，深海鲨鱼、星光鱼是腹部发光，灯笼鱼是身体侧面发光。这些深海鱼类发光，主要是为了引诱小鱼靠近自己，以利于捕食。另外发光还可以帮助寻找伙伴，通知伙伴自己所处的位置。

距海面600米以下的海洋里虽然一片黑暗，但由于许多鱼类都能发光，所以也可以见到游动的点点光亮

生物发光启发人类从工程角度研究、模拟这种发光效率极高而产生热量极少的荧光现象。在军事上，观察海洋动物发光的突然爆发现象，可以判别水下是否存在军事设施及其他各种敌对目的物。

候鸟与留鸟 鸟类随着季节不同而变更生活地区的习性称为迁徙。人们根据鸟类有无迁徙习性，将它们分为留鸟和候鸟。

有些鸟一年四季都在繁殖区域里生活，没有迁徙的习性，如喜鹊、麻雀等，这类鸟称为留鸟。

有些鸟每年随着季节的变化而改变它们的生活地区，常常在一个地区产卵、育雏，到另一个地区越冬，这类鸟称为候鸟。有些候鸟总是在秋天时，从北方高纬度地区飞到某地过冬，对这一地区来说就是冬候鸟，如大雁、野鸭等。冬候鸟往往在第二年的春夏季，又飞回北方的繁殖地区。而有些候鸟总是在春夏季飞到北方筑巢、孵卵、育雏，到秋冬时再飞往南方，对这一地区来说就是夏候鸟，如家燕、白鹭、杜鹃等。候鸟的迁徙是有规律的，通常是一年两次：一次在春季，一次在秋季。天鹅夏季在中

国东北、华北一带繁殖，秋冬季节飞到印度等地过冬。引起鸟类迁徙的原因很复杂，现在一般都认为迁徙是鸟类的一种本能，是鸟类对外界生活条件长期适应的结果。

迁徙 动物周期性地往返于不同地区之间的远距离移居行为，例如候鸟的迁飞和鲸的洄游。迁徙行为主要见于鱼类、鸟类和哺乳类，一般以一年为周期，其

水平距离常跨越不同的温度带，且除幼体外主要采取主动移动方式。主要包括迁飞、洄游和陆地迁徙。迁飞是空域迁徙的别称，包括鸟类和昆虫类的迁徙，最发达的迁徙行为是鸟类的迁飞。洄游即水域迁徙，大多数鱼类都有洄游行为。陆地迁徙不太发达，如非洲的斑马在干湿季节变动时追逐水草，可游动千里以上。

保护色 动物适应栖息环境而具有的与周围环境色彩相似的体色。保护色可以保护动物，使之不易被敌害发现。昆虫大多具有保护色，它们的体色往往与所处的环境，如绿叶、枯叶、树皮、土

变色树蜥

壤的色彩相似。在松树上生活的松天蛾一般都是褐色的，与松树皮的颜色相近。同一种昆虫，由于生活环境不同，会呈现不同的颜色。如生活在青草地上的蚂蚱是绿色的，生活在枯草地上的蚂蚱却是褐色的。

警戒色 某些有恶臭或毒刺的动物所具有的鲜艳色彩和斑纹。警戒色与保护色都是在体色上的适应，但警戒色的色彩、斑纹是鲜艳醒目的，与环境色调极不一致。这样的体色起着警戒作用，是“恶臭”与“毒刺”的信号。这是动物在进化过程中，在同种个体多次被捕食的基础上，逐渐在体色上形成的一种保护性适应。警戒色主要表现为某些昆虫对食虫鸟或其他动物的适应。如瓢虫身上布满了有颜色的斑点，但气味难闻，使食虫动物望而却步。

拟态 一种生物在形态、行为等特征上模仿另一种生物从而获益的生态适应现象。在长期的自然选择过程中，有许多种生物的外表形态或色泽斑纹与周围环境中的其他生物或非生物非常相似。如一些可食性物种模拟不可食物种的贝茨氏拟态；还有两种具有警戒色的不可食物和互相模拟的米勒氏拟态等。

竹节虫的身体和腿长得很像植物的枝条，经常能骗过天敌的袭击

在自然界，拟态现象普遍存在。竹节虫或尺蠖的幼虫静止时与周围的树枝几乎没有分别，还有貌似蜜蜂的食蚜蝇、与黄蜂相似的蛾子、看似一摊鸟粪的蝶幼虫等，这些拟态有效地逃避了鸟类的捕食。某些鱼类尾部以及眼蝶翅上的大型眼状花斑、杜鹃的仿鹰飞行、色彩鲜艳的无毒蛇……这些拟态起到了恐吓对手保护自己的作用。有些兰花的花斑酷似雌蜂，可有效地欺骗雄蜂前来“交尾”，从而完成花的传粉过程。有些杜鹃产下的卵与寄生巢内的卵真假难辨，极大地增强了巢寄生的成功率。

社会行为 群居在一起的动物相互影响、相互作用的种种表现形式。蜜蜂、蚂蚁等动物，一生下来就在一个拥挤喧闹的社会里，过着一种高度社会化的生活。这样的动物称为社会性动物。这些动物经常协同作战、共同捕猎，团结就是力量在它们身上得到了很好的体现。然而，群居在一起的生活方式让这些动物在食物资源、空间资源乃至配偶资源上都要进行激烈的竞争，难免产生纠纷，甚至血腥争斗。如何趋利避害，保证种群的延续壮大，动物自有它们的一套行为准则。

遗传与变异 生物的亲代能产生与自己相似的后代的过程称为遗传。遗传物质的基础是脱氧核糖核酸（DNA），亲代的遗传物质DNA传递给子代，使遗传的性状和物种保持相对的稳定。生命之所以能够一代一代地延续，主要是由于遗传物质绵延不断地向后代传递，从而使后代具有与前代相似的性状。

但是，亲代与子代之间、子代的个体之间，都不会完全相同，总是或多或少地存在着差异，这种现象称为变异。变异的方式主要有两种：渐变和突变。变异的成因也有两种：一种是由于遗传物质发生改变而引起的，称作遗传的变异，这种变异会遗传下去。另一种是由于环境条件发生改变而引起的，称作不遗传变异，这种变异一般只能在当代表现出来，不能遗传给后代。生物发生的变异，无论是遗传的还是不遗传的，都是育种工作的对象。把发生变异的生物体进行培育、选择，将需要的变异性状巩固下来，就能培育成新的品种。

遗传是相对的，各种后代与祖先之间保持一定的连续性，因而各个物种可以延续下去。变异是绝对的，不可能后代永远和祖先一个样，在自然的和人工的因素作用下，遗传性状发生突变或发生渐变，而有些变异又能遗传下去，于是产生更多的新物种，使生物不断地向前发展。

杂交　通过不同基因型的个体之间的交配而取得某些双亲基因重新组合的个体的方法。一般情况下把通过生殖细胞相互融合而达到这一目的的过程称为杂交，而把由不同类型的体细胞相互融合达到这一结果的过程称为体细胞杂交。杂交产生的后代称为杂种。

同一个体或同一无性繁殖系的个体间交配称为自交。除自交之外的一切交配，不论亲体双方的基因型有无差异都属于异交。子一代个体与其亲代个体之一的杂交称为回交。杂种个体与纯合隐性品系个体之间的杂交称为测交。统计测交后代表型的比例即可知道该杂种个体配子的基因型和各类基因型配子的比例。测交对于论证孟德尔定律具有重要作用。

染色体　真核细胞在有丝分裂和减数分裂时期出现的由染色质聚缩而形成的亚细胞结构。一般呈棒状，因能被碱性染料染色而得名。染色体由脱氧核糖核酸（DNA）、蛋白质和少量核糖核酸（RNA）组成，并能进行自我复制。所有细胞核内都含有染色体，而且都是成双成对地存在，但染色体的数目和形态却不同。果蝇体细胞内染色体数是 8 条，玉米是 20 条，水稻是 24 条，猪是 40 条。人的染色体有 46 条，共 23 对。其中 22 对男女都一样，称为常染色体；另外的一对男女有差异，称为性染色体。女性的这一对性染色体形态、大小完全相同，即 XX 染色体；男性的这一对性染色体形态、大小差别很大，即 XY 染色体。

染色体上载有一个物种的全部遗传信息，物种的区别由染色体的差别决定。染色体在细胞分裂时，能够复制出完全相同的另一套，并且分配给新生细胞，所以父母会把自己的一些遗传信息传递给子女，在子女的个体发育过程中，父母的遗传信息通过个体的性状表现出来，保证了父母与子女在遗传上的延续和稳定。如果染色体的数目或结构先天异常，就会引起胎儿畸形或智力低下等。

基因　含特定遗传信息的核苷酸序列。生物遗传物质的最小功能单位，控制生物的性状、变异和生理功能。除某些病毒的基因由核糖核酸（RNA）构成以外，其余生物的基因都由脱氧核糖核酸（DNA）构成。每个基因由不同排列顺序的许多核苷酸组成。不同的基因有不同的功能，各有非常严格的专一作用，例如只有珠蛋白基因才能控制珠蛋白的合成，别的基因对珠蛋白毫无作用。

基因能自我复制，并有相对稳定性，但可以通过突变形成各种突变型，这在农作物杂交遗传等方面有重大的意义。

生物芯片　通过缩微技术，在一种固相基质上平行检测大量生物样品特有信息的技术。可分为基因芯片、DNA 芯片、蛋白质芯片、细胞芯片和组织芯片等。

最早的生物芯片为 DNA 芯片。将基因、DNA 或寡聚核苷酸片段作为探针，按照特定的排列方式固定在硅片、玻片或塑料片上。杂交时，首先将待测的 DNA 或 RNA 样品用荧光化合物标记，然后与芯片温浴。待测样品中凡是含有与芯片 DNA 探针互补顺序的核酸分子均可与之形成杂交双链。将激光共聚焦显微镜采集的荧光信号在计算机上进行处理，最终转变为数字模式。

生物芯片技术可广泛应用于疾病诊断和治疗、药物筛选、农作物优良品系选育、司法鉴定、食品卫生监督、环境检测、国防、航天等许多领域。

克隆 原意指植物无性繁殖得到的可连续传代并形成的群体。“克隆”这个词来源于英文“clone”。自然界早已存在天然植物、动物和微生物的克隆，然而天然的**哺乳动物**克隆的发生率极低。因此，人们开始探索用人工的方法来进行高等动物克隆。在现代生物学中“克隆”已被广泛用于基因工程、细胞工程和生物个体的复制，“克隆”被赋予新的含义，所以克隆主要包括基因克隆、细胞克隆和生物个体克隆。克隆技术是指由众多的基因或细胞群体中通过无性繁殖和选择获得目的基因或细胞系的技术操作。基因克隆技术及细胞克隆技术是现代生物技术的关键技术，也是现代肿瘤生物治疗中的重要技术。动物克隆技术的前景非常广阔，但是以产生人类个体为目的的克隆受到严格的禁止。

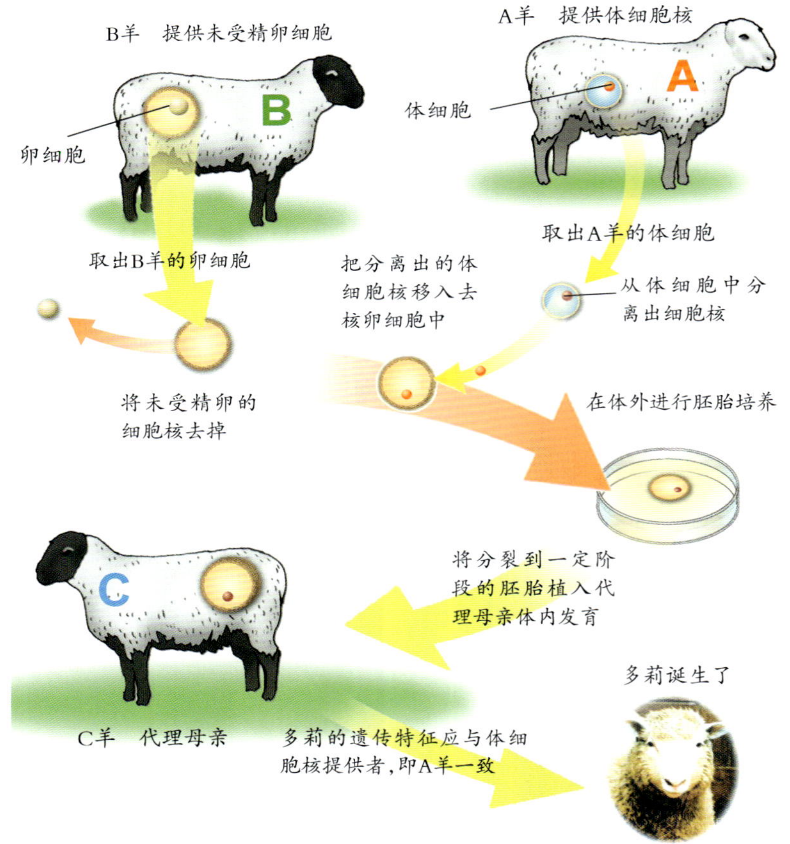

多莉是世界上第一只由成年动物体细胞培育出的哺乳动物，它的出生标志着人类的生物技术又迈入了一个新的阶段

生物工程 利用生物体和它们的产物以及生物体所包含的信息来改善人类的健康及人类所处的环境的技术方法以及相关的科学研究活动。又称生物技术、生物工艺学。生物工程利用有生命物质来影响或改变无生命现象，或用自然科学的方法和技术来影响或改变有生命现象的自然过程，以达到为人类服务的目的。

生物工程的范围非常广，可以划分为分子水平的酶工程、**基因工程**，细胞水平的**细胞工程**，以及发酵工程。生物工程学的研究，能够充分、合理地利用生命物质为人类造福。

细胞工程 应用细胞生物学和分子生物学的原理和方法，通过某种工程学手段，在细胞整体水平或细胞器水平上，按照人们的意愿来改变细胞内的遗传物质或获得细胞产品的一门综合科学技术。

细胞工程可分为6个方面：细胞培养技术、染色体工程、染色体组工程、细胞质工程、细胞融合工程和干细胞工

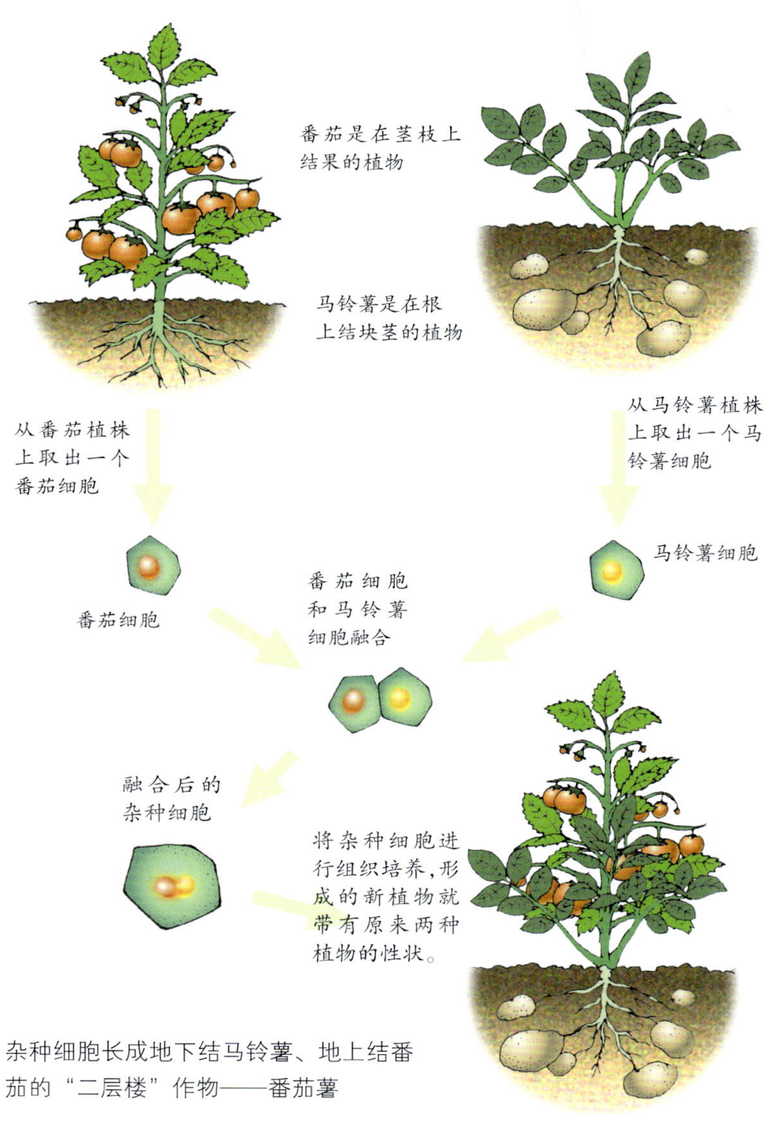

杂种细胞长成地下结马铃薯、地上结番茄的“二层楼”作物——番茄薯

程。①细胞培养技术利用合成或提取的营养成分，在人工条件下进行生物体外的细胞培养。②染色体工程是将一种生物的特定**染色体**，按照人们的意图予以消除、添加，或同别的生物的染色体置换等改造的技术。③染色体组工程是指诱导增加或减少一个生物体内整套染色体组数的技术。④细胞质工程是研究真核细胞的核、质相互关系以及细胞器、胞质基因的转移等细胞拆合的技术，又称细胞拆合工程。⑤细胞融合工程是指用自然或人工的方法，使两个或几个不同的细胞融合成一个细胞的过程。⑥干细胞工程实质上也属于细胞质工程，具有巨大的医学应用前景，逐渐发展成了一门独立的工程技术。

基因工程 在**基因**水平上的遗传工程。它是用人为方法将所需要的某一供体生物的遗传物质——DNA大分子提取出来，在离体条件下用适当的工具酶进行切割后，把它与作为载体的DNA分子连接起来，形成一个重组DNA分子，然后将其导入某一更易生长、繁殖的受体细胞中，以让外源遗传物质在其中“安家落户”，进行正常复制和表达，从而获得新物种的一种崭新的育种技术。

基因工程可以复制、扩增和表达同源或异源基因，从而为研究个别基因及整个基因组的结构和功能创造了条件。配合后来出现的分析、扩增和改变基因结构的方法，推动了生命科学几乎所有领域，特别是遗传学、发育生物学、分子生物学和细胞生物学等学科的发展。有关**人类基因组计划**突飞猛进的发展，基因工程技术是其中最重要的基础。此外，基因工程在工业、农业和环保等领域中也得到了广泛应用。

转基因 通过物理、化学或生物的方法导入生物体内的外源的或经过修饰的**基因**。涉及目标基因的**克隆**、转基因表达载体的构建、合适的转基因受体的选择、转基因细胞系的筛选以及转基因个体的分子检测。

植物转基因一般是利用生物或物理化学等手段，将外源基因导入植物细胞，然后经组织培养获得转基因再生植株。转基因植物对解决人类面临的资源短缺、环境污染与效益减退等问题都有突出的贡献。动物转基因技术中实现外源基因的导入与整合是转基因能否成功的关键。常用的方法有显微注射法、病毒转染法、生殖细胞介导法和胚胎干细胞转化法等。转基因动物在基因表达与调控的基础理论研究、贵重药物生产、人类疾病模型动物的建立、人类移植用器官的生产、家畜新品种的培育等方面均已得到广泛应用，在改良畜禽生产性状，提高畜禽抗病力，发展动物乳腺反应器等领域均有重要意义。

转基因技术具有两面性。许多科学家认为转基因技术将带动一场以“分子耕作”为基础的新型农业革命，为解决全世界的温饱问题带来希望。反对者则提出，转基因动、植物尤其是转基因植物具有潜在的风险。

基因组 包含一个生物体生存、发育、活动和繁殖等所有生命活动所需要的全部遗传信息的整套基因。基因组一词最早用以表示真核生物从其亲代所继承的单套染色体，又称染色体组。由于在真核细胞的线粒体和植物的叶绿体中也发现存在遗传物质，因此又将线粒体或叶绿体所携带的全部遗传物质称为线粒体基因组或叶绿体基因组。原核生物基因组则包括细胞内的染色体和质粒DNA。此外非独立生命形态的病毒颗粒也携带遗传物质，称为病毒基因组。不同生命形式的生物其基因组的结构、组成和功能有很大差别。

人类基因组计划 人类基因组测序和基因作图研究的总称。简称为HGP。其核心任务是要绘制出人类基因组的遗传图谱、物理图谱、转录图谱和序列图谱，最终测定出人类基因组DNA的全部核苷酸序列。人类基因组包括核基因组和线粒体基因组，通常所说的基因组研究是指核基因组。

美国于1990年10月1日正式启动了人类基因组计划，15年内由政府投资共30亿美元支持该项目的研究。2001年2月国际人类基因组测序协作组（IHGSC）和塞莱拉基因组公司联合宣布完成了覆盖人类基因组约90%的工作框架图。2003年4月15日，美、英、日、法、德和中国六国联合宣布人类基因组计划提前完成。人类基因组计划的实施和完成对21世纪的生物学研究、生物医药及其他相关学科的研究产生了深远的影响，对于理解生命本质、人类进化、生物遗传、个体差异、疾病防治、发病机制、新药开发、社会伦理、健康长寿等问题都具有重要而深远的意义。

生物制品 用基因工程、细胞工程、发酵工程等生物学技术制成的免疫制剂或有生物活性的制剂。一般用微生物、微生物代谢产物、寄生虫、动物毒素、人或动物的血液或组织直接制备，或用现代生物技术、化学方法制成。生物制品可用于预防、治疗、诊断特定传染病或其他有关疾病，因此可分为预防、治疗和诊断用生物制品三大类。生物制品通过刺激机体免疫系统，产生免疫物质（如抗体）发挥其功效。例如，通过基因工程技术改造的大肠杆菌可产生某种病毒的抗原，酵母菌可经过基因重组而产生乙型肝炎表面抗原，重组痘苗病毒也可产生乙型肝炎表面抗原。

微生物 肉眼不能明确识别的微小生物的总称。微生物并不是生物分类学的一个名称。微生物个体微小，一般需要借助于显微镜才能看到。它们的生长和繁殖速度非常快，又很容易发生变异，所以在自然界中种类很多，数量极大。

人类对微生物的认识可以追溯到数千年前的新石器时代，利用微生物分解有机物质进行沤粪积肥的文字记载也有2500年以上的历史，在人类的发展进程中人类也深受致病微生物造成的瘟疫之害。所以古代中外学者都曾推测过肉眼看不见的微小生物存在。直到17世纪中叶，荷兰人A.van列文虎克用自制的可放大160～260倍的简单显微镜观察牙垢、雨水、井水和植物浸液，发现其中有许多运动着的“微小动物”，从此人类才确认了微生物的存在。但是，由于微生物的微小和在自然界与其他大生物混杂而居，在被发现后相当长的一段时间里人类对它们的认识并不清楚。直到19世纪，随着生产的发展和科学的进步，除显微技术外，染色技术、纯种分离技术、灭菌技术等许多针对微生物特征的专门的技术方法被开发出来，微生物的特征和它们在自然界的地位才被人们逐渐阐明，人类对微生物的利用和控制才逐渐从被动走向主动。

病毒 具有生命最基本特征的非细胞形态结构的寄生性微小生命体。病毒是微生物世界中一个小个子家族，比最小的细菌还要小100多倍。病毒原指一种动物来源的毒素。病毒能增殖、遗传和演化，因而具有生命最基本的特征。在一般的光学显微镜下根本看不到病毒，只有在放大几万倍到几十万倍的电子显微镜下才能看到。病毒比细菌简单得多，整个身体仅由核酸和蛋白质外壳构成，连细胞膜也没有。病毒不能单独生存，必须在活细胞中过寄生生活，因此各种生物的细胞便成为病毒的“家”。

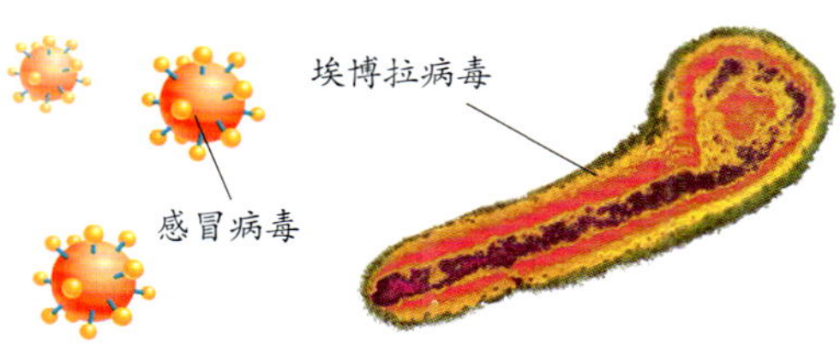

原核生物 一类有DNA构成核群的染色体、但无核膜的单细胞生物。自身存活和繁殖所需的全部功能依靠单个细胞完成。包括蓝细菌、细菌、放线菌、立克次氏体、螺旋体、支原体和衣原体等。原核生物的细胞无真正的细胞核，遗传物质存在于整个细胞中，有时虽有相对集中的核区，但无核膜围绕，不具有核仁。染色体的核酸（DNA）分子几乎以裸露状态略位于细胞中心，虽与少量蛋白质结合，但没有真核生物染色体那样的等级结构，不能进行与真核生物的有丝分裂类似的凝缩，与细胞质不能区别。

不同类群的原核生物有巨大差异，不仅表现在生存环境、细胞结构和代谢途径方面，在分子水平上也同样存在。

埃博拉病毒 丝状病毒科丝状病毒属的一种。能引起一种烈性传染病——埃博拉出血热。为高致死病毒，操作和处理需最高等级（P4级）安全防护设施和措施。埃博拉病毒于1976年在非洲扎伊尔及苏丹首次流行的埃博拉出血热中分离出。病人血液、体液、分泌物、精液、带汗腺皮肤及器官组织均带有高感染性病毒，多通过与病人直接密切接触感染，医护人员多发。临床上，埃博拉出血热以突发高热、出血、休克、呕吐、腹泻及麻疹样斑丘疹为特征。病死率高达53%～88%。恢复期病人的血清及免疫血清球蛋白早期应用有一定疗效。预防上，应严格隔离、监护治疗病人，病房及医护人员采取最严格高等级安全防护措施，对接触者隔离检疫2周。2017年10月19日，全球首个埃博拉疫苗获批新药，源于中国研发。

细菌 生物圈内广泛存在的单细胞原核生物。土壤、空气、水中到处都分布有细菌，各种动植物体内或体表也都共生、寄生或附生着细菌。细菌的生存条件多种多样，对营养的需求差别也很大，有的只需要一些无机盐便可正常生长，有的则需要某些有机物才能生存，有的甚至只能在活体内生存。

细菌的数量和种类非常多。广义的细菌包括放线菌、支原体、立克次氏体、衣原体和螺旋体。后来人们还把可进行**光合作用**的蓝藻也包括在细菌内，称为蓝细菌。细菌有球状、杆状和螺旋状，分别称为球菌、杆菌、弧菌和螺菌。细菌的形状一般稳定，但少数种类有变化，如球状菌可变成杆状菌。

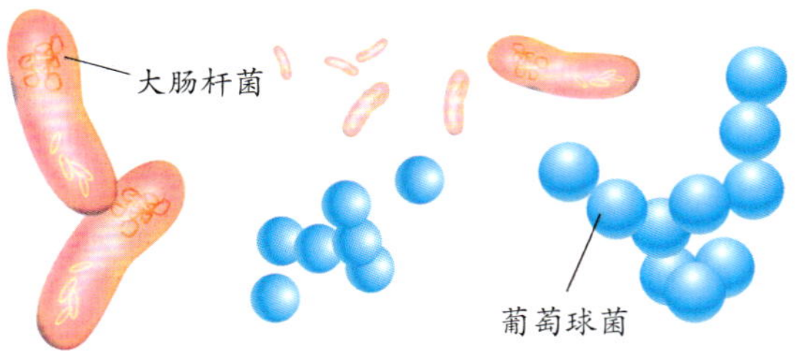

危害人类的细菌只是一小部分，绝大多数细菌对人类无害，如人体口腔、鼻腔都有细菌存在，但它们并不致病；有的细菌，如肠道菌群对维持人体正常功能有一定作用；有些细菌还可以为人类造福，如地球上每年死亡的大量动植物遗体就是靠细菌和其他**微生物**消灭掉的。细菌在工业生产上也起着重要作用。

真菌 一个具有真正细胞核，能产生孢子而没有**叶绿素**的生物类群。大多数真菌能利用无机或有机氮以及各种矿物元素合成自己的**蛋白质**。真菌一般能进行有性和无性繁殖，是具有分枝的丝状营养体。

食用真菌

真菌广泛分布于全球各处的**土壤**、水体、动植物及其残骸和空气中，营腐生、寄生和共生生活。真菌是一类丰富的自然资源，它为人类食品提供了重要原料，在传统酿造和食品工业中发挥了重要作用。真菌的代谢产物在工业上具有广泛用途，如柠檬酸、甘油、**脂肪**、**维生素**等。某些真菌本身是名贵中药材。利用真菌可生产多种**抗生素**。但真菌也有有害的一面，气候潮湿时，衣物、家具会长白“毛”；阴湿的仓库里，粮食、水果、蔬菜会腐烂变质；许多人患有各种癣，如脚气、头癣等，都是由真菌造成的。真菌还能引起植物多种病害，可造成巨大损失。如1845年，欧洲由于真菌造成马铃薯晚疫病的流行，摧毁了大量的马铃薯，从而引起大规模饥荒。

霉菌 多种类群**真菌**的统称。当生长成多细胞丝状体时，称为丝状体；当以小型单细胞繁殖时，称为酵母。在分类学上没有严格定义。广布于**土壤**、水体、空气和霉变基物，是具有重要经济意义的腐生菌。同人类关系密切的有两类：①致病性小霉菌，有一百多种，其中只有十余种能引起致死性感染，如黄曲霉产生的黄曲霉毒素是致癌的重要因素，大部分属于半知菌。②有益的霉菌，可利用某些霉菌生产抗生素，如用青霉产青霉素、头孢霉产头孢霉素等，某些霉菌生产有机酸和酶制剂等，还有些霉菌用于酿造工业等。

真核生物　由真核细胞构成的生物，包括原生生物界、真菌界、植物界和动物界。原生生物界包括**原生动物**、单细胞藻类和黏菌等。真菌界营腐生或寄生生活，多数种类细胞有几丁质的壁，菌体多由菌丝组成。植物界有**叶绿体**，能进行**光合作用**，**细胞**有纤维素的壁。动物界营摄食或捕食生活，多数种类能运动，细胞无壁，有复杂的胚胎发育过程。

最原始的真核生物的直接祖先很可能是一种异常巨大的**原核生物**。这种生物体内具有由质膜内褶而来的像内质网那样的内膜系统和原始的微纤维系统，能够做变形运动和吞噬。以后内膜系统的一部分包围了染色质，于是就形成了最原始的细胞核。内膜系统的其他部分则分别发展为高尔基体、溶酶体等细胞器。按照美国学者L.马古利斯等重新提出的内共生说，线粒体起源于胞内共生的能进行氧化磷酸化的真细菌，而叶绿体则起源于胞内共生的能进行光合作用的蓝细菌。

植物　能自己制造养料的一类**真核生物**。绝大多数植物的细胞里有叶绿体，能进行**光合作用**，以此获得养料，这类植物称绿色植物；极少数植物的细胞里无叶绿体，不能进行光合作用，要从别的植物或腐败的生物上吸收养料。

植物世界是一个庞大的、复杂的世界，占据了**生物圈**面积的大部分。全世界已知有植物约50万种，包括**藻类植物**、**苔藓植物**、**蕨类植物**、**裸子植物**和**被子植物**等，它们的大小、结构形态、寿命等差异很大。

植物与其他生物最大的区别是获取食物的特征不同。大多数植物能直接从无机界（非生物界）获取它们的食物，这称为“自养”。其他生物则不能自己制造食物，除去光合细菌和蓝绿藻以外，它们都要靠捕食、吞食植物、其他生物或从有机界分解、摄取必需物质以获取

植物与动物及人类的关系

养料，这称为“异养”。正是由于这一点，植物在自然界生物圈的各种生态系统中，都可算是唯一的初级生产者，所以说人类和动物的食物归根结底是由植物供给的。

植物不仅给人类和动物提供了食物，还为人类和动物的生存提供了氧气。植物在进行光合作用时，要不断地吸进二氧化碳，释放出氧气。如果地球上不是植物在不断地补充氧气，人类和动物的生存就要受到威胁。植物释放出的氧气能维持空气中氧气和二氧化碳的相对稳定。

植物是自养生物，一般无须运动，因而植物常固定在某一环境中，并终生与这一环境相互影响。由于不动，也就不需要神经系统和消化、排泄系统，更不需要各种器官。植物通常是分枝的，而且有许多相似部分。植物与其他生物，特别是动物的另一个区别是：植物的大小、枝条的数目等变化很大，而且受环境影响。植物的生长主要发生在某些特限区域（称分生组织），如山间的竹笋，一场春雨过后，笋芽一天能蹿高一节。

植物细胞在细胞膜外还有一层无生命的细胞壁，主要由纤维素组成。除去植物界外，细胞壁只在真菌界中存在，但两者在生活方式（自养与异养）上有很大不同。此外，只有少数植物（腐生、寄生植物）能从环境中吸取养分，但其他特征说明它们仍属于植物。

过去人们曾把**真菌**、**细菌**和蓝藻统归入植物中。但由于细菌和蓝藻属于原核生物，与真核生物的植物有本质区别；真菌也是真核生物，但它是异养生物，与自养的植物有本质上的不同。因此，现在人们已把它们都从植物中分出。它们所属的原核生物界、真菌界与植物界并列。

根　维管植物的营养器官。由种子的胚根发育而来。种子萌发时，胚根最先突破种皮向下生长，构成植物的地下部分，形成了根。一株植物所有的根称为根系，一般根系由明显的主根及其分枝（侧根）构成，称直根系。根也有从**茎**、**叶**上发生的，称为不定根。如秋海棠的叶、玉米的茎都能生出不定根。许多禾谷类作物的主根不发达或停止发育，由茎基部所生的不定根，形成须根系。

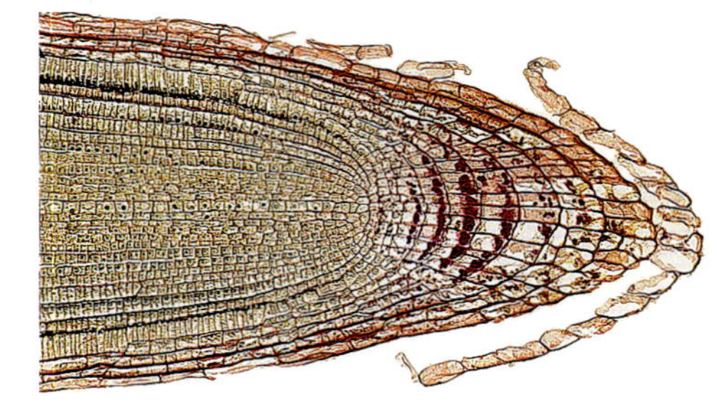
萝卜根尖纵切面

一般植物的根系要比地面上部分多5～15倍。根系在土壤里的分布范围大体上与地上部分的枝叶覆盖范围相当。由于植物都有庞大的根系，而根系具有既向土壤深处生长，又向四周扩展的生长规律，所以在河堤山坡植树种草，可以利用植物根系来固堤、保土。根系分布于地下，其主要功能为固着植物体和支持地上部分，并从土壤中吸收水和溶于水中的无机养料。此外，根还有运输、贮藏和合成某些有机物质的功能，并能向外分泌代谢物质。

有些植物为适应不同的生存环境，在植物发展过程中，根的形态、结构和功能发生了很大变化，这种根称为变态根。如萝卜和甘薯的贮藏根、榕树的支持根、红树的呼吸根、石斛的气生根、菟丝子的寄生根等。

茎 植物地上部分的主干，上面着生叶、花和果实，有节与节间的分化。大多数被子植物的主茎直立生长于地面，分生出许多枝，枝上生叶，形成枝系统，使植株能充分接受阳光和空气，又能使花和果实处于适宜的位置，利于传粉及果实、种子的生长和传播。

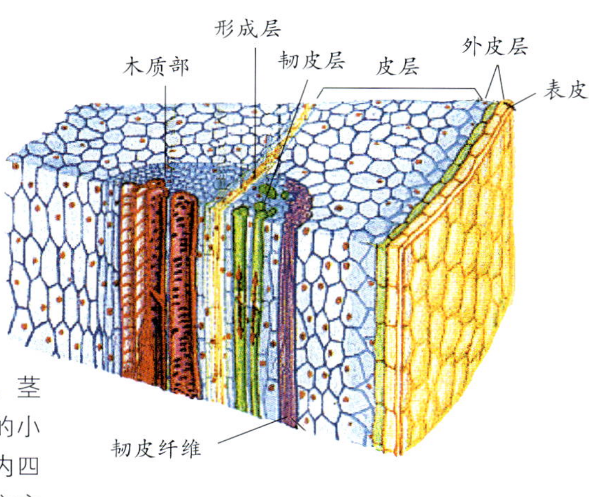

在显微镜下可以看到，茎里面藏着一条条细细的小管。它们像是植物体内四通八达的高速公路和立交桥，担负着输送水分和养分的任务

茎是植物体内物质传输的主要通道，还担负着支持植物体、贮藏营养和繁殖后代的重任。多数植物的茎是辐射对称的圆柱体。有的为三棱形，如莎草等；有的为四棱形，如薄荷、益母草等。少数草本植物的茎极短，不露出地面，成为无茎植物，如葱、韭菜等；还有些植物的茎匍匐地面，具有繁殖功能，称为匍匐茎，如草莓。

茎因适应环境而常发生变态，常见的变态茎有块茎（如马铃薯、姜）、鳞茎（如洋葱）、根状茎（如藕、竹、芦苇）及球茎（如荸荠）等。仙人掌为适应干旱环境，叶退化成针状，而茎则变得肥厚多汁，储藏着大量的水分和有机养料，成为肉质茎。肉质茎里还含有叶绿体，替代叶进行光合作用。根状茎又称地下茎，虽然与根十分相似，但有本质区别。地下茎有节和节间，节上生鳞片叶，还有侧芽和顶芽，这是茎的基本特征。而根则没有叶，不存在节和节间，更无侧芽和顶芽。

叶 植物进行光合作用、制造养料的重要器官。叶内含有叶绿素，它能利用太阳光，将吸收的二氧化碳和水合成植物生长所需的营养。

叶还是植物进行气体交换和水分蒸腾的主要场所。典型的叶由叶片、叶柄和托叶组成。叶片是叶最重要的部分，一般为薄的扁平体，这一特征与它的生理功能——光合作用相适应。在叶片内分布着像脉络一样的叶脉，叶脉具有输导水分和营养物质的功能。叶柄位于叶片基部，与茎相连。叶柄的功能是支持叶片，使叶片接受较多的阳光，是连接叶片与茎之间水分和营养物质的输导系统。托叶位于叶柄和茎的连接处，通常细小。

具有叶片、叶柄和托叶的植物称为完全叶。有的植物叶并不全具有这 3 部分，称为不完全叶。叶的形态特征主要表现在叶片的大小和形状。有些植物的叶因适应生长环境而具有特殊生理功能，形成变态叶。仙人掌的叶呈针刺状，豌豆的叶呈卷须状，洋葱的叶呈鳞片状，食虫植物的叶为囊状。

大多数植物的叶是绿色的，但有些植物的叶则呈其他颜色，例如天麻、秋海棠常年为红叶，这是因为它们的叶片除含叶绿素外，还含有类胡萝卜素等的缘故。当秋天来临时，枫树、槭树、黄栌等的叶子变得一片火红，这是因为秋后叶片中花青素增多所致。

花 被子植物的生殖器官。实质上是节间缩短、适应于生殖的变态短枝。花的形状、大小、颜色千差万别，但都具有共同的结构。典型的花由花托、花萼、花冠、雌蕊群和雄蕊群组成。花冠由花瓣组成，形态各异，花冠有保护花蕊、引诱昆虫传粉的作用。根据植物花的结构组成和性别，可将花分为完全花、不完全花、两性花、单性花和无性花。花柄、花托、花萼、花冠、雌蕊和雄蕊齐全的花称为完全花，如月季花。缺乏其中某一个或数个组成的花称为不完全花，如杜仲花。一朵花中同时具有雌蕊和雄蕊的花称为两性花，如小麦花、棉花、桃花、杏花等。

花有白、黄、红、蓝、紫、绿、橙、

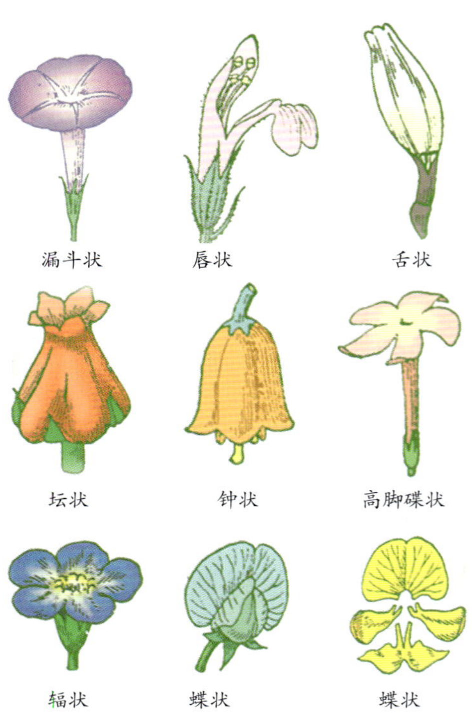

多姿多彩的花冠

花瓣
雄蕊
雌蕊
花萼
花托
花柄

花的纵剖图

茶、黑等颜色，花朵的颜色是由花瓣中的色素决定的。大部分花朵都有香味，因为花瓣中有芳香油细胞，它能制造出芳香油，经阳光的加热，能挥发出沁人的幽香。

花通常由花芽发育成。花芽先形成花蕾，当花的各个组成部分发育成熟，花萼、花冠展开，雌蕊和雄蕊显露出来时，这就是开花。开花以后，紧接着就进行传粉、受精。花谢以后结出**果实**，果实里面含有**种子**。每粒种子都是一个幼小的生命体，被子植物等通过种子传宗接代。

果实 **种子植物**的雌蕊经过传粉受精后，由子房或**花**的其他部分（如花托、花萼等）发育而成的器官。

果实一般包括果皮和**种子**两部分，起传播与繁殖作用。在自然条件下，也有不经传粉受精而结果实的，这种果实没有种子或种子不育，故称无子果实，如菠萝、香蕉等。未经传粉受精的子房，由于受到某种刺激（如萘、乙酸或赤霉素等处理）而形成的果实，也是无种子的果实，如番茄、**葡萄**。用人工育种方法可培育出无籽西瓜、无籽葡萄等。

各种果实

多数被子植物的果实是直接由子房发育而来的，称为真果，如桃、大豆的果实；也有些植物的果实，除子房外还有其他部分参与，最普通的是子房和花托、花萼一起形成果实，这样的果实称为假果，如苹果、梨、向日葵及瓜类果实。由一花内单雌蕊形成的果实称为单果，如李、杏的果实。有一些植物的花内有许多雌蕊，每个雌蕊都形成一个小果子，集中在一个花托上，这称为聚合果，如草莓、莲蓬等。果实由一个花序发育而成的称为复果或花序果、聚花果。桃、杏、葡萄、番茄等肉厚汁多的果实称为肉果；外面由坚硬果皮包着种子的果实称为坚果，如榛子、核桃、栗子等。

果实幼小时，果皮细胞里含有叶绿素，因此都呈绿色；成熟时果皮细胞会产生类胡萝卜素、花青素等色素，呈现红、橙、黄等颜色。

种子 种子植物特有的生殖器官，由胚珠经过传粉受精发育形成。在适宜条件下，种子可以萌发，成为新一代的植物个体。农业生产上所说的种子，泛指播种材料，既包括生物学上的种子，也包括果实和有些植物的块根、块茎，如马铃薯等。

种子一般由种皮、胚和胚乳 3 部分组成。有些植物成熟的种子只有种皮和胚两部分，如大豆、棉花、柑橘、苹果、西瓜等。种子的大小、形状和颜色因种类不同而异，椰子的种子很大，大的直径达 50 厘米；油菜、芝麻的种子较小；而烟草、马齿苋、兰科植物的种子则更小。有一种称为斑叶兰的植物，200 万粒种子只有 1 克重。种子的大小差异悬

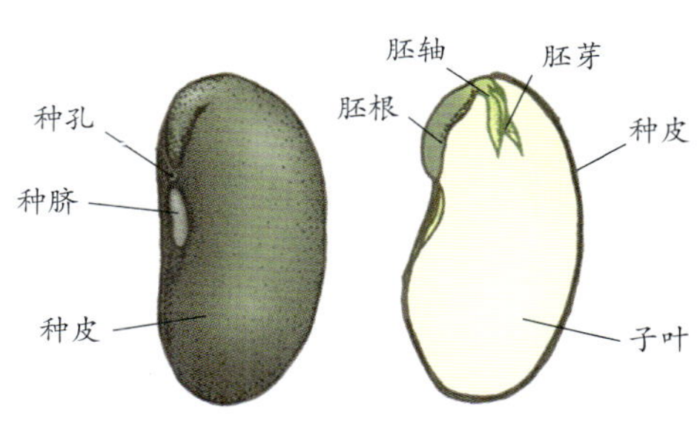

种子的结构

殊，是有其生物学意义的。如椰子的种子很大，每株结实数量有限，由于种子极易萌发，种子内又富含液体胚乳，营养充足，这样就可得到“重点保证”。而那些体积极小的种子，则以多取胜，虽然它们只有占总数很少的种子能够萌发，但仍可产生大量后代，如蒲公英、香蒲、白头翁等植物的种子。

蒸腾作用 陆生植物体内的水分以蒸汽状态向大气散发（蒸发）的过程。它通过植物地上部的表皮，主要是叶片上的气孔进行。组成气孔的保卫细胞响应植物体内外条件变化而运动，使气孔开闭，从而引起水蒸气扩散阻力的变化。因此蒸腾作用实质上是生理调节（气孔运动）下的物理过程（蒸发）。蒸腾作用可按其发生的部位分为气孔蒸腾、角质层蒸腾和周皮蒸腾。

蒸腾作用是陆生植物吸收二氧化碳的同时不可避免地丧失水分的过程。根系对营养元素离子有主动吸收功能，不完全依靠蒸腾流。蒸腾流常带入一些无益的元素，在盐渍土上带入盐量过多，浓缩后造成伤害。但蒸腾作用能加速植物根系对矿物质的吸收和向地上部的运输，也能减轻叶温因受阳光照射而上升的程度，在某些情况下也起有益作用。

光合作用 植物利用光能将二氧化碳和水等无机物合成有机物并放出氧气的过程。植物的叶能制造氧气，主要依靠叶绿素和太阳光。叶绿素的主要功能是进行“生产”，制造养料，所以人们把植物的叶称为“绿色工厂”。不过仅有叶绿素还不能制造出养料，还必须有太阳光。进行光合作用所需的能源来自太阳光。光照强弱对光合作用的速率有一定影响。

二氧化碳由叶子吸收，水则来自根部，它们在叶子里面合成有机物，再输送到各处。在这一过程中会产生氧气，并由叶子释放出来。整个过程必须有光能参与，因此光合作用只能在阳光下进行

光合作用制造出糖，再经过复杂的化学变化，又可合成蛋白质、脂肪、有机酸等有机物。光合作用产生的有机物不仅是植物体本身生理活动需要的营养物质，也是各种动物和人类的营养物质来源。光合作用产生的氧气更是其他生物和人进行呼吸的氧气来源。光合作用是一切生物生存、繁衍和发展的源泉。

叶绿体 光合作用中光反应的场所，也是光合作用中不可缺少的细胞器。叶绿体多密集在细胞核附近，有时随光线的强弱移至细胞壁边缘，叶绿体能通过不断分裂而增加。在遗传上有相对独立性，能不断合成自身的蛋白质。

叶绿素 植物进行光合作用过程中吸收、传递和转化光能的主要物质。植物世界之所以被称为有生命的绿色世界，就是因为植物叶肉细胞里的叶绿体中含有叶绿素。叶绿素是一种含镁的有机物，主要吸收红光和蓝紫光，几乎不吸收绿光，故在可见光照射下呈绿色。那些没有叶绿素的生物大多无法进行光合作用，只能从外界直接获取有机物。

顶端优势 植物顶端芽生长对侧芽萌发和侧枝生长的抑制作用。包括对侧枝或叶子生长角度的影响。植物地下根系也存在主根抑制侧根生长的现象。

随着外界条件的变化，顶端优势的强弱可制约植物按水分和养料供应情况调节分枝数，是植物本身的一种反馈调节。农业生产中常利用顶端优势原理控制和调节植物生长，如棉花整枝和果树修剪，都是解除顶端优势、合理调配养料的措施。

低等植物 个体发育过程中无胚胎发育阶段的植物，包括各种藻类、菌类和地衣。低等植物一般构造简单，无根、茎、叶分化，生殖器官多为单细胞的结构，合子发育时期离开母体而不发育成胚。

麒麟菜，藻类植物

低等植物在进化上处于低级地位，但它们对自然界生物进化和人类的意义，是其他生物替代不了的。高等植物是由藻类植物演化而来的，海洋藻类是海洋食物链的初级生产者，它们创造的有机物和积累的能量，是整个海洋生物界赖以生存和发展的基础。藻类植物光合作用产生的氧气是大气和海洋中氧气的重要来源。有些藻类可供人们直接食用，如海带、紫菜、石花菜等。从藻类植物中提取的藻胶等化合物是重要的工业原料。

藻类植物 具有叶绿素、能进行光合作用、营自养生活的无维管束、无胚的叶状体植物，它们生长在海洋、岩礁、瀑布、江河等各种水体中。藻类植物个体大小悬殊，最小的直径只有 1 ～ 2 微米，肉眼见不到；而最大的长达 60 多米。根据生态特点，藻类植物一般分为浮游藻类、漂浮藻类和底栖藻类。

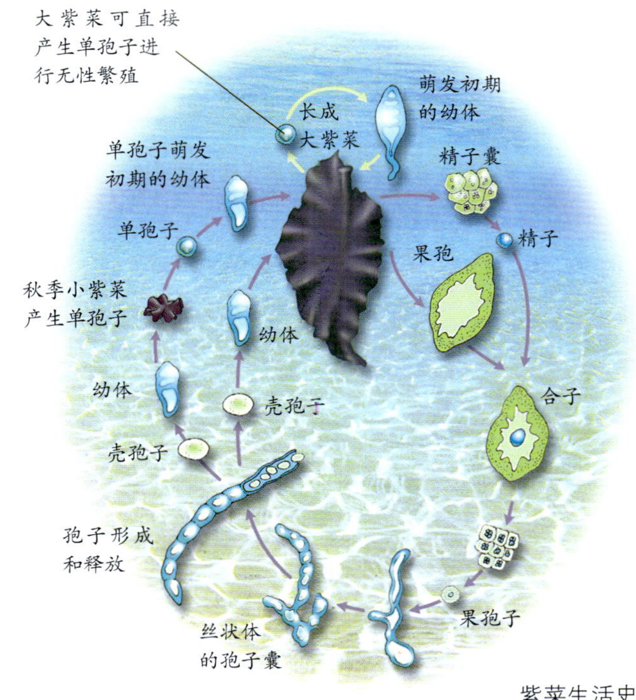

紫菜生活史示意图

高等植物 在个体发育过程中，具有胚胎时期的植物。个体发育过程大致可分为胚的发育和胚后发育两个阶段。胚的发育是指由受精卵发育为幼体（胚）的过程。胚后发育是指由幼体发育至性成熟的过程。高等植物是相对低等植物而言的，它们具有构造复杂的器官，有明显的茎、叶分化，绝大多数有根，构造上有组织分化，生殖器官由多细胞构成。苔藓植物、蕨类植物和种子植物等都是高等植物。苔藓植物的生殖器官称为颈卵器，内有卵，受精后发育成胚。颈卵器和胚的产生，能更好地保证后代的繁殖。由于颈卵器和胚生长在雌株上（苔藓植物），因此胚受到母体的保护。

苔藓植物 植物界一门。小型无维管组织的一类高等植物。它们大多生长于阴暗潮湿的环境中，在裸露的石壁上、潮湿的森林和沼泽地最为常见。

苔藓植物大多已经具有类似茎叶的分化，但并不是真正的茎和叶，根也只是称为“拟茎叶体”的假根，植物体内还没有出现陆生植物特征性的维管组织。它不开花，也没有种子。苔藓植物既具有自养功能的配子体，又有不能独立生活而寄生于配子体上、依赖配子体提供养料的孢子体，因而具有无性和有性两种繁殖方式，并呈现明显的世代交替现象。在植物界的演化进程中，苔藓植物对陆生环境的适应还不完善，它代表着从水生逐渐过渡到陆生的类型。全世界约有 2.3 万种苔藓植物，中国有 2100 多种。

蕨类植物 植物界一门。最原始的维管植物。曾称羊齿植物门。现通常分为松叶蕨亚门、石松亚门、水韭亚门、楔叶亚门和真蕨亚门 5 个亚门。约有 71 科、381 属、12000 种。蕨类植物广布世界各地，尤以热带、亚热带最为丰富。中国有 63 科、224 属、约 2400 种。蕨类植物不开花结果，一般从外形上难以和种子植物相区别。它形体多样，有高不到 5 毫米的微小草本，也有高可达 20 米的乔木状植物。在生态习性上，有水生、土生、石生、附生。叶片从单一到各式各样的复杂分裂。植物体有配子体和孢子体之分。配子体均很微小，低等类型的为块状或柱状；高等类型的大多为心形，有背腹之分。孢子体形体较大，具根、茎、叶和输导系统的分化。蕨类植物的生活史类型为孢子体发达，配子体弱小，但可以独立生活的异形世代交替。通常肉眼所见到的绿色蕨类植物即是它的孢子体。

种子植物 植物界最高等的一大类。概括生活史中形成种子的一个大的植物分类单位。世界上已分化出20余万种，是现今地球表面绿色植物的主体。现有种子植物分为裸子植物和被子植物两大类。因与以花为分类标准的显花植物范围相同，所以又称显花植物或有花植物。但由于蕨类植物中也有把孢子叶球作为花的，所以通常都采用种子植

中国沿海红树植物，为种子植物

物这一名称。化石蕨类植物中也有少数是具有种子的，为了有新区别，H.G.A.恩格勒把裸子植物、被子植物称为有胚有管植物；把苔藓、蕨类植物称为有胚无管植物。但这一名称尚未普及推广。

裸子植物 植物界的一门。与被子植物（有花植物、显花植物）的区别在于其胚珠外面无包被物。裸子植物包括种子蕨植物门、苏铁植物门、银杏植物门、松柏植物门。有些学者把分类位置不定的买麻藤植物门也归入裸子植物。中国的裸子植物种类和资源非常丰富，共有从本藓12科、41属、200多种。特有单型科有银杏科，特有单型属有水杉属、银杉属、金钱松属、水松属、福建柏属和白豆杉属。毗邻国家有少量分布。

铁树的雌性球状花

铁树种子

被子植物 植物界的一门。现在已知的被子植物有300～450科、1万多属、约25万种，大多数分布在热带地区。中国有291科、3050属、2.5万～3万种。被子植物在形态上具有不同于裸子植物孢子叶球的花；胚珠被包藏于闭合的子房内，由子房发育成果实；子叶1～2枚（很少3～4枚）；维管束主要由导管构成；在生殖上配子体大大简化，以最少的分裂次数发育，雌配子体中的颈卵器已不发育；在生态上适应广泛的生存条件。

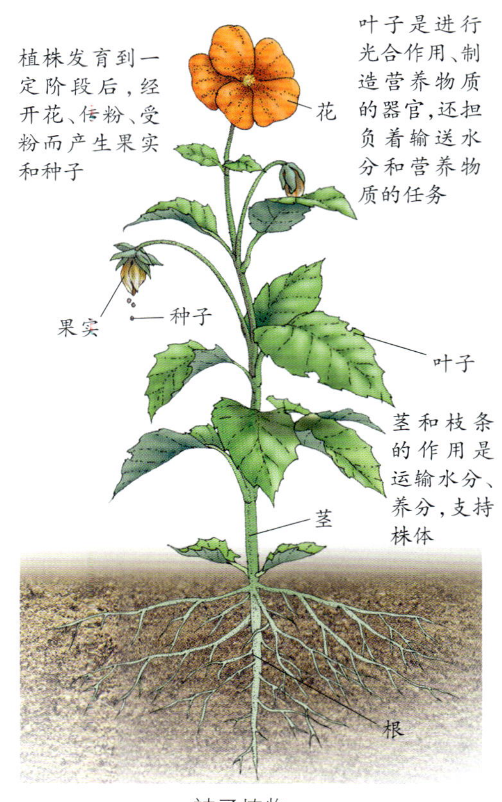

被子植物

苏铁 裸子植物苏铁科苏铁属的一种。又称铁树。分布于中国福建、广东、台湾，各地均有栽培。常绿乔木。树干圆柱形，高约2米或更高。树干表面有螺旋状排列的菱形叶柄残痕。叶大型羽状，革质，坚硬，生于茎的顶部，倒卵状披针形。雌雄异株。雄球花圆柱状，多枚楔形的小孢子叶螺旋状着生于花轴上。雌花由多枚大孢子叶组成，密生淡黄色或淡灰黄色绒毛，上部羽状分裂。种子倒卵圆形或卵圆形，稍扁，成熟时红褐色或橘红色。苏铁喜暖热湿润的环境，不耐寒冷，生长慢，寿命长，可达 200 年。在中国南方 10 龄以上的苏铁几乎每年均可开花结子，但长江流域和北方各地栽培的苏铁常终生不开花或偶有开花。苏铁树形优美，为著名观赏树种。茎内含淀粉；种子含油和丰富的淀粉，微毒，可食用和药用，有治痢疾、止咳和止血之功效。

银杏 裸子植物银杏科银杏属仅有的一种。又称公孙树、白果树。高大落叶乔木。银杏根扎得很深，且非常发达。它的生长速度非常缓慢，消耗的养料相对较少，这就使它们能在一个地方生活上百年，甚至上千年。银杏被雷击坏或被人砍伐后，在千年老树树干的基部和根部，仍能萌发新枝。有的古树上常长出不同年代的老年期、壮年期、青年期、幼年期枝干，形成“五代同堂”的公孙树。银杏是雌雄异株植物，种子在 10 月成熟，黄色的种子很像杏，所以称为银杏。银杏有 3 层种皮，外种皮肉质，有一种辛辣味；中种皮是白色的硬壳，称为白果；内种皮膜质红褐色。

北京潭柘寺帝王树——银杏树

银杏是现在地球上生存的一种最古老的高等植物，是中国特有的珍贵树种。银杏的经济价值很高。树材是高级家具和工艺雕刻的优良用材；枝叶含抗虫毒素，对病虫害具有特殊的抵抗能力，从叶中提取的冠心酮、银杏黄素对冠心病、心绞痛有一定的疗效；种子是著名的干果，含蛋白质、脂肪、糖类和少量组氨酸胡萝卜素和核黄素等，可食用和药用。

箭毒木 桑科见血封喉属的一种。又称见血封喉。分布于中国云南南部、广东、广西、海南等省区。斯里兰卡、缅甸、越南、柬埔寨、印度也有分布。常绿大乔木，高达 40 米。有围长 8 米的板根，有白色乳汁。单叶，互生，长圆形或椭圆状长圆形，全缘或有粗锯齿。花单性，雌雄同株；雄花密集于叶腋，生长在一肉质、盘状、有短柄的花序托上，花被片 4，雄蕊 4；雌花单生于一具鳞片的梨形花序托内，无花被，子房与花序托合生。果肉质，卵形，红色，长约 1.8 厘米。生长在海拔 1000 米以下的山地常绿阔叶林中。树干流出的乳汁有剧毒，所含有毒成分 α - 见血封喉苷和 β - 见血封喉苷，有强心、加速心跳、增加血输出量的作用，在医药方面有研究价值。为中国濒危保护植物。

仙人掌 双子叶植物的一科。绝大多数为多年生草本，少数为灌木或乔木状植物。茎肉质，呈球状、柱状或扁平状，常有关节和分枝，茎上有螺旋状排列的特殊刺座，其上着生有刺、毛、腺体或钩毛、花。

巨型仙人掌

仙人掌生长在热带和亚热带的沙漠地区，有140属2000多种，常作为观赏植物和经济作物栽培。科学研究证明，仙人掌含多种生理活性物质，具有免疫调节、调脂降压、消炎健胃、清热解毒等功效。果实含有丰富的营养物质和维生素，可作水果食用；嫩茎可作蔬菜或制蜜饯。

金花茶 山茶科茶属的一种。常绿灌木或小乔木，高2～5米，树皮淡灰黄色，叶色深绿，花冠金黄色，具有蜡质光泽，晶莹油润，有半透明感。花开放时呈杯状、壶状或碗状。形态多姿，秀丽雅致，色彩鲜艳，是庭院优美的观赏花卉。到目前为止，世界上几千个品种的茶花中，还未找到其他金黄色的品种，因此金花茶备受国内外园艺学家们的重视。

金花茶是中国珍贵植物，它的经济价值很高。叶能治痢疾并可外洗烂疮，还可以泡茶作饮料；花可以治便血和月经过多，也可以用作食用色素；种子可榨油，供食用及工业原料用；树干结构细致，木质坚硬，专供雕刻工艺品。

梧桐 梧桐科梧桐属的一种。又称青桐。原产中国，自华南至华北广泛栽培。落叶乔木，高达15米。单叶，互生，心形，掌状3～5浅裂至深裂。圆锥花序；花单性或杂性；萼裂片5，条状披针形；无花瓣；雄花雄蕊多数，结合成柱状；雌花心皮5，合生，子房5室。蓇葖果5，内有种子数个；种子圆球形，棕褐色。作为观赏树木已有2000年以上历史；木材轻软，为制乐器的良材；树皮纤维可造纸和编绳；种子炒熟后可食或榨油；叶、花、根、种子均可入药，清热解毒、祛湿健脾。

面包树 桑科木菠萝属的一种。又称面包果。常绿乔木。一般高20～30米，具有白色乳汁，枝条粗大，开张。叶大，掌状深裂，革质，长40～60厘米，宽达28厘米。面包树雌雄同株，雌花丛集成球形，雄花集成穗状。从它的枝条上、树干上直到根部都能结果。每个果实是由一个花序形成的聚花果，大小不一，大的如足球，小的似柑橘，最重可达20千克。每株树可以结果实六七十年。

果实营养非常丰富，含有大量淀粉和丰富的维生素A、维生素B，以及少量的蛋白质和脂肪。人们从树上摘下成熟的果实，放在火上烘烤到黄色即可食用，味道酸中有甜，松软可口，口感与面包差不多；还可用来制作果酱和酿酒。面包树分布很广，印度、斯里兰卡、巴西等国和中国广东、台湾都有生长。

猪笼草 猪笼草科猪笼草属的一种。大多数生长在潮湿的热带森林里，分布于中国广东南部、海南。中南半岛也有分布。食虫植物。猪笼草的叶片中脉伸出去变成卷须，可以攀附着别的东西向上升，卷须的顶部生出一个囊状物，好

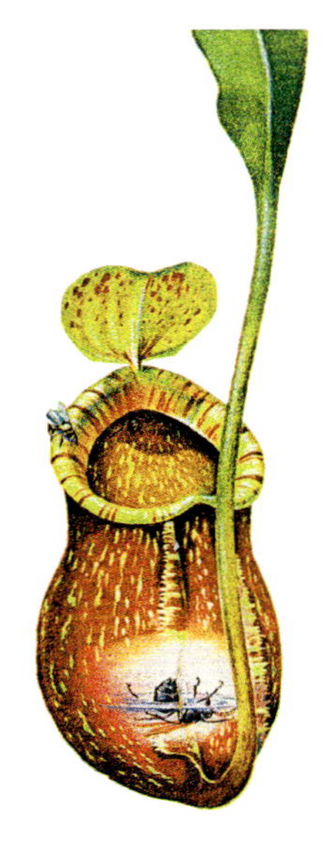

猪笼草叶片的前端长着有盖的捕虫袋，袋子长度可达 35 厘米

像奶瓶一样。瓶口上有一个盖，可防止雨水落入瓶内，瓶内有消化液，瓶口内壁能分泌又甜又香的蜜汁。贪吃的小昆虫闻到香味就会爬过去吃蜜，当它们吃得正香时，脚下一滑就会掉入瓶中，被瓶中的消化液分解并被猪笼草吸收作为营养。

捕虫堇 狸藻科捕虫堇属的一种。食虫植物。分布北美、俄罗斯和北欧瑞典等地，中国不产。草本类。叶基生从生，莲座状，叶片长椭圆形，淡黄绿色，上部外卷，边缘内卷，肉质肥厚，叶面上生有两种腺体：一种腺体有柄，能分泌黏液；一种腺体无柄，能分泌消化液。当昆虫落到叶面上时，即被有柄腺体粘住，昆虫极力挣扎，欲脱身时叶片受到震动感应，边缘进一步内卷，包围虫体，此时无柄腺体分泌出消化液，1 ～ 2 小时内消化液开始消化昆虫。

食虫植物 具有特殊构造的器官，能引诱捕获并消化小动物作为营养补充的绿色植物。众所周知，许多动物都是吃植物的。但令人惊奇的是有些绿色植物却能够反其道而行之，以捕食动物为生，这就是能捕食昆虫及其他小动物的食虫植物。在 40 多科 300 多种食虫植物中，最有名的当属猪笼草，另外还有瓶子草、茅膏菜、毛毡苔、捕蝇草、狸藻等。食虫植物以吃昆虫为主，包括苍蝇、蚊子、黄蜂、蚂蚁、蜻蜓，甚至有脊椎动物青蛙和鸟。

茅膏菜

食虫植物大多生长在缺乏氮素和矿物质养料的贫瘠之地或沼泽地带。在长期的自然选择和遗传变异中，它们的叶子逐渐演变，发展成为各种各样奇妙的捕虫器，靠捕捉昆虫和其他动物补充营养，维持生命。如果一时捕捉不到昆虫，它们也可靠光合作用制造有机物存活下去。

珙桐 珙桐科珙桐属唯一种。落叶乔木。在第三纪时，珙桐曾较广泛地分布在世界一些地区，由于第四纪冰川的影响，大部分已绝迹，现仅在中国少数地区有自然生长，主要分布于海拔 1600 ～ 2000 米的深山密林中，是中国特有的珍贵树种。为国家一级保护植物。

珙桐树干笔直，高达 20 余米，树皮深灰褐色，叶片近于圆形。开花时球形的花序被 2 ～ 3 片白色的叶状苞片所托，白色苞片布满树梢，在阳光下闪闪发光，如群鸽栖息，故珙桐有“鸽子树”之称。珙桐喜凉爽气候和湿润的土壤，成活后 10 ～ 15 年开花。20 世纪初传入英国，现在许多国家都已引种，广泛栽培，遍布世界各国。

黄栌 漆树科黄栌属的一种。分布于中国华北、陕西、浙江和西南地区。灌木或乔木，高达 8 米，树冠呈圆形。单叶，互生，叶片倒卵形，长达 8 厘米，宽达 6 厘米；叶柄细长。圆锥花序顶生；花小，杂性；花萼 5 裂，花瓣 5，雄蕊 5；子房 1 室；有花盘；紫绿色。核果小，肾形，红色。花期 4 ～ 5 月，果期 6 ～ 7 月。习生向阳山坡。其木材入药，除烦热，解酒疸、目黄，水煮服之。

黄栌的变种之一称为红叶。分布于

黄栌

中国河北、山东、河南。欧洲东南部也有分布。叶卵圆形或近圆形，两面有毛，下面毛更密生，花序有柔毛。其叶入秋红色美丽，北京香山红叶即此。

雪莲 菊科风毛菊属的一种。分布于中国青藏高原。哈萨克斯坦及西伯利亚东部和蒙古国也有分布。多年生草本，高 10 ~ 25 厘米，根状茎，根颈部有多数纤维状残叶基，茎粗壮，径达 3 厘米。叶密生，基生叶与茎生叶近革质，矩圆形或卵状矩圆形，长达 14 厘米，无叶柄，边缘有齿。头状花序多数个在茎顶密集成球状；总苞半球形，被白色疏长毛；花紫色。瘦果矩圆形，冠毛污白色，外层糙毛状，内层羽毛状。生于高山岩缝和石质山坡。带花全株入药，有壮阳、调经、补血的作用。

雪莲

蝴蝶兰 兰科蝴蝶兰属的一种。生于热带、亚热带丛林树干上。中国仅分布于台湾的恒春半岛、兰屿、台东。菲律宾也有分布。茎短，被叶鞘所包。叶片稍肉质，3 ~ 4 片，上面绿色，下面紫色，椭圆形、长圆形或镰状长圆形，长约 20 厘米，宽约 6 厘米，具宽短鞘。花序侧生茎基部，长约 50 厘米，花序轴略回折状。花白色，中萼片近椭圆形，侧萼片歪卵形。花瓣菱状圆形，长约 3.4 厘米，先端圆形，基部短爪状。唇瓣 3 裂，基部有爪。倒裂片直立，倒卵形，长约 2 厘米，有红色斑点。中裂片菱形，长 1.5 ~ 2.8 厘米，先端渐狭并有 2 卷须。花期 4 ~ 6 月。

蝴蝶兰

濒危植物 野生种群的数量极少，处于绝灭危险中的植物。绝灭导致植物濒危的原因是多方面的，许多学者认为，非生物的环境因素是引起濒危的主要原因，特别是较大幅度的环境因素变化或灾害性环境改变。超出物种适应限度的环境改变，会直接引起物种分布范围局限，这是绝灭的前奏。森林被大面积砍伐，草原沙漠化，大气和水污染等，都可导致无数植物种的绝灭和濒临绝灭。

为了保护自然和自然资源，特别是保护濒危动植物资源，保护代表不同自然地带的自然环境和生态系统，各国相继建立自然保护区。保护濒危植物的主要意义在于它的科研价值和观赏价值，以及保护基因不丧失。

珍稀植物 分布区比较狭窄、生态环境比较独特，或者分布范围虽广，但比较稀少的植物种类。

中国具有复杂而多样的自然条件，因此拥有几乎北半球所有的植物群落类型。同时，从地质史上看，中国第四纪冰期的冰川作用并不强烈，没有大陆冰川，只有分散的山地冰川，因而在中国的亚热带常绿阔叶林区，保存了很多珍贵稀有的植物。这些珍稀植物具有极为重要的科研、经济、文化价值。珍稀植物虽然还没有处于濒危状态，但只要分布区发生对它生长和繁殖不利的因素，就很容易处于濒危状态，而且难以补救。所以，应加强对珍稀植物的保护工作。

藤本植物 茎长而细弱，不能直立，只能依附其他植物或有他物支持向上攀升的植物。依茎的质地的不同，可分为木质藤本和草质藤本，前者木质化细胞多，如紫藤、葡萄、爬山虎等；后者木质化细胞少，如牵牛、苦瓜等。依其攀升方式的不同又可分为攀缘藤本和缠绕藤本，前者是以吸盘，不定根、卷须或其他特有的卷附器官攀附于别的物体上，如爬山虎为茎卷须形成的吸盘，凌霄花、常春藤为气生根，葡萄和许多瓜类为茎卷须，豌豆和野豌豆为叶卷须，菝葜为托叶卷须等；后者是以茎缠绕别的物体而攀升，其中有的缠绕方向为左旋，如紫藤、扁豆等，也有的为右旋，如北五味子、金银花等，也有的无定向，如猕猴桃等。依其是否落叶，又可将藤本植物分为落叶藤本和常绿藤本，前者如葡萄、紫藤、爬山虎等；后者如买麻藤等。

草本植物 地上茎中木质部不发达，木质化细胞比较少的植物。茎部通常较柔软、多汁。寿命较短，多数在生长季节终了时地上部分或整株植物体死亡。

根据生活周期的不同，分为一年生、二年生和多年生草本植物。一年生草本植物当年萌发，当年开花结果后整个植株枯死，如玉米、黄瓜等。二年生草本植物当年萌发，次年开花结果后整个植株枯死，如冬小麦、夏至草、大白菜等，又称越年生草本植物。多年生草本植物连续生存三年或更长时间，开花结果后地上部分除少部分茎及芽外，入冬完全枯死的称宿根草本，如薄荷、鸢尾等；地上部分经冬不凋的称常绿草本，如文竹、万年青等。在显微镜下观察草本植物茎的结构，可见茎内维管束没有形成层，所以茎不能逐年加粗，同时可见维管束散生在薄壁组织里。

木本植物 地上部中木质部发达，并发育为永久性的木质化组织的多年生植物。木本植物有粗大的主干，且一般为

一辆小轿车正从被称为“世界爷”的巨杉中央通过

多年生植物，寿命长。木本植物包括乔木和灌木。巨杉、桉树、松树、柏树、杨树等都是乔木，它们的主干明显且直立，一般都较高大，在主树干上距离地面较高的地方分生枝丫。灌木则在离地面处同时有粗细相似的分枝，主干不明显，一般都较矮小，如常见的玫瑰、连翘、迎春等。

动物　生物分类学中动物界中物种的统称。科学家按照动物从低等到高等的进化顺序，把动物分为原生动物门、海绵动物门、腔肠动物门、扁形动物门、线形动物门、环节动物门、软体动物门、节肢动物门、棘皮动物门和脊索动物门等35门。

一般将无脊椎动物称为低等动物，将脊椎动物称为高等动物。按动物体是否恒温，又把动物分为恒温动物和变温动物。恒温动物又称温血动物，指鸟类和哺乳动物。这两类动物新陈代谢水平较高，产热较多，又有保温和体温调节机制，体温受环境条件影响较小，从而保持了相对恒定的体温。变温动物又称冷血动物，指除鸟类和哺乳动物以外的所有其他动物，这些动物散失的热量超过产生的热量，又没有较完善的体温调节机制，体温总是随环境变化而变化，不能保持恒定。

人类也是动物界的成员，属于脊索动物门哺乳纲灵长目人科。动物对维持自然界的生态平衡起着非常重要的作用。自然界中也有些动物对人类是有害的，如许多低等动物是人和其他动物的寄生虫，时常危害人体健康；有些动物能传播人和动物的疾病或是植物病害的病源。

动物和植物同属于真核生物，都具备真核生物的基本特征，但两者有着明显的区别。不管是低等动物还是高等动物，随时都可能处于跑、跳、爬、飞或游等各种运动状态。动物运动的原因在于它们生存所需要的养分，绝大部分无法在体内合成，必须从外界摄取，必须吃别的生物和有机物才能生存。动物与植物最大的不同点在于摄取营养的方式上，植物采用自养方式，动物采用异养方式。动物体内没有细胞壁和叶绿素，但有一套或简单或复杂的消化、吸收、呼吸、循环、排泄、感觉、运动和繁殖的系统。

肉食动物要经过寻食、发现、追赶、捕获、猎杀等一连串运动之后，才能饱食一顿。草食动物不但为了寻找食物而四处活动，更要为逃避肉食动物的猎杀而运动，即使看起来好像不会动的营固着生活的海葵，实际上也随时都挥动其须状触手，以便捕抓游过的小鱼。由此可知，不论哪一种动物都具有运动的基本构造，这就是肌肉和神经。高等动物除了有肌肉和神经之外，还有眼、鼻、耳等感觉器官，以及脑、骨骼等构造。

植物和动物是相互依存的，所有的动物都需依赖植物而生存，而植物则吸收利用微生物腐化、分解动植物的尸体后渗入土壤中的养分。

足（动物）　高等动物腿的下端用以接触地面支撑身体的器官。多数动物都有足，也就是说都有脚。动物的脚千奇百怪，各有特色。软体动物有肌肉足，鸟类有双足，兽类有四只脚。不管是足还是脚，都是动物的行动器官。蜗牛没有双足和四只脚，但也能向前爬行。把蜗牛放在玻璃板上，从板底下可以很清楚地看到它腹部生有宽而细的褶横，后端较尖，这就是它的脚，称为肌肉足。蜗牛用它的脚紧贴在别的物体上，由腹部肌肉波状蠕动，身体便能缓慢地前行。蟹的肢体是左右对称的，身体两侧有一对螯足和四对步足。有时偶尔会看到一只螯足或步足长得特别小的蟹，这是它的再生足。有些蟹有一种奇怪的本领，失去一足后还可以重新长出来，这种情况称为自生或再生，是千万年来适应环境的结果。

鸟类的足多数主要用来站立、攀缘，而不是用来行走的。鸵鸟虽然也属鸟类，但它们的脚却主要用于行走，鸵鸟的脚长而粗壮，并且只有两个粗大向前的脚趾，底部还有厚皮。这样，不仅走到沙地里不容易下陷到沙里去，同时也不会烫伤，走起来更方便。鸵鸟虽不能飞翔，但却跑得很快，最快时每小时可达到 70 千米左右，连快马都赶不上它。

昆虫足的形态结构变化很大：蝼蛄的前足为开掘足，每小时可开掘尺余长的隧道；蝗虫的后足为跳跃足，腿节特别膨大，适于跳跃；瓢虫的足为步行足，适于行走；螳螂的前足为捕捉足，形似折刀，用以捕食其他昆虫；水中生活的龙虱的后足为游泳足，足扁平，有较长的缘毛，用以划水；蜜蜂的后足胫节宽扁，两边有长毛相对环抱，用以携带花粉，因而称之为携粉足；苍蝇的足有味觉器官，当足和食物接触时，能辨别出味道。

长颈鹿、黄羊、羚羊、野驴、猎豹、猎狗、虎等的足都适于奔跑，也就是说矫健的猛兽和体细腿长的食草兽的足适于奔跑。跑得最快的猎豹，时速可达 120 千米。各种野兽活动时留下的脚印，就像一本“看图识字”的书，根据脚印的形状、深浅、距离长短，就能分辨走过的是什么动物，甚至估计出它们身体的大小。

角 哺乳动物偶蹄目和奇蹄目动物头顶或鼻前所生的突起物，有攻击或防御功能。不同动物角的结构和起源不同。如鹿角的形态、构造就和牛角、羊角完全不同。牛、羊的角无叉，中空，又称空角，且雌雄均有一对虚角，终生不脱换。鹿角多叉，实心，又称实角，且每年脱换一次。新鹿角发育要经过两个时期，初期角软而富有血管，可为角的生长供应丰富的营养，这时的鹿角称为鹿茸。后期鹿茸继续生长，外面茸毛逐渐脱落，骨质化，角变得特别坚硬，一直到第二年春天鹿角自动脱落，又重新长出茸角。牛、羊、鹿的角一般只是两雄争雌的一

犀牛的角

种武器，几乎不用来对付猛兽。

犀牛体躯粗壮，连狮、虎、豹也不敢轻易触犯它，这主要是犀牛具有威力强大的犀角。犀角与牛角、羊角和鹿角又不同。首先角的生长部位不同，牛、羊、鹿的角生长在头顶前上方，左右对称排列。而犀牛的角生长在鼻子上方脸面的中央线上。犀牛的角也不像牛角、羊角、鹿角那样和头骨直接连在一起，犀角起源于真皮。前角长达 70 ~ 90 厘米，后角短于 40 厘米。犀牛一旦被激怒，就会倾尽全身之力低头向前冲。因此，热带森林里的兽类很少有敢和犀牛打架的。

触角 节肢动物头上分节的附肢，有触觉和嗅觉作用。每个触角由柄节、梗节和鞭节 3 部分组成。昆虫类有多种触角，人们以鞭节的形状给它们起名，如白蚁的念珠状触角，蝇类的刚毛状触角，蛾类的羽毛状触角，蝶类的球杆状触角，蜜蜂的膝状触角，金龟子成虫的鳃状触角。触角的长短不同，一般昆虫触角的长为体长的 1/4 至 1/2，天牛、纺织娘一类昆虫的触角往往超过体长。触角位于头部的最前端，能够灵活摆动，在近距离范围内有触觉作用。触角上分布有许多嗅觉器官，能敏锐地感觉化学物质的气味，帮助昆虫寻找食物、发现配偶和选择产卵的场所。夜间活动的昆虫触角上有大量感觉毛，能感受气流的压力，夜晚飞行时不会碰壁。除此之外，有些昆虫的触角还有特殊用途，水生的蚜虫靠触角呼吸，松藻虫靠触角在游泳时平衡身体，水蝇的雄虫用触角抱住雌虫进行交配，蚂蚁用触角传递信息。

天牛的触角

昆虫学家利用昆虫触角嗅觉灵敏的特点，研究出各种信息素来诱杀害虫。仿生学家从昆虫触角的功能中得到启示，模拟制造了各种现代化科学仪器。如装置在宇宙飞船座舱里的气体分析仪，用来分析气体成分；蚊式测向仪用来在大雾中定位或跟踪鱼群等。

无脊椎动物 动物界中除脊椎动物以外的其他动物类群的统称。大自然中生活着种类繁多的动物，人们根据是否有脊椎骨等特征将它们分成了两大类，即无脊椎动物和脊椎动物。

无脊椎动物约占动物种数的 95%。它们除了没有脊椎这一主要特征外，还具有神经系统在身体的腹面，心脏在背面等与脊椎动物完全不同的特征。它们的形态特征、生理功能多种多样，门类繁多，主要包括原生动物、海绵动物、腔肠动物、多孔动物、扁形动物、线形动物、环节动物、软体动物、节肢动物、腕足动物、须腕动物、棘皮动物，如水螅、猪肉绦虫、蚯蚓、河蚌、乌贼、虾、蟹、蜜蜂、蝴蝶等。无脊椎动物在进化上是比较低等的一类，它们与人的关系极为密切。

原生动物 动物界最原始、最简单、最低等的动物。每一个原生动物是一个完整的有机体，具有维持生命和延续后代所必需的一切功能，如运动、营养、呼吸、排泄、感应和生殖等。

原生动物种类繁多，现已知约6.8万种，分布十分广泛。如在海水中生活的有夜光虫、有孔虫、放射虫等；在淡水中生活的有草履虫、变形虫、太阳虫等；在潮湿的土壤中生活的有表壳虫；寄生在人体内的有疟原虫等。根据运动器官的特点，原生动物主要分为：鞭毛虫类（如眼虫、衣滴虫等）、肉足虫类（如变形虫、太阳虫等）、孢子虫类（如疟原虫、痢疾变形虫、艾美球虫等）、纤毛类（如草履虫、喇叭虫、小瓜虫、钟虫）等。

节房虫

圆球虫

圆形虫

有孔虫类原生动物

原生动物很微小，人们用肉眼难以观察，但却直接或间接地与人类有着密切的关系。它们有的对人类有益，如草履虫能大量吞食水域中的细菌，一个草履虫每天大约能吞食4.3万个细菌，这对污水净化起了一定作用。有的对人类有害，已知有30种原生动物能够直接侵袭人体，每年累计至少有1/4的人因体内寄生原生动物而患病。如疟原虫造成每年有3.5亿人患疟疾。

草履虫 原生动物门寡膜纲膜口目草履虫科草履虫属动物的统称。全世界已发现有20多种形态不同的草履虫。因体形呈鞋状得名。体伸长呈圆筒形，前端较圆，后端变尖，全身披有均匀的体纤毛。

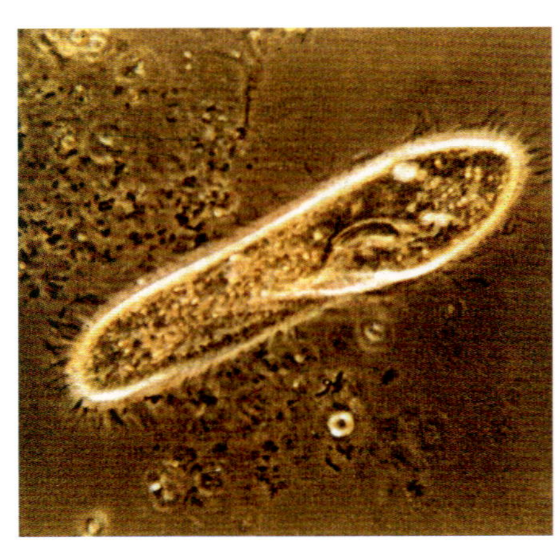
草履虫

草履虫以细菌和有机碎屑为食，对不同种类的细菌有选食性。靠体纤毛的摆动在水中游动，身体按纵轴的逆时针方向旋转前进。遇障碍物或微弱刺激时，纤毛会朝相反方向击打，于是虫体改变游动路线以避开不利境地。身体中部有大、小核。无性生殖是简单的横分裂，有性生殖为接合生殖。

腔肠动物 两胚层的低等多细胞动物，身体呈辐射对称，体壁只有内、外两个胚层。由内胚层围成的身体内腔是消化腔，也因此而得名，腔肠的一端为口，一端闭塞，无肛门。

腔肠动物约有1万种，全部水生，绝大部分生活在海洋，少数种类生活于淡水。几乎所有的海洋和各种深度的水域都有腔肠动物分布，以热带和亚热带海域的浅水区最丰富。腔肠动物包括水螅型和水母型。水螅型主要营底栖固着生活，水母型主要营漂游生活。

腔肠动物与人类有着密切关系：较小种类可作为鱼类食饵，对发展渔业有益；海蜇是有较高营养价值的食品；珊瑚可供观赏或制成装饰品、工艺品；造礁珊瑚可堆积成岛屿供人居住；不少种类可供药用，如从群海葵中提取抗癌物质。腔肠动物有时也会为害人类：有些浮游水母大量出现时，会阻塞或破坏渔网，影响捕捞作业；有的海葵混于水产品中，人误食后可导致中毒死亡。

水母 在水面上漂浮生活的*腔肠动物*的统称。它的上面为伞状浮囊，在“伞”的边缘有许多触手，边缘的平衡囊还可以预知风暴的来临。“伞”的下方中央有口，口周还有口腕。生活在淡水中的桃花水母小巧轻盈；巨大的霞水母直径达 2 米，触手长 30 米，毒性极强。肥厚的海蜇是桌上的美味。有些水母会蜇伤在海中游泳的人。

珊瑚 生活在温暖海底的群居型*腔肠动物*。软珊瑚不分泌外骨骼，通体柔软随海流摇曳。石珊瑚上的珊瑚虫能分泌坚硬的石灰质“骨骼”，与其共生的藻类更使其色彩斑斓。多彩多姿的珊瑚是构成海底花园——珊瑚礁的主要成分。珊瑚在维持生物多样性方面具有很重要的意义。

扁形动物 无骨骼系统的低等蠕形动物。它们左右对称、不分体节，有 3 层胚层而无体腔，无循环器官和呼吸器官。广泛分布在海水、淡水中，少数在陆地湿土中生活，其中有一大部分种类已过渡到寄生生活。扁形动物的形态大小差异很大，有不足 1 毫米的涡虫，也有长达 10 ~ 15 米的绦虫。扁形动物有近 1.2 万种，包括涡虫类（如淡水中的真涡虫、海水中的平角涡虫等）、吸虫类（如日本血吸虫、华支睾吸虫、布氏姜片虫等）、绦虫类（如猪肉绦虫、牛肉绦虫等）。

扁形动物在动物界进化中有重要价值。从扁形动物开始，多细胞动物开始有 3 个胚层，动物体有了中胚层，使动物发展到器官、系统水平；体型也由腔肠动物的辐射对称进化到左右两侧对称，这是扁形动物比腔肠动物高等而复杂之处，也是动物由水生进化到陆生的基本条件。扁形动物与人类关系密切，尤其是那些寄生在人体或生物体中的寄生虫，如肝吸虫、血吸虫等对人类的危害很大。

线形动物 具有假体腔的多细胞动物，在进化上高于*扁形动物*、低于*环节动物*的一门。特征是身体细长或圆筒形，两侧对称，不分节，有假体腔，消化管有口和肛门，体表有角质层，没有呼吸系统和循环系统。对线形动物的分类，科学家们意见还没有完全统一，因为它包括的种类比较庞杂，有关动物之间的亲缘关系又不很密切。

丝虫属线形动物，是人体常见寄生虫之一，丝虫的中间宿主是一种小的淡水甲壳类——剑水蚤，常因饮水污染而传播

线形动物寄生在人体内，可引起严重疾病。寄生在家畜、家禽和其他经济动植体内，可造成严重损失。寄生在人体内的除蛔虫、十二指肠钩虫外，还有

蛲虫、丝虫、旋毛虫等。寄生在家畜体内的有猪蛲虫、马蛔虫等；寄生在家禽体内的有鸡蛔虫、鸡蛲虫等。寄生在植物体内的有小麦线虫。

环节动物 两侧对称、身体分节的体腔动物。现知 1.3 万种左右，遍布全球。它们身体呈圆柱或扁平形，由许多体节组成，有真正的体腔。真体腔的形成使动物第一次获得比较完善的循环系统，并促进了其他器官和系统的发展。所以说环节动物是多细胞动物中比线形动物高等的动物，是高等无脊椎动物的开始。环节动物的体壁由外面的环肌和里面的纵肌组成，多数身体上长有刚毛，有的类群有营呼吸及运动功能的疣足。

环节动物生活在海水、淡水和陆地的土壤中，主要分为多毛类（如沙蚕等）、寡毛类（如蚯蚓等）、蛭类（如水蛭等）。多毛类中有许多种类因繁殖快、体质柔软、营养丰富，而成为一些海产动物（特别是鱼类）的重要食料。寡毛类环节动物有翻土作用，使土壤疏松肥沃，提高土壤肥力，有利于农业。也有一些环节动物对人类不利，水蛭在农田中常袭人手足，吸食大量血液，给人带来危害。但蛭类的吸血习性能被人类用于医学，欧洲各国自古以来就采用欧洲医蛭为患者吸取脓血；现代临床在再植或移植组织器官过程中，也利用医蛭吸血，使静脉血管通畅。

蚯蚓 环节动物门寡毛纲陆栖动物的统称。又称蛐蟮、地龙。身体呈长圆柱形，常见种体长可达 20 厘米左右，身体由许多环节构成。多数体节都生有刚毛，刚毛有协助运动的作用。身体前端有口，后端有肛门，靠近身体前端有环状生殖带（又称环带），雌雄同体，但异体交配。

蚯蚓

蚯蚓生活在潮湿、疏松、富含有机物的土壤中。白天穴居在土壤中，以泥土中的有机物为食；夜间爬出地面觅食，以地面上的落叶和其他腐殖质为食。没有专门的呼吸器官，但有发育良好的循环系统，由体表吸收氧气，排出二氧化碳。蚯蚓对改良土壤有重要作用，是富含蛋白质的饲料和食品，也是常见中药材，有解热、镇痉、活络、平喘、降压和利尿等作用。蚯蚓还能处理有机废物，消除环境污染。由于蚯蚓能吸收土壤中的汞、铅和镉等微量重金属，因此，被作为土壤中重金属污染的监测动物。但蚯蚓又有害，破坏河岸，使河道淤塞；损坏幼苗，为害植物。蚯蚓还是猪肺线虫与家禽的某些绦虫的中间宿主，对猪与其他家禽的生长发育影响很大。

软体动物 指身体柔软、左右对称、不分节的无脊椎动物，为动物界种数仅次于节肢动物的第二大门。已知有 10 余万种，广泛分布在陆地、淡水和海洋中。常见的有河蚌、乌贼、章鱼、角贝、田螺、牡蛎、石鳖等。

软体动物的身体分头、足和内脏团 3 部分，体外有皮肤扩张形成的外套膜，并有外套膜分泌的石灰质贝壳，所以又称贝类。软体动物的生活习性因种类而异，有的随波逐流地在海洋中过漂浮生

常见的海洋软体动物

活，如海蜗牛；有的和鱼类一样在海洋中长距离洄游，如乌贼、鱿鱼。绝大多数软体动物营底栖生活，它们在水底匍匐爬行，或在底质上固着。

软体动物中有很多种类可被人类利用。鲍鱼、贻贝、扇贝、乌贼、章鱼等可以食用；珍珠和乌贼的“海螵蛸”可以入药；有些小型软体动物可做农田肥料或饲料；宝贝、芋螺、鹦鹉螺可以作为工艺品。也有许多种类会危害人类，造成经济上的损失。如蜗牛、蛞蝓等吃植物的叶、芽；玉螺、红螺等造成养殖业的损失；椎实螺和钉螺是肝片吸虫和日本血吸虫的中间宿主，会传染给人类寄生虫病；船蛆、海笋等会破坏木船和码头。

螺蛳 腹足纲中腹足目田螺科螺蛳属种类的统称。共有 10 种及 1 亚种。为中国特有属种，仅分布于云南省高原湖泊。其中分布广、数量大的为模式种螺蛳，分布于滇池、洱海、抚仙湖、异龙湖、星云湖、茈湖、剑湖等地；杨宗海螺蛳仅分布于杨宗海；另有 5 种仅分布于少数湖泊，产量亦低；还有 4 种由于生态环境变迁，现已绝灭。在云南、贵州、广西新生代地层曾发现化石种类。壳大型，壳高 70 毫米以上。外形呈圆锥形或塔圆锥形。壳面有棘或乳头状突起，或仅有光滑螺棱。为角质薄片。雌雄异体，雄性右触角短粗，为交配器官。卵胎生，雌螺育儿囊内有 3 ~ 7 个胚螺，壳高 10 毫米以上。全年皆可繁殖，胚螺产出后不到一年即可达到性成熟。螺以宽大的足部匍匐于湖底。

章鱼 八腕目蛸科（章鱼科）的统称。又称蛸、石拒，俗称八蛸。章鱼科是头足纲最大的一科，世界共有 25 属约 140 种，已开发利用约 10 种，为重要的海洋经济头足类。分布于世界各海域。大部分为浅海性种类，也有少数深海性种类。头部两侧的眼径较小，头前和口周围有腕 4 对，长度相近或不等。蛸科的腕上大多具两行吸盘，有的种类只具单行吸盘。腕的顶端变形，称“端器”，无触腕。胴部卵圆形，甚小，不具肉鳍。内壳退化，仅在背部两侧残留两个小壳针。不具发光器。雌体具一对输卵管。主要营底栖生活，在海底爬行或在底层滑行，也能凭借漏斗喷水的反作用短暂游行于水层中。有短距离的生殖和越冬洄游，以龙虾、虾蛄、蟹类、贝类和底栖鱼类为食。本身常为鲨鱼、海鳗等的猎食对象。

节肢动物 身体分节，并有节肢和几丁质外骨骼，器官系统发达的无脊椎动物。节肢动物种类繁多，是动物界中最大的一门。

节肢动物具有很强的适应性，是无脊椎动物中真正适于陆地生活的类群。节肢动物身体由许多体节构成，一般可分为头、胸和腹3部分。但有些种类头、胸两部愈合为头胸部，有些种类胸部与腹部未分化。附肢也分节，按体节排列。体型上，有不到0.1毫米的寄生螨形螨，也有两螯左右展开时宽达4米的巨螯蟹。节肢动物包括甲壳类、肢口类、蛛形类、多足类和昆虫类等。

节肢动物与人类关系相当密切而且复杂。如甲壳类的虾和蟹具有很高的营养价值，可供人类食用；蛛形类的蜘蛛对防治害虫有一定意义；昆虫能传递花粉，虫体及其产品可作衣物、饲料、饵料和药物，还可用于生物防治等。不过有些节肢动物则会传播疾病，如蚊子、苍蝇、跳蚤；有些则是传播寄生虫病的中间宿主；有些种类为害农作物和果树的生长，如蝗虫等。

甲壳动物 节肢动物门甲壳动物亚门动物的统称。有3万余种，分布广泛。主要栖于海洋，少数种生活在淡水水域。甲壳动物头部与胸部体节常有愈合，合称头胸部。甲壳动物有两对触角，鳃是甲壳动物的主要呼吸器官，梯形神经系统，开放式循环系统。发育常有变态。

许多甲壳动物可供食用，如虾和蟹。有些甲壳动物对人类有害，如蛀木水虱等能破坏海港或码头的木质建筑物。寄生甲壳类常对鱼、虾、蟹的生长发育及繁殖造成影响，有些还是寄生虫的传播者。

虾和蟹 虾和蟹同为甲壳动物。

虾全身披甲、头胸部愈合，头胸甲前端具额剑，附肢分为触角、颚足、步足、腹足、尾足，用鳃呼吸；血液青色，开管式血液循环。虾是淡水中最普通的动物，在全世界的溪流、池塘和沼泽中都有它的踪影。淡水中比较大的虾有长臂虾、沼虾、螯虾。在海洋中也有美丽而巨大的彩色龙虾和众所周知的中国特产——长臂对虾。在冰天雪地的极地海洋中还有大量的磷虾，是极地食物链中的基础食物，数量极大。

蟹的队伍很庞大，形状千姿百态，虽然与虾相似，但它们的头胸甲宽大，胸部退化，大螯1对，步行足4对，横生，雌蟹腹阔而圆，俗称团脐，内有红色卵巢，俗称蟹黄。

虾和蟹肉味鲜美，营养丰富，都是人们喜爱的食品。虾和蟹具有较高的经济价值，中国沿海广泛开展了虾和蟹的人工养殖。买回来的鲜虾和蟹经过烹饪后，甲壳很快会由青色变为鲜艳的橘红色。这是因为甲壳内含有虾青素，在高温下，虾青素分解成为红色素，所以呈现出橘红色。

蜘蛛 节肢动物中的一大类群。约有3.5万种，遍布于全世界，中国已发现的有1000多种。蜘蛛的身体很结实，头胸部和腹部都不分节，由一个细长的腹柄相连；前面的附肢有1对螯肢，螯肢末端是具有毒腺导管的螯牙，还有1对脚须，4对步行足，末端有爪；腹部

蜘蛛

不同形态的海星

有6个纺器，从这里分泌出蛛丝来织网。蜘蛛用螯肢和脚须捉住捕获物，然后把毒腺中的毒液注入捕获物。织网蜘蛛在咬食其捕获物之前用蛛丝把它们缠绕起来。

棘皮动物 介于无脊椎动物与脊椎动物之间的一类动物。它们在无脊椎动物中进化地位较高。大约有5900种，分布于世界的海洋中，中国已发现500多种。可分为海百合类、海参类、海星类、海胆类和蛇尾类。棘皮动物外观差别很大，有星状、球状、圆筒状和花状。棘皮动物既没有头，也没有躯干，因由中

海参

胚层产生的内骨骼埋在外胚层的表皮下面，使表皮常向外突出成棘，故称棘皮动物。棘皮动物是生活在海洋里不太活动的重要的底栖动物，常见的有海星、海胆、海参等。

海星 棘皮动物门海星纲动物的统称。有5个目1600种，分布于世界各海，中国已知100多种。体扁平，多呈星形。口在下边中央。从体盘伸出腕，腕数一般为5个。腕内充有生殖腺和消化腺；腕下面有开放的步带沟与口相通，沟内具有4行或2行管足。整个身体由许多钙质骨板借结缔组织结合而成，体表有突出的棘、瘤或疣等附属物。侧步带板上生的棘为海星分类的重要依据之一。雌雄异体。生殖细胞释放到海水中受精。

海星食性种间差异较大，在种内也有区别。最普通的海盘车多以大的双壳类为食，故对贝类养殖业危害很大。海星还可用作肥料或药物。

昆虫 节肢动物中种类最多的一大群类。分布最广，现在已知的昆虫约有100万种。大量栖息在陆地、水中、空中、土壤里、动植物体内和体表。昆虫的成虫身体分头、胸、腹3部分。头部有复眼、单眼、触角和口器，在胸部一般都有3对足，2对翅。昆虫的触角、口器、足、翅的类型及发育类型都是非常重要的分类依据。

昆虫构造的变化大多数集中在翅、足、触角、口器和消化道上，这种广泛的形态差异致使这个旺盛的类群能取得

用显微镜拍摄的苍蝇复眼照片，可以看到复眼由许许多多的“小镜片”组成，看起来像蜂巢。这些小镜片就是小眼

一切可能的食物来源和避免敌害。昆虫中有些是寄生的，有些是捕食的，有些吸取植物汁液，有些咀嚼植物的叶片，还有一些以各种动物的血液为生。昆虫与鸟类及飞行哺乳类一样具有飞行能力。但昆虫的翅是由中、后胸体壁延伸而成的。大多数昆虫有两对翅。少数只有一对翅，后翅变成一对细小的平衡棒，飞行时平衡棒振动，起平衡作用。昆虫不同于鱼、蛙、鸟、兽等动物，它的骨骼长在身体外面，称外骨骼。外骨骼有保护和支持作用，还可以防止体内水分蒸发，适于陆地和空中的环境。这层外骨骼又称为“皮”。在昆虫胚后发育期间，大多数昆虫要经历形态变化的阶段，称为变态。在这期间，由于虫的“皮”缺乏弹性，不能随虫体的生长而增大，昆虫为了生长必须定期将这层“皮”脱掉，称为“蜕皮”。在昆虫的发育过程中，要经历数次蜕皮。有些昆虫色彩绚丽，如蝶类、蛾类和甲虫等。

昆虫靠其飞行能力和高度的适应性才有可能如此广泛地分布。昆虫个体微小，可借气流和水流传播到遥远的地方。昆虫精心保护的卵块能抵抗恶劣的环境，并能借鸟类及其他动物远距离传播。

翅（昆虫） 昆虫的飞行器官。昆虫发育成成虫时，一般都会在胸部长有两对翅。昆虫的翅是由体表组织发育成的，起源和结构都不同于鸟类的翅膀。绝大多数昆虫都具有用于飞行的透明的膜质翅，蝴蝶与蛾的膜质翅上还有序地布满了美丽的鳞片，蚊蝇的后翅则演变成了勺状的平衡棒，蝗虫和金龟子的革质翅和鞘翅则用于保护虫体。昆虫的翅形形色色，翅的质地、形态、结构、翅脉排布等特点通常是人们对昆虫进行分类的重要依据。昆虫中许多重要的类群就是以翅的特征来分类的，如鳞翅目（蝴蝶和蛾子）、膜翅目（蚂蚁、赤眼蜂和蜜蜂）、鞘翅目（天牛、金龟子和瓢虫）、半翅目（椿象和臭虫）、直翅目（蝗虫和蟋蟀）、同翅目（蝉和蚜虫）、双翅目（蚊子和苍蝇）、脉翅目（草蛉）和等翅目（白蚁）等。

蜻蜓 昆虫纲蜻蜓目差翅亚目昆虫的俗称。全世界现已知有约5000种，中国有约350种。蜻蜓被称为“飞行之王”，它能忽上忽下、忽前忽后、忽快忽慢地飞行。

蜻蜓一般分为两类：一类称蜻蜓，停息时两对翅膀平放两侧；一类称豆娘，停息时两对翅膀竖立在背上。蜻蜓成虫大的体长能达到150毫米、小的约20毫米，头大而灵活，有一对很大的复眼占头部体积的一半，复眼发达，由1.2万个小眼所组成，视觉非常敏锐。触角短，刚毛状，腹部细长，呈圆筒形或扁形，有两对长而窄的膜质翅膀，足不适于步行，但足上长有锋利的钩刺，能在飞行时凌空捕食其他飞虫。大多数蜻蜓为日出性昆虫，在阳光照射时才活动，午后最活跃，一旦阴影来临，就停翅休息。有的种类为弱光性，黄昏以后才能活动，这类蜻蜓完全以蚊虫为食。蜻蜓是不完全变态昆虫，我们经常可以看到它们在池塘水面上，不时地把尾巴往水中一浸一浸地低飞着，俗称“蜻蜓点水”。实际上，这种点水是产卵的动作。卵在水中孵化的幼虫称作水虿，捕食孑孓（蚊的幼虫）等水生小动物，经过十几次蜕皮，沿水生植物的枝条爬出水面，羽化后变成成虫。蜻蜓是一种**益虫**，常在水面上飞行，捕食**蚊**、**蝇**、虻、小型蜂类和小型蛾类。

螳螂 昆虫纲螳螂目昆虫的统称。中至大型有翅**昆虫**。广布世界各地，尤以热带地区种类最为丰富。世界已知2200余种，中国约112种。体长形，多为绿色，也有褐色或具有花斑的种类。头三角形且活动自如。复眼突出，单眼3个。咀嚼式口器，上颚强劲。前翅为覆翅，后翅膜质，臀域发达，扇状，休息时叠于背上。前足捕捉足，有爪一对。腹部肥大。产卵器不突出，尾须短。螳螂卵多黏附于树枝、树皮、墙壁等物体上。初孵出的若虫为预若虫，蜕皮3～12次始变为成虫。肉食性，猎捕各类昆虫和小动物，是田间和林区的益虫。缺食时常有“大吞小”和“雌吃雄”的现象。分布在南美洲的个别种类可攻击小鸟、蜥蜴或蛙类等小动物。螳螂有保护色，并有拟态，与其所处环境相似。

中华螳螂

蝉 昆虫纲同翅目蝉科**昆虫**的统称。因雄虫发音响亮，俗称知了。全世界约3000种，中国约100余种。体粗壮，中、大型。头部有3个单眼，呈三角形排列。触角短小，鬃状。翅膜质，脉纹粗。前足开掘式。雄虫腹部第1节两侧有发音器，发音响亮。半变态。卵产在**植物**组织内。孵化后若虫钻入土中生活，危害植物根部。若虫的蜕皮可入中药，称蝉蜕。成虫生活在植物上，刺吸植物汁液，危害嫩枝。中国北方常见种类有蚱蝉、蛁蟟、蟪蛄等，南方常见种类有红蝉（红娘子）等。

蝉

瓢虫 鞘翅目瓢虫科**昆虫**的统称。俗称花大姐。全世界记载约5000种，中国已记录650余种。中、小型甲虫，常具鲜明色斑。在植物上捕食蚜虫、介壳虫、粉虱、叶螨等。虽有少数瓢虫为害栽培**作物**，但大多数种类为农作物害虫的天敌。七星瓢虫是古北界常见的蚜虫天敌，中国采取助迁和保护的方法用它来防治棉蚜。

蝴蝶与蛾 蝴蝶和蛾同为鳞翅目昆虫，宽大的膜质翅上有覆瓦状排布的细小鳞片，并构成多彩图案。它们是完全变态发育，植食性幼虫多是农作物和果木**害虫**，成虫为虹吸式口器或退化。蛾

凤尾蝶

子的蛹通常在丝茧内。

蝴蝶幼虫多有毒毛、臭腺、警戒色等，蛾子幼虫则多有保护色或有拟态现象。蝴蝶成虫有棍棒状触角，蛾子的触角多样，常见丝状或羽毛状。停落时蝴蝶的翅多数并拢竖立在背方，而蛾子多数呈屋脊状平展或收拢。蝴蝶的腹部一般光滑细长，蛾子的腹部多数粗壮多毛。蝴蝶多在白天活动，而蛾子多在夜晚。人类利用蛾子的趋光性用黑光灯（或普通灯）诱捕。

蚊 昆虫纲双翅目的一科。昆虫中仅蚊科就有3000余种。蚊子身体纤细，刺吸式口器。前翅膜质、后翅特化为平衡棒。完全变态发育，幼虫是生活在积水中的孑孓，成虫羽化后，雄蚊子主要以植物汁液为食，雌蚊子则要靠大量吸食动物血液才能使卵巢发育并产卵。吸血时，蚊子分泌的抗凝剂和微量麻醉剂使被害者全然不能察觉，同时蚊子携带的许多病原体也会随伤口侵染被害体。经蚊子传播的疾病主要有疟疾、丝虫病、登革热、流行性乙脑等。

蝇 双翅目环裂亚目昆虫。双翅目中蝇科种类繁多，分布广泛。其中家蝇分布最广，数量最多，与人类接触频繁。苍蝇幼虫多是腐食性和粪食性的蛆虫。多以蛹越冬。有些蝇的幼虫还生活在伤口中引发蝇蛆症。还是传播伤寒、痢疾、霍乱、鼠疫、家畜炭疽病等多种传染病的媒介昆虫。常见蝇类还有丽蝇、食蚜蝇等。

苍蝇

蚂蚁 昆虫纲膜翅目蚁科昆虫的统称。社会性昆虫。特点是营群居性生活，每巢至少有繁殖蚁（雄蚁和雌蚁）、工蚁、兵蚁3种不同类型。雄蚁和雌蚁都有翅，交配后雌蚁的翅自行脱落，开始营巢，以后专司繁殖后代的任务，再不外出，成为蚁后。工蚁、兵蚁都是无翅不育的雌蚁。工蚁司建巢、外出采食、饲养幼蚁和雌蚁等职，体型较小。兵蚁的体型比其他蚁大，有巨大的螯和口器，适于厮杀，但巨大的螯影响了取食，因此要

蚂蚁

由其他的工蚁喂食，有的兵蚁头部特化，常用巨大的头堵死巢门，故又称看门蚁。蚁后的任务是繁殖，它的腹部要比别的蚁大许多倍，容纳大量蚁卵。现知全世界约有1万种蚂蚁。

脊椎动物 脊索动物门脊椎动物亚门动物的统称。脊椎动物种数占动物总种数的5%左右。尽管脊椎动物种类较少，但却是动物界中最高等的一个类群。脊椎动物的身体里有一条由许多块脊椎骨组成的脊柱，这是它与无脊椎动物的最本质的区别。除此之外，脊椎动物的中枢神经系统在背侧，包在头骨脑颅和髓管中，心脏在腹侧。由于有了脊柱，脊椎动物运动能力更强，再加上它们的形态结构复杂，从而对环境的适应能力大大增强，因此能广泛分布于地球上各处水域和陆地，以及广阔的天空。包括终生生活在水中的**鱼**，水陆两栖的**两栖动物**，真正登上陆地、完全摆脱了水的限制的**爬行动物**，适于飞翔生活的**鸟**，以及能在陆地上奔跑、适应性更强、生活方式也多种多样的**哺乳动物**。其中，鱼类是脊椎动物中最低等的类群，而哺乳类是最高等的类群。

鱼 一类终生在水中生活，用鳃呼吸，用鳍辅助运动与维持身体平衡，大多种类体被鳞片的变温脊椎动物。一般可分为无颌类和有颌类。无颌类的脊索圆柱状，终身存在；无上下颌。起源于内胚层的鳃呈囊状。有颌类具上、下颌，多数有胸鳍和腹鳍，内骨骼发达，具脊椎。世界现存鱼类的分布极其广泛，40%的种类生活在淡水湖泊及河流中。60%的种类生活在海洋中。大部分鱼类可食用，但有些种类可对人体健康造成伤害，其后果轻者被蜇伤、咬伤或中毒患病，重者残废甚至死亡。

热带鱼 热带、亚热带所产鱼类的总称。又称热带观赏鱼。习惯上还包括南北温带的少数种类。以南美洲最多，亚马孙流域被誉为“热带鱼库”，其次是东南亚。热带鱼有各种颜色和形态，已发现的达千种以上。主要有鲑科、食蚊鱼科、鲤科、丽鱼科和斗鱼科的鱼类，其中最受人们欢迎的品种约有30种，如接吻鱼、珍珠鱼、地图鱼、神仙鱼、剑尾鱼、孔雀鱼等。热带鱼一般体形奇特，色泽艳丽多彩或透明美观；多体小活泼，动态轻盈，可在小型鱼缸或水族箱里饲养。

食人鱼 脂鲤目脂鲤科锯齿鲤属的一种。又称纳氏锯齿鲤、食人鲳。原产巴西亚马孙河流域，也分布于委内瑞拉、圭亚那淡水水域。体长10～20厘米，大者可达40多厘米。体圆形或盘状，侧扁。头中大；吻圆钝；口大，亚上位；下颌突出，长于上颌；上、下颌均有一列锐利如剃刀的三角形强牙，咬合时相互镶嵌如锯齿状。头、体浅青色。鳃盖下方、颏部、胸部、胸鳍及臀鳍前半部红色，背鳍浅灰色，尾鳍、臀鳍后缘灰黑色。肉食性。喜成群活动，性情残暴，嗅觉灵敏。适宜水温22～28℃。卵生，

食人鱼

一年可繁殖多次。鱼肉鲜美，在产地供食用。为观赏鱼类之一。

鲨鱼 软骨鱼纲鲨形总目鱼类的总称。又称沙鱼、鲛鱼。广泛分布于印度洋、太平洋、大西洋的一定范围之间。鲨鱼身体为纺锤形，歪形尾鳍1个，胸鳍和腹鳍各1对，2个背鳍。它们最明显的特征是有软骨骨骼。鲨鱼一般生活在海洋上层，它一口能吞下几十条小鱼，能咬死和吃掉比它大的鱼或其他动物。鲨鱼的视力不发达，但其他感觉器官很完善。鲨鱼具有高度发达的侧线系统，它是鲨鱼探索和测量其他物体和游泳动物的“距离感知器”，对水的振动和水流极为敏感，尤其对血腥味最敏感。世界各海洋中生活着300多种鲨鱼，主动攻击人的只有20多种。

中华鲟 鲟形目鲟科鲟属一种。又名鲟鲨。中国特有种。分布于太平洋西北及中国海南岛以东到黄渤海等海区和珠江、钱塘江、长江、黄河等淡水河流。一般成鱼体长2.42～3.25米（雌）或1.69～2.5米（雄）；体重148.5～378千克（雌）或38.5～189千克（雄），最大个体重达500千克以上。体长，呈梭形。吻尖长，吻部腹面中央有须2对。尾歪形，上叶特别发达，体具5纵行骨板状大硬鳞。幼鱼皮肤光滑，鳃耙细尖；成鱼皮肤粗糙，鳃耙柱状，13～28枚。头部和体背侧青灰色或褐色，腹部白色，各鳍均为青灰色，侧、腹板间的侧板下方体色有过渡区。

生活于大江和近海中，是洄游性的底层鱼类。由海入江，喜聚于河口。成熟群体秋末于10～11月溯江河而上，在江河上游进行生殖。长江流域产卵场位于上游重庆以上江段的深潭和金沙江下游水流湍急、河床岩石壅积处。性成熟年龄9～19龄（雌）或16～25龄（雄）。生长较快，年平均增重8～13千克（雌）或4.6～8.6千克（雄）。以动物性的食物为主，如摇蚊幼虫、蜻蜓幼虫，以及其他水生昆虫、软体动物、寡毛类、小鱼和藻类等。产卵期一般停食。原为大型经济鱼类之一，但由于过度捕捞已成为濒危物种，被列为国家一级保护动物。

飞鱼 颌针鱼目飞鱼科动物的统称。具有飞翔能力，生活在温带和热带的海洋中，以海洋中的浮游生物为食。飞鱼体长约40厘米；口小；眼睛大；胸鳍非常发达，好像“翅膀”一样，腹鳍也比较发达，尾鳍上叶短小，下叶长；身体表面覆盖着圆形的鳞片。飞鱼起飞前，胸腹鳍紧贴体侧，先在水中快速游动。接着尾部剧烈摆动，造成后助力借势跃出水面，张开翼状的胸鳍，可以在空中滑翔几十米，顺风时可达一百米以上。飞鱼可连续数次跃出水面滑翔，时飞时落，以躲避敌害。飞鱼是生活在海洋温暖水域上层的鱼类，在我国西沙群岛、台湾海峡都有这种鱼。

鲥鱼 鲱形目鲱科鲥属的一种。又称时鱼、三来、三黎。分布于黄海南部、东海、南海和菲律宾。体长40厘米，最大64厘米，体重2.5～3千克。体侧扁，略呈斜方形。头中等，吻尖；口较小，端位、斜形，无牙。眼小，体被圆鳞。无侧线，腹部具棱鳞，尾鳍深分叉。体背和头部呈灰黑色，上侧略带蓝绿色的光泽，下侧和腹部银白色，腹、臀鳍灰白色，尾鳍边缘和背鳍基部淡黑色。

为溯河洄游产卵鱼类，平时生活于海中，4 ~ 6 月入江河中下游产卵繁殖。初入江的鲥鱼丰腴肥硕、肉味鲜美，为名贵食用鱼类。

大黄鱼 鲈形目石首鱼科黄鱼属的一种。硬骨鱼，又称大黄花鱼，是中国传统四大海产之一。中国传统四大海产为大黄鱼、小黄鱼、带鱼和乌贼。

大黄鱼

大黄鱼是中国近海主要经济鱼类，分布于黄海中部以南至琼州海峡以东的中国大陆近海及朝鲜西海岸。它们主要栖息于 80 米以内的沿岸和近海水域的中下层，为暖温性近海集群洄游鱼类。产卵鱼群怕强光，喜逆流，好透明度较小的混浊水域。黎明、黄昏或大潮时多上浮，白昼或小潮时下沉。成鱼主要摄食各种小型鱼及虾、蟹、虾蛄（皮皮虾）类等。

小黄鱼 鲈形目石首鱼科黄鱼属的一种。硬骨鱼，又称黄花鱼、花鱼、小黄花等，是中国传统四大海产之一。小黄鱼分布于朝鲜半岛的西海岸及中国台湾海峡以北，是中国近海主要经济鱼类。小黄鱼为温水性近海集群洄游鱼类，喜栖息于软泥或泥沙质、水深不超过 100 米的海区海底。鱼群有明显垂直移动现象，黄昏时鱼群上升，黎明时鱼群下沉，白天栖息在底层或近底层，产卵时浮至中层。小黄鱼为肉食性，幼鱼主要摄食硅藻类及桡足类幼体，成鱼摄食毛虾、磷虾、桡足类、虾蛄类、鳄齿鱼等。

带鱼 鲈形目带鱼科带鱼属的一种。中国近海重要经济鱼类，在北方称刀鱼，南方称白带鱼、牙带鱼。带鱼广泛分布于大西洋、印度洋和太平洋的温暖海区，中国近海均有分布，东海带鱼的数量多于世界任何其他海区。带鱼常成群栖息于近海较深的泥质海底，并有明显的昼夜垂直移动习性，多数时间为昼伏夜浮，有时则为昼浮夜伏，因季节和海区的不同而异。

带鱼

带鱼体长，呈带形，尾部末端为细鞭状，牙发达且锐利。带鱼除产卵和越冬期间摄食量较低外，其他时间几乎都能进行强烈的摄食活动，主要食中小型甲壳类、鱼类或同种幼鱼。

两栖动物 在脊索动物进化历程中从水生的鱼类到真正陆生的爬行类之间的过渡型动物。有人以为能水陆两栖生活的动物都属于两栖动物。其实并非如此。例如青蛙、蟾蜍属于两栖动物，而扬子鳄、龟和鳖等虽然也能在水陆生活，但却属于*爬行动物*。两者的主要区别在于：①两栖动物的皮肤裸露，能够分泌黏液，有辅助呼吸的作用；而爬行动物的体表都有鳞毛或骨板，无呼吸功能。②两栖类的个体发育要经历变态发育。幼体生活在水中，用鳃呼吸；成体或终生生活在水里（如*大鲵*、蝾螈等），或生活在陆上，时而生活在水中（如青蛙、蟾蜍等），但都主要用肺呼吸。

两栖动物是最先由水中登上陆地生活的脊椎动物类群，因此身体结构表现了既离不开对水的依赖，又有新出现的不完善的陆生脊椎动物的结构。由水中生活转入陆上生活，主要是由从水中呼吸变为在大气中呼吸；由在水中游泳变为在陆地上爬行或跳跃；还要防止身体水分从皮肤蒸发。经过长期进化，两栖动物的呼吸器官由鳃变成肺，但肺的结构简单，还需皮肤辅助呼吸；运动器官由鳍形变成了四肢五趾型，适于爬行或跳跃。另外，为适应新环境，两栖动物感觉器官的构造，特别是眼和耳等也发生了改变。由于感觉器官的改变，使脑进化，大脑完善地分为 2 个半球。两栖动物的心脏也比鱼类进步，分为 3 个心腔（2 心房 1 心室），但它们的动脉血和静脉血还没有完全分开。

世界上现生的两栖动物大约有 4000 种，中国现有 270 余种。分为三类：一是无足类，没有四肢，体形类似蚯蚓，营穴居生活，如蚓螈，多产于热带潮湿的地方；二是有尾类，有四肢又有尾部，长期或终生在水中生活，分布于温带地区，如蝾螈、大鲵；三是无尾类，有四肢而没有尾部，是现代两栖动物中种类最多，分布最广的一类，如各种蛙、蟾蜍等。

蟾蜍 无尾目、蟾蜍科动物的总称。最常见的蟾蜍是大蟾蜍，俗称癞蛤蟆。皮肤粗糙，背面长满了大大小小的疙瘩，这是皮脂腺，最大的一对是位于头侧鼓膜上方的耳后腺。白天，大蟾蜍多隐蔽在阴暗的地方，如石下、土洞内或草丛中；傍晚，在池塘、沟沿、河岸、田边、菜园、路边或房屋周围等处活动，尤其雨后常集中于干燥地方捕食各种*害虫*。大蟾蜍冬季多潜伏在水底淤泥里或烂草里，也有在陆上泥土里越冬的。

蟾蜍

青蛙 蛙科侧褶蛙属的一种。常见的*两栖动物*。大多栖息在水田、池塘或沟渠中。每年春暖时节，青蛙从冬眠中醒来，开始活动、产卵。幼体称蝌蚪，生活在水中，用鳃呼吸；成体称青蛙，生活在潮湿的陆地上，有时也下水游泳，用肺呼吸。

青蛙属两栖动物无尾类，中国常见种类有黑斑蛙、金钱蛙、泽蛙等，这些蛙在民间统称“青蛙”。青蛙腹面白色，背部一般为褐色或绿色，上有很多横列的黑色斑纹，有两条纵行的细皮肤褶。这种体色和水边植物颜色相似，因而不易被敌害发现。青蛙的肤色常随温度、湿度变化而有深浅改变，有经验的农民能根据蛙色的变化来预测晴雨。青蛙皮

青蛙

肤裸露，富有皮肤腺，能经常分泌黏液，保持湿润，辅助呼吸。青蛙头部较发达，有一对圆而突出的眼睛。蛙眼对于活动着的物体感觉非常敏锐，能迅速发现飞动的虫子，但对静卧的虫子反倒不敏感。青蛙的口腔宽大，雄蛙口角两旁生有一对鸣囊，有增大声音的作用，所以叫声格外响亮。雌蛙则无鸣囊，这是雄蛙和雌蛙不同的特征之一。青蛙口内有能活动的舌，舌端分叉，富有黏液。捕捉昆虫时，舌迅速翻射出口外，粘住小虫卷入口中。

大鲵 隐鳃鲵科大鲵属一种。因其叫声似婴儿啼哭，故俗称娃娃鱼。中国主产于华北、华中、华南和西南各省。大鲵的心脏构造特殊，已经出现了一些爬行类的特征，具有重要的研究价值。

大鲵

大鲵一般生活在石灰岩地段，水质清澈、水温低、河床多穴洞的溪流中，多营单独生活，惧光喜暗，白天常隐匿在洞穴内，夜出觅食，主要以蟹、蛙类、鱼类为食，也捕捉蛇、虾、水生昆虫等。大鲵是珍贵的观赏动物，是研究动物系统发育的好材料，已列为国家二级保护动物。不过，由于肉味鲜美而遭到捕杀，物种已受到严重的破坏，需加强保护。

爬行动物 用肺呼吸、混合型血液循环（动脉内杂有静脉血）的变温**脊椎动物**。它们在**两栖动物**的基础上，更加完善了对陆地环境的适应，彻底摆脱了对水生环境的依赖，活动范围更加广泛，主要行动方式为爬行。

爬行动物一般体表都具有鳞片或骨板。心脏3室（鳄类心室虽不完全隔开，但已为4室）。皮肤无呼吸功能，也缺少皮肤腺，这可以防止体内水分的蒸发。虽然供氧能力增强了，但体温仍不恒定，是变温动物。冬季气温较低时，潜伏地下、树洞等处冬眠。现存的爬行纲动物有龟鳖目、鳄形目、喙头目、蚓蜥目、蜥蜴亚目和蛇目。

乌龟 爬行纲龟鳖目龟科一种。又称金龟、草龟、泥龟。中国各地常见的一种淡水龟类。体长10～18厘米，四肢强壮，末端有爪。背腹面被有坚硬而厚的甲，只有头、尾和四肢露在外面，遇到紧急情况时可以全部缩入龟壳中，坚硬的甲壳，使外敌无从下手，只有“望龟兴叹”。生活于江河、湖沼或池塘中。以水中蠕虫、虾、小鱼等和植物的茎、叶为食。冬季在池塘底或田间淤泥里越冬。每年5～8月产卵，每次产卵5～7枚，孵化期50～80天，幼龟出壳后当即下水，独立生活。

扬子鳄 鳄形目鳄科鼍亚科鼍属一种。又称中华鳄。中国古代称鼍，俗名土龙、猪婆龙。鼍属只有2种，其中1种分布于北美洲，称密西西比鳄或密河鼍；扬子鳄则是中国的特有动物。

扬子鳄分布在长江下游芜湖、太湖

等地。身长1～2米，头部扁平，吻突出，四肢粗短，前肢5指，后肢4趾，趾间有蹼，爬行和游泳都很敏捷。尾长而侧扁，粗壮有力，在水里能推动身体前进，又是攻击和自卫的武器。白天隐居在河岸两旁洞穴中，夜间出外捕食。*爬行动物*曾称霸中生代，后来因为环境变化，*恐龙*等许多爬行动物因不能适应而绝灭了，而扬子鳄等爬行动物却一直延续到今天。在扬子鳄身上，至今还可以找到早先恐龙类爬行动物的许多特征，所以人们称它为“活化石”。由于人类的大量捕杀，目前扬子鳄的数量非常稀少，已濒临绝灭，因此被列为国家一级保护动物。

蜥蜴 爬行类蜥蜴亚目动物的统称。俗称四脚蛇。世界已知约3000种，大都分布于热带和亚热带地区。许多种蜥蜴的尾椎的每一椎体都被横膈分成前后两半，肌肉强烈收缩可使尾自该处断掉（自截），这是一种保护性或防卫性的机制，以后可再生一新尾。蜥蜴多以*昆虫*或其他*节肢动物*、蠕虫等为食。有些种类兼吃植物，也有专吃植物的。卵生或卵胎生。

科莫多巨蜥

科莫多巨蜥是世界上最大的蜥蜴，体长可达4米。其祖先可追溯到1亿年前。它拥有尖而有力的爪，像锯一样的牙齿，身体强壮，全速奔跑可达每小时20千米。口中伸出开叉的舌，到处寻找可吃的猎物，能闻到4千米以外的腐尸气味。科莫多巨蜥是世界上珍贵的动物之一。在科莫多岛上的国家公园里，它们被保护起来。

壁虎 爬行纲有鳞目壁虎科动物的统称。又称守宫。体背腹扁平。指、趾端扩展，其下方形成皮肤褶襞，密布腺毛，有黏附能力，因此壁虎可在墙壁、天花板或光滑的平面上迅速爬行。眼大，无活动的眼睑。

受到强烈干扰时，尾可自行截断，以后再生。壁虎生活于建筑物内，以蚊、蝇、飞蛾等昆虫为食。壁虎喜欢夜间活动，夏秋两季的晚上，常出没于有灯光照射的墙壁、天花板、檐下或电线杆上，白天潜伏于壁缝、瓦角下、橱柜背后等隐蔽处，并在这些隐蔽的地方产卵。

壁虎

蛇 爬行纲有鳞目蛇亚目动物的统称。它全身覆盖着鳞片，像盔甲一样保护着身体。蛇是变温动物，喜欢湿润温暖的环境。

大多数蛇都生活在热带和亚热带森林中。蛇没有脚，也没有胸骨，它的肋骨能前后自由活动，当肋皮肌收缩的时候，引起肋骨向前移动而使腹鳞稍稍翘起，翘起的鳞片尖端像脚一样踩住地面或其他物体，就可以推动身体前进。蛇的舌头长而分叉，上面长着许多感觉小体，能感受空气中化学分子的刺激，从而可以判断它前面的是敌人还是食物。蛇虽有一双又圆又宽的眼睛，却是“高度近视”，而且只对活动的物体敏感，只要物体静止不动，蛇就视而不见。蛇吃蚯蚓、昆虫、鱼、蛙及鸟、兽。蛇的下颌骨与头骨关节非常松弛，并且左右下颌中间是以韧带相连，在吞食食物时，可以把口张得很大，能吞食比它的头部大很多的动物。

蛇分有毒、无毒两类。毒蛇的身体上一般都有鲜艳的花纹，颈部细，头部多呈三角形，尾部从肛门向后突然变细。毒蛇最重要的特征是有毒牙。

蟒 有鳞目蟒科蟒蛇属的一个亚种。分布于缅甸、老挝、越南、马来西亚、印度尼西亚、柬埔寨。在中国分布于广东、海南、广西、福建、云南、贵州、四川。无毒蛇。体型大，长 3 ~ 7 米，重可达 50 ~ 60 千克。眼小。体背浅黄、灰褐或棕色，镶黑边的暗褐色大斑块成行排列；头背黑色，头颈背尚有一暗褐色矛形斑。腹面浅黄色，两侧有深色斑点。属较原始的低等蛇类，泄殖肛孔两侧有一对爪状的后肢残余，雄性尤为显著。

蟒生活于热带及亚热带林木茂密的山区。常用体后段攀绕在树干上，也喜游水。以小型哺乳动物、鸟、爬虫类为食。捕食较大的猎物时先缠绕缢死再吞食。繁殖期 4 ~ 6 月。卵生，一次可产卵 20 枚左右。雌蛇有蜷伏卵堆的孵卵习性，由于蛇体温度比周围气温高，可加速卵的孵化。蟒蛇数量已处于濒危状态，属国家一级保护动物。

鸟 脊椎动物亚门鸟纲动物的统称。约有 9000 种，分布几遍全球。中国约有 1300 种。体表被羽。前肢骨骼简化和变形，后缘着生一列大型飞羽，构成鸟类的飞翔器官——翅（翼）。翅的表面成流线型。鸟体的尾羽能在飞翔中起定向和平衡作用。头部前伸的上嘴和下嘴外包角质鞘，称为喙。无牙齿。颈长，运动极为灵活。尾骨退化，愈合为尾综骨。无膀胱。躯干较短。很多鸟类到性成熟表现为两性异型。在飞行时，重力适与两翅产生的升力平衡。大多数 4 趾。拇趾向后，有利于抓握树枝。

鸟类多营飞翔生活，大部分为昼行性。食性可分为食肉、食鱼、食虫和食植物等类型，还有很多居间类型和杂食类型。绝大多数鸟类是单配制，也有一雄多雌制和一雌多雄制。鸟类产卵数目、卵的形状和颜色等不一致。鸟类因迁徙习性的不同，可分为留鸟、夏候鸟、冬候鸟、旅鸟、迷鸟等类型。鸟类迁徙通常在春秋两季进行，迁徙时的飞行高度一般不超过 1000 米。

鸟类是大自然的组成部分，在维持生态系统的稳定性方面具有重要作用。大多数鸟类在消灭农林害虫和害鼠方面有特殊的贡献，是保护和净化环境、维持生态平衡的积极因素。有些鸟类（如蜂鸟）嗜食花粉和花蜜，能传播花粉；有些鸟类（如斑鸠）能传播植物种子；

绝大多数鸟类在生活史的不同阶段以昆虫为主食。少数鸟类可传播人与家禽共患的传染病（如鹦鹉热）等。

企鹅

企鹅 鸟纲一目。一类没有飞翔能力但善于游泳和潜水的海鸟。主要栖息在南极，以及南非到南美西部沿岸海域。世界上现有企鹅约 20 种。著名的种类有小企鹅、王企鹅、帝企鹅等。企鹅腿短，足有 4 趾，有蹼相连，游泳时起舵的作用；全身覆盖羽毛，羽轴极短而宽，很像小鳞片；皮下脂肪甚厚；前肢变成鳍足，在水中游泳时起推动作用。企鹅主要生活在海洋里，只有繁殖时才来到岸上。常在岩石上作跳跃式行走，因立时昂首如企望状，故得名“企鹅”。企鹅常大群穴居，主要以捕食鱼、虾、乌贼等为生。企鹅繁殖期交配是在南极的黑夜进行，天亮前雌鸟产卵 1 枚，置于冰上。孵卵期约 56 天。常由雄鸟或雌雄共同孵卵。企鹅的天敌是南极的海豹、海狗、贼鸥和美洲鹫等，它们常常打破企鹅的卵或捕食其幼鸟。

朱鹮 鹳形目鹮科朱鹮属的一种。又称朱鹭、凤头鹮、朱脸鹮、红鹤。东亚地区的特产种。曾分布于中国、日本、朝鲜半岛及俄罗斯远东地区，现仅存于中国。

体型和大小似白鹭，但嘴下曲，飞行时长颈伸直向前，有别于鹭类。雄性体色白，上下体的羽干及翅、尾等均泛粉红色；颈部有若干羽毛延伸为矛状，形成羽冠，耸立时色泽鲜艳；头顶、额、眼周和嘴基均裸露且呈朱红色；嘴呈黑色，端部呈朱红色；跗跖和下胫裸露部分呈亮红色。雌鸟在繁殖期背部有鲜蓝色粉状渲染，两翅粉红色较淡，第 1 ~ 5 枚初级飞羽端部灰褐色。

朱鹮生活在水边。平时栖于高树上，觅食时才落于地面或田中。以小鱼、蛙、蟹和水生昆虫为食。鸣声似乌鸦。飞行时两翅扇动徐缓而有力。夏季繁殖期间在栎、白杨或松树上营巢，离地 5 ~ 10 米。巢皿状，以枯蔓及树枝筑成。每窝产卵 2 ~ 4 枚。卵呈淡青绿色，上布浓密污褐色斑点。

20 世纪 20 ~ 30 年代，朱鹮在中国曾广泛分布，东自兴凯湖，西抵甘肃中部，南至安徽、浙江，偶见于福建、台湾等省和海南岛。1960 年以后绝迹，直到 1981 年，才在陕西省洋县海拔 1200 ~ 1400 米的树林中重新被发现。后经抢救性保护及人工饲养、繁育，截至目前，中国的朱鹮种群数量发展到 2600 余只。但因分布区狭小，种群数量稀少，仍为世界极危物种。属中国国家一级保护动物。

火烈鸟 鹳形目红鹳科红鹳属的一种。著名观赏鸟。又称大红鹳。分布于地中海沿岸，东达印度西北部，南抵非洲，也见于西印度群岛。体型大小似鹳；嘴短而厚，上嘴中部突向下曲，下嘴较大成槽状；颈长而曲；脚极长而裸出，向前的 3 趾间有蹼，后趾短小不着地；翅大小适中；尾短；体羽呈白色兼有玫瑰色，飞羽呈黑色，覆羽呈深红色，诸色相衬，非常艳丽。栖息于温热带盐湖水滨，涉行浅滩，以小虾、贝类、昆虫、藻类等为食。觅食时头往下浸，嘴倒转，将食物吮入口中，把多余的水和不能吃的渣滓排出，然后徐徐吞下。性怯懦，喜群栖，常万余只结群。红鹳以泥筑成高墩作巢，巢基在水里，高约0.5米。孵卵时亲鸟伏在巢上，长颈后弯藏在背部羽毛中。每窝产卵1～2枚。卵壳厚，呈蓝绿色。孵化期约1个月。雏鸟初靠亲鸟饲育，逐渐自行生活。

鸿雁 雁形目鸭科雁属的一种。又称原鹅、大雁。家鹅的原祖。分布于西伯利亚和中国。

鸿雁栖息于河川、沼泽地带，夜间觅食植物，白天在水中游荡。春夏之间在中国内蒙古自治区东北部和黑龙江流域繁殖。它们在河中沙洲、湖中小岛或洼地的草丛中营巢，每窝产卵4～8枚，卵乳白色。秋季南迁，常结群飞行高空，列成“V”形，不时发出洪亮的叫声。在中国东部至长江中、下游以南地区过冬。

鸳鸯 雀形目鸭科鸳鸯属一种。中型游禽，分布于中国东部、印度、斯里兰卡、马来半岛和印度尼西亚。雄鸳鸯羽色华丽，头顶为金属翠绿色，一对帆状的“相思羽”竖立在背部两侧；雌鸳鸯羽色素雅，下体大都为白色，且没有相思羽。

鸳鸯

鸳鸯在繁殖期常见于湖泊和山溪中，往往成对生活、形影不离。中国文学中常以此比喻恩爱夫妻。其实，鸳鸯虽在繁殖期间雌雄偶居，但并非终生如此。鸳鸯以种子、茎、芽、果实、小鱼、蜗牛、昆虫等为食，善游泳，在溪边树洞中营巢。雏鸟孵出后，能从树洞口跃入下面的溪水，自行游泳觅食。

天鹅 雁形目鸭科一属。鸭科中个体最大的类群。每逢春末夏初，冰雪消融，大地复苏，旅居在印度、缅甸、巴基斯坦甚至远到红海和地中海沿岸诸国的天鹅，不远千里，成群结队地飞到中国巴音布鲁克天鹅湖自然保护区，筑巢、换羽、求偶、生儿育女、栖息繁衍。全世界有5种天鹅，中国有大天鹅、小天鹅和疣鼻天鹅3种。大天鹅和疣鼻天鹅均在中国繁殖和越冬；小天鹅繁殖于欧亚大陆的极北部，迁徙时途经中国东北、内蒙古和华北，在长江中、下游和东南沿海地区越冬。

天鹅的颈修长，超过体长或与身躯等长，姿态优美。疣鼻天鹅是天鹅中最美丽的，嘴赤红，前额有一黑色疣突。夏季见于中国北方草原和荒漠地区的湖泊、水库中，一般成对活动，在水面上常把颈弯成“S”形，并拱起蓬松的翅膀。它们以蒲根、野菱角和藻类为食，也挖食莲藕等。9月下旬开始南迁，一般列队为6～20只。

鹰 隼形目鹰科鹰属种类（真鹰）的统称。分布于6个主要的大陆地区。亦包括苍鹰和雀鹰。广义的鹰指小型至中型的白昼活动的猛禽，包括鹰科的鸢、鵟和鹞等。大多数种类营巢于树上，但有些种类营巢于多草的地面，其余种类营巢于悬崖上。每窝产3～6枚卵，卵具褐色斑点。通常以小型哺乳类、爬行类和昆虫为食，偶尔捕食家禽和小型鸟类。常搜索或穷追猎物以防逃逸，一旦用强有力的爪抓住猎物，便用尖而强壮的喙将其撕碎。

条纹鹰体长约30厘米，背部灰色，腹部具细窄的锈色横斑。库珀氏鹰貌似条纹鹰而较大，体长50厘米，尾长，翅圆形，飞行低而迅速，十分灵活；以鸟类和小型哺乳动物为食。鵟翅宽，尾宽，善高飞。红尾鹰体长约60厘米，通常背部淡褐色，腹部稍淡，尾赤褐色；主要捕食啮齿类和其他小型哺乳动物、鸟类、爬行动物等。赤肩鹰体长约50厘米，体羽呈红褐色，腹部具密集的横斑。黑鹰尾短，翅特宽，黑色；以蛙、鱼、蟹及其他水生动物为食。宽翅鹰大小如乌鸦，体呈灰褐色，尾具黑白带斑。

孔雀 鸡形目雉科孔雀属鸟类的统称。全世界共有2种，即绿孔雀和印度孔雀（又称蓝孔雀）。均分布于亚洲热带和亚热带常绿阔叶林和混交林中。

绿孔雀属大型鸟类，全长180～230厘米。羽色艳丽，具长尾羽。雄孔雀发情时，特长的尾上覆羽展开，形成尾屏，称为孔雀开屏。喜活动于林间空地和溪流旁边，常成群活动。食性较杂。通常营巢于灌丛或草丛中，巢简陋。每窝产卵5～6枚，卵色淡，无斑。孵化期为27～30天。

孔雀

丹顶鹤 鹤形目鹤科鹤属的一种。又称仙鹤，它全身大部分羽毛为白色，头顶有一块皮肤裸露，成年鹤的这块皮肤呈朱红色，故得名。丹顶鹤腿又细又长，适于在近水浅滩或沼泽地中行走；喙和颈较长，适于捕食水中的鱼、虾和软体动物；鸣声响亮，飞翔力强，飞翔时颈和腿都伸直，姿态安闲优美。丹顶鹤产在中国黑龙江和青海，是夏候鸟，冬季迁飞到长江下游、江苏沿海等地越冬。现在丹顶鹤的数量稀少，是国家一级保护动物。黑龙江扎龙已设立了自然保护区，由于扎龙保护区科技人员的不断努力和精心饲养，丹顶鹤的人工繁殖已获成功。

丹顶鹤

海鸥 鸥形目鸥科海鸥属鸟类的统称。中型水禽。几乎遍布全球水域。嘴直而尖。背羽以灰色为主，少数有褐、黑色。

海鸥

前3趾具蹼，后趾短。栖息于海洋、河流、湖泊、沼泽等水域。主要以小鱼、甲壳类、软体动物、昆虫等为食。营巢于海边的小岛上、内陆湖边缘地带、沼泽区域或河岸附近。繁殖期为每年的4～7月，每窝产卵2～5枚，孵化期为22～28天。中国沿海常见种类有黑尾鸥、银鸥、红嘴鸥等。黑嘴鸥和遗鸥被列入世界濒危鸟类名录。

鹦鹉 鹦形目鹦鹉科鸟类的统称。有78属，分布于亚洲南部、大洋洲、非洲、中美洲和南美洲。中国有7种，分布于西藏南部、四川南部、云南、广东、广西。体长8～99厘米。嘴甚短强；上嘴钩由而具蜡膜，能向上活动；嘴钩内有锉状构造；舌多肉质而柔软。翅形稍尖。尾长短不一。跗跖短健，被以细鳞。前后皆两趾，适于攀树。体羽常为绿色，或绿蓝和红色等，非常艳丽。雌雄相差不多，幼鸟与雄鸟相似。

不同种类的鹦鹉

猫头鹰 鸮形目鸟类的俗称。夜行性猛禽。因面形似猫，故名。头部具有脸盘，眼大而圆。白天多匿伏于树洞、岩穴或浓密的草丛中，夜间捕食。主要以昆虫、鼠类、蜥蜴、蛇类、鱼和小鸟等为食。繁殖期为3～7月，营巢于树洞、岩洞中，或抢占喜鹊、乌鸦等鸟类的巢，偶见营巢于地面。

猫头鹰

蜂鸟 雨燕目蜂鸟科鸟类的统称。因飞行时两翅振动发出的嗡嗡声而得名。分布于拉丁美洲，北至北美洲南部，并沿太平洋东岸达阿拉斯加。

所有鸟类的新陈代谢都是非常快的，体型最小的蜂鸟表现得更突出。蜂鸟的正常体温是43℃，心跳每分钟达

蜂鸟

615 次。每昼夜消耗的食物重量比它的体重还多 1 倍。

蜂鸟是世界上最小的鸟，因此只能和昆虫一样，用极快的速度振动双翅才能在空中飞行。最小的蜂鸟双翅振动的速度达 50 次 / 秒。飞翔时，蜂鸟两翅急速拍动，快速有力而持久。它们善于持久地在花丛中徘徊“停飞”，常吮食花瓣中的花蜜，同时也捕捉花丛中的小昆虫为食。

啄木鸟

啄木鸟 䴕形目啄木鸟科鸟类的统称。全世界有 217 种，除大洋洲和南极洲外，均可见到。中国有 27 种，各地均有分布。嘴强直如凿；舌长而能伸缩，先端列生短钩；脚稍短，具 4 趾，2 趾向前，2 趾向后；尾呈平尾或楔状，羽干坚硬富有弹性，在啄木时支撑身体。啄木鸟除消灭树皮下的害虫外，其凿木的痕迹可作为森林“卫生伐”的评判标准之一，因而啄木鸟被称为“森林医生”，是著名的森林益鸟。在中国属国家保护动物。

燕子 雀形目燕科鸟类的俗称。典型的迁徙鸟。世界有 20 种燕子，中国有 4 种，其中以家燕和金腰燕等比较常见。繁殖结束后，幼鸟仍跟随成鸟活动，并逐渐集成大群，在第一次寒潮到来前南迁越冬。

燕子翅尖长，尾叉形。背羽大都为蓝黑色，因此古时把它称为玄鸟。翅尖长，善飞，嘴短弱，为典型食虫鸟类的嘴型。脚短小而爪较强。中国常见的家燕前腰栗红色，后胸有不整齐横带，腹部乳白色；金腰燕腰部栗黄色，下体有细小黑纹，易与家燕区别。两者习性相似，但大都栖息于山地村落间。

燕子一般在 4 ~ 7 月繁殖。家燕在农家屋檐下营巢，巢是把衔来的泥和草茎用唾液黏结而成的，内铺以细软杂草、羽毛、破布等，还有一些青蒿叶。燕子每年繁殖 2 窝，雌雄共同孵卵，14 ~ 15 天幼鸟出壳，亲鸟共同饲喂。雏鸟约 20 天出飞，再喂 5 ~ 6 天，就可自己取食。食物均为**昆虫**。

喜鹊 雀形目鸦科鹊属的一种。喜鹊栖息于阔叶林内，在旷野和田间觅食，尤

喜鹊

喜在居民点附近活动。除秋季结成小群外，全年大多成对生活。喜鹊为杂食性鸟类，繁殖期捕食**蝗虫**、蝼蛄、地老虎、金龟子、蛾类幼虫及蛙类等小型动物，有时盗食其他鸟类的卵和雏鸟，也吃瓜果、谷物、植物种子等。在高树、烟囱、输电铁塔上营巢。巢呈球状，以枯枝编成，内壁填以厚层泥土，内衬草叶、棉絮、兽毛、羽毛等，每年将旧巢添加新枝修

补使用。喜鹊为多年性配偶。每窝产卵5～8枚。孵化期18天左右。雏鸟为晚成性，双亲饲喂1个月左右方能离巢。小型猛禽红脚隼常争占喜鹊的巢。

乌鸦 在中国等国家理解为雀形目鸦科鸦属所有种类的统称，包括雀形目鸦类中最大的种渡鸟。在欧美一些国家则认为是雀形目鸦科鸦属40多个种中20多种黑色的、嘴不厚实的鸟类的统称，不包括渡鸟等在内。体羽大多黑色或黑白两色，黑羽具紫蓝色金属光泽。秃鼻乌鸦在中国东部至东北部广大平原地区高树上营群巢。白颈鸦在华北以南平原至低山的高树上筑巢。寒鸦为中国北方广大山区和近山区常见的小型乌鸦，喜在崖洞、树洞、高大建筑物的缝隙中筑巢。大嘴乌鸦在中国东北以南的广大山区繁殖，体形较大，嘴粗壮，通体黑色。渡鸦是乌鸦中个体最大的，通体黑色，嘴形甚粗壮，在西藏自治区海拔3000米以上的高原和山区岩缝中筑巢。秃鼻乌鸦、寒鸦、大嘴乌鸦为中国东部和北部城市内冬季的主要混群越冬鸟类。

麻雀 雀形目雀科鸟类。全世界共有19种麻雀，广泛分布于美洲、欧洲、亚洲、非洲各地。在中国有7个亚种，广泛分布于全国各地。

麻雀与人类伴生，栖息于居民点和田野附近，白天四处觅食。翅短圆，不耐远飞；鸣声喧噪；主要以谷物为食。当谷物成熟时，麻雀结成大群飞向农田掠食谷物。平时在粮库、场院和居民点啄食晾晒的谷物或地上的遗粒。

繁殖期食部分昆虫，并以昆虫育雏。繁殖力强。在北方，3～4月开始繁殖，每年至少可繁殖2窝。在南方，几乎每月都可见麻雀繁殖雏鸟。巢简陋，以草茎、羽毛等构成，大都建在屋檐下和墙洞中。

哺乳动物 *脊椎动物*中身体构造最复杂、最高等的类群，通称兽类。它们由*爬行动物*演化而来，具有许多进步的特征，形成了一系列完备而复杂的形态结构和生理功能，特别是脑的高度发达，能够广泛适应于陆栖、穴居、飞翔、水栖等多种生活方式，成为现今自然界中占优势的类群。

哺乳动物体表被毛，牙齿有门齿、臼齿和犬齿的分化，体腔内有肌肉质的膈将体腔分为胸腔和腹腔两部分，用肺呼吸，心脏分为4个腔，体温恒定，胎生（单孔目例外）和哺乳。哺乳动物的种类很多，全世界有4200多种。根据躯体结构和功能的不同哺乳纲分为3类：一是原兽类，现存哺乳类中最原始的类群，现仅存1个目即单孔目，分布于澳大利亚及其附近的岛屿上，其典型代表是*鸭嘴兽*和针鼹；二是后兽类，比较低等的哺乳动物类群，仅有有袋类，有200多种，主要分布在澳大利亚和南美洲草原地带，典型代表有大袋鼠；三是真兽类，又称有胎盘类，是最高等的动物类群。哺乳动物种类繁多，分布广泛。现存哺乳类动物中绝大多数种类属于真兽类，约占哺乳动物总数的95%。主要特征是有真正的胎盘；胎儿发育完善后再产出；出生后能吮吸乳汁，乳腺充分发育、有乳头，大脑皮层发达；有良好的体温调节机制，体温常恒定在37℃左右。人类就属于真兽类哺乳动物。

鸭嘴兽 单孔目鸭嘴兽科鸭嘴兽属唯一种。从鸟类到哺乳动物之间的过渡型动物。成年鸭嘴兽的嘴像鸭嘴，故名鸭嘴兽。鸭嘴兽产于澳大利亚东部及塔斯马尼亚，是适应水陆两栖生活的兽类。它的身体呈流线型，体长30～45厘米，尾长10～15厘米，全身裹着柔软而浓密的褐色短毛，尾巴扁而阔；前、后肢有蹼和爪，适于游泳和掘土；后脚上有一根突起的角质距，能分泌毒液，用来攻击对手。鸭嘴兽常栖居于溪流和湖泊的岸边，洞穴有两种类型，一是普通的居住洞，一是雌兽为繁殖而建造的深而复杂的巢洞。常在清晨或黄昏出洞活动，主要在水底觅食，以蠕虫、水生昆虫和蜗牛等为食。潜水时，鼻、眼、耳都关闭，只靠喙的触觉就能找到食物。繁殖时，雌鸭嘴兽每次产卵2枚，幼兽从母兽腹面濡湿的毛上舐食乳汁。

鸭嘴兽是非常古老的动物，历经亿万年既未绝灭也没有多少进化，始终在“过渡阶段”徘徊，令人感到奇特又神秘。人类为得到鸭嘴兽珍贵的皮毛和制作标本，多年来滥捕，使种群严重衰落，曾一度濒临绝灭。

袋鼠 袋鼠目袋鼠科动物的统称。前肢短小，后肢特别长，善于跳跃。袋鼠属夜间生活的动物，通常在太阳下山几个小时后才出来寻食，在太阳出来不久就回巢。袋鼠是澳大利亚特有的有袋类动物。通常以群居为主，有时一群可多达上百只。袋鼠每年生殖1～2次。小袋鼠出生后，本能地用前肢抓住妈妈腹部的毛，爬到育儿袋内吃奶。大约8个月后，小袋鼠才能离开育儿袋独立生活。袋鼠以低矮的小草为食，个别种类的袋鼠也吃树叶或小树芽。袋鼠分为9个类群，即鼠袋鼠、兔袋鼠、甲尾袋鼠、树袋鼠、岩袋鼠、小丛林袋鼠、丛林袋鼠、新几内亚林袋鼠和大袋鼠。

袋鼠

考拉 树袋熊科树袋熊属一种。又称无尾熊、树袋熊、树熊。“Koala”是澳大利亚土著居民的方言，意思是“不喝水”。分布于澳大利亚东南部干旱森林中，只吃桉树叶。耳有毛丛，鼻子裸

考拉

露，无尾巴。具有一对朝前的眼睛，前肢共有5指，类似人手，但有2个拇指；后肢共有4趾，其中1趾与其他3趾分离成90° 角，这些利于考拉攀附树干、抓痒和梳毛。雌考拉身体有育儿袋，可供婴儿栖息，幼崽出生时仅约5.5克，在袋内哺乳6个月，以后数月骑在母亲背上继续成长。成年体重8 ~ 10千克。喜欢独处生活，夜间活动。

鼹鼠 食虫目鼹科动物的统称。约17属42种。分布于欧洲、亚洲和北美洲。中国有9属17种，东部地区常见麝鼹鼠，在西南地区种类较多。形如圆筒，

欧洲鼹鼠

头尖，吻部尖长，臼齿具发达的齿尖，耳、眼均不明显，颈部不分明，肢短，4足十分发达。一般覆毛极其细密，似天鹅绒，无毛向，适于在洞道中进退。绝大多数挖洞道营穴居生活。平时孤栖，但几个鼹鼠可共用一个巨大而复杂的洞道系统，终年昼夜活动，无冬眠。取食地下的蠕虫、昆虫幼虫、各类无脊椎动物等，少数兼食植物。半水栖者以水生昆虫、甲壳类、软体动物和小鱼为食。在地下筑巢产仔，年产1 ~ 2胎，每胎1 ~ 7仔。有强烈气味，可能以此自卫。

蝙蝠 翼手目小蝙蝠亚目动物的统称。种类繁多，全世界已知约有950种，中国有80余种。

蝙蝠

蝙蝠的翼由连在前肢、后肢、尾部之间的皮肤构成，没有羽毛；前肢5指，后肢5趾，能倒悬栖息。它的骨很细很轻，胸肌发达，牵引前肢，使蝙蝠能在空中飞翔。蝙蝠的听觉很灵敏，视力很差。在茫茫夜色里，蝙蝠能俯冲滑翔，侧身折返，非常敏捷。这是因为蝙蝠飞行的时候，由口里发出高频率的超声波，超声波碰到前面的物体时折回来，由耳郭收集，用来探察食物和在飞翔中躲避障碍物。蝙蝠这种回声定位的分辨力很惊人，能明确地分辨出是昆虫或是障碍物，并能准确无误地捕食空中的小昆虫。蝙蝠也能落在树上或地上，用爪抓住附着的物体，缓缓地移动。蝙蝠是胎生动物，每到夏季，蝙蝠生出1 ~ 2仔发育相当完全的小蝙蝠，出生的幼体长满了绒毛，用爪牢牢地挂在母体的胸部吸乳，在母体飞行时也不会掉下来。

在蝙蝠繁多的种类中，有的种类头部似狐，个体较大，以果子为食；有的种类头部似鼠，个体较小，以昆虫为食；还有一种吸食牲畜和人血的美洲吸血蝠。每年冬天，有的蝙蝠像候鸟那样迁徙，有的则留居原地进入冬眠。蝙蝠能捕食大量害虫，一只蝙蝠一昼夜可捕食3000多只昆虫，大多数蝙蝠是有益动物，应当加以保护。

食蚁兽　贫齿目食蚁兽科动物的统称。共3属4种。大食蚁兽分布在中、南美洲，体长100～130厘米，喉部、肩部具黑色楔形条纹，其边缘镶以白色；斑颈食蚁兽产于墨西哥、巴拉圭和秘鲁，体长50～60厘米，尾可卷缠，喉部和肩部黑斑在颈部成项圈状；小食蚁兽见于墨西哥、特立尼达和多巴哥、巴西、秘鲁，体型最小，体长仅15～18厘米，尾亦具缠绕性。头骨细长而脆弱，无齿；吻部尖长，嘴管形；舌可伸缩，并富有黏液，适于舐食昆虫；耳小而圆；前肢力强，第3指具特别发达并呈镰刀状的钩爪，后肢4～5趾亦具爪。

食蚁兽

食蚁兽习性各异。大食蚁兽主要栖于潮湿的森林和沼泽地带，白天或晚上活动，善游泳；斑颈食蚁兽栖在树上，也常下地；小食蚁兽树栖。后两种日间多隐蔽在密林或躲在树洞里，夜间出来觅食，常用前爪捣毁蚁巢，以蚂蚁、白蚁及其他昆虫为食。为世界性保护动物。

树懒　贫齿目树懒科动物的统称。共2属5种，中、南美洲特产。头短圆，耳小并隐于毛内；尾短；前肢2～3指，后肢3趾，均具可屈曲的锐爪，前肢长于后肢；胃分数室；全身毛色灰褐，蓬松长厚，因附着有藻类植物，外表呈现绿色。

终年栖居树上，用爪钩住树枝倒挂身躯，并在树上移行，可防备食肉兽的袭击，天敌为蟒蛇和猛禽。嗅觉灵敏，视觉和听觉不很发达。夜行性，以树叶、果实为食，但三趾树懒专吃桑科植物叶子。能忍饥一个月。多数种类春季繁殖。每胎1仔。某些种的寿命达11年。

穿山甲　鳞甲目穿山甲科穿山甲属的一种。又称中华穿山甲。分布于缅甸北部、中国南部、印度东部、老挝、尼泊尔、泰国北部、越南北部。头身长45～60厘米，尾长25～40厘米。外耳相对发达，眼相对较大。前爪强大。成体鳞暗褐色到黑褐色，幼体鳞紫褐色，毛和无鳞的皮肤从灰白色到带褐的白色。通常尾端下面具裸垫。幼体出生时头身长约15厘米，尾长约8厘米。1996年被列入《濒危野生动植物物种国际贸易公约》（CITES）附录Ⅱ。

穿山甲

家鼠 啮齿目鼠科大家鼠属和小家鼠属中一些种类的统称。又称老鼠。眼睛小，视力很差，耳郭不大，听觉却很灵敏，能够听到轻微的声音，稍有声响便立刻躲藏起来。嗅觉发达，能循着气味找到食物。口旁有触须，触觉也灵敏。

家鼠的上下颌各有一对门齿，一周可以长出几毫米。家鼠用啃咬硬物的方式来磨掉不断生长的门齿。这种现象完全是由门齿不断生长而引起的一种生物学上的适应，却给人类带来极大的危害。家鼠的繁殖力极强，幼鼠两三个月即达到性成熟，生殖机能可维持一年半到两年。在生活条件良好的情况下，一年四季都可以交配繁殖。性成熟的雌鼠一年中一般可以生五六窝，每窝产幼仔三四只到十几只。

家鼠对农作物及粮仓、器皿、电缆等都可造成严重破坏。全世界每年鼠害给农作物造成的损失，其价值相当世界谷物价值的20%左右。家鼠还把某些动物的传染病传给人，必须大力捕杀。在用鼠药和灭鼠工具灭鼠的同时，要注意保护鼠类的天敌，如家猫、蛇、黄鼬、猫头鹰等。

松鼠 啮齿目松鼠科中一类动物的统称。35属212种，全世界分布。中国有11属24种，其中岩松鼠和侧纹岩松鼠是中国特有动物。体形细长，大小因种类而异，尾长接近于体长，尾多毛，四肢强壮。毛色差异很大，且随季节变化。有树栖和地栖种类。树栖种类在树上筑巢或利用树洞栖居，不冬眠；地栖种类居于地穴，有冬眠或夏眠现象。善于攀爬和跳跃，行动敏捷。以坚硬的种子或针叶树的嫩叶、芽为食，也吃蘑菇、浆果等，有时吃昆虫的幼虫、蚂蚁卵等。有贮备食物越冬的习性。每年春、秋季换毛。年产仔2～3次，每次产仔4～6只。因森林面积减少，数量显著降低。

松鼠

鲸 哺乳纲鲸目的大型海兽。终生生活在海洋中，适应水中的生活环境，外形很像鱼，所以俗称鲸鱼。鲸的头部和躯干部紧紧连在一起，没有颈部；尾部逐渐变细，末端化为尾鳍；前肢变成鳍，后肢已退化。这种体形适合在水中游泳。体表光滑无毛，游泳时可以减少阻力。皮下有很厚的脂肪层，可用来保持体温。鲸用肺呼吸，心脏分4个腔，体腔内有膈，体温恒定，胎生，哺乳。这些特征说明鲸是哺乳动物，与卵生的鱼完全不同。鲸的种类很多，一般分为须鲸和齿鲸。须鲸口腔中没有牙齿，有角化形成的梳状须，头骨上方有一对鼻孔。须鲸性情较温和，以浮游性小虾、小鱼为食。如蓝鲸、长须鲸、鲤鲸等。须鲸的所有物种都曾是猎捕对象。到20世纪中叶时，过度捕猎使露脊鲸、灰鲸、蓝鲸等几乎绝灭，大翅鲸、长须鲸、塞鲸等数量急剧下降。齿鲸口腔中有牙齿，头骨上方有1个喷水的鼻孔，这是它们赖以呼吸的通道。个体一般比须鲸类小，有的性情残暴，嗜食大型动物。如虎鲸、抹香鲸等。

鲸

海豚 鲸目齿鲸亚目海豚科动物的统称。海洋哺乳动物中种类最多的科。全世界有 17 属约 36 种。分布于全球的海洋，在热带和暖温带海域种类最多。身体呈纺锤形，前脚鳍化，背部有三角形背鳍，吻部细长而突出，上下颌各有 40 ~ 50 枚尖而小的牙齿，但不能咀嚼食物，以小鱼、虾、蟹及乌贼等为食。

海豚

海豚游泳的速度很快，每小时可达 70 千米。它们喜欢群居，常数十头或数百头聚集在一起，活动时列队蜂拥而来。海豚具有精密的声呐系统，能准确无误地识别目标。许多科学家正在探索海豚回声定位的奥妙，以改进人造声呐系统。海豚没有声带，不能从嘴里发声，声音是从头部的瓣膜和气囊系统发出来的。海豚发出的声音有“滴答”声、“嗡嗡”声和口哨声等多种多样的声音，有科学家认为这是海豚自己的“语言”。

海豚的人工饲养已有近百年历史，由于在海洋公园和水族馆中的表演（主要是瓶鼻海豚），使海豚成为公众最熟悉的动物之一。经过训练的海豚可以参加水下救生，打捞海底沉物，给水下工作人员传递信息等，是人们的得力助手。海豚广泛分布于太平洋、大西洋和印度洋等温带和热带海域。

白鳖豚 鲸目白鳖豚科白鳖豚属的唯一现生种。又称白鳍豚、白旗。中国特产的淡水齿鲸类动物。分布于长江中、下游。有“长江女神”“水中大熊猫”之称。雌性成体最大体长约 2.5 米，雄性成体约 2.3 米。喙狭长而稍微上翘，额隆圆，眼很小，呼吸孔纵位，呈椭圆形。低三角形的背鳍位于从吻端向后约 2/3 体长处。鳍肢宽而梢端钝圆。体上面主要呈蓝灰色或灰色，体下面呈白色。在头和颈的侧面从眼至鳍肢形成灰色和白色相间的波状分界，白色部分在鳍肢前向上伸入灰色部分，形成两个显著的白色斑。每侧上下颌各有 31 ~ 36 枚圆锥形的齿。

白鳖豚的眼睛因长江水混浊而退化，像两粒绿豆位于口角后上方。耳也退化了，没有外耳，只有针眼般大小的耳孔，但白鳖豚独特的发声和接收回声定位的能力，替代了眼、耳器官，它利用本身的声呐系统来识别物体，探测食物。白鳖豚的大脑很发达，重量与黑猩猩大脑接近，有一定的记忆能力，是一种非常聪明的动物，以鱼类为食，受到攻击时能发出似水牛叫那样的低沉鸣声。

白鳖豚是现存鲸类中最古老而原始的种类，是研究鲸类演化、系统发育的珍贵动物，被列为国家一级保护动物。由于它大脑相当发达，声呐系统极为灵敏，因而在仿生学、生理学、动物学、军事学等方面都有重要的科学研究价值。中国曾成功地人工饲养了一头名唤“淇淇”的白鱀豚。

大熊猫 食肉目大熊猫科的单属单种。中国的特产，以稀有珍奇而驰名世界。大熊猫的家族非常古老，曾经和大熊猫同一时期的动物，早已绝灭并成为化石，而大熊猫一直生存至今，因此有“活化石”之称。大熊猫数量十分稀少，而且只分布在中国四川西北部、陕西和甘肃南部地区，是经历了百万年后遗留下来的珍奇动物。大熊猫虽属食肉兽，却喜素食。调查表明：它们取食的植物有50多种，偶尔也吃动物，但主要食物为少数几种细小的箭竹类植物，每天要吃15～20千克嫩竹，尤喜吃这些竹类的笋和较青嫩的茎、叶。

大熊猫因身体肥胖，外形像熊而得名。身上毛色黑白分明，眼周、耳、前后肢和肩部黑色，其他部分都是白色。身长约1.5米，体重100～180千克。四肢差不多长短，爬树很敏捷。生活在海拔2000～4000米高山有竹丛的树林中。大熊猫自卫能力很弱，听觉、视觉都很迟钝，嗅觉稍好些，从不主动攻击其他动物，不怕生人，往往跑到人们居住的地方去。如今，大熊猫在自然界的数量日趋减少，有濒临绝灭的危险。现在大熊猫是中国一级保护动物，也是世界稀有动物中的重点保护对象。中国已设立大熊猫自然保护区，以及采取一系列措施对大熊猫加以保护。

黑熊 食肉目熊科黑熊属的一种。又称狗熊。分布于东亚的森林区域，从乌苏里地区向南到柬埔寨、越南，向西经过喜马拉雅山麓到克什米尔、阿富汗。体形肥大，长1.7～1.9米，尾巴很短，体重约150千克，全身体毛黑色，颈和肩部毛较长。由于视力较差，东北人称它“黑瞎子”；胸部有一半月形白纹，所以南方人称它“月牙熊”。黑熊栖居在山林之中，多在白天活动，一般不结群。杂食性动物，对蜂蜜特别感兴趣。黑熊的爪子长而尖利，不能收缩，却很灵活，所以能爬树。它的足掌能像人手一样握物，像锄头一样掘穴。黑熊是冬眠动物，每年9～11月，黑熊便开始大量吃喝，为冬眠储备能量。然后躲进干燥的树洞或岩洞开始冬眠，直至次年3月。冬眠期间不吃不喝，每隔一段时间会醒来晒晒太阳以保持体温。

黑熊

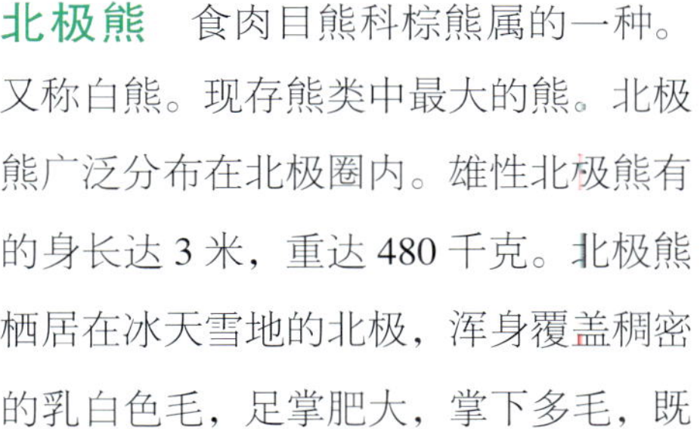

北极熊 食肉目熊科棕熊属的一种。又称白熊。现存熊类中最大的熊。北极熊广泛分布在北极圈内。雄性北极熊有的身长达3米，重达480千克。北极熊栖居在冰天雪地的北极，浑身覆盖稠密的乳白色毛，足掌肥大，掌下多毛，既

北极熊

保暖又可防止在冰雪上滑倒。北极熊性情凶悍，特别是带仔的母熊更厉害。主要猎食海豹、幼海象和沿岸搁浅的鲸。北极熊虽然外表蠢笨，但擅长游泳。当海豹在冰块上晒太阳时，北极熊就以出色的游泳技巧，悄悄地泅水过去，待其不防，一掌打去，使海豹粉身碎骨。北极熊从不冬眠或很少冬眠，性耐寒。冬天吃肉，夏季来临就吃植物。

狐 食肉目犬科中几个狐属动物的统称。狭义上是对几种名贵毛皮狐种的统称。约有13种，分布在欧洲、亚洲及北美洲。中国主要产赤狐、藏狐和沙狐等。狐体形较小，鼻吻部较细长，四肢短，尾长且蓬松。人工养殖的种类主要有狐属的赤狐、银黑狐（赤狐的野生毛色突变型）和北极狐属的北极狐。

北极狐

赤狐（又称狐狸、红狐、草狐）分布于北半球除热带以外的一切地区。体型中等，细长，体长约80厘米，重4 ~ 6.5千克。吻尖，耳大，尾长略超过体长之半。毛色因季节和地区不同而有较大变异。寿命约12年。北极狐分布于北极圈以内，以及阿拉斯加和西伯利亚等地。有白色（白狐）和浅蓝色（蓝狐）两种。体型比赤狐小，四肢短，尾长25~30厘米。公狐体重5.5 ~ 7千克，母狐4.6 ~ 6千克。寿命8 ~ 10年。

狼 食肉目犬科犬属的一种。分布于欧亚大陆和北美洲。中国除台湾、海南以外，各省区均有分布。外形和狼狗相似，但吻略尖长，口稍宽阔，耳竖立不曲，尾挺直状下垂，毛色棕灰。中国北方的狼体长1 ~ 1.5米。栖息范围广，适应性强，凡山地、林区、草原、荒漠、半沙漠以至冻原均有狼群生存。夜间活动。嗅觉敏锐，听觉良好。极善奔跑，常采用穷追方式获得猎物。杂食性，主要以鹿类、羚羊、兔等为食，有时亦吃昆虫、野果或盗食猪、羊等。每年1 ~ 2月交配，常发出长嚎，以吸引异性。每胎产4 ~ 7仔。狼在牧区常危害羊群，所以牧区常开展打狼活动以保护牲畜。事实上狼对野生动物种群的健壮发展及控制种群数量的过量增长起着重要作用。因此，《濒危野生动植物物种国际贸易公约》（CITES）把数量已很稀少且产于不丹、印度、巴基斯坦和尼泊尔的狼种群列入附录Ⅰ，其余分布区的种群全部列入附录Ⅱ，给予积极保护。

虎 食肉目猫科豹属一种。为大型食肉兽。生活在高山密林，一般单独生活，不集群。虎全身长满金黄色或橙黄色的毛，有的种类前额有似“王”字的斑纹，有的体表生有黑色美丽的花纹。虎的体型威武，四肢强健，趾（指）端长着能伸缩的利爪。虎经常在黎明和黄昏时分出来，悄悄潜伏在树丛中，等猎物靠近

生活在黑龙江东北虎林园中的东北虎

时突然跃起袭击，捕食鹿、野猪和麂子等动物。

现仅有 5 个亚种的野生种群残存于亚洲地区：孟加拉虎、苏门答腊虎、印度支那虎，以及中国的华南虎和东北虎。

华南虎 食肉目猫科豹属虎的亚种。中国特有种。原分布于华南、华中、华东、西南的广阔地区及陕南、陇东、豫西、晋南的个别区域，以湖南、江西数量较多。华南虎全身橙黄色并布满黑色横纹，胸腹部和四肢内侧的白色中杂有许多乳白色，斑纹较宽，色泽较深，体侧还常常带有菱形纹。华南虎主要生活在森林山地，常单独活动，不成群，喜夜间活动，嗅觉发达，行动敏捷，以野猪、鹿、狍等为食。在中国属一级保护动物。

金钱豹 食肉目猫科豹属的一种。豹的另称。因全身黄色并布满圆形或椭圆形黑环，形似古代铜钱而得名。雌雄毛色一致。栖息于山地、丘陵、荒漠和草原，尤喜茂密的树林或大森林。无固定巢穴。单独活动。白日伏在树上，或卧在草丛中，或在悬崖的石洞中休息，夜晚出来游荡。动作灵活，善于攀树和跳跃，胆量也大，敢于和虎同栖于一个领域，能攻击体型较大的雄鹿或凶猛的野猪等。主要猎食中、小型有蹄类动物，如鹿、狍、麝、羊等，也吃小型肉食动物，如狸、鼬等，偶尔捕食鸟和鱼。在中国被列为一级保护动物，被世界《濒危野生动植物物种国际贸易公约》（CITES）列入附录Ⅰ。

猎豹 食肉目猫科猎豹属的单型种。奔跑速度最快的猛兽，平均时速可达 100 ～ 120 千米，但不能持久。它们常栖于空旷的草原，以猎捕羚羊为食。除以高速追击的方式进行捕食外，也采取伏击方式，隐匿在草丛或灌木丛中，待猎物接近时突然窜出猎取。猎豹四肢细

华南虎

猎豹

长，爪较直，不像猫科动物那样能将爪全部缩进。体长 120 ~ 130 厘米，体重约 30 千克；尾长约 76 厘米；头小而圆。猎豹平时独居，仅在交配季节成对，也有由母豹带领 4 ~ 5 只幼豹的群体。由于人类长期的滥捕，印度、中亚等地已绝灭，在非洲南部、中部也已稀有，为世界珍稀动物。

狮 食肉目猫科豹属的一种。全身褐色，没有明显花纹。雄狮身长约 2 米，雌狮略小。雄狮从 2 岁开始在颈部、胸部、前肢腋部生出鬃毛，显得威风凛凛。狮在古代曾广泛分布于欧洲和中亚，但现在仅见于非洲。它们生活在林缘、灌木丛或小溪旁。狮的体色为保护色，与捕食生活相适应。狮的听觉、嗅觉灵敏，动作灵活，跳跃力强，能爬树，但不善于长跑。成年的雄狮多离群营独立生活。寿命约 20 年。狮外貌威武雄壮，有“兽中之王”的称号。狮在追捕猎物时，短距离内的奔跑时速约为 80 千米，最快时速可达 115 千米。以各种羚羊、斑马和疣猪等为食，偶尔捕食长颈鹿。亚洲狮喜食野猪。

狮子

海豹 鳍足目海豹科动物的统称。共 12 属 19 种。广泛分布于世界各大洋，在北半球寒带海域多，在南极和温带海域少。身体肥胖而圆，体形呈纺锤状；头圆，颈粗，头上无外耳壳；牙齿尖利；后肢和尾相连，永远向后，故上陆后不能步行。每胎产 1 仔，初生幼海豹遍体白色，为天然保护色。因数量减少，在中国已被列为保护动物。

海豹

象 长鼻目仅有的一科。亚洲象历史上曾广布于中国长江以南地区、南亚和东南亚，现分布范围已缩小，主要产于印度、泰国、柬埔寨、越南等国。中国云南省西双版纳地区也有小的野生种群。非洲象则广泛分布于非洲大陆。主要外部特征为柔韧而肌肉发达的长鼻，具缠卷的功能，是象自卫和取食的有力工具。象肩高约 2 米，体重 3 ~ 7 吨。头大，耳大如扇。四肢粗大如圆柱，支持巨大身体，膝关节不能自由屈曲。鼻长几与体长相等，呈圆筒状，伸屈自如；鼻孔开口在末端，鼻尖部有指状突起，能捡拾细物。上颌具 1 对发达门齿，终生生长，非洲象门齿可长达 3.3 米，亚洲象雌性长牙不外露；上、下颌每侧均具 6

个颊齿，自前向后依次生长，具高齿冠，结构复杂。每足5趾，但第1、第5趾发育不全。被毛稀疏，体色浅灰褐色。一般认为，现生的亚洲象、非洲象与早期原始的猛犸类动物关系甚近。

斑马 奇蹄目马科斑马属4种兽类的通称，因身上有起保护作用的斑纹而得名。斑马为非洲特产。南非的山斑马除腹部外，全身密布较宽的黑条纹，雄体喉部有垂肉。非洲东部、中部和南部有普通斑马，由腿至蹄具条纹或腿部无条纹。非洲南部奥兰治和开普敦平原地区有拟斑马，身长约2.7米，鸣声似雁叫，仅头部、肩部和颈前有条纹，腿和尾白色，具深色前脊线。东非有一种格式斑马，体格最大，耳长而宽，全身条纹窄而密，又称细纹斑马。

斑马

山斑马喜在多山和起伏不平的山岳地带活动；普通斑马栖于平原草原；细纹斑马栖于炎热、干燥的半荒漠地区，偶见于野草焦枯的平原。斑马生性谨慎，通常结成小群游荡，常遭狮子捕食。斑马是珍奇的观赏动物，由于人们追求其皮和肉曾被大量捕杀，其中拟斑马已于1872年绝迹，山斑马也濒临绝灭。

犀牛 奇蹄目犀科动物的统称。分布于印度、尼泊尔和孟加拉的印度犀是亚洲最大的独角犀。马来半岛、苏门答腊、爪哇、缅甸南部所产的爪哇犀身体略小，仅雄性具独角，前肩的皮褶伸展到背后，并与肩后的皮褶平行。苏门答腊、印度、缅甸、泰国所产的苏门答腊犀个体最小，雌雄两性均具双角。常见于非洲东部和中部的黑犀门齿阙如（无门齿），前角长达70～90厘米，后角少于40厘米。非洲东南部所产的白犀是最大的一种犀牛，体长达4米多，两性均具双角，雌性角长于雄性。栖息于低地或海拔2000多米的高地，生活区域从不脱离水源，以草类、树叶、嫩枝、野果、地衣等为食物。寿命30～50年。

犀牛是非常珍贵的动物，亚洲出产的犀牛角更是世界驰名的珍贵药材。由于大量捕杀使其数量骤减，分布范围不断缩减，《濒危野生动植物物种国际贸易公约》（CITES）已把全部犀科种类列为保护动物。

河马 偶蹄目河马科动物的统称。巨型水陆两栖哺乳动物。现有2属2种：河马属河马，倭河马属倭河马。分布于非洲。体长4米，肩高1.5米，体重约3000千克。躯体粗圆，四肢短，脚有4趾；头硕大，眼、耳较小，嘴特别大；下犬齿巨大；尾较小；皮较厚；除吻部、尾、耳有稀疏的毛外，全身皮肤裸露，呈紫褐色。生活在热带的水草丰盛地区。常由十余只组成群体，有时也能结成上百只的大群。单独活动的河马多是被群中逐出的成年雄兽。白天几乎全在水中，食水草；水草缺少时，便在夜间上岸觅食植物或农作物。性温驯，善游泳，可沿河底潜行5～10分钟。每胎1仔。寿命30～40年。河马因食大量水草而有利于疏通河道。排粪于水，可提高鱼的产量。皮革坚韧，用途较广。牙可作象牙的替代品，作为各种雕刻工艺品的原料。河马也是著名观赏动物。倭河马数量稀少，较河马更为珍贵，被列为濒危物种予以保护。

羊驼　偶蹄目骆驼科无峰驼（羊驼）属的一种。又称美洲驼、无峰驼。产于

羊驼

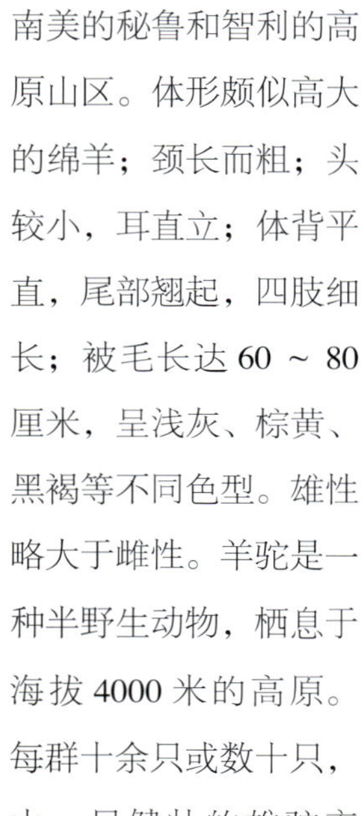

南美的秘鲁和智利的高原山区。体形颇似高大的绵羊；颈长而粗；头较小，耳直立；体背平直，尾部翘起，四肢细长；被毛长达60～80厘米，呈浅灰、棕黄、黑褐等不同色型。雄性略大于雌性。羊驼是一种半野生动物，栖息于海拔4000米的高原。每群十余只或数十只，由一只健壮的雄驼率领。以高山棘刺植物为食。每胎1仔。

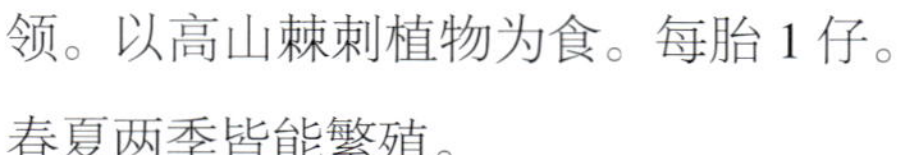

春夏两季皆能繁殖。

梅花鹿　偶蹄目鹿科鹿属的一种。又称花鹿。因在背脊两旁和体侧下缘有明显的排列成行的白斑得名。广泛分布于亚洲东北部，从西伯利亚的乌苏里江至

梅花鹿

越南北部、中国台湾岛和日本列岛。在中国主要分布于东北、四川、华南及台湾。体型中等，体长约150厘米，肩高80～110厘米。鼻端裸出而呈裂缝状；雄鹿具角，每年约4月脱盘长茸，其角一般到4杈为止。冬毛栗棕色，白色斑点不显，尾下部、鼠蹊部为白色，腹毛淡棕。夏毛红棕色；有的为暗灰褐色，背中线黑色；有的至尾基部黑色线变细，尾上部黑色，下部白色。喜栖于混交林、山地草原和森林边缘，一般不进入密林。性机警，晨昏结群。主要以青草、嫩芽、树叶、沙参、蕈类为食。每胎1～2仔。野生梅花鹿数量非常稀少，在中国属一级保护动物。鹿茸是名贵的药材，现已通过人工饲养取茸。

麋鹿　偶蹄目鹿科鹿属的一种。中国特有的草食性动物。头似马，角似鹿，蹄似牛，尾似驴，俗称“四不像”。麋鹿体长约2米，雄性有角，角分两枝，每枝2杈，每杈又分一些小杈。麋鹿性喜水，善游泳。由于主蹄宽大，侧蹄也能着地，适于在雪地和泥泞地上活动。以青草、树叶、水生植物为食。

在殷墟发掘的兽类骨骼中就有麋鹿的骨骼，表明3000年前野生麋鹿曾生活在黄河流域，后绝灭。现存麋鹿是人工饲养的种群，数量很少，大部分在英国。中国清代曾在北京南苑饲养麋鹿，后被八国联军洗劫一空，盗运国外。自1985年中国分批从国外引回80多只，饲养于北京南苑和江苏大丰市（现为盐城市大丰区）。在散放的大丰市已建立麋鹿自然保护区，为麋鹿在自然界恢复野生种群而开展保护管理和科学研究工作。麋鹿属国家一级保护动物，且被世界自然保护同盟（IUCN）列为极危种。

藏羚 偶蹄目牛科羚羊亚科藏羚属唯一种。又称臧羚羊、西藏黄羊。藏羚是青藏高原特产，它们生活在青藏高原海拔4300～5100米的高山草原、草甸和半沙漠的高寒荒漠上，以各种牧草和野草为食，平均寿命为8年。毛皮颜色从灰色到红棕色，腹部为白色。雄性藏羚生有向后弯曲的羊角，约长50厘米。

藏羚过群居游荡的生活，一般2～6只或10余只结成小群，冬季集群数量增加，有时甚至出现百头以上的大群。

藏羚

性机警，听觉和视觉发达。发现敌情，疾驰如飞。食物以禾本科和莎草科植物为主。每年繁殖一次，12月至翌年1月发情交配。孕期6个月左右，每胎1仔，有时产2仔，羚羊仔产后3天就可以随群奔跑。在中国属一级保护动物并列入《濒危野生动植物物种国际贸易公约》（CITES）附录Ⅰ，且被世界自然保护同盟（IUCN）列为易危种。

灵长动物 哺乳纲的一目。灵长目的大脑发达，多数头骨具大的颅腔，呈球状；眼大，前视，眼眶后突发育形成骨质眼环，或全封闭形成眼窝；多数种类鼻子短，其嗅觉次于视觉、触觉和听觉，某些低等种类嗅觉灵敏；具五指型四肢，多数种类指端具有指甲，手、脚的拇指（趾）与其他的指（趾）对握，使得手和脚成为抓握器官。其中手特别灵活。

灵长目包括原猴亚目和猿猴亚目。原猴亚目即原猴类，为低等灵长类，颜面似狐，无颊囊和臀胼胝，前肢短于后肢，尾不能卷曲或没有。猿猴亚目即猿猴类，为高等灵长类，颜面似人；多具颊囊和臀胼胝（臀部有粗硬皮肤组成的硬块）；前肢多长于后肢，尤是长臂猿和猩猩的前肢特长；尾长而卷曲或无尾，猿类和人类无尾，卷尾猴科、夜猴科、僧面猴科、蜘蛛猴科大部分种类的尾巴具抓握功能，有“第五只手”之称。猿猴亚目下分阔鼻猴类和狭鼻猴类。

猴 灵长目猴科的所有动物的统称。共计21属，约132种，占灵长类总种数的38%。

猴科动物是生存于中新世晚期到现代的高等灵长类。主要分布于非洲和亚洲的热带和温带地区。共同特征是体形中等，四肢等长或后肢略长；有尾巴，或长或短，不具缠绕性；具颊囊；有臀疣，即臀部上裸露的胼胝体。脸部有裸区。鼻间隔狭窄，鼻孔向下开口。拇指（趾）与其他指（趾）相对，可抓握物体。性机敏，灵活；视觉发达，听觉、嗅觉次之。皮毛较为粗糙，颜色各异。多数种类树栖，少数种类生活在地面或多岩石的地区。成群活动，绝大多数种类具有严格的社会等级。杂食性，以嫩芽、嫩枝叶、果实等植物性食物和昆虫等无脊椎动物、鸟卵、小型脊椎动物等动物性食物为主。热带地区的种类一般无固定的繁殖季节，不同种类的繁殖期不同。寿命通常在 15 ~ 50 年。猴类虽种类多，但多数种群数量稀少，濒于绝灭，应严加保护。

金丝猴 哺乳纲灵长目猴科的一属。因背部披有金黄色的柔软长毛而得名。体长 50 ~ 83 厘米，尾长与体长相等或长些；面部皮肤蓝色，鼻孔大而朝天，故又称仰鼻猴。四肢粗壮，后肢略长于前肢。共有 4 种，其中川金丝猴毛色最艳丽，成年雄猴头顶上有褐色直立的冠状毛，两耳丛毛乳黄色，眉骨处生有稀疏的黑色长毛；两颊棕红，体背的绒毛为黑褐色，从颈后至臀部披有金黄色长毛，最长可达 60 厘米；金黄色长毛亦出现在上肢的外侧，远远望去酷似披着一件金色斗篷。另外，还有分布在贵州梵净山的黔金丝猴、云南西北与西藏接壤处的滇金丝猴，以及分布在越南北部的越南金丝猴。

金丝猴

猿 哺乳动物中最高等的种类，猩猩科、长臂猿科动物的总称，主要有长臂猿、猩猩、黑猩猩和大猩猩。猿类与人类同属灵长类，在进化上和形态结构上与人类最为接近，因而又名类人猿。猿类与猴的区别是无尾、无颊囊、无臀疣（长臂猿除外）；与人类最显著的不同是上肢长于后肢、半直立行走、善于臂行等。

长臂猿 灵长目长臂猿科唯一的属。共 14 种。猿类中体型最小的，直立高不超过 0.9 米，体重 6 ~ 13 千克。因臂特别长而得名，两臂平伸宽达 1.8 米。腿短，手掌比脚掌长。树栖，生活在热带雨林和亚热带季雨林中。白天活动。

长臂猿

利用双臂交替摆动，可以轻握树枝腾空悠荡前进，一跃可达 10 余米，速度极快，能在空中手抓飞鸟。结群生活，每群 5 ～ 6 只，幼猿性成熟后，就离群独自谋生。每群占有一定领域，他群不得入内。杂食，以浆果为主，也食树叶、昆虫、鸟蛋和小鸟。能鸣叫，鸣叫声因种而异。常由一只带头，群体呼应，过数分钟停止。长臂猿数量均十分稀少，已濒临绝灭。

猩猩 灵长目猿猴亚目人科猩猩亚科一属。分布于印度尼西亚的婆罗洲、加里曼丹和苏门答腊等地，是猩猩科唯一分布于亚洲的种类。体型仅次于大猩猩，雄性大于雌性，大者体高可达 1.6 米，体重可达 100 千克。前肢特别长，张开可达 2.4 米，站立时下垂可达脚踝部。体毛长而稀疏，呈红褐色，故又称“褐猿”。口大，犬齿发达。树栖，有筑巢的习性。能在地面直立行走，但要前肢支撑，腰不能直立。臂力强大，雄性营独居生活，雌性或单独生活或与小猩猩共同生活。平时性温驯，发怒时可怕。

大猩猩 灵长目猿猴亚目人科一属。属于猿类。分布于非洲东部和西部的热带雨林地区。灵长动物中体型最大的。最大身高可达 1.8 米，体重可达 275 千克。犬齿特别发达。脑比人脑小得多，但结构与人脑最为相似。体毛粗硬，呈灰黑色，胸部无毛。主要在地面活动，上树是为了看路、觅食和睡觉。是性情温和的素食动物，食植物嫩芽、野果。发怒时大声咆哮，双手捶打胸部，仅是一种虚张声势的恐吓行为。群居。每群 5 ～ 15 只，多至 40 只。

黑猩猩 灵长目猿猴亚目人科一属。分布于非洲中部、西部的热带雨林中。身高 1.2 ～ 1.5 米，体重 60 ～ 75 千克。体毛较短，黑色。耳大，向两边突出。前肢长过膝部，更便于树栖。常在树上

黑猩猩

营造简单的巢，只用一昼夜即转移他处，为杂食性动物。脑和面部肌肉高度发达，有喜、怒、哀、乐的表情，会使用简单工具，是已知的仅次于人类的最聪明的动物。群居，每群 2 ～ 20 只，由一只雄猩猩带领；群与群之间有往来，长久保持母子关系，子女分群后还常回群探母。有午休习性。

濒危动物 由于物种自身原因或受人类活动和自然灾害的影响而濒临绝灭的野生动物物种，是自然保护的重点对象。

世界自然保护同盟（IUCN）1948 年成立，总部设在瑞士格兰德，是世界上最大的自然保护组织。目前，其设立的濒危物种红色名录包含 9 个类别：绝灭种、野外绝灭种、极危种、濒危种、

渐危种、低危种、需关注种、数据不足种、待评估种 9 类。

物种的绝灭与新物种的产生一样，在生物进化史上是正常的现象。然而由于人类的出现及盲目开发使物种绝灭的速度比以往的纪录高出数百倍，甚至上千倍，这已成为物种绝灭的主要原因。15 世纪末哥伦布发现美洲时，那里有美洲野牛约 6000 万头，到 19 世纪末已不足百头。19 世纪初，美国的北美旅鸽约 20 亿只，到 20 世纪初在美国绝灭。目前，全世界有超过 2.7 万种动物正处于濒临灭种的危险，例如中国的大熊猫、华南虎、显冠长臂猿、金丝猴、朱鹮等。

化石　保存在岩层中的地质历史时期（距今 38 亿至 1 万年）的生物遗体或生物活动所留下的遗迹的统称。古生物学研究的唯一对象。通常将地质历史的最后一个时间阶段，即全新世以前的生物划入古生物的范围。

化石通常根据生物所属分类的不同，而分别被称为古无脊椎动物化石、古脊椎动物化石、古植物化石，以及按不同生物门类而统称的如珊瑚化石、龟鳖化石、松柏化石等。同时，还根据生物个体大小的不同，将能用于研究的化石称为大化石，如腕足动物、三叶虫、高等植物、脊椎动物等化石。对于必须利用显微镜才能进行观察和研究的微小的化石，称为微体化石，如有孔虫、介形虫、硅藻等。直径在 10 ~ 30 微米以下的化石称为超微化石，包括颗石、盘星石、微锥等。化石按其保存特点可分为实体化石、模铸化石、遗迹化石和化学化石。

埃迪卡拉动物群　已知的最古老的海洋后生动物群。由最早的海生软躯体化石和遗迹化石组成。因 1947 年在南澳大利亚埃迪卡拉山前寒武纪晚期的庞德砂岩内发现而得名。已发现近 2000 件化石标本。除澳大利亚外，在西南非洲、英格兰莱斯特郡、西伯利亚北部奥列涅克高地和俄罗斯中部也有相似生物的化石发现。寒武纪大量出现的动物及其分异与前寒武纪晚期出现的埃迪卡拉动物群最大的一个差别是在进化的进程中产生了硬壳，从而造成了许多新门类。寒武纪动物出现是海生无脊椎动物在生物化学及生理学方面有了重大改变并全面发展的结果。

澄江动物群　寒武纪早期生活于中国云南澄江、昆明一带的海洋动物化石群落。以多门类海生软躯体和保存有软体部分的古无脊椎动物化石为代表。包括海绵、腔肠动物、蠕虫、腕足类、软舌螺、内肛虫、节肢动物和一些分类位置不明的化石。化石丰富，保存完美，是迄今世界上已知少数几个早期珍贵无脊椎动物化石产地之一。

澄江动物群落图

澄江动物群的时代介于前寒武纪末期的埃迪卡拉动物群和寒武纪中期的布尔吉斯页岩动物群之间，正处在只有软躯体后生动物的埃迪卡拉动物群出现之后和生物门类已相当齐全的布尔吉斯页岩动物群出现之前。因此，澄江动物群的发现与研究，对于探讨无脊椎动物的早期演化具有特殊重要的意义。

恐龙 生物史上最引人注目的已绝灭的爬行动物。恐龙化石的研究可追溯到19世纪20年代。1823年英国的W.巴克兰最先描述了肉食性的巨齿龙化石；稍后，G.A.曼特尔记述了他在1822年采集的禽龙化石。1842年R.欧文总结了前人对爬行动物化石的研究成果，创建了术语“恐龙”。1872年H.W.西利根据恐龙腰带结构的差异，将恐龙分为具有类似蜥蜴的三射状腰带的蜥臀目和具有与鸟差不多的四射状腰带的鸟臀目。恐龙绝灭问题众说纷纭，莫衷一是，多强调环境改变。也有人归结到“宇宙”的起因，如外星撞击地球说，太阳黑子爆发，宇宙射线增加，超新星爆炸等。也有人认为白垩纪末地壳运动剧烈，火山爆发，影响地球化学环境，污染食物和水质，生态环境中稀土元素含量呈饱和状态，已达到足以使生物（包括恐龙）致命的浓度。还有人认为中生代末多次火山爆发，放射性元素增多，促使恐龙的内分泌失调、新陈代谢反常、神经紊乱变化而死亡。还有人认为当时瘟疫流行，致恐龙大批死亡。还有一种观点是恐龙绝灭与难于与新兴起的哺乳动物竞争有关，或者是由于恐龙之间的生存竞争所致，有的恐龙专吃繁衍后代的恐龙蛋，等等。

恐龙

中华龙鸟 蜥臀目中华龙鸟属恐龙的统称。曾被归入鸟纲，现公认属于兽脚亚目美颌龙科恐龙。发现于中国辽宁省西部早白垩世义县组下部的湖相地层中。大小与鸡相仿，头骨又低又长，满嘴生有带小锯齿的尖锐牙齿，前肢非常短，尾巴很长。从形态上看，原始中华龙鸟尚处在向鸟类演化的一个相对原始的进化水平，与鸟类差别很大；从系统学的角度看，从中华龙鸟这一进化水平的兽脚类恐龙进化到鸟类还需要一个漫长的过程。但在中华龙鸟的背部从头到尾具有毛状皮肤结构，代表一种原始的羽毛，这是类似结构在恐龙中的第一次发现。

始祖鸟 始祖鸟属鸟类的统称。已绝灭。生存于距今14000万年前的晚侏罗纪。发现于德国巴伐利亚州的佐尔恩霍芬附近的印板石石灰岩中。第一件标本发现于 1861 年，保存在英国自然博物馆。1877 年又发现第二件标本，保存在柏林自然博物馆。始祖鸟大小如鸽，有牙齿；掌骨和跖骨彼此分离而未愈合，三指末有爪，并有多节尾椎组成的长尾，这些是爬行动物的特征，但它已有羽毛，则是鸟的特征。从骨骼构造看，不具高超的飞翔能力，也许只能作低空、短距离滑翔。拉丁名直译为印板石古翼鸟，中译名始祖鸟，意为鸟类最早的始祖。也有学者认为始祖鸟不属于鸟类，而属于兽脚类恐龙。

猛犸象 长鼻目真象科猛犸象属动物的统称。已绝灭。“猛犸”乃沿用日本人的译名。广义的猛犸象包括平额象、南方象等许多早期原始的真象，其中有一些类型与现生的印度象和非洲象系统关系非常近。狭义的猛犸象又称毛象，是一种适应寒冷气候的动物，在更新世广泛分布于北半球寒带地区。身躯高大，体披长毛，一对长而粗壮的象牙强烈向上向后弯曲。头骨短，顶脊非常高，上下颌和齿槽深。臼齿齿板排列紧密，数目很多。猛犸象曾是石器时代人类的重要狩猎对象，在欧洲许多洞穴遗址的洞壁上，常常可以看到早期人类绘制的猛犸象图像。这种动物一直活到几千年以前，在阿拉斯加和西伯利亚的冻土和冰层里，曾多次发现冷冻的猛犸象尸体。

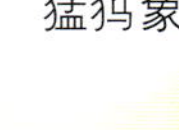

猛犸象

嵇含（263 ~ 306） 中国西晋时期植物学家。字君道，号亳丘子。谯国铚县（今安徽宿州）人，家居河南郡巩县亳丘，曾举秀才，官至广州刺史。永兴元年（304）所著《南方草木状》是中国、也是世界最早一部区域植物志。该书记载了广州、番禺、合浦、粤西、越南北部等地热带和亚热带植物，计有甘蔗、水莲、耶悉名花、榕树、益智子、桄榔、荔枝、椰树等 80 种。全书分上、中、下三卷。上卷草类 29 种，中卷木类 28 种，下卷果类 17 种、竹类 6 种。由于记载非常真实，李时珍的《本草纲目》把《南方草木状》中所记述的植物几乎全部引用。该书发表距今虽已 1700 余年，但所记载的植物名称，除少数无法查考外，绝大多数至今还在沿用。植物分类学家胡德邻在 1958 年对这些植物均附以拉丁学名及科名。

吴其濬（1789 ~ 1847） 中国清代植物学家。字瀹斋，别号雩娄农。生于河南固始。嘉庆进士，先后任翰林院修撰，兵部、户部侍郎和内阁学士，并在湖北、江西、湖南、浙江、云南、贵州、福建、山西等省担任过学政、巡抚和总督等高级官职。

吴其濬留心观察各地植物，依据耳闻目见并辑录古籍中的有关记载，积 30 年之功，著成《植物名实图考》和《植物名实图考长编》两书。前者开中国现代植物志之先河，在中国植物学史上占有重要地位。他将历代古籍中有关植物的种种记载和论述汇编为《植物名实图考长编》，收载植物838种。为进一步研究各种植物，撰写《植物名实图考》准备了必要的史料。

钱崇澍（1883-11-11 ~ 1965-12-28）中国植物学家。字雨农。生于浙江海宁。1904年中秀才后，曾在南洋公学、唐山路矿学校、清华留美预备学校学习。1910年赴美国，先后入伊利诺伊大学自然科学院、芝加哥大学、哈佛大学学习，先学农学，后改学植物学，最后攻读植物生理学和生态学。1916年回国，历任南京甲种农业学校、南京金陵大学、东南大学、北京农业大学、清华大学、厦门大学、四川大学和复旦大学教授，中国科学社生物研究所所长、研究教授兼植物部主任。1953年后任中国科学院植物研究所研究员、所长。1955年当选中国科学院学部委员（院士）。他对兰科、荨麻科、豆科、菊科等进行了系统的分类研究。采集了大量植物标本，对森林和岩石植物、中国植被的类型和区域进行过专门的研究。他长期在大学任教，培养和造就了秦仁昌、李继侗、裴鉴、郑万钧、曲仲湘、方文培等学者。曾与邹秉文和胡先骕合作，编写了中国第一部植物学教科书——《高等植物学》。

钱崇澍在中国学术界做了许多组织和领导工作。1922年他曾与胡先骕合作，在南京创立了中国科学社生物研究所植物部。1933年，在他和胡先骕、陈焕镛等植物学家的倡议下组成了中国植物学会。

秉志（1886-04-09 ~ 1965-02-21） 中国动物学家。满族。生于河南开封。清末举人。1908年毕业于京师大学堂预科，翌年赴美国留学。1918年获美国康奈尔大学哲学博士学位。1915年参加创办中国第一个群众学术团体——中国科学社和中国第一本科学期刊——《科学》。1920年归国。1921年创办了中国第一个生物系。1922年创建中国第一个生物研究所——中国科学社生物研究所，任首任所长兼动物学部主任。1928年参加创办北京静生生物调查所并任主任。1934年创建中国动物学会并任首任理事长。历任南京高等师范、东南大学、厦门大学、中央大学、复旦大学等校教授。1952 ~ 1965年任中国科学院水生生物研究所、动物研究所研究员。1955年当选中国科学院学部委员（院士）。

秉志在动物分类学和动物解剖学等方面做了大量研究工作。他对脊椎动物（小白鼠）交感神经的发育和性别（动物）的关系的研究颇有创见。回国后开展了对江豚、虎、家兔等解剖生理的研究，对中国腹足类软体动物的调查，对中国白垩纪昆虫化石的研究，在国内和国际上占有重要学术地位。1949年后主要进行鱼类形态学的研究，著有《鲤鱼的解剖》和在他逝世后由他的助手整理出版的《鲤鱼的组织学》两部专著。

杨钟健（1897-06-01 ~ 1979-01-15）中国地质学家、古生物学家，中国古脊椎动物学的开创者。生于陕西华县。1923年毕业于北京大学地质系。次年去德国慕尼黑大学学习古脊椎动物学，1927年获哲学博士学位。1928年回国后在中央地质调查所任职，并主持周口店猿人遗址的发掘和研究。1944～1946年赴美、英、法、瑞士等国家考察和讲学。1947年任北京大学地质系教授。1948年任西北大学校长。1949年任中国科学院编译局局长。1953年创立中国科学院古脊椎动物研究室，后改所。1955年当选为中国科学院学部委员（院士）。1959年兼任北京自然博物馆馆长等。1956年被授予莫斯科自然博物工作者协会国外会员。1962年被选为美国古脊椎动物学会名誉会员。1974年被推举为英国林奈学会会员。他一生共发表各类著作674篇（部），其中学术论文400多篇。出版了专著多种，著述范围涉及地层古生物学、地质学、古人类学、考古学等。

斯行健（1901-03-11 ～ 1964-07-19）中国古植物学家。生于浙江诸暨。1926年毕业于北京大学地质系。1928年赴德国留学，1931年获柏林大学博士学位，

1932年去瑞典国家博物院继续深造。1933年回国，先后在北京大学、清华大学任教。1937年起任中央研究院地质研究所研究员。1943～1945年在重庆北碚中央地质调查所从事研究工作。1947～1948年在美国考察访问并在美国地质调查所从事部分研究工作。1948年回国后历任中国科学院南京地质古生物研究所研究员、所长，南京大学教授等职。1955年当选为中国科学院学部委员（院士）。斯行健是中国古植物学的主要奠基人，毕生从事中国各地质时期植物化石的研究，共发表过119篇论文，出版了16册论著。主要有《中国中生代植物》《中国上泥盆纪植物化石》和《陕北中生代延长层植物群》等。

王应睐（1907-11-13 ～ 2001-05-05）中国生物化学家。生于福建金门。1929年毕业于金陵大学，1941年获英国剑桥大学哲学博士学位。1945年回国。历任中央大学医学院生化研究教授，中央研究院研究员，中国科学院上海生理生化研究所副所长，中国科学院上海生物化学研究所所长、名誉所长，中国科学院上海分院院长。1955年当选中国科学院生物学部委员（院士）。

王应睐是中国生物化学事业的主要奠基人之一。他的研究领域包括维生素、血红蛋白、酶和代谢等方面。他是中国人工合成牛胰岛素和人工合成酵母丙氨酸转移核糖核酸这两项重大研究的主要组织领导者。他主持制订了1956年以来的生物化学和分子生物学部分的历次科技规划。

他曾任中国生化学会第一、二、三届理事长，中国生物化学会名誉理事长，美国生化与分子生物学学会名誉会员，比、匈、捷等国科学院外籍院士。发表研究论文百余篇。他还是比利时皇家科

学、文学和美术学院的外籍院士，1988年美国“Miami冬季生物工程讨论会”授予他特别成就奖，1996年获何梁何利基金科学与技术成就奖。

吴征镒（1916-06-13 ~ 2013-06-20）中国植物分类、植物地理学家。生于江苏扬州。1937年毕业于清华大学生物系。1942 ~ 1948年任清华大学生物系教员、讲师，并曾兼任中国医学研究所药用植物研究组组长，中法大学、云南大学讲师。1948 ~ 1949年任北平军管会高教处处长，1950 ~ 1958年任中国科学院植物研究所研究员兼副所长。1955年当选为中国科学院学部委员（院士）。后历任中国科学院昆明植物研究所所长、中国科学院昆明分院院长、美国植物学会通讯会员、瑞典植物地理学会名誉会员、国际系统和进化生化学会议国际委员会委员。

吴征镒从事植物分类学和植物地理学研究，曾明确指出中国植物区系有3大历史成分，即古南大陆的、古北极的和古地中海的，而中国西南部则是这些区系成分发生和发展的关键地区。从1956年起他还致力于中国植被分类、分区问题的研究，并联系到区系分区上来，主编出版了《中国植被》一书。共发表120多篇各类论文，主编或编写了18部学术专著。迄今他已发现了新属8个、新种400个以上。获2007年国家最高科学技术奖。

列文虎克，A.van（1632-10-24 ~ 1723-08-26） 荷兰显微镜学家，微生物学的开拓者。生于代尔夫特。列文虎克在放大透镜下所观察的对象有晶体、矿物、植物、动物、微生物、污水等。1674年他开始观察细菌和原生动物，并测算其大小。1677年他首次描述了昆虫、狗和人的精子。1684年准确地描述了红细胞，证明马尔皮基推测的毛细血管是真实存在的。1702年他在细心观察了轮虫以后，指出在所有露天积水中都可以找到微生物。他追踪观察了许多低等动物和昆虫的生活史，证明它们都自卵孵出，并经历了幼虫等阶段，而不是从沙子、河泥或露水中自然发生的。1673 ~ 1723年，列文虎克的发现大多数都发表在《皇家学会哲学学报》上；由他提供的第一幅细菌绘图也在1683年该学报上刊出。1680年当选该学会会员。

列文虎克是第一个用放大透镜看到细菌和原生动物的人。对18世纪和19世纪初期细菌学和原生动物学研究的发展起了奠基作用。

林奈，C.von（1707-05-23 ~ 1778-01-10） 瑞典博物学家，生物分类学的奠基人。生于斯莫兰省的罗斯胡尔特村。1735年在荷兰获哈尔德韦克大学医学博士学位。1741年起一直在乌普萨拉大学任教授。

他所著的《自然系统》第一版（1735）仅14页，基本上是一个动、植、矿物的名录，其知名的“植物

24纲系”即首次发表在这里。他所提出的分类系统虽属人为分类系统，但因便于检索，故深受当时学界欢迎。他的重要著作《植物种志》，奠定了近代植物分类学的基础。《自然系统》经过大量增补和修订，在第10版中，他首次对动物分类采用双名法，成为近代动物分类学的起点。他一生的最大贡献是确立了生物分类的双名法，而且鉴定并命名了数以万计的动、植物物种，结束了动、植物分类命名的混乱局面，大大促进了科学分类学的发展。他受宗教影响，后看法有所改变，在1768年出版的《自然系统》的第12版中，删去了有关“种不会变”的论述。林奈毕生著述浩繁，共180余种。

达尔文，C.R.（1809-02-12 ~ 1882-04-19） 英国生物学家，进化论的主要奠基人。生于英国什鲁斯伯里。1831年毕业于剑桥大学，同年参加英国海军环绕世界的考察航行，于1836年返抵英国。

回国后，达尔文陆续发表了有关生物学及地质学的考察报告，并在地质学论著中，提出环礁是因海底下沉、珊瑚向上堆生而成的著名论断。经过多年的探索，他逐渐形成了一个系统的进化思想：生物界本来就存在着个体差异，在生存竞争的压力下，适者生存，不适者被淘汰；物种所保留的有利性状在世代传递过程中逐渐积累，经过性状分异和中间类型消失便形成新种。1859年《物种起源》出版，书中详细介绍了他20年来收集到的丰富证据，充分论证了生物的进化，并明确提出自然选择学说来说明进化机理。进化论的出现使生物界的种种现象都得到一个统一的解释：生物的一致性可以用共同祖先来说明；物种的多样性则完全是进化适应的结果。进化论的出现，在哲学和社会科学领域中也产生极大影响，它猛烈冲击了当时支配思想领域的神学观念。

此后，达尔文的著作大都是对进化学说的进一步阐释和发展。他还研究了植物的向光和向地运动，根据实验断定在植物体中存在着某种能传递信息的物质；预见了后来发现的生长素。

孟德尔，G.（1822-07-22 ~ 1884-01-06） 奥地利遗传学家，遗传学的奠基人。生于奥地利海因岑多夫（今捷克海恩塞斯）。1853年毕业于维也纳大学。1854年被委派到布吕恩技术学校任物理学和博物学的代理教师。

1856 ~ 1863年，他进行了8年的豌豆杂交实验，在《植物杂交实验》中提出了遗传因子（现称基因）及显性性状、隐性性状等重要概念，并阐明其遗传规律，后人称之为孟德尔定律。孟德尔在实验中对于解决什么问题（亦即遗传规律）、选择什么材料和怎样分析结果，都有十分清晰的构思。他借鉴物理学中的粒子运动，即粒子的随机结合和分离作为实验设计分析的基点。在实验方法上把诸如茎秆高度、子叶颜色等作为各自独立的性状，并设想个体的总合性状乃是由多种独立性状随机组合和分离的产物。他的另一超人之处是在数据处理上没有忽视未表达所研究的独立性状的个体的数目。他所建立的测交法最能说明他对隐性个体遗传内涵的重视。1900 年，孟德尔定律由三位植物学家——荷兰的 H. 德·弗里斯、德国的 C.E. 科伦斯和奥地利的 E.von 切尔马克通过各自的工作分别予以证实，成为近代遗传学的基础。从此孟德尔被公认为科学遗传学的奠基人。

摩尔根，T.H.（1866-09-25 ~ 1945-12-04） 美国胚胎学家、遗传学家。生于肯塔基州列克星敦。1890 年获美国约翰斯·霍普金斯大学哲学博士学位，1904 ~ 1928 年在哥伦比亚大学任实验动物学教授。1928 年至加州理工学院筹建生物学系，并在该系任教直至逝世。摩尔根在从事果蝇的遗传学研究以前，始终怀疑染色体上存在着遗传因子。1909 年他发现了果蝇的第一个突变型白眼，后证实了白眼基因在 X 染色体上。接着发现了更多的性连锁基因，这就使他设想基因排列在染色体上。在哥伦比亚大学任教期间，他和研究生及助手们共同发展了遗传的染色体学说。摩尔根曾经对于多种生物（包括许多种海洋生物）和生物学问题进行过研究，他的著作也涉及生物学中几个重要的领域，在进化论方面有《进化和适应》等，在遗传学方面有《遗传和性别》等，在胚胎学方面有《实验动物学》《实验胚胎学》等。由于发现了果蝇的遗传机制，摩尔根在 1933 年获得诺贝尔生理学或医学奖。他是英国皇家学会的国外会员，在 1939 年获得该学会的科普利奖。1927 ~ 1931 年任美国国家科学院的主席。1930 年任美国科学促进联合会主席。

哈里森，R.G.（1870-01-13 ~ 1959-09-30） 美国动物学家，组织培养的创始人。生于宾夕法尼亚州日耳曼敦。1894 年在约翰斯·霍普金斯大学获哲学博士学位，1895 年在波恩大学获医学博士学位。1896 ~ 1907 年在约翰斯·霍普金斯大学任教授。1907 ~ 1938 年在耶鲁大学先后任比较解剖学教授和动物学教授。1902 年成功地用体外培养方法观察到活的神经纤维，这是组织培养法的真正开始。此试验不但解决了当时关于神经轴索起源问题的争论，同时还开辟了体外培养活组织的广阔前景。他还发明了组织移植的器械，因此能观察到胚胎移植的效果。他在实验中建立了脊椎动物的不对称法则，证实了动物的肢体起源于胚胎的中胚层。由于他在动物组织培养上的杰出贡献，1917 年诺贝尔委员会曾推荐他为诺贝尔生理学或医学奖的获得者，后因欧洲大战而未发奖。1903 年，哈里森创办《实验动物学杂志》。

洛伦茨，K.（1903-11-07 ～ 1989-02-27） 奥地利动物学家，现代行为学的奠基人。生于维也纳。1928 年在维也纳大学获医学博士学位，1933 年获动物学博士学位。曾任大学教授、系主任及研究所所长。1942 ～ 1944 年在德军中任军医。1961 ～ 1973 年任塞维森的马克斯·普朗克行为生理学研究所所长。1973 年他与 K.von 弗里施及 N. 廷伯根因在动物行为模式方面的发现而被授予诺贝尔生理学或医学奖。早期科学贡献在于阐明本能行为动作的本质，也明白地显示了行为模式在动物个体生活过程中是如何发育并成熟的。在研究生涯的后半期，他将其思想应用于人类这种社会性动物的行为研究中，引起了争论。他被称为“雁鹅之父”，提出了“铭印”的概念；在环境保护方面，他以一个生态社会的批评者闻名，成为“奥地利的良心”。关于洛伦茨与德国纳粹的关系，战后有不少议论。有的文章题目就称“纳粹分子康拉德·洛伦茨和他的科学工作”。有人认为“洛伦茨让纳粹的种族政策在科学上合法化了”，更有人将洛伦茨的工作称为“伪科学”。

廷伯根，N.（1907-04-15 ～ 1988-12-21） 英籍荷兰动物学家，现代行为生物学奠基人之一。生于荷兰海牙。自幼对博物，特别是鸟类生活，有浓厚兴趣，后进莱顿大学攻读生物学，20 世纪 30 年代在莱顿大学任教期间从事动物行为的研究。1949 年他再度与 K. 洛伦茨合作，并于同年应邀至英国牛津大学工作，研究重点转向了行为的进化。他在 50 ～ 60 年代最重要的工作是对鸥类的比较研究。70 年代，他又试图将行为生物学的研究方法用于研究人类行为，这时期他研究了婴儿孤独症（坎纳氏综合征）。

1963 年廷伯根总结了自己对行为生物学的观点，提出行为生物学的研究内容有：行为的动因、行为的发育、行为的生存价值和行为的进化。他认为，行为生物学的研究可分为两个阶段：第一阶段是在自然状态下进行观察，描述行为的内容及其发生背景；第二阶段则要通过实验进一步探讨行为的动机、发育和生存价值，并尝试重建进化过程。他的重要著作有《本能的研究》《动物的社会行为》及《银鸥世界》等。1973 年，因廷伯根的开创性贡献，他和洛伦茨及 K. von 弗里施共获首次颁发给行为学研究的诺贝尔生理学或医学奖。

莱德伯格，J.（1925-05-23 ～ 2008-02-02） 美国遗传学家，细菌遗传学的创始人之一。生于蒙特克莱市。1947 年获耶鲁大学博士学位。1947 ～ 1959 年任威斯康星大学副教授、教授、遗传学系主任。

在耶鲁大学期间，莱德伯格发现细菌的遗传重组。继细菌遗传重组的发现，他和他的学生、同事又在细菌遗传学方面做出了一系列的重要贡献。1952 年发现细菌的 F 因子和沙门氏菌中的普遍性转导。1953 年发现大肠杆菌的温和噬菌体 λ 在染色体上占有一定位置，1956 年发现噬菌体 λ

能进行局限性转导。他们的研究工作还包括应用细菌的有性生殖和转导进行细菌的免疫学和代谢作用等方面的研究，包括 1953 ~ 1956 年关于沙门氏菌的鞭毛相转变机制的研究和 1960 年关于半乳糖代谢方面的研究等。此外，他还证实了一个动物细胞只产生一种抗体，为免疫学中的克隆选择学说提供了有力的证据。

莱德伯格还利用人口调查数据研究人类生物学，应用计算机和数学方法研究有机化合物的鉴定和分类，参与了地球外生命的讨论。1958 年他和 G.W. 比德尔及 E.L. 塔特姆共同获得诺贝尔生理学或医学奖。1994 年获美国国家科学奖。

【医学】

现代医学 源于西方医学体系、形成于近代文艺复兴之后的国际通用的主流医学体系。简称西医学。在中国，与中国传统医学各有所长、互为补充。

现代医学主要包括 3 部分：①以求诊病人为对象，探讨疾病的诊断和治疗问题的临床医学。②以一定的社群为对象，研究人群的健康情况和疾病在人群中的分布，着重探讨致病原因及相应的预防措施的群体医学。③研究人体的结构、功能、遗传和发育，以及研究病原体、免疫及病理过程、药物作用等内容的基础医学。现代医学的核心是分别以个体和群体为对象的临床医学和群体医学。

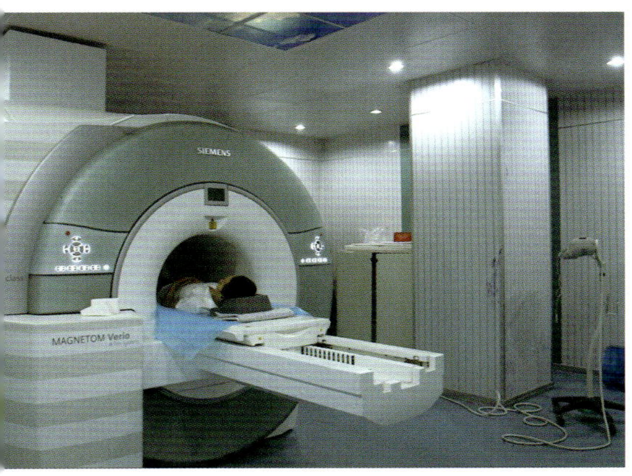

临床医学诊断

现代医学包括许多科学门类，它们的共同之处都是为人类医疗保健服务。现代医学的范围还在不断扩大，如一切有助于诊断、治疗和预防疾病的物理学、化学和生物学知识和技术，都会成为现代医学的内容。

人体 由多种细胞构成的人类有机体。人体知识包括人体的结构、功能和发育，着重于器官、系统和整体层次。

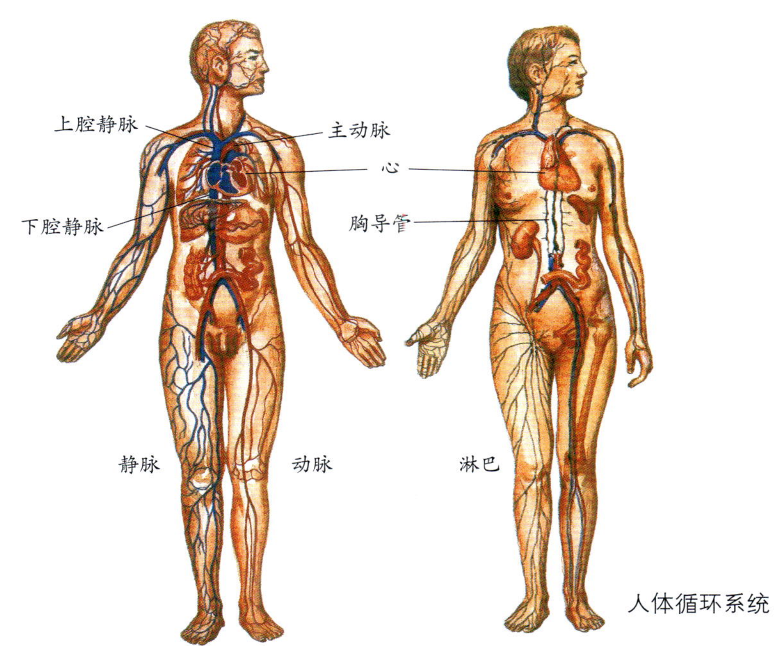

人体循环系统

人体的生命活动可大致分为两类：循环过程和单向过程。循环过程的时间尺度大多很小，如日常的代谢活动，包括呼吸、消化、循环、排泄等。也有时间尺度稍大的，如生育阶段的生殖。循环过程受神经和内分泌系统的控制。单向过程的时间尺度大，包括由生到死整个发育历程，其中的高潮是生育阶段。代谢活动维持个体生命和保证发育过程的顺利进行，而生殖活动维持种族延续和保证进化过程的顺利进行。另外，代谢机制随着发育才逐渐成熟，随着进化才达到今日的稳定平衡水平。

人体内系统分为 3 类：①担负代谢物质运输的系统，包括循环系统和呼吸、消化和排泄等系统。②担负内环境稳定与平衡的系统，包括神经、免疫和内分泌系统。③担负个体复制的生殖系统。作为内外环境界面的皮肤是保障内环境稳定平衡的必要条件。作为人类行为基础的运动系统则与上述三者均有关。

简单地讲，人体系统通行的分为运动系统、消化系统、呼吸系统、泌尿系统、生殖系统、脉管系统（有人列为循环系统）、神经系统、内分泌系统和感受器九大系统。

骨骼　支持和保护动物身体并成为其肌肉附着点的坚固性构造。这里说下人的骨骼。骨骼构成了人体的支架，使人体具有一定的形状，并支撑着身体各个部位的软组织，保护着内脏器官，使它们在外力作用下不易受伤，还配合肌肉完成各种运动。根据部位的不同，骨骼可分为颅骨（头骨）、躯干骨和四肢骨。骨的大小不同，形状不一，概括起来可分为长骨、短骨、扁骨、不规则骨 4 种。一般形状扁平的骨主要起保护脏器的作用，如胸骨、肋骨、颅骨；形状呈棒状的长骨或短骨主要负责人体运动，如四肢骨。骨组织内一半是水，余下的一半中矿物质（主要是钙和磷）约占 2/3，有机质约占 1/3。骨的成分随年龄增长而变化。一般少年时期骨骼中有机质比例较大，因此硬度差，容易变形，但韧性大，不容易骨折；老年时期骨中矿物质的比例增多，比较脆弱，容易骨折。骨骼的形态可受长期的生活习惯、营养条件及疾病的影响发生改变，甚至变成畸形。适当的体力劳动和体育锻炼，可使骨骼生长壮实。

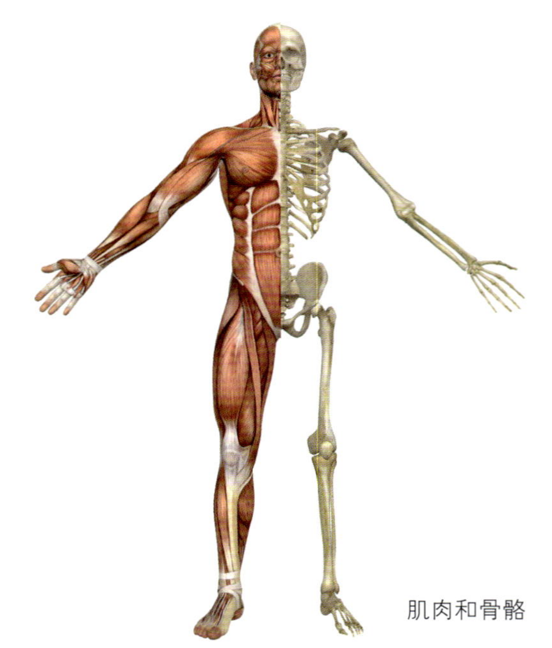
肌肉和骨骼

肌肉　由特殊分化的肌细胞构成的组织。人体的各种运动和体内各脏器的活动都是由肌肉运动完成的。其特征是能将化学能转变为机械能，使肌纤维缩短，产生收缩，以保证机体的各种运动。根据肌细胞的形态与分布的不同，可将肌肉组织分为 3 类。第一类是附着在骨骼上的骨骼肌，又称横纹肌。这种肌肉受神经支配，可以随人的意识而运动，故又称作随意肌。全身的骨骼肌有 600 多块，约占体重的 40%。第二类是广泛分布于各脏器官和血管壁上的平滑肌，平滑肌收缩缓慢，具有很大伸展力，不受意识支配。第三类是构成心肌壁的心肌。

肌肉运动依靠肌纤维的收缩作用，而肌肉本身具有利用营养物质合成肌蛋白的本领，肌蛋白分解释放出来的能量就成为肌纤维收缩的动力。

皮肤 覆盖人体表面，直接与外界环境接触的一层组织。它可以防止致病细菌、寄生虫等的侵入，分表皮和真皮两层。

表皮在皮肤的最外层，较薄，柔软而坚韧，是保护人体内部组织的屏障，表皮内含有色素物质，含量的多少和人种有关。黑色人种色素含量多，白色人种色素含量少。即使在同一个人身上，各个部位的色素含量也不同，如腋窝、乳头等处的色素较多，所以颜色较深。当人们受到阳光照射时，阳光中的紫外线可刺激皮肤产生黑色素，使皮肤变黑。

真皮在表皮的下面，由结缔组织构成，富有弹性，含有丰富的血管、淋巴管和神经，以及汗腺、皮脂腺和毛发等皮肤附属器官。真皮下面有一层皮下组织，含有大量脂肪，称为皮下脂肪，具有保温和缓冲外来压力的作用。

毛发 皮肤的一种附属物。人的皮肤除了手掌、脚底等部位外，都长有毛发。人体长有 3 种毛发：一种是软长毛发，如头发、胡须、腋毛等；另一种是硬短毛发，如眼睫毛、眉毛；还有一种是毳毛，又称汗毛。毛发有抑制皮肤过多蒸发水分的作用。

心血管系统 将血液运送到全身各个部位的器官系统。包括心脏、动脉、静脉和毛细血管。心脏是推动血液流动的动力器官。在心脏的搏动下，血液被射入动脉。动脉是运送血液离开心脏的管道。动脉血管经过不断分支，越分越细，最后分为周身的毛细血管。毛细血管是连接动脉血管和静脉血管之间的细小血管网，在体内分布广泛，是血液和人体组织器官进行物质交换和气体交换的场所。静脉是血液流回心脏的管道。血液从心脏流出，经过动脉、毛细血管和静脉，再返回心脏。血液就沿着这个密闭的管道流动，不断反复形成血液循环。人体通过血液循环把肠道吸收的营养物质和肺部吸入的氧运往全身，同时把全身各组织新陈代谢产生的二氧化碳和废物运到肺、肾和皮肤排出体外。此外，血液循环还能把内分泌腺所分泌的激素运送到各器官，调节机体的新陈代谢和各种生理功能，从而保证机体新陈代谢的正常进行。

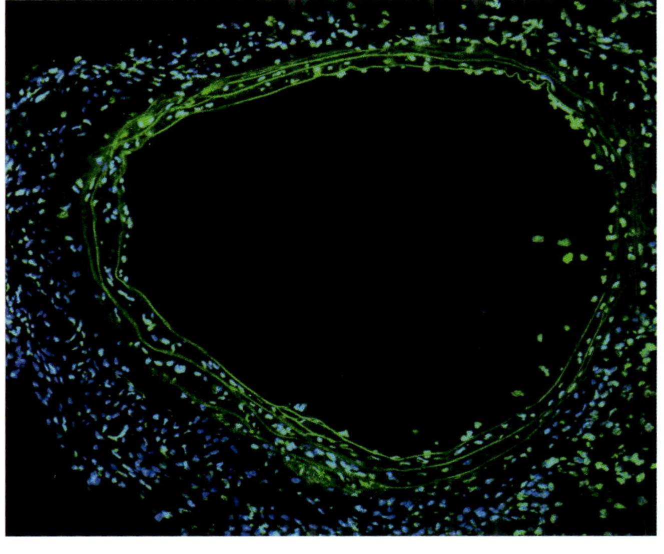

第三军医大学新桥医院拍摄的显微镜下放大 400 倍的血管横切面（新华社提供，陈诚摄）

心脏 血液循环的动力器官。由左右2心房和左右2心室4个心腔组成。上腔和下腔静脉与右心房相连，将静脉血回流于右心房而入右心室，然后再经右心室输出通过肺动脉到肺脏进行气体交换，使静脉血转变为动脉血。动脉血又经肺静脉输入左心房进左心室，然后再经主动脉及其分支输送于全身的各组织和器官。

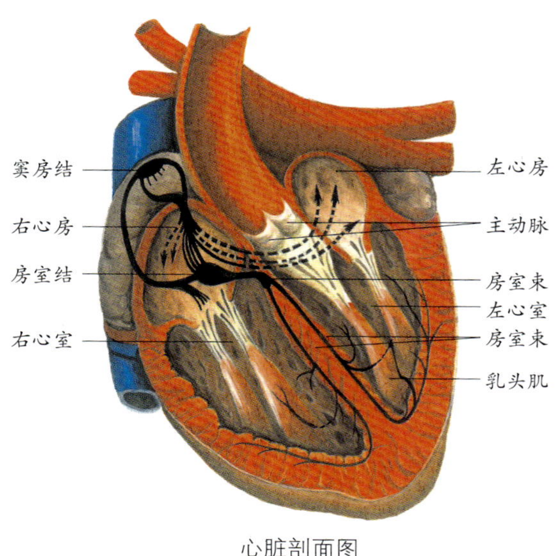

心脏剖面图

心房和心室的肌壁是由内层的心内膜、中层的心肌、外层的心外膜所组成，其中以心肌层最厚。心内膜的表面是内皮细胞，与血管的内皮相连。心肌层在心房较薄而心室较厚，尤以左心室最厚。心肌是心房和心室的工作细胞，具有收缩和传导的功能，是实现心脏泵血功能的结构。心肌属于不随意肌，它会在植物神经的支配下进行有节律的收缩和舒张。正常情况下为窦性心律，当有额外搏动干扰时就会出现心律不齐的现象。心外膜是心包膜的脏层，为浆膜结构，其外表面被覆间皮。

血液 位于心血管系统内的大部分在心脏的驱动下循环于身体各处的细胞外体液。一般动物包括人的血液都呈红色，血液由血浆、红细胞、白细胞和血小板组成。没有经过凝血过程而得到的液体称为血浆，经过凝血过程而得到的液体称为血清。

红细胞几乎占了血液总量的一半。其中含有一种叫血红蛋白的物质，而血红蛋白为红色，所以血液也是红色。红细胞的功能是运送氧气和二氧化碳。白细胞的主要功能是吞噬细菌，产生抗体，保护身体免受感染。当细菌侵袭人体产生炎症时白细胞会大量增加，对细菌展开攻击。所以白细胞数量增高时，常表示机体有炎症存在。血小板的作用主要是促进止血，加速凝血。只要血管受伤，血小板就会在伤口处聚集，形成凝血块，把伤口堵住，使出血停止。血小板过少的人稍一碰，甚至无缘无故就会出血，而且血不易止住，所以手术前都要检查血小板计数。

正常成年人的血液总量约为每千克体重60～80毫升。如果在短时间内失去血液达总量的30%，就会有生命危险。

血压 血管中血液的压强。在血液内部，血压是血液质点之间的相互作用力。

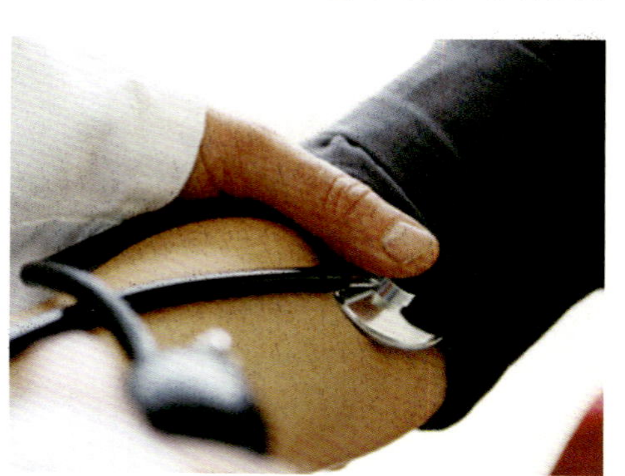
测量血压

血型 以血液抗原形式表现出来的一种遗传性状。为人和许多动物所拥有。狭义的血型专指红细胞可遗传的抗原在个体间的差异。广义的血型应包括血液各成分的抗原在个体间出现的差异。血型在人类学、遗传学、法医学、临床医学等学科都有广泛的实用价值。

红细胞血型是1900年由奥地利的K.兰德施泰纳发现的。ABO血型是红细胞血型中最重要的一类，可分为A、B、AB和O型4种血型。红细胞含A抗原和H抗原的称A型，A型血的人血清中含有抗B抗体；红细胞含B抗原和H抗原的称B型，B型血的人血清中含有抗A抗体；红细胞含A抗原、B抗原和H抗原，称AB型，这种血型的人血清中没有抗A抗体和抗B抗体；红细胞只有H抗原，称O型，O型血的人血清中含有抗A抗体和抗B抗体。

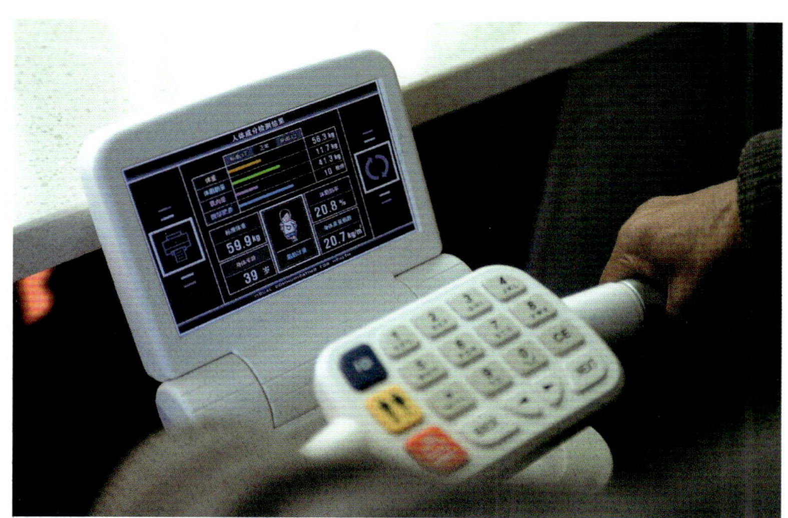

“自助式”人体成分检测仪
（新华社提供，李少鹏摄）

在血液与血管壁之间，血压是血液与血管壁的相互作用力，例如，动脉血压升高时，血管的截面积增大，血压降低时，血管截面积减小，这是因为血液对血管壁有作用力。当血管弯曲时，血管壁对血液提供侧向力，使血管横截面上压强分布不均匀，从而使血液沿血管壁的弯曲改变流动方向，这是血管壁对血液的作用力。如果血液内部两点之间有压强差，则该压强差会引起血液的流动。

常规测量的血压是动脉收缩压和舒张压。中国青壮年人静息时的收缩压平均约为 110（100 ~ 120）毫米汞柱，舒张压平均约为 70（60 ~ 80）毫米汞柱，脉压平均约为 40 毫米汞柱。

淋巴系统 循环系统的一个组成部分，主要功能是辅助**心血管系统**进行血液循环。淋巴管、淋巴结和淋巴组织构成淋巴系统，其中淋巴结和淋巴组织器官可产生淋巴细胞和抗体，是人体重要的防御体系。

淋巴管是一个网状系统，广泛分布于体内，它是协助体液回流的通道。淋

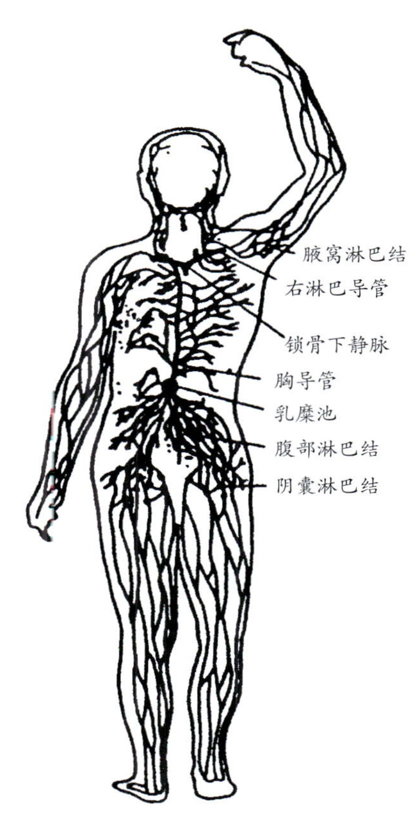

人体的淋巴系统（背面观）

巴结是淋巴管行程上无数大小不一形如蚕豆的小体，与淋巴管通连。淋巴结大多数位于人体凹陷隐蔽部位，如颈部、腋下、腹股沟等处，这些部位淋巴结最多，并集结成群。淋巴结能产生淋巴细胞和专门抵御细菌、病毒的抗体，能过滤、拦截和消灭淋巴液中的**细菌**、**病毒**、肿瘤细胞等，起到保护人体健康的作用。人体正常时，淋巴结不易摸到。当大量细菌、病毒侵入淋巴结或肿瘤细胞向淋巴结转移时，淋巴结就会肿大或疼痛，可用手摸到，根据肿大的淋巴结，能诊断病变的所在部位。淋巴组织主要有胸腺、扁桃体、脾脏等，它们能产生淋巴细胞。淋巴细胞就像士兵一样，有效地保卫着人体的健康。

消化系统 机体消化食物和吸收营养素的结构总称，由消化管和消化腺组成。

消化管包括口腔、咽、食管、胃、小肠、大肠。口腔主要负责咀嚼和研磨食物。食管专门将食物向胃输送。胃是一个柔软的肌肉组织，它不停地蠕动着，对食物进行机械性（物理性）和化学性加工；胃壁肌肉每隔 20 ～ 30 秒钟收缩一次，将食物进一步捣碎和搅拌；同时分泌胃酸、胃蛋白酶原等物质，把食物进一步分解、变成粥状的食糜，便于进入小肠被彻底消化和吸收。经过消化的营养物质经小肠绒毛吸收后送入毛细血管和毛细淋巴管。大肠是处理和贮藏食物残渣的场所，最后形成的粪便由肛门排出体外。消化道和消化腺相互配合，完成对食物的加工。

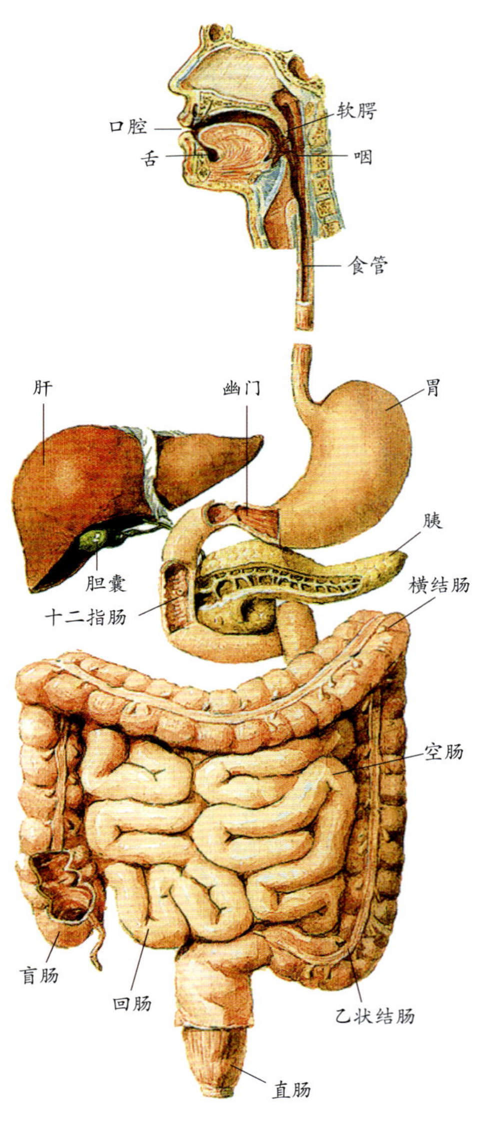

人体消化系统

消化腺有口腔腺、肝、胰和消化管壁内的小腺体等，它们能分泌各种消化液，促使食物分解成可吸收的营养物质。肝是人体内最大的消化腺，能分泌胆汁、合成和贮存营养物质。肝每天能分泌大约 900 毫升的胆汁。肝还对人体有保护和解毒作用。胆是储存和浓缩胆汁的器官，肝分泌的胆汁小部分顺着胆管向下直接流入十二指肠，大部分沿胆囊管流进胆囊储存起来。人吃东西时，胆囊壁会发生收缩，储存在胆囊内的胆汁经胆管和胆道流入十二指肠，对食物进行消化。胰是人体的第二大消化腺，既能分泌消化液，又是内分泌器官。胰液与其他消化液比较，所含消化酶的种类最全，消化能力最强，能彻底消化各种食物营养。肝脏和胰腺、口腔腺都是位于消化管外的大消化腺。

口腔 食物进入机体的第一站，消化系统的起始部分。口腔内主要包括牙齿、舌和唾液腺 3 种结构，具有吮吸、咀嚼、尝味、吞咽和帮助发声等多种功能。

牙齿是咀嚼食物的工具，牙齿把食物咬碎后，能使食物与消化液接触面增加，使食物容易消化。舌在口腔底部，表面覆有黏膜，表面有 3 种方向排列的横纹肌，能灵活运动，帮助吸吮和吞咽、辨别味道、辅助发音。舌能辨别 4 种基本的味，即酸、甜、苦、咸。其中对甜

消化酶 参与消化的酶的总称。消化酶在化学消化过程中起着重要的生物催化作用，它们能分别将食物中的糖类、脂类、蛋白质水解成能被人体吸收的小分子有机物。

人体消化腺分泌的消化液中几乎都含有消化酶。如唾液腺分泌唾液淀粉酶，胃腺分泌的胃蛋白酶，胰腺分泌的一系列消化酶，小肠分泌的一系列消化酶。这些酶的结构本质均属蛋白质，完成各自的消化作用后，最终会被分解吸收。各种消化酶具有各自适宜的温度和 pH，如唾液淀粉酶适宜在近中性的环境下工作，进入胃后不久就会失效并被蛋白酶分解。胃蛋白酶的适宜环境是 pH=1.8 左右的强酸性，只适于在胃中起作用，进入小肠后随环境逐渐改变而失效，它同样部分被其他酶（如胰、糜蛋白酶）分解。胰液中的各种酶和小肠腺分泌的各种酶，随着消化产物及废物的积累，环境条件逐渐改变，一部分由于相互作用被分解，剩余部分经肠蠕动推进到大肠内。

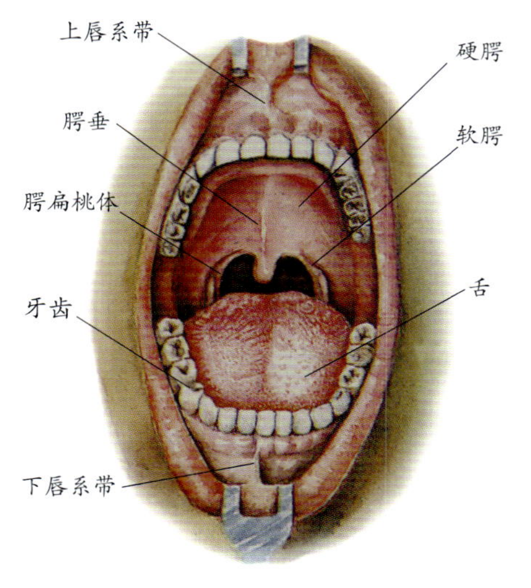

口腔

味最敏感的是舌尖，对苦味最敏感的是舌根，对酸味最敏感的是舌的两侧，对咸味最敏感的是舌尖和舌的两侧。口腔内有3对较大的唾液腺，即腮腺、颌下腺、舌下腺，分泌的唾液经导管流入口腔，以防止口腔干燥，利于说话，还能湿润食物，便于吞咽。口腔是外界菌、毒物最容易侵入的部位。

青少年最常见的口腔疾病是龋齿。预防龋齿要注意口腔卫生，要学会正确的刷牙方法。应当定期进行口腔检查，以便发现龋齿，及时修补治疗，防止龋洞变大变深。

龋齿 在外界因素影响下，牙齿硬组织逐渐脱矿、软化、破坏、消失的一种慢性牙病。在人类所患的各种疾病中，其患病率排在前9位。

近代微生物学和病理学研究证明，龋齿的发生发展主要与变链球菌和一些产酸的细菌有密切关系。病因目前公认为细菌、糖类食物和易感牙面等3种因素的交互作用。若使3种因素强度缩减，达到不能相互重叠的程度，或设法除掉3种中的1种，则可预防龋齿的发生。龋齿的治疗已发展为牙体学和牙髓学专门学科。使用超速涡轮牙钻和变速电机，彻底地去除龋洞中腐质，制备各种洞形，以不同的充填材料充填。1983年世界卫生组织已确立了局部应用氟化物、窝沟封闭等方法预防龋齿，效果较为明显。

胃 消化管中食管与小肠之间的膨大部分，其主要功能是储存食物与初步消化食物。动物的胃一般能进行机械消化，如搅拌、推送或研磨食物。脊椎动物的胃还能进行化学消化，如将蛋白质分解成多肽。胃的吸收能力弱，仅能少量吸收部分药物和其他水溶性物质，但吸收酒精的能力较强。咀嚼和吞咽食物时，可以反射地通过迷走神经引起胃体和胃底肌肉舒张，使大量食物涌入胃内。胃可使动物在短时间内完成进食，使食物有充分时间在胃内消化，并缓慢地进入小肠。

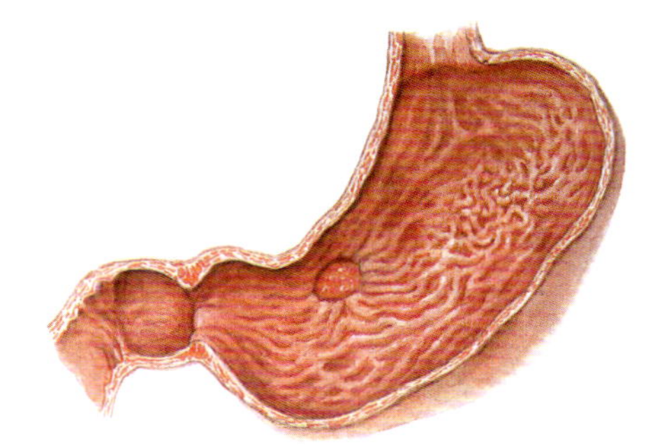
胃部疾病消化性溃疡

肠 从胃幽门至肛门的消化管。哺乳动物的肠包括小肠、大肠和直肠三大段。大量的消化作用和几乎全部消化产物的吸收都是在小肠内进行的，大肠主要浓缩食物残渣，形成粪便，再通过直肠经肛门排出体外。

进入肠腔中的消化液有小肠液、大肠液、胰液和胆汁等，这些消化液含有各种消化酶，它们把营养物质分解为可被吸收和利用的形式，即把多糖分解为单糖，蛋白质分解为氨基酸，脂肪分解为脂肪酸和甘油。小肠液由小肠腺分泌，小肠液中含有多种酶，如淀粉酶、肽酶、脂肪酶、麦芽糖酶等。这些酶对营养物进一步分解为最终可被吸收的形式具有重要作用。

肝脏 人体中最大的消化腺，同时还具有多种重要的功能。肝脏呈红褐色，质软而脆嫩。成人肝脏重约1500克。肝脏大部分位于右腹上部，小部分延伸到左腹上部。肝脏的前表面被一种镰状的韧带分为左、右两叶，左叶小而薄，右叶大而厚。肝脏的后表面有一条横沟，称为肝门。肝门处有肝管、门静脉、肝动脉、淋巴管和神经出入。胆囊位于肝门的右下方。

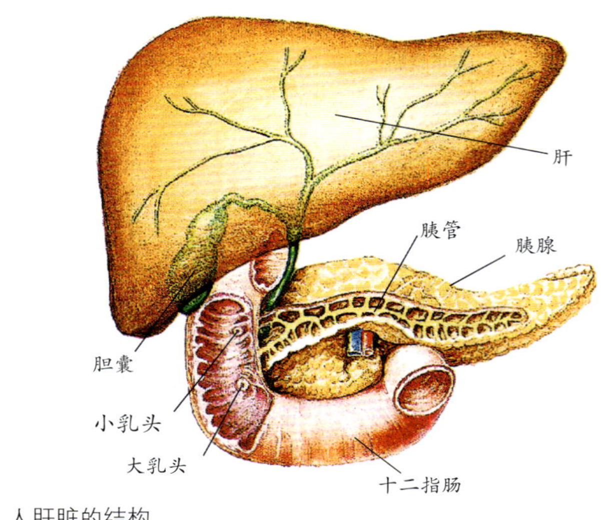

人肝脏的结构

肝脏的上面与膈相接触。左叶与胃相邻，右后下方与右肾相邻。肝脏对于人体内蛋白质、糖类、脂类等很多物质的代谢有重要作用。肝脏具有很多重要的功能，如肝脏的造血功能，肝脏的解毒和防御功能，肝脏分泌胆汁的功能，肝脏的合成和贮藏功能。

胆囊 贮藏和浓缩胆汁，并将胆汁排入十二指肠的器官。位于右上腹和右肋

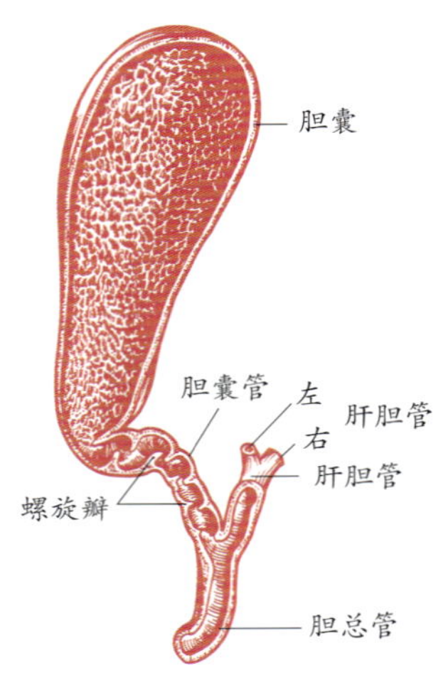

人胆囊的结构

下缘的地方，紧贴在肝脏的下面。胆囊内有肝细胞分泌的黄绿色胆汁，其味特别苦，需要不断地排泄更新。

胆囊内贮藏的胆汁注入小肠后，可以促进食物中较大的脂肪滴乳化为脂肪微粒，以便于脂肪酶的消化。胆囊有炎症或有结石都会影响脂肪类食物的消化，会影响脾胃的功能，而出现畏食、腹胀、腹泻、黄疸等症状。

胰 兼具外分泌和内分泌两种功能的复合腺体。又称胰腺。长形扁平，位于左上腹部的后腹膜腔内，连接在十二指肠的头部，体部靠近左侧脾脏的尾部。其功能为分泌多种消化性酶，帮助消化，重要的是胰岛素的分泌与血糖的调节有关。胰岛分泌多种激素，如胰岛素、胰高血糖素、胰多肽和生长抑素等。前两种激素在调节糖、脂肪、蛋白质的代谢，特别对维持正常血糖水平起着十分重要的作用。

呼吸系统 与外界空气进行气体交换的器官系统。由呼吸道和肺两部分组成。

胰岛素 由胰腺的胰岛分泌的蛋白质激素。由 51 个氨基酸组成，相对分子质量为 6000。胰岛素是促进合成代谢的激素，它的靶细胞主要是肝、脂肪组织和骨骼肌细胞。当血糖浓度升高时，迅速引起胰岛素的分泌。胰岛素使全身各组织加速摄取、储存和利用葡萄糖，使血糖水平下降。

胰岛素既可促进肝合成脂肪酸，然后转运到脂肪细胞中储存起来，又可使脂肪细胞直接合成脂肪酸。胰岛素能促进氨基酸主动运转进入细胞；又可直接作用于核糖体，加速翻译过程，促进蛋白质合成；在胰岛素的长期作用下，基因的转录和复制加快，增加 RNA 和 DNA 的生成。体内胰岛素缺乏，使血糖升高，超过肾糖阈时，就形成糖尿病；使血脂升高，引起动脉硬化，导致心血管和脑血管系统疾病；使蛋白质极度消耗，血液中氨基酸浓度升高，身体虚弱，体重减轻，机体各种功能失调。

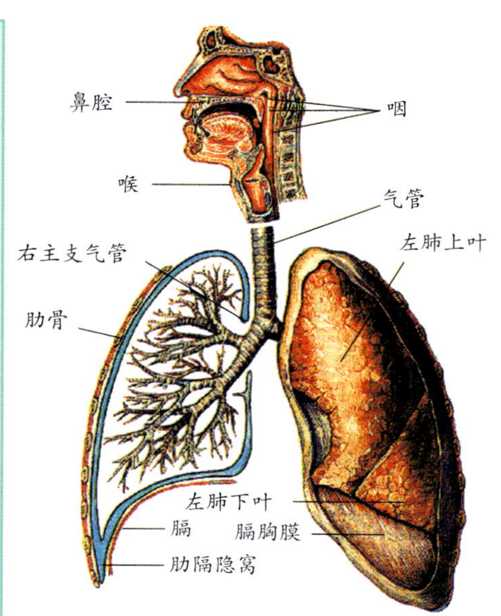

人体呼吸系统示意图

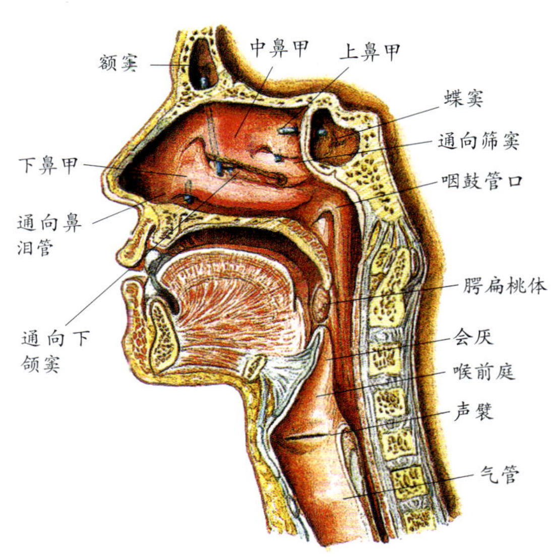

鼻、咽、喉结构图

呼吸道包括鼻、咽、喉、气管、支气管，用以运送气体。鼻又是嗅觉器官。咽是消化系统和呼吸系统的共同通道。喉又有发音的功能。气管分为左、右支气管，支气管在肺门处分出肺叶支气管，经肺门入肺，以下的分支即属肺的范围。鼻及咽部有骨质为支架，喉以下的呼吸道壁由软骨构成，因此管壁不易塌陷，气体得以畅通。肺由肺叶支气管、肺段支气管、细支气管、呼吸性细支气管、肺泡道、肺泡等构成。临床上将鼻、咽、喉称为上呼吸道，气管以下称下呼吸道。覆在肺表面、胸廓内面及膈上的浆膜称为胸膜，胸膜围成胸膜腔。肺包容在密封的胸廓内，胸廓的机械运动构成呼吸动作。

鼻 呼吸兼嗅觉的器官。呼吸道的起始部，分为外鼻、鼻腔和鼻窦 3 部分。人的外鼻突出于面部的中央，由鼻骨、鼻软骨、鼻肌和被盖皮肤构成。鼻腔是由鼻孔至咽的鼻咽部的腔隙，由鼻中隔分成左右两半。鼻腔前部生有鼻毛，起过滤病菌、灰尘的作用。鼻腔内面覆盖有黏膜，鼻黏膜有大量腺体和丰富的血管，对空气起湿润、加温和过滤的作用。鼻腔上部的黏膜管嗅觉。鼻腔周围有含有空气的骨质空洞，称鼻窦，或副鼻窦（鼻旁窦）。鼻窦有协助调节空气湿度、温度和音色的作用。由于鼻窦是在颅骨内，一旦有炎症不及时治疗，还会殃及耳咽管引起中耳炎。引起鼻窦炎的病菌在鼻窦中繁殖生长，使内膜发炎、肿胀，有黄臭的浓鼻涕流出，引起头痛且影响食欲，因此要抓紧治疗。

肺 气体交换的场所，呼吸系统的重要器官。位于胸腔内，左右各 1 个。右边的肺较大，约比左肺大 15%，有 3 叶，重约 500 克；左边的肺叶只有两叶。气管、支气管好比是一棵长在胸膛里的倒悬着的大树，深入到左右两肺后，反复分支，越分越细，就像树枝那样，管壁也越来越薄，在分支的末端，形成了许多肺泡。

根据医学家的测定，整个肺由大约7亿个肺泡组成，每个肺泡就像一只小小的“气球”。由于“气球”是和细小的支气管连在一起的，所以看起来就像一串串葡萄了。肺泡的外面包绕着毛细血管，肺泡和毛细血管的壁很薄，只由一层上皮细胞构成。如果用肉眼去看细小的肺泡是看不清的，但如果把所有的肺泡一一展开铺平，其面积可达130平方米，相当于30张乒乓球桌的桌面面积。肺的这种结构特点，适于气体在肺泡与血液之间进行交换。

神经系统 众多有组织的神经细胞（神经元）的集合体，是调节人和动物体内各种器官活动以适应内、外环境变化的全部神经装置的总称。脊椎动物和人的神经系统可分为中枢神经系统和外周神经系统两部分。前者包括脑和脊髓，后者包括外周神经和神经节。约10^{11} ~ 10^{12}个神经元及为数更多的神经胶质细胞。庞大的神经细胞数量及神经细胞之间的复杂组织联系使神经系统具有复杂的功能。人和高等动物的神经系统是地球上最复杂的物质结构，主要功能是接受和处理体内外各种感觉信息，调节躯体和内脏的运动，维持机体内环境的相对稳定，发动和控制各种行为，司理学习、记忆、情绪、思维及语言等高级功能。在神经系统直接或间接的控制、调节下，机体各器官系统才能相互联系、相互协调，完成统一的生理过程。神经系统的形成及结构和功能的完善是由低等无脊椎动物向高等脊椎动物长期进化的结果。

大脑
脑神经（12对）
小脑
颈神经（8对）
脊神经
胸神经（12对）
腰神经（5对）
骶骨神经和尾骨神经（6对）

人体神经分布图

脑 人体中枢神经系统的主要部分。它如同人体的最高司令部，统帅着整个中枢神经系统和外周神经系统。

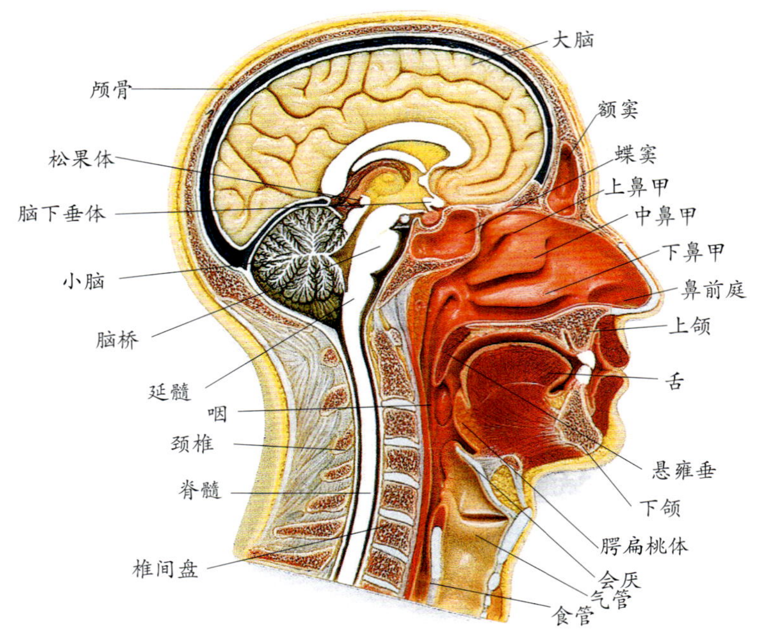

头部解剖图

脑位于颅腔内，包括大脑、小脑和脑干 3 部分。大脑由两个大脑半球组成。大脑半球的表层是灰质，也称为大脑皮质，在其表面有许多凹陷的沟和隆起的回，因而增加了大脑皮层的总面积和神经细胞的数量。大脑皮层大约汇集了 140 亿个神经细胞，是调节人体生理活动的最高级中枢，比较重要的神经中枢有躯体运动中枢、躯体感觉中枢、语言中枢、视觉中枢、听觉中枢等。平常所说的脑，指的就是大脑。小脑的主要功能是使运动协调、准确、维持身体平衡。脑干是脊髓和大脑、小脑的桥梁。脑干是人体的“生命中枢”，具有一系列调节人体基本生命活动的中枢，如心血管运动中枢、呼吸中枢等。脑干一旦受损伤，常会导致心脏活动和呼吸、循环停止，使人立即死亡。

睡眠 脑和整个神经系统以至全身最彻底的一种休息方式。关于睡眠的真正原因，科学家还没有一致的结论，但通常认为：人的一切活动都是在大脑这个“司令部”指挥下，通过遍布全身的神经进行的。脑细胞在消耗大量能量之后，出现了疲劳，疲劳的脑细胞会主动从兴奋转入抑制，人就会睡眠，这是人体的自卫本领之一。

经过一段时间的睡眠，脑细胞的能量重新积累，疲劳消除，又转入兴奋。人一生有大约 1/3 的时间要花在睡眠上。睡眠是一个重要的生理过程，它有利于精神和体力的恢复及能量的储存。青少年正值长身体的时期，应保证充足的睡眠时间，以利于学习。实验证明，青少年的身高发育主要是在睡眠中完成的，睡眠不好不但影响青少年身体健康，还会影响身高发育。

感觉器官 能感受外界刺激，并作出相应的反应的器官。人类的感受器分为两大类。一类是接受外部刺激的，如视、听、嗅、味和皮肤感觉的感受器，称为外感受器；另一类是接受体内刺激的，如身体的位置、运动感觉和内脏感觉的感受器，称为内感受器。它们对调节内环境的动态平衡及维持机体的完整统一性有重要作用。

感觉器官各司其职，彼此之间互相沟通。倘若一处有疾，往往会“株连”他处。如眼与鼻之间有一条潜行、狭长的泪道，所以滴眼药时，药水会流入口中，感到很苦。软腭和硬腭像一块拱板，将鼻和口分开，但两者通过这块拱板后面的咽相通。感觉功能的发生与发展，是动物界长期进化和演变的结果。

眼 人体的视觉器官。人的眼睛好比一架“照相机”，眼球前面的角膜像镜头，它是一个凸透镜，有聚光作用；眼球还

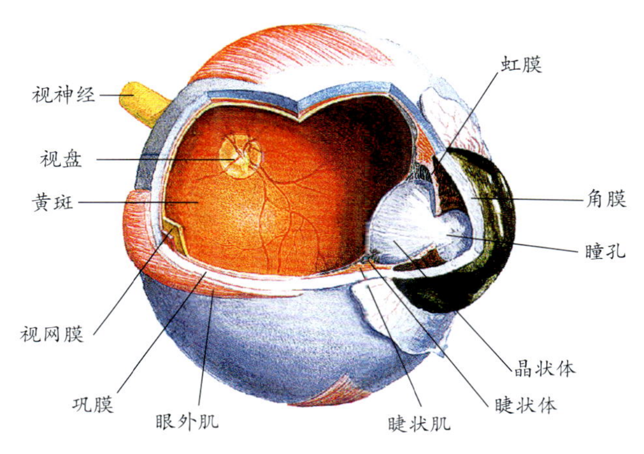

眼的结构图

有一个晶体，它像两块叠起来的放大镜，透明而有弹性，有很强的集光作用；眼球的后部有一层感光膜，称为视网膜，犹如照相机内的胶片。

成年人的眼球近似球形，外界射入眼内的光线在到达视网膜之前，必须经过眼球屈光系统的4个折射率不同的介质，即角膜、房水、晶状体及玻璃体。要想最终使进入眼内的光线恰好聚焦成像在视网膜上，形成清晰的图像，角膜、晶状体、睫状肌等必须协同作用，任何一个部分出问题，都会直接影响眼睛的屈光能力。

耳 人体的感觉器官，可接受外界的声音刺激而产生听觉。听觉是人的主观感觉。耳分为外耳、中耳和内耳，其听觉作用是由这3部分完成的。

外耳由耳郭和外耳道组成。耳郭柔韧的软骨能收拢周围传来的声音，再通过外耳道把声音向内传递。中耳部分有锤骨、砧骨和镫骨3块听小骨，它们连在一起组成了听骨链。声音由鼓膜振动先传到锤骨，锤骨通过一个关节与砧骨连接，砧骨再与镫骨连接，由镫骨将声波传入内耳。内耳既管听觉，又管身体平衡，它包括耳蜗、前庭和3个半规管。耳蜗是听觉神经所在地，里面充满了液体。声波传入内耳后，耳蜗内的液体产生流动，使耳蜗上的神经细胞产生冲动，并将信号传向大脑。前庭和半规管是平衡器官。半规管内也充满了液体，当人的头部向任何方向摇动时，半规管内的液体都要流动，刺激管内的神经细胞向大脑传递信号。

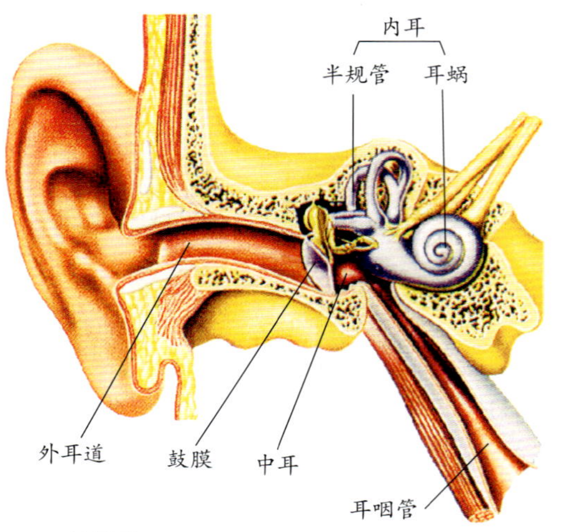

耳的结构图

听觉 外界声音刺激作用于听觉器官。经过一系列的放大和传导后，最终由听神经上传至大脑皮层产生听觉。耳是听觉器官，真正感受声音刺激的装置是位于内耳基底膜上的毛细胞。具有正常听觉的成年人可以听到每秒振动20～20000次的声波，通常把这样一个宽的频带范围称为人的可听声频。除频率这一条件外，声音还必须具有一定的强度才能被听到，这个最小可听强度就是听觉的绝对阈限。在可听声频率范围内，人对1000～4000赫兹的中高频声音特别敏感。超过上限的声波就是超声波。

内分泌系统 人体内全身功能调节系统之一。人体的腺体分为两部分：一是外分泌腺。分泌皮脂、汗液、唾液和胰液的皮脂腺、汗腺、唾液腺及胰腺，虽然它们的分泌物各不相同，但有一个共同特点，它们的分泌物都是通过导管输送至皮肤表面或进入某些体腔中的。二是内分泌腺。内分泌腺没有导管，腺体

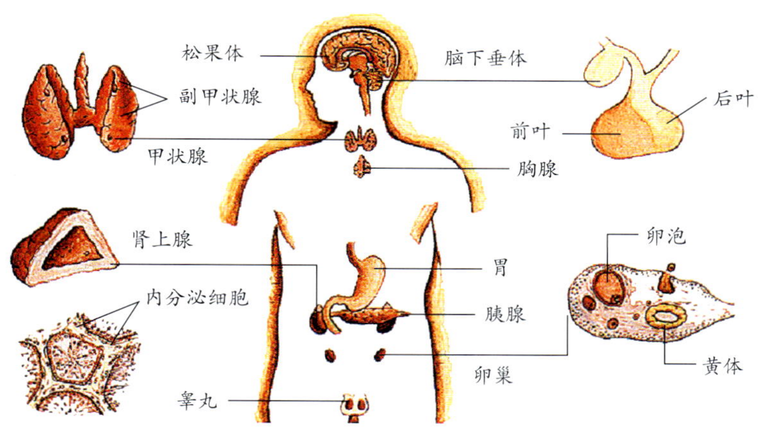

人体主要内分泌腺

的分泌物直接进入毛细血管或淋巴管，通过血液循环运送至全身，选择性地作用于相应的细胞或器官。人体内主要的内分泌腺包括位于大脑下部的脑垂体，位于颈前部的**甲状腺**，位于甲状腺内的甲状旁腺，位于两个肾脏上方的肾上腺，散布在胰腺中的胰岛，以及决定人体第二性征发育的性腺等。其中，脑垂体又管理着其他内分泌腺，调节这些腺体激素的分泌与合成。内分泌的作用主要是涉及生殖和生长发育，维持内环境的稳定，调节机体的**新陈代谢**过程，增强机体对有害刺激和环境条件急剧变化的抵抗和适应能力。

甲状腺 脊椎动物特有的内分泌腺。分泌含碘的**氨基酸**。

甲状腺在**无脊椎动物**体内尚未分化，脊椎动物开始有甲状腺。它是由咽鳃部发育而来。主要受下丘脑－腺垂体系统调节，来保持血中甲状腺激素浓度的相对稳定。人的甲状腺紧贴在喉与气管上端 4 ～ 6 个软骨环的前面和两侧。两侧部较大，称左、右侧叶，两者由较细的峡部相连接。甲状腺外面有两层结缔组织被膜。内层紧贴腺体实质，其中有丰富的血管网，外层是气管前筋膜的一部分。

甲状腺的作用为调节机体的**新陈代谢**和生长发育。甲状腺激素是由甲状腺上皮细胞制造的具有生物活性的物质，没有特异的靶细胞，因其含量不同而出现不同的效应。主要有产热作用，对**蛋白质**合成、机体生长与发育的作用，对糖代谢的作用，对**脂肪**代谢的作用，对心脏的作用，对中枢神经系统的作用等。

泌尿系统 用以生成、输送、储存和排泄尿液的器官系统。又称排泄系统。

人的泌尿系统包括一对生成尿的肾脏、一对输尿管、一个储尿的膀胱和一条排尿的尿道。男女两性的泌尿器官基本是一致的，但女性的尿道较短，容易受到病菌污染；男性的尿道较长，且兼有输送精液的功能。肾脏是泌尿系统的主要器官，是形成尿液的场所。人的肾

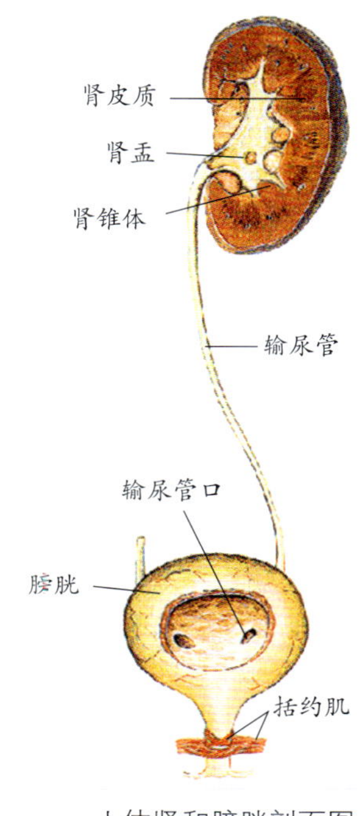

人体肾和膀胱剖面图

脏位于腰后部脊柱两侧，左右各一个。肾脏的基本结构单位叫肾单位，肾脏大约由100万个肾单位构成。人一天吃许多东西，喝许多水，其中除了少量养分被身体吸收利用外，绝大部分都要变成废物排泄出体外。机体排泄废物的途径，一是通过呼吸系统排出二氧化碳；二是由消化系统排泄大便等；三是经皮肤汗腺排出一些水分、尿素和氯化物；剩下的大部分水分和水溶性废物，就要靠泌尿系统来排泄。泌尿系统特别是肾脏一旦有了毛病，体内便发生了水和电解质紊乱及酸碱平衡失调，生命就有危险。

肾 脊椎动物体内主要的排泄器官。循环血液在这里经过滤过、重吸收和分泌诸过程而生成尿，借此排出体内多余的水、盐和代谢产物（主要是含氮化合物：氨、尿素和尿酸），同时调节体内的水平衡、电解质平衡和酸碱平衡。高等动物的肾还具有内分泌功能。肾的泌尿功能对于保持机体内环境理化因素的恒定具有重要意义。脊椎动物的肾可分为3代：前肾、中肾和后肾。

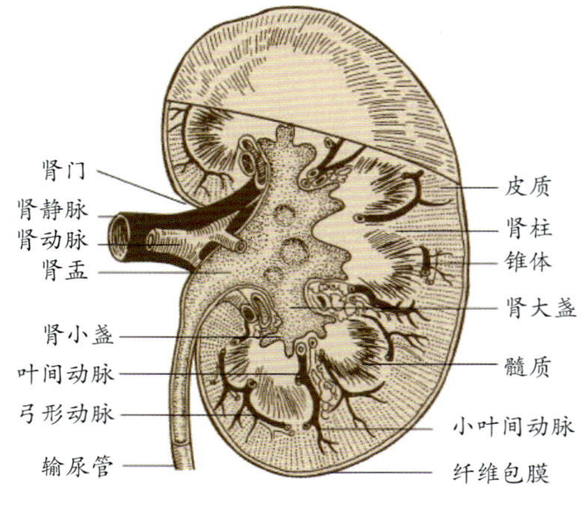

人肾部分纵切面半模式图

生殖系统 用以分泌性激素及繁衍后代的器官系统。生殖器官包括主性器官和附性器官。在男性，主性器官是睾丸；在女性，主性器官是卵巢。主性器官主要产生生殖细胞，男性为精子，女性为卵子。此外，主性器官还兼有分泌性激素的功能，所以又称性腺。附性器官是完成生殖过程所必需的，男性附性器官有附睾、输精管、前列腺、精囊等；女性附性器官有输卵管、子宫、阴道等，它们主要保证精子和卵子会合，并为胎儿生长发育提供必要的场所。男女两性在性成熟期，即青春期，会出现一系列与性有关的特征，称为第二性征。在男性表现为胡须、突出的喉头、高大的体格及低沉的声音等；在女性表现为发达的乳腺、宽大的骨盆、丰富的皮下脂肪及高调的声音等。

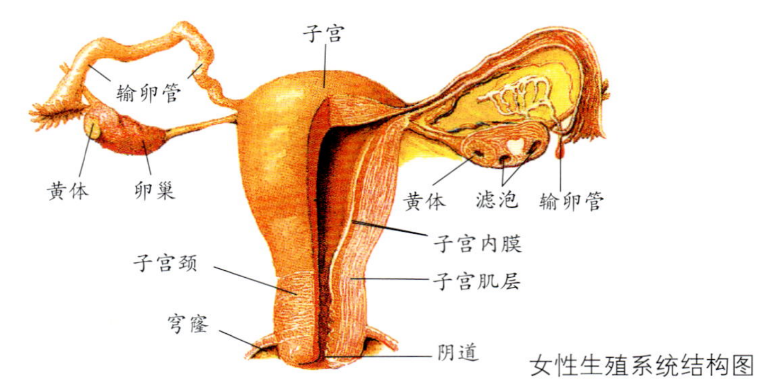

女性生殖系统结构图

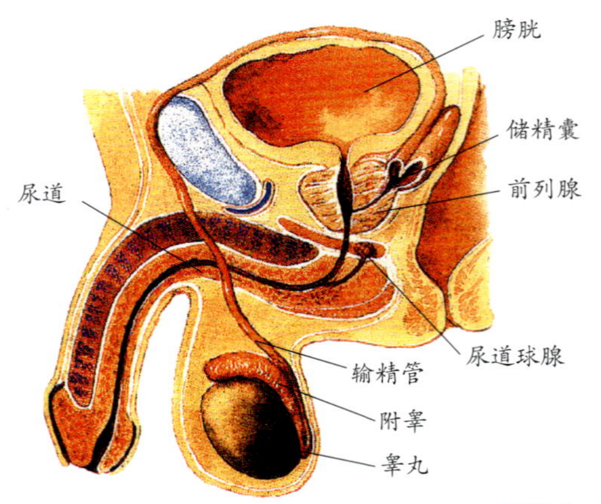

男性生殖系统结构图

附性器官和第二性征的发育有赖于性腺分泌的性激素的辅助和促进。如果没有性腺分泌性激素，附性器官就不能发育成熟，而永远保持在幼稚状态，导致第二性征不能出现。

遗精 男性发育到一定阶段，精液不自觉地由尿道流出的现象。在初次遗精前的一段时期，人体脑垂体分泌的促性腺激素增加，它们会促进睾丸发育，后者能生产精子，制造雄性激素——睾酮。睾酮可使各个性器官发育生长，如促使睾丸发育成熟并产生精子；使与制造精液有关的器官生长发育；使输送精液到体外的管道逐渐成长。精子与液体组合在一起形成了精液。由于睾丸生产精子的速度比液体产生得要晚些，所以不少人初次排出的精液中并没有精子或仅有少量的不成熟的精子，医学上称其为不完整精液。

遗精受两个因素影响：一个是性心理活动，青春期是性心理活动最活跃的时期。这一时期的男孩子对异性表现出浓厚的兴趣，容易通过虚幻的想象获得意念上的满足，这往往容易诱发第一次梦遗。另一个是反射性刺激，泄精本身是一系列复杂的神经反射活动的结果。有两种情况最易触发这种神经反射活动过程的发生：①精液数量增多。②性器官充血，如穿紧身裤、临睡前热水洗脚、睡觉时下半身盖得太暖等。由此可见，遗精实际上是围绕着性器官发育和性刺激活动展开的一种极其正常的生理活动，所以男孩子不必为此迷惘。正常遗精每月只有 1 ～ 2 次，或稍多一点，但如果超出这个范围，就属不正常现象，需去医院诊疗。

月经 育龄妇女的周期性阴道出血。周期接近一个月，故称月经。中国女孩子大多从 11 ～ 12 岁开始进入青春期，到 18 岁左右发育成熟。在这期间，不但全身体格迅速发育，生殖器官也会同时逐渐发育成熟。当子宫内膜发育到足以对卵巢分泌的性激素做出反应时，即出现第一次月经。第一次月经称初潮，它是女性生殖系统开始工作的信号。月经初潮是女性青春期开始的一个重要标志，它宣告童年结束。至四五十岁，先是停止排卵，月经变得不规则，最后月经停止（绝经）。

随卵巢性激素的周期性分泌，子宫内膜也发生周期性变化：增生—脱落—出血。但初潮后，由于卵巢功能还没有完全发育成熟，所以月经周期大多不成规律，而且不排卵，故称无排卵性月经。经过一段时间，一般是初潮后数月至一年之内，在月经间期开始排卵，这时成为真正的月经，即排卵性月经。真正的月经一般每隔 20 ～ 36 日行经一次，一次经期为 3 ～ 7 天，一次月经的量一般

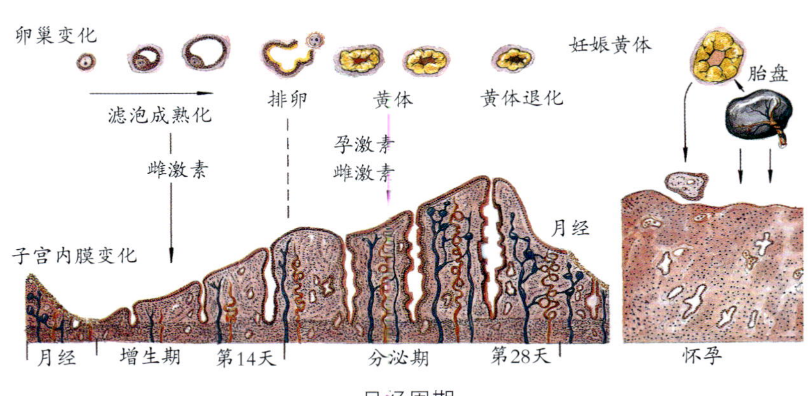

月经周期

为 50 ～ 60 毫升，但个体差异很大，少则 10 毫升，多则可达 180 毫升。如果初潮一年以后，月经周期仍紊乱，说明调节月经的内分泌不能发挥应有的作用，这时应去医院做进一步诊治。月经期间人体抵抗力会降低，要注意经期卫生，避免剧烈的体育活动和过重的体力劳动，保证足够的睡眠，还要心情舒畅，精神愉快。

运动系统 由骨骼、骨连接及肌肉组成的，在神经系统调节下进行各种复杂的运动，起保护、支持和运动功能的组织器官系统。人类由于直立行走，上下肢出现分工，下肢主要起行走及负重功能，而上肢（特别是手）发展为高级灵活的结构，起劳动工具的作用。人的运动系统适应于人类的活动方式，发生了许多变化。

脊柱弯曲 正常的脊柱从正面看是一条直线；从侧面看，颈段和腰段向前凸出，胸骶段向后凹进，呈“S”形。但畸形发育的脊柱弯曲则不同，常见的脊柱弯曲有后凸（驼背）和侧凸两类。引起脊柱弯曲的原因很多，如低头走路，歪头扭身写字，歪身站立，长期使用单侧背书包等。另外，在读书写字时，如果椅子高度合适，而桌子过高，就会使眼睛与书本之间的距离过近，引起两肩上提，脊柱容易呈侧弯状态；若桌子高度合适，而椅子过高，低头弯腰，上身前倾，使脊柱呈后凸或侧凸状态。还有一些疾病因素，如脊柱的先天性畸形、结核、肿瘤或脊柱周围肌肉、韧带疾病

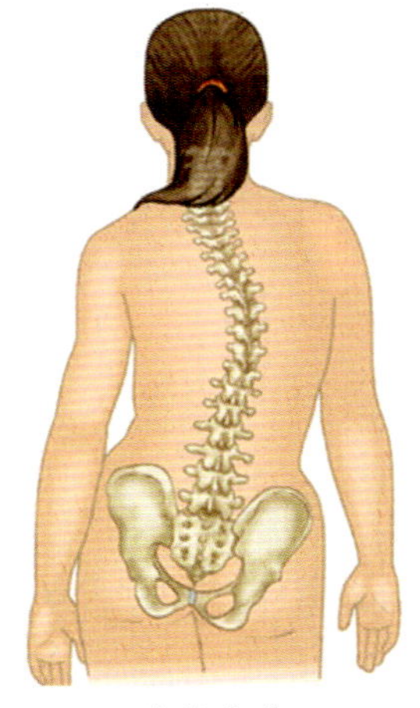
脊柱弯曲

等也可引起脊柱弯曲。

畸形的脊柱弯曲不仅影响体态的健美，而且还会影响人体心肺等重要内脏器官的发育。有脊柱弯曲畸形的青少年，他们的活动量往往受到限制，容易疲劳，肺活量减小，心血管功能和血液循环受到妨碍。预防脊柱弯曲要掌握正确的坐、立、行姿势，培养良好的习惯。

肢体疼痛 有些儿童晚上睡觉会感觉腿或膝关节酸痛，甚至会在睡梦中痛醒；有些平时活动少的人，一旦剧烈活动就会肢体酸痛；有些人站立或行走一段时间会脚痛；还有一些人没有明显原因也会出现肢体疼痛。遇到这些情况，人们总是担心得了某种疾病，其实，上述情况有些属于疾病，有些则属正常现象。

生长性骨痛多见于少年儿童，主要表现为腿或膝关节酸软疼痛，不舒服的感觉难以说清楚，多出现在睡觉前，往往辗转难眠，有时会在睡中痛醒。从“生长性”3 个字就可以看出它是在生长发育过程中出现的一种现象。钙是骨骼生长过程中所必需的重要因素之一，儿童在生长发育过程中，因为生长快，使体内钙相对缺乏，影响了骨骼的正常增长而引起生长性骨痛。解决的办法是注意吃含钙食品，或补充钙剂，经常户外活动，多晒太阳。

有些人运动后可能出现肢体疼痛。人在剧烈运动时，会消耗大量能量，产生许多乳酸，乳酸氧化可以放出能量。平时锻炼少的人，血液循环和呼吸功能不好，当进行比较剧烈的运动时，肌肉血液供应不足，氧气缺乏，乳酸会大量

平底足 平底足是青少年的常见病。正常人的脚内侧呈弓形，脚心不着地；而平底足的人站立时，却是整个脚着地。足弓可以平衡体重，使人站立或行走时大部分重量落在脚跟，不落在脊柱和骨盆上，如果是平底足，足弓不再成为稳定身体的支点，身体重量都压在脊柱和骨盆上，一直落到脚心，所以站立或行走时容易疲劳，产生脚痛、腿痛。平底足不是先天的，少年儿童要注意营养和休息，避免站立过久或负重过多。

积累，乳酸刺激肌肉中的感受器，使肌肉膨胀而产生酸痛。这种现象无多大害处，经过几天，乳酸逐渐被氧化，酸痛就会消失。现在常把测量运动员血液中乳酸含量作为决定运动量的指标之一，使运动员既能大量运动，又不至于造成疲劳。

肢体疼痛也常因疾病引起，尤其是骨关节疾病。引起青少年肢体疼痛的骨关节疾病主要有急性化脓性骨髓炎，特征是起病急，发高烧，疼痛严重；关节炎，特征是关节局部肿胀、疼痛，关节活动受到阻碍；骨肿瘤，特征是除肢体疼痛外，无明显其他不适，疼痛初为间歇性，后为持续性。发现疾病引起的肢体疼痛，应尽快上医院治疗。

运动损伤

与运动技术和训练有关的损伤。其中，大多数是由于训练失当、局部劳累而造成的慢性伤或小外伤，一小部分是在运动时发生的急性伤。

常见的运动损伤有以下几种：①扭伤，多发生在四肢关节处。轻度扭伤只是关节周围的韧带或肌腱撕裂了一小部分。一般不需要急救处理，但应暂时停止锻炼。大约在一两周后伤处疼痛就可逐渐消失而痊愈。重度扭伤会使关节周围的韧带、肌腱和血管断裂，首先应止痛止血。当时可冷敷，然后伤部垫上棉花，用绷带包扎。包扎时轻加压力，但不能太紧，以免影响血液循环。②挫伤，指身体被钝重的体育器械碰伤或突然挤压而形成的伤。这时受伤部位的皮肤只有轻微的损伤，而皮肤下面的组织可能发生扭伤，表现为局部青紫，疼痛但不出血。急救办法与扭伤相同。③擦伤，是跌倒时身体的裸露部分接触地面，与地面猛烈摩擦而发生。轻度及范围小的擦伤无须处理便可痊愈。重度及范围较大的擦伤，如果出血不止，应先把受伤肢体抬高，同时用手指压住流血部位上方的动脉血管。止血的同时，用消毒过的纱布块把创面遮盖起来，进一步的急救处理是用脱脂棉浸生理盐水清洗创伤面。冲洗后用消毒纱布吸去创面上的水分，涂红药水，不要包扎，一两天后即可结痂。④骨的损伤称为骨折。急救时，首先要及时并正确地用夹板把骨折两端的关节固定起来，夹板要长过断骨上下两端的关节。如有伤口，应先用消毒巾包扎好。夹板与肢体之间要垫些棉花。给夹板缠绷带时，松紧要适度，既要使夹板不滑脱，又要保证血液循环畅通。固定之后，应立即送往医院，做进一步的处理和治疗。⑤脱臼，即外伤性关节脱位。急救方法是先止痛和抗休克，然后迅速用夹板、绷带固定脱位变形的伤肢，尽快地送到医院处理，争取早期复位。关节脱位的整复，应由骨科医生进行。没有整复技术和经验的人，不可随意做整复手术，否则会引起更严重的损伤，影响功能恢复。

心肌炎

主要发生于心肌的一组炎症病变。一般分为感染性心肌炎和非感染性心肌炎两大类。感染性心肌炎一般由病毒、细菌、真菌、螺旋体、立克次氏体、原虫、蠕虫等引起。非感染性心肌炎的主要病因为过敏或变态反应、理化因素等。在许多病例中，心肌炎实为全身性疾病的一部分。患心肌炎时可表现为疲乏、气短、心悸、心前区不适等，也可见心电图异常。心肌炎的病程可为急性、亚急性或慢性。轻者可无明显自觉症状，重者可因严重心律失常或心力衰竭而突然死亡。婴幼儿患者病情多较严重。

除部分特异性感染所致的心肌炎外，对大部分病例只能进行对症治疗，感染性心肌炎预防在于防止病毒感染，麻疹、脊髓灰质炎、腮腺炎、流感等预防接种有较好的效果。

贫血　血红蛋白浓度、红细胞计数或红细胞比积低于正常值的一种病理现象。在中国，成年男性血红蛋白浓度低于 120 克 / 升（女性低于 105 克 / 升）、红细胞计数少于 4.00×10^{12} 个 / 升（女性少于 3.50×10^{12} 个 / 升）或红细胞比积低于 40.0%（女性低于 35.0%）为贫血。贫血只是一个症状，除对症处理外，更重要的是鉴别诊断，以求针对病因进行特异性治疗。

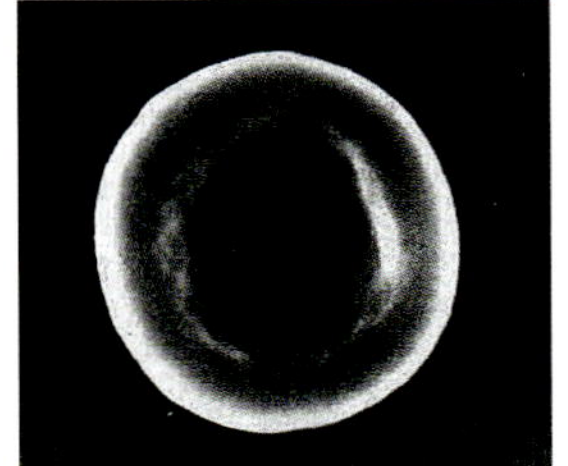
缺铁性贫血红细胞扫描式电子显微镜图像

不同原因的贫血，红细胞计数的减少与血红蛋白下降不成正比。在判断有无贫血时，测定血红蛋白浓度更为重要，如小细胞低色素性贫血时，红细胞计数可能接近正常，但血红蛋白可能很低，贫血很重，因而临床上一般以血红蛋白浓度的测定来确立有无贫血。贫血是由许多疾病引起的一种常见的病理现象，不是一个具体的疾病。成熟红细胞的寿命约为 120 天，使血液中红细胞和血红蛋白的量保持在相对稳定的水平，一旦这种平衡被破坏，就发生贫血。

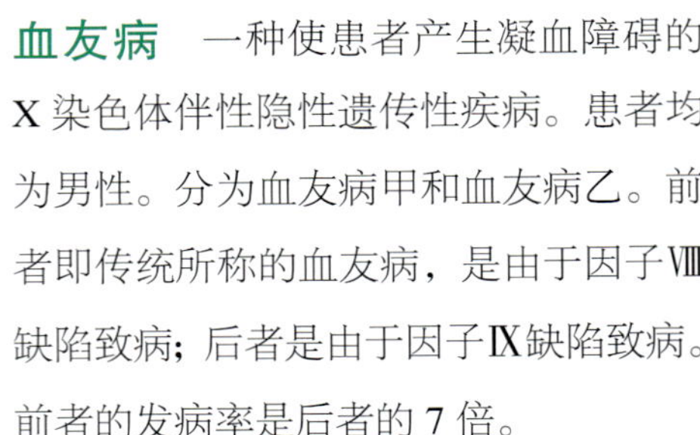

血友病　一种使患者产生凝血障碍的 X 染色体伴性隐性遗传性疾病。患者均为男性。分为血友病甲和血友病乙。前者即传统所称的血友病，是由于因子Ⅷ缺陷致病；后者是由于因子Ⅸ缺陷致病。前者的发病率是后者的 7 倍。

血友病由女性传递，男性发病。传递者女子与正常男子结婚，其子半数为血友病患者，其女半数为传递者；血友病患者与正常女子结婚，其子正常，其女 100% 是血友病传递者。70% 的血友病甲有阳性家族史，30% 的病例是由于基因突变。血友病乙有明显家族史者少，故此基因似有高度的自发性突变率。

新鲜血浆或新鲜冰冻血浆（FFP）可用于凝血因子的替代法治疗。但需输注的量大，甚至在大量输注后血浆凝血因子仍不能达到足够水平。采用因子浓缩剂进行替代治疗，可用相对小的容量达到理想的血浆凝血因子水平。

白血病　一类常见的造血系统恶性疾病。特点为白细胞及其幼稚细胞在骨髓或其他造血组织中弥漫性地异常增生，进而浸润人体组织器官，产生各种症状。白细胞有量和质的变化。发病率在中国为每 10 万人中有 3 ～ 4 人。居儿童及青少年恶性肿瘤的首位，是对儿童和青少年健康和生命危害最大的一种恶性肿瘤。病因未明，由多种因素所致，遗传是内在因素之一。

按病程缓急分为急性和慢性两类。急性者多见于儿童和青少年，起病急，进展快，病程短，若不及时治疗，可在数月至半年内死亡。慢性者多见于中老

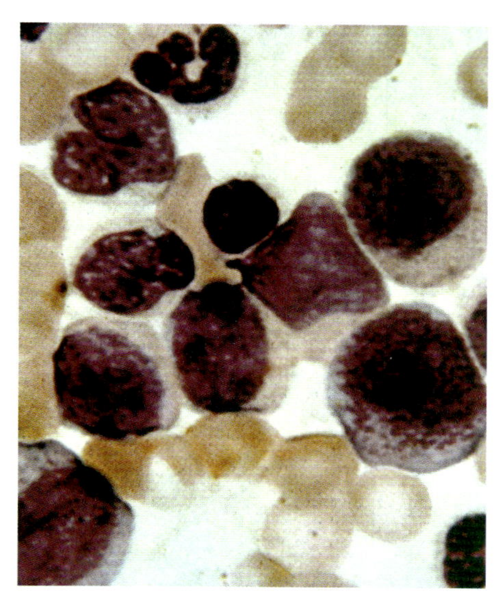
急性骨髓性白血病病人血液的显微照片

年，进展慢，病程在3～4年。按白血病细胞形态分类，有急、慢性髓细胞白血病，急、慢性淋巴细胞白血病，急、慢性粒单细胞白血病，急、慢性单核细胞白血病，浆细胞、嗜酸细胞、嗜碱性粒细胞及毛细胞白血病等。另外，还有一些不典型的白血病也会转化成的白血病。

目前，白血病主要治疗手段是化学治疗和骨髓移植。

食物中毒　因食入有毒食物引起的急性病变。主要包括细菌性食物中毒、毒素性食物中毒、有毒动植物中毒、化学性食物中毒、霉菌毒素和霉变食物中毒。

食物中毒潜伏期短，发病突然，短时间内有多人发病；患者临床症状相似，多数食物中毒以急性胃肠炎症状为主要表现；人与人之间不直接传染，食物中毒患者不会直接传染给健康者。食物中毒的发生总是与某种食物有关，中毒者局限在食用同一种有毒食物的人群，不食用有毒食物者不发病；时间性、季节性明显，细菌性食物中毒主要发生在夏秋季节；地区性特点亦较突出，主要与地区的食物品种和饮食习惯有关；食物中毒的发生多为多数人集体暴发，也有家庭和个人散在发生的。

预防主要措施是防止食物污染，控制细菌繁殖和食物加热等，治疗原则一般是对症治疗，有特殊解毒剂及时应用。

病毒性肝炎　由肝炎病毒引起的全身性传染病。主要表现为食欲减退、恶心、乏力、肝肿大和肝功能异常等。已发现的病毒性肝炎有5种，即甲型、乙型、丙型、丁型、戊型。甲型肝炎的传播方式主要是通过日常生活接触，即甲肝病人和隐型感染者的粪便污染食物、健康人的手和周围物品，然后经口传染健康人。要想有效预防甲肝，就必须在环境卫生、饮食卫生、个人卫生上下功夫，做到餐前便后要洗手，生吃瓜果蔬菜要洗净。输血也可能是甲肝传播的又一途径。注射甲肝疫苗可起到预防作用。

乙型肝炎主要是通过血液和母婴之间传播。乙型肝炎病人中的一部分会转为慢性，进而发展为肝硬化，少数可转化为肝癌。对于乙型肝炎预防的重点首先应放在积极推广和正确使用乙肝疫苗上；其次是切断血液传播途径，如使用一次性注射器，尽可能少用血液和血液制品。

丙型肝炎许多方面与乙型肝炎相同，如主要通过血液传播，易转成慢性，可发展为肝硬化，甚至肝癌。预防原则也基本上与乙肝相同。最主要的是防止经血液传播。目前尚无预防丙型肝炎的疫苗。

丁型肝炎由一种缺陷病毒引起，它的外壳是乙肝病毒的表面抗原，因此丁型肝炎只感染乙型肝炎表面抗原阳性的人，这种病人受到丁型肝炎病毒感染后可使病情加重，甚至可能发生重症肝炎。由于丁肝的传播途径与乙肝相似，因此预防上也主要是把好血液传播关。

戊型肝炎与甲型肝炎相似，主要是

通过消化道传播，也可引起暴发流行，而且很少转为慢性。但又有不同之处：戊型肝炎患者以青壮年为多，而甲型肝炎以儿童为多；戊型肝炎多发生在夏秋季或暴雨、洪水之后，而甲型肝炎以冬春季多发。预防戊肝主要是管理好水源，严防洪水冲刷造成污染，注意环境卫生、饮食卫生、个人卫生等。目前尚无戊肝疫苗可供应用，免疫球蛋白对甲肝有一定预防效果，但对戊肝则无效。

哮喘　一种慢性支气管疾病。患者的气管因为发炎而肿胀，呼吸管道变得狭窄，因而导致呼吸困难。哮喘可分为外源性及内源性两类。外源性哮喘是患者对致敏原产生过敏的反应，致敏原包括尘埃、花粉、动物毛发、衣物纤维等。外源性哮喘患者以儿童及青少年占大多数。除致敏原外，情绪激动或剧烈运动都可能引起发作。内源性哮喘患者以成年人和女性居多，病发初期一般都没有十分明显的病征，且症状往往与患上伤风感冒等普通疾病类似。哮喘病如不及时治疗，反复发作而加重呈慢性气道高反应性，治疗就较困难。重症哮喘可表现为哮喘持续状态，病死率高。

严重急性呼吸综合征　一种由新型冠状病毒引起的传染性肺炎。简称非典。又称严重急性呼吸综合征，英文名称的首字母缩写词为 SARS。2003 年曾在中国一些地区流行。主要临床表现为起病急、发热、干咳、气促、肺实变体征、外周血白细胞不高或降低、胸片有炎症性改变，病变发展迅速，常因呼吸衰竭而死亡。

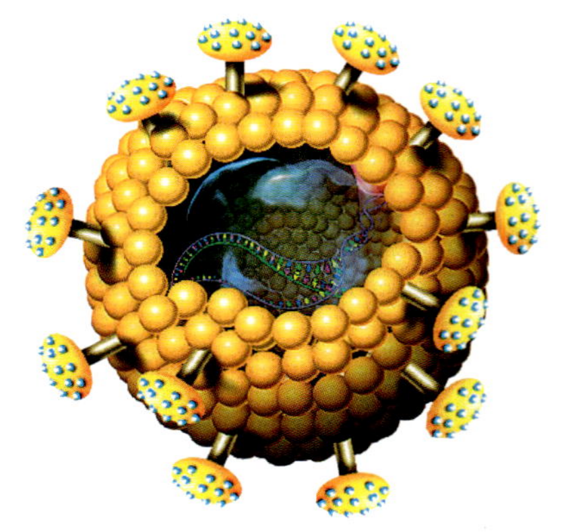

SARS 病毒

非典潜伏期 2 ～ 14 天。临床表现为起病急，以发热为首发症状，多为高热、畏寒，伴或不伴头疼、关节肌肉酸痛、食欲不振、乏力、胸痛；以后可出现咳嗽、呼吸急促。严重者可有呼吸窘迫、呼吸困难和低氧血症，多见于起病后 6 ～ 12 天，部分患者可有腹泻、恶心、呕吐等消化道症状。肺部体征常较轻，可闻及少许干、湿性啰音或有肺实变体征。

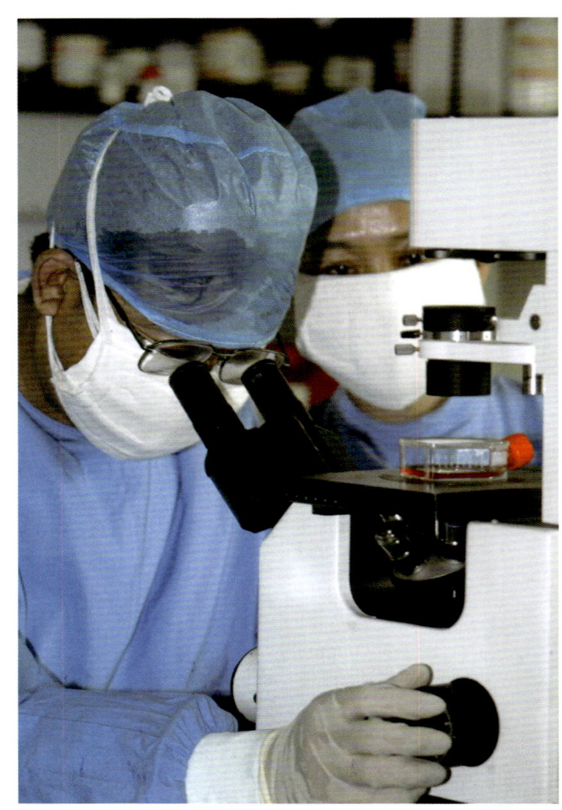

2003 年，军事医学科学院成功研究出“非典”快速诊断技术（新华社提供，王建民摄）

肺结核 由结核杆菌引起的传染病。人体许多脏器可以发生结核病，以肺结核病最为常见。

肺结核的主要病原体为人型结核分枝杆菌。直接吸入带菌的飞沫微滴是最常见的传染途径。排菌的肺结核患者是主要的传染源。进入呼吸道的结核杆菌多由肺防御系统消灭或排出体外。但当结核杆菌进入肺泡而未被消灭时，即可繁殖并引起组织反应形成第一次感染（初染）。

初染时所形成的肺内病灶称为原发病灶，与所属的淋巴结形成的原发淋巴结病灶合称原发复合征。多数病灶可自愈。大部分受过感染的人一生中不再发生结核病，但少数人初染时遗留下来的病灶内残存一定数量结核菌，当机体抵抗力低下时，细菌可重新生长繁殖，使静止的病灶再次活动，引起继发性肺结核。

预防肺结核病应尽早发现传染源（排菌病人），并进行有效治疗和良好管理，尽早使痰菌阴转。其次还可预防接种卡介苗。

色盲 眼睛辨色能力缺陷的一种病理现象。正常人的辨色能力有个体差异，但差异不大。

色盲有先天性和后天性两大类，前者是遗传性缺陷，后者见于视网膜脉络膜、视神经或视路的疾病，按其轻重可分为色盲和色弱。色盲有红色盲、绿色盲、全色盲等不同种类，最常见者为红绿色盲。

色觉对从事某些专业的人员（如驾驶、印染、医学、美术等）非常重要。色觉异常者从事这些工作多有困难，甚至可发生危险，故而在选择职业前应检查辨色功能。但色盲和色弱者常无自觉症状，往往又不自知，常坚持

色盲测试图（熊猫）

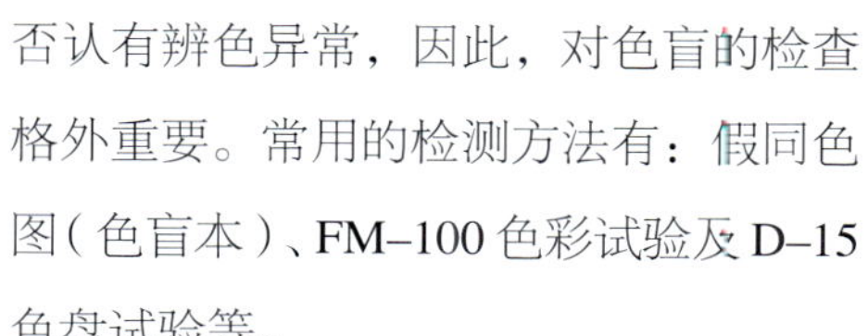

否认有辨色异常，因此，对色盲的检查格外重要。常用的检测方法有：假同色图（色盲本）、FM–100色彩试验及D–15色盘试验等。

听力与平衡 耳除了产生听觉外，还主管身体的平衡。内耳中有两部分与平衡能力有关。一部分是3个相互垂直的圆形管道——半规管，当头部在三维空间中发生位置变化时，如旋转、翻筋斗等，均可引起3个半规管内的淋巴液以某种速度和方向流动，从而刺激感觉细胞，感受头部旋转运动的开始和终止的刺激，进而把信息传到大脑中枢。另一部分是位于半规管前面充满淋巴液的两个囊状结构，这两个囊的感觉区位置互成直角，专门感受头部处于静止时的位置，以及前进、后退、升降或直线运动的开始和终止的刺激。当患有内耳平衡器官疾病时，就会步履蹒跚，站立不稳；当平衡器官功能失调时，可出现恶心、呕吐等症状。

肿瘤 机体在各种致瘤因素作用下，局部组织的细胞异常增生而形成表现为局部肿块的新生物。肿瘤细胞具有异常的形态、代谢和功能。它生长旺盛，常

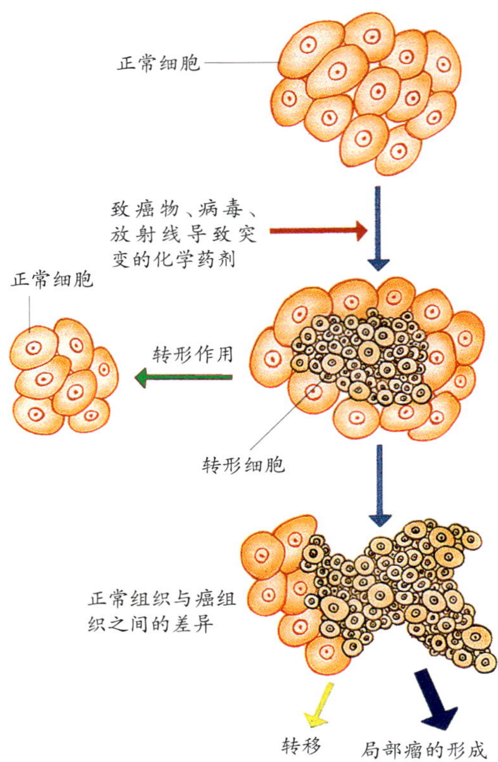

用 1000 倍的显微照相，可以看出正常组织由大小形状都很均匀的细胞组成，每个细胞各有一个小而完整的细胞核；癌细胞则大小不一，细胞核明显扩大，外形呈不规则状

呈持续性生长。尽管恶性肿瘤已成为人类致死的第一或第二位原因，但肿瘤学的进展已使 1/3 的肿瘤患者有根治希望。

按组织起源肿瘤可分为：①上皮组织肿瘤。来自被覆上皮及腺上皮的肿瘤。②间叶组织肿瘤。来自肌肉、脂肪、骨骼、血管、淋巴管等间叶组织。③神经组织肿瘤。来自神经细胞、神经胶质细胞、神经鞘膜细胞等的肿瘤。④其他类型肿瘤。有些来自上述两种以上的组织，还有些来自胎盘等特殊组织的肿瘤。

根据肿瘤生长的方式、速度、有无转移、组织结构，以及对机体的危害程度等生长特性又可分为良性肿瘤与恶性肿瘤。

一般把两种分类方法结合起来，既说明肿瘤的起源组织，又说明肿瘤的性质，如分为良性上皮组织肿瘤、恶性上皮组织肿瘤、良性结缔组织肿瘤等。

免疫 机体免疫系统生理功能的主要表现，为识别和区分“自己”和“非己”成分，产生排异和维持自身耐受的能力。又称免疫力、免疫性。

免疫包括两个方面，一个是人类因遗传而获得的免疫，称作非特异性免疫。如人们的皮肤起着机械屏障作用，它的中等酸度造成不适于病原体生长的环境；呼吸道的黏性分泌物可干扰病原体，同时黏液细胞的纤毛可把病原体排出体外；胃酸和肠道的高碱浓度也是抵抗病原体的防御机制等。非特异免疫中最重要的机制是吞噬作用，也就是包围、溶解和吸收病原微生物的作用。血液中的白细胞，肝、脾中的内皮细胞和淋巴细胞都是用以消灭病原体的吞噬细胞。另一个是人类在个体发育过程中获得的免疫，称作特异性免疫。所谓特异性免疫是指仅对某种病原体具有特异性的免疫力，如得过麻疹的人不会再得麻疹，但不能保证不再得其他病。

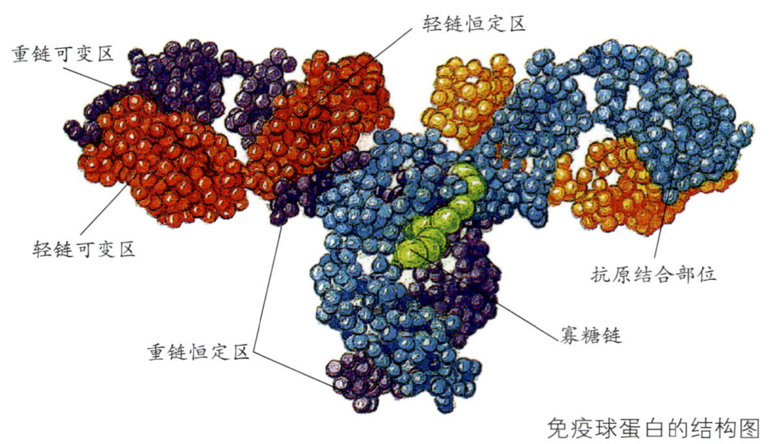

免疫球蛋白的结构图

艾滋病 人类免疫缺陷病毒（HIV）引起的传染病。即“获得性免疫缺陷综合征”的俗称。人体为了防御细菌、病毒的入侵及繁殖，建立了一个完整而强有力的免疫系统。当细菌、病毒等病原体侵入人体后，可被人体的免疫系统破坏、消灭、清除。淋巴细胞在这个防御系统中是“主力军”，起了相当重要的作用。但是，当人体的淋巴细胞碰到HIV时，它非但不能破坏、消灭这些病毒，还为HIV提供在体内生长、繁殖的场所。由于HIV在体内生长、繁殖，最后反而使淋巴细胞大量被破坏，人体处于毫无抵抗力的境地，这就是所谓的免疫缺陷状态。这种免疫缺陷会造成严重的感染，艾滋病人最常见的是肺部有弥漫性炎症，其次表现为脑炎、脑膜炎、慢性腹泻等。

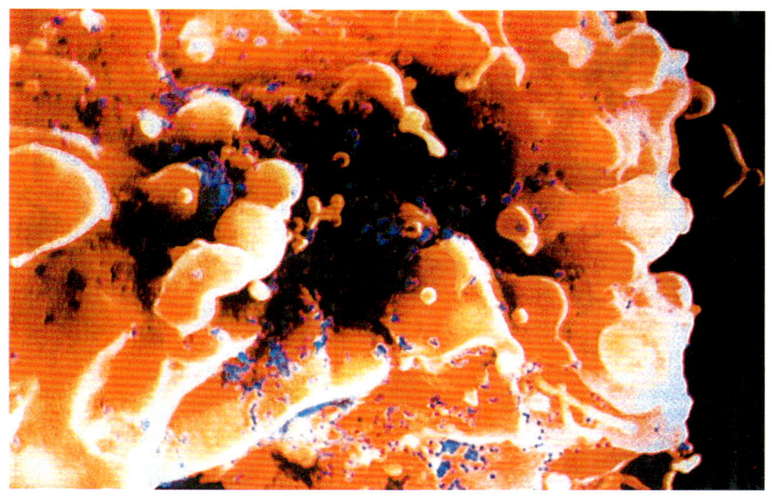

当艾滋病病毒进入人体后，先潜伏于一种免疫细胞——T4细胞里，一旦T4细胞被激活，病毒便开始大量繁殖，而且在短时间内由细胞内出芽，使T4细胞大量死亡，造成人体免疫机能全面崩溃

由于艾滋病传播速度快，蔓延范围大，尚无可靠和有效的治疗方法，人们都提“艾”色变。目前一般采用的综合治疗措施有：抗病毒、调节免疫功能、治疗机会性感染及卡波济氏肉瘤等。艾滋病主要通过血液（如输血、注射血液制品、注射毒品时使用消毒不合格的注射器）、性接触和母婴（如孕妇通过生产、哺乳将病毒传给胎儿）3种途径传播。广泛进行卫生宣传，开展正确的性道德教育，禁止不正常的性接触，严禁吸毒等，是可以切断传播途径而起到预防作用的。

肥胖症 因过量的脂肪储存使体重超过正常20%以上的营养过剩性疾病。有单纯性和继发性两类。单纯性肥胖指无明显内分泌代谢疾病，继发性肥胖主要为神经内分泌疾病所致。

绝大多数肥胖症是由于摄入的热量超过了消耗的热量，超出部分的热量以脂肪的形式储存于皮下及内脏器官的周围，这种肥胖是渐进性的。看电视时间过长，活动量减少，也是造成肥胖的原因。此外，遗传和内分泌疾病及其他原因也可引起肥胖。

肥胖症患者高血压的发病率比正常体重的人高3倍，高胆固醇血症、糖尿病，胆道结石、关节炎、静脉血栓形成、慢性支气管炎等的发病率也较高。要控制热量摄入和积极从事体力或体育活动，持之以恒，以消耗摄入多余的热量，避免过多的脂肪在体内积存。

维生素缺乏症 维生素摄入不足引起的疾病。维生素缺乏症使机体内许多酶的代谢活性下降、免疫力低下、抗病能力差。维生素缺乏症分为原发性（食物性）与继发性两种。前者指食物中摄入量低于正常需要；后者指食物中维生素含量充足，但由于存在某种疾病或特殊生理条件，如肠道吸收不良、慢性酒精中毒、怀孕、喂乳等造成的缺乏。维生素 A 缺乏症可出现夜盲或暗视不清，还可出现皮肤粗燥，生长发育障碍（骨骼系统）等症状；维生素 B_1 缺乏症俗称脚气病，表现为神经系统和循环系统损害为主的临床特征；维生素 B_2 缺乏常表现为口腔和阴囊的皮肤黏膜病变，包括口角炎、舌炎、阴囊炎等；维生素 C 缺乏症俗称坏血病；维生素 D 缺乏则可出现佝偻病和骨软病。

吸烟危害 人类的吸烟行为对人体产生的危害或对环境产生的不利影响。吸烟对人体没有任何好处，而且危害极大。烟草燃烧后产生的烟雾，含有 500 多种有刺激性或有毒的物质，其中毒性最大的是尼古丁。一支香烟的尼古丁可毒死一只小白鼠；给狗注射一滴稀释的尼古丁，狗会立即死亡。

长期吸烟会使人的神经系统慢性中毒，头昏脑胀，失眠多梦，记忆减退，注意力不集中，智力退化，肌肉无力，影响工作和学习。还可引起肺癌，支气管炎、肺气肿、心血管病、胃溃疡、口腔疾病等。吸烟者患肺癌的比例比不吸烟者高数十倍。青少年阶段正是身体发育时期，各个器官尚未发育成熟，抵抗力不强，对有毒物质比成年人更容易吸收，所以毒害更深。尼古丁会毒害正在发育的脑细胞，使大脑功能减退，直接影响青少年的学习和身体健康，所以青少年千万不要染上吸烟的恶习，如果已经有了吸烟的习惯，一定要下决心戒掉。

联合国世界卫生组织决定，从 1989 年起，每年的 5 月 31 日为世界无烟日，中国也将这一天作为中国的无烟日。

饮酒危害 酒的主要成分是乙醇，即酒精。饮酒后，酒精迅速在消化道被吸收并很快进入血液。饮酒后至一定时间时血中酒精浓度达到高峰，通过血液循环分布到全身各组织。

饮酒的危害主要有两点：一是长期大量饮酒，不但影响青少年的身体健康发育，而且几乎无可避免地会导致肝硬化。原因是酒精可以抑制脂肪的氧化分解，使脂肪合成得到促进；同时，酒精使脂肪从外周向肝中流入量增加，结果造成脂肪在肝脏蓄积，诱发脂肪性肝硬化。二是酒精对神经、心肌、脑、脊髓、胰、肾、消化道等器官或系统有影响。经常饮酒者高血压患病率高，慢性酒精中毒者易发生多发性神经炎、心肌病变、脑病变、造血功能障碍、肾炎、胰腺炎、溃疡病等。酒精中毒轻则伤身，重则导致生命危险。

遗传病 生殖细胞或受精卵的遗传物质发生突变所导致的病变。通常具有垂直传递给后代和终生性的特征。定义强调：①必须是生殖细胞或受精卵的基因，

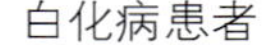
白化病患者

而体细胞的基因发生改变是不能传给后代的。②必须是遗传物质（包括基因和染色体）的改变。③垂直传递，由上代传至下代。④终生性，仅有少数遗传病可通过基因治疗改变作为病因的遗传基础，而绝大部分遗传病仅能对症治疗。遗传性疾病不同于先天性疾病或出生缺陷，后者是指出生时就已表现出来的疾病。虽然不少遗传病出生时就已有表现，但也有些遗传病是在出生时表现正常，而出生后数日、数月，甚至数年、数十年后才开始表现出来，这显然不属于先天性疾病。此外，先天性疾病也并不都是遗传因素造成的，如孕期自母体获得的疾病，如先天性梅毒、孕期病毒感染所致的先天性心脏病等。一方面，遗传病不同于家庭性疾病，后者指有家庭史的一类疾病。由于同一家庭成员具有相同的遗传基础可表现遗传病的家庭发病，但由于遗传病的传递规律复杂多样，如常染色体隐性遗传病可无家庭史。另一方面，家庭性疾病也可由非遗传因素（如相同的生活条件）造成，如饮食中缺乏维生素 A 使多个家庭成员出现夜盲。遗传病可分为单基因病、多基因病及染色体病三大类。

先天性疾病　在胎儿期得的，也就是胎儿在子宫内的生长发育过程中，受到外界或内在不良因素作用，致使胎儿发育不正常，出生时已经有表现或有迹象的疾病。如风疹病毒感染引起的畸形、先天性髋关节脱位等。它和遗传病并不相同。

体表异常是在出生时即可见到的身体形态或结构的异常，如唇腭裂、脊柱裂、多指、并指等。而内部结构的异常往往需待发展到出现症状或经医生检查后方能发现，如先天性心脏病、髋关节脱位、幽门狭窄、多囊肾等。先天畸形有单发和多发，单发畸形指身体只有一种畸形，多发畸形指同时有一种以上或一组畸形。多发畸形多种多样，畸形不仅在体表而且常有内脏畸形。先天畸形是围生期死亡的主要原因，存活者多终身致残，兼或致愚。

通过婚前检查、遗传咨询、孕妇保健可以避免畸形的发生；早期诊断如通过羊水或绒毛检查、B 超及胎儿镜等手段，以及宫内治疗可预防和减少畸形儿产生。

预防接种　为了提高人体对某种传染病的特异性免疫力，预防该种传染病而采取的将疫苗、类毒素、免疫血清或细胞免疫制剂等生物制品接种于人体的方法。又称免疫接种、人工免疫。通俗地讲，就是将用人工方法培育并经过处理的细菌、病毒——疫苗，接种到健康人的身体内，使人在不发病的情况下产生抗体，获得免疫。虽然有许多疾病尤其是某些传染病还无法医治，但可以找出预防方法，通过预防接种防止患病。18 世纪时，成千上万的人死于天花，而现在这种病例在全球已属罕见，这功劳应归于接种了牛痘。

中国从 20 世纪 70 年代开始推行计划免疫，对从出生至 13 岁的儿童要定期接种麻疹、结核病、脊髓灰质炎、白喉、百日咳、破伤风、乙型肝炎、流行性乙型脑炎等疫苗，以预防这些疾病的发生。另外，还针对其他一些季节性传染病的发生，进行临时性预防接种。预防接种是保证儿童健康、免遭传染病危害的重要措施，因此要按预防接种程序，适时接种。

超敏反应 异常的、过高的免疫应答。某些个体在一次接触某种物质后，机体对这种物质的反应性发生了改变，而处于敏感状态，如再次接触同种物质时，就发生反应性增高的异常反应。超敏反应的临床表现形式多种多样。有的引起支气管哮喘，有的出现荨麻疹，有的引起脏器充血、水肿，有的出现皮炎，还有的引起休克，甚至危及生命。根据超敏反应出现的快慢，可粗分为速发型与迟发型两种类型。速发型超敏反应多见于青霉素引起的过敏，青霉素过敏反应半数以上发生在注射后5分钟内。某些食物，特别是蛋白性食物，如蛋类、鱼、虾、蟹、牛乳等，以及化学药物如阿司匹林、碘、磺胺等，也会引起速发型超敏反应。迟发型超敏反应多见于机体在患某些传染病（如结核、血吸虫等）过程中，出现了对这种生物病原的超敏反应。有些人在接触某些化学物质后，经过一定时间，会在接触的皮肤黏膜局部发生接触性皮炎，也属迟发型超敏反应。

虽然超敏反应可引起许多不适，但它也有有利的一面。例如，我们根据变态反应的原理，可以做皮肤试验，帮助诊断某些传染病；还可以通过测定机体的敏感性，避免超敏反应的发生，如青霉素的皮试阳性，就提示病人不能使用青霉素。

疫苗 由减毒的或灭活的、有抗原性的致病微生物制成的悬浮液。将其注入人体后，可刺激机体产生抗该种微生物的特异性抗体，使机体获得对它的免疫性。一经某种疫苗刺激，体内的B淋巴细胞就被该种微生物（抗原）致敏，产生抗体。如再次遇到同种微生物感染，致敏B淋巴细胞就会产生更多的抗体以对抗之。感染的次数越多，免疫应答就越牢固。细菌和病毒都可以用来制造疫苗。疫苗在预防病毒性疾病方面的作用尤为显著。

减毒活疫苗（如麻疹、肝炎、天花等疫苗）的效力较强，但可致轻微的或亚临床症状；灭活疫苗（如流感、狂犬病、伤寒等疫苗）虽能致敏机体，刺激抗体生成，但往往需要较大的致敏剂量和较长的致敏时间。疫苗可口服，也可注射给药。

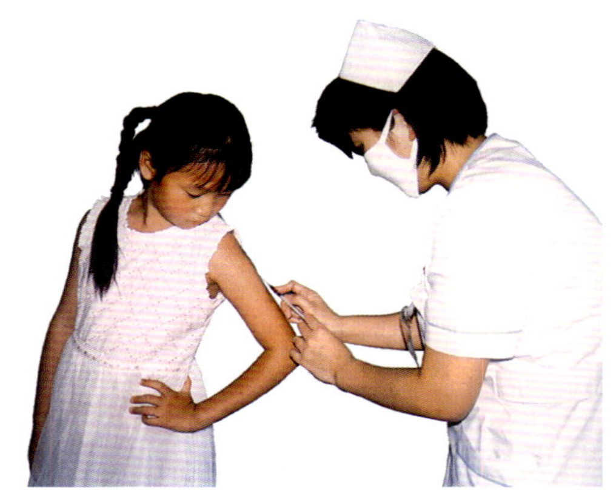

防御病毒接种疫苗

抗毒素 机体经感染而产生的，能中和相应外毒素毒害作用的一种抗体。

1890年，德国科学家E.von贝林与日本科学家北里柴三郎发现了抗毒素，

卡介苗 一种减毒、弱毒的活菌疫苗。通过人工接种的方法，使未受感染的人产生一次轻微的感染，没有发病的危险，却可产生抵抗结核病的能力，减少结核病的发生。

1920年，法国微生物学家A.卡尔梅特和C.介兰经过13年的艰苦研究，发明了第一例结核菌的灭活疫苗。它不仅不会使人发生可怕的结核病，反而使人体对结核菌产生抵抗力。为了纪念他们，人们把这种疫苗称为卡介苗。

直到21世纪，卡介苗在结核病的防治工作中，依然起着十分重要的作用。若将这种降低了毒力、失去了致病性能、但保留了抗原性的菌苗注射到人体内，就能产生对抗结核菌的抗体，增强人对结核菌的抵抗能力（免疫力），使人体对结核菌有防御作用。

并制成白喉抗毒素和破伤风抗毒素。它是用细菌的毒素或类毒素给马或其他动物注射，使马等动物获得对这种细菌的免疫力（马体血清中含有大量的抗体），再将马的血清取出制成。如注射破伤风、白喉等类毒素于马体，抽出马血制成的血清抗毒素可治疗破伤风、白喉等疾病。

抗毒素注入机体后，能对相应的毒素产生免疫，这种免疫是被动获得的，免疫力产生快，消失也快，故抗毒素不适于作预防用，而用于对已发病患者的治疗。

抗生素 生物（主要是真菌、放线菌或细菌等微生物）在其代谢过程中所产生的具有杀灭或抑制他种生物（主要是微生物）作用的化学物质。抗生素除从微生物培养液中提取外，有些已能人工合成或半合成。

继青霉素发现后，抗生素的研究和生产迅速发展。链霉素、氯霉素、金霉素、土霉素、红霉素、卡那霉素、庆大霉素等常用的重要抗生素相继问世，在抗菌治疗中发挥了极大作用。但是，很多抗生素类药物，如链霉素、庆大霉素、卡那霉素、奎宁等，给未成年人使用会有强大的毒副作用，能引起不可逆转的耳聋。因此千万不要擅自使用这些药物，需要使用抗生素时一定要遵照医嘱。

急救措施 为防止处于危急状态下的病人死亡或愈后致残，对患者提供的紧急处理措施。

现代急救一般分为三个阶段。第一阶段是人们的自救互救；第二阶段是救护车到达后的现场急救；第三阶段是医院急救室的抢救。这三个阶段密切相关，缺少任何一个环节都会影响急救效果，其中前两个阶段称为院前急救，它们在急救过程中起至关重要的作用，如出现心脏骤停、气管异物等意外时，有效的院前急救是决定生死的关键。因为常温下人的大脑缺氧超过 3 ~ 5 分钟，就会发生脑细胞坏死，再想恢复正常脑功能已不可能（除个别例外），多数人会因复苏无效而死亡，少数人虽保留了生命，但也变成了植物人。但如果我们能抓住这短短的 3 ~ 5 分钟，实施正确的抢救措施，也许就能挽回一些人的生命。一般自救或互救主要有窒息救生术、心肺复苏术、胸外心脏按压和人工呼吸等措施。

气管异物所致窒息救生术 异物或食物堵塞喉和气管引起的窒息，是导致成人或婴幼儿意外死亡的重要原因之一。窒息救生术的手法为：窒息者站着或坐着，救助者可从其身后拦腰抱住，一手握拳顶住窒息者的上腹部，另一手也握拳从迅速向上的冲力反复多次冲击压迫腹部，致使异物或食物从气道喷出；若窒息者躺着，需仰卧，头偏向一侧，救助者可取跪姿跨于患者的两胯处，以一手的掌部按于患者上腹部，另一手压在此手上，快速向上冲压。但救助中要注意，必须有足够的冲力迫使膈肌上抬，让肺内气体以强大的压力迅速将气道中的异物冲向口腔；另外冲压部位一定要在上腹部，决不能在胸部，以免造成胸部受伤。

心脏骤停的心肺复苏术 心脏骤停是因心脏突然衰竭，不能射出足量血液以保证脑需氧量而突然出现的危急病症。表现为神志突然丧失，大动脉搏动消失，心音消失，呼吸停止，发绀，瞳孔固定散大。实施复苏术时，应将患者安放在平硬的地面上，尽量减少对病人的搬动，救助者一手置于患者前额使头后仰，另一手的食指与中指置于下颌骨近下颌角处，抬起下颌使呼吸道保持通畅。继而再行人工呼吸及胸外心脏按压。近年来十分强调进行快速有力不间断的胸外按压。有效的按压使心排血量和气脉灌注压升高，改善氧代谢，从而增加其后的心脏除颤的成功率（按压深度至少 5cm，速率为每分钟 100 ～ 120 次，并确保胸廓完全回弹。每 2 分钟更换一次按压者，如感觉疲劳可提早更换），而进行人工呼吸的重要性相对下降。

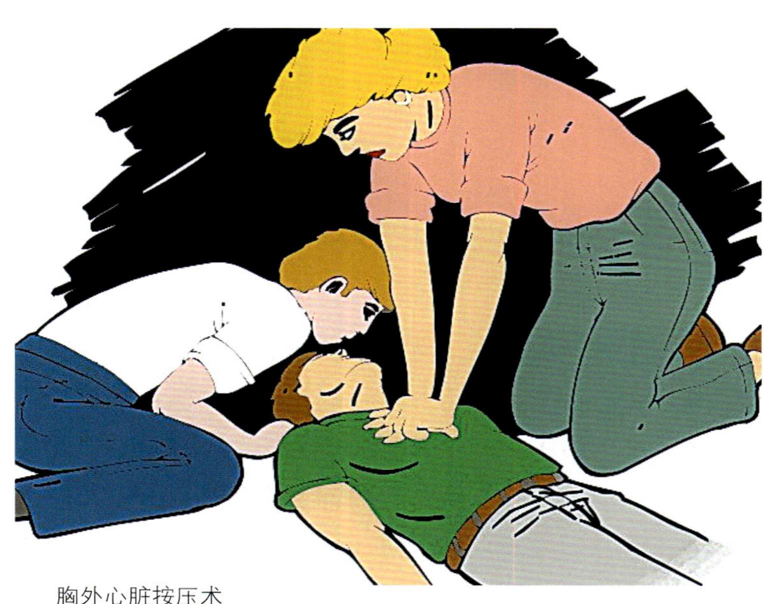
胸外心脏按压术

人工呼吸 自然呼吸停止时的一种急救方法。可用徒手或机械装置将空气有节律地压入肺脏，并利用胸肺组织的弹性回缩力，使进入肺内的气体呼出，如此周而复始，用以代替自主呼吸运动。

在抢救因溺水、电击、煤气中毒、药物中毒、麻醉过深、呼吸麻痹等呼吸骤停的病人时，常采用人工呼吸法。进行口对口人工呼吸时，病人应该仰卧，救护人员解开病人的衣领衣服，清除病人口鼻中分泌物和污泥等，必要时将舌拉出来以免舌根后坠阻塞呼吸道。将病人头部后仰，使呼吸道伸展。然后救护人员将口紧贴病人的口（最好隔一层纱布），另一手捏紧病人鼻孔以免漏气，救护人员深吸一口气，向病人口内均匀吹气，吹气频率一般为每分钟 10 ～ 12 次。如果病人牙关紧闭，无法进行口对口呼吸，可以用口对鼻呼吸法（将病人口唇紧闭），直到病人自动呼吸恢复为止。此外，还有仰卧压胸式人工呼吸、俯卧压背式人工呼吸、仰卧牵臂式人工呼吸等方法。

消毒 杀灭外界的致病性微生物，使之不能侵入人体而致病的措施。消毒和灭菌是预防传染病的重要措施。按有无已知的传染源分为预防性消毒和疫源地消毒，按进行消毒的时间分为随时消毒和终末消毒。

消毒的方法有物理消毒法和化学消毒法，根据病原体的抵抗力、消毒对象等加以选用。物理消毒法简单易行，主要有巴氏消毒法、日晒法、煮沸法、蒸汽法、火烧法、微波消毒法、紫外线消毒法、机械消毒法（洗、刷、通风等）。化学消毒法的种类繁多，如酒精消毒、碘剂消毒、漂白粉消毒等。

灭菌 采用物理或化学方法消灭培养基（供微生物、植物、动物组织生长和维持用的人工配制的养料）中一切微生物，包括物体上所有的微生物的方法。利用物理因子杀灭或清除微生物的方法，称为物理学灭菌法。灭菌比消毒的要求高，但在日常生活中，消毒和灭菌这两个术语往往通用。灭菌方法有：①热力灭菌。高温对细菌有明显的致死作用。包括湿热灭菌和干热灭菌法。②电磁波与射线灭菌。主要的作用因素为紫外线。电离辐射灭菌，又称冷灭菌，其原理是破坏微生物的DNA，用于消毒不耐热的塑料注射器和导管等，还能用于食品消毒而不破坏其营养成分。③滤过除菌法。主要用于不耐热的血清、毒素、抗生素、药液、空气等除菌。一般不能除去病毒、支原体和L型细菌。此外还有超声波灭菌、干燥灭菌、低温灭菌等灭菌方法。

输血 给机体输入血液的支持、代偿治疗方法。输血有补充血容量、改善循环、提高携氧能力、增加血浆蛋白质等功用，但也可产生不良反应，故应严格掌握适应证，按操作规程审慎使用。适应证包括急性失血、贫血或低蛋白血症、出血性疾病及严重感染。

同种异体输血是主要的输血形式。输血时应输同型血或者O型血，但除紧急情况外，一般不给非O型血者输O型血。输血前应进行交叉配血试验。输血途径以静脉输血为主，通常用来输液的浅表静脉均可应用。另外，还有自体输血和成分输血等输血类型。

并发症主要为溶血反应，其原因是误输血型不合的血，使红细胞大量破坏。典型症状是休克、寒战、高热、呼吸困难、腰背酸痛和血红蛋白尿等。除此之外，还有细菌污染反应、发热反应、变态反应、过敏反应等。

大量快速输血可引起心力衰竭、出血倾向和酸碱平衡失调、高钾血症等，需采取减慢输血速度等相应措施。输血还可传播肝炎、疟疾和艾滋病等，要严格选择输血员，注意采血前检查，以防止传播疾病。

骨髓移植 将正常骨髓由静脉输入患者体内，以取代病变骨髓的治疗方法。简称BMT。骨髓中有大量多能造血干细胞具有自我复制和分化两种基本功能，在患者体内植活后，患者的造血功能和免疫功能即得以重建。

适宜骨髓移植手术的受者的年龄一般应小于45岁，应无重大内、外科疾病。具体适用于如下两类疾病，第一类是恶性疾病，包括如下三种：①完全缓解后的急性白血病。②慢性粒细胞性白血病的慢性期，80%可长期缓解或根治。③其他如难治性恶性淋巴瘤、多发性骨髓瘤、小细胞肺癌等常采用自体骨髓移植，疗效显著。第二类是非恶性疾病，如再生障碍性贫血和重症联合免疫缺陷病等。

器官移植 将健康器官移植到人体内使之迅速恢复功能的手术。目的是替代相应的器官，恢复因致命性疾病而丧失的功能。广义的器官移植包括细胞移植和组织移植；包括自体移植、同质移植、同种（异体）移植、异种移植。

早期成功的器官移植手术都是自体移植，即将本人的某一个部分转移到另一个部位的移植手术。这种移植多用于移植皮肤、血管和神经。但心、肾等器官的移植必须来自另外一个人，如取自尸体或取自父母、同胞兄弟，称异体移植。异体移植又由于供体和受体是否属于同一物种，分为同种移植（如人与人之间的移植）和异种移植（如人与黑猩猩之间的移植）。

常用的移植器官有肾、心、肝、胰腺与胰岛、甲状旁腺、心肺、骨髓、角膜等；处于临床初用或实验阶段的有心肺、肺、小肠、肾上腺、胸腺、睾丸，以及肝细胞、胎肝细胞、脾细胞输注等。在发达国家，肾移植已成为良性终末期肾病（如慢性肾小球肾炎、慢性肾盂肾炎等所致的慢性肾功能衰竭）的首选常规疗法。中国在带血管胚胎甲状旁腺移植、胚胎胰岛移植，以及带血管异体脾移植、肾上腺移植等方面成绩较好。

X 射线检查 用 X 射线诊断疾病的方法。分普通检查、特殊检查和造影检查。通过 X 射线透视是一种简便而常用的检查方法，可从不同角度观察脏器的形态及功能改变。X 射线摄影需要用特制的感光胶片，由于 X 射线穿过人体时，人体内密度高的部位吸收 X 射线多，在胶片上乳剂感光少，冲洗后呈白色。反之，密度低部位呈灰或黑色，从而形成人体影像。射线剂量少，但价格比透视贵。体层摄影为临床上常用的一种特殊检查

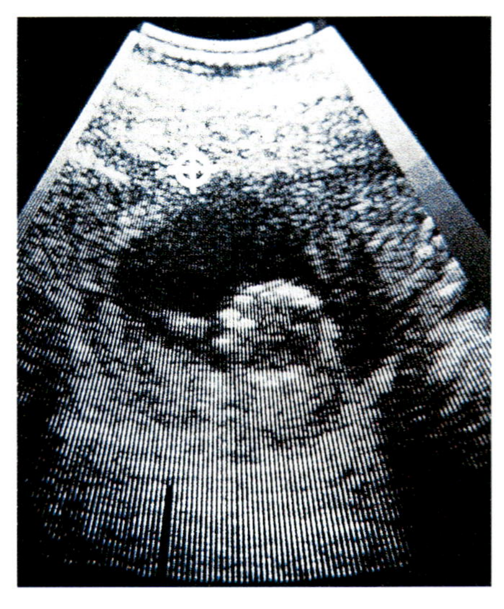

超声波诊断影像，对孕妇进行没有 X 射线危险的检查。图中可见胎儿的头部

方法，多用于证实肺内有无空洞形成、骨骼是否有破坏、腔内是否有腐骨、气管是否狭窄等。

超声波诊断 用超声波诊断疾病的方法。超声波指频率超过 2 万赫兹，即超过人耳听阈高限的声波，属于机械波。它可在各种不同媒质中传播，传播时方向性强。超声波技术与其他电子技术、光学技术等相结合已广泛迅速用于生物医学领域。

超声波诊断是将超声波检测技术应用于人体，通过测量了解生理或组织结构的数据和形态，发现疾病，作出提示的一种诊断方法。超声波诊断无创、无痛、方便、直观有效，尤其是 B 型超声，与 X 射线、CT（计算机断层扫描）、磁共振成像并称为四大医学影像技术。

一般超声波检查是在体表经皮肤完成的，有些被检部位位于胸腔、骨盆腔之内，如经食道检查食道、心脏、胃、胰腺及十二指肠等，专用的穿刺导向探头和穿刺枪更提高了效能。M 型超声早就用于心脏功能的监测，即超声心动图

等实时成像动态观察脏器的功能。

计算机断层扫描（CT） 用X线束对人体某部位一定厚度的层面进行扫描，由探测器接收透过该层面的X线，转变为可见光后，由光电转换变为电信号，再经模拟/数字转换器转为数字，输入计算机处理，得出诊断结论的一种诊断方法。又称计算机X射线体层成像，英文简称CT。

CT是医学上采用的影像诊断技术。它用X射线对人体投射，经检测器测定透射后的放射量，通过电子计算机处理，重建出人体断层图像，并作出诊断。CT由X射线发生、数据收集、数据处理、操作及图像显示等装置和电源等几部分组成。扫描图像具有比常规X射线照片高10倍以上的密度分辨率，能清晰显示病变。CT对颅脑疾病有较高的诊断价值，是外伤、感染、脑血管疾病、先天畸形、肿瘤等的首选检查方法。另外，对肝、胰、脾、肾等实质脏器疾病，特别是占位性病变，也有较高的诊断价值。CT与B型超声检查配合使用，诊断率更高。

磁共振成像 利用人体组织中某种原子核的核磁共振现象，将所得射频信号经过电子计算机处理，重建人体任何平面断面图像的一种摄影技术。英文简称MRI，又称磁共振成像术。它是一种非X射线医学成像技术。

成像方法上，磁共振信号经过电子计算机处理，即可重建出图像。磁共振成像的方法有多种，在分辨率、成像时间等方面各有不同。从数据收集方面区分有点、线、平面、容积成像法等，从数据处理方面区分有投影重建法、傅立叶变换法等。

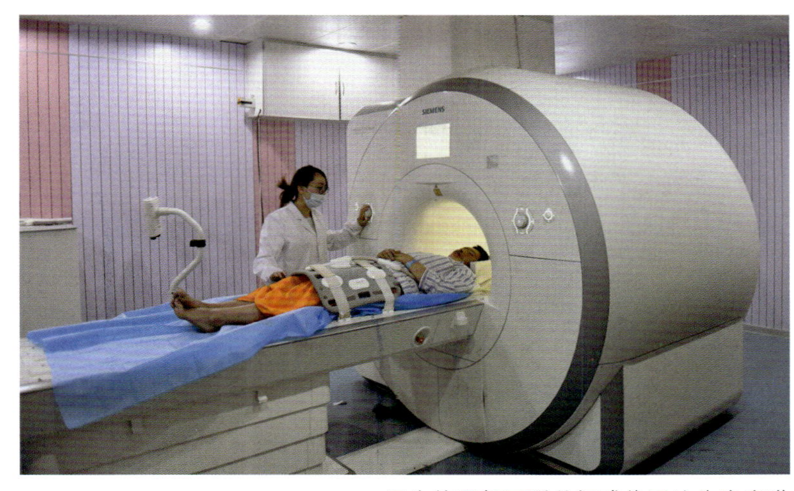

医生使用超导磁共振成像系统为患者进行检查（新华社提供，记者晋美多吉摄）

临床运用上，MRI可利用被检组织的物理和生物化学特性作组织特性评价，以区别不同组织，通过流动效应显示血液和脑、脊髓液的流动。近年由于MRI硬、软件的提升，时间和空间分辨率均明显提高，进一步扩大了MRI的应用范围。

中医 中国各民族传统医学的统称，以区别于西方医学。

中医的基础理论主要包括阴阳、五行、运行、藏象、经络等学说，以及病因、病机、诊法、辨证、预防、养生等内容。

中医看病时，主要通过观察病人的面、舌、形态，询问病情，嗅闻气味及切按脉搏等方式搜集病人的有关资料，即用望、闻、问、切方式诊断疾病，称四诊；再将所收集到的资料进行分析，综合归纳为寒、热、虚、实、表、里、阴、阳八大类型，称八纲。然后按不同

针灸 用针刺和艾灸进行治病的理论和医疗手段。中国传统医学的重要发明和组成部分。通常所说的“针灸”，既专指针灸疗法，也可以用来表示整个针灸学科。针，即使用针刺器具对人体穴位进行刺激，以调动腧穴和经络的作用，达到治疗效果的方法；灸，即用艾或灸具对人体穴位或部位进行以热刺激为主的治疗方法。所谓针灸学，就是研究针灸学术的基本理论及其临床应用规律的学科。

随着研究的深入，针灸学形成许多分支学科，较为成熟的有经络学、腧穴学、刺法灸法学、针灸治疗学、针灸医籍选、各家针灸学说、实验针灸学，以及正在走向成熟的针灸处方学、针刺麻醉学等。

类型确定治疗原则，选择对症的中草药，组配成方剂，治疗疾病。每一类型都反映疾病的一群症候，称为证，中医看病的核心部分就是确定为某证，又称辨证论治。

中医还常采用针灸、按摩等方法治疗疾病。针灸是指针刺和艾灸，是用各种针具、艾草作用于一定部位，以治疗疾病的方法。按摩又称推拿，是用特定的手法在人体体表进行按压推摩，以治病保健的方法。

中医学非常重视疾病的预防。2000多年前，古代医学就提出“不治已病治未病”的预防思想。而要想预防疾病，就要注意养生保健。中医的养生方法主要有调节饮食起居，注意劳逸结合，注意情绪调节，经常锻炼身体，练气功，打太极拳等。

中药 中医传统用以预防和治疗疾病的药类物质。主要来源于天然药及其加工品，包括植物药、动物药、矿物药及部分化学、生物制品药。中药一词则出现较晚。自西方医学传入中国后，为了区分两种医药学始有中医、中药之称。长期以来人们习惯将本草作为中药的代名词。中国疆域辽阔，地貌复杂，气候多样，形成各种不同的生态环境，为多种药材的生长提供了有利条件。中国中药资源有得天独厚的丰富蕴藏，目前全国已开发的有1万多种，常用品种有600多种。中药大多来源于天然药，毒副作用小，且一味药物多种成分，广泛治疗多种疾病。中药又多采取复方的形式应用，通过合理的配伍组方，既可适应复杂病情，又能提高药效，降低毒副作用。

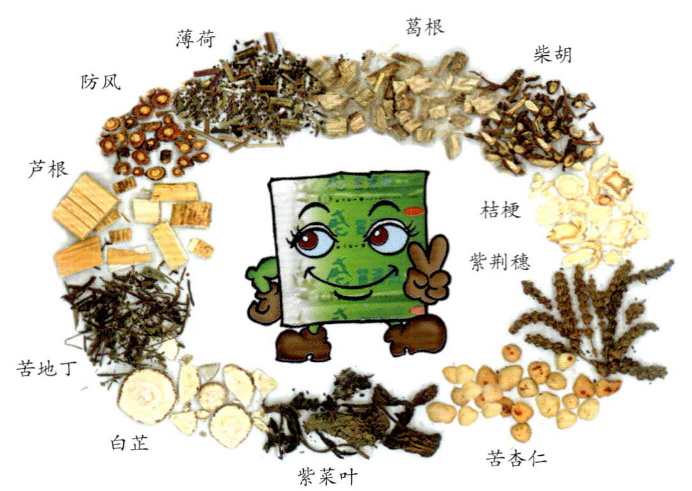

感冒清热冲剂是由植物的根茎、叶穗和果仁经过加工处理，按比例制作的中成药

中药的应用历史源远流长，至今长盛不衰，对中华民族的繁衍昌盛起到了重大的作用，至今仍在医疗保健中占有重要地位。

扁鹊（前5世纪） 中国战国时期医学家，中医利用切脉诊断的创始人。原名秦越人。渤海郡鄚（今河北任丘）人。年轻时师从长桑君学医，尽得其传。善于诊断，尤精于望诊和脉诊。史载他以望诊判断齐桓侯的病症，由浅入深，并预言其预后不佳，齐侯因拒绝接受诊治，果然不起。又曾从脉象判断虢太子之尸厥证为假死，并据此以针熨诸法而救活。《史记·扁鹊仓公列传》中称：“至今天下言脉者，由扁鹊也。”并盛赞扁鹊医德高尚，认为他有“六不治”的信条，其中“信巫不信医”“骄恣不论于理”“轻身重财”者不治的思想，堪为后世楷模。《汉书·艺文志》载有《扁鹊内经》《外经》，已佚。现存《难经》题秦越人撰，传为扁鹊所作，主要为讨论脉理之作。

华佗（145? ~ 约 208） 中国东汉医学家。字元化。沛国谯（今安徽亳州）人。本为士人，早年游学徐州，兼通数经，晓养性之术。曾为曹操医疾，但终为曹所杀。华佗医术高超、全面，《三国志》上载有华佗治疗的 20 多个病例，包括传染病、寄生虫病、妇产科病、小儿科病、皮肤病、内科病等。华佗尤长于外科，他创制了麻沸散，施行全身麻醉下的手术治疗。他还长于养生，发明了“五禽戏”，模仿动物动作进行医疗体育锻炼。华佗生平著作多种，均已亡佚，今传《中藏经》《华佗神医秘传》等，皆为后世托名之作。华佗弟子中有名可考的有吴普、樊阿、李当之等，吴普著有《吴普本草》，李当之著有《李当之药录》，樊阿善针灸及养生。

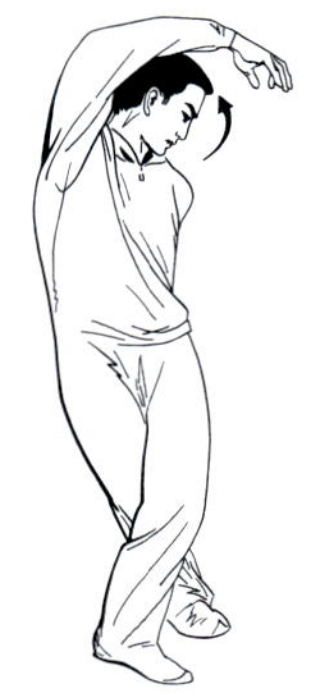

a. 五禽戏动作之一——虎寻食

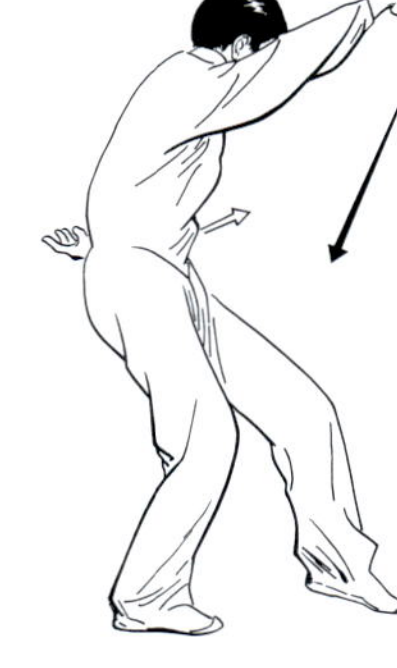

b. 五禽戏动作之二——鹿长跑

c. 五禽戏动作之三——熊撼运

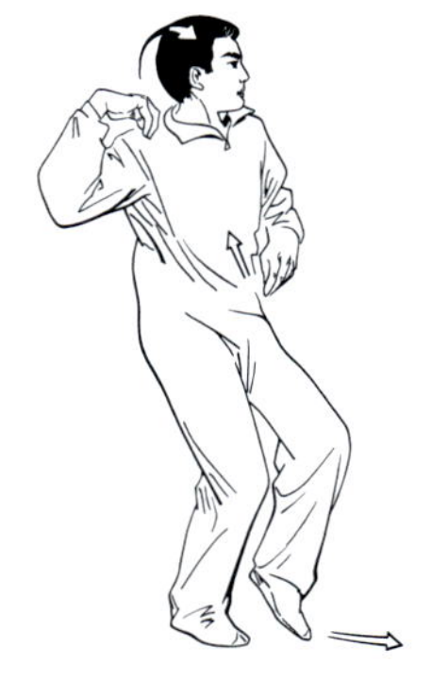

d. 五禽戏动作之四——猿摘果

e. 五禽戏动作之五——鹤飞翔

张仲景（2 ~ 3 世纪） 中国东汉末年医学家。即张机。南阳郡涅阳（今河南南阳）人。少时学医于同郡张伯祖。所撰《伤寒杂病论》吸收《内经》《难经》《阴阳大论》《胎胪药录》及《平脉辨证》诸书精义，依据伤寒发热病整个起始发展变化过程及病邪侵害脏腑经络程度，结合患者内在正气盛衰，总结伤寒发展规律和辨证施治法则，为中国古代医学开创了理论与临床实际相结合的典范。张仲景还特别提出治疗“未病”的观点，即认为医生治病首先应从预防疾病出发；其次，也要懂得既病之后脏腑传变的关系。张仲景的著作对后世影响很大，张仲景方被推为“众方之祖”，称为经方。张仲景也被后人尊为“医圣”。

孙思邈（约 581 ~ 682） 中国唐代医学家。京兆华原（今陕西铜川市耀州区）人。唐太宗、高宗曾多次招他任职，均谢绝，唯于咸亨四年（673）任承务郎直长尚药局，上元元年（674）因病辞退。在数十年临床实践中，孙思邈编著成《千金要方》和《千金翼方》，代表了唐初医学的发展水平。

孙思邈将《伤寒论》内容较完整地收集在《千金要方》中。将张仲景的六经辨证法改为按方剂主治及临床表现特点相结合的分类法。他总结妇、儿科成就，提出应各独立设科，对后世妇、儿科形成专科有促进作用。他提出的妇女孕期前后的注意事项与现代围产医学的内容有不少相符之处。他对婴儿生长的观察及护理方法亦富科学内容。在对疾病认识上，如对附骨疽（骨关节结核）的好发部位，消渴（糖尿病）与痈疽的关系，有关麻风、脚气、夜盲、甲状腺肿的描述和治疗等都有创见。还倡行葱管导尿术、食道异物剔除术，以及自体血、脓接种以防治疖病的免疫法等。在养生延年方面，提倡按摩、导引、散步、轻微劳动及食疗、讲究卫生等，为老年病防治留下了宝贵经验。因孙思邈对医药的巨大贡献，后人尊称他为“药王”。

李时珍（约 1518 ～ 1593） 中国明代医药学家、博物学家。古代科学巨著《本草纲目》的作者。字东璧，号濒湖山人，人称李濒湖。蕲州（今湖北蕲春西南）人。自幼习儒，曾师事理学家顾问。14 岁考中秀才，后经三次乡试落榜，遂继承家学，以医为业。后因医术精良又被举荐进京入太医院供职，一年后辞归故里，悉心著述。

李时珍的代表作为《本草纲目》，费时 27 载（1552 ～ 1578）。还著有《濒湖脉学》（1564）、《奇经八脉考》（约 1572）等多种医学著作。《本草纲目》采用“以纲挈目”的体例，建立了与生物学上双名法类似的分类体系，在动物学方面具有进化论的思想萌芽，对生物、矿物、化学、地学、天文等也有研究。其博大精深的内容把中国古代药物学发展推向高峰，在国内外科学界有深远的影响。

李时珍所著《濒湖脉学》全面总结了明以前的脉学成就，编为歌诀体裁，便于记诵普及。其《奇经八脉考》对经络学说有一定的补充和贡献。

林巧稚（1901-12-23 ～ 1983-04-22） 中国妇产学科开拓者。生于福建厦门。1929 年毕业于私立北平协和医学院，获美国纽约州立大学医学博士学位。毕业后在协和医院从事妇产科临床及教学。其间她曾赴英、奥、美进修。日军侵占协和期间自行开业。林巧稚研究过胎儿宫内呼吸、女性生殖系统结构，指导消灭性病及防治滴虫性阴道炎的工作，曾推动计划生育，主持了子宫颈癌的普查普治。她重视科学普及，主编多种科普著作。曾发表的《小儿宫内呼吸》论文，主编的《妇科肿瘤》及《绒毛膜上皮癌和葡萄胎的诊断处理》等十余部论著，达到世界先进水平。1955 年当选中国科学院学部委员（院士）。她也是中国科学院第一位女学部委员。

吴阶平（1917-01-22 ～ 2011-03-02） 中国医学科学家、医学教育家、泌尿外科专家和社会活动家，曾任九三学社中央主席，全国人大常委会副委员长。生于江苏常州。1942 年毕业于北平协和医学院，获美国纽约州立大学医学博士学

位。1947 ~ 1948 年底在美国芝加哥大学进修。曾任中国医学科学院名誉院长，中国协和医科大学名誉校长，北京医科大学泌尿外科研究所名誉所长、教授，中华医学会名誉会长，中国计划生育协会副会长，中国科协副主席、名誉主席。九三学社第九届、十届中央委员会主席，十一届名誉主席。1980 年当选中国科学院生物学部委员（院士），1992 年当选第三世界科学院院士，1994 年当选中国工程院院士，《中国大百科全书》总编辑委员会副主任。20 世纪 50 年代初任北京市抗美援朝志愿军手术队队长。1949 年在北京医学院组建泌尿外科，后在协和医院重建泌尿外科。1960 年做中国首例肾移植手术。在国际上率先利用回盲肠进行膀胱扩大术治疗膀胱挛缩取得成功。他确定肾上腺髓质增生是独立疾病，证明一侧肾切除后另一侧肾的代偿性生长与肾切除时的年龄密切相关。提出肾结核对侧肾积水新概念。提出多种输精管绝育法。1965 年获印度尼西亚“伟大的公民”二级勋章。1987 年获巴黎市政府最高荣誉奖章。1993 年获比利时国家医学科学院荣誉勋章。1995 年“吴阶平基金会”成立。1996 年被英国爱丁堡皇家外科医师学院授予荣誉院士称号。他主持编写中国第一部泌尿外科专著《泌尿外科学》，以及《外科学》《黄家驷外科学》《肾脏病学》，主持编译了《性医学》等。发表论文近 200 篇。2000 年 1 月《吴阶平文集》出版。2006 年开始每年一届评选“吴阶平医学奖”。

史济湘（1921-12-10 ~ 2007-09-13）中国烧伤外科专家，大面积深度烧伤治疗技术的创始人之一。生于上海。1947 年毕业于震旦大学医学院。先后任该校附属广慈医院（今瑞金医院）外科住院医师、外科住院总医师，主治医师、讲师，外科和麻醉科副主任。

1958 年成功抢救烧伤总面积 89%、三度烧伤面积 23%的患者，打破“烧伤面积超过 80%无法治愈”的定论。1961 年广慈医院成立烧伤科后，历任副主任、主任、烧伤研究室主任。1974 年任外科学教授。1988 年上海市烧伤研究所成立，任所长。与同事提出烧伤休克期补液公式与冬眠疗法；早期分期分批切除焦痂，大张异体皮或异种皮打洞嵌植自体小皮片覆盖创面，头皮作为主要供皮区等治疗技术，使中国烧伤治疗跃居世界先进水平。1988 年获美国烧伤学会伊文思奖，1989 年获意大利惠持克国际烧伤奖。烧伤论著甚丰。

吴孟超（1922-08-31 ~ ） 中国肝胆外科学专家。生于福建闽清。幼年时去马来亚（今马来西亚），20 世纪 40 年代初回国。1949 年毕业于同济大学医学院。历任第二军医大学副教授、教授、主任医师、科主任、副校长，上海东方肝胆外科医院院长，东方肝胆外

科研究所所长、主任医师、教授，兼任中华医学会副会长、中德医学协会副理事长、中国人民解放军医学科学技术委员会副主任委员。1991年当选中国科学院学部委员（院士）。长期从事肝胆外科教学和研究，是中国肝胆外科的开拓者和奠基人之一。50年代末，在中国首先提出人体肝脏解剖“五叶四段”的理论，为国际所公认。60年代发明间歇肝门阻断切肝术，成功施行了中国第一例中肝叶切除手术。70年代在中国首次开展肝海绵状血管瘤捆扎治疗法，施行肝移植手术。80年代提出无血切肝法。90年代率先开展腹腔镜下切肝术。主持完成的科研课题1978年获全国科学大会奖，1985年获国家科技进步奖一等奖，1990、1995年两次获国家科技进步奖二等奖，1993年获陈嘉庚奖，1989、1992、1999年3次获军队科技进步奖一等奖。1996年被中央军事委员会授予“模范医学专家”荣誉称号。2005年获国家最高科学技术奖。著有《肝脏外科学》《腹部外科学》《外科手术图解》等。

王振义（1924-11-30 ～ ） 中国内科血液学专家。江苏兴化人。1948年获上海震旦大学医学院博士学位。上海血液学研究所名誉所长、教授，上海第二医科大学终身教授。1992年当选法国科学院外籍院士。1994年当选中国工程院院士。2000年获美国哥伦比亚大学荣誉科学博士学位。1954年起研究血栓和止血，在国内首创**血友病**（A、B及轻型）诊断方法。1980年起研究癌肿分化疗法。1986年在国际上首创全反式维甲酸诱导分化治疗急性早幼粒细胞**白血病**。获2010年度国家最高科学技术奖。1994 ～ 2003年获国际肿瘤研究奖4项。

王忠诚（1925-12-20 ～ 2012-09-30） 中国神经外科专家。山东烟台人。1950年毕业于北京大学医学院。北京市神经外科研究所所长、教授。1994年当选中国工程院院士。20世纪50年代在中国首先开展脑血管造影技术。70年代开展缺血性脑血管吻合术、巨大动脉瘤及多发动脉瘤手术切除、脑血管畸形综合治疗。80年代起研究脑干**肿瘤**、脊髓内肿瘤治疗，其病例数量、手术方法及结果均达国际先进水平。获国家科技进步奖二等奖4项。获2008年度国家最高科学技术奖。1965年出版《脑血管造影术》。

陈中伟（1929-10-01 ～ 2004-03-23） 中国矫形外科和显微外科专家，断肢再植手术的奠基人。生于浙江宁波。1954年毕业于上海第二医学院医疗系，历任上海市第六人民医院住院医师、主治医师、主任医师，并曾担任科主任、副院长等职。1980年当选为中国科学院学部委员（院士）。1982年调上海医科大学附属中山医院任骨科主任，1986年任上海医科大学教授。1986年当选第三世界科学院院士。1963年与钱允庆等为工人王存柏全断的右手施行再植手术获成功，开创再植外科。主持发明6项断指再植技术，提出的“断肢

再植功能恢复标准”，被国际显微重建外科学术界公认为“陈氏标准”。1999年，在第13届国际显微重建外科学会讨论会上荣膺“世纪奖”。

屠呦呦（1930-12-30 ~ ） 中国当代药学家。生于浙江省宁波市。1955年毕业于北京医学院（现北京大学医学部）药学系。1955年分配到卫生部中医研究院（现中国中医科学院）中药研究所工作至今。其中1959 ~ 1962年参加全国西医离职学习中医班。主要贡献是发现新型抗疟药——青蒿素和双氢青蒿素。20世纪60年代开始抗疟药物研究。1971年发现青蒿乙醚提取中性部位可100%抑制鼠疟原虫。1972年夏临床试用30例全部有效；1972年11月，她和她的研究团队又从中得到抗疟有效单体，后命名为青蒿素。1986年青蒿素获得一类新药证书。1973年创制了双氢青蒿素。1992年“双氢青蒿素及其片剂”获一类新药证书、“全国十大科技成就”。2001年世界卫生组织将青蒿素类为主的复合疗法（ACTs）推荐为全球治疗疟疾的首选方案。屠呦呦研究成绩卓著，获4个新药证书，2个生产批件，2个临床批件和2个中国发明专利。2015年，因“有关疟疾新疗法的发现”获得诺贝尔生理学或医学奖，成为首位以本土科学研究工作获得诺贝尔科学奖的中国科学家。2017年1月，获2016年度国家科学技术最高奖。

南丁格尔，F.（1820-05-12 ~ 1910-08-13） 英国护士。现代护理学奠基人。生于意大利佛罗伦萨。

1850年赴德国进修护理。1853年克里木战争爆发，战争中英军伤员死亡率极高。次年，南丁格尔率领38名护士亲赴前线进行救护。她重组医院，改善伤员的营养和卫生条件，加强伤口护理，半年内伤员死亡率由42%降至2%。1860年她用公众捐助的南丁格尔基金在圣·托马斯医院开办世界上第一所护士学校——南丁格尔护士学校。以后各医院相继成立护士学校。她还提出公共卫生护理思想，认为要通过社区组织从事预防医学。她一生培训护士一千多人。主要著作有《医院笔记》《护理笔记》等。1963年国际护士会决定以她的生日5月12日为国际护士节。

巴斯德，L.（1822-12-27 ~ 1895-09-28） 法国科学家。生于多尔。1843 ~ 1846年就读于巴黎高等师范学校。

1847年以化学及物理学论文取得博士学位。1848年发现不显旋光性的酒石酸包含两种等量混合但旋光性相反的分子，故旋光性相互抵消。1854年证明发酵系**微生物**活动的结果。提出用加热法（50 ~ 60℃）来消灭酒、醋等成品中的杂菌，即巴斯德氏消毒法。1860年他证明营养液仅在接触不净空气后才会变质；微生物来自空气，并非自然发生。1865年研究当时流行的蚕病，建议用去除病卵的方法抑制微生物感染的流行。1879年发现在一定条件下生长的鸡霍乱菌不复致病，但可诱发免疫力。

1881 年制备出减毒炭疽疫苗。1885 年研制出减毒狂犬病疫苗，并以此治疗一例受狂犬咬伤的 9 岁儿童。他在世时备受赞誉，人们认为他拯救了法国的酒业和蚕丝业。全世界捐款于 1888 年建立了以他的姓氏命名的研究所——巴斯德研究所。

科赫，R.（1843-12-11 ~ 1910-05-27） 德国细菌学、现代微生物学奠基人之一。

生于德国克劳斯塔尔。1866 年获格丁根大学医学博士学位。1872 年在沃尔施泰因镇行医。1876 年分离炭疽杆菌，发现炭疽杆菌能形成芽孢。他奠定了许多细菌学研究的原则，设计了多种技术。他提出感染疾病的几条证据：微生物应在所有同类病例中发现，所有症状应能用体内微生物的分布和数量解释，每例感染应有形态特征明显的微生物存在。经补充，发展为“科赫原则”。1880 年他进入德国国家卫生部。1881 年，他在 J. 利斯特的实验室演示了纯培养技术，分离出结核杆菌并做了纯培养。1882 年宣布结核病由结核杆菌引起，肺结核患者的痰可传播结核菌。1883 年，埃及和印度霍乱流行，他亲赴现场研究，发现霍乱弧菌，并研究了霍乱感染途径及预防方法。1885 年，他担任柏林大学卫生学和细菌学教授。1891 年，科赫担任柏林传染病研究所所长。因发现结核菌和结核菌素获 1905 年诺贝尔生理学或医学奖。1886 年科赫与 C. 弗吕格合作创办《卫生学杂志》。主要著作有：《炭疽病病原及其发育史》《创伤感染之病原》《论结核病病原》《论霍乱》《热带病之医学观察》等。

埃尔利希，P.（1854-03-14 ~ 1915-08-20） 德国免疫学家、血液学家，化学疗法的奠基人。生于西里西亚的施特雷伦（今波兰斯切林）。1878 年毕业于莱比锡大学并获医学博士学位。1908 年与 I.I. 梅契尼科夫共获诺贝尔生理学或医学奖。

他发现生物体内不同的组织、细胞被染色的能力不同。发明活体染色法。最早研究细胞和组织的染色，发现染料分酸性、碱性、中性三类。1877 ~ 1878 年鉴别了肥大细胞与浆细胞，1879 年发现嗜酸性粒细胞。1886 年用美蓝为活性染色剂染神经节细胞、神经末梢。1891 年用美蓝治疗神经痛。1882 年用氟化荧光素观察房水的流动，用重氮反应测尿中的胆红素。

1885 年用对氨基苯磺酸治疗碘中毒。1891 ~ 1892 年发现含抗毒素的幼鼠食母鼠乳或接受抗血清可获得暂时的免疫力（被动免疫）。创侧链学说。研究动物血清的溶血反应，提出“补体”一词。1910 年发现的第 606 号化合物，即二氨基二氧偶砷苯（商品名砷凡纳明或 606）对锥虫病有较好疗效，且能治疗梅毒。他被誉为化学疗法的先驱。先后获得世界各学术团体授予的 81 个荣誉称号。著有论文 600 多篇。

【农业】

农业 人类社会最基本的物质生产部门。农业生产的对象是植物、动物和微生物，它们都是有生命的有机体，都依赖一定的环境条件而生长繁殖。人类通过社会劳动，对它们的生长繁殖过程及其所处的环境条件进行干预，从而取得生活所必需的食物和其他物质资料。

农业包括的范围，在不同国家、不同时期也不完全相同。在中国，狭义的农业指种植业（或称农作物栽培），广义的农业包括农业（种植业）、林业、牧业、副业和渔业。在国外，农业通常包括种植业和畜牧业。随着现代农业的发展，有的经济发达国家的农业，还包括为农业提供生产资料的农业产前部门和农产品加工、储藏、运输、销售等农业产后部门。这说明，随着社会经济和自然科学的发展，人们对农业的认识不断拓宽、深化。

有机农业 在种植中尽量少地使用外部进料，避免使用合成肥料和杀虫剂的农业生产模式。由于整体环境污染，有机农业的做法不能保证产品完全无残留，但采用了尽量减少空气、土壤和水污染的方法，有机食品的经营者、加工者及零售者遵守维持有机农业产品完整性的标准，有机农业的首要目标是使土壤生命、植物、动物和人这些相互依存的生态群落的健康和生产力达到最优化。

有机农业是促进和加强农业生态系统健康（包括生物多样性、生物圈及土壤生物活动）的整体性生产管理系统。它强调优先使用农家投进料的管理方式，考虑到各区域条件不同，应采用因地制宜的系统，这一目标的实现要通过尽量采用农业的、生物的和机械的方法，而不是采用合成材料来达到系统内部的所有特定机能。

生态农业 根据生态学原理建立的生物与环境间物质和能量转化与平衡，使资源、环境、效率、效益兼顾的综合农业生产体系。在这个体系内因地制宜地安排农业生产布局，使用最少的资源，取得尽可能多的优质产品，保持生态系统相对平衡，保护农业环境。

生态农业系统具有各组分间的相互补偿和自动调节能力，从而使生态系统保持相对的动态平衡。生态农业注重生态系统整体性和生物物种的共生性，以及物质的循环、转化和再生，高效合理地利用太阳能、水资源、土壤矿质资源和气象资源等，使农业纳入可持续发展的轨道。

绿色革命 生产与生态平衡、环境保护相互协调发展的变革。它的出现是和人类生产力的高度发展密切相联的。

1972年，在斯德哥尔摩召开的联合国会议上，提出要更新生态农业的概念，开始生产和监制无污染、无公害的食品，由此揭开了一场轰轰烈烈的绿色革命的序幕。

美国农业科学家、植物育种家、植物病理学家N.E.博洛格是绿色革命的主要倡导者。绿色革命最早发轫于墨西哥，玉米、小麦和水稻的品种改良对发展中国家的谷物增产及粮食问题的缓和起了不小作用。印度粮食已基本自给，巴西也已成为世界各国中农业发展较快的国家之一，非洲科特迪瓦的粮食已能自给，其他国家的农业生产状况也都有不同程度的改善。

有机食品 符合国家食品卫生标准和有机食品技术规范要求，在原料生产和产品加工过程中不使用农药、化肥、生长激素、化学添加剂、化学色素和防腐剂等人工合成的化学物质，不使用基因工程技术的食品。凡通过了国家有机食品认证机构认证的农产品及其加工产品才是有机食品，有机食品都应使用有机食品标志。

2001年中国国家环保总局成立了有机食品认可委员会。2001年开始，农业部在全国范围实施“无公害食品行动计划”，制定了有关政策，颁布了无公害农产品行业标准，初步建立了全国农产品质量安全检测体系。中国的有机认证机构是国家环境保护部环境认证中心。

绿色食品 绿色食品是指产自优良环境，按照规定的技术规范生产，实行全程质量控制，产品安全、优质，并使用专用标识的食用农产品及加工品。绿色食品创立了“以技术标准为基础、质量认证为形式、商标管理为手段”的运行模式，实行质量认证与证明商标管理双制度。

绿色食品标准参照联合国粮食及农业组织（FAO）与世界卫生组织（WHO）的国际食品法典委员会（CAC）标准及欧盟、美国、日本等发达国家标准制定，整体上达到国际先进水平。绿色食品认证按照国际标准化组织（ISO）和我国相关部门制定的基本规则和规范来开展，具备科学性、公正性和权威性。绿色食品标识为质量证明商标，依据《中华人民共和国商标法》和《绿色食品标志管理办法》等法律法规来监督和管理，以保护广大消费者的合法权益。

蓝色革命 海洋渔业农牧化。现代渔业正在实现由天然采捕向农牧化的转变。海洋渔业农牧化就是从海洋生物的繁殖、饲养、生长到收获的渔业生产的全过程，完全由人工控制，就像耕种田地、饲养畜禽、放牧牛羊一样。这种对传统渔业的改造，被称为蓝色革命。

现阶段海洋渔业农牧化的主要方式是：人工育苗，放养到海里，在人工控制下生长，再捕捞（鱼、虾、贝类）或收割（藻类）上来。这种方式的渔业在日本称为栽培渔业，在欧美称为增殖渔业，在中国则称为增养殖渔业。增（养）殖主要是指人工育苗后大量放流到海洋中，通过增加资源量提高渔获量。

森林资源 林地和林地内的动植物，以及林地环境的总称。林地包括有林地、疏林地、宜林地等。森林既是生产木材、林副业产品的生物资源，更是调节大气氧气含量、调节气候、净化空气、涵养水源、保持水土、防风固沙、保护农田的环境资源，又是提供各种美丽神奇景观的旅游资源。因此，森林资源的保护和永续利用对于人类发展有极其重要的意义。

森林作为资源不仅具有巨大的经济效益，更重要的是具有巨大的生态效益和社会效益。它不仅为人们提供大量的木材，多种材料、食品和饲料，而且在改造自然、保护环境、保护自然界生态平衡、保障农业牧业高产稳产，以及保护国土、加强战略等方面都起着巨大的作用。此外，森林对于调节气候、美化环境、减弱噪声、为野生动物提供栖息地等方面，也有着不可忽视的作用。

积温 某一时段内逐日平均温度累加之和。一般以℃或℃·d表示。它是衡量生物生长发育过程热量条件的一种标尺，也是表征地区热量条件的一种标尺。

积温的种类包括：①活动积温。高于或等于生物学下限温度期间日平均温度的总和。多用于农业气候研究。②有效积温。活动温度与生物学下限温度之差称为有效温度。生育期内有效温度的总和称为有效积温。多用于生物发育速度的计算。③负积温。零下日平均温度的累加，表示寒冷程度。多用于越冬作物冻害分析。④地积温。日平均土壤温度的累加。多用于作物出苗或苗期冷害等研究。

积温反映生物对热量的要求，可为地区间作物引种、新品种推广服务；可作为分析地区热量资源、编制农业气候图的热量指标；在农业气象预报中用以预报作物发育期。

土壤 地球陆地上能够生长植物的那部分疏松表层，厚度从数厘米至数米不等。除了浸水的土壤外，土壤里都含有或多或少的空气；除了极干燥的土壤外，土壤中都含有相当数量的水分。所以说，土壤由固体、液体和气体3种形态的物质组成，以固体部分为主，约占土壤总量的90%～95%。土壤的固体部分含有许多矿物质、有机质、活着的微生物和腐殖质。腐殖质由腐烂的植物遗体形成，有时包括动物的残骸及排泄物。土壤供给植物生长条件的能力称为土壤肥力，土壤肥力的好坏直接影响植物的长势和作物的产量。通过农民的施肥、浇水、耕作和养护，土壤会越来越肥沃。世界各地气候与生物群落的不同造成土壤中物质含量和酸碱度不同，形成了地球上各种各样的土壤类型。

土壤是组成地球生物圈必不可少的重要部分。人类所需要的农业、林业、畜牧业产品都直接或间接从土壤中生产出来，所以人类的生存和发展离不开土壤。土壤若不加以保护，会受到自然因

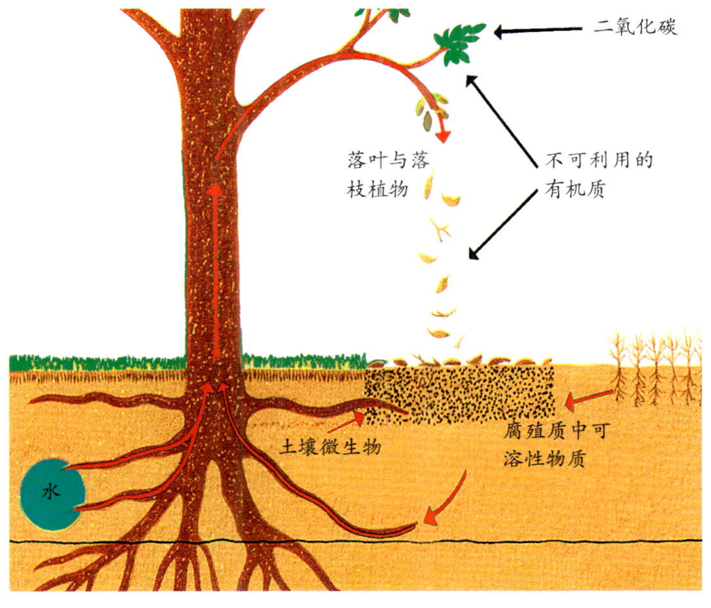

植物添加有机质至土壤的过程示意图

素或人为因素破坏，尤其是有农业价值的土壤，在水土流失、土壤沙化、土壤污染、不合理开发等破坏下而不断减少。为了人类自身的生存，应加强对土壤的养护。

肥料 提供一种或一种以上植物必需的营养元素，或兼可改善土壤性质，提高土壤肥力水平的一类物质。

肥料的种类很多，通常分为有机肥料、无机肥料和有机无机肥料。有机肥料又称农家肥，即天然肥料，包括厩肥、人粪尿、绿肥、堆沤肥等。有机肥料中含有大量有机质，是土壤中有机质的重要来源。施有机肥料有利于提高土壤中原有养分的有效性和土壤肥力，又能起改良土壤的作用，变瘦土为肥土，变坏土为好土，有利于作物的生长。但有机肥料也存在养分含量较低，施用量大，施肥过程中需要劳动力多，肥效较慢，不便运输、贮藏等缺点，因而常采取施用化学肥料来弥补有机肥料的不足。无机肥料又称化学肥料，是由工厂用化学方法合成或加工制成的。无机肥料一般养分高，肥效快，但大量施用会改变土壤酸碱度。有机无机肥料即半有机肥料，是把有机肥料与无机肥料通过机械混合或化学反应而制成的肥料。

作物 直接或间接为人类需要而栽培的植物，俗称庄稼。作物包括粮食作物、油料作物、薯类作物、糖类作物、饮料作物、调料作物、药用作物，以及蔬菜、瓜果、木本植物的果树等园艺作物。

作物由野生植物经驯化栽培而成。各种作物都各有自己的故乡。例如，水稻、大豆、茶和香蕉的故乡是亚洲，小麦和高粱的故乡是亚洲和非洲，油棕、咖啡、西瓜的故乡是非洲，可可、玉米、橡胶、马铃薯、西红柿的故乡是美洲，甜菜的故乡是欧洲。现在它们已散布到全球可能栽培的地方。作物对温度、光能、水分等条件有一定要求，制约着作物在世界不同地区的分布。

水稻 单子叶植物，禾本科，一年生草本植物，又称禾、谷等。主要分为水稻和陆稻。水稻一般栽种在水田里，陆稻一般栽种在旱地。水稻叶子狭长，圆锥花序生在茎秆顶部，称作稻穗，每个稻穗有 100 ～ 200 个小穗，结的颖果就是稻谷。稻谷去壳后就称为大米。

稻谷要经过砻谷、碾米和副产品整理等加工过程，才能得到食用精米。精米含淀粉、蛋白质、脂肪、维生素及一些矿物质，养分因糠层被碾去而有损失。水稻除作主粮外，还可以用来酿酒、制淀粉、制醋；米糠是家畜的好饲料；秆叶可制作饲料或造纸，还可以编草绳、草包等。

水稻

小麦

小麦 单子叶植物，禾本科，一年生或二年生草本植物。小麦茎中空，圆筒型，茎上有节；叶片带型；穗状花序，着生在茎秆顶部，称麦穗，上有许多小穗，小穗一般有 2 ~ 9 朵小花，小花结实就是麦粒。麦粒脱去稃壳为籽粒，籽粒研磨成粉就是我们常吃的面粉，俗称白面。世界上有 1/3 的人口以小麦作为主粮。

中国栽培的小麦分为春小麦和冬小麦两大类。在内蒙古及东北、西北等较寒冷地区，一般春天播种秋天收获，称为春小麦。在长江流域及华北地区，一般秋冬播种，第二年初夏收获，称为冬小麦。小麦含较多的蛋白质及少量的脂肪、多种矿物元素、维生素 B。面粉是主粮，用于制作各种食品；籽粒可用于酿制白酒、啤酒和酱油、醋等；麸皮可作饲料；麦秆可作粗饲料和造纸原料，还可用于编制手工艺品。

燕麦 禾本科燕麦属植物的统称。一年生草本植物，饲料和粮食作物。燕麦属有 24 种，主要分布在北半球的温带地区。俄罗斯的种植面积较大。中国在内蒙古的阴山南北，河北的坝上，山西的太行、吕梁山区种植较多。

燕麦分有稃和裸粒两大类型。前者称皮燕麦，主要用作饲料；后者称裸燕麦（中国北方称莜麦或油麦），籽粒供食用。其他国家栽培以有稃型为主。中国以裸燕麦为主，产量约占燕麦总产量的 90％以上。株高 60 ~ 120 厘米，须根系，入土较深。幼苗有直立、半直立、匍匐三种类型。自花传粉，异交率低。为长日照作物，喜凉爽湿润，忌高温干燥，生育期间需要积温较低，但不适于寒冷气候。对土壤要求不严，能耐 pH5.5 ~ 6.5 的酸性土壤。以播种繁殖。

燕麦营养价值较高，是制作饼干、糕点的原料。秸秆、茎叶柔软多汁，适口性好，蛋白质、脂肪和可消化纤维含量高，是优质饲料。还可用于制造肥皂和化妆品。

玉米 单子叶植物，禾本科，一年生草本植物。又称玉蜀黍，俗称苞谷、苞米、棒子、珍珠米等。玉米原产于墨西哥或中美洲，栽培历史估计已有 4500 ~ 5000 年，但其起源和进化过程仍无定论。1492 年 C. 哥伦布发现美洲后，于 1494 年将玉米带回西班牙，逐渐传至世界各地。玉米引入中国栽培的历史仅有 500 多年。据考证，安徽北部的颍州在 1511 年（明代）刊印的《颍州志》上最先记载了玉米；1578 年李时珍著《本草纲目》中也有“玉蜀黍种出西土”之句。传入途径，一说由陆路从欧洲经非洲、印度传入中国西藏、四川；或从麦加经中亚、西亚传入中国西北部，再传至内地各省。一说由海路传入，先

玉米

在沿海种植，然后再传到内地各省。

根据玉米籽粒性状的差异，可分为马齿型、硬粒型、爆裂型、蜡质型、甜质型、甜粉型、粉质型、有稃型。中国是一年四季都有玉米生长的国家。北起黑龙江省的讷河，南到海南省，都有玉米种植。玉米用途较为广泛，籽粒不仅可作粮食，还是多种轻工业产品的原料。

高粱 禾本科高粱属的一种。一年生草本植物。又称蜀黍、秫秫、茭草、茭子、芦穄、芦粟等。主要粮食和饲料作物之一，也是中国酿造工业的重要原料。在世界热带和温带有90多个国家栽培高粱。

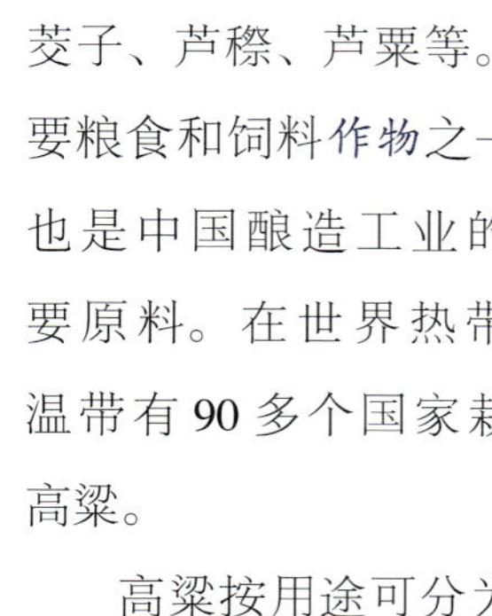

高粱

高粱按用途可分为粒用、糖用、饲用和工艺用。籽粒主要供食用或饲用的高粱属粒用高粱。茎秆多汁、含糖丰富的类型属糖用高粱，用于制糖浆和糖。饲用高粱是指专用作饲草的高粱。工艺用高粱多用于编织和扎制扫帚或炊帚。

植株高大，茎秆直立，高0.5～2.5米。叶片狭长，似玉米。须根系庞大，多集中在耕层。圆锥花序着生于茎顶，穗紧密或松散。常异花授粉。籽粒为椭圆、倒卵或圆形，呈红、褐、黄、白等色。为喜温的碳四作物。高粱对土壤要求不严，抗逆性强，较耐旱，成熟期抗涝，耐瘠薄，较耐盐碱。

粟 单子叶植物，禾本科，一年生草本植物。学名为粟，去壳后称为小米。中国古农书称粟为粱，糯性粟为秫。甲骨文“禾”即指粟。中国种粟历史悠久，出土的粟粒距今有六七千年。

秆粗壮，高约1米。粟性喜温暖，耐旱，对土壤要求不严，适应性强，可春播和夏播。粟按籽粒黏性可分为糯粟和粳粟。粟富含蛋白质、氨基酸、维生素等，营养价值很高。籽粒可食用或酿酒，茎、叶、谷糠可作饲料。

马铃薯 茄科茄属的一种。俗称土豆、洋芋、山药蛋等。一年生草本植物。重要的粮食、蔬菜兼用作物。马铃薯产量高，营养丰富，对环境的适应性较强，现已遍布世界各地。中国各地均有种植，黑龙江是全国最大的马铃薯种植基地。

普通栽培种马铃薯由块茎繁殖生长，形态因品种而异。株50～80厘米。茎分为地上茎和地下茎两部分。地下茎即平常吃的或市场售卖的土豆，呈圆、卵圆或长圆形，有芽眼，皮白、黄、红或紫色。地上茎呈棱形，有毛。性喜冷凉干燥，对土壤适应性较强，但以疏松肥沃的沙质土最佳。马铃薯主要用块茎进行无性繁殖。为避免切刀传染病毒和环腐病，应选用直径为 3 ~ 3.5 厘米的健康种薯进行整薯播种。

马铃薯块茎可烧煮作粮食或蔬菜，也可用来加工淀粉及制作花样繁多的糕点、蛋卷等。

棉花 双子叶植物，锦葵科。原是热带地区的多年生**木本植物**，移植到温带以后，经过长期的人工栽培，已经演变为一年生**草本植物**。栽培棉种主要有陆地棉、海岛棉、亚洲棉和草棉。棉花的主茎直立，两性花，果通常称为棉铃或棉桃，皮坚韧，成熟后裂开，露出棉絮。棉花有强大的根系，比较耐旱，松软而有机物丰富的沙壤土最适于棉花生长。中国植棉历史已 2000 多年，现在新疆、华北等地区都是重要的产棉区。棉花是纺织工业最主要的原料之一，棉纤维具有吸湿、保温、透气性好等特点，可用来纺纱线，织棉毯、布匹等；棉花脱脂后称脱脂棉，用于医药工业；棉籽含油量 35% ~ 46%，可榨油；茎干含纤维，可作造纸原料或燃料，也可制绳。

新疆棉花

大豆 双子叶植物，豆科，一年生**草本植物**，黄豆、青豆、黑豆的总称。茎直立或半蔓生，茎、叶和荚果被茸毛。花白色或紫色，种子椭圆或近球形，有黄、青、褐、黑和双色等。大豆营养丰富，富含蛋白质和油分，含油量达 20% 以上，含蛋白质达 40% 以上，被誉为“植物界的母牛”。大豆的茎、叶、荚壳可作饲料、肥料；大豆油是优质食用油，还是制造肥皂、油漆、酒精、硬橡皮、沥青代用品、蜡烛、人造汽油、人造乳酪、人造皮革、电木、电器绝缘用品、人造翡翠、人造珊瑚、人造羊毛和塑胶品的原料。造纸工业常用大豆蛋白质作为上浆剂或胶剂。

不同颜色的大豆籽粒

油菜 十字花科芸薹属中用种子榨油的植物总称，一年生或越年生草本。中国和印度是世界上栽培油菜历史最悠久的国家。中国在新石器时代的西安半坡原始社会文化遗迹中就发现有距今 6000 ~ 7000 年的炭化菜籽或白菜籽。现在，油菜是中国最重要的油料**作物**之一，种植广泛。

油菜种子含油量为 33% ~ 50%，

其蛋白质的氨基酸组成合理，赖氨酸含量与大豆相当，而赖氨酸、蛋氨酸等含硫氨基酸的含量则高于大豆蛋白质，是中国有待开发利用的最大宗优质食用蛋白质来源。

花生 双子叶植物，豆科，一年生草本植物。又称长生果、万寿果等。陆地上的植物几乎都在地上开花和结果，唯独花生是在地上开花，地面下结果，所以人们称它为落花生。

花生

花生茎匍匐或直立，花黄色，受精后子房柄迅速伸长，钻入土中，子房在土中发育成茧状荚果。种子（花生仁）呈长圆、长卵、短圆等形状，种皮有淡红、红色等。

花生原产于巴西，性喜高温干燥，不耐霜，适于沙质土壤栽培。中国栽培极广，以黄河下游各地为最多，主要类型有普通型、多粒型、珍珠豆型、蜂腰型。

花生的种子富含蛋白质、脂肪，主要用作油料，或作副食、糖果，果壳可制酒精、糖醛等，花生的茎、叶可作饲料。种子、种皮（花生衣）及叶均能入药，花生仁有补脾润肺、止血功能，治脾虚肺弱、痰喘咳嗽；花生衣能止血，可治疗出血症；叶能安神，可治失眠。

椰子 棕榈科常绿乔木，矮种的高5～8米，高种的可达25米。椰树茎干挺直，没有分枝；许多大型的羽状复叶簇生在茎顶，叶长4～6米；果实又圆又大，外果皮是一层坚硬的薄壳，中果皮是一层厚纤维称为椰衣，里面是木质坚硬的内果皮，果腔内有一层约1厘米厚的白色椰肉，中间储存有汁液。

椰子是热带沿海植物，有“宝树”之称。从椰子的花序上割取的椰花汁，经发酵可制椰子酒。椰果中的椰汁清凉爽口，可直接饮用；椰肉含脂肪、蛋白质，可供鲜食，还可制成椰奶粉、椰蛋白、无色椰油、椰粉等；椰衣由粗纤维组成，可制绳索和地毯，也可加入橡胶胶乳制成海绵似的床垫、沙发垫等；椰壳可制成优质活性炭或加工成椰雕。椰木质地坚硬，木纹美观，可作家具和建筑用材。

茶树 山茶科多年生常绿木本植物，大多是小灌木。中国是种茶、饮茶最早的国家，是茶树的故乡。

中国茶树品种资源极为丰富，因加工方法各异，不同嫩度的芽叶可制成不同品质的茶，主要有红茶、绿茶、青茶、黄茶、白茶、黑茶等几大类。茶的新鲜芽叶不能直接饮用，又不耐贮藏，因此必须先及时粗加工成毛茶，再精加工成精茶。部分精茶再加工成花茶、茶砖及速溶茶等。

茶叶兼有药理和营养两方面的功

效。茶籽约含蛋白质11%，脂肪32%，淀粉24%，糖4%。茶油可供食用，并可提炼茶皂素作工业原料。

咖啡、可可和茶并称为世界三大饮料作物。

咖啡 茜草科一属。常绿灌木或小乔木。与可可和茶并称为世界三大饮料作物。咖啡的种子，俗称咖啡豆，经炒焙后研细即为咖啡粉，是一种良好的饮料。咖啡还可以提取咖啡碱作麻醉剂、利尿剂和强心剂，外果皮及果肉可制酒精或用作饲料。

咖啡这一名词来自古老的地名“咖法”。咖啡栽培已有2000多年历史，首先是由阿拉伯人栽培的。最初只用于咀嚼，后来才有炒食咖啡的习惯。17世纪中叶，意大利人开始把咖啡当作饮料，当时在欧洲算是一件新鲜事。由于咖啡长着亮绿对生的叶子，纯白星状的香花和深红色的浆果，风姿优美，所以欧洲人民还把咖啡作为观赏植物加以培植。此后，拉丁美洲成了咖啡的第二故乡。现在咖啡已遍布热带、亚热带的76个国家和地区，但主产国为巴西和哥伦比亚，产量占世界总产量的40%。在中国咖啡于1884年首先在台湾栽种，以后又引入海南、云南、广西、福建等地。

可可 梧桐科可可属的一种。常绿乔木。原产于南美洲亚马孙河上游的热带雨林。中国主要分布在台湾和海南岛。

株高4～10米。叶长卵形，叶柄两端具枕。花小。果长圆至纺锤形，内含种子20～40粒。可可是典型的热带作物，喜高温、高湿、静风、有荫蔽的环境，以有机质丰富的肥沃土壤栽种为宜。用新鲜种子或用扦插、嫁接等方式繁殖。经常风大的地区需营造防风林。可可豆经焙炒加工成可可粉，是制造巧克力的主要原料；也可作饮料，是与茶、咖啡齐名的三大饮料之一；还可供药用。可可营养丰富，热量高，具有兴奋和滋补作用。

薰衣草 唇形科薰衣草属的一种。多年生芳香小灌木。世界主产国为法国、俄罗斯、保加利亚、意大利和匈牙利。中国在1952年引入。

株高30～60厘米，多分枝。叶对

咖啡豆

薰衣草

生，淡灰绿色，狭长，边缘卷曲。穗状花序，花淡紫色至深紫色，每轮有小花10～14朵，在萼片的缝线有小腺体。需充足的阳光，冬喜温湿，夏畏涝热，适栽于壤土和沙砾土。异花授粉。宜选择优良的无性系，用扦插、压条或分株法繁殖。

薰衣草是优良的蜜源植物。薰衣草油的主要成分为乙酸芳樟酯和芳樟醇，主要用于香水、香皂工业；医药学上用作兴奋祛风剂和药物矫味剂；还可用作瓷器描绘时的调色剂。

茉莉 木犀科素馨属的一种。常绿蔓性或直立灌木。又称茉莉花。花有香气，为芳香及观赏植物。原产印度、斯里兰卡，现中国各地都有栽培。枝条稍有棱，被短柔毛。叶对生，椭圆形或广卵圆形，嫩绿色，密生黄色细毛。花白色，每花序常有花三朵，有单瓣、双瓣和多瓣型，以双瓣型为主。6～11月开花，着生在新梢上，夜间开放。要求长日照和炎热、潮湿的气候条件，适栽于肥沃、微酸性的砂质壤土或轻黏土。生长旺季用扦插法繁殖，也可用压条法繁殖。

除供观赏外，茉莉可熏制花茶；提取芳香油，作茉莉浸膏；调制茉莉香精，用于香皂、香水等化妆品工业。中医学上以花入药，可治外感发热、腹痛、疮毒等症。根有麻醉止痛功能。

茉莉花

玫瑰 蔷薇科蔷薇属的一种。落叶灌木。原产中国、日本、韩国、朝鲜。株高约2米，茎丛生多分枝，有绒毛、刚毛及刺，刺坚硬灰白色。羽状复叶，小叶3～9片，椭圆形或倒卵形，长2～5厘米，边缘有钝锯齿，质厚，上面光亮、多皱无毛，下面苍白、有柔毛及腺体。花单生或3～6朵聚生，色白、粉红及紫色，香气浓郁，花期5～6月。果扁球形，直径2～2.5厘米，红色平滑萼片宿存，果期8～9月。

玫瑰花

玫瑰可供观赏。鲜花可制芳香油，称为玫瑰油，为高级香料。花蕾及根可入药，有理气活血、收敛作用，可治肝胃气痛、消化不良、肠胀满和月经不调。

苹果 蔷薇科苹果属落叶乔木。原产于欧亚大陆中部，中国新疆也是原产地之一，目前全世界栽培品种有1000多种。苹果在中国黑龙江、吉林、云南、贵州等地均有分布，并在辽宁、山东、河北、陕西、甘肃及江淮地区大量栽培。叶椭圆形或卵形，花为白色、淡红色或淡紫色。果实由子房和花托两部分发育而成。子房发育成为果心，花托发育成为果肉，这种果实称为梨果。苹果的优良品种很多，主要有黄香蕉、红香蕉、红星、新红星、丹霞、青香蕉、甜香蕉、富士、国光等。

梨 蔷薇科梨属的通称。落叶乔木或灌木，温带果树。全世界有30多种。2000多年前，梨已成为中国普遍栽培的果树。现中国梨资源居世界之首，已定名的有13种，包括白梨、沙梨、秋子梨、新疆梨、川梨、褐梨、杏叶梨等。

梨的果实富含营养物质，如多种维生素和钙、铁、磷等矿物质，许多品种含糖量可达15%以上。除生食外，还可用于酿酒、制醋或加工成罐头食品等。许多品种耐贮藏运输。

桃 蔷薇科桃属落叶乔木。全世界有3000多个品种，中国约有800余种。依其地理分布并结合生物学特性和形态特征，可分为5个品种群。在中国，桃常被作为福寿吉祥的象征。

桃性喜光，抗寒性较弱，适宜种植在中性偏酸排水良好的砂质土壤中，一般用嫁接方式繁殖。桃的果实营养丰富，肉嫩多汁，风味鲜美而具芳香。除鲜食外，还可加工成果脯、果干、果酱、果汁、糖水罐头和速冻桃片，并可入药。

李 蔷薇科李属的一种。原产中国，已有2500年以上栽培历史。落叶小乔木。叶长椭圆形或倒卵形，有锯齿。花通常3朵并生，白色。核果球形，果肉暗黄或绿色，近核部紫红色；果皮被蜡质果粉。多数品种自花不结实。按果皮颜色可分为黄色至橙红色、绿色至黄绿色、红色至胭脂红色和红紫色四个品种群。适宜在保水力强的较黏重土壤上生长。可用嫁接、扦插、分株或播种繁殖。果实味甜可口，核仁和根皮都能入药。

杏 蔷薇科杏属落叶乔木。在中国的栽培起源较早，主要以黄河流域各省为主产地。杏树叶宽卵圆形；花单生，花瓣白色或稍带红色；核果球形，果皮及果肉金黄色。杏耐寒力强，喜光，耐旱而不抗涝，能在各类土壤中生长，以排水良好的沙壤土最为适宜，常嫁接繁殖。

杏是中国北方主要栽培果树品种之一，果实早熟，色泽鲜艳，果肉多汁，味道甜美，酸甜适口。杏按用途可分为鲜食类、仁用类、仁干兼用类。

樱桃 蔷薇科樱属的一种。落叶乔木或灌木。此属植物共有120种以上，自

樱桃

然分布于北半球温带。世界上主要作为果树栽培的樱桃有：欧洲甜樱桃、欧洲酸樱桃、中国樱桃和毛樱桃。此外，还有很多观赏种。中国北自山东、南至广东均有分布。叶片卵圆形至椭圆状卵圆形，有重锯齿。花成伞形或总状花序或单生，花瓣白色或粉色。核果小，近球形，红色至黑色或黄色，果肉多汁，稍甜带酸。树性抗寒耐旱，对土壤要求不严，但不耐涝。多用分株、扦插和压条等方法繁殖。欧洲甜樱桃用嫁接繁殖。果实除供鲜食外，还可制作果酱、果酒、果汁、蜜饯及罐头等。叶、根、花均可入药。树姿优美，花、果色彩绚丽，可为观赏植物。

枣 鼠李科枣属的一种。落叶乔木。中国最古老的栽培果树之一，以河北、山东、河南、山西、陕西等省最多。枣树根系由行根和定根组成。枝条呈“之”字形弯曲，节部有针刺，分为发育枝（枣头）、结果母枝（枣股）和脱落性枝（枣吊）三种类型。叶光滑，呈长圆卵形或卵状披针形。花小，单生或呈聚伞花序，生于叶腋。核果，圆、长圆、卵形、梨形或扁圆形，果皮深红或紫红色。喜光，耐旱、热，也耐寒和抗盐碱。品种丰富，中国有500种以上。按果形和生长特性分为长枣、铃枣、小枣和葫芦枣等4种；按地理分布又分北枣和南枣。用分株和嫁接方式繁殖。可鲜食或制红枣、黑枣、蜜枣、酥枣、枣泥、枣酒、枣醋等。干枣为补品，酸枣仁可入药，枣花为蜜源；枣木可供雕刻作家具。

柿 柿科柿属的一种。高大落叶乔木。品种约在800个以上。原产中国，北自辽宁，南至广东都有栽培。根据在树上软熟前能否自然脱涩分为涩柿和甜柿两大类。涩柿类果实采收后须经人工脱涩才能食用。中国绝大部分品种属此类，主要有磨盘柿、镜面柿、水晶柿、扁花柿、恭城水柿等。甜柿类果实在树上能自然脱涩。

磨盘柿

柿树皮浅灰色，成片状剥落。小枝被有褐色柔毛，叶片椭圆形至倒卵形，全缘，叶面光亮无毛，背面有短柔毛。花钟状，黄白色，单性和两性花。浆果黄色至橘红色。果形有卵球形、圆球形、扁圆形、圆锥形、方形等。性喜温暖和阳光充足。对土壤要求不苛刻。一般用嫁接方式繁殖。

柿果除鲜食外，还可加工制成柿饼、果酒或醋。鲜柿和柿饼，以及柿的果蒂、柿霜、叶和根等均可入药。柿树材质致密，纹理美观，可制贵重器具。树形优美，果色红艳，有观赏价值。

石榴 石榴科石榴属的一种。温带落叶灌木或小乔木。又称安石榴。原产伊

石榴

朗和中亚一带，史前就已驯化栽培。中国于汉代引种，现南北各地都有栽培。叶对生，倒卵形或长披针形，无毛。夏季开花，常呈黄、白等色，浆果球形而稍现6棱，秋季成熟。外种皮肉质半透明，多汁；内种皮革质。对土壤的要求不苛刻，以湿润的黏质壤土最适宜。一般用硬枝扦插或分株方式繁殖。果色艳丽，籽粒晶莹。除鲜食外，还可制果汁和果酒等。果皮含单宁，可用以提取鞣料。果皮和根皮内含石榴碱，可提取供药用。石榴花鲜艳，花期较长，是良好的观赏花木和盆景材料。

中华猕猴桃 猕猴桃科猕猴桃属的一种。落叶木质藤本。又称阳桃、羊桃，简称猕猴桃。猕猴桃属全世界约有56种，中国约有52种，中华猕猴桃是此属植物中果实最大、经济价值最高的一种。中国大部分地区均有栽培。雌雄异株。羽状复叶，倒卵形，叶缘具细齿，伞状花序或1花单生，乳白色，有香气。浆果，卵圆或椭圆形，黄褐色。性喜温暖潮湿、土层深厚、排水良好的背风阳坡或半阳坡。不耐旱、涝。宜用嫁接或扦插繁殖。抗病虫害能力较强。果实营养丰富，可鲜食，也可制糖水罐头、果酒、果汁、果酱等，并可用于糖果、糕点等食品。根供药用，藤条浸出的水溶性胶液，可作造纸糊料，或作印染的胶料和建筑用的胶合剂。叶可作猪、牛、羊的饲料。花可浸提芳香油和配制猕猴桃酒。

中华猕猴桃

葡萄 葡萄科葡萄属多年生落叶木质藤本，古名蒲桃、蒲陶。葡萄原产于欧洲、亚洲西部和非洲北部，中国西北、华北、华中各地都有栽培。

葡萄

葡萄喜欢温暖干燥、阳光充足的环境，靠卷须攀缘其他物体来支撑自身。葡萄的叶圆卵形，3～5裂；花为淡黄绿色；果实形状以圆和椭圆为多，有紫、绿、红、黑等不同的颜色。葡萄的品种很多，常见的有玫瑰香、巨峰、无核白等。

葡萄除鲜食外，还可制成葡萄干、榨成葡萄汁、酿造葡萄酒等。酿酒后的沉淀物称为“酒脚”，还可从中提取酒石酸以供药用。

草莓 蔷薇科草莓属植物的统称。多年生常绿草本。广泛分布于北半球和南美洲。草莓属有50余种，中国原产7种，除凤梨草莓一种供栽培外，其余为野生种。主要种类有东方草莓、森林草莓、绿色草莓、智利草莓和威州草莓等。植株矮小，株高不超过30厘米，茎分为新茎、根状茎和匍匐茎三种。三出复叶，椭圆形，聚伞花序顶生，花白色或淡红色。用分株、播种等法繁殖。性喜温暖湿润，要求较好的光照条件。不耐严寒、干旱，也不耐高温。果实由花谢后花托膨大而成，肉质多汁，属浆果，称聚合果。果实除鲜食外，还可制果酱、果汁、果酒等。用鲜果速冻加工，可保持固有品质，并便于储运。

草莓

柑橘 芸香科柑橘属、金橘属和枳属植物的总称，包括柑、橘、橙、柚子、柠檬等。世界柑橘生产的重要种类大都起源于中国，现有90多个国家生产柑橘。中国的柑橘分布于北纬18°～37°，经济栽培区集中在四川、台湾、广东、广西、福建、浙江、江西、湖南、湖北、贵州和云南等地。

橘子

柑橘果实具丰富的营养成分和独特的风味，除鲜食外，还可制成罐头、果汁、果酱、果酒、蜜饯等；从中提取的柠檬酸、香精油、果胶等可作食品和医药工业原料。橘皮、橘络等是中药材。花可熏制花茶，提取香精，也是良好的蜜源。柑橘树四季常青，树姿优美，可供观赏。

荔枝 无患子科荔枝属常绿乔木，又称离枝。本属有2个种，主要分布于北纬20°～28°的热带及亚热带地区。荔枝原产中国，栽培历史已达2000多年，宋代蔡襄的《荔枝谱》是最早的荔枝专著。

树高可达20米。根系强大。压条繁殖苗无主根，成年后逐渐形成深而广的根群；嫁接苗主根深而发达，进入结果期后逐渐分生侧根，须根上有菌根真

荔枝

菌共生。树冠开阔，冠幅可达 30 ~ 40 米。树皮棕灰色。羽状复叶互生或对生，革质，色浓绿，长圆或圆披针形。核果状果实圆形、卵圆形或心脏形，直径 2.5 ~ 4.5 厘米，成熟后深红色，外果皮革质，有瘤状突起。荔枝喜光，要求长日照。23 ~ 26℃为生长最适温度。

荔枝是热带果品，除鲜食外，还可制荔枝干和果汁，并可罐藏和用于酿酒；果壳可提取单宁，根可入药。荔枝开花多、花期长，是良好的蜜源植物。

龙眼 无患子科龙眼属常绿果树，又称桂圆、益智，古称龙目。龙眼原产中国南部，已有 2000 多年的栽培史。栽培较多的国家还有泰国、印度、越南等。中国以福建栽培最多，广东、海南、广西、台湾及云南、四川等地也有栽培。龙眼有品种近 400 个，主要有福眼、乌龙岭、石硖、乌圆等。

龙眼

龙眼树高 10 ~ 15 米，树皮粗糙。龙眼果实清甜带脆，具香味，是与荔枝齐名的中国特产。除鲜食外，还可加工成果干，是中国传统的珍贵滋补食品。

香蕉 香蕉科多年生草本植物。原产东南亚、中国和印度，分布于热带、亚热带地区，主产国有巴西、印度、印度尼西亚、厄瓜多尔和泰国，中国以台湾、广东、福建、广西、云南等地最多。根据形态特征，可分为香蕉（AAA）、大蕉（AAB）和粉蕉（ABB）。

香蕉的主干是由包皮组成的假茎，比较粗壮；根系是地下球茎生出的细长肉质不定根。香蕉果肉柔软香甜，含有丰富的维生素及淀粉、蛋白质、脂肪等。除鲜食外，还可加工成果酱、果酒等。

菠萝 凤梨科凤梨属的一种。多年生常绿草本。又称凤梨、黄梨。原产南美洲的巴西和巴拉圭。现中国广东、广西、福建、海南、云南等地均有种植。

株高 0.7 ~ 1.5 米，茎短粗，呈褐色，基部有吸芽抽出。根着生在茎的周围。叶自茎的上部丛生，叶片革质，剑状，背面有茸毛。穗状花序自叶丛中抽生。果实肉质，似松果状复果，多呈圆筒形；果肉黄色。

菠萝性喜温暖，耐旱。一年开花 3 次，

菠萝

开花至果实成熟需 120 ～ 180 天。一般用芽苗繁殖。20 世纪 70 年代后，主要生产国有的已采用组织培养法进行工厂化育苗，或带芽叶扦插。

果实除鲜食外，多用以制罐头，因其能保持原来风味而受到广泛喜爱，与香蕉、椰子、杧果并列为四大热带水果。叶纤维可作绳、渔网等的原料。

杨桃 酢浆草科阳桃属的一种。又称五敛子、阳桃。常绿灌木或小乔木，一年可多次收获的热带果树。原产东南亚，很早引入中国广东、广西、台湾、福建等地。

树高 5 ～ 10 米。奇数羽状复叶，革质，小叶 5 ～ 11 片。花白色带有紫斑。浆果卵形或椭圆形，有显著的 5 棱，横切面多成五角星状，长 7 ～ 12 厘米，青绿至暗黄或琥珀色，表面光滑，果肉含草酸较多。种子外有假种皮。喜高温多湿气候和深厚肥沃土壤。多以嫁接方式繁殖。中国栽培种有甜杨桃和酸杨桃两种。酸杨桃果大，多加工成干果或作菜用。甜杨桃供鲜食，也可加工。

杧果 漆树科杧果属常绿乔木，又称檬果、羡子、芒果。全属 60 余种，其中约有 15 种的果实可供食用。杧果原产印度、缅甸、马来西亚一带，品种达上千个。中国于唐代从印度引入，台湾栽培最多，广东、广西、福建、云南等地也有栽培。

杧果

杧果树高 10 ～ 20 米，主根粗大而深，树冠圆头形。杧果是有名的热带水果，果实有特殊香味，肉质多汁，富含维生素，含糖量达 11％ ～ 12％。除鲜食外，还可做蜜饯、罐头、果酱、果脯等。果皮可入药，叶和树皮可作黄色染料。

波罗蜜 桑科波罗蜜属的一种，常绿乔木，热带果树。又称木波罗、树波罗。原产印度至马来西亚一带。引入中国已有 900 多年历史，分布于台湾、广东、广西和云南等地。

树高 8 ～ 15 米。叶革质而厚，倒卵形或椭圆形。花单性，雌雄同株，花

波罗蜜

小而多。聚花果长 30 ~ 50 厘米，重可达 20 千克，外皮有六角形瘤状突起。果肉层叠，淡黄色，蜜味有异香。种子椭圆形。一般多用种子繁殖，但用片芽嫁接可保持优良种性和提早结果。果味甜，除鲜食外，还可制罐头和果脯。种子煮熟后味如芋、栗。木质轻而坚韧，是制高级家具和乐器用材。

腰果 漆树科腰果属的一种。常绿乔木。又称槚如果。热带果树。原产西印度群岛和巴西东北部。中国海南、云南和广东西部有种植。

树高 8 ~ 12 米。单叶互生，革质，长卵形或倒卵形。圆锥花序顶生，花小，黄粉红色，杂性。坚果分为两部分：①膨大的肉质花托，成熟后橙红色，柔软多汁；②真果，着生在花托的顶端，肾形，果仁白色。性喜高温，对低温敏感。对土壤适应性强。3 ~ 4 月开花，5 ~ 6 月果成熟。枝头腰果主要用种子繁殖，优良品种可用高空压条或嫁接繁殖。腰果仁可炒食。腰果壳可榨油作高级油漆，也可作绝缘材料。茎的乳汁可作黏胶剂。肉质花托可鲜食或榨汁作饮料，有利尿、治水肿功效。

枇杷 蔷薇科枇杷属常绿小乔木，亚热带果树。因叶片状似琵琶，故名“枇杷”。品种有 100 个以上，根据肉色可分为红沙种和白沙种两大类。

叶片长椭圆形，长可达 30 厘米左右，叶缘有粗锯齿，背面密生灰白或黄白色茸毛。在枝条的先端着生复总状花序。花白色有芳香。梨果球形至椭圆形，肉色浅黄至橙黄，重 25 ~ 50 克，由子房、萼片和花托发育而成，食用部分是膨大的花托。种子一至数粒，黄褐色。喜温暖湿润而阳光充足的气候和肥沃、排水良好的土壤。实生、嫁接或高空压条繁殖均可。花后或早春进行疏果。主要病虫害有枇杷瘤蛾、枇杷天牛、干腐病等。

枇杷

枇杷果实中含有 85% ~ 90% 的水分、8% ~ 12% 的糖和较丰富的维生素 A。除鲜食外，还可制罐头食品；果实和叶片制成的枇杷膏和枇杷叶膏是润肺止咳药；花为良好蜜源。

杨梅　杨梅科杨梅属的一种。常绿小乔木或灌木，亚热带果树。又称朱红、树梅。原产中国，广泛分布于长江以南，以浙江栽培最多。叶倒卵状长椭圆形。雌雄异株。雄花为红黄色葇荑花序，雌花为穗状花序。核果圆球形，核坚硬。栽培品种有数十个，按果实色泽可分为白种、红种、粉红种、乌种四类。喜温暖、湿润、多云雾的环境，适于疏松而排水良好的酸性土壤。实生、压条或嫁接繁殖均可。果实味甜美，除鲜食外，主要用于制作蜜饯、果汁、果酒和罐头等。树形优美，是良好的观赏树和水土保持用树。

杨梅

莲雾　桃金娘科蒲桃属的热带常绿果树。原产于马来半岛，17世纪时，由荷兰人自爪哇引入中国台湾，现为中国台湾及东南亚常见的果树。蒲桃属植物约500种，分布于热带。

莲雾类似无花果，色粉红，清甜而脆，多汁爽口。性喜温暖怕寒冷，生长最适气温为25～30℃，喜好湿润的肥沃土壤，对土壤条件要求不严，砂土、黏土、红壤和微酸或碱性土壤均能种植，但要做好整枝修剪、营养管理、灌溉排水、防寒及产期调节等。莲雾结果较快，一般在栽种的翌年便能结出少量的果实，以后逐年增加，一株树龄十多年的莲雾每年可采收三四百千克果实。

莲雾

莲雾是一种可治多种疾病的佳果，性味甘平，功能润肺、止咳、除痰、凉血、收敛，主治肺燥咳嗽、呃逆不止、痔疮出血、胃腹胀满、肠炎痢疾、糖尿病等症。果核处理后还可治外伤出血、下肢溃疡。另外，台湾民间有“吃莲雾清肺火”之说。人们把它视为消暑解渴的佳果。

榴梿　木棉科常绿乔木。产自东南亚诸国，中国海南和台湾也有栽培。榴梿树高15～20米，叶片长圆，顶端较尖，聚伞花序，花色淡黄。

榴梿果实足球大小，果皮坚实，密生三角刺；果肉由假种皮的肉包组成，肉色淡黄，黏性多汁，酥软味甜，含有淀粉、糖、蛋白质和多种维生素。榴梿是热带名果，虽有异味，吃起来却很鲜美。在马来西亚和泰国，人们常

榴梿

用榴梿补养身体，并把它视为“热带果王”。

番茄 茄科番茄属的一种。一年生草本，在热带为多年生。又称西红柿。主要以成熟果实作蔬菜或水果食用。原产南美洲的秘鲁、厄瓜多尔等地。现遍布世界许多国家。

樱桃番茄

植株高 60 ~ 200 厘米，根系发达，茎节易生不定根。茎为蔓性或半直立。叶为不整齐羽状分裂或羽状复叶。聚伞状花序或总状花序。浆果，圆球形、扁球形、椭圆形及倒卵形等。栽培的番茄有普通番茄、大叶番茄、樱桃番茄、直立番茄、梨形番茄五个变种。番茄为喜温作物，不耐霜冻。对日照长短不敏感，如温度适宜，一年四季均可栽培。对土壤的适应性较广，土壤 pH 以 6 ~ 6.5 为宜。但耐涝力弱，要求有良好的排水条件。对肥料的需要量较大。

番茄是食物中维生素 C 的重要来源。果实营养丰富，可作蔬菜食用，可生食，或加工制成番茄酱、番茄汁等。

茄子 茄科茄属的一种。一年生草本。古名酪酥、昆仑瓜。以幼嫩果实供食用。原产东南亚。中国南北各地均有栽培。

植株高 1.0 ~ 1.3 米，茎基部木质，直立，分枝性强，单叶互生。蝎尾状花序。能孕花单生或簇生。浆果，球圆、扁圆、长圆、卵圆或长条形；颜色紫红、红、绿或乳白。成熟时不论绿色或紫红色果实均转为棕黄色。食用部分包括果皮、胎座及“心髓”部分，均由海绵状薄壁组织组成，组织松软。种子细小。栽培的茄子包括圆茄、长茄、短茄三个变种。茄子属喜温作物，较耐高温。以露地栽培为主。

茄子幼嫩果实除作蔬菜外，也可制成茄干、茄酱或腌渍茄。

辣椒 茄科辣椒属的一种。又称番椒。一年生草本。在热带可为多年生灌木。原产南美洲的秘鲁，明代传入中国。现中国各地普遍栽培。世界各地都有种植。

辣椒

辣椒茎直立，高 30 ~ 150 厘米，根系不发达。单叶互生，卵圆形，叶面光滑。花单生或簇生，白色或淡紫色。果实呈扁圆、圆柱、圆球、长角、圆锥或线形，大小差别显著。未成熟时为绿色，成熟后一般为红色或橙黄色。主要变种有灯笼椒、长椒、圆锥椒、簇生椒、樱桃椒。辣椒为喜温作物，不耐霜冻。用育苗移栽种植。

辣椒中的辣椒素有兴奋作用，能增进食欲，帮助消化。果实中还含多种维生素，在蔬菜中居首位。成熟果可制成辣椒酱、辣椒干及辣椒粉等调味品。

菜花 十字花科芸薹属甘蓝种中以花球为产品的一个变种。又称花椰菜、花菜。中国的福建、浙江、台湾、广东、广西等地及全国各大城市郊区种植较为普遍。

主根基部粗大，根系发达。叶披针形或长卵形，叶端稍尖，叶柄较长。花球呈半球形，白色肥大，表面呈颗粒状。按生育期长短可分为早熟品种、中熟品种、晚熟品种。宜选择疏松肥沃、保肥保水的壤土或沙壤土种植。一般采用育苗移栽。定植前结合整地作畦，施足基肥。生长期间应适当追肥，还要经常保持土壤湿润，及时灌溉排水，中耕除草。

菜花是颇受欢迎的蔬菜之一。叶可作饲料。

山药 薯蓣科薯蓣属植物的统称。缠绕藤本。又称薯蓣、白苕、大薯。薯蓣属植物全世界约有600个种，其中许多是有毒的。可供食用且栽培广泛的有：山药、甜薯、薯蓣、日本山药、白薯莨、黄山药、三裂叶山药、圆山药等。缠绕茎蔓呈紫绿色，多为单叶，互生或对生。叶腋生铃状块茎（山药豆），为贮藏器官，可供食用或繁殖用。单性花，雌雄异株。蒴果。按茎块形状可分为长形种、扁形种、块状种。山药喜温暖潮湿气候，不耐霜冻，适于土层深厚、富含有机质肥沃的砂土或壤土。多用块茎或株芽繁殖。茎块供食用，中医学上以干品入药，主要功能为健脾益肾。

山药

菠菜 藜科菠菜属的一种。一年生或二年生草本。又称菠薐、赤根菜、波斯草。原产伊朗，2000年前已有栽培。中国唐代已有栽培。

主根发达，肉质根红色，味甜可食。叶簇生，呈莲座状，深绿色。单性花，雌雄异株，偶见雌雄同株。胞果，每果含一粒种子，果壳坚硬、革质。按果实外苞片的构造可分为有刺种和无刺种两个类型。

菠菜属长日照植物。春秋两季均可播种，以秋播为主，生长期约60天。对土壤要求不严格，对氮肥需求较多。

菠菜

菠菜茎叶含有丰富的维生素C、胡萝卜素、蛋白质，以及铁、钙、磷等矿物质。除以鲜菜食用外，还可脱水制干和速冻。

芹菜 伞形科芹属的一种。二年生草本。又称旱芹、药芹。以叶柄作蔬菜食用。原产于地中海沿岸的沼泽地带。中国南北各地广泛种植。

株高60～90厘米，侧根发达，多分布在土壤表层，叶着生在短缩茎上，叶柄基部有分生组织，能逐渐伸长。茎绿、浅绿或白色。复伞状花序，花小，白色。双悬果，含种子2粒。芹菜按叶柄形态可分为细柄种（本芹）及宽柄种（洋芹）两类。半耐寒性蔬菜，不喜高温。由于种子小，生长期长，一般多行育苗移栽，但也有直播的。

芹菜除作蔬菜外，在中医学上有止血、益气、利尿、降血压等功能。果实中的芳香油经蒸馏提炼后可用作调和香精的原料。

芫荽 伞形科芫荽属的一种。一年生或二年生草本。又称香菜、胡荽。原产地中海沿岸，汉代张骞出使西域时引入中国，现中国南北地区都有栽培。

根白色。叶片一回或三回羽状全裂，裂片卵形，有深刻或深裂，叶柄绿色或淡紫色。复伞形花序顶生和腋生，花小，白色。双悬果。常以嫩叶作调料蔬菜食用。性喜冷凉，但也能耐热。营养丰富，胡萝卜素含量在蔬菜中名列前茅。中医学上以果实入药，有祛风、透疹、健胃及祛痰等功效。种子可提炼芳香油。

芫荽植株

茼蒿 菊科茼蒿属的一种。一年生或二年生草本，又称蓬蒿。以嫩茎、叶供食用。原产中国，南北各地都有栽培。

大叶茼蒿

叶长而肥大，全缘或为羽状深裂，裂片呈倒披针形，叶缘锯齿状或有深浅不等的缺刻。叶腋分生侧枝。头状花序，黄白色或深黄色。瘦果，褐色。依叶的大小及缺刻深浅分为大叶茼蒿和小叶茼蒿，前者叶片大而厚，缺刻少而浅，食用品质好，产量高，成熟略迟；后者叶小，缺刻多而深，叶薄，成熟稍早。茼蒿性喜冷凉，不耐高温干旱，土壤以肥沃壤土为好。以播种繁殖。作蔬菜食用时，有特殊清香味。

白菜 十字花科芸薹属植物的一种。一二年生草本。以柔嫩的叶球、莲座叶或花茎供食用。原产地中海沿岸和中国。由芸薹演变而来。包括结球及不结球两大类群。

根为浅根系，主根粗大，侧根发达，

上海“四月慢”白菜

水平分布。叶片有毛或无毛，着生于短缩茎上成莲座状。除薹用和分蘖类型外，腋芽不发达。花茎从短缩茎的顶端发生，分枝一至三次。花茎上发生“茎生叶”，叶基部抱茎或不抱茎。表面有蜡粉。总状花序，花淡黄至黄色。长角果，含种子多粒。栽培的白菜分别属于芸薹的两个亚种。

结球白菜又称大白菜、黄芽菜，为中国北方各省普遍栽培的主要蔬菜之一。叶无明显叶柄，具叶翼，叶球白色或淡黄色。不结球白菜又称小白菜或青菜，为中国南方各省普遍栽培的主要蔬菜。叶有明显叶柄，无叶翼，不形成叶球。结球白菜产量高且适于长期贮藏，是中国北方冬季和早春的主要蔬菜之一。不结球白菜因类型和品种繁多，适应性广，生长期短，高产而省工易种，且可周年生产供应，鲜食、腌渍皆宜。

黄瓜 葫芦科黄瓜属的一种。一年生蔓性草本。又称胡瓜。原产喜马拉雅山南麓。世界各地普遍栽培的重要蔬菜。汉代张骞出使西域时传入中国。

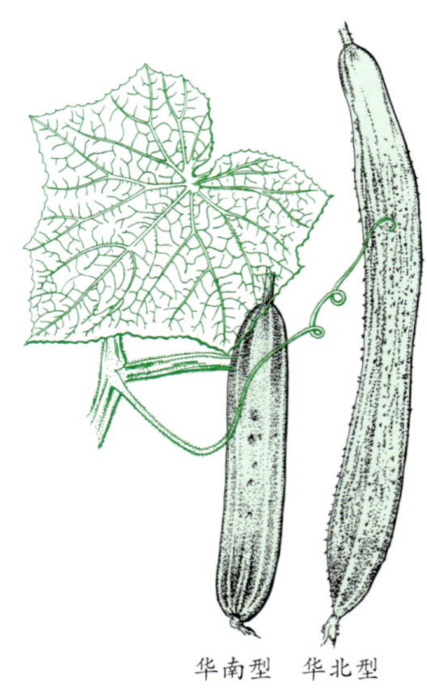

华北型和华南型的黄瓜果实

黄瓜根系分布浅，再生能力较弱。茎蔓性，长可达 3 米以上，茎节上生卷须。叶掌状，大而薄，叶缘有锯齿。花通常为单性，雌雄同株。瓠果，长数厘米至 70 厘米以上，圆筒形或棒形。嫩果颜色由乳白至深绿。有刺，刺基常有瘤状突起。种子扁平。属喜温作物。对土壤水分条件的要求较严格。土壤 pH 以 5.5 ～ 7.2 为宜。可四季栽培。黄瓜属常异交作物，应隔离采种。嫩果作蔬

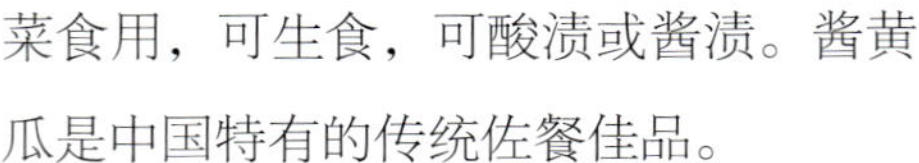

菜食用，可生食，可酸渍或酱渍。酱黄瓜是中国特有的传统佐餐佳品。

西瓜 葫芦科西瓜属的一种。一年生蔓性草本。原产非洲，埃及有四五千年的栽培历史。大约 1000 多年前，西瓜传入中国新疆。

西瓜为夏季主要水果。成熟果实除含有大量水分外，瓤肉含糖量为 5% ～ 12%，包括葡萄糖、果糖和蔗糖，甜度随成熟后期蔗糖的增加而增加。西瓜子可作茶食，瓜皮可加工制成西瓜酱。在中医学上以瓜汁和瓜皮入药，有清暑解热功能。

丝瓜 葫芦科丝瓜属的一种。一年生攀缘草本。以嫩果供食用。原产东南亚。普通丝瓜分布在中国各地。包括普通丝瓜和有棱丝瓜两种。根系强大。茎蔓性，五棱，绿色，茎节具分枝卷须。叶掌状或心脏形，被茸毛。雌雄异花同株，花冠黄色。雄花为总状花序，雌花单生。瓠果。普通丝瓜的果实短圆柱形或长棒形，无棱，表面粗糙。有棱丝瓜的果实棒形，长 25 ～ 60 厘米，横径 5 ～ 7 厘米，表皮绿色有皱纹。喜高温多湿的生长环境。对土壤的适应性广，耐涝。嫩果作蔬菜食用。成熟果实的维管束纤维化，成为丝瓜络，可入中药，主要功能为祛风湿、通经络；可用于洗刷器皿；还可用作造纸和生产人造纤维的原料。

南瓜 葫芦科南瓜属植物的统称。一年生草本。栽培南瓜包括三个种：①中国南瓜，通称南瓜；②笋瓜；③西葫芦

（美洲南瓜）。三种南瓜都起源于美洲。现广泛分布于全世界和中国各地。

根系强大，主根深，侧根多，分布广。茎蔓性，西葫芦则多为直立型。雌雄异花同株。花冠裂片大，黄色；雌花花萼裂片叶状。瓠果，有扁圆、球圆和长棒等形状。南瓜属喜温植物，三种南瓜对温度的要求不同。均属短日照植物。

中国南瓜

中国南瓜成熟瓠果除作菜肴外，还可作糕点馅料。笋瓜除作蔬菜或饲料用外，还有专供观赏用的品种。西葫芦多以嫩果供食用。

苦瓜 葫芦科苦瓜属的一种。一年生攀缘草本。又称凉瓜。幼嫩果实可供食用，因味苦得名。原产亚洲热带地区。中国以南部地区栽培较多。根系发达，茎蔓生，具卷须。叶掌状深裂，光滑无毛。花单性，雌雄同株，单生，花冠黄色。浆果，纺锤形、短圆锥形或长圆锥形，表面布满条状和瘤状突起。苦瓜喜光，喜温，较耐热，不耐霜冻。较耐涝。直播或育苗种植，搭架栽培。嫩果富含维生素C，切片挤去汁液后炒食可减少苦味。根可入中药。

苦瓜叶和果实

蒜 百合科葱属的一种。一年生或二年生草本。又称大蒜。原产中亚。中国栽培大蒜始于公元前1世纪左右。

株高60厘米以上，茎为叶鞘组成的假茎，鳞茎（蒜头）生长于地下，由

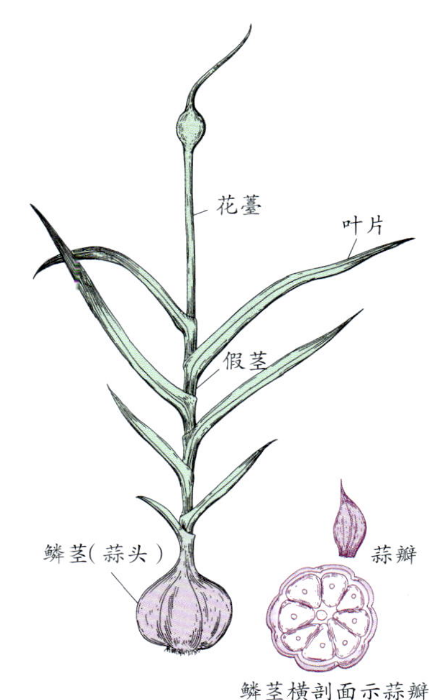

蒜形态

多数小鳞茎（蒜瓣）合生于短缩茎盘上而成。春夏间抽生肉质圆柱状花莛（蒜薹），顶端着生伞状花序，位于总苞内。花淡红色，一般不孕，而形成珠芽（蒜珠或气生鳞茎）。一般依鳞茎皮色分为紫皮蒜和白皮蒜，依蒜瓣大小分为大瓣蒜和小瓣蒜，依蒜瓣数分为独头蒜、四瓣蒜、六瓣蒜、八瓣蒜等类型，按是否抽薹则可分为有薹种和无薹种。蒜性耐寒，属长日照植物。如在黑暗条件下栽培，可长成黄色蒜苗，通称蒜黄。除鲜食外，鳞茎还可醋渍或糖渍、酱渍，也可干制成蒜粉和加工成脱水片。由于富含大蒜素，有调味及增进食欲之效。还有强烈的杀菌作用，可用以预防和治疗多种疾病。

葱 百合科葱属一种。多年生宿根草本。以叶鞘和叶片供食用。中国自古栽培。主要栽培品种为大葱。叶片管状，中空，绿色，先端尖，叶鞘圆筒形，抱合而成

葱的品种类型

假茎，色白，通称葱白。伞形花序球状，花白色。有分葱和楼葱两个变种。还可按假茎的高度分为长白葱（梧桐葱）、中白葱（鸡腿葱）和短白葱（秤砣葱）3个类型。性极耐寒。宜肥沃的砂质壤土。用种子繁殖。

胡葱，又称火葱和香葱，是中国南方栽培的葱种。植株较矮小，分蘖力强，用分株或鳞茎繁殖。前者春季收获分蘖，以鳞茎休眠越夏；后者周年收获绿叶。

葱含有挥发性硫化物，具特殊辛辣味，是重要的解腥、调味品。中医学上认为葱有杀菌、通乳、利尿、发汗和安眠等药效。

姜 姜科姜属的一种。多年生宿根草本。又称生姜。原产东南亚，栽培地区主要在亚洲的热带至温带。

株高60～80厘米，地上茎为假茎，由叶鞘组成，从地下根状茎两侧发生指头状分枝。根状茎肥大，肉质，呈不规则块状，黄色。叶披针形，互生。在温带不开花。性喜温暖。适宜各种土壤。喜阴而不耐强光，出苗前后需加遮阴，秋凉时需拆除遮盖物。

姜含有挥发油和姜辣素，即姜油酮（$C_{11}H_{14}O_3$）和姜油酚（$C_{17}H_{20}O_2$），具有独特香辣味，是重要的调味品。可酱渍、糖渍、制姜干和提取姜油。中医学上姜还具有健胃、祛寒、发汗和解毒等药效。

韭菜 百合科葱属的一种。多年生宿根草本。又称韭、起阳草。原产中国，现中国南北各地普遍栽培。韭菜叶翠绿色，细长扁平，带状，叶鞘为闭合状，形成假茎。顶端着生伞形花序。花白色，种子黑色。韭菜分蘖和适应环境的能力很强，能耐霜冻和低温。叶鞘在埋土条件下软化变白，称为“韭白”；在弱光条件下完全变黄，称为“韭黄”。用种子或分株繁殖。

韭菜一般以叶片、叶鞘供食，但也有专以花茎或肉质化的根供食用的品种，也可作为有利于肠胃消化功能的保健蔬菜。中国医药学认为韭菜可“安五脏、除胃中热”。种子入药，主治腰膝酸痛、小便频数、遗尿、带下等症。

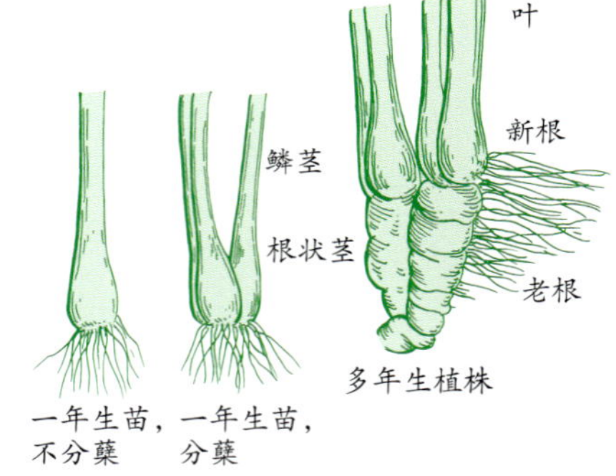

韭菜的生长状态

洋葱 百合科葱属的一种。二至三年生草本。又称葱头、圆葱。以鳞茎作蔬菜用。起源于亚洲西部阿富汗、伊朗至中亚一带。现以美国、日本、印度、俄罗斯、中国栽培最多。

根弦状，无主根。茎极度短缩，呈扁平盘状，即鳞茎盘。叶筒状，中空，

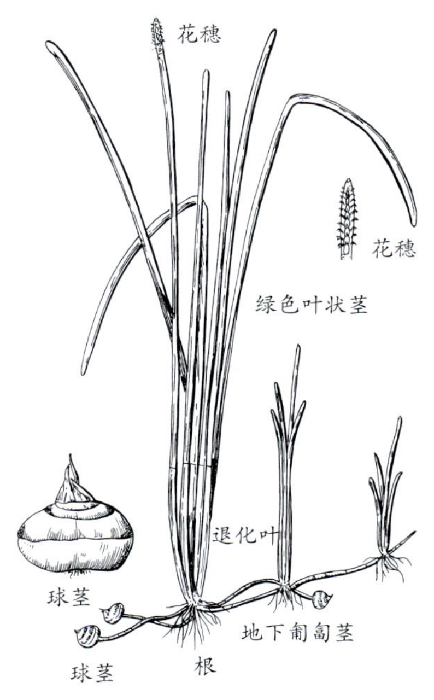

荸荠形态

浓绿色，表面披蜡粉，多层叶鞘抱合而成假茎。叶鞘基部随生长而形成肉质鳞茎（葱头）。伞状花序，花小，白色。洋葱可分为分蘖洋葱、普通洋葱、顶球洋葱3个类型。洋葱性耐寒。按鳞茎形成所需日照长短，分为短日型、长日型和中间型品种。一般秋季育苗。对土壤要求不高。

洋葱含有植物杀菌素，以及无机盐、挥发油、糖、蛋白质和维生素等。除以新鲜鳞茎作蔬菜外，也可脱水加工。

荸荠 莎草科荸荠属的一种。浅水性宿根草本。又称马蹄、地栗。球茎可生食或熟食。中国长江以南各省栽培普遍。

荸荠用球茎繁殖。萌芽后，先形成短缩茎，其顶芽和侧芽向上抽生的绿色叶状茎细长如管而直立。叶片退化成膜片状，着生于叶状茎基部及球茎上部。自母株短缩茎向四周抽生匍匐茎，尖端膨大为新的扁圆形球茎。成熟后呈深栗色或枣红色。穗状花序，花褐色。小坚果。性喜温暖湿润。

在中医药学上，认为荸荠有止渴、消食、解热等功效。

胡萝卜 伞形科胡萝卜属的一个变种。一二年生草本。原产亚洲西南部，阿富汗为最早演化中心。约在13世纪，胡萝卜被引入中国，发展成中国生态型。叶柄细长，三回羽状全裂叶，裂片狭小，从生于短缩茎上。顶端各着生一复伞形花序，花小，白色。异花传粉。双悬果，

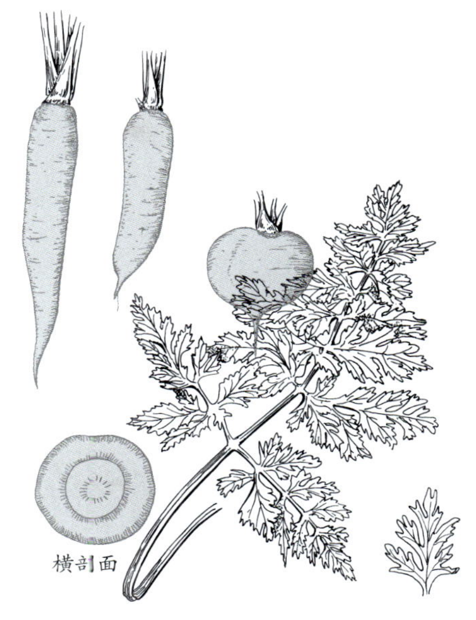

胡萝卜形态

果面有刺毛。肉质根有长筒、短筒、长圆锥及短圆锥等不同形状，黄、橙、橙红、紫等不同颜色。胡萝卜属半耐寒性，喜冷凉气候。长日照植物。胡萝卜营养丰富。具有治疗夜盲症、保护呼吸道和促进儿童生长等功能。生食或熟食均可。还可腌制、酱渍、制干，或作饲料。

食用菌 供人类食用的真菌。全世界估计可供食用的真菌约有500种，中国有320～350种，然而人工栽培的不过20种左右。狭义的食用菌专指大型真菌中可供食用的蘑菇，通称食用蘑菇。有毒而不可食用的大型真菌称毒蘑菇。广义的食用菌还包括可利用其发酵作用进行食品加工的真菌。食用菌大部分属担子菌纲。

与其他真菌相比，食用菌子实体一般较大，高3～18厘米，宽4～20厘米，故称大型真菌。形态不一，以伞状为多。一般由菌丝体、菌柄、菌盖3部分组成。食用菌的生活史，就是由孢子萌发为初

生菌丝体，然后长成次生菌丝体，到长成子实体，又产生孢子的循环过程。

食用菌不仅味美，而且营养丰富，常被人们称作健康食品，如香菇不仅含有人体必需的各种氨基酸，还具有降低血液中的胆固醇、治疗高血压的作用。银耳、木耳、猴头菌、假蜜环菌等，还有特定的滋补、医疗用途。

梅 蔷薇科杏属的一种。落叶乔木。又称春梅、干枝梅、红绿梅等。原产中国的传统名花、名果。

龙游梅树姿

梅树高约 10 米，最大冠幅 12 米。树冠常呈不规则球形或倒卵形。叶广卵形至卵形，边缘具细锐锯齿。花先叶而放，一二朵，多着生于一二年生枝上。多为白色和淡红色，具清香。核果近球形，黄色或绿色。种子一粒。变种与变型甚多，果梅或梅花都有很多品种。梅喜温暖稍潮湿气候，要求阳光充足、排水良好的条件。较耐寒、耐旱和耐瘠薄。对土壤要求不严。多以嫁接繁殖，其次是扦插、压条等。

梅的枝干苍劲，花傲雪怒放，形状端雅，香味沁人心脾。最宜植于庭院、草坪、低山、居住区及风景区等处。梅与松、竹相配，称“岁寒三友”。梅花也适于盆栽或作盆景，也是插瓶花的好材料。果实味酸而爽口，可加工食用，也可入药。

牡丹 芍药科芍药属的一种。落叶灌木。又称木芍药、洛阳花、鹿韭等。牡丹具深根性肉质根。株高 0.5 ~ 2 米。枝多而粗壮。羽状复叶，小叶阔卵形至卵状长圆形，先端 2 ~ 5 裂，背面具白粉。春末开花。花单生枝顶，大型，白、红或紫色，花瓣 5 ~ 10，雄蕊多数。蓇葖果。种子球形，黑色，有光泽。中国将牡丹分为 3 类 12 型：①单瓣类。有 1 型，即单瓣型。②重瓣类。分为千层组和楼子组 2 组。千层组有荷花型、菊花型和蔷薇型 3 型；楼子组有托桂型、金环型、皇冠型和绣球型 4 型。③重台类（又称台阁类）。又分为 2 组 4 型，即千层重台组的菊花重台型和蔷薇重台型，以及楼子重台组的皇冠重台型和绣球重台型。

洛阳市国家牡丹园牡丹观赏园

牡丹性喜阳光充足、干燥温凉的环境，适于夏无高温、冬不甚寒之地。幼苗生长缓慢，经 4 ~ 5 年栽培始可开花。6 ~ 15 年生牡丹长势最为健壮。用分株、压条、嫁接或播种繁殖。

牡丹雍容华贵，花大叶茂，被誉为“花中之王”，为著名的观赏植物。根皮可加工成中药“丹皮”，有镇静作用。

桂花 木犀科木犀属的一种。常绿灌木至乔木。因其叶心有纵纹，形如圭而得名。又称木樨、岩桂、九里香等。原产中国西南、中南地区。现长江流域广泛分布。

株高达 20 米。叶对生、革质，椭圆形至椭圆状披针形。花小，簇生于叶腋，极芳香。核果椭圆形，熟时灰蓝色，含种子一粒。主要变种、品种有：①金桂，花黄色，为栽培最多的一个变种。②银桂，花黄白或淡黄色。③丹桂，为珍稀变种，花橙色、橘红至浅橙。④四季桂，为珍稀品种，植株较矮而萌蘖较多，花香不及前几种。但每年开花次数约十次或连续不断，以秋季为盛。

性喜光，喜温暖通风环境。喜肥，也耐瘠薄，但不耐水湿。用压条、扦插、嫁接或播种方式繁殖。秋季开花时香气四溢，沁人心脾。花朵是食品和轻工原料，枝、叶、花可入药。木质坚实细密，是雕刻良材。

兰花 常指兰科植物中的栽培种类，有时也作兰科植物的习称。多数为宿根草本，如春兰、蕙兰、建兰、墨兰及寒兰等。主要分布于长江流域以南诸省区。喜生于林下略荫蔽但排水良好的地方。中国自宋朝就有相当广泛的栽培，并有专著。兰花是中国知名的花卉，庭园间广为栽培。叶多半青翠挺拔，带形或剑形，聚生于缩短的假鳞茎上。花葶短或修长，直立或略外弯。花的色泽多在白色至红紫色之间，纯白色的称素心兰，较为名贵。由于栽培历史悠久，品种极多，体态、花色、香气各异，不少名品雅致、素淡、清香四溢。

春兰

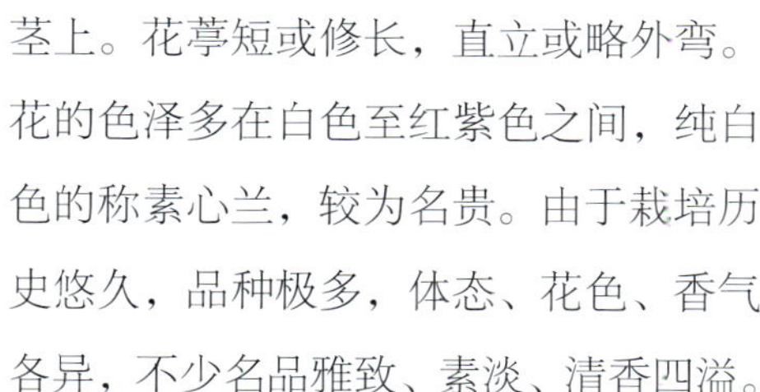

樱花 蔷薇科樱属的一种。落叶乔木。又称山樱花、福岛樱。著名的春季观赏花木，有 300 多个樱花品种。树皮暗褐色，光滑，小枝无毛。叶卵形至卵状椭圆形。花白色或淡粉红色，伞房状或总状花序，萼筒钟状。花与叶同放。主要品种有重瓣白樱花、重瓣红樱花、垂枝樱花等，其他种有日本晚樱、日本樱花、旱樱等。樱花为温带树种，性喜光，喜深厚肥沃而排水良好的土壤，有一定耐寒能力。用扦插或嫁接方式繁殖。

昙花 仙人掌科昙花属的一种。多浆附生性灌木。原产墨西哥及中南美洲森林中，现引种世界各地栽培。多年生常绿肉质植物。老枝圆柱形，新枝扁平，呈叶状。刺座生于圆齿缺刻处，幼枝有毛状刺，老枝无刺。花白色，于夏季晚间 8 ~ 9 时开，经 4 ~ 5 小时后凋谢。花生于叶状枝边缘，大型，

昙花

无梗，漏斗状；重瓣，花瓣披针形，具芳香气，花萼红色，成熟时开裂。种子黑色。喜温暖湿润和多雾环境，忌阳光暴晒，不耐寒，以肥沃排水良好的砂质壤土为宜。通常用扦插繁殖。可采用“昼夜颠倒”法栽培使其白天开花。适于点缀客厅、阳台及庭院。还可入药。

菊花 菊科菊属的一种。多年生草本。菊花大部分类型原产中国。古名鞠。为中国传统名花之一。现世界各国均有栽培。

世界共约有万余品种菊花。依花径可分为大菊和小菊；依花期可分为春菊、夏菊、秋菊、冬菊（寒菊）和四季菊；依花色可分为黄、白、粉、紫、橙、褐、绿，以及间色和复色等。茎多分枝，基部木质化。株高 40 厘米至 2 米。单叶互生，边缘具粗大锯齿或深裂。头状花序，外围为舌状花；中心为筒状花，常稀少或阙如。花序下为总苞，舌状花多为雄性花，筒状花为两性花，雌蕊柱头两歧。瘦果。为短日照植物。喜光。适应性强，中国从南至北均能栽植。性耐寒。种子或营养体繁殖均可，而以扦插繁殖为主。

a 宽带型 b 匙球型

c 疏管型 d 松针型 e 平桂型

菊花类型

菊花观赏价值较高，除盆栽或配植花坛外，常用作切花材料。黄菊与白菊可入药，性微寒、味甘苦，散风清热、平肝明目，主治感冒风热、头痛、目赤等症。白菊花可作饮料，称为茶菊；味甘甜的菊苗及白菊的花瓣，可作蔬菜。

莲花 莲科莲属的一种。宿根水生植物。又称荷花、荷、芙蕖、水芙蓉等。莲原指其果实，习称莲蓬；后花、果实都泛称为莲。其地下茎的肥大部分称莲藕，简称藕。中国南北各地广泛种植。

莲喜相对稳定的静水，忌涨落悬殊和风浪较大的流水，水深一般不宜超过 1.5 米。要求日照充足。土质以富含有机质的黏壤土为宜。莲子寿命特别长，千年古莲子仍能萌发新株。莲以分株繁殖较常见，也可播种繁殖。藕和莲子营养丰富，生食、熟食均可。藕可加工成藕粉、蜜饯等，花叶可供观赏，莲各部分均可入药。

郁金香 百合科郁金香属的一种。庭园中广为栽培的美丽花卉。原产小亚细亚，中国有引种栽培。通常用鳞茎繁殖。

鳞茎外面覆以薄的、皮纸质的鳞茎皮，皮内近基部与上端有少数伏毛。叶3～5枚，披针形至近卵形。花葶从叶丛中抽出，高20～35厘米，通常顶生单朵花；花大，艳丽，钟形，仰立，有红、黄、白等色，或间有彩条或中心略带黑紫色；花被片6，离生，长5～7厘米，内轮3片比外轮3片略宽而短；雄蕊6，通常深紫色；子房上位，柱头鸡冠状，直接生于子房顶端。郁金香宜种植于土层深厚、疏松肥沃的土壤，忌连作。矮壮品种是春季花坛的重要品种，高茎品种是上等的切花材料。

森林　面积广阔且比较密集生长在一起的，以乔木为主体的植被类型。森林还包括灌木、草本植物和其他生物，是能显著影响周围环境的生物群落。

森林可划分为各种类型，按外部表现可分为密林和疏林，按乔木的叶子机能、形态等特性可分为常绿林、落叶林、针叶林、阔叶林等，按用途可分为用材林、经济林、防护林，按起源又可分为天然林、人工林等。过去，地球上大部分陆地被森林所覆盖，但伴随着人类的不断发展，森林遭到大量砍伐和焚毁。直到20世纪，人们才努力致力于森林保护。目前，森林约占地球陆地面积的1/3。

热带雨林　热带潮湿地区高大茂密而常绿的森林类型，由无御寒、无抗旱能力的树种组成，乔木种类非常丰富，层次多而界限不明，没有明显的优势种。乔木具板状根、支柱根、气生根和老茎生花现象，层间藤本植物和附生植物、寄生植物发达，并有绞杀植物。绞杀植物是一些具粗大缠藤和发达气生根的树种，常缠绕或包卷支持它的树木，与其争夺水分、营养和阳光、空间，最终将大树绞杀至死。

南美洲热带雨林

主要分布在南美的亚马孙河流域、西非的刚果盆地和东南亚等地区。地处热带北缘的中国台湾、海南、广西等局部地区也有分布。

红树林　由红树科常绿灌木和小乔木组成的一种特殊类型的森林，生长在热带和南亚热带海湾或河口淤积的盐土上。中国广东、海南及福建沿海也有分布。红树林生态习性非常奇特，能在含盐量很高的海滩上繁衍生长。由于海水环境条件特殊，红树林植物主干一般不无限增长，而从枝干上长出特殊根系，包括有支柱根、板状根、榄状根、呼吸根等，扎入泥滩中以支持稳定植株。涨潮时，可被淹没，仅留树冠，如漂浮在海上；落潮时，近泥面处的支持根和呼

海南东寨港国家级自然保护区内的红树林

吸根借以固着和进行气体交换。种子在树上萌发成锥状幼苗，然后脱离母体，借重力坠入泥中，继续发育成新株。

红树植物是红树林群落中的主要生产者，它们的花、叶、枝条散落泥水中被**微生物**分解，又为底栖动物鱼、虾、蟹等提供了营养物质。因而在红树林中，碎屑食物链起着重要作用。红树林能够起到防风防浪、固滩护堤的作用，还有净化水污染的作用。因此，保护和发展红树林是开发热带及南亚热带沿海资源中必须重视的问题。

松树 松科松属植物的统称。主要产于北半球，各地都组成大面积**森林**，也是人工造林与栽培观赏的重要树种。

全世界松属植物约有100种，广泛分布于北半球，北至北极地区，南至北非、中非、中南半球至苏门答腊赤道以南，多数种类生于亚热带及温带地区，少数种类生于寒带及热带地区。中国有22种、10个变种。

松树绝大多数是常绿高大乔木。最高可达75米。极少数灌木状。初生叶1～3年后出现针叶。针叶通常2、3、5枚成束，着生于短枝的顶端。球花单性，雌雄同株。球果由多数种鳞组成，成熟后木质化，除少数树种外种鳞张开，种子脱落。

松树可以生长在各种不同的**土壤**上，但以在疏松肥沃土壤上的生产力高。大多数松树尤其是二针松是喜光树种，耐阴性弱。抗旱性强，过多的土壤水分对松树生长不利。

松树木材可供建筑、矿柱、桥梁等用。还是造纸工业的重要原料之一。从树干割取松脂以提取松香和松节油。松树种子富含**蛋白质**和油脂，其中有20种松树（如红松、偃松等）的松子油有食用价值。红松种子还可入药，名为海松子，是滋养强壮剂。树皮、种皮富含单宁，可制取栲胶。树皮粉碎后，与其他原料混合、加压可制成硬纤维板。松树针叶可加工成饲料添加剂，也可提取松针挥发油。松枝和松根还是培养名贵药材茯苓的原料。树姿雄伟、苍劲，树体高大、长寿，具有重要的观赏价值，是中国风景区的主要景观成分。

水杉 水杉属**裸子植物**杉科水杉属，只此一种。中国特有的孑遗珍贵树种，被誉为“世界之宝”。高大落叶乔木，高30～40米，树干笔直挺拔，全树呈塔形，叶在小枝上羽状排列，球果下垂，为雌雄同株的植物。水杉生长迅速，适应能力强，耐寒喜湿，是优良的绿化树种，现在中国各地都已引种栽培，世界各国也大量引种。

水杉是非常珍贵的稀有植物，早在

1亿多年前中生代的白垩纪，水杉曾广泛分布于欧亚大陆。由于第四纪冰川的影响，水杉在大部分地区都已绝迹，仅在少数没有受到冰川袭击的地区幸存下来，被称为“植物界的大熊猫”。

樟树 樟科樟属的一种。常绿乔木。因其各部位都含有樟脑香味，又称香樟。产于中国南方及西南各省区，越南、日本也有分布。树高可达40米，胸径达3～4米。叶互生，薄革质，卵形或椭圆状卵形。花两性，圆锥花序腋生。浆果球形，果皮呈紫黑色，有光泽。喜光，幼时稍能耐阴。以土层深厚、肥沃、湿润呈中性或酸性的壤土栽种最为适宜。耐湿。根系发达，主根强大。主要用播种方式育苗，少量繁殖可用分根或分蘖。

樟树可作行道树栽植，绿化美化城市生态环境。含有挥发油和特殊香气，耐湿、抗腐、祛虫、保存期长，是贵重的家具、建筑、雕刻用材。根、干、枝、叶可提制樟脑和樟油，是化工、冶金、医药、香料、食品工业及国防工业等的重要原料。

普陀樟树

楠木 樟科楠属和润楠属树种的统称。主要产于中国。包括闽楠、滇楠、细叶楠、普文楠、白楠、华东楠、刨花润楠、润楠、利川润楠、滇润楠、红楠等。

常绿乔木或大乔木，树干端直。单叶互生，圆锥状聚伞花序。浆果呈椭圆形或椭圆状卵形。喜温暖气候和肥沃、湿润酸性土壤。多与其他阔叶树混生成林，常见于山坡下部或溪边。幼苗和幼树耐阴，长大后喜光。可用种子繁殖，也可天然更新。

木材优良，具芳香气，硬度适中，弹性好，易于加工，很少开裂和反挠，为建筑、家具等的珍贵用材。楠木木材和枝叶含芳香油，蒸馏可得楠木油，是高级香料。

柳树 杨柳科柳属植物的统称。落叶乔木或灌木。有520多种，主要分布在北半球温带、寒带。中国有257种、120个变种和33个变型，遍及全国各地。

造林树种主要有旱柳、垂柳、白柳。

无顶芽，芽鳞1枚。单叶，披针形或卵状披针形。花单性，雌雄异株，柔荑花序，苞片全缘，无花被。蒴果，2裂。种子小，有毛。喜光，耐水能力强。有些柳树也耐干旱。生长快，萌芽力强，寿命短。以插条繁殖为主，也可种子繁殖。

木材为建筑、坑木、包装箱板、胶合板、炊具、农具、火柴杆等用材和造纸原料。一些种类的枝条可供编织柳条篮、筐、帽等，一些种类则可供观赏。柳树是蜜源植物，也是固堤、护岸、防风固沙和改良盐碱地的重要树种。

桦树 桦木科桦属植物的统称。落叶乔木或灌木。约有100种，主要分布于北温带，少数种类分布至寒带。中国产30种，几乎全国都有分布。主要种类有白桦、红桦、硕桦和黑桦、岳桦、垂枝桦等。树皮多光滑，多为薄层状剥裂。单叶互生，多复锯齿，稀单锯齿。花单性，雌雄同株。柔荑花序，雄花序2～4枚簇生；雌花序单1或2～5枚生于短枝的顶端。坚果具膜质翅，果苞革质，先端3裂。种子单生，具膜质种皮。桦树喜光，不耐庇荫。较喜湿润，对土壤要求不严。萌芽力很强，采伐后可自行萌芽更新。

木材较坚硬，富有弹性，结构均匀，心边材不明显。可作胶合板、卷轴、枪托、细木工家具及农具用材。树皮可热解提取焦油，还可制工艺品。树形美观，秋季叶子变为黄色，是很好的园林绿化树种。

竹 禾本科竹亚科植物的统称。一般为木本，还包括少数草本和近草本的种类，称为草本状竹。

全世界木本竹类植物约有60属，900多种（一说80多属，1200多种），草本竹类植物25属，110多种。中国约有30属300多种，主要竹种有合轴丛生的青皮竹、撑篙竹、慈竹，单轴散生的毛竹和桂竹，复轴混生的茶秆竹等。全球有三大竹区：亚太竹区、美洲竹区、非洲竹区。

竹为常绿（除少数竹种在旱季落叶外）浅根植物，要求温暖、湿润的气候条件。对土壤水肥条件要求较高。土层深厚、肥沃、湿润，富含有机质、酸性的土壤最适。竹多数属中等耐阴植物，常侵入阔叶林或针叶林中混交生长。

中国竹林面积约4.5万平方千米。竹资源的培育与竹加工已成为一个强大的新兴产业，在建筑、轻工、食品、家具、包装、运输等行业得到广泛的应用。

塑料大棚 以塑料薄膜为覆盖材料，能部分控制温度、湿度、光照等环境条件的一种简易温室。主要用于蔬菜、花

塑料大棚

卉、苗木、水稻秧苗和食用菌等的栽培。在畜牧和水产养殖业中也有应用。

塑料大棚按其骨架结构分为：①竹木结构大棚。用竹竿或毛竹片作拱杆，木材或竹竿作柱或梁，结构简单，造价低，但抗风雨能力差，使用寿命短。②钢筋焊接拱架大棚。采用普通钢筋焊接成平面或三角形断面的拱架。拱脚焊接在混凝土基础中的连接钢板上，或直接埋入土中。跨度在12米以下时可不设立柱。这种大棚面积和空间较大，耕作管理方便，但用钢量大，成本高。③镀锌钢管大棚。采用镀锌薄壁卷焊钢管和相应配件装配而成，安装、维修、拆卸方便，是世界各国应用最广的一种大棚。塑料大棚使用的覆盖材料主要有聚乙烯、聚氯乙烯、聚乙烯乙醇等薄膜。

地膜覆盖栽培 将专用塑料薄膜（俗称地膜）贴盖于栽培地表面，促进作物生长发育的栽培方式。用于蔬菜、瓜类和玉米等粮食作物、棉花等经济作物的栽培，以及水稻育秧、果林育苗等。

地膜覆盖栽培对农作物耕作层的生态环境能起到综合改善的作用，协调水、热、气和生物等因子间的关系，其效应主要表现在：提高地温、保墒、改善土壤理化性状、改善株行间光照条件等。

地膜覆盖栽培方式主要有高畦覆盖和平畦覆盖两种。高畦又称高垄，是地膜覆盖的基本形式，一般畦高10～15厘米。栽培豆类蔬菜和绿叶蔬菜等多采用直播，可盖膜后打孔播种，也可先播种后盖膜。茄果、甘蓝类蔬菜和瓜类等多采用育苗移栽方式，可先移栽后盖膜，也可先盖膜后移栽。一般尽量选择早熟作物品种。覆盖地膜可人工覆盖和机械覆盖，后者多用地膜覆盖机，可大大提高工作效率。

生产实践表明，地膜覆盖栽培技术一般可增产30%～50%，有的可增产一倍以上。而且，农产品的质量也有所提高，如棉花纤维强度增强，蔬菜鲜嫩度提高，西瓜、甘蔗等含糖量提高等。用于果林育苗和水稻育秧，可提前出圃（苗）。用于杂交制种栽培，可以调节花期，解决花期不遇问题。

无土栽培 不用土壤，利用营养液栽培植物的方法。又称水培（水耕）或营养液栽培。植物采取无土栽培时，根部从营养液中吸收所需的养分、水分和氧，植株生长在温度、湿度和二氧化碳（CO_2）浓度适宜、光照充足的条件下，可以提高植物光合作用能力，获得高产和优质的产品。

无土栽培分为有固体基质和无固体基质两大类。除营养液是二者共同必需的基质外，前者还用砂、砾石、煤渣、

无土栽培

泥炭、锯木屑、泡沫塑料、岩棉等惰性物质为基质，后者则仅用水为基质。营养液应含有植物生长发育所必需的主要元素氮、磷、钾、钙、镁、硫和微量元素硼、铁、铜、钼、锌等，其渗透压要小于植物细胞的渗透压，否则会引起植株体液外渗，导致萎蔫；pH以5.5～7.0为宜，并要配成平衡液。常用的有水培、固体培养、营养膜（NFT）栽培等方式。

无土栽培突破了土壤、气候条件的限制，在沙漠、石岛、戈壁、山区、工矿区，以及其他缺乏耕地而有水源的地区都可实行，且可比土壤栽培显著提高产量和产品品质，同时又是生产无公害蔬菜的一个重要途径。在大城市，利用窗台、阳台、走廊、屋顶等采取无土栽培法种植蔬菜，既可增加食物供应来源，又能美化环境、净化空气。无土栽培还有省水、省肥的优点，营养液损失一般在10%左右，耗水量只是土培的1/2～1/3。又因不用土壤，可以免除杂草、土传病虫害的侵染和连作的危害，还可摆脱翻地、运肥等繁重体力劳动。世界上已有不少国家将这种方法应用于蔬菜、花卉、水果、小球藻等的生产。缺点是：设备复杂、一次投资和能源消耗量较大，还存在若干问题有待解决。

植物病害　植物在生长和产品贮藏期间受到有害生物或其他因素的侵害和损坏，生理功能失调、组织结构受到破坏的过程。

按病害的发病原因分为两大类：一类由细菌、真菌、病毒等生物因子引起，称为侵染性病害，如马铃薯晚疫病、水稻胡麻斑病、小麦锈病、黄瓜霜霉病、番茄病毒病等；另一类由非生物因素引起，称为非侵染性病害，又称生理病害，如缺素症、日烧病。一般植物侵染性病害的流行性强，危害也较大。

对植物病害影响较大的环境条件主要包括：①气候土壤环境。包括温度、湿度、光照和土壤机械组成、含水量、通气性等。②生物环境。包括昆虫、线虫和微生物。不少病害可由多种昆虫传播，有些病害则只能由某一种或几种昆虫传播。③农业措施。包括耕作制度、种植密度，以及施肥、灌溉、排水、施用农药等措施，可减轻或加重病害。防治方法有植物检疫、抗病育种、农业防治、化学防治、物理防治、生物防治等。

益虫　能直接或间接为人类所利用，创造经济效益、生态效益和社会效益的昆虫。益虫对人类和生态环境的稳定都起着非常重要的作用。人类利用益虫防治森林害虫和田间害虫，通过以虫治虫的生物防治方法，既杀灭了害虫，又避免了杀虫药剂带来的环境污染。如赤眼

七星瓢虫

蜂可以寄生松毛虫幼虫，姬蜂可以寄生地老虎，可用来控制农林害虫。在自然界，以寄生和捕食方式帮助人类消灭害虫的益虫还有很多，如以多种害虫为寄主的寄蝇，捕食蚜虫的七星瓢虫和食蚜蝇，捕食棉、粮害虫的草蛉，对蔬菜和粮棉的丰产起到了非常重要的作用。以捕食孑孓、蚊子为生的蜻蜓等昆虫也是人类的好朋友。

还有许多益虫，它们的分泌物或代谢产品可被人类利用。如蜂蜜和蜂胶都是人类喜爱的营养品，家蚕结茧的蚕丝是上好的纺织原料，介壳虫类的分泌物白蜡、紫胶是重要的工业原材料，蚂蚁分泌的蚁酸可用于医治。

害虫 危害人类、动植物及其产品、堤防和建筑物的昆虫。如在家里以衣物、书籍为食的衣鱼，破坏建筑物的白蚁，繁殖力极强、传播疾病的蟑螂，吸食血液、传染疾病的虱子、跳蚤、蚊、蝇和虻，为害果木的天牛、松毛虫等。田间害虫更是多如牛毛：棉铃虫、椿象、黏虫、菜青虫、二化螟等鳞翅目幼虫和蝗虫、蝼蛄等大多数直翅目昆虫都被人类视为害虫。

蝗虫 直翅目蝗科昆虫的统称。体细长，绿色或黄褐色，体表覆有一层几丁质的外骨骼，能保护体内水分不易丧失，又能抵抗干燥、潮湿、病菌和杀虫剂。有丝状短触角一对，口器为典型的咀嚼式。

蝗虫是农业害虫之首，全世界有1万多种，中国有700多种，常见的类群有飞蝗、竹蝗、稻蝗、蔗蝗和棉蝗等。蝗虫有群居型和散居型两种生态型。群居型的蝗虫能群聚。更可怕的是，成群蝗虫对农作物可产生毁灭性灾害。以天文数字计的飞蝗像云一样可以把中午变成黄昏，庄稼被吃掉的声音像许多锯在同时锯木头。每只蝗虫每天所吃植物与它们自己的体重大约相等。它们能吃光地面的庄稼、野草、树叶，连马粪和碎纸片也能统统吃光，几尺厚的蝗虫可以造成火车脱轨。蝗虫善飞，能连续飞行几个昼夜，以至跨过海峡、越过大洋而四处为害。蝗虫是不完全变态昆虫，即从卵孵出未成熟的蝗蝻，蜕皮5次后发育为成虫。

东亚飞蝗

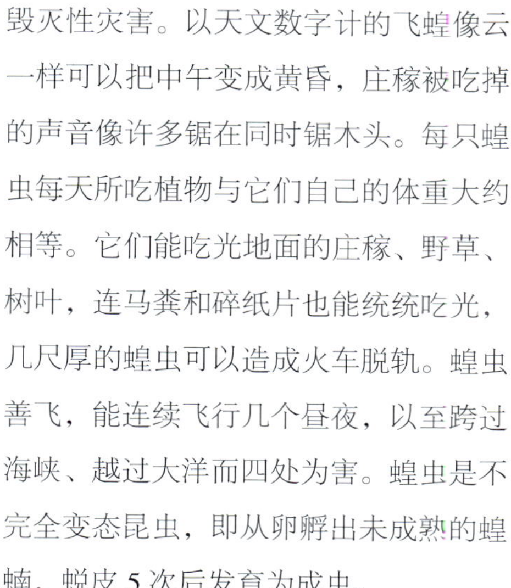

地中海实蝇 实蝇科昆虫的一种，原产非洲热带地区，后分布到世界许多地区，是重要检疫性害虫。号称“头号水果杀手”，是世界上最具毁灭性的农业害虫之一。幼虫在果实内发育成熟，脱果外出，钻入土中化蛹。也有的在其他保护物下，甚至在箱子和包装物的外面化蛹。主要寄生在甜橙、柠檬、桃、李、苹果、香蕉等200多种水果、蔬菜和坚果树木上，对农业生产的危害极大，目前，中国尚未有此虫分布。为防止地中海实蝇传入，中国一直禁止从南非等地中海实蝇疫区进口水果。

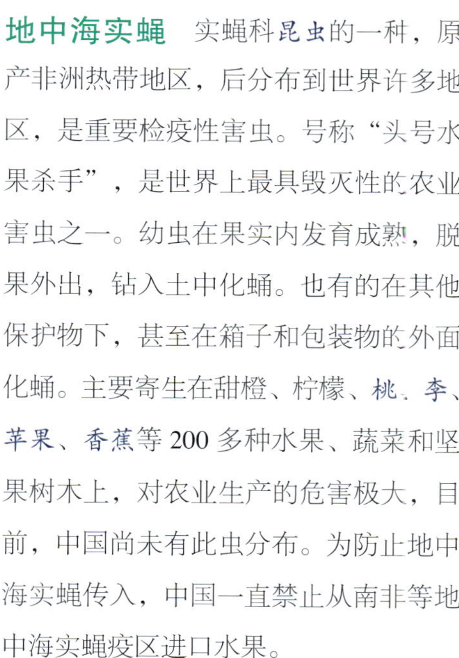

农药 用于防治农业有害生物和调节植物生长发育的化学物质。按作用对象分为杀虫剂、杀螨剂、杀菌剂、杀线虫剂、

民航飞机喷洒农药

抗病毒剂、除草剂、杀鼠剂等。除杀菌剂、抗病毒剂之外，其他农药都有直接杀死有害生物的特点。常用的农药有氧化乐果、敌百虫、除虫菊等。可用喷雾法、撒粉法、毒饵诱杀法等施用农药。应用农药来防治病、虫和杂草，具有高效、快速、使用简便等优点，对于稳产增产起着重要的作用。但多数农药都有不同程度的毒性，若使用不当，会引起人畜中毒，还会杀伤害虫的天敌、污染环境、破坏生态平衡；而且久用会使病菌、害虫等产生抗药性。

为了减轻农药对环境的污染和生态平衡的破坏，不少国家已先后对某些农药采取了禁用、限用措施。同时，科学家们也正在加紧研制新型农药，以减少副作用发生。

畜牧业 从事经济动物饲养、繁殖和动物产品生产、加工、流通的产业。它与种植业一起，构成农业中相互依存的两大支柱。现代畜牧业生产的对象范围，已从早经驯化的家畜、家禽扩大到许多种原来野生的动物，以至哺乳类和鸟类以外的许多动物门类。但畜牧业生产对象的主体，至今仍局限于少数哺乳类和鸟类中的某些物种，其原因可能与纳入畜牧业生产范围的动物易于饲养、对人无害，以及不与人争食物或少与人争食物有关。

现代畜牧业存在着牧区的纯牧型、农区的农牧结合型和都市的专业企业型 3 种代表历史发展的生产类型。其中前二者是传统的，后者是近代趋于发达的。按生产的对象，主要又可分为：奶牛业、肉牛业、养猪业、养鸡业和绵羊业等。

青海是中国重要的畜牧业生产基地，全国五大牧区之一

现代畜牧业专业分工的深化，促进了许多专业化企业的产生。它们彼此间联系密切，已形成一个内容广泛的生产体系，不仅与种植业等部门相互依存，与工业及科学研究部门也有密切联系。构成这个体系的行业主要包括种畜业、配合饲料工业、畜产品加工业、兽医事业和兽药工业、畜牧装备工业等。

驯化 人类把野生动植物培养成家养动物或栽培植物的过程。又称风土驯化、气候驯化、引种驯化。主要是利用动植物本身的适应性和变异性，将野生动植物引入人为的环境条件，不断加以选择，促使其遗传型向着人类所需要的方向改变，形成新品种。驯化的目的是保存人们所希望具有的那些变异，抛弃、去除那些不受人们欢迎的变异。选择是人类驯化动植物的基础，使得动植物培育品种具有多样性，并产生符合人类需要的经济性状。同样，由野生植物到栽培植物也经历了人工的选择。通过驯化，利用变异，可以有计划地改造和利用生物资源。

饲料 饲喂家畜或家禽的天然的或经加工的食料。它是一种能提供家畜、家禽所需营养，而且在合理的饲喂下不发生有害现象的物质。饲料来源广泛，植物性饲料来自野生和栽培的草本植物、木本植物，如谷实类、豆荚类、油饼类、根茎类和糠麸类等；动物性饲料主要来自加工副产品，如鱼粉、肉骨粉等；矿物质饲料多取自于矿石，部分来自动物产品，如骨粉、蛋壳粉等。此外，还有化学合成饲料，分无机化合物、维生素和氨基酸等。

20世纪50年代以后，人们对家畜、家禽的氨基酸、维生素和微量元素需要量的了解日益确切，常把这些物质按一定标准和比例，与饲料混合均匀，饲喂家畜、家禽，这些物质称为饲料添加剂。

家畜 人们为获取畜产品和畜力而饲养的经驯化培育的动物。又称农畜。家畜种类有：猪、奶牛、黄牛、水牛、牦牛、马、驴、骡、骆驼、绵羊、山羊、狗和家兔、家禽等。它们为人类提供不同的产品，包括肉、乳、蛋、毛、皮等，还提供畜力等。家畜均源于野生动物，与其祖先相比，在人类的控制与干预下，已经按人类需要发生了根本性的变化。同一种家畜内有品种（系）之分。当今中国是世界家畜饲养总量最多的国家，猪、马、驴、骡、绵羊、山羊、家禽的饲养量均占世界首位。

马 哺乳纲奇蹄目马科马属一种。草食性动物。家马和野马的通称。起源于6000万年前新生代第三纪初期，其最原始的先祖为始祖马，体格矮小。大约6000年前，马被驯化成为家畜，从此成为人类生活中不可缺少的伙伴。

马的听觉、嗅觉都很灵敏，有记忆力，能认得经常走过的路，所以有“老马识途”的俗语。嘶声响亮，性情温顺，行动敏捷，奔跑速度快而有力。马胃比牛胃小，不进行反刍。但马的大肠发达，盲肠尤其长大，能够充分消化吃进的草。全世界马的品种有200多个，中国有30多个，著名的品种有蒙古马、夏尔马、阿拉伯马、伊犁马等。

驴 哺乳纲奇蹄目马科马属一种。草食性家畜。驴体质结实，耐粗饲，使役年限长，易于饲养管理和驾驭。中国的驴在汉代由西域传入，主要分布在新疆、甘肃、山西、陕西、河南、山东和河北。驴的生理、解剖和形态与马相似。区别在于：驴的体格较小，头大、耳长，无鬃毛，鬣

驴

毛稀短。驴的日常饲养管理基本与马相同，对饲料要求不严格。中国已有4000年的养驴历史，是世界主要的产驴国家之一。

骡 马和驴的后代，通常没有繁殖能力。由公驴和母马所生的为马骡，简称骡；由公马和母驴生的为驴骡。骡和驴骡都无繁殖力，但生命力和抗病力强，体质结实，肢蹄强健，易于驾驭。骡与马比较，头稍长而窄，耳长，颈短，鬣毛稀短，前胸窄，腰部坚实有力，尾毛上部短，被毛多骝、栗、黑色。马骡与驴骡在外貌上有差别，但常难区分。它们的大小取决于双亲的体尺，但受母体影响较大。

牛 哺乳纲偶蹄目牛科牛属和水牛属的总称。草食性反刍动物。牛由野生的原牛驯化而来。牛属主要有普通牛、瘤牛、牦牛、野牛4个种。普通牛数量多，分布广，按用途可分为耕牛、乳牛、肉用牛等，比较有名的是中国的黄牛、日本的和牛。牛的躯体庞大，力大耐劳，适应性很强。头上生有一对大而中空的角，是防御猛兽攻击的武器。四肢强健，指趾末端有蹄，用来支持身体和着地行走。尾巴多毛，可灵活摆动，驱赶蚊蝇。

牛的消化系统和它的吃草习性相适应。如臼齿发达，上下两侧各有6枚，咀嚼面宽，而且包有极坚硬的釉质来保护。胃发达复杂，分为4室。第一室最大，内壁长满瘤状突起，称为瘤胃；第二室最小，内壁生有蜂巢状的凹陷，称为蜂巢胃；第三室较小，内壁生有许多宽窄不等的褶襞，称为重瓣胃；第四室也较小，内壁生有纵行的皱褶，称为皱胃。前3室主要用于贮藏食物，并使食物软化，皱胃主要分泌消化液，消化食物。牛在吃草时，总是先在口腔内粗粗咀嚼一下便咽了下去，首先到达瘤胃、蜂巢胃内储存起来并软化，但并不直接消化。在休息时，蜂巢胃内的食物逆行回到口腔中作第二次咀嚼，嚼得很碎的食物再进入重瓣胃、皱胃进行完全消化。因此，我们常看到牛在不吃草时，嘴里仍嚼个不停。牛的这种现象称为反刍，羊、鹿、骆驼等也会反刍，也是反刍动物。

羊 哺乳纲偶蹄目牛科绵羊属和山羊属的统称。草食性反刍动物。羊一般雌雄都有角，也有一些羊没有角。它们以吃草为主，胃和肠都很发达，消化能力强，能够吃各种杂草和作物秸秆，也能吃树叶。羊有合群游走的习性，只要领头羊在前面走，其他羊便自动跟随。在夏秋牧草丰茂时，羊能够在较短的时间内迅速增膘，蓄积大量脂肪；在冬春牧草枯黄时，则靠干草等粗饲料生活。羊能为人们提供肉、奶和羊毛。羊肉是美味食品，羊奶可供人们食用，羊毛可织造毛

羊群

线、地毯，羊皮可制作裘皮制品。此外，羊毛还是制造毛笔的好原料，中国传统的毛笔，大部分是用羊毛制造的。

骆驼 偶蹄目骆驼科骆驼属双峰驼和单峰驼的统称。又称橐驼。单峰驼又称阿拉伯驼，主要分布于北非、西亚的一些国家，以北非的撒哈拉大沙漠数量最多。双峰驼主要分布于亚洲中部的中国和蒙古等国家。

单峰驼

躯短肢长，前躯较后躯发达，背短腰长。单峰驼头较小，额部隆凸，脸部长，鼻梁凹下，额顶无鬃毛，鬣毛短而宽，长至颈上缘之中部为止。被毛多为灰白色或沙灰色。一般体高 185 ~ 200 厘米，体重 700 千克以上。双峰驼躯干较宽长，脸部短，嘴较尖，颈较短而稍凹，被毛有黄色、杏黄色、紫红色、棕色、褐色、黑褐色等。毛长而厚密，御寒力强。一般体高 168 ~ 180 厘米，体重 500 ~ 700 千克。单峰驼野生种早已消失，双峰驼野生种也已稀少，为中国一级保护动物。

驯养的骆驼可供乘、驮、挽曳综合役用，为荒漠和半荒漠干旱地区的重要交通运输工具，有“沙漠之舟”之称。骆驼毛为纺织工业的优良原料。在世界许多干旱荒漠地区，骆驼奶是人的食品之一。驼皮轻柔，可用以保暖。

猪 哺乳纲偶蹄目猪科的一属。杂食性肉用家畜。家猪由野猪驯化而来。与野猪相比，家猪不仅性情温顺，体形也发生了很大变化。野猪头大臀小，适于防御、攻击和奔跑，而家猪恰好相反，这是人类对野猪长期驯化的结果。家猪的躯体肥满，有掘食习性，四肢短小，攻击和奔跑能力大大减弱。主要品种有 300 多个。根据肉质的不同分为加工用型（制作腌肉、火腿）、生肉用型（一般烹饪）和脂肪用型（制作油脂）。

家禽 在家养条件下能生存繁衍，并且有一定经济或玩赏价值的鸟类。鸡、鸭、鹅是最常见的家禽，它们是由不同的野生祖先经过长期驯养而成的。鸡的野生祖先是古代的原鸡，现在中国海南、广西和云南等地还能找到它们的后代；家鸭的祖先是古代的野鸭；鹅的祖先是古代的雁。家禽经人类长期饲养和选择

家鹅

培育，逐渐发生了显著变化。与它们的野生祖先相比，一般都具有身体肥大、产卵量多、飞行能力差等特点。家禽能为人类提供大量的肉、蛋等食品，羽毛可作服装工业和工艺品的原料，粪便可作优质肥料，有些家禽还具有较高的药用价值。

鸡 鸟纲鸡形目雉科原鸡属一种。成为家禽之后与人类相处已超过4500年，家鸡在中国有3000多年的历史。家鸡起源于原鸡。现在，世界各地广泛养鸡，约有100个品种，变种达300多个，经济价值较高的有10多个，主要有来航鸡、芦花鸡、狼山鸡等。家鸡可分为蛋用种、肉用种、兼用种、专用种、观赏型等。鸡的飞行能力较差，奔跑速度较快。雄鸡个头比雌鸡大，毛色鲜艳，会打鸣，喜欢与别的鸡发生争斗。母鸡的产蛋量很高，每年可产蛋200～300枚，孵化期一般为20天左右。

原鸡

鸭 雁形目鸭科河鸭属一种。又称家鸭。人们经常饲养的家禽。家鸭由野鸭中的绿头鸭驯化而成。鸭腿短颈长，翅膀短小；足上有蹼，善于游泳，常栖息于池塘附近，以水中的螺蛳、蚯蚓、昆虫、种子等为食。母鸭长到4个月后开始产卵，孵化期大约26天。根据用途可分为蛋用鸭、肉用鸭、观赏鸭等。

鹅 雁形目鸭科雁属一种。大型水禽。善食草，适于水乡和丘陵等地区放牧饲养。中国鹅起源于鸿雁，驯化历史悠久。中国鹅颈长，尾短向上，喙基部上端有明显的肉瘤，按毛色分为白鹅和灰鹅。欧洲鹅起源于灰雁，外形硕大，颈粗短、躯平，头部无肉瘤。鹅性情温顺，姿态优美。雄、雌鹅若结为夫妻，便终身相伴，白头偕老，一只不幸身亡，另一只便不再择偶。鹅在3～5岁内产蛋量会逐年上升，每年产蛋可达100多枚，每枚蛋重达150～200克。鹅蛋营养丰富，鹅的绒羽可制作羽绒被服。

鸵鸟 鸵鸟科鸵鸟属仅有的一种。产于非洲沙漠地带，是现存鸟类中体型最大的鸟种，雄鸟从头顶至足高约2.5米。鸵鸟有翅膀，但不会飞翔。它善于奔跑，

鸵鸟

时速可达 80 千米。鸵鸟栖息于荒漠有矮小的灌丛和多刺的树木地带，常和斑马、羚羊、长颈鹿等集群活动，以植物为食，有时也吃昆虫和小型爬虫。鸵鸟不会飞，主要是因为它太大，而且它的翅膀又极度退化，小得与它的身体其他部位极不相称。

狗 哺乳动物真兽类食肉目犬科犬属动物。最早被当作家畜饲养的动物。日常生活中，人们根据狗所起的作用，将它分为家犬、猎犬、牧羊犬、观赏犬、警犬及导盲犬等。

格陵兰人的爱斯基摩犬

狗的听觉很灵敏，一有动静即会竖起耳朵倾听，听觉能力高于人类 4 倍，能分辨远方的声音。狗的鼻子很大，嗅觉非常灵敏。据科学家测试，狗能嗅出 200 多万种不同的气味，但味觉器官很迟钝，吃东西时很少咀嚼，几乎是在吞食。唾液腺发达，能分泌大量唾液，湿润口腔和饲料，便于咀嚼和吞咽，唾液中还含有溶菌酶，具有杀菌作用。由于狗的皮肤上没有汗腺，只能依靠唾液中水分的蒸发散热来调节体温，所以夏天或剧烈运动时，常可以看到狗张开大嘴，伸出长长的舌头，借以散发热量。狗的脚掌有柔软且具弹性的肉垫，但比猫粗糙，狗爪无法像猫爪那样伸缩自如。尾巴长，在跑动时有平衡作用。摇动尾巴时，可以表示它的感情。人们常对其进行特别训练，利用狗灵敏的嗅觉，用来搜查、跟踪罪犯，这样的狗称为警犬。狗还可以配合地质人员寻找矿物，带远行的人寻找自己的出发点，引导盲人行动等。

中国有沙皮犬、藏獒、北京犬、细犬、松狮犬、西藏狮子犬、哈巴狗等。国外比较有名的犬品种有德国牧羊犬、爱斯基摩犬、英国波音达犬、日本犬等。

猫 食肉目猫科猫属的一种。善于捕鼠，也捕食鸟类、鱼和蛙等。常用于控制鼠患，也是世界上流行的一种玩赏动物。

猫的足下生有肥厚而柔软的肉垫，走路悄然无声，便于接近猎物；指趾末端有钩爪，爪很锐利，能够自由地伸缩，这些特征都适于捕鼠。猫眼在强光下瞳孔缩成一道细缝，在暗处瞳孔放得又大又圆，能够收集大量的光线，增强视觉能力。猫的听觉发达，耳郭能够灵活转动，迎向声波，善于辨别微小声响的方位和距离。口旁和眼上都有长的触须，当触须接触物体时，可知其大小及软硬

暹罗猫

程度等，触须还可用来了解空隙的宽度是否能让身体通过。牙齿适于吃肉，犬齿特别发达，且有强大的裂齿，适于咬断肌肉和肌腱。舌表面很粗糙，有许多向着舌根生长的肉刺，适于舔食附在骨上的肉。猫的品种有 50 个左右，有长毛型、短毛型和无毛型，比较著名的如俄国蓝猫、泰国暹罗猫，以及喜马拉雅猫、缅甸猫、波斯猫等。毛色丰富多彩，有白色、黄色、黑色、棕色、蓝色、红色、橘色、灰色等。

兔 兔形目兔科动物的统称。通常指家兔。小型草食性动物。世界上约有 50 种，几乎各地都有。家兔是由野生穴兔驯化而来的，现在还保留着一些原始的习性，如白天较少活动，喜欢晚上活动，掘地作窝等。野兔和家兔有区别，一般野兔降生时发育完全，体有毛，双眼已经睁开；家兔及其祖先穴兔的幼儿降生时发育不完全，体无毛，双眼闭合。

兔是典型的植食性动物，专门吃各类树叶、野草、蔬菜等。兔的繁殖能力很强，普通兔出生后 6 个月即可繁殖，每胎产仔 3 ~ 10 只。兔的两耳又长又大，且能四面转动，听觉特别灵敏。兔的最大本领是跳跃逃跑。它经常竖着耳朵，注意收听四面八方的动静，一有风吹草动，就立即躲藏起来。兔的嗅觉很敏锐，但视觉迟钝。

桑蚕 昆虫纲蚕蛾科的一种。又称家蚕、蚕。以桑叶为食料、吐丝结茧的经济昆虫。桑蚕起源于中国，中国也是栽桑养蚕最早的国家。约在 4000 多年以前，我们的祖先就开始养桑蚕了。

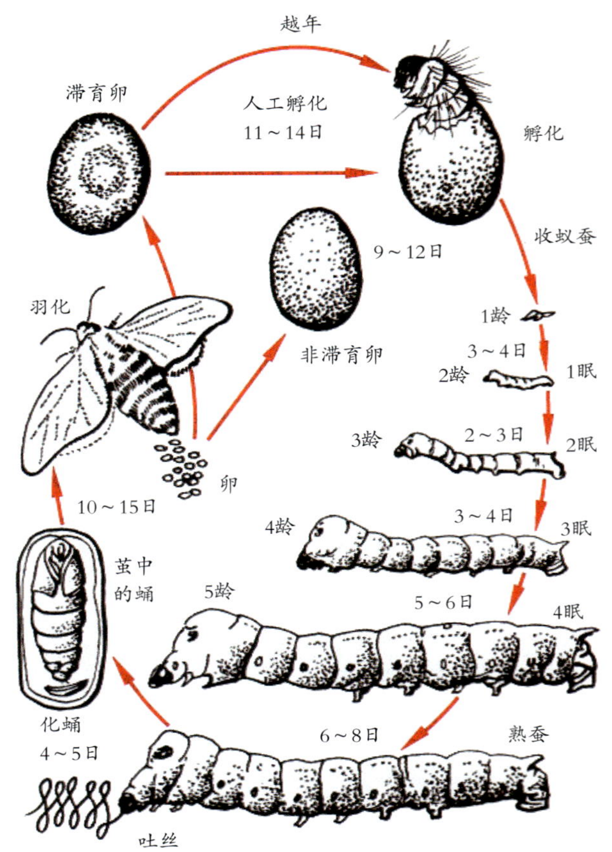

桑蚕的生活史示意图

桑蚕以桑叶为食，茧可缫丝，茧丝是优良的纺织原料，主要用于织绸，在军工、交电等方面也有广泛用途。桑蚕一生要经历卵、幼虫、蛹和成虫 4 个发育阶段。幼虫化蛹之前，会吐丝作茧。蚕茧是桑蚕吐丝结成的壳，呈椭圆形，桑蚕在里面变成蛹。桑蚕的一生要睡眠 4 次，蜕皮生长，幼虫期食量很大。桑蚕在体内分解所食桑叶，吸收**蛋白质**、糖类等营养物质，把纤维素排出体外。桑蚕化蛹之前停止进食，全身装满了丝，白白胖胖的，然后吐丝作茧，它吐的丝是一生所吃桑叶总量的 1/40 左右。

蜜蜂 昆虫纲膜翅目蜜蜂科一属。有一对膝状触角，嚼吸式口器，两对透明

蜜蜂

的膜翅前后钩挂在一起，工蜂的后足为携粉足。属完全变态昆虫。

蜜蜂属社会性昆虫，蜂群中有严格的分工，秩序井然有条不紊。一个蜂巢里有一只蜂王、少数雄蜂和为数众多的工蜂。蜂王的任务主要是产卵；雄蜂是由未受精的卵直接发育成的特殊个体，专司交配，婚飞交配后即死亡；勤劳的工蜂是不育的雌蜂，每天辛勤工作，打扫蜂房、分泌蜂蜡建造蜂房、调节巢温、照顾幼虫、伺候蜂王、守卫家园、外出采蜜等。蜜蜂之间的交流是通过外激素、触角接触及特殊的舞蹈语言完成的。蜜蜂酿制的蜂蜜、分泌的蜂乳（蜂王浆）都是我们熟知的营养品。蜂毒和蜂胶可以入药，蜂蜡是重要的工业原料。

鲤 鲤形目鲤科鲤属一种。它们栖息于江河、湖泊、池塘水的底层，以水生动物、水草等为食。鲤体长 20 ~ 30 厘米，身体纺锤形，头比较大，眼睛小，有两对须，身体表面覆盖着圆形鳞片，背面灰黑色，腹面淡黄色，尾鳍分叉。鲤的适应性强，耐高温和污水。每年 4 ~ 5 月产卵，卵常附着在水草上孵化。鲤生长迅速，当年可长到 250 克以上。

鲫 鲤形目鲤科鲤亚科鲫属一种。又称喜头鱼、鲫子、寒鲋，是一种典型的淡水小型经济鱼类，分布于亚洲东部的广大地区。鲫能适应江河、湖泊、水库、池塘、沟渠等各种水体环境，喜栖息于水草丛生的浅水河湾或湖汊的下层，是一种广适性鱼类，即使在低氧、碱性较强、甚至结冰期很长的水体中也能生存和繁殖。

鲫为杂食性鱼类，可摄食硅藻、丝状藻、轮叶黑藻、苦草、水生高等植物的茎叶和植物碎屑，以及枝角类、桡足类、淡水壳菜、贝类、水生昆虫、摇蚊幼虫和虾类等。

沙丁鱼 硬骨鱼纲鲱形目鲱形科沙丁鱼属、小沙丁鱼属和拟沙丁鱼属的统称，是世界重要海洋经济鱼类。为近海暖水性鱼类，一般不见于外海和大洋。沙丁鱼主要摄食浮游生物，游泳迅速，通常栖息于海域中上层，秋、冬季表层水温较低时则栖息于较深海区。

20 世纪 80 年代初，世界沙丁鱼产量高达 1000 万吨以上。中国东南沿海有丰富的沙丁鱼资源，一般采用灯光围网、流刺网、大拉网和定置网等捕捞。

大麻哈鱼 鲑形目鲑科大麻哈鱼属的一种。又称大马哈鱼。生于江河，长于海洋，冷水性溯河生殖洄游鱼类。大西洋中的大麻哈鱼在内河产卵后，能够重新返回海洋，以后还能再次或多次洄游产卵。而太平洋的大麻哈鱼，一旦进入淡水河流，身体便发生某种变化，在完成产卵之后，就会因体力衰竭而死。大麻哈鱼有十分发达的“感官”，能感知和识别它们出生水域的气味、温度和化学成分。因此洄游时，总能找到几年前它们入海口时的河口，然后就摸索着调整方向，向上游游去，最终到达它们的出生地。

大麻哈鱼是肉食性鱼类，仔、稚鱼在河中摄食枝角类、桡足类、小虾、昆虫幼虫和蠕虫等，在海中则摄食端足类、桡足类、腹足类、蟹和小鱼等。溯河洄游时，鱼群自入江起至产卵完毕，均不摄食。

青鱼　鲤形目鲤科雅罗鱼亚科青鱼属的一种。又称乌青、螺蛳青、黑鲩、青根子。中国主要淡水养殖鱼类之一，与鲢、鳙、草鱼合称为“四大家鱼”。自黑龙江至珠江的各大水系均有分布，其中以长江水系的青鱼种群为最大。青鱼栖息的水层很低，一般不游近水面，多集中在食物丰富的江河弯道和沿江湖泊中摄食发育，在深水处越冬。青鱼行动有力，不易捕捉。

草鱼　鲤形目鲤科草鱼属一种。又称鲩、白鲩、草根子。中国主要淡水养殖鱼类之一，与鲢、鳙、青鱼合称为“四大家鱼”。草鱼的养殖历史久远，唐代就有养殖草鱼的记载。草鱼栖息于平原地区的江河、湖泊，一般喜居于水的中下层和近岸多水草区域，性活泼，游泳迅速，常成群觅食，主要摄食苦草、马来眼子菜等。

鲢　鲤形目鲤科鲢亚科鲢属一种。又称白鲢等。中国主要淡水养殖鱼类之一，与鳙、草鱼、青鱼合称为“四大家鱼”。自然分布于中国除西部高原以外的大中型江河。

鲢栖息于水体上层，活泼善游，怕惊扰。鲢生长迅速，它的食物几乎全由浮游植物、植物腐屑和细菌组成。鲢是在江河（特别是长江中、下游及其附属水域）的重要捕捞对象。

鳙　鲤形目鲤科鳙属一种。又称花鲢、胖头鱼、大头鲢。中国主要淡水养殖鱼类之一，与鲢、草鱼、青鱼合称为“四大家鱼”。自然分布于除黑龙江外的中国各大江河和湖泊。鳙喜栖息于水域的中上层，性温顺，巡游速度低。成熟个体于冬季湖水下降时，渐从湖泊到江河干流河床深处越冬；未成熟个体则多数仍留在湖泊深处。鳙由于食物链较短、生长快速，且少病，历来是池塘、湖泊的优良养殖种类；同时因温顺易捕也适于在大、中型水库中放养。

河豚　鲀形目鲀科鱼类的统称。又称河鲀。广泛分布于温带、亚热带和热带海区。中国沿海均产，个别品种也见于江河中。常见种有暗色东方豚、虫纹东方豚、条纹东方豚、红鳍东方豚和横纹东方豚等。河豚体粗短，亚圆筒形。头及吻宽钝。上下颌牙愈合成 4 个牙板，有中央缝。鼻孔两个。背鳍与臀鳍相似，均为 1 个，无腹鳍。尾部沿体下部两侧有皮褶。有鳔，气囊能吸气膨胀。常栖息于海底层半咸水中。性贪食，主要摄食虾、蟹、贝类及小鱼等。多数种于春季由外海游向近岸，在潮间带及石砾间产卵；冬季移向外海。河豚肉鲜美，但内脏含有毒素，经处理方可食用。河豚毒素有止血、止痛、止痉挛等医学价值。

海马 刺鱼目海龙科一属。又称海马鱼。一般动物都是雌性负责生育后代，而海马却是雄性“怀胎”。雌鱼将卵产于雄鱼育儿囊中，并在此刻受精。受精卵在育儿囊内发育。海马每年能繁殖数胎至10余胎，每胎产仔数百尾至1200余尾，最多达1900多尾。

海马因头部如马头而得名，广泛分布于热带、亚热带及温带近内海水域，中国沿海均产。栖息于风浪平静、水质澄清、藻类繁茂的暖温性沿海内湾低潮区，有时以尾部缠绕在漂浮的海藻上，随波逐流。它们依靠骨板、保护色及拟态避害和诱食饵料，在海藻中体色为黄绿色或绿褐色，在黄红色沙底中体呈黄棕色。幼海马以桡足类的无节幼体为食，成体主要摄食糠虾、毛虾、磷虾、钩虾和对虾的幼体等虾类。

海马

黄鳝 合鳃目合鳃科黄鳝属的一种。又称鳝，体细长，尾部尖细。黄鳝的鳃不发达，借助口咽腔内壁密布血管的扁平上皮细胞进行辅助呼吸，常将头伸出水面，直接呼吸空气。黄鳝分布于中国（西北地区除外）、泰国、印度尼西亚、马来半岛、日本和朝鲜等地，栖息于泥塘、沟渠或稻田的水体底层。黄鳝常钻洞或在堤岸的石隙中穴居；喜集群；白天很少活动，夜晚出穴觅食。主要摄食昆虫幼虫、虾、蝌蚪、幼蛙、蚯蚓和小鱼等，兼食有机碎屑和丝状藻类。生长适温为15～30℃，气温在10℃以下时很少摄食。冬季能潜入土壤中越冬数月之久，气温回升到15℃以上时，始出洞觅食。黄鳝摄食水田中昆虫及幼虫，有利于水稻生长。

金枪鱼 鲈形目鲭亚目。有9属21种。金枪鱼是世界重要海洋经济鱼类，广泛分布于印度洋、太平洋、大西洋热带和亚热带海区，为暖水性和大洋性洄游鱼类。中国沿海常见种类有鲣、扁舵鲣、白卜鲔、东方狐鲣、黄鳍金枪鱼、大眼金枪鱼等。金枪鱼以大型浮游动物和各种鱼类为食，游泳速度很快，在鱼群之后常伴随有大型鲨鱼来追捕它们。20世纪80年代初，世界上从事金枪鱼捕捞的国家和地区有40多个，日本的产量长期居于世界首位。

金鱼 鲤形目鲤科鲤亚科鲫属的观赏种。又称金鲫鱼，属脊椎动物鱼类鲤科。金鱼起源于中国，是由鲫鱼演化而成的观赏鱼类。一般体短而肥，尾鳍4叶。颜色有红、橙、紫、蓝、墨、银白及五花、透明等。由于长期培育，不断进行人工选择，产生了形色各异的品种。

按照金鱼体型、体色和鱼鳍的特征，可分为四大类。第一类是金鲫种，又称草金。体型与尾鳍均和普通鲫鱼相同，是比较原始的类型。身体扁平，背鳍、尾鳍单一。金鲫种的体质强健，适应性强，食性广，生长快，饲养简易，很适合公园大池观赏。第二类是文种（文金），鳍发达，尾鳍分叉，头有宽、狭两种。文种有虎头、珍珠、鹤顶红等60余种。

金鱼

第三类是龙种（龙睛），体型粗短，两眼突出，鳍发达。龙种有凤尾龙睛、墨龙眼、葡萄眼、灯泡眼、龙睛球、虎头龙睛等约 50 个品种。第四类是蛋种（蛋金），体型短粗，圆似鸭蛋，背上无鳍，其他各鳍也短小，凡长鳍的称“蛋凤”。眼球平，不突出。蛋种生活力强，生长速度快，品种很多，较名贵的有红蛋、蛋球、蛋凤、元宝红、狮子头、鹅头、龙背、水泡眼、朝天龙等。

乌贼　乌贼目乌贼科动物的统称。又称墨鱼。乌贼是重要的海洋捕捞对象，中国传统四大海产之一。中国是捕捞乌贼最多的国家之一。乌贼是浅海种类，主要生活于大陆架以内。有昼夜垂直移动现象：黎明和薄暮时上浮至中上层，日间则多在中下层游动。腹面的漏斗为其主要的运动器官，可借漏斗射流的反作用力移动。行动灵活，但速度不快。

乌贼是凶猛的肉食动物，经常捕食虾、蟹、毛颚类和幼鱼，并有同类相残习性。捕食时突然伸出长长的触腕，准确攫住猎物，以坚韧锋利的角质颚咬碎其硬壳，乌贼本身也是鳓、带鱼、海鳗等肉食性鱼类的重要猎取对象。在避敌时，除灵活闪避之外，还喷出含有生物碱的乌贼墨，可麻痹天敌的嗅觉感官。乌贼通过真皮层色素细胞的张缩而改变体色，进行保护性适应。

海带　海带科海带属的一种。大型经济海藻。自然分布于太平洋西北部沿岸，属冷温带大型褐藻。叶体由固着器、柄和叶片组成。体长一般 2 ~ 3 米，宽约 20 厘米，浓褐色或黄褐色，有光泽。生活史中有孢子体（无性）和配子体（有性）两个世代。孢子体成熟后产生游孢子，游孢子附着于基质上萌发成为雌、雄配子体。配子体再产生卵和精子，两者结合，萌发成为孢子体后逐步生长发育为海带叶体。自然生长在低潮线以下的岩礁上。养殖采用中国首创的筏式养殖法。海带具有较高的食疗价值，含碘

海带不同生长发育时期的外部形态

量高，可治疗甲状腺肿等多种疾病，还可作为工业原料，提取褐藻胶、甘露醇和碘等。

紫菜 红藻门红毛菜科紫菜属藻类的统称。重要经济海藻。广泛分布于世界各地，但以温带最多，约有70种。中国的紫菜有条斑紫菜、坛紫菜、圆紫菜、长紫菜、皱紫菜、甘紫菜和边紫菜等，已经养殖的主要是前两种。

紫菜叶体由固着器、柄和叶片三部分组成。藻体多呈紫红、棕红等色，以紫色居多。有较大的叶状体（配子体）和微小的丝状体（孢子体）两种形态。叶状体阶段可通过产生单孢子进行无性繁殖，有性生殖则是通过精子与果胞（卵）的结合而进行的。紫菜多生长在营养盐丰富、潮流畅通的潮间带，有的种类喜欢生长在浪大流急的岩石上。

紫菜味鲜美，富含营养物质，含有多种人体所需的氨基酸。一般制成干品，也可制成小包装方便食品和罐头或其他食品。具有治疗甲状腺肿大和降低胆固醇等功效。

海参 棘皮动物海参类，生活在海藻茂密的海底岩石缝和浅海底部的泥沙里。海参行动非常迟缓，如果环境适合，能长时间停留在一处而不移动。主要以浮游生物及有机碎屑为食，如硅藻、有孔虫、桡足类及小腹足类等。海参对温度变化感觉灵敏，有夏眠的特性。海参体呈长圆筒形，暗褐色，体壁柔韧，身上长满肉刺，形似黄瓜。身体有前后背腹之分。背部的管足退化变为圆锥状肉刺，腹面的管足发达。海参依靠腹面的管足和肌肉的收缩蹒跚爬动。

海参

口蹄疫 偶蹄类动物的一种高度传染性疾病，由口蹄疫病毒引起。俗名口疮、口癀。它以口腔黏膜、蹄部和乳房的皮肤发生水疱和溃烂为主要症状。一般是牛最易感，猪次之，绵羊、山羊、骆驼、鹿等又次之。驼鹿、驯鹿、马鹿、长颈鹿、羚羊、野猪等野生动物也能自然发病，象、狗、猫、鼠、家兔和刺猬间或患病，人也能感染。口蹄疫主要靠注射灭活疫苗和弱毒疫苗进行预防，免疫期一般为3～5个月。

疯牛病 由病原体引起的牛中枢神经系统病变。又称牛海绵状脑病（BSE）。它是一种潜伏期很长的牛慢性传染病。主要症状是：牛大脑发生海绵状病变，引起病牛（多见于成年牛）四肢伸展，触觉视觉过敏，体重减轻，产奶量下降，惊恐不安，冲撞围栏，攻击人和牲畜，以至发疯而死亡。这种病还可对人产生危害。

预防措施包括：发现病牛立即焚毁，并妥善处理焚化炉灰；严禁感染疯牛病的动物肉制品进入市场；严禁利用感染疯牛病的动物肉、血、骨髓等制作饲料；严格海关检疫，禁止从发现有疯牛病的国家或地区进口活牛和牛、羊胚胎及牛肉制品。

鸡新城疫 由副黏病毒引起的鸡急性高度接触性传染病。又称亚洲鸡瘟或伪鸡瘟。

主要特征是呼吸困难、便稀、神经紊乱、黏膜和浆膜出血，死亡率高，对养鸡业危害严重。1926年首先发现于印度尼西亚，不久又发现于英国新城。1927年用该地名命名为新城疫。世界各国几乎都有流行。

主要通过健鸡与病鸡的接触传染，麻雀、鸽、乌鸦是可能的传播者，人和动物可能带毒传播。任何季节都可发生，以春、秋两季较多，潜伏期2～7天。21世纪初，尚无有效的治疗药物，只能依靠严格的消毒、隔离和疫苗接种来预防。

禽流感 甲型流感病毒引起的人与禽类共患的急性传染病。表现为呼吸道和严重全身性感染。主要发生在禽类，如鸡、鸭、鹅、鸽子等。又称欧洲鸡瘟、真性鸡瘟。按病原体致病性的大小，分为高致病性、低致病性和无致病性。其中高致病性禽流感传播快、病情重、病死率很高。由于病毒基因易发生变异，可感染人而发生呼吸系统和全身多脏器功能衰竭，称为“人禽流感病”，病情进展快，病死率高。

传染源主要是病禽和带病毒禽类。通过接触感染的禽类及其分泌物和排泄物污染的饲料、水及其他物品，经呼吸道、消化道传播。不仅感染家禽，也可感染猪，人可通过接触感染的禽类和猪而受染。

对人禽流感患者应密切观察病情变化，及时给予相应治疗。早期可采取抗病毒治疗，如金刚烷胺、金刚乙胺和神经氨酸酶抑制剂，如奥司他韦和札那米韦。同时，应对患者隔离，接触者应戴口罩，对受染动物应立即杀灭及深埋。并对疫地及周围环境进行严密消毒，对密切接触者可口服抗病毒药预防。

《齐民要术》 中国东魏综合性农书。书名中的“齐民”意指平民百姓，“要术”指谋生方法。作者贾思勰。书约写成于公元6世纪30～40年代。

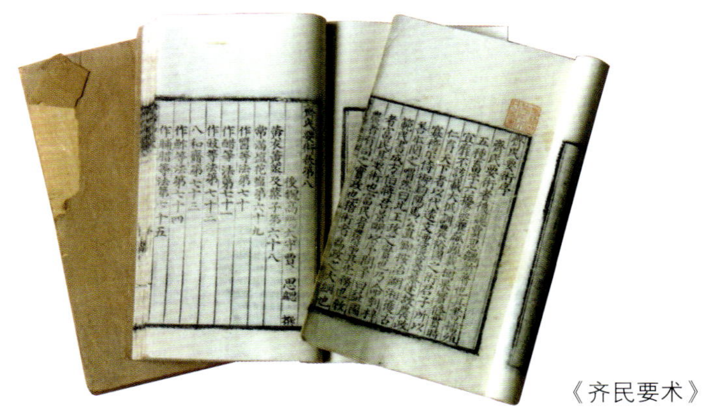

《齐民要术》书影

全书共分10卷，92篇，约11万字。在卷前有“杂说”一篇。书中对包括粮食、油料、纤维、染料作物、蔬菜、果树、桑柘（附养蚕）等的栽培技术，禽畜和鱼类的养殖，农副产品的加工、储藏，包括酿造、腌藏、果品加工、烹饪、饼饵、饮浆、饴糖等的制作，旁及煮胶和制笔墨的方法等都有论述。全书总结了6世纪以前中国黄河流域农业、畜牧业的生产技术和经验，如改土选种、耕作方法、轮作制度、防旱保墒、培植绿肥、果树嫁接、树苗繁殖等，并强调农业生产应当掌握好天时地利因素，以及抓紧各个环节的重要性。书中还介绍了野生植物和南方植物的利用。书中引用近200种古代农书及杂著，使一些佚失的很有价值的著作如《氾胜之书》《四民月令》《陶朱公养鱼经》等得以部分保存下来。

《农政全书》 中国明代大型综合性农书。徐光启于天启五年（1625）开始撰著，到逝世时完成初稿。后经陈子龙（卧子）修订，于崇祯十二年（1639）刊行，世称《平露堂本》。至清代中叶以后有多种重刊本流传。现代整理的版本有1956年邹树文校点本和1979年石声汉校注本。全书60卷，约70万字。内容分农本、田制、农事、水利、农器、树艺、蚕桑、蚕桑广类、种植、牧养、制造和荒政12个门类，每个门类又各分若干子目。内容虽然大量摘录前代农书和有关文献，但经作者精心剪裁，取其要旨，并用夹注、旁注或评语等形式加入了许多作者自己的精辟见解和经验体会，使该书成为一个完整的农学体系。书中以大量篇幅阐述了开垦西北荒地、兴修水利、救济灾荒的各种规划、建议和技术，为历代农书所少见，系作者试图针对明末朝政腐败、生产凋敝、农民无法生存的严重情况所提补救措施。

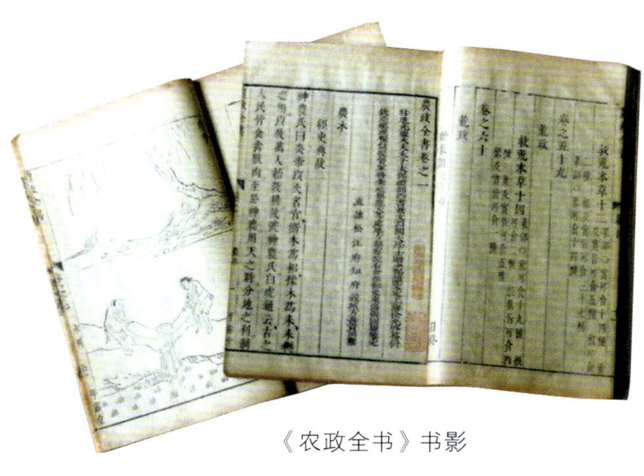

《农政全书》书影

嫘祖 中国古代传说中养蚕、取丝的创始人。或作累祖、雷祖、傫祖。其名最早见于西汉司马迁的《史记》。嫘祖始创养蚕之说则始见于《隋书·礼仪志》关于北周有进奠先蚕西陵氏神的礼制的记载（从此以后嫘祖被祀为蚕神）。据元代《王祯农书》引用《淮南王蚕经》说："西陵氏劝蚕稼，亲蚕始此。"《淮南王蚕经》原书已佚失。但自北宋至南宋，一些著作对嫘祖始创养蚕、治丝的传说又作了积累的增饰，此说就历元、明、清各代而为多种著述所采用。

丁颖（1888-11-25 ~ 1964-10-14） 中国农业科学家、教育家。生于广东茂名。1924年日本东京帝国大学农学部毕业。后任中山大学农学院教授。1949年后，历任华南农学院院长、中国农业科学院首任院长等职。曾被选为中国第一届科协副主席和民主德国农业科学院、全苏列宁农业科学院通讯院士，捷克斯洛伐克农业科学院荣誉院士。1955年当选中国科学院学部委员（院士）。毕生从事农业教育和水稻研究工作，尤其对稻种的起源演变、稻种分类、稻作区域划分、农家品种系统选育及栽培技术等进行了较系统的研究。早在20世纪30年代初，他就进行了野生稻与农家水稻品种杂交育种研究，育成的中山1号在生产上应用达半个世纪。先后选育出水稻优良品种60多个，创立了水稻品种多型性理论，为品种选育、良种

繁育和品种提纯复壮工作奠定了理论基础。主编有《中国水稻栽培学》，发表论文 140 余篇。

金善宝（1895-07-02 ~ 1997-06-26）中国农业教育家、科学家。生于浙江诸暨。1920 年毕业于南京高等师范农业专修科，1930 年赴美攻读作物育种专业，1932 年回国后任浙江大学农学院副教授，中央大学农学院农艺系主任、教授，江南大学农学院农艺系主任、教授。1949年后历任南京农学院院长，中国农业科学院副院长、院长、名誉院长，中国农学会副会长、名誉会长。中国科学院学部委员（院士）。曾当选为全苏列宁农科院通讯院士，美国农业服务基金会终身荣誉会员等。长期从事小麦研究，是中国近代小麦研究的开创者之一。编著有《中国小麦区域》（1934）、《中国小麦栽培学》（1961）、《中国小麦品种及其系谱》（1983）等。

袁隆平（1930-09-07 ~ ） 中国农学家、杂交水稻育种专家。祖籍江西德安。1953 年毕业于西南农学院农学系。历任湖南省安江农业学校教师、湖南省农业科学院研究员、湖南省杂交水稻研究中心主任、国家杂交水稻工程技术研究中心主任、菲律宾国际水稻研究所（IRRI）特约研究员。1995 年当选为中国工程院院士。

袁隆平自 20 世纪 60 年代初，开始致力于杂交水稻育种研究和制种技术实践。他首先提出培育不育系、保持系、恢复系“三系”，利用水稻杂交优势的设想，并进行了卓有成效的科学实验。1970 年，他将助手在海南岛发现的一株花粉败育的雄性不育野生稻（简称“野败”）作为“三系”配套的突破口，经过恢复系筛选的全国性协作攻关，于 1973 年实现了“三系”配套，并选配出一批强优势组合，研究出一套较为完整的制种和栽培技术，使杂交水稻得以大面积推广，产量比常规良种提高 20%以上，带来了水稻育种史上继高秆变矮秆后的又一次革命。在中国创造出巨大的经济效益，并惠及世界。继培育成功杂交水稻之后，他与人合作又展开了改良杂交稻品质、改进水稻形态、增强抗病能力的研究，初步培育出了技术更先进、产量更高的超级杂交稻。由于籼型杂交水稻研究成功，他与合作者共同获得了 1981 年中国第一个国家特等发明奖。其后，他又获得 1985 年联合国知识产权金质奖章，1987 年联合国教科文组织科学奖，2000 年度中国国家最高科技奖和世界粮食基金会授予的 2004 年度世界粮食奖。2006 年 5 月被聘为美国国家科学院外籍院士。在国内外享有盛誉，被称为“杂交水稻之父”。著有《杂交水稻》《杂交水稻简明教程》等，发表了

袁隆平与同事

“水稻雄性不育性”“杂交水稻培养理论和实践”“中国的杂交水稻培育”“杂交水稻超高产育种”等多篇学术论文。

李振声（1931-02-25 ～ ） 中国小麦遗传育种学家。生于山东淄博。1951年毕业于山东农学院农学系。历任中国科学院西北植物研究所研究员、西安分院院长，陕西省科学院院长，中国科学院副院长等职。1991年当选为中国科学院学部委员（院士）。长期从事小麦与偃麦草远缘杂交及小麦染色体工程研究，先后培育出小偃麦八倍体、异附加系、异代换系和易位系等杂种类型，以及高产、抗病小麦优良品种小偃4号、5号、6号。在小麦染色体工程研究方面，探索了蓝粒小麦多胚乳蓝色色素遗传规律，创造了蓝粒单体小麦。利用自花结实缺体小麦，建立了选育小麦异代换系新方法及缺体回交法。获2006年度国家最高科技奖。著有《植物远缘杂交概说》《小麦远缘杂交》等。

博洛格，N.E.（1914-03-25 ～ 2009-09-12） 美国农业科学家、植物育种家、植物病理学家。生于艾奥瓦州。1937年毕业于明尼苏达大学林学院，1941年获植物病理学博士学位。1964年起任国际玉米小麦改良中心小麦育种计划负责人，1981年任该中心代理主任，1982年任顾问。1994年被聘为中国农业科学院名誉研究教授。早期主要研究农产品和各种化学药剂。20世纪40年代初期起从事小麦育种研究，利用一年两季、异地选育和矮化小麦基因的方法，培育出大量矮秆、抗病、高产、适应性强的春小麦品种，在墨西哥等国家推广后起到了明显增产作用。1970年获诺贝尔和平奖。撰有科研报告和论文200余篇。

条目标题汉语拼音音序索引

A

“阿波罗”11 号飞船 58
阿蒂亚，M.F. 36
阿伏伽德罗，A. 212
埃迪卡拉动物群 294
埃尔利希，P. 340
艾滋病 325
安培，A.-M. 135
氨基酸 222
氨水 183

B

巴斯德，L. 339
白菜 361
白炽灯 81
白鳖豚 284
白色污染 203
白血病 320
百鸡问题 1
斑马 289
半导体 68
保护色 233
爆炸 150
北极熊 285
贝尔，A.G. 135
被子植物 249
本生，R.W. 212
荸荠 365
鼻 311
比热容 96
毕达哥拉斯 31
壁虎 272
蝙蝠 281
扁鹊 334
扁形动物 259
变压器 80
表面张力 106
濒危动物 293
濒危植物 253
冰毒 194
秉志 297
病毒 239
病毒性肝炎 321
波罗蜜 356
波谱特性 120
玻尔，N. 137
玻璃 168
玻璃钢 187
菠菜 360
菠萝 355
泊松，S.-D. 35
铂 175
博洛格，N.E. 391
博弈论 21
捕虫堇 252
哺乳动物 279

C

采暖系统 97
菜花 360
参数法 24
参照物 47

草本植物 254
草履虫 258
草莓 354
草鱼 384
草原生态系统 229
茶树 348
查德威克，J. 137
蝉 265
蟾蜍 270
肠 309
长臂猿 292
常见金属矿石 170
常见易燃易爆物 150
常用电路元件 73
嫦娥工程 60
超导体 70
超敏反应 328
超声波 93
超声波诊断 332
陈景润 31
陈省身 30
陈中伟 338
城市生态系统 229
澄江动物群 294
翅（昆虫） 264
抽屉原理 19
臭氧 158
臭氧空洞 158
厨房油污清洗剂 192
触角 257
穿山甲 282
传真机 87
磁场 83
磁共振成像 333
磁体 83
磁铁 176
磁悬浮列车 123
次声波 92
葱 363
醋酸 178
崔琦 133
催化剂 148

D

达尔文，C.R. 300
大豆 347
大黄鱼 269
大麻 194
大麻哈鱼 383
大鲵 271
大气污染 198
大气压 62
大猩猩 293
大熊猫 285
代数学 8
带鱼 269
袋鼠 280
丹顶鹤 276
单质 145
胆囊 310
淡水生态系统 228
蛋白质 222
氮 157
氮的固定 157
导电塑料 186
导数 12
导体和绝缘体 67
道尔顿，J. 211
邓稼先 132
低等植物 247
笛卡尔，R. 32
底栖生物 231
地膜覆盖栽培 373
地热发电 79
地中海实蝇 375
递推与迭代 24
碘 146

电冰箱 105
电池 76
电磁波 85
电磁感应 84
电磁炉 91
电磁铁 85
电磁污染 85
电磁学 66
电灯 81
电动机 82
电动汽车 104
电功和电功率 75
电荷 66
电荷守恒定律 67
电话机 87
电解水实验 153
电解质 153
电量 67
电流 72
电流表和电压表 74
电路 72
电容器 74
电视 88
电梯 82
电位器 74
电影放映机 117
电源 76
电子 122
电子计算机 123
电子琴 90
电子显微镜 115
电子邮件 128
电子钟表 90
电阻 73
电阻器 74
丁颖 389
丁肇中 133
顶端优势 247
动物 255
毒品 193
毒药 192
短波通信 86
对讲机 87
对数 12
对撞机 123
多普勒效应 95

E

鹅 380
耳 314
二氧化碳 167

F

发电 77
发电机 79
发光生物 232
番茄 359
反证法 25
防冻剂 192
仿生学 220
放射病 109
放射性同位素 122
放射性元素 195
飞机 54
飞艇 53
飞鱼 268
非金属单质 145
非金属氧化物 145
非欧几何 15
肥料 344
肥胖症 325
肥皂 192
肺 311
肺结核 323
沸点 99
费尔兹奖 26
费马，P.de 32
费马大定理 11

费米，E. 137
费森登，R.A. 136
分析学 11
分析与综合 23
分形几何 14
分子 142
分子动理论 106
风力发电 78
疯牛病 387
蜂鸟 277
冯·诺伊曼，J. 35
伏打电堆 76
氟 159
浮力 65
浮游生物 231
复数 7
傅里叶，J. 34
富尔顿，R. 134

G

概率论 22
肝脏 310
柑橘 354
感觉器官 313
感应电流 85
干扰素 224
干燥剂 191
杠杆 50
高纯硅 168
高等植物 248
高分子化合物 183
高粱 346
高锰酸钾 180
高斯，C.F. 34
高压锅 99
高压输电线路 80
哥白尼，N. 133
哥德巴赫猜想 9
割补法 23
葛洪 208
根 242
工程塑料 186
公理和公理化方法 23
功和功率 49
功能高分子材料 188
汞 175
珙桐 252
共振 65
狗 381
构造法 25
谷超豪 30
骨骼 304
骨髓移植 331
光 107
光的反射 110
光的色散 113
光的折射 111
光合作用 246
光化学污染 203
光谱 112
光速和光年 109
光学显微镜 115
光源 109
光子计算机 124
硅 167
桂花 367
国际化学奥林匹克竞赛 215
国际数学奥林匹克竞赛 26
国际数学家大会 26
国际物理学奥林匹克竞赛 139
果实 244

H

哈里森，R.G. 301
海豹 288
海参 387
海带 386
海马 385

海鸥 276
海市蜃楼 112
海水淡化 161
海豚 284
海星 263
海洋生态系统 228
害虫 375
函数 12
航天飞机 61
合金 171
合同变换 8
河马 289
河豚 384
核磁共振 122
核电站 121
核聚变 121
核裂变 121
核能发电 78
核燃料 196
核酸 221
黑客 128
黑猩猩 293
黑熊 285
红树林 369
红外线 107
红外线烤箱 108
红外遥感 120
虹吸现象 63
鸿雁 275
侯德榜 209
猴 291
候鸟与留鸟 232
呼吸系统 310
狐 286
胡克定律 45
胡萝卜 365
蝴蝶定理 13
蝴蝶兰 253
蝴蝶与蛾 265
虎 286
花 244
花生 348
华南虎 287
滑轮 50
化肥 182
化归 23
化合物 144
化石 294
化学 141
化学变化 148
化学反应 148
化学方程式 147
化学纤维 188
华蘅芳 29
华罗庚 29
华佗 335
桦树 372
环节动物 260
幻方 17
换元法 23
黄瓜 362
黄金数 4
黄栌 252
黄鳝 385
蝗虫 375
回声 93
回声定位 93
回音壁和三音石 94
活塞式内燃机 103
活性炭 165
火箭 52
火炕 97
火力发电 77
火烈鸟 274
火炉 97
“火山爆发”实验 197

J

机器人 129
机械能 49
机械运动 47
肌肉 304
鸡 380
鸡新城疫 388
积温 343
基本粒子 121
基因 235
基因工程 237
基因组 238
嵇含 296
激光 118
激光笔 118
激光通信 119
激光武器 118
激素 223
极限 13
急救措施 329
棘皮动物 263
集成电路 69
集合 6
几何学 13
《几何原本》 27
脊柱弯曲 318
脊椎动物 267
计算工具 2
计算机断层扫描（CT） 333
计算机辅助设计 126
计算机网络 127
计算机网络安全 128
计算机游戏 128
计算机专家系统 127
记数法 2
寄生与共生 226
鲫 383
家畜 377
家禽 379
家鼠 283
家庭安全用电 81
甲壳动物 262
甲醛 184
甲状腺 315
尖端放电 72
简单机械 49
简易净水器 198
碱 178
碱金属 162
碱式盐 180
箭毒木 250
姜 364
交通信号灯 114
焦耳定律 75
角 256
节肢动物 261
结晶 153
金 174
金刚石 165
金花茶 251
金钱豹 287
金枪鱼 385
金善宝 390
金属 170
金属腐蚀 171
金属氧化物 144
金丝猴 292
金鱼 385
进化 219
进位制 4
浸润和不浸润 106
茎 243
晶体二极管 69
鲸 283
警戒色 233
静电复印 71

静电感应 70
《九章算术》 27
韭菜 364
酒精 184
居里夫人 136
局域网 127
菊花 368
聚氯乙烯塑料 186
绝对零度 100
绝对值 7
绝灭 220
蕨类植物 248

K

咖啡 349
卡文迪什，H. 134
抗毒素 328
抗生素 329
考拉 280
科赫，R. 340
科克曼女生问题 18
可降解塑料 186
可卡因 194
可可 349
克隆 236
空气质量指数 200
孔雀 276
恐龙 295
口腔 308
口蹄疫 387
苦瓜 363
昆虫 263
扩散 106

L

垃圾 204
拉姆齐理论 19
拉普拉斯，P.-S. 34
拉瓦锡，A.L. 211
蜡烛 197
辣椒 359
莱布尼茨，G.W. 33
莱德伯格，J. 302
兰花 367
蓝色革命 342
狼 286
雷达 86
雷电 71
嫘祖 389
离子 144
梨 351
李 351
李善兰 28
李时珍 336
李振声 391
李政道 132
鲤 383
力 40
立交桥 42
立体电影 117
立体声音响 90
荔枝 354
粒子加速器 122
莲花 368
莲雾 358
鲢 384
炼金术 204
炼铜术 205
两栖动物 269
量子计算机 125
量子理论 39
列文虎克，A.van 299
猎豹 287
林奈，C.von 299
林巧稚 336
淋巴系统 307
磷 170
灵长动物 291

零件探伤 109
刘徽 27
硫黄 146
硫酸 177
硫酸钡 180
硫酸钠 180
榴梿 358
柳树 371
龙眼 355
卢沟桥 41
卢瑟福，E. 137
录音 93
录音机 90
骡 378
螺蛳 261
裸子植物 249
洛伦茨，K. 302
骆驼 379
驴 377
铝 173
绿色革命 341
绿色食品 342
氯 161

M

麻雀 279
马 377
马德堡半球实验 63
马铃薯 346
蚂蚁 266
杧果 356
蟒 273
猫 381
猫头鹰 277
毛发 305
毛细现象 106
玫瑰 350
梅 366
梅花鹿 290
煤 181
酶 222
霉菌 240
门捷列夫，D.I. 214
猛犸象 296
孟德尔，G. 300
麋鹿 290
泌尿系统 315
蜜蜂 382
棉花 347
免疫 324
面包树 251
灭火器 149
灭菌 331
明矾 174
模糊数学 22
摩擦 45
摩尔根，T.H. 301
摩托车 105
茉莉 350
牡丹 366
木本植物 254
木炭 166

N

纳米材料 123
纳什，J.F. 36
南丁格尔，F. 339
南瓜 362
楠木 371
脑 312
内存 125
内分泌系统 314
内能 96
内燃机 102
内燃机车 103
能量 39
能量守恒定律 40
拟态 233

酿酒工艺 206
鸟 273
牛 378
牛顿，I. 133
牛顿运动定律 48
农药 375
农业 341
《农政全书》 389
诺贝尔，A.B. 213

O

欧几里得 32
欧拉，L. 33
欧姆定律 73

P

爬行动物 271
排列与组合 17
皮肤 305
枇杷 357
瓢虫 265
贫血 320
平衡力 46
平面镜 110
苹果 350
葡萄 353
普里斯特利，J. 210

Q

七桥问题 20
《齐民要术》 388
企鹅 274
气垫船 46
气管异物所致窒息救生术 329
气溶胶 152
汽车 104
汽化和液化 98
器官移植 331
迁徙 233
铅 172
钱崇澍 297
钱三强 131
钱伟长 131
钱学森 130
潜望镜 117
腔肠动物 258
桥梁 41
切尔诺贝利核电站爆炸事件 204
茄子 359
亲和数 10
芹菜 361
秦九韶 28
禽流感 388
青蛙 270
青鱼 384
氢 159
氢氧化钠 162
蜻蜓 264
丘成桐 31
蚯蚓 260
球面镜 111
龋齿 309
全反射原理 110
全国中学生化学竞赛 215
全国中学生物理竞赛 139
全球卫星定位系统 55
全息照相 119

R

燃料电池 77
燃烧 149
染料 189
染色体 235
热传递 96
热带鱼 267
热带雨林 369
热岛效应 101
热机 101
热力学温标 100
热膨胀 96

热胀冷缩和热缩冷胀 96
人工呼吸 330
人类基因组计划 238
人体 303
人造地球卫星 54
溶解度 152
溶液酸碱度 154
熔化和凝固 98
乳状液 152
软件 126
软体动物 260

S

三大几何问题 4
三棱镜 113
三十六军官问题 18
三原色 113
桑蚕 382
扫描隧道显微镜 116
色盲 323
森林 369
森林生态系统 228
森林资源 342
沙丁鱼 383
鲨鱼 268
山药 360
珊瑚 259
蛇 272
舍勒，C.W. 210
社会行为 234
射影几何 15
摄氏温度 100
神经系统 312
“神舟”号飞船 57
肾 316
升华和凝华 98
生命 218
生命起源 218
生态农业 341
生态平衡 226
生态系统 227
生态学 225
生物 217
生物地球化学循环 230
生物电 221
生物多样性 226
生物分类 218
生物工程 236
生物计算机 124
生物进化论 220
生物圈 230
生物群落 227
生物入侵 229
生物芯片 235
生物制品 238
生物钟 221
生殖系统 316
声 92
声控 95
声呐 93
声速 92
失重和超重 44
狮 288
施陶丁格，H. 214
石灰 163
石榴 352
石墨 165
石油 181
实像与虚像 114
食虫植物 252
食品添加剂 190
食人鱼 267
食物链 225
食物中毒 321
食蚁兽 282
食用菌 365
鲥鱼 268

史济湘 337
始祖鸟 295
世界方程式赛车锦标赛 104
视图 16
柿 352
室内空气污染 200
收音机 88
输血 331
树懒 282
数理逻辑 5
数论 9
数学 1
数学悖论 5
数学符号 3
数学建模 26
数字照相机 118
水稻 344
水的净化 160
水力发电 78
水母 259
水泥 167
水杉 370
水体的自净能力 160
水体污染 202
水俣病 203
“水中花园”实验 196
睡眠 313
丝瓜 362
斯蒂芬森，G. 135
斯行健 298
四色问题 20
饲料 377
松鼠 283
松树 370
宋应星 208
搜索引擎 127
苏步青 29
苏铁 249
速度和加速度 47
粟 346
塑钢 187
塑料 185
塑料大棚 372
塑料芯片 186
酸 176
酸碱指示剂 156
酸式盐 180
酸雨 200
蒜 363
孙思邈 335

T

苔藓植物 248
太阳灶 111
昙花 367
弹力 44
碳 164
碳 -14 测年法 166
碳单质 164
碳酸钠 162
汤姆孙，J.J. 136
糖类 223
螳螂 265
桃 351
藤本植物 254
体温计 100
天鹅 275
“天宫”1 号 59
天然气 183
天然橡胶 187
天文望远镜 117
条形码 129
调幅和调频 88
听觉 314
听力与平衡 323
廷伯根，N. 302
茼蒿 361

铜 173
统计 22
投影 16
透镜 114
涂料 190
屠呦呦 339
土壤 343
土壤污染 201
兔 382
脱氧剂 191
鸵鸟 380
拓扑学 17

W

瓦特，J. 134
完全数 10
万有引力 51
王淦昌 130
王应睐 298
王振义 338
王忠诚 338
望远镜 116
微波炉 91
微波中继通信 86
微生物 239
维生素 222
维生素缺乏症 325
卫星通信 86
胃 309
温度 99
温度计 99
温室效应 169
蚊 266
乌龟 271
乌鸦 279
乌贼 386
污染 198
钨 176
无机化合物 147
无脊椎动物 257
无土栽培 373
无线电广播 87
无线电通信 86
吴健雄 130
吴阶平 336
吴孟超 337
吴其濬 296
吴文俊 30
吴征镒 299
梧桐 251
物理量 38
物理实验 38
物理学 37
物态变化 98
物体的颜色 113
物质 142
物种 219

X

西尔维斯特问题 18
西瓜 362
吸烟危害 326
希尔伯特，D. 35
稀有金属 176
稀有气体 156
犀牛 289
锡 172
蜥蜴 272
洗涤剂 191
喜鹊 278
细胞 224
细胞工程 236
细菌 240
虾和蟹 262
仙人掌 250
先天性疾病 327
现代医学 303
线形动物 259

香蕉 355
香料 190
响度 92
向心力和离心力 50
象 288
消毒 330
消化系统 308
硝酸 178
小黄鱼 269
小麦 345
哮喘 322
斜拉桥 42
心肌炎 319
心血管系统 305
心脏 306
心脏骤停的心肺复苏术 330
锌 175
新陈代谢 224
猩猩 293
杏 351
徐寿 209
叙拉古猜想 19
蓄电池 77
畜牧业 376
悬索桥 41
悬浊液 151
雪莲 253
血压 306
血液 306
血友病 320
薰衣草 349
驯化 376

Y

压力和压强 62
鸭 380
鸭嘴兽 280
严重急性呼吸综合征 322
盐 179
盐酸 178
颜料 189
眼 313
眼镜 115
鼹鼠 281
焰色反应 171
燕麦 345
燕子 278
扬子鳄 271
羊 378
羊驼 290
杨辉 28
杨利伟 58
杨梅 358
杨桃 356
杨振宁 132
杨钟健 297
洋葱 364
氧 158
腰果 357
摇头丸 194
遥感 119
椰子 348
叶 243
叶绿素 247
叶绿体 246
液化石油气 182
液晶电视 89
液体压强 64
液压机 64
一次色 114
一氧化碳 166
胰 310
遗传病 326
遗传与变异 234
遗精 317
乙醇汽油 185
疫苗 328

益虫 374
银 174
银杏 250
饮酒危害 326
樱花 367
樱桃 351
鹦鹉 277
鹰 275
荧光灯 81
荧光效应 108
蝇 266
硬件 126
硬水和软水 159
鳙 384
油菜 347
游泳生物 231
有机玻璃 186
有机合成材料 185
有机化合物 146
有机农业 341
有机食品 342
有理数和无理数 7
有线电视 89
鱼 267
宇宙空间站 59
宇宙速度 52
宇宙探测器 60
玉米 345
郁金香 368
预防接种 327
鸳鸯 275
元素 142
元素周期表 154
芫荽 361
袁隆平 390
原核生物 239
原生动物 258
原子 143
原子核物理学和粒子物理学 120
原子钟 120
圆周率 14
猿 292
圜丘 94
月经 317
乐音和噪声 95
运筹学 21
运动损伤 319
运动系统 318

Z

杂交 235
载人飞船 56
藏羚 291
枣 352
藻类植物 247
造纸术 207
噪声污染 95
炸药 151
詹天佑 129
张仲景 335
章鱼 261
樟树 371
沼气 183
锗 171
珍稀植物 253
真核生物 241
真菌 240
振动 65
蒸发和沸腾 98
蒸汽机 101
蒸汽机车 101
蒸腾作用 246
肢体疼痛 318
脂肪 223
蜘蛛 262
直流电和交流电 79
植物 241

植物病害 374
指南针 84
制冷机 105
质量和密度 43
质量守恒定律 147
智能计算机 124
中国工程院 138
中国科学院 138
中华龙鸟 295
中华猕猴桃 353
中华鲟 268
中央处理器 125
中药 334
中医 333
肿瘤 323
种子 245
种子植物 248
重力 43
重水 161
朱鹮 274
猪 379
猪笼草 251
竹 372
逐步逼近法 25
助听器 92
转基因 237
啄木鸟 278
紫菜 387
紫外线 108
紫外线摄影 108
自动扶梯 83
自来水笔 107
自然数 6
自然选择 219
自由电子 67
自由落体运动 48
足（动物） 255
祖冲之 28
作物 344
作用力和反作用力 46

数字与字母

0 与 1 7
STS 教育 138
USB 闪盘 126
X 射线 108
X 射线检查 332

《中国中学生百科全书》（修订本）主要编辑出版人员

社　　长　刘国辉
主任编辑　刘　艳　刘　杨

《科学之书》

责任编辑　程忆涵　刘　杨
编　　辑　黄佳辉　裴菲菲　徐君慧
　　　　　　杨淑霞　王　绚　张爱君
校　　对　泰安百科传媒有限公司

《中国中学生百科全书》主要编辑出版人员

特约编审　王德有　田胜立　王瑞祥
主任编辑　韩知更　徐世新
责任编辑　韩知更　余　会

编　　辑（按姓氏笔画排序）

丁日昕　于淑敏　于瑞玺　马汝军　王玉玲　王丽莎　王　秋
邓　茂　卢　红　甘师秀　刘东风　刘金双　孙关龙　孙　克
安成福　张健松　李　文　李晓红　李　静　李　静　李　燕
苑　力　罗锡鹏　周　茵　屈加平　林　京　林建敏　金　钰
侯澄之　施荦善　赵　焱　倪　亮　徐世新　郭银星　高　原
曹　来　梁云福　楼　遂　满运新　解惠琴　翦　晏　戴中器

审　　读（按姓氏笔画排序）

于瑞玺　邓　茂　傅祚华　赵秀琴　杨小凯　常汝先　程力华

美术编辑　罗锡鹏　王晓桃
责任校对　李　静
责任印制　徐继康　乌　灵